全球史学史

（第二版）

A Global History of
Modern Historiography

2nd Edition

Georg G. Iggers, Q. Edward Wang, Supriya Mukherjee

〔美〕格奥尔格·伊格尔斯　〔美〕王晴佳　〔美〕苏普里娅·穆赫吉 著
杨豫　〔美〕王晴佳 译

著作权合同登记号　图字：01-2017-6185

图书在版编目(CIP)数据

全球史学史/(美)格奥尔格·伊格尔斯，(美)王晴佳，(美)苏普里娅·穆赫吉著；杨豫，(美)王晴佳译. — 2版. —北京：北京大学出版社，2019.6
（历史与理论）
ISBN 978-7-301-30489-1

Ⅰ.①全… Ⅱ.①格…②王…③苏…④杨… Ⅲ.①史学史—世界 Ⅳ.①K091

中国版本图书馆CIP数据核字(2019)第084504号

Georg G. Iggers, Q. Edward Wang, Supriya Mukherjee: A Global History of Modern Historiography, Second Edition
ISBN: 978-1-138-94226-4
© 2008, 2016 Georg G. Iggers, Q. Edward Wang and Supriya Mukherjee
This edition published 2017
Authorized translation from English language edition published by Routledge, a member of Taylor & Francis Group. All rights reserved.
Simplified Chinese edition copyright © 2019 by Peking University Press. This edition is authorized for sale throughout China. No part of the publication may be reproduced or distributed by any means, or stored in a database or retrieval system.

本书中文简体字翻译版授权由北京大学出版社独家出版并限在中国地区销售。未经出版者许可，不得以任何方式复制或发行本书的任何部分。
本书封面贴有Taylor & Francis 公司防伪标签，无标签者不得销售。

书　　名	全球史学史（第二版） QUANQIU SHIXUE SHI
著作责任者	〔美〕格奥尔格·伊格尔斯　〔美〕王晴佳　〔美〕苏普里娅·穆赫吉　著　杨豫　〔美〕王晴佳　译
责任编辑	李学宜
标准书号	ISBN 978-7-301-30489-1
出版发行	北京大学出版社
地　　址	北京市海淀区成府路205号　100871
网　　址	http://www.pup.cn　新浪微博：@北京大学出版社
电子信箱	pkuwsz@126.com
电　　话	邮购部 010-62752015　发行部 010-62750672　编辑部 010-62752025
印刷者	北京中科印刷有限公司
经销者	新华书店 880毫米×1230毫米　A5　21.875印张　419千字 2011年2月第1版 2019年6月第2版　2022年6月第2次印刷
定　　价	130.00元

未经许可，不得以任何方式复制或抄袭本书之部分或全部内容。
版权所有，侵权必究
举报电话：010-62752024　电子邮箱：fd@pup.pku.edu.cn
图书如有印装质量问题，请与出版部联系，电话：010-62756370

目 录

我们应该怎样研究史学史？（中文版代序） 　　　　王晴佳 / 1

导　论　　　　　　　　　　　　　　　　　　　　　　1
第一章　世界各地的史学传统：18 世纪一览　　　　　26
　　一　我们从哪里开始？　　　　　　　　　　　　　26
　　二　西方　　　　　　　　　　　　　　　　　　　30
　　三　中东　　　　　　　　　　　　　　　　　　　48
　　四　印度　　　　　　　　　　　　　　　　　　　58
　　五　东亚和东南亚　　　　　　　　　　　　　　　71
第二章　民族主义和民族主义史学的兴盛：
　　　　19 世纪西方、中东和印度　　　　　　　　　89
　　一　革命时代的史学：1789—1848　　　　　　　　89
　　二　民族主义与中东史学的转型　　　　　　　　113
　　三　印度史学的转型　　　　　　　　　　　　　135
第三章　19 世纪的学院派史学与历史研究的职业化：
　　　　西方和东亚历史研究的转型　　　　　　　　160
　　一　科学崇拜与民族国家的范式（1848—1890）　160
　　二　儒家史学的危机与东亚近代史学的形成　　　192

第四章　两次世界大战阴影下的历史写作：
　　　　　历史主义与近代史学的危机　　　　　　　220
　　一　历史研究与历史思想的转向(1890—1914)　220
　　二　两次世界大战之间的史学(1918—1939)　244

第五章　民族主义史学走向世界：20世纪中东和
　　　　　亚洲的历史研究　　　　　　　　　　　　274
　　一　奥斯曼主义,土耳其主义和埃及化：
　　　　中东的民族主义历史学　　　　　　　　　274
　　二　民族主义、科学主义和马克思主义　　　　298
　　三　现代印度的民族主义史学　　　　　　　　328

第六章　战后史学的新挑战：从社会史到
　　　　　后现代主义和后殖民主义　　　　　　　　355
　　一　冷战与世界新秩序的出现　　　　　　　　355
　　二　西方的各类社会史(1945—1968/1970)　357
　　三　20世纪七八十年代：文化转向和
　　　　后现代主义　　　　　　　　　　　　　　383
　　四　后殖民主义　　　　　　　　　　　　　　415

第七章　伊斯兰主义和马克思主义的影响：
　　　　　20世纪末亚洲、中东和西方的历史学　　　465
　　一　马克思主义史学在东亚和东南亚的涨落　465
　　二　伊斯兰教和伊斯兰史学在冷战及以后的发展　499

第八章　21世纪初期的历史学：一种批判性的回顾　544
　　一　全球化的世界　　　　　　　　　　　　　544

二　历史研究的转向　　　　549
  三　总　结　　　　　　　　603

名词解释　　　　　　　　　　606
推荐阅读书目　　　　　　　　617
索　引　　　　　　　　　　　636

我们应该怎样研究史学史?[①]

(中文版代序)

王晴佳

本书的作者之一格奥尔格·伊格尔斯先生于2017年11月26日,以90岁的高龄告别了人世。此书中文修订版的出版,是对他老人家一个很好的悼念。伊格尔斯先生生前,对中国十分友好,自1984年之后多次访问中国,在中国学术界交了不少朋友,多次接受中国学人的各类采访。他所有的重要著作,也早都有了中文版,拥有不少读者。我想在伊格尔斯先生离世和本书出版之际,认真回顾、总结一下他在史学史研究方面的成就、特点和遗产。具体而言,本书将从下面两个方面谈谈我个人对如何开展史学史研究的体会和反思,目的是与读者交流、切磋。

一 全球着眼、克服偏见

现在想来,我有如此荣幸,自1990年代后期开始与伊格尔斯先生多次合作,包括写作此书,这与他有心提携、帮助我

[①] 此篇代序的主要内容,曾发表于《史学史研究》2018年第1期。

有关。而在另一方面,也反映了伊格尔斯在史学史研究中提倡、坚持的一种立场,那就是如何在史学史的研究中,突破西方中心论的藩篱,努力将世界各地的历史意识及其表现形式,平等看待并恰当处理。

但这并不容易。史学史作为一门专门的学问,起源于西方,其性质是对如何写作历史,在理论、方法等方面加以系统的探讨和总结。毫无疑问,以中国史学传统之久,中国史家也有总结历史书写传统的论著,唐代刘知几(661—721)的《史通》和之前刘勰(约465—532)的《文心雕龙·史传》篇,都是著名的例子。从内容上来说,《史通》显然更为广博,而《文心雕龙·史传》则更像是对史学传统的一个简要的回顾。在中东史学的传统中,也出现了一些精湛的史学理论著作。不过,这些类似现代"史学史"的研究,均没有成为专门、系统的学问。

西方的第一部冠名史学史的著作,应该是法兰西人朗瑟罗·拉·波佩利尼艾尔(Lancelot Voisin de la Popelinière, 1541—1608)的《史学史》(*L' histoire des histoires*)。他的老师让·博丹(Jean Bodin, 1530—1596),则在之前写出了《理解历史的方法》(*Methodus ad facilem historiarum cognitionem*),探究了历史研究和书写的方法。他们所处的16世纪,属于文艺复兴的晚期,也正是西方史学走向近代化的初期阶段。其后的17世纪,欧洲经历了科学革命,导致其一跃而起,在科技发展等领域,迅速超越了许多古老的文明。受到牛顿、伽利略等自然科学家的激励,18世纪的启蒙思想家开始思索人类历史的发展规律。他们的论述各个不同,不过其总体倾向是认为经历了科技长足发展的欧洲文明,将会引导和领导其他文明共同进步。黑格尔的《历史哲学》主张理性的扩张是人类历史进步的动因,而理性在世界历史上最终会由德意志民族所代表和体现。马克思在《资本论》德文版第一版的序言中也指出:"问题本身并不在于资本主义生产的自然规律所引起的社会对抗的发展程度的高低。问题在于这些规律本身,在于这些以铁的必然性发生作用并且正在实现的趋势。工业较发达的国家向工业较不发达的国家所显示的,只是后者未来的景象。"① 这也就是说,西方工业文明代表了世界历史的走向。

的确,到了19世纪马克思、恩格斯总结历史发展的动因和规律的时候,西方文明称霸、引领全球似乎已经不言而喻了,因为它已经轻松击败了包括中国在内的许多传统文明。马克思、恩格斯那时注重考虑的是,如何揭示和预测资本主义世界走向灭亡的原因及其如何将为未来的社会主义和共产主义社会所替代,而其他历史哲学家则满足于论证和解释西方文明在16世纪之后一马当先、领导世界的原因和过程。与哲学家不同,近代史学之父利奥波德·冯·兰克(Leopold von

---

① 马克思、恩格斯:《马克思恩格斯全集》第二十三卷,"第一版序言","中文马克思主义文库"(https://www.marxists.org/chinese/marx-engels/23/001.htm)。

Ranke,1795—1886)提倡"如实直书",即用经过考订的史料如实地重构历史演化的过程。这句貌似谦逊的口号,其实反映了兰克对近代史家运用科学考证的方法、重构历史的巨大信心。同时兰克的这句表态,也映照了西方人对自己的文明引领世界潮流的自信,认为这一过程已经不证自明,只要"如实直书"就明白无疑了。于是,19世纪成为了"历史学的世纪",大量历史著作出版,用以揭橥西方近代民族国家的起源、发展和特点。如同中国唐代的官修史学影响了朝鲜半岛、越南和日本一样,近代西方的史学写作模式也为其他地区所效仿。

而且,随着西方强权在整个世界的进一步扩张,西方近代史学的写作形式——叙述体——也逐渐成为了今天世界各地史家模仿、采纳的对象。到了19世纪与20世纪之交,系统的史学史著作也不断出现,目的是归纳、总结近代史家的作品及其成就。乔治·古奇(George P. Gooch,1873—1968)的《十九世纪的历史学与历史学家》(*History and Historians in the Nineteenth Century*)于1913年问世,顾名思义,这是那时出版的多部史学史著作中,比较典型的总结19世纪史学成就的一部作品。重要的是,虽然古奇为其掌握的语言所限,无法照顾到世界各地的历史研究,但此书概况的内容,仍然是十分广大和及时的。古奇不但以当代史学的发展起始,而且其视角不以西欧、美国为限,也评价和讨论了东欧、北欧、南欧地区的史学作品。这其实反映了一种立场和态度,就是认为西方的历史观念和方法,有"放之四海而皆准"的效应。换言之,西方中心论思维的背后,是启蒙运动的普遍主义理念。正是在这一理念的驱使下,西方学界在叙述自身文明历史的同时,也努力研究非西方、也即所谓"东方"的文明。爱德华·萨义德(Edward Said,1935—2003)的《东方学》(Orientalism)一书,便从批判的角度为我们描述了西方近代学术中"东方学"的起源和特点。

在史学史的领域,我们也看到类似的普遍主义尝试。赫伯特·白特菲尔德(Herbert Butterfield,1900—1979)是在古奇之后,专门研究史学史的英国史家,其著作《辉格历史观》(*The Whig Interpretation of History*)出版于1931年,让他名闻遐迩。白特菲尔德之后著述很多,大多讨论西方历史学的起源、特点、与基督教的关系及社会功用。但在他去世之后,由别人帮助整理并于1981年出版的《历史学的起源》(*The Origins of History*)中,视角移到了中国的史学传统。之后在1969年,与白特菲尔德一样也在剑桥大学任教多年的杰克·浦朗穆(J. H. Plumb,1911—2001)出版了《过去之死》(*The Death of the Past*),用更大的篇幅将西方史学与中国和其他地区史学在观念和方法上做了比较。

白特菲尔德和浦朗穆都不是汉学家;浦朗穆更不专门研究史学史。但他们关注中国史学,首先是因为中国有着历时悠久的史书编纂传统,很难忽视。而另一点则是,他们的心态和做法,与萨义德笔下的西方"东方学家"类似,试图在与中国史学的比较中,抬高西方史学的优越和高明。在浦朗穆《过去之死》一书中,这一特点的表现特别明显。此书根据作者1968年在美国纽约城市大学的系列讲座讲稿写成,其主旨是强调在那时的世界,也即第二次世界大战后的世界,历史研究为何仍然重要。由此,浦朗穆几乎必须涉及中国史学编纂的悠久传统,因为中国古代对历史记载的重视,已经是一种常识。他在导言中承认其成就但又评论道:

> 显然,像中国高明的圣贤一样,唐代的中国史家无疑比爱因哈德(Einhard,775—840)和奥托·弗莱兴(Otto of Freising,ca. 1114—1158)及所有中世纪的编年史家要高明许多。但尽管如此,他们的写作从未突破达到真正历史的最后一道藩篱——他们没有实事求是的企图,没有看到一个社会的智者所构想的社会常常与现实之间存在着冲突。中国史家追求知识的渊博,不过他们没能像西方在最近两百年中那样,发展出一种批判的史学。他们从未尝试过客观地处理和理解历史,更谈不上成功。①

浦朗穆认为,问题的关键在于,中国、西方和其他文明中的传统史家,都为"过去"所困,无法从现在的立场来看待、研究过去。他的书分为三章:(1)作为权威的过去;(2)作为命运的过去和(3)历史学的作用。浦朗穆认为,在近代西方出

---

① J. H. Plumb, *The Death of the Past*(London: Palgrave-Macmillan, 2003), pp. 13-14.

现新的历史观念之前,以前的中西伟大史家,如希罗多德、李维、塔西佗、司马迁、司马光等人,都服从于过去,希望保留有关过去的知识。其中修昔底德或许是唯一的例外,因为修昔底德希望如实地重构过去,不过浦朗穆指出,修昔底德所追求的是人类的普遍真理(人的本性、善与恶、历史的机遇等等),而不是具体的历史事实,所以他会使用许多无法核实的对话,即现在看来掺杂了想象的写作方法。然后他笔锋一转,说到他称之为"古代中国最伟大的史家司马迁"。他说司马迁的写作,继承了父亲司马谈的遗志,不但用自己的语言重述了古代的典籍,而且也基本相信了那些文献所述的史实。所以总体而言,司马迁的《史记》"是为官吏写的一本有关过去的知识手册。司马迁的著作传递了大量的信息,展现了道德生活的理想状态和实际历史之间的互动。但没有展现我们所熟知的历史批评——没有试图在过去与现在不同这一立场上理解过去"。①

浦朗穆对司马迁史学和整个中国史学的看法,显然有明显的偏颇之处,我们将在下面详论。值得注意的是,他的《过去之死》将西方与中国史学对立来比较,突出前者的优越和先进,这种明显的"东方主义"的做法,在今天仍然保留着一定的影响。浦朗穆的《过去之死》在 1969 年出版之后,几次重印,后来在 2003 年又由英国的帕尔格雷夫-麦克米兰公司

---

① Plumb, *The Death of the Past*, pp. 20-21.

出版了第二版。更有甚者,这个版本由当今两位著名史家推荐:哥伦比亚大学的讲座教授萨蒙·夏玛(Simon Schama)为之作序、哈佛大学的讲座教授尼尔·弗格森(Niall Ferguson)为之写了导言。他们两人都是英国人,前者曾在剑桥大学求学,与浦朗穆有师生渊源。但无论如何,他们出面为浦朗穆推荐此书,不会完全出于师生情谊,而是显然也认同浦朗穆的史学观点。还有必要一提的是,浦朗穆在剑桥大学的研究和教学,颇为多样,并无专攻,但他的著作,除了《过去之死》之外,还有其他也在后来结集重印。浦朗穆这个人物及其史学,因此值得我们进一步研究,或许有助于我们了解英国乃至英语世界史学的传统和特点。

像文化传统一样,历史观念一旦形成,一时无法很快改变。台湾史家杜维运(1928—2012)在其出版于1981年的《与西方史家论中国史学》中,对浦朗穆有专门的介绍,并对浦朗穆所谓中国传统史家的写作"从未突破达到真正历史的最后一道藩篱",做了专门的反驳。① 但杜的著作用中文写就,没有为西方学界注意。1983年香港史家许冠三(1924—2011)针对浦朗穆和其他西方史家对中国史学传统的批评,在英国的《历史杂志》上用英文发表了《中国的批判传统》,举

---

① 杜维运:《与西方史家论中国史学》,台北:东大图书公司,1981年,第13—16、61—75页。

例说明中国传统史家对史料的谨慎、批判意识和手段。① 可惜此篇文章也没有引起多少人的注意,至少萨蒙·夏玛和尼尔·弗格森未加采纳。西方有句俗语,你无法叫醒一个假寐的人。其实在浦朗穆写作《过去之死》之前,他剑桥大学的同事、汉学家蒲立本(E. G. Pulleyblank,1922—2013)就发表了《中国的历史批评:刘知几和司马光》一文,指出了中国史家对史料的批判手段和意识。② 或许蒲立本此文对浦朗穆的效果仅仅是,后者主要批评了司马迁缺乏史料批判意识,而没有针对司马光。

由此而言,我们特别需要指出和怀念伊格尔斯先生的胸怀和贡献。伊格尔斯生于德国汉堡,十二岁的时候与父母逃离了德国,幸免于希特勒领导下的纳粹德国对犹太人的大规模屠杀。但他在大学主修的是法语和西班牙语,到了硕士阶段进入芝加哥大学才转而进修德语。不过他于1951年完成的博士论文,仍然以法国思想为主题,并出版了第一本著作《崇信权威:圣西门派的政治哲学》。他的第二本著作《德意志历史观念:赫尔德以来的历史思想之民族传统》,确定了伊格尔斯在德国史学史上的地位。他之后发表的《欧洲史学的新方向》一书,更让他成为欧洲现代史学的专家。也就在差

---

① 见 Hsu Kwan-san,"The Chinese Critical Tradition",*The Historical Journal*,26:2(June 1983),pp.431-446。

② E. G. Pulleyblank,"Chinese Historical Criticism:Liu Chih-chi and Ssu-ma Kuang",W. G. Beasley & E. G. Pulleyblank eds., *Historians of China and Japan*(Oxford:Oxford University Press,1965),pp.135-166.

不多同时,他与时任杜克大学的哈罗德·帕克尔(Harold T. Parker)一起主编了《国际历史研究手册:当代的研究和理论》(1979),其视角几乎遍及全球。比如有关中国的史学,他邀请了在他之后几天过世的汉学家阿里夫·德里克(Arif Dirlik,1940—2017)撰写。《国际历史研究手册》是英语世界中,较早一本力图平等地处理各地区史学发展的著作,出版之后颇有影响。不过,伊格尔斯在写作《二十世纪的历史学:从科学的客观性到后现代的挑战》时还主要以欧美史学的发展为线索。此书缘起于伊格尔斯受邀在一次哲学会议上的发言,谈启蒙运动的理性主义及其受到的挑战,由此而发展成书,先在德国出版,之后经他自己修改补充,于1997年出版了英文版,广受关注和好评(此书已经被译成了十多种文字)。

伊格尔斯在写作《二十世纪的历史学》时,已经多次与我商讨如何从全球的角度,考察和研究近代史学的变迁。如同本书的谢词中所说,伊格尔斯那时收到了英国老牌的朗曼(Longman)出版公司(出版乔治·古奇的《十九世纪的历史学与历史学家》的公司,现已经并入劳特里奇出版公司)的书约,写一部近代史学史。他与出版商商量,邀请我为合著者,将此书的范围从西方扩展到全球,即以《全球史学史》为标题。这一合作,也促使我自己扩大研究的视角,从中国史学与西方的互动及在近现代的转化,转向考察和比较东亚史学近代化的异同。而为了写作《全球史学史》,我不但负责东亚和东南亚,而且还研究和写就了中东地区的史学传统及其近代转化的章节,让我受益匪浅。① 之后我们又邀请了伊格尔斯的印度学生苏普里娅·穆赫吉(Supriya Mukherjee)加入,由她负责印度和女性主义史学的部分。《全球史学史》出版之后,普受好评,除了翻译成中文之外,还有了俄文版、德文版和希腊文版。伊格尔斯先生作为西方史学史领域世界公认的权威,不以其专长为限,而是努力突破西方中心论的束缚,推动史学史研究的全球视角,功劳卓著,殊为难得。这不但是他晚年治学的一个亮点,也为史学史的研究指出了一个后人无法忽视的新方向。

与伊格尔斯合作《全球史学史》和其他著作,不但是我的莫大荣幸,同时也让我有机会反思以往史学史研究的偏狭之处。除了本文已经谈论很多的西方中心论之外,我觉得中国史家也需要检讨自己的偏见。我们虽然不满西方中心论,但却又在某种程度上认同西方史家对其他文明的轻视。这一偏见的主要表现是将文字记载的史实视为历史学的主体。我们提及中国传统史学,便常常用汗牛充栋这样的字眼,形容中国史书的丰富,并为之感到骄傲。但如果希望用平等的观点看待所有的文明,认为各地区的人类团体都有历史意识,只是表现形式不同,那么就需要承认,我们的史学史研究,不能仅仅

---

① 我曾侧重考察中日史学近代化路径的异同,写过多篇文章,分别载于《史学理论研究》和《中华文史论丛》等刊物。最近的一篇为《传统与近代的互动与折中:清代考据学与明治时期日本史学之变迁》,收入黄自进、潘光哲主编:《近代中日关系史新论》,台北:稻乡出版社,2017年,第339—388页。

以史家的历史书写为唯一的对象,更不能仅仅以现代意义上的论说文风格写作的史书为基础,否则我们就无法真正走出西方历史观念的藩篱。因为在西方人的眼里,史书需要以"散文"(prose)而不是"韵文"(verse)的形式出现。但在其他许多文明(如中东、印度乃至中国)中,人们用诗性的、韵文的形式记录和反映他们对自身历史的理解和叙述,还有如非洲和其他传统文明的历史意识,甚至采取了口述的、诗歌的形式。毫无疑问,这些韵文和诗歌形式记载的历史意识,似乎让人感觉不够实证,因为出于押韵、咏唱等需要,词句的选择和表达上受到了一定的限制,似乎无法如作者所愿陈述史实。但其实如后现代主义、后结构主义所指出和强调的那样,即使用论说文形式写作的史书,作者也无法完全做到"我手写我心",完全超然无误地写作,因为语言并不透明;历史书写会有意无意地反映语言的内部结构以及作者本身对文体的偏好。[①] 因此就本质而言,论说文所陈述的史实与其他文体写作或记录的史实,并没有根本的区别。我们在上面提到的刘勰的《文心雕龙·史传》和刘知几的《史通》,都用的是骈体文,也即韵文,所以克服将论说文视为历史书写最佳体裁的偏见,不但有助于我们从平等的角度看待世界各文明的历史意

[①] 海登·怀特的《元史学》就希图揭橥历史书写在语言层面的"深层结构",对现代史学的影响颇大。怀特认为史家写作受到语言结构和文体的限制,因此历史书写与文学创作无异,这显然走得过远,但他揭示语言本身的深层结构及其对写作的限制,却让人有所启发。

识及其表现,而且也能让我们充分认识中国传统史学的特点和价值。

二 时代感和批评意识

2017年我与北大李隆国合著了《外国史学史》,我们在序言中强调:以往的经验、事例证明,史学史研究之所以重要,"因为史学史著作的出现,通常是在历史研究经历重大转向之后的产物"。[①] 这里我觉得有必要重述一下相关的立场。比如刘勰的《文心雕龙·史传》虽然简短,但却勾勒、评价了从先秦到汉代中国史学的起源和成就,认为《春秋》《左传》《史记》和《汉书》奠定了这一历史书写的传统,而在汉代之后,这一史学传统已经走向衰落,于是他有"至于后汉纪传,发源《东观》。袁、张所制,偏驳不伦。薛、谢之作,疏谬少信。若司马彪之详实,华峤之准当,则其冠也"的说法。而到了三国时代,除了陈寿的《三国志》,刘勰对其他著作,更多批评:"至于晋代之书,系乎著作。陆机肇始而未备,王韶续末而不终,干宝述《纪》,以审正得序;孙盛《阳秋》,以约举为能。按《春秋经传》,举例发凡;自《史》《汉》以下,莫有准的。"[②]有了这一负面的观察之后,刘勰在《史传》中对历史书写提出了种

[①] 王晴佳、李隆国:《外国史学史》,北京:北京大学出版社,2017年,第1页。
[②] 刘勰著,周振甫注:《文心雕龙注释》,北京:人民文学出版社,1981年,第170—171页。

种评价和建议,此处不赘。刘勰的《文心雕龙·史传》所以重要,因为它在汉代灭亡之后的魏晋南北朝这一历史转折时期,转而总结、评价了自先秦至汉代的中国早期史学的成就。

同样,刘知几的《史通》也批评回顾了从先秦到唐代的史学传统,然后对今后的历史写作提出了许多建言。与刘勰一样,刘知几生活的年代,也是一个历史变迁、文化转向的时刻。如果说前者经历了汉亡之后,华北所经受的包括所谓"五胡乱华"的剧变,后者则目睹和经历了中国历史的一个盛世。从史学史的角度来看,由于唐代皇帝的支持,中国官方史书编纂进入了一个黄金时代——现今流传下来的"二十四史"中有三分之一是由唐代史家编纂的。这一官方修史的传统,在隋唐之后一直为历代朝廷所坚持和发扬光大。而从更为宏观的角度着眼,唐代所建立的官方修史传统,还形塑了朝鲜半岛、越南和日本的历史编纂传统,形成了前近代东亚史学的一大特色。由此来看,刘知几的《史通》也是在历史转变的重大时刻,对史书编纂的传统加以总结、批评和鉴定的一部出色的著作。

西方的史学史研究,同样如此。上面我们提到的法兰西人朗瑟罗·拉·波佩利尼艾尔和让·博丹的史学史、史学方法的研究,也出现在文艺复兴这个后人视为近代历史开端的时刻。中外史学史的这些先例表明,史学史的研究需要体现时代感,在历史转向的时刻,对以往的史学成就做出批评性的评价,以助其将来的健康发展。换言之,史学史的研究,不是仅仅为了歌颂和赞扬以往的史学成就,以名家名作为对象。至少,研究名家名作,重述他们的功绩,不应该是史学史家的唯一任务,因为这样的研究成果往往不能有效地帮助读者(历史专业的年轻学生)看到以往史学研究的不足,促进他们批判性的思考,反而会让他们望而却步,觉得自己只能高山仰止、景行行止,在前人的成果面前叹为观止、亦步亦趋,而无法看到自己的机会,以求发挥自己的潜能,在吸收以往成果的基础上,求得进一步的突破,从而促进史学的新的进步。

伊格尔斯先生的治学,在这方面为我们提供了一个很好的例子,可以作为参考。上面已经提到,虽然德语是他的母语,他12岁移民美国之后一直在家里使用德语,而且还掌握了与德国人一样的阅读、写作水平。但他从大学时代起就选择研究拉丁语系的语言和文学,到了研究生阶段也同样如此;他的博士论文以法国圣西门派的哲学思想为题。伊格尔斯之研究圣西门派的思想,与他自博士候选人阶段开始支持、参与和领导美国南方小石城的民权运动,显然有明显的联系。在伊格尔斯的追悼会上,他的孙女对我讲了她对祖父的一个印象,那就是伊格尔斯从来不愿去美国垄断企业如麦当劳和沃尔玛这些地方购买食品或商品,因为他与这些垄断资本家没有共同的立场。伊格尔斯一生,都是一个西方社会主义者,与他博士论文的主题一致。顺便提一下,2016年的美国总统大选,他曾坚定地支持伯尼·桑德斯(Bernie Sanders),不但是因为桑德斯像他一样,曾是民权运动的积极分子,而且也因为桑德斯的竞选方案有不少社会主义的因素(如提出美国州立大学应该免除学费等等)。

伊格尔斯的《德意志历史观念》一书,让他名闻遐迩,确立了他在史学史领域的领先地位。此书的写作,不仅仅是解释德国的兰克史学及其弟子如何为近代科学、职业史学奠基,称颂他们的伟大功绩。相反,伊格尔斯此书的写作及其之后对兰克史学的研究和出版,都采取了一种十分明确的批评立场。像二战之后许多年轻一代的德国史家如汉斯-乌尔里希·维勒(Hans-Ulrich Wehler, 1931—2014)、约尔根·科卡(Jürgen Kocka)、约恩·吕森(Jörn Rüsen)一样,伊格尔斯希图检讨德意志民族的文化传统,及其在1871年的统一如何影响了德国在20世纪的一系列作为,比如发动两次世界大战等等。维勒和科卡从社会、政治等角度着手,检讨德意志民族走向近代的历程和特点,而伊格尔斯从史学思想的角度,为战后德国人如何看待自己的过去,提供了一个思考的途径。换言之,伊格尔斯的写作,反映出了十分明确的时代感,批判性地分析了近代德意志人向来引以为傲的史学传统。《德意志历史观念》在美国出版之后,学界评价很高,但在其之后不久出版的德文版,则让伊格尔斯在德国声誉卓著,名声更大。他逝世之后,德国的各大媒体都登载了较大篇幅的讣告。本文写作的时候,德国的史家们正在筹备一系列对他的纪念活动。

伊格尔斯之后的著作,同样充满了时代感和批判意识。他在1975年出版的《欧洲史学的新方向》,批判性地总结了战后欧洲史学的新发展,也即在兰克史学之后的种种新气象。顾名思义,《欧洲史学的新方向》以指出和分析欧洲史学的"新"方向为目标,而伊格尔斯认为,这一新方向以法国的年鉴学派、德国的历史社会科学(抑或"历史的社会科学")派和英国的马克思主义史学为代表。他的这一见解,为学界所认可。而他在1997年写作的《二十世纪的历史学:从科学的客观性到后现代的挑战》一书,不但成书于世纪之交,以求总结20世纪历史学的发展轨迹,更想针对后现代主义对近代史学的批评和冲击,做出批判性的分析。伊格尔斯与海登·怀特(Hayden White,1928—)认识多年,私交不错,但他不认同怀特贬低启蒙运动的理性主义,将史学与文学相提并论的做法。在此书的结尾,伊格尔斯这样写道:

> 后现代主义思想对当代史学做出了实质性的贡献,有助人们警惕乌托邦式的空想和对进步观念的轻信。但是这一贡献不是让我们丢弃甚至摈斥启蒙运动的遗产,而是要对其做批判的反思。本书所考察的新社会史和新文化史的开展,大致来说也是为了这个目的。启蒙运动可以批判,但如果将之摈弃,则会走向野蛮主义。①

---

① Georg G. Iggers, *Historiography in the Twentieth Century: From Scientific Objectivity to the Postmodern Challenge* (Hanover, NH: Wesleyan University Press, 1997), p.147. 此段结语由笔者所译,读者也可参考此书的中译本:格奥尔格·伊格尔斯:《二十世纪的历史学:从科学的客观性到后现代的挑战》,何兆武译,沈阳:辽宁教育出版社,2002年,第169页。

由上可见,伊格尔斯对于后现代主义这一新思潮的出现,有着清醒的认识,虽然看到其产生的缘由及其益处,但在总体上抱持一种批评的态度,无意追捧时髦,人云亦云。后来伊格尔斯在与我和苏普里娅·穆赫吉合作的《全球史学史》中,他又重申了这一立场,希望此书的写作既能从全球的视角展现历史意识和实践的异同,又能帮助当代史家在后现代主义的冲击下保持清醒的头脑,不会因为后现代主义对史学客观性的批评而让人放弃对历史真相的追求。该书的导言基本由他起草,在其结尾的地方,伊格尔斯这样写道:

> 与19世纪职业史家的信念不同,我们深知理性探索的局限,因为我们对许多事件都无法获得完全明确的答案。我们也承认历史书写常常呈现不同的,甚至对立的观点,而且这些不同和对立还无法找到确切的证据来克服。可是,虽然史家不可能明确无疑地重构过去,但他们常常有可能揭示比如为了服务于政治意识而做出的错误的历史陈述。[①]

据我所知,这是伊格尔斯晚年一贯坚持的立场,他也在其他场合多次重申了这一看法。总之,伊格尔斯一生对史学史领域的耕耘让我们看到,史学史的研究需要重视时代变迁对历史书写的影响,不断更新史学史的内容,而在同时,对于史

---

① 见本书导论,第24页。

学界出现的新思潮、新现象、新流派,又需要从批判的立场加以考察、分析和鉴定。

在结束我们的讨论之前,似乎有必要再回到浦朗穆的《过去之死》一书。中国有句成语:开卷有益。浦朗穆对中国传统史学的批评,显然很不中听,表现出对中国传统史学的一种无知和偏见。但从他写作的主旨来看,比较中西史学乃至贬低中国史学,其实并不是他的主要目的。而此书在出版之后再版,到2003年又重印,也主要不是因为西方学界认为浦朗穆做的比较史学有多少值得借鉴之处。其实,浦朗穆在20世纪60年代末应邀到美国纽约城市大学开系列讲座,其目的是希望重振历史学家的信心,因为历史研究在战后的时代,特别是在风起云涌的1960年代,经历了重大的变迁,受到了有力的挑战。但对浦朗穆而言,这些挑战没有动摇近代史学的基础。所以此书的写作,也在一定程度上体现了一种时代感。当今史家推荐、出版商愿意重新出版此书,更多是因为此书体现了浦朗穆对史学在那个变动的时代所做的一系列思考,对今天的读者或许有某种启发性。

但是,浦朗穆《过去之死》整本书的写作及其论点的展开,却陷入了一种似是而非的悖论。从全书的论旨和结构而言,浦朗穆希望史家能走出过去的束缚,认识到过去与现在的不同,从而不盲目崇信过去的权威和经验,然后在现在的立场上重新审视、用批判史料的手段写作历史,重构过去。这一立场与他的同胞爱德华·卡尔(Edward H. Carr, 1892—1982)

在《历史是什么?》一书中所说历史是"过去与现在永无止境的对话"的立场相似。同时,浦朗穆认为近代史学的优点就是能从今天的立场重写历史,也与乔治·古奇在《十九世纪的历史学与历史学家》中对当时的史家如巴拓德·尼布尔(Barthold Niebuhr, 1776—1831)、兰克等人成就的评价,十分相似。尼布尔用新的史料,重新写作罗马史,不再拘泥于罗马史家李维、塔西佗的论说,而兰克以民族国家为单位写作历史,也体现和代表了19世纪史学的一个特色。所以浦朗穆对西方近代史学的认识及由此出发对中国传统史学的批评,都显得有点老调重弹,重复了前人的见解,缺乏新意。更有甚者,他论点的似是而非主要表现在,如果一个史家从现在的立场检查、重构过去,那么即使引用严格考核过的史料,其著述还是显然无法像浦朗穆所说的那样,客观无误地重现历史的真相。这里的道理很简单,从现在的立场出发写作历史,本身就代表了一种主观的意图,史料的使用是否经过批判、考核,并无法保证其历史书写毫无偏见。如同一个人用相机摄影,其照片上反映的人物和事件当然准确无误(故意造假的不在讨论之内),但摄影师的取景角度和选择的对象,都自然会反映出某种无法克服的偏见。

浦朗穆对中国传统史学的批评,认为中国史家过于尊崇过去,由此而无法企及客观和批判的史学,并无道理。如果我们根据他的思路,承认历史研究和书写是过去与现在永无止境的对话,那么中国的史学传统,向来强调鉴往知来,也即从过去的经验中汲取有益的教训来嘉惠现在、指导将来。所以,现在的立场在中国传统史学的观念和实践中,扮演了相当重要的角色;于是中国史家的做法,与西方及其他文明的历史实践,没有本质的区别。浦朗穆的历史反思表现在:他指出历史研究应该从现在的立场出发,回视过去、重构过去,由此而企图复兴历史的社会功用。这一观点其实与兰克表彰的"如实直书"立场,已经有了明显的不同,因为一般人对"如实直书"的理解,是希望史家能实事求是、为历史而历史来写作。但浦朗穆在批评中国史学的时候,又俨然以近代客观、批判史学的面目出现,指责中国史家无法达到西方近代史学那么高的成就。其实,如果像他说的那样,中国传统史家十分尊崇过去,那么这一尊崇心理会让他们更为关注史料的确证和史实的可靠,丝毫不想有损过去的真实。而西方近代史学从现在的立场研究过去,则显然更容易将历史为我所用,从而歪曲了历史。

中国还有一句成语:兼听则明。浦朗穆对中国传统史学的批评,存在偏见和漏洞。但正如我们在本节中指出的那样,史学史的研究需要采取一种批评的立场,由此而为今天的史家指出改进其研究和写作的可能。浦朗穆对司马迁的批评,虽然有所偏颇,但司马迁作为生活在两千多年前的古代史家,其治史方法、观念和立场与今天有了诸多不同,对之有所批评,本身并不是一件坏事。如果做的得体,这些批评能展现现代史家希图进一步改进历史研究的期望和信心。举例而言,司马迁创立的纪传体,为后代史家所继承,在唐代更被树立为官方修史的正统体裁。但这一延续两千多年的历史书写体裁,在20世纪的《清史稿》的编纂之后,便退出了中国史学的舞台。可惜,如同我在一篇文章中已经指出的那样,我们的史学史研究和司马迁研究,都没有对纪传体的得失和司马迁史学对今天的相关意义,做出深入、细致和平实的讨论和分析。① 相反,我们似乎仍然守着"为尊者讳"的传统,提到司马迁便推崇备至,唯恐称颂、赞美不及。这种做法,并不利于今天的中国史家继承和扬弃过去的遗产,推动中国历史研究的进一步发展。

最后,我想应该向读者指出一下这个修订版与上一版的主要区别所在。此书的英文原版于2008年出版之后,读者反映良好,被不少大学用作研究生史学史课的教材。不久,除了中文版于2011年出版之外,还有了俄文版和希腊文版。如同伊格尔斯先生在谢词中提到的,2013年德国著名的学术出版社——梵登霍克-鲁普雷希特(Vandenhoeck & Ruprecht)——有意请人将此书翻译成德文出版,为此伊格尔斯想做一下全书的修订。我想在这里把这次的修订工作,稍微详细交代一下,因为这次的修订,不仅奠定了2017年英文修订版的基础,而且还反映了伊格尔斯的治史理念和态度。首先,

---

① 参见王晴佳:《中国史学的西"体"中用:新式历史教科书和中国近代历史观之改变》,《北京大学学报》2014年第1期,第104—114页。

此书再版需要修订的一个原因是,在2008年原书出版之后,出现了一些新的论著,譬如由加拿大学者丹尼尔·沃尔夫所编的《牛津史学史》(Oxford History of Historical Writing),当时正在陆续出版。伊格尔斯和穆赫吉参加了该书相关章节的写作,而我虽然没有参与写作,但应主编沃尔夫和牛津大学出版社之邀,对该套书的规划出版,提供了一些审核和参考的意见。此外,沃尔夫本人又在2009年写了一本《全球史学通史》(A Global History of History),对自古至今的历史发展,做了一次鸟瞰。当然还有在这一领域其他专题性的论著。但如果要更新内容,必然会增加篇幅,而篇幅增加太多,则会影响读者的兴趣。为此,伊格尔斯以身作则,主张多增加非西方地区和女性主义史学的内容,而自己删减了近代西方史学的部分。需要指出的是,本人在修订的过程中,对自己承担的中东和东亚的部分没有太多更动。但伊格尔斯则增补了拉丁美洲和非洲的史学,并加了南非史学一节。为此目的,他曾与不少非洲史学和拉美史学的专家、学者切磋、交流,虚心向他们求教,并在写作完成后让他们提供修改意见。同时他也对马克思主义史学的部分,做了更新和修改。另一位作者穆赫吉增补了女性主义、后殖民主义和印度史学的部分。因此与旧版相比,此书的新版应该说更好地展现了全球的视角。而获得这一效果的原因,是伊格尔斯这位西方史学史的专家主动做出了不小的"牺牲"。而他在近90岁的高龄,仍然寻求更新、扩大自己的知识储备,进入新的领域(拉丁美洲史和非洲史),实在让人钦佩。值得一提的是,我和伊格尔斯先生后来在 2015 年主编了《马克思主义史学的全球视角》(*Marxist Historiographies: A Global Perspective*)一书。① 该书虽然由我策划,但伊格尔斯不但贡献了西方马克思主义一章,而且还写了《马克思主义对撒哈拉以南非洲和南非史学的影响》一章,因此他对落实该书的全球视野,称得上劳苦功高。

在更新内容方面,本书的最大修订在第八章,也即最后一章。对该章的修订,我们三人共同参与,而且多次讨论,因为此章的内容是指出全球范围历史研究的最新动向及其未来的发展方向。我们在一些问题上存在分歧,但最后还是达成了较为一致的意见。比如有关史学理论,我们认为虽然近年新作不断涌现,其中也有不少值得深挖的课题,但与 20 世纪末年相比,史学理论和历史研究与书写出现了一种分道扬镳的趋势,即史学理论家的关怀,不再像之前那样,能引起历史工作者的高度重视。而就历史学的发展趋向而言,我们指出,当代世界的史学,各地区之间的相互交流日益频繁,原来以国别史为主的历史书写,已经成了明日黄花。这一现象反映了西方史学影响走向式微。最近时期环境史和情感史研究的发展,均采取了跨文化的视角,而对民族国家历史观的超越,在剑桥大学出版社 2015 年出版的《剑桥世界史》中也有明显的

---

① Q. Edward Wang & Georg G. Iggers, eds., *Marxist Historiographies: A Global Perspective* (London: Routledge, 2015).

反映。在该书有关近代历史的几卷中，兰克原来认为勾勒其主线的民族国家的兴起，已经不再成为重点。最后，以历史学科方法的发展而言，环境史、情感史和"大历史"的兴起，要求史家更新他们的科学知识，进一步促进历史学与社会科学乃至自然科学的结盟。由此而言，当代史家正面临一些新的挑战。

本书原来的译者是南京大学历史系的杨豫教授，是西方史学史领域的一位专家，也翻译了不少史学史的名著。我与杨教授虽然只有数面之缘，但对他的学问却早有了解。20世纪80年代的时候，我在上海与几位年轻学者参与上海译文出版社的"当代学术思潮译丛"的选题筹划和编辑工作。这套当时销量很大后来被称为"黄皮书"的丛书中，历史学方面的著作出版不多，与我不久出国、未能积极参与编委会的工作有关。但其中的第一本就是杨豫翻译的《当代史学主要趋势》，出版之后受到了历史系师生和其他学人的高度重视。杨豫教授与伊格尔斯先生也有交往，曾翻译了台湾版的《二十世纪的历史学》。他在为北大出版社费心翻译了本书的2008年版之后，我曾花两周时间认真阅读，并就译文的一些地方与杨教授进行商讨，共同保证了译文的质量。这次修订版的翻译和校对，则主要由我承担（北大历史系博士生林漫和张一博初译了第八章，在此谨表感谢！）。此书最后由我统稿，若其中还有错误，请读者批评指正为荷！

导　论

我们今天正生活在一个迅速全球化的时代。① 全球化的速度近几十年来不断加快,特别是冷战结束以后。全球化的主要推动力来自西方,但是最近以来,也有一些重要的推动力来自其他地区,尤其是东亚和印度。全球化虽然带有高度的西方化,却绝不意味着以同质化为其结果,每个地区都植根于本民族的文化对西方做出了不同的反应。事实上,我们已经看到了全球化进程所导致的同质性,但与此同时也看到了异质性的不断增强。因此,全球化是极其复杂和多样化的,一方面它确实带来了经济组织和科技发展上的同质性,甚至导致了人们在生活方式上对西方模式的模仿;但另一方面,无论在表面上还是事实上,非西方世界又与西方有着明显的差异,甚至在顽强地抵制西方的影响。

---

① Jürgen Osterhammel and Niels P. Peterson, *Globalization: A Short History* (Princeton, NJ, 2005); Bruce Mazlish & Akira Iriye, eds., *The Global History Reader* (London, 2004); Bruce Mazlish, *The New Global History* (New York, 2006); Sebastian Conrad et al., eds., *Globalgeschichte: Theorien, Ansätze, Themen* (Frankfurt, 2007); *The Oxford Handbook of World History* (Oxford, 2011); Jürgen Osterhammek, *The Transformation of the World: A Global History of the Nineteenth Century* (Princeton, 2014); Lynn Hunt, *Writing History in the Global Era* (New York, 2014) and Pemela Kyle, Crossley, *Thinking History Globally* (New York, 2015).

历史研究虽然也出现了全球化的趋势,但比较滞后。在本书中,我们将要考察历史思想和历史著述在这个更大的全球背景下发生的转变。在过去的两个世纪里,尤其是在20世纪,已有一批史学史的著作陆续面世。然而,这些著作无一例外地集中论述西方或西方国家的史学,而且在讨论西方史学时,一般说来将它再细分为各国的传统,而没有对它们进行比较。在1989—1991年发生巨变之后的25年时间里,常规的历史研究越来越多地把注意力转向了非西方世界,而且把文化和社会方面包含了进来,其程度超过了以往的任何时候。然而,史学史的情况则不然,其中包括在20世纪、21世纪之交出版的一些著作。① 相当多的专著仍以各种非西方社会的历史文化为对象,尤其是人类学的著作。此外,许多史学史著作仍然继续以西方为取向,而且像过去的著作一样,仅仅限于

---

① Mirjana Gross, *Von der Antike zur Postmoderne. Die zeitgenössische Geschichtsschreibung und ihre Wurzeln* (Vienna, 1998); Michael Bentley, *Modern Historiography* (London, 1999), Anna Green and Kathleen Troup, eds ., *The Houses of History: A Critical Reader in Twentieth-Century History and Theory* (New York, 1999); Ralf Torstendahl, ed ., *An Assessment of Twentieth-Century Historiography* (Stockholm, 2000),不包括那些论述中国、日本和非洲的章节; Hans-Ulrich Wehler, *Historisches Denken am Ende des 20. Jahrhunderts* (München, 2001); Lloyd Kramer and Sarah Maza, eds ., *A Companion to Western Historical Thought* (Malden, MA, 2002); Joachim Eibach and Günther Lottes, eds ., *Kompass der Geschichtswissenschaft* (Göttingen, 2002); Donald Kelley, *Fortunes of History: Historical Inquiry from Herder to Huizinga* (New Haven, CT, 2003) and *Frontiers of History: Historical Inquiry in the Twentieth Century* (New Haven, CT, 2006); Georg G. Iggers, *Historiography in the Twentieth Century: From Scientific Objectivity to the Postmodern Challenge* (Hanover, NH, 2005, rev. ed.). Lutz Raphael, *Geschichtswissenschaft im Zeitalter der Extreme. 17 Theorien, Methoden, Tendenzen von 1900 bis zur Gegenwart* (München, 2003)简要地讨论了20世纪非西方国家的历史研究。

使用英文、法文和德文的文献,偶尔也使用意大利文的文献。只是在最近几年中才有了全球视角的史学史著作,如马库斯·沃尔克尔(Markus Völkel)的《史学史引论:一个全球的视角》(*Geschichtsschreibung: Eine Einführung in globaler Perspektive*, 2006)、丹尼尔·伍尔夫(Daniel Woolf,1958—)的《全球史学通史》(*A Global History of History*, 2011)和他主编的五卷本《牛津史学史》(*Oxford History of Historical Writing*, 2010—2012)。①

本书与上面的著作相比,不但规模远小于《牛津史学史》,内容也比沃尔克尔和伍尔夫的简略。后者是从古至今的通史,而本书仅处理近现代时期。伍尔夫的著作采取了比较的眼光,而沃尔克尔则孤立地叙述各个史学传统。我们认为,本书概括的时期,文化间的互动已经日益频繁,使得比较变得可能了。我们把本书的范围限定在18世纪末以来的时段内。我们的兴趣是西方和非西方的史学传统在全球背景下的相互影响。尽管西方和非西方之间在经济层面上的相互影响出现得更早一些,不同文化之间的历史学家那时依然只有个别的接触。在东亚,在北非的马格勒布(Maghreb,即地中海地区。——译者)到东南亚的伊斯兰世界,都有牢固的历史研究的传统,印度有古代的文字传统,撒哈拉以南的非洲有口

---

① Daniel Woolf 所编的 *A Global Encyclopedia of Historical Writing* (New York, 1998)两卷本也需要在这里提一下。

述传统,但各种文化之间的交流依然很少。不过,阿拉伯人在印度和撒哈拉以南非洲的部分地区产生的早期影响不应忽视。① 18 世纪的最后三十年,英国最先在印度确立了殖民统治,随后,在 19 世纪,英国在穆斯林各国和东南亚确立了殖民统治,这种与世隔绝的状况从此发生了转变。

但是,这种影响初看上去基本上是单向的,即西方对非西方世界的影响。我们所描述的是西方化的过程——这里所说的过程同样要用复数名词来表达——在每个地方都因面临传统观念和制度抵制而经历了变化的过程。我们并不认为西方的思想模式是积极的或正确的,而要把它们放在特定的历史和文化背景下去看待。在讨论西方的影响时,我们非常清楚,西方并不是一个有机的统一体,而是一个高度的异质体,以政治和思想的差异为其显著特征,因此我们所说的西方影响是指各种影响而不是指一种影响。这项研究的任务之一是探索西方的共同方面。同样,与西方发生互相影响的各种文化也是极其复杂的,因此对西方各种影响的接受也是极其多样化的。马克斯·韦伯(Max Weber, 1864—1920)有过一个著名的做法,通过与中国和印度等其他文明的比较来寻找西方的特征。对于这种做法,我们必须采取非常谨慎的态度,尽管韦伯并没有把这些特征当作真实的描述,而是把它们看作理想

---

① 在撒哈拉以南的非洲,在穆斯林时代的确就存在历史写作的传统,而古希腊时代就有黑非洲(即使不包含撒哈拉以南地区)的相关记载。见 UNESCO *General History of Africa*, 8 vols. (London, 1981-1993)。

类型,只是一种诠释的手段,以便于更好地理解这些特征。当我们把西方和非西方的相互影响列为我们这项研究的核心内容并考虑到其中的复杂性时,我们非常明了其中的难度。前面已经指出,我们之所以把18世纪末当作这项研究的起点,是因为各种历史思想的传统从那时起开始了互相影响。而在那以前,这些历史思想传统的存在如果说不是完全的相互隔绝,至少也是相对的隔绝。

在我们着手讨论之前,对于史学应当以什么为研究对象的问题,需要做一些说明。自从19世纪历史研究制度化以来,职业历史学家的著作成了史学史研究的主要对象。历史学和文学之间划出了一条相对明显的分界线。按照我们的理解,史学不仅是对过去的如实表述,而且是对过去的记忆。但是,记忆往往会出错。现代人对历史和历史研究之所以产生极大的兴趣,与强大的民族主义的诞生有密切的联系,在西方如此,在20世纪的印度等一度遭受西方殖民统治,或中国以及日本等受到殖民统治威胁的国家也如此。从未作为一个民族而存在过的民族,如同印度那样,用历史来发明自己,而且往往使用有关他们过去的想象和传说的图景来证明他们现在的合理性。① 在民族记忆的建构中,历史的学术研究发挥着重要作用。在理论上,学术研究与传说之间有一条明确的分

---

① 例如 Q. Edward Wang, *Inventing China through History: The May Fourth Approach to Historiography* (Albany, 2001)。

界线;但实际上,不仅在有关西方的历史想象中,而且在非西方国家的历史想象中,它们之间又有着密切的联系。

现有的史学史著作存在一个重要缺点,它们过于认真地对待历史的学术性,多少有些偏重于表面价值,而没有充分认识到,无论在西方还是在非西方的社会中,学术研究在很大程度上只是更广泛的历史文化中的一个部分。因此,当 19 世纪历史的学术研究首先在德国作为一个职业性的学科诞生并很快在西方普及,同时也在明治时期(1868—1912)的日本诞生时,历史研究自以为忠于科学的客观性,而实际上是利用它的研究技术去支撑民族的神话。德国历史学家们正是这样做的,在科学客观性的幌子下让 19 世纪普鲁士霍亨索伦家族统治下的德意志统一取得了合法性;[①]儒勒·米什莱(Jules Michelet,1798—1874)之所以钻进档案堆,是为法国民主民族主义做辩护,而日本历史学家利用兰克的考证方法去批判儒家史学,转而又极力支持日本的帝国传统,以推动日本的民族主义。这并不是说历史学家不应当以忠于事实为他们的目标,但他们也应当认识到自己怀有的偏见。历史学家的首要任务必须是批判他们对过去所做的歪曲。

这把我们带入了一种困境。一方面,我们不仅看到了历

[①] Georg G. Iggers, *Deutsche Geschichtswissenschaft: Eine Kritik der traditionellen Geschichtssuaffassung*, 4th ed. (Wien, 1997).

史学术研究方法中的局限性,也看到了更为一般的历史写作方法中的局限性,难以将它们作为比较性和跨文化的史学思想史的基础,但另一方面,我们又主要依赖于历史文本。这样做是有实际原因的。历史意识是通过多种方式表达出来的,不仅通过学术性的研究,而且通过想象性的文学,塑造的艺术品、纪念碑和建筑物,还通过节庆活动和歌曲以及难以捉摸和未经明确表达出来的集体记忆。如果要把所有这些表达都纳入我们的叙述,显然是力所不逮的,还需要使用吉尔兹的那种文化人类学的"深描"方法,才能重建意义的网络,而正是这个意义的网络构成了某个文化的历史面貌。更有甚者,我们有可能沦为幻想的牺牲者,也就是把文化幻想为一个完整的系统,而事实上它们可能含有许多矛盾的方面,不能一概而论。我们将要讨论文本以及制作这些文本的历史学家,但与此同时,我们也清楚地认识到这些历史著作来源于其文化中更加广泛的观念氛围。因此,当我们集中论述史学的时候,我们将把所考察的著作嵌入制度、政治和思想体系中加以观察。从比较和跨文化的角度对现代历史研究和历史教学的组织进行考察是十分重要的。例如,职业历史学家在大学从事的学科是如何形成的;这些创新如何得到政府支持;历史研究在中产阶级观念的政治背景中所处的地位;通俗科学的主张,其中包括社会达尔文主义的主张,对19世纪末20世纪初的历史著述产生了哪些影响。

　　本书的主题既不是文化史,也不是范围较大的社会史,它所涉及的是对历史著述与社会其他方面关系的认识。其中一个重要的问题是要确定历史著作针对的读者是谁。在我们讨论的这个时期里,阅读历史著作的读者发生了变化。一方面,历史研究的制度化和职业化导致了日益增强的专门化,因此越来越多的历史著述是专家写给专家阅读的,而阅读历史的专家是职业历史学界的一部分,往往孤立于更广泛的公众。然而,大量的历史著作,例如列奥波德·冯·兰克和儒勒·米什莱等职业历史学家的著作,又是被那些经常阅读历史小说的读者当作文学作品来阅读的。最后,中小学教科书在西方和非西方国家的作用也必须加以考虑;它们在很大程度上以学术发现为基础,但它们还要发挥更多的作用,即按照政府的意志,把一个民族过去的形象灌输进青年一代的头脑。此外,无论在西方还是在非西方,传播历史素材的媒体——连同受众一道——也经历了一些变化。在19世纪,不仅学术出版物,报纸、画报和历史小说等大众出版物也完全依赖印刷文字,将其作为媒介。但是,到了20世纪,媒介发生了变化,首先是电影,后来又辅之以广播、电视和录像,最近以来则有互联网作为补充。

我们讨论的是在不同历史文化之间开始相互影响的时期,历史思想和著述的历史。在组织我们的论述时,使用了两个概念。第一个概念,即全球化的概念,前面已经做了讨论。第二个概念则是现代化。全球化和现代化并非同一的概念,但相互交织在一起。全球化当然是近期才开始的。在文明史上很早就出现了交流,不仅有军事交流,而且有文化交流。腓尼基语的字母源于埃及象形文字的字母,经过传播以后,在它的基础上形成了希伯来语、希腊语和罗马语的字母。还有一个例子是罗马世界的希腊化,如同佛教和基督教以及后来的伊斯兰教等几大宗教的传播。但是,自十五六世纪的地理大发现以后,一种特殊形态的全球化开始了。我们主张把这个进程分为三个阶段。第一个阶段是资本主义世界市场的形成,是西方推行殖民化的早期阶段。不过,当时的殖民化还没有把东亚以及波斯帝国和奥斯曼帝国等穆斯林世界的国家当作主要目标。这些国家已经形成了牢固的政治结构,有悠久的古代文明,也有有效的经济,比美洲、撒哈拉以南非洲、东南亚以及大洋洲,乃至印度半岛等世界上的其他地区有更强的自卫能力。伊曼纽尔·沃勒斯坦(Immanuel Wallerstein,1930—)把世界划分为欧洲的所谓"核心国家"(core states)和殖民地"边缘"地区,前者已经牢固地形成了扩张性的资本主义经济,而后者成为了西方渗透和剥削的对象。[①]这些地区也不是完全被动的,例如,奴隶贸易只有在非洲酋长和商人的合作下才有可能进行,加勒比海地区、英属北美的各个殖民地以及巴西的以奴隶为基础的经济才能纳入欧洲的经济。在欧洲,这是中央集权国家的巩固时期,形成了常备军和

[①] Immanuel Wallerstein, *The Modern World System*, 3 vols. (Minneapolis, MN, 1974, 1987).

官僚体系，其中有些国家，例如西班牙、葡萄牙、英格兰、法兰西、尼德兰、瑞典和丹麦，已经形成了民族国家的雏形。然而，欧洲各国在这个时期还缺乏能力向东亚和西亚的统治稳固的国家进行渗透。随着欧洲和美国还有 19 世纪末日本实现工业化，随之军事优势也形成以后，情况发生了变化。1793 年，英国公使拒绝向中国皇帝磕头，标志着这一形势的变化。这是帝国主义扩张的时代，是在南非和北非推动殖民化的时代，也是在南亚和东南亚巩固殖民统治的时代。在 1839—1842 年的鸦片战争中，英国击败了中国，标志中国进入了无力抵御西方，而且最终无力抵御日本渗透的时期。

然而，在第二个阶段里，发生改变的不仅是政治、军事和经济的平衡，还有文明之间的平衡。18 世纪以前，欧洲人对中国大加称赞，在一定程度上对波斯和阿拉伯的文明也十分欣赏，但他们现在认为这些文明已不如自己的。正如研究欧亚交流的著名历史学家于尔根·奥斯特哈梅尔（Jürgen Osterhammel，1952—　）所说："在 18 世纪，欧洲人认为自己与亚洲相当，但到了 19 世纪，对于这样的比较他们再也不能接受了。"[1]亚洲文化中的某些成分，例如日本以及中国的艺术、建筑和医药，在西方引起了注意。印度（孟加拉裔）诗人泰戈尔（Rabindranath Tagore，1861—1941）获得了 1913 年的诺贝尔

---

[1]　Jürgen Osterhammel, *Geschichtswissenschaft jenseits des Nationalstaats: Studien zu Beziehungsgeschichte und Zivilisationsvergleich* (Göttingen, 2001), p. 84.

文学奖。西方的东方学对印度、中国、波斯和阿拉伯的古典文学进行了研究。但是,科学、技术、哲学、文学、艺术、音乐,当然还有经济的主要源头在西方,并逐渐向东渗透。从19世纪至20世纪初,非西方世界越来越多地采用了西方的技术和武器,在捍卫自己的自主性和文化的同时,也吸纳了西方的观念,但总的说来,这不是一个直接照搬的过程,而是在本国文化的基础上采纳西方的观念和制度,日本就是一个例子。令人惊讶的是,从19世纪末以后,甚至包括此前,被译成中文、日文、韩文,还有译成波斯文、阿拉伯文和土耳其文的涉及各个领域的西方著作数量如此之多,相反,译成西方其他小语种的著作却如此之少。直至今日,仍然如此。①

第二次世界大战结束后的年代标志着新的阶段,即第三阶段的开始。随着几乎全部前殖民地国家的独立以及中国作为一个重要强国的重新崛起,政治平衡至少在表面上发生了变化。然而,取代过去的老帝国主义的是新型的帝国主义,是经济高度发达的国家对所谓第三世界的前殖民地的经济渗透和控制。全球化的主要影响是在经济方面,诞生了不知国界为何物的金融资本主义。现代资本主义表现为当今世界上跨国公司和国际性的非政府组织的急剧增加,遍布全球,超过了过去的任何形式。随着冷战的结束,苏联集团的国家资本主

---

① Dominic Sachsenmaier, *Global Perspectives on Global History: Theories and Approaches in a Connected World* (Cambridge, 2011).

义让位于金融资本主义。中国和越南等社会主义国家也发生了变化。新的信息技术不仅改变了经济和社会,还把整个世界更紧密地联系在一起。文化和生活方式也全球化了。后者的典型事例有食品消费的麦当劳化,还有好莱坞电影、牛仔裤和流行音乐的普及。可以肯定,旧的消费方式不仅没有消失,还保留了它们特有的文化特征。与此同时,新的不确定性增加了,对现代文明——也就是西方文明——的不安不仅在西方以外而且在西方内部引起了针对西方现代性的回应甚至反抗。以 1968 年为标志,20 世纪 60 年代末与旧的思想方式发生了决裂,其影响力超过了 1945 年发生的那场决裂。以"信息革命"为标志的根本性的科技变化虽然是独立发生的,但与此有关。生活物质条件改变了。于是,人们普遍对科学和技术造成的越来越巨大的影响,对经济和社会各个方面发生的似乎是不可逆转的变化持反对态度。①

所有这一切对历史思想和历史研究产生了什么影响呢?我们要再一次把历史写作和历史意识的历史与上述全球化的几个阶段联系在一起,尽管我们知道这样的划分只是探索性的,把一个复杂的发展过程过于简化了。有趣的是,在全球化的第一阶段中,即 19 世纪的工业突破和帝国主义强国出现之前,换句话说,就是在早期的海外大发现之后,在历史著作中可以看到的有关全球观念的例子比第二阶段还要多。用这样

---

① 参见 Mazlish and Iriye, *The Global History Reader*。

的眼光看待历史的最重要的例子是一批英国历史学家(主要是非职业历史学家)于1736年开始编写的多卷本《普世史:从远古至今》(*A Universal History: from the Earliest Account of Time to the Present*)。① 该书确实是一部普世史,它的各卷不仅叙述了西方,而且叙述了非西方的各个国家,不仅涉及亚洲,而且包括了撒哈拉以南的非洲和美洲。这部著作得以完成是因为在海外探险的过程中地理知识得到了极大的丰富。欧洲在这部普世史中虽然占许多卷,但只不过被当作许多种文明中的一种。

在第二个阶段,即1800年以后帝国扩张的时代,人们看到历史研究的范围大为缩小。历史研究关注的中心是欧洲,即使有非西方世界,也是从欧洲人统治的角度来看待。对所谓的东方文化进行的专门研究把注意力放在它们早期的起源上,对东方文化的发展也有所注意,但总的说来没有将之纳入世界史的更为广泛的视野内。欧洲观意味着把西欧和中欧以及后来的北欧视为文明的顶峰,对世界上的其他地区则持藐视的态度。其实,说它是欧洲观也是不对的,因为历史研究只关注民族国家。这不仅反映在新的民族主义上,而且表现为严重地依赖档案资料,从而使历史研究难以逾越国界,更无法逾越欧美一隅。此外,正是因为这种对档案馆内国家文件的

---

① 《普世史》共23卷,1736—1765年出版于伦敦。该书的发起者是东方学家乔治·萨尔,他曾将《古兰经》译成英文。

依赖导致了对范围更广泛的社会和文化因素的忽视,尽管这些档案正如我们后面将要看到的可以很好地用作社会史和经济史的基础。最后,到了第三阶段,也就是20世纪下半叶,非西方世界以及文化和社会的领域得到了越来越多的关注。自相矛盾的是,尽管西方文化优越论被抛弃了,其他的文化也得到了同等的尊重,但西方以及逐渐崛起的东亚的资本主义经济对前殖民地的控制也增强了。

像伍尔夫一样,我们也坚持认为历史意识并不是西方独有的,而是存在于一切文化当中。18世纪末的大卫·休谟(David Hume,1711—1776)和爱德华·吉本(Edward Gibbon,1732—1794)等人提出了唯有西方才有历史意识的观点,19世纪的詹姆斯·密尔(James Stuart Mill,1773—1836)、格奥尔格·弗里德里希·威廉·黑格尔(Georg Friedrich Wilhelm Hegel,1770—1831)、列奥波德·冯·兰克和卡尔·马克思(Karl Marx,1818—1883)等不同的思想家一再阐述了这一观念。这种观念直到20世纪中叶一直在西方的思想中占据着支配地位。但是,它一旦与其他文化中悠久而丰富的史学传统相遇时,便不攻自破了。然而,这样的观念并没有完全消失,现在它不再被用来声称继承了启蒙运动遗产的西方文化是优越的,而是主张正是这一遗产造成了现代世界的沉疴。例如,海登·怀特所持的后现代主义观点认为,"历史意识"是"西方特有的",但他现在把它看作是消极的,"是一种偏见,用这样的偏见可以反溯地证实现代工业社会的所谓优越性"。① 阿希斯·南迪(Ashis Nandy,1937—)则从后殖民主义的观点把启蒙运动以来西方的思想遗产及其"世俗世界观""科学理性"以及"进步……和发展理论"与20世纪的"世界大战、古拉格群岛以及种族灭绝"联系起来,而这些取代了依赖于"神话、传说和史诗来定义自己的据说更为健康的文化"。②

我们叙述的历史以考察西方的影响即将开始发生作用时的历史思想和著述为开端,也就是以18世纪末为开端。历史文化的差异是可以识别出来的,而每一种历史文化都反映了不同的观念和价值观、不同的制度和政治背景。我们将对包括拉丁美洲在内的西方国家、伊斯兰国家、东亚国家和印度进行专门的讨论,对20世纪的撒哈拉以南非洲也将做专门的讨论。我们清楚地知道在这些地理单位内部同样存在着民族和地区的差异。在西方,无论是在法国、苏格兰、意大利、俄罗斯和德国,还是在拉丁美洲,这种差异部分地是由民族和语言的不同而造成的。此外,无论是在每个这样的国家实体内部,还是在没有形成此类实体的拉丁美洲,在宗教和政治的取向上都存在差异;在东亚,无论是朝鲜还是日本的传统,尽管都以

---

① Hayden White, *Metahistory: The Historical Imagination in Nineteenth Century Europe* (Baltimore, MD, 1973), p. 2.
② Ashis Nandy, "History's Forgotten Doubles", *History and Theory*, *theme issue* 34 (1995), p. 44.

中国古典文明为其共同的起源,但是在不同的民族背景下发生了转变;即使是在中国的本土,儒教、佛教、道教和宋明理学的潮流在不同的历史时期发生了相互影响。在伊斯兰世界,阿拉伯人、土耳其人、伊朗人和东南亚人之间存在着种族和语言的差异,甚至还存在逊尼派和什叶派之争。尽管如此,其中依然存在着某些共同的特征,而我们希望把这些特征描述出来。这些特征在每一个这样的文化中都打上了烙印,同时正是这些成分超越了我们所讨论的这些文化之间的差异。

我们将要使用的第二个概念是现代化。① 在19世纪初欧洲的一些社会里发生了某种类型的现代化,但并没有立即产生世界范围的影响。在1853年的日本,即美国海军准将佩里结束它的闭关自守之前,在经济和行政管理的领域中已经发生了一些重大的转变。这些转变并不是因为受到了西方文化的影响,也没有在日本本国以外产生影响。事实上,自从17世纪德川幕府建立以来,许多与现代化有关的经济和社会转变已经在不断地发生。而且,尽管日本闭关锁国,对欧洲的研究仍得以在荷兰人的译介的基础上进行,因为荷兰人是被允许在这个岛上建立飞地的仅有的西方人。

---

① 参见 P. Nolte, "Modernization and Modernity in History", *International Encyclopedia of the Social and Behavioral Sciences* (Amsterdam, 2001), vol. 15, pp. 9954-9962。又见 Stephen R. Graubard, ed., special issue: "Multiple Modernities", in *Daedalus*, 129:2 (Winter, 2000); Dominic Sachsenmaier, Jens Riedel and Shmuel N. Eisenstadt, eds, *Reflections on Multiple Modernities: European, Chinese and Other Interpretations* (Leiden, 2002), p. 120。

早在"现代化"一词于20世纪中叶发明以前,18世纪末以来的种种西方社会理论都主张,整个近现代史都属于现代化的进程。现代化意味着与传统思想方式和传统的宗教、经济和政治制度的某种决裂,并以三重"革命"为标志:现代科学和科学观的诞生;18世纪的政治革命及其对欧洲的影响,例如美国革命,但影响更大的是法国革命,它的中心在于国家主权,至少是理论上已得到被统治者一致同意的国家主权;第三个标志是在资本主义条件下的工业化进程。从18世纪末苏格兰的亚当·斯密(Adam Smith, 1723—1790)和亚当·弗格森(Adam Ferguson, 1723—1816)以及法国的孔多塞侯爵(Marquis de Condorcet, 1743—1794),到20世纪下半叶的许多社会科学理论家都把现代化设想为一个以科学进步、建立资本主义世界市场并继之以巩固市民社会,通过一系列步骤在全世界建立自由民主制度为目的的统一的进程。然而,现代化的观念也广泛地遭受了质疑。它遭到批评的原因之一是典型的现代化理论认为西方社会,例如美国,可以充当世界的榜样,而在批评者的眼中,它实际上是被用来为资本主义对世界欠发达地区进行经济控制的合法化服务。另一个原因是,在现代条件下世界显然并没有发生走向统一性的转变。例如,印度的著名历史学家迪佩什·查克拉帕蒂(Dipesh Chakrabarty)在最近出版的论文集《将欧洲地方化》(*Provincializing Europe*)中试图说明,只承认一种形式的现代性的西方历史发展观是十分狭隘的,他指出,包含了本土宗教根源的今天的印度文化,恰恰充分呈现出了多种形式的现代性。①

　　尽管如此,现代化是与传统思想方式,传统政治、经济和社会组织方式的明显决裂,其中包含背离传统思想方式和制度的激进的运动,这一认识对考察西方和非西方世界的历史编纂的历史依然是十分有益的。这个进程在西方最为超前,但绝不仅限于西方。其中的一个变化是努力将历史学从文学改造为一门科学。这里所说的"科学"是指坚持历史编纂的基础是职业学者对证据进行考证。我们清楚地认识到,对史料考证的愈益重视并不仅限于西方,它几乎同时出现在中国和日本,在一定程度上也出现在伊斯兰国家和印度,而且基本上不是因为受到了西方的影响。在中国和西方都出现了本杰明·艾尔曼(Benjamin Elman,1946—)所说的那种从理学到朴学的转变。② 这在欧洲应当更恰当地称作是从神学和宗教向历史比较语言学的转变,但在这两种文化中,这一转变都带有更加世俗的观念,因此中国的儒学经典和西方的《荷马史诗》和《圣经》不再被奉为权威经典,而越来越被人们视为一种历史文献。在这两种文化中,把历史研究视为一门严谨科学的新观念的诞生是与历史研究的职业化相伴随的。在中国,尽管许多个世纪以来,历史基本上被视为是史官为统治王

---

① Dipesh Chakrabarty, *Provincializing Europe: Postcolonial Thought and Historical Difference* (Princeton, NJ, 2000).

② Benjamin A. Elman, *From Philosophy to Philology: Intellectual and Social Aspects of Change in Late Imperial China* (Cambridge, MA, 1984).

朝而编写的,而史官是一种专门的职务,但在17世纪和18世纪建立的学派越来越少地受到这种直接控制,而在欧洲则出现了以研究活动为中心的科学院校。不过,不应夸大这种相似性。尽管东亚和欧洲的政治、社会和文化背景有很大的差异,但可以部分肯定,历史思想和方法上的变化反映出一种向新的态度和实践的转变。① 在一定的程度上,这种方向性的变化不仅在东亚国家而且在印度和伊斯兰世界被纳入了现代化进程中的其他方面,例如市场经济的扩大,安德烈·贡德·弗兰克(André Gunder Frank,1929—2005)等人指出,这一市场经济为西方世界资本主义的成长提供了推动力。②

然而,一旦西方特有的观念传播到了非西方世界,后者又努力奋起自卫以反对西方的统治。与现代化的观念有密切联系的其中一种思想,把历史看作是科学、技术和社会进步的连续的进程。历史学从事件的编年史转变为前后一贯的叙事史。现在出现了"世界史"的新观念,从西方的早期起源一直论述到现代的极盛时期。在历史著作中,对这个发展过程的定义不同,反映了不同的意识形态立场。但是,这些著作有一个共同之处:坚信人类的一切事物都是可变的,不是随意的变

---

① On-Cho Ng 在"The Epochal Concept of 'Early Modernity' and the Intellectual History of Late Imperial China"中强调了东西方的不同, *Journal of World History*, 14 (2003), pp.37-61。

② André Gunder Frank, *ReOrient: Global Economy in the Asian Age* (Berkeley, CA, 1998);又见 Kenneth Pomeranz, *The Great Divergence: China, Europe and the Making of the Modern World Economy* (Princeton, NJ, 2000)。

化,而是有目的的变化。正如何塞·奥尔特加·加塞特(José Ortegay Gasset,1883—1955)所指出的,人类没有自然,只有历史。① 与这一观念相关的是坚信能为理解人类事物提供最佳钥匙的不是哲学而是历史,因此哲学也必定是历史的,例如黑格尔的哲学。几乎所有的西方历史学家,当然不止他们,还有受过教育的广大公众,都承认这种历史占据首位的观念。他们还接受了另一种观念,即认为历史是一门科学,虽然在它属于何种科学上还存在着根本分歧。法国和英国的实证主义者、社会达尔文主义者以及马克思主义者都在探索历史规律,而其他历史学家,例如列奥波德·冯·兰克,却否定历史规律的存在,强调历史学家的任务不是解释,而是理解人类在其历史背景下的行动。不过,即使是这一观点的支持者,虽然像兰克一样否定进步论,但也坚信历史的发展以及西方文明的优越性。② 在 19 世纪的进程中,东亚、印度和伊斯兰国家的历史学家和知识分子越来越多地接受了西方的历史发展观,主张他们必须接受西方的标准来保护自己的文化,抵制西方的军事和经济势力。在东亚和伊斯兰国家的历史写作中,随着制度在历史叙事中占据主要地位,西方的民族国家优先的观

---

① José Ortega y Gasset, *History as a System and Other Essays toward a Philosophy of History* (New York, 1961). 另见 Frederick C. Beiser, *The German Historicist Tradition* (Oxford, 2011); Frank Ankersmit, *Meaning, Truth, and Reference in Historical Representation* (Ithaca, 2012), ch. 1 "Historicism", pp. 1-28。

② Leopold von Ranke, "On Progress in History", in Georg G. Iggers, ed., *The Theory and Practice of History* (London: 2011), pp. 20-23。

念取代了以王朝为中心的观念。西方以外的史学不断地西方化和现代化,但并没有失去与本国旧传统的联系。然而,无论在西方还是在其他地区,对于历史的性质是什么以及应当用什么方式写作历史,历史学家并没有达成一致的看法。此外,无论在什么时候都有反对主流历史研究方法的运动。

在最近的几十年里,也就是我们所定义的全球化的第三阶段里,无论是历史思想还是历史著述的大背景都发生了方向性的根本变化。历史研究的范围扩大了,对跨国家和跨文化的主题有了更大兴趣,注意力从社会上层转向"自下而上的历史",不仅包括广大群众的普通生活,而且关注妇女在历史上作用和地位。广大的群众过去被排斥在历史研究的范围之外,现在却受到了特别的关注。与此同时,人们对于现代化所带来的生活状况表现出越来越大的不安。西方史学和社会科学理论的许多主张在很大程度上依赖于对科学的信仰,认为现代文明给人类带来了好处,而这种信念开始受到批判。许多这样的批判早在18世纪就已出现,但长久以来只代表少数人的立场。在其他地区也存在同样的批判态度,特别是在印度。因此,对科学理性和对进步论的历史学进行的激烈的批判之间存在着一致之处,这些批评在西方与后现代主义有关系,而在印度和拉丁美洲则与后殖民主义有关。

在以下各章里,我们将在更广泛的思想、社会和经济的背景下追溯历史思想和著述从18世纪到21世纪初的发展,讨论的重点将放在西方和非西方的历史文化之间的相互影响上，但我们始终牢记其中的复杂性，以免做出过于简单化的叙述。我们从第一章开始的叙述试图对世界各地的各种史学传统提供一个全面的概述，重点放在西方、中东、东亚、东南亚和印度，侧重叙述它们在18世纪的重大发展。在第二章里，我们将讨论历史学的实践在现代发生的变化，中心是讨论民族主义在被法国革命唤醒后在西方和世界其他地区取得的进展，及其对历史写作的影响。历史写作的现代转变以学院派历史学的兴起为特征，并同时催生了专业的历史学。对此，我们将在第三章做更为详细的讨论，重点论述兰克史学的范式在西方和东亚的影响。尽管兰克和德国的历史主义对于近现代历史专业的形成有着重要意义，但在20世纪初，特别是在两次世界大战之间面临严肃的批判。其结果导致了历史学的新取向。我们将在第四章说明这种新取向在第二次世界大战以后对历史学的实践产生的持久影响。正如第五章将要证明的，在西方以外的世界，民族主义历史学的吸引力贯穿于整个20世纪，对于全世界历史学实践的形成起着工具性的作用。但是，同样值得注意的是，在战后的印度等国家，历史学界也发出了不同的声音，批评民族主义史学，并反对用民族主义体系组织现代史。日本的历史学界在一定程度上也发出了同样的声音。这些批判与二战以后西方的后现代主义向现代史学提出的挑战汇合在了一起。对此，我们将在第六章中加以讨论。在这一章中我们将会看到，由法国年鉴学派发起并由英美和德国的社会科学历史学派加以延伸的这场挑战，拓宽了历史研究的领域,超越了国别史的范式。对现代民族主义史学的另一种挑战来自后殖民主义的批判,伴以20世纪七八十年代一批印度学者的《底层研究》(Subaltern Studies)系列丛书和爱德华·萨义德(Edward Said,1935—2003)的《东方主义》。这两项研究不仅对改变西方、拉丁美洲和非洲的历史思想和写作有着重要意义(见第六章),对中东和亚洲也有重要意义(见第七章)。除了后殖民主义的影响外,对20世纪后期中东和亚洲的历史著述产生影响的其他因素(意识形态和宗教的因素)是伊斯兰教的兴起和马克思主义的转型。这两个因素导致的结果是,历史学界长期以来把史学研究的重点放在民族国家上的做法受到了质疑。关于这一点,我们将在第七章中详细讨论。在第八章,我们将从全球化的角度对当前世界各地历史学的实践所发生的变化进行全面讨论。在描绘今天的世界,或许也是可预见的将来的历史学的实践时,我们认为以下五个趋势是重要的:(1)文化转向和语言学转向的趋势导致了所谓的"新文化史"的兴起;(2)女权主义史学和性别史的进一步扩展;(3)在回应后现代主义的背景下,历史研究与社会科学建立了新的联盟;(4)对民族史学的挑战与后殖民主义之间的联系(尽管还有其他联系);(5)世界史和全球史的兴起,以及不同于它们的全球化历史的兴起。我们充分认识到,对于这些特征的归纳仅仅是探索性的,还有待于与本书的读者们做进一步的讨论。

最后,贯穿于全书并在一定程度上使全书得以统一的考虑有两点:第一,我们反对欧洲中心论的历史研究方法,第二,我们捍卫理性的探索。对于第一点,即所有的民族都有历史意识并通过文字或其他形式的历史表现出来,恐怕没有人会有异议。本书证明了我们所讨论的所有文化在历史思想和历史写作上都具有悠久的传统,从而可以摧毁西方历史思想优越论。

我们的第二点考虑是有针对性的,后现代主义对西方思想遗产的某些批判主张,客观的历史研究根本不可能存在,因为过去没有留下客观事实的依据,只是头脑中的建构或非指称语言的建构,因此所有的历史著述构成了某种形式的想象性的文学,根本不存在明确的标准可以用来区分历史叙述的真伪。与19世纪职业史家的信念不同,我们深知理性探索的局限,因为我们对许多事件都无法获得完全明确的答案。我们也承认历史书写常常呈现不同的,甚至对立的观点,而且这些不同和对立还无法找到确切的证据来克服。可是,虽然史家不可能明确无疑地重构过去,但他们常常有可能揭示比如为了服务于政治意识而做出的错误的历史陈述。我们所关注的问题之一,是要证明在我们所讨论的所有文化共同体中历史以何种方式被滥用,以达到政治的目的,尤其是达到民族主义的政治目的。正因为如此,在本书的各章里,无论是在讨论西方的还是非西方的背景时,我们都要考察历史写作的政治和社会背景,在一定程度上还要考察宗教背景。这有可能得出一个令人不安的结论:所有的历史都是意识形态的反照,结果陷入了认识论的极端相对主义。但是,如果正如我们相信的那样,历史有真实的核心或人类确实经历了过去的话,那么就有途径接近这个真实,尽管对它的认知可能是不完备的,或带上了某种色彩。摒除歪曲和神话是历史学家的一项重要任务,也是我们在这本书中赋予自己的任务。由于这个任务只能部分地实现,因此史学的历史是一种持续性的对话,它所讲述的不是一个单一的故事,而是提供各种不同的而且往往是相互冲突的解释。这一解释会丰富我们对过去的描述,但依然要接受批判性的检验,这种检验应遵循学术界在衡量事实基础和逻辑的一贯性时持有的共同的研究标准。每个历史学家不可避免都有种族和政治的倾向,而这些倾向会使他或她对历史的认知带上某种色彩,但是,这并不等于他或她可以不依赖证据随意地编造过去。在这一点上,我们不赞同后现代主义的文学理论。历史写作带有文学的许多特征,但与此同时又不同于想象性的文学,尽管二者会有重叠。历史写作带有想象,严肃的文学也总要参照现实。但是,后者并不受到学术界的同样的研究标准的约束。没有这个界线,历史就与宣传没有什么两样。正当今天这个冲突不断的世界处于不确定的环境下而需要理性探索的时候,后现代主义的理论家却竭力否定启蒙运动留下来的这一遗产。这二者之间的冲突是危险的。

第一章　世界各地的史学传统：
18 世纪一览

一　我们从哪里开始？

跨文化比较

我们在全球性比较的层次上对现代史学史进行的讨论之所以从 18 世纪开始，主要理由有两点：第一，正如我们在导论中已经提到的，这是西方史学开始对世界其他地区的历史文化产生重要影响的前夕。第二，18 世纪的重要特征之一是史学观点发生了重大变化，这个变化主要在西方，但并不仅限于西方。正如我们在导论中已经叙述过的，正是在那个时候出现了现代的眼光，并主宰了整个 19 世纪乃至 20 世纪上半叶对历史的思考方式。

由此立即产生了一个问题：怎样才能对史学传统进行比较？在导论中，我们识别出了若干种历史思想和历史著述的传统，与此同时，我们也认识到在产生这些传统的各种文化中还存在着非常不同的亚文化；因此，在我们所涵盖的这个时期里,民族传统是重要的。然而,这些历史思想的传统不能仅从民族的角度来定义;有许多重要趋势超越了民族的界线。最突出的例子就是启蒙主义在欧洲的广泛影响以及"考据学"在东亚的传播。我们必须认识到,所有这些文化并不像 18 世纪到 20 世纪中叶持欧洲中心论的思想家们经常指出的那样是停滞的,而是都经历了变化。然而,出于比较的目的,我们必须讨论它们的某些特征,其中有些特征是它们共有的,但也有一些并不是。

不同文化中的史学思想特征

我们将这些特征归纳为三点。

(1)每种文化都有自己的史学传统,尽管这些史学都经历了观念的变化,但又带有一定程度的连续性。所有的史学传统都可以追溯到远古的经典模式,它决定了历史认识和写作的方式。在西方,希腊伟大的历史学家,尤其是希罗多德(Herodotus,约前 484—前 420)和修昔底德(Thucydides,约前 460—前 400),提供了两种不同的模式,由此而形成的史学传统一直延伸到现代。① 伊斯兰世界也对古代希腊和希腊化世界的哲学家和历史学家非常熟悉。在东亚,孔子(约前 551—前 479)建立和发扬了各级史官纪史和撰史的古老传统。他

---

① 参见 Ernst Breisach, *Historiography: Ancient, Medieval, and Modern* (Chicago, IL, 1983); Arnaldo Momigliano, *The Classical Foundations of Modern Historiography* (Berkeley, CA, 1990)。

的影响不仅遍及中国,而且及至日本、朝鲜和越南。在印度,史学传统的起源可以追溯到梵语《吠陀》。

（2）每种史学传统的古代起源都与宗教元素有关。西方史学传统不仅源于《圣经·新约》,而且源于希伯来《圣经》的犹太基督教。对于伊斯兰教来说,除了《古兰经》外,上述经典也非常重要。二者都含有历史时间的观念,而这种观念源于《创世记》。但是,耶稣受难对基督教徒而言是最重大的事件,而对伊斯兰教来说,最重大的事件却是穆罕默德出走麦地那。这两个事件都把末日审判的时间确定了下来。在东亚,史官职位的设立源于中国古代占卜的习俗,一直可追溯至公元前1世纪。尽管在东亚的历史思想中一般说来不存在目的论的观念,但这种观念偶尔还是可以看到的。① 孔子是一个世俗人物,其作用当然不同于作为上帝之子的耶稣,也不同于作为真主的先知穆罕默德。尽管如此,孔子本人及其门徒经常提到的"天道"观指导着中国历史学家把撰写历史当作评判前朝得失的手段。各种流派的佛教一般说来也对东亚的历史思想产生了影响,即历史循环的观念,在印度教里面也可以看到同样的观念。不过,在西方的古典思想中也并不是没有循环的观念。

---

① Masaki Miyake, "Millenial Movements and Eschatologies in Europe and Asia: A Comparative Approach", in *Time: Perspectives of the Millennium* (Westport, CT, 2001), pp. 213-227;关于欧洲的目的论,参见 Karl Löwith, *Meaning in History: The Theological Implications of the Philosophy of History* (Chicago, IL, 1949)。

（3）在我们提到的每种文化中，历史写作的制度框架各不相同，反映了各自的政治和社会条件的变化。或许，东亚和西方史学之间最大的差异就在这一方面。对前者来说，决定性的因素是自古以来就存在着帝国或王国（如朝鲜），尽管出现过一些间断时期。历史学家写作历史是为帝国或王国服务。这一点至少在中国如此，日本和朝鲜在一定程度上也是如此。在中国，历史学家自古以来就被纳入了官僚体制，从公元7世纪开始设立史馆。史馆的任务是撰修前朝的历史。因此，历史是官吏写给官吏看的。① 在地区和地方一级，历史是用同样方式组织起来的历史学家们集体编撰的。尽管如此，并不是所有的历史著作都是为统治者的利益服务的，而是出于忠于天道的使命感，在书中谴责统治者的行为。历史学家并不总是隐姓埋名，我们掌握了许多历史学家的自传资料，还有一些私人撰写的历史著作。西方的情况大致相反。在古代以及在文艺复兴之后的时期，历史几乎全由个人写作，而且不是为了服务于国家。中世纪的情况比较特殊，往往由修道院的僧团修史，但在某些情况下，也有一些历史学家属宫廷成员。在伊斯兰世界，尤其是在波斯，以及信奉希腊正教的拜占庭帝国，修道院的僧团和宫廷历史学家发挥了重要作用，我们也同样掌握了有关历史学家个人的可观资料。在西方，历史

---

① 参见 W. G. Beasley and E. G. Pulleyblank, eds., *Historians of China and Japan* (Oxford, 1961), p.5; 又参见 E. Balacz, "L'histoire comme guide de la pratique bureaucratique", Ibid., pp.78-94。

著作的读者不同于中国。在古代,修昔底德等历史学家向聚会的公众朗读他们的著作。在文艺复兴以后,印刷术和书市的出现使得广大读者能够获得历史著作。因此,历史是为广大公众而写作的,这与中国的情况很不一样。然而,书市并不仅限于西方,中国和日本也有许多。

二 西 方

西方史学的特征

我们现在开始来讨论西方史学的特征,然而这是一个难以把握的问题。最近在德国举行的一次国际会议就试图做出回答。它的与会者包括了众多来自非西方国家的学者。① 剑桥大学的历史学家彼得·伯克(Peter Burke,1937—),也是对现代西方史学了解最多的作者之一,在开幕式上宣读了一篇论文,就西方历史思想的特征提出了十点看法。在他看来,"西方历史思想最重要的特征,至少是最明显的特征",并使它有别于其他文化的特征"是强调发展和进步,换句话说,就是用'线性'(linear)的方式看待过去",是一种努力避免"今古不分"(anachronisms)和承认过去的个别性的"历史观"。

---

① Jörn Rüsen, ed., *Western Historical Thinking: An Intercultural Debate* (New York, 2002).

它的另一个特征是对认识论,即历史认知的问题的重视,致力于因果的解释并忠于客观性。此外,"用计量方法研究历史也是西方的特征"。① 问题是,伯克所描述的并不是西方的而是现代的特征。② 他的描述包括了许多非历史学家所共有的现代思想的各个方面,而这些描述对于中世纪乃至古代的西方,从一定的程度上说,并不完全适用。实际上,线性的研究方法和进步论的观念,关注于历史认知的问题,以及寻找因果解释等特征是在对18世纪西方的讨论中产生的,而计量研究方法应属于20世纪晚期的特征,且还没有被历史学界完全接受,何况对历史认知问题的关注同样是东亚和伊斯兰世界的思想家关注的问题。

启蒙主义世界观的诞生

18世纪出现的新事物是许多历史学家共同持有的世界观,反映了科学革命的影响,历史学家不再像从前那样过分地依赖《圣经》编年史,而转向对史学进行批判的分析。在一定程度上,这种世界观在东亚也出现了③,而在西方,它的出现

---

① Peter Burke, "Western Historical Thinking in a Global Perspective", Ibid., pp. 15-30.
② Georg G. Iggers, "What is Uniquely Western About the Historiography of the West in Contrast to that of China?", Ibid., pp. 101-110.
③ 有关中国的情况,参见 Benjamin Elman, *From Philosophy to Philology: Intellectual and Social Aspects of Change in Late Imperial China* (Cambridge, MA, 1984)。

可以追溯到文艺复兴和宗教改革时期。①

在 18 世纪的西方,过去那种虔诚的宗教信念被逐渐地减弱了,但不均衡。这个时代往往被人们称作启蒙运动时期②,尽管我们必须认识到启蒙运动包含了许多不同的甚至是相互冲突的观念。此外,我们还必须认识到,18 世纪的特征除了对科学产生了广泛一致的信念外,还有各种宗教运动的出现,例如虔信派、卫理公会派、虔敬派、寂静派和冉森派等等,早期的浪漫主义开始崭露头角。尽管如此,在上层阶级和受过教育的中层阶级当中有一部分人的思想发生了方向性的变化。他们与

---

① 参见 Donald R. Kelley, *Foundation of Modern Historical Scholarship: Language, Law, and History in the French Renaissance* (New York, 1970)。

② 关于启蒙运动已有大量文献,兹举几例:Dorinda Outram, *The Enlightenment* (Cambridge, 2005); Martin Fitzpatrick, *Peter Jones, Christa Knellswolf and Iain McCalman, The Enlightenment World* (New York, 2004); Ellen Judy Wilson, Peter Hanns Reill, *Encyclopedia of the Enlightenment* (New York, 1996); James Schmidt, ed., *What is Enlightenment? Eighteenth-Century Answers and Twentieth-century Questions* (Berkeley, CA, 1996); Peter Gay, *The Enlightenment: An Interpretation*, 2 vols (New York, 1966-1969); Carl Becker, *The Heavenly City of the Eighteenth-century French Philosophers* (Ithaca, NY, 1931); Isaiah Berlin, *Three Critics of the Enlightenment: Vico, Hamann, Herder* (Princeton, NJ, 2000);对 18 世纪的自然科学做出的不同解释,参见 Peter Hanns Reill, *Vitalizing Nature in the Enlightenment* (Berkeley, CA, 2005); Jonathan Israel, *A Revolution of the Mind-Radical Democracy and the Intellectual Origins of Democracy* (Princeton, 2010); Harvey Chisick, *Historical Dictionary of the Enlightenment* (Lanham, Md., 2005); Daniel Brewer, ed., *Cambridge Companion to the Enlightenment* (Cambridge, 2014)。最近则有瑟巴斯提安·康拉德(Sebastian Conrad)从全球背景考察启蒙运动的论文,"Enlightenment in Global History: A Historiographical Critique," *American Historical Review*, vol. 117 (2012), pp. 999-1027。

启蒙运动可能有一定的关系,是现代世界观的先驱者。①

正如我们刚才提到的,西方发生的变化受到了所谓的"科学革命"的深刻影响。这场科学革命,以艾萨克·牛顿(Isaac Newton,1643—1727)为例,并没有对根深蒂固的基督教信仰提出质疑,但否定了自然界中的超自然干预,并用从实验中可以证实的法则来解释自然。当波舒哀主教(Bishop Bossuet,1627—1704)在《普世史讲义》(Discourse on Universal History,1681)中再次为基督教神学辩护时,皮埃尔·贝尔(Pierre Bayle,1647—1706)在《历史和批判辞典》(Historical and Critical Dictionary,1695)中却要求一切哲学观点都必须接受批判理性的审查。这种向经验主义的转向在英国反映在约翰·洛克(John Locke,1632—1704)的哲学中,反过来又对法国的启蒙主义者产生了重大的影响,其中包括伏尔泰(Voltaire,1694—1778)②、狄德罗(Denis Diderot,1713—1784)和达朗贝尔(Jean-le-Rond d'Alembert,1717—1783)。他们在18世纪中叶发起编写多卷本的《百科全书》(Encyclopédie)。③对历

---

① Paul Hazard, *La Crise de la conscience européenne 1680-1715* (Paris, 1935);英文版为:*The European Mind* (Cleveland, OH, 1963);又参见 Hazard, *European Thought in the 18th Century: From Montesquieu to Lessing* (New Haven CT, 1964)。

② J. H. Brumfitt, Voltaire, *Historian* (Oxford, 1958)。

③ *Encyclopédie, ou dictionnaire raisonné des sciences, des arts, et des métiers*,出版于1751—1776年之间,接着出版了附录,狄德罗任主编,在大批的撰稿人中有达朗贝、孔狄亚克、霍尔巴赫(Baron d'Holbach)、孟德斯鸠、卢梭、杜尔阁和伏尔泰等人。参见 Robert Darnton, *The Business of the Enlightenment: A Publishing History of the Encyclopédie, 1775-1800* (Cambridge, MA, 1979); Philipp Blom, *Enlightening the World: Encylopédie: The Books That Changed the Course of History* (New York, 2005)。

史写作而言,这意味着增强决心,要把历史叙事中的传说完全摒除,并忠于事实。英国 18 世纪的大卫·休谟、凯瑟琳·麦考莱(Catherine Macaulay,1731—1791)①、威廉·罗伯逊(William Robertson,1721—1793)②和爱德华·吉本③所写的宏大叙事史恰恰完成了这样的任务。例如,休谟否定了辉格派和托利派构建的英国政治制度的演变史,罗伯逊和吉本则把矛头直接指向基督教的传统。在法国,孟德斯鸠(Charles-Louis de Secondat, Baron de Montesquieu,1689—1755)④、伏尔泰和教士纪尧姆·雷纳尔(Abbé Guillaume Raynal,1716—1796)⑤写的一些最著名的历史著作就其特征而言,具有更强的分析性,试图对历史变化做出因果解释。此外,罗伯逊、吉本和伏尔泰的著作尽管依然以上层政治为中心,但兼顾了社会和文化等各方面,例如,伏尔泰在《普世史简篇》(*Abridged Universal History*,1753)中叙述了科学和技术的进展,以及眼镜的发

---

① Catherine Macaulay, *History of England from the Accession of James I to that of the Brunswick Line*, 8 vols (London, 1763-1783).

② 罗伯逊的著作有一本实用的节选本,见 Felix Gilbert, ed., *The Progress of Society in Europe* (Chicago, IL, 1972)。

③ John Pocock, *Barbarism and Religion*, vol. 1, *The Enlightenment of Edward Gibbon*, *1737-1764* (Cambridge, 1999); Arnaldo Momigliano, "Gibbon's Contributions to Historical Method", in Momigliano, *Studies in Historiography* (New York, 1966), pp. 40-55.

④ Montesquieu, *Considerations of the Causes of the Greatness of the Romans and Their Decline* (New York, 1965).

⑤ *Histoire philosophique et politique des établissemens et du commerce des Européens dans les deux Indes* (Amsterdam, 1773-1774).

明和街灯的革新等物质生活方面的内容。哥廷根大学的历史学家奥古斯特·路德维希·施勒策(August Ludwig Schlözer,1735—1809)在1772年写道,历史学家"不应再沿着军事大道,跟随在征服者和大军的后面踩着鼓点行进。相反,他应当顺着商人、小贩和游客踏出的无名小道去旅行。火的使用以及面包和白兰地的发明也是很有价值的事情,同阿贝拉战役、扎马战役和马格德堡战役一样有价值"。[1]

最近数年中,对启蒙运动的理解,已经有了全球视角的尝试,不再仅仅从西方的角度考量。但这种从全球化的角度对启蒙运动的解释,有许多不同的方式。总体而言,大家对启蒙运动的思想有比较一致的看法,比如对它提倡的世俗的和理性的世界观以及对普遍人权的坚定信念,后者之后也成为世界范围现代性的一个部分,但瑟巴斯提安·康拉德在一篇题为《全球史中的启蒙运动:一种史学史的评价》的重要论文中指出,在与启蒙运动同时期的非西方文化中,相似的观念也有平行的发展,所以严加驳斥了启蒙运动主要起源于欧洲的观念。[2] 我们也已经指出,17、18世纪中国独立兴起的考证学,在一些方面与欧洲的变化有相似之处,都从神学走向了世俗和历史的解释。全球史的先驱于尔根·奥斯特哈默(Jürgen

---

[1] 摘自Georg G. Iggers, "The European Context of German Enlightenment Historiography"(英文版), in Hans-Erich Bödeker, Georg G. Iggers, Jonathan Knudsen, and Peter Hans Reill, eds, *Aufklärung und Geschichte* (Göttingen, 1986), p.240。

[2] *American Historical Review*, vol. 117 (2012), pp.999-1027。

Österhammel)在他早期的著作中,比其他史家更为重视18世纪欧洲和亚洲之间的关联。① 但欧斯特哈默还是认为:"启蒙运动是欧洲的现象,它起源于欧洲,而对整个世界有多重的影响。"② 康拉德不同意这样的论断,但他也承认对许多非西方的世界而言,启蒙运动和法国大革命的遗产激发了自19世纪至今的现代化和民主化运动。迪佩什·查克拉帕蒂在《将欧洲区域化》中指出,现代化有各种模式,但他认为这些不同尽管反映了各地历史和文化的多样性,但又与欧洲的启蒙运动传统多有关联。③

博学派与批判学派的史学研究

不过,还有另一种取向,它来自于不同的史学起源,更为严谨地强调研究方法,以确立历史叙述的真实性,那就是博学派的方法。④ 博学派主张把历史学改造成为一门科学,对于历史描述本身并不那么重视,它更关心的是对历史描述所依据的史料的真伪进行考证。从博学派的角度来看,以上提到的那些宏大叙事的作家在史料的使用上都不够严谨。尽管吉本确实

---

① Jürgen Osterhammel, *Die Entzauberung Asiens: Europa und die asiatschen Reiche im 18. Jahrhundert* (München, 1998).

② 引自 Conrad, "Enlightenment in Global History: A Historiographical Critique", p. 1005。

③ Dipesh Chakrabarty, *Provincializing Europe* (Princeton, 2000).

④ Anthony Grafton, *Defenders of the Past: The Traditions of Scholarship in an Age of Science, 1450-1800* (Cambridge, MA, 1981).

收集了最广博的史料作为他那部巨作的依据,但可以肯定的是,那些史料并不是原始史料,而是别人的叙述,尚待检验。

当我们上面提到的那些英国和法国的历史学家让历史学远离宗教正统的时候,博学派的许多学者仍然自视为虔诚的基督教徒,无论是天主教还是新教的信徒。他们不仅把文本分析的考证方法运用于世俗的历史,也运用于宗教的历史。早在17世纪就有两个天主教僧团的学者,即安特卫普的耶稣会的博兰学者和巴黎本笃派的莫尔修道院的学者,已经为发展这种方法做出了重大的贡献,他们都想在描述基督圣徒生平的圣徒传写作中,剔除传说的成分。①

在18世纪,原来从比较狭窄的角度处理文本的博学派转向了语言学,即把文本放在更广泛的历史和文化背景下加以处理。1701年在巴黎成立的铭文学院(Académie des Inscriptions et des Belles Lettres)专门从事文本的考证。在此后的一个世纪里,法国各省按照这一模式创立了科学院,在德国、意大利、西班牙和欧洲大陆上的其他国家以及在拉丁美洲也出现了类似的机构。② 早在18世纪上半叶,卢多维科·穆拉托

---

① David Knowles, *Great Historical Enterprises: Problems in Monastic History* (London, 1963).

② Daniel Roche, *Le siècle de lumières en province: Académies et académicians provinciaux, 1680-1789*, 2 vols (Paris, 1975); Dorinda Outram, *The Enlightenment* (Cambridge, 2005),该书附有关于法语、英语和西班牙语世界的科学院的书目; Notker Hammerstein, "The Enlightenment", in Lawrence Stone, ed., *The University in Society* (Princeton, NJ, 1974), vol. 2, p. 625.

里（Ludovico Muratori,1672—1750）就开始着手编纂校勘意大利中世纪史料集。① 在德国的哈雷大学和哥廷根大学等比较年轻的大学②,以及在 1409 年成立的莱比锡大学等比较古老的大学里,考证文本的新方法在推动新教教会史的发展中发挥了关键作用。首先就是对《圣经》做了考证。但是,这并不意味着宗教信仰已被他们放弃,而是认为《圣经》必须被置于其自身的历史场景中来看待。同样,《荷马史诗》的文本也被做了历史性的分析。F. A. 沃尔夫（F. A. Wolf,1759—1824）在《荷马史诗导论》(*Prolegomena to Homer*,1795)中试图通过对其中的语言和风格进行考证来证明这些诗不是一个整体,而是由不同的诗人在不同的时期创作的。③ 于是,诠释学成为了历史比较语言学的一个重要部分,可以用它来从历史的角度理解史料。诠释学通过语言分析,也就是将语言还原到文本创作的时代,以确定文本的意义。尽管这一做法还不能让人满意,但可以用来理解文本作者的意图。这反过来又可以把文本的作者放在他们特定的文化背景中去考察。这就为一种比英国历史学的宏大叙事更具考证性的史学奠定了基础。而英国史学家并不是依据片断的文本去看历史,而是把历史看作前后一贯的故事。

---

① Lodovico A. Muratori, ed., *Rerum italicarum scriptores* (Milan, 1723-1751).

② Peter Reill, *The German Enlightenment and the Rise of Historicism* (Berkeley, CA, 1975); Herbert Butterfield, *Man on His Past: The Study of the History of Historical Scholarship* (Cambridge, 1955).

③ 英语版 (Princeton, NJ, 1985)。

启蒙主义史学

这又向我们提出了一个问题:什么构成了启蒙主义史学? 在英国和法国,以哲学为方向的史学占据了主导地位;而在德意志地区,占据主导地位的却是高度发达的诠释式的历史比较语言学。不过,这两种研究方向是并存的。詹巴蒂斯塔·维柯(Giambattista Vico,1668—1744)在 1725—1726 年出版的《新科学》(Szienza Nuova)中对自然和科学做了经典性的区分。① 他主张,自然不是人造的,因此不可能被人所理解,相反,历史是人创造的,因此与自然不同,是能够被人理解的。维柯在 19 世纪上半叶以前还不为意大利以外的人所知,但是,他对自然和历史所做的这种区分却成为了后来史学思想的基础,尤其是在德意志地区,但不仅限于德意志。带有诠释学传统的德意志历史学家到了 18 世纪末才决定像坚持哲学方向的英国和法国历史学家那样使用科学的方法。然而,他们对科学有完全不同的理解,不是从休谟和吉本所主张的人类天性的统一性出发,而是从人类文化多重性的角度去理解科学,因此需要一种方法论去解决这一差异。

18 世纪的德意志明显不同于英国和法国。这不仅是因为德意志还没有成为民族国家,意大利也没有成为民族国家,

---

① *The New Science*, Thomas G. Bergin 和 Max Fisch 基于 1744 年版的译本(Ithaca, NY, 1984)编辑; Isaiah Berlin, *Vico and Herder: Two Studies in the History of Ideas* (London, 1976)。

还因为它的政治和社会条件与我们在导论中描述的现代性模式格格不入。当然,英国和法国在很大的程度上也存在着差异,资本主义和市民社会在英国或至少在英格兰地区最为发达,而在法国则不够发达,在德意志却根本不存在。在德意志,除了一些实行绝对君主制的邦国,尤其是普鲁士以外,还存在着身份制(ständisch),而这种制度在英国早已根绝,在法国也已被削弱。德意志历史著述的环境不同于英国,在一定程度上也不同于法国。在英国,历史往往是一些有闲情逸致的人写的,其中有少数还是妇女,例如凯瑟琳·麦考莱。[①] 他们写历史是面对市场,而在德意志,有许多历史学家是大学教师,法国的情况也大致如此。自从历史教学在宗教改革期间得到菲利普·梅兰希通(Phillipp Melanchton,1497—1560)的承认以后,德意志的大学开设了历史课程。不过,历史教学采用的是讲课方式,很少得益于原创性的研究。然而,在新成立的哥廷根大学,这种教学方法发生了变化。[②] 当时使用新考证方法的历史学家往往不是大学或科学院的专职研究人员,尤其在英国,他们依然由一批有闲情逸致的人组成。牛津大

[①] 关于女性历史学家,参见 Natalie Z. Davis, "History's Two Bodies", *American Historical Review*, 93: 1 (February 1988), pp. 1-30;又见 Davis, "Gender and Genre: Women as Historical Writers, 1400-1820", in Patricia Labalme, ed., *Beyond their Sex: Learned Women of the European Past* (New York, 1980), pp. 153-182。

[②] Charles McClelland, *State, Society and University in Germany, 1700-1914* (Cambridge, 1980); R. S. Turner, "University Reformers and Professorial Scholarship in Germany 1760-1860", in Stone, *The University in Society*, vol. 2, pp. 495-531.

学和剑桥大学虽然设立了历史教席,但目的不是为培养历史学家提供专业训练,而是为有远大前程的基督教绅士提供文科教育,北美殖民地时期的学院和大学也属于这样的情况。苏格兰的情况从某些方面来看与信奉新教的德意志有些相似,在爱丁堡大学、格拉斯哥大学和阿伯丁大学都有一批严肃认真的哲学家和历史学家。①

德意志的启蒙运动

在德意志,知识界和学术界同样受到启蒙观点的革新,但德意志的"启蒙运动"(Aufklärung)不同于英国和法国。② 在这里,宗教依然起着重要作用。历史学家和哲学家,无论是属于路德派还是虔信派,都是虔诚的基督教徒,坚信他们所主张的开明的社会秩序与他们的基督教信仰是互不冲突的。他们并不像伏尔泰那样要求把他们所处的那个社会从宗教的束缚中解救出来,而是像戈特霍尔德·埃弗拉伊姆·莱辛(Gotthold Ephraim Lessing,1729—1784)那样,从教育人类的角度来看待世界的历史,最重要的目的是获得精神上的自由,这种观念与路德派的教义相吻合。德意志的启蒙运动思想家同法国

---

① Nicholas Phillipson, "Culture and Society in the 18th Century Province: The Case of Edinburgh and the Scottish Enlightenment", in Stone, *The University in Society*, vol. 2, pp. 449-494.

② Hans-Erich Bödeker et al., eds., *Aufklärung und Geschichte: Studien zur deutschen Geschichte im 18. Jahrhundert* (Göttingen, 1986); Peter Hans Reill, *The German Enlightenment and the Rise of Historicism* (Berkeley, 1975).

的启蒙主义者一样,要求改变中世纪秩序的残余,结束对自由思想和探索施加的限制,但他们并不挑战现有的政治制度。相反,他们对开明君主寄予信任,尤其是对腓特烈大帝,希望通过他们来进行这些改革。相比之下,法国百科全书派的启蒙主义者认为理性就是逻辑思维或经验性的研究,而德意志的思想家恰恰相反,他们像维柯那样,倾向于把理性和理解看作与个性有关,其中包括意志和情绪等方面。因此,相对于伏尔泰和罗伯逊而言,中世纪在他们看来更为仁慈一些。尤斯图斯·缪泽(Justus Möser,1720—1794)[①]在《奥斯纳布吕克史》(*Osnabrückische Geschichte*,1768)中把他的家乡奥斯纳布吕克发生的演变看作是他所说的"当地理性"(Lokalvernunft)的体现,而理性(Vernunft)并不表现为抽象的人权,而是表现为在历史进程中成长起来的特殊的地方制度。埃德蒙·柏克(Edmund Burke,1729—1797)以大致相同的方式在《法国革命论》(*Reflections on the Revolution in France*,1790)一书中为英国的宪政进行辩护,认为英国的宪政是在历史进程中成长起来的,反对法国革命试图按照抽象人权的激进道路重新制定政治和社会秩序的决心。

然而,在启蒙主义思想中有一些元素与我们在导论中勾勒的现代性的定义相当吻合,可以用来作为比较18世纪西方

[①] 参见 Jonathan B. Knudsen, *Justus Möser and the German Enlightenment* (Cambridge, 1986)。

和非西方史学的一种诠释方法。此时出现了一个文人圈(republic of letters)。在自然科学方面,历史学家的发现和解释要提交给学者们组成的团体进行审查。学术获得了世界性的特征,重要的著作很快就被翻译成欧洲各国文字。所有的欧洲国家都创办了学术刊物,其读者超越了学院派历史学家和哲学家组成的相对狭小的学术圈子,苏格兰的《爱丁堡评论》(*Edinburgh Review*)等一大批刊物的读者群都包括受过教育的广大公众。这样一群公众读者的存在也标志着市民社会的存在。此外,除了出借书籍的图书馆外,还有繁荣的书籍市场。休谟、吉本和罗伯逊成为了畅销书作者,获益甚多。不过,启蒙主义的历史观之所以是现代的历史观,还有一个最突出的特征,那就是线性的时间观念。

从普世史到欧洲中心论的进步观

向这种现代时间观的转变最明显地表现为18世纪普世史的写作的转型。普世史有悠久的历史,可以追溯到早期基督教时代。它的第一位重要代表人物是圣奥古斯丁(St. Augustine,354—430)。历史被他们看作是从《圣经》时代开始直到基督复活的连续的故事。我们前面已经提到18世纪上半叶英国的《普世史:从远古至今》。《普世史》虽然取得了商业上的成功,但很快遭到了来自启蒙主义观点的批评。最激烈的批评者包括施勒策。他批评该书不仅没有充分地坚持学术的标准,更重要的是缺乏历史发展的整体观念。① 在他看来,该书只不过是资料的堆砌,并没有提供系统的思想。他本人在写作德文版的《普世史》中著名的第 31 卷《北方史》(*Nordic History*, 1771)时,采用了根本不同的取径,试图重建斯拉夫人和中亚各民族的文化。他使用了人类学和考古学的证据,对各个民族的语言进行了分析,从而得以理解他们的文化。②

在 18 世纪下半叶,对《普世史》的这种从广泛而普遍的角度写作历史的兴趣急剧下降。虽然伏尔泰在《风俗论》(*Essay on Manners and the Spirit of Nations*, 1756)中叙述了中国、印度和波斯,但文明的中心在他看来是欧洲,他的《路易十四时代》(*Age of Louis XIV*, 1751)也持同样的看法。正如书名所示,伏尔泰集中叙述的不是法国国王路易十四本人,而是他所认为的世界历史上最开明的时代。如果说德国哲学家戈特弗里德·威廉·莱布尼茨(Gottfried Wilhelm Leibniz, 1646—1716)18 世纪初依然可以认为在欧亚大陆上存在着两

---

① August Ludwig Schlöser, *Vorstellung seiner Universal Historie*, 2 parts (Göttingen, 1772-1773), pp. 14-19. 施勒策对世界史和一种试图建构"世界和人类统一体系"的历史进行了比较。他这里说的世界史是所有专门史的"集合",实际上是暗中批评英国的《普世史》。

② 参见 Eduard Fueter, *Geschichte der neueren Historiographie* (München, 1936), p. 322;他认为这本《普世史》不应归入启蒙运动。有一篇文章精辟地讨论了《普世史》受到的批评,参见 Johan van der Zande, "August Ludwig Schlözer and the English Universal History", in Stefan Berger, Peter Lambert, and Peter Schumann, eds., *Historikerdialoge: Geschichte, Mythen und Gedächtnis im deutsch-britischen kulturellen Austausch 1750-2000* (Göttingen, 2003), pp. 135-156。

个伟大的文明,即中国和欧洲的话,那么,到了这时,中国文明在人们看来曾在遥远的古代达到了最高峰,然后便失去了活力停滞下来。

到了 18 世纪下半叶,进步论的理论开始形成,其中最著名的是法国的 A. R. 雅克·杜尔阁(A. R. Jacques Turgot,1727—1781)、教士埃蒂耶纳·孔狄亚克(Etienne Condillac,1740—1780)和瑞士的伊萨克·艾斯林(Isaac Iselin,1728—1792)提出的理论。艾斯林把人类的进程看作从原始、迷信到现代开化的发展过程,与孔多塞侯爵在《人类精神进步史表纲要》(*Sketch of a Historical Picture of the Progress of the Human Mind*,1794)中提出的观点一致。① 同样,伊曼纽尔·康德(Immanuel Kant,1724—1804)在《永久和平论》("Eternal Peace")和《世界公民观点之下的普通历史观念》("The Idea of a Universal History from a Cosmopolitan Point of View")等文章中预言启蒙运动将导致一个世界性的联邦共和国的诞生,在这样的共和国里,战争再不会发生。其推动力在欧洲。从许多方面来看,这个观念与亚当·弗格森、② 亚当·斯密和约翰·米勒(John Millar,1735—1801)等 18 世纪末苏格兰的道德哲学家们提出的观点相类似。对于所有这些人来说,最重要的因素是贸易取得的进步,而且贯穿

---

① 英文版(Westport, CT, 1979);另见 Keith Michael Baker, *Condorcet: from Natural Philosophy to Social Mathematics* (Chicago, 1975)。

② *An Essay on the History of Civil Society* (1763).

在从游牧社会到他们所处的城市商业社会的四个阶段中，而这一发展同样以欧洲为中心，然后文明和文化才被带到世界上的其他地区。哥廷根大学的克里斯蒂安·迈纳斯（Christian Meiners，1747—1810）写了一本范围广泛的文化研究著作，其中包括日常生活的某些方面，例如烹调的爱好、服装和住宅等。他还是最早写作妇女史的历史学家之一。① 但他在历史解释上，又毫不隐晦他的种族主义观点。哥廷根大学的人类学家进行的讨论对他产生了影响。他们通过对人的头骨大小的测量，希望把对人类的研究放在科学的基础上。迈纳斯坚信种族之间是有等级的，可以通过经验性的研究来证实。他由是提出，黄种人在智力和身体方面不如白种人完美，而黑人几乎与猿猴没有差别，并可以从帝国的扩张和奴隶制中得到证明。迈纳斯提出的种族论并不是唯一的，18世纪许多杰出的启蒙思想家也持有同样的观点，其中包括伏尔泰、康德和本杰明·富兰克林（Benjamin Franklin，1706—1790）。②

尽管迈纳斯只是一个极端的例子，但是人们广泛持有的欧洲优越论的信念与进步论的观念有一定的联系。尽管如此，也有人发出了不满的声音。其中最著名的是约翰·戈特

---

① *Geschichte des weiblichen Geschlechts*, 4 vols. (Hannover, 1788-1800).

② 见维基百科（Wikipedia）中有关伏尔泰的条目；Google，"18th-century Racism"。

弗里德·赫尔德(Johann Gottfried Herder, 1744—1803)①,他承认启蒙主义的基本主张:所有的人类(即他们所说的Humanität)有同等的尊严。他拒斥人类正在走向打上了欧洲烙印的统一的开化文明的观点。相反,他提出,世界上存在着多种文化,有欧洲的文化,也有其他文化,每种文化都带有自身的特征,享有同等的生存权利。人类是由多重的种族单位组成的,他称之为"族民"(Volk)。这个概念与英语中的"民族"(people,以及法语中的 peuple,或 nation)并不完全等同。"民族"一词在法国革命中获得了完全不同的内涵,即由公民组成的国家。赫尔德把"族民"看作一个有机的单位,是超个人的,但像个人一样经历了从生到死的若干阶段。他对启蒙主义的抽象理性的观点进行了批判,强调非理性和情感在认知过程中的作用。② 一个民族的诗歌是其特征的主要体现,这种诗歌产生得越早,越有原创性,受到文明的污染越少,因而越有价值。后来的德意志和斯拉夫的民族主义者对赫尔德所做的解释是为了用来证明他们否定西方启蒙主义的民主价值观的正当性。但是,赫尔德对法国革命非恐怖主义的早期阶段是持欢迎态度的。他批评欧洲强国的扩张摧毁了美洲印第安人等土著民族的文化。

---

① 参见 E. M. Bernard, *Herder on Social and Political Culture* (Cambridge, 1969)。

② *Ideas on the Philosophy of the History of Humanity* (1784-1791); *Letters for the Advancement of Humanity* (1793-1797).

三　中东

我们现在把焦点从西方转向中东,不仅因为中东是欧洲的近邻,还因为在进入现代以前它的历史文化道路与西方传统的道路相互交叉。早在公元8世纪和9世纪,就有证据表明"穆斯林、基督教徒和犹太教徒之间存在史学思想的交流"。① 更具体地说,在中东穆斯林早期的史学实践中可以看出《圣经》的影响。② 不过,这种交流并不是单向的。几个世纪以后,当欧洲早期的史学家让·博丹写作《理解历史的方法》时曾经提醒读者,穆斯林发展出了历史写作的丰富传统。③

伊斯兰教的兴起与穆斯林史学的起源

穆斯林看待人与神的关系,与欧洲人颇为相似。伊斯兰的宗教传统形成了穆斯林的世界观和历史观。公元7世纪初

---

① Chase Robinson, *Islamic Historiography* (Cambridge, 2003), p.48. 罗宾逊举例说,奥罗修斯(Orosius)的《反异教史》(*Historiae adversus paganos*)在公元10世纪的西班牙被译为阿拉伯语。但是,Franz Rosenthal 在 *A History of Muslim Historiography*(Leiden, 1968, pp.80-81)中认为这本书的翻译并没有"对穆斯林史学产生任何影响"。

② Franz Rosenthal, "The Influence of the Biblical Tradition on Muslim Historiography," in Bernard Lewis and P. M. Holt, eds., *Historians of the Middle East* (London, 1962), pp.35-45.

③ 参见 Rosenthal, *Muslim Historiography*, pp.50-51。有人指出,让·博丹的《方法》相当于伊本·赫勒顿的《历史导论》,因为后者在论述其他内容的同时也讨论了历史方法论。

伊斯兰教的兴起对整个世界,尤其对中东的历史来说,的确是个重大的转折点。它使这个最早播下人类文明种子的地区发生文化转型。公元610年,当穆罕默德·伊本·阿卜杜拉(Muhammad ibn Abdallah)开始获得天启时,这位穆斯林的先知带给阿拉伯人的不仅是神的意志,还有《古兰经》,或"一种新的文学形式和阿拉伯诗词的杰作"。① 因此,韵诗(saj)成为穆斯林历史写作中最早的和最受称赞的体裁,往往被用来叙述战争史诗和谱系。史诗和谱系是伊斯兰史学的原型,在伊斯兰教诞生之前就以未经雕琢的形式存在。但是,自从伊斯兰教兴起以后,它们成为了伊斯兰史学的主要体裁。②

自从公元622年穆罕默德领导圣迁(hijrah)③,率领早期的穆斯林从麦加迁至麦地那以后,伊斯兰教在中东得到了成功的传播。因此,公元622年成为了伊斯兰历的元年,也是穆斯林写作历史时的起泊点。穆罕默德本人毫无疑问地也成为写作伊斯兰历史的推动力,这不仅是因为他使过去的行动和事件有了宗教上的重要意义,而且在穆斯林历史学家看来,穆

---

① Karen Armstrong, *Islam: A Short History* (New York, 2000), 5. 62. 又参见 A. A. Duri, *The Rise of Historical Writing among the Arabs*, ed. and trans. Lawrence I. Conrad (Princeton, NJ, 1983), pp. 137-138。

② Tarif Khalidi, *Arabic Historical Thought in the Classical Period* (Cambridge, 1994), pp. 4-5; Duri, *Rise of Historical Writing among the Arabs*, pp. 12-20. 又参见 Rosenthal, *Muslim Historiography*, pp. 18-24, 不过他对战争史诗的历史性质表示怀疑,因为它从不把战争放在"历史因果关系下"进行描述。

③ 圣迁指伊斯兰教先知穆罕默德于公元622年率教众从麦加迁徙至麦地那,是伊斯兰教史上的重大事件。——译者

罕默德的出现是"整个历史进程的分界线"。① 早期的穆斯林史学在吸收了史诗和谱系的传统以后,出现了两类历史文献:一种是"圣训"(hadīth),一译"哈迪斯"。② 另一种是"史记"(khabar),一译"哈巴尔"。③ 圣训学和史记学的发展也让穆斯林获得了时代变迁的意识:载入圣训和史记的故事往往在(编者和作者的)"传述世系"(isnād)中有记载,传述世系所提供的信息可以把这些故事最早的编写者(未必是这些故事的原作者)与后来的改编者区分开来。因此,传述世系的编撰也表明圣训学家和史记学家对历史记录的作者是谁非常关心。④

如果说,在穆斯林的心目中,《古兰经》是法律和道德的指南,那么,圣训则描绘了早期的穆斯林团体乌玛(ummah)的社会和法律,保存了有用的历史先例,因此可以用来指导他们的生活。⑤ 传统主义对早期伊斯兰史学来说是天经地义的。穆罕默德于公元632年去世以后,更加燃起了人们描绘这位先知的辉煌武功或他向麦加人(异教徒)发动圣战的愿望。由于穆斯林在军事上成功征服了今天的伊拉克、伊朗和

---

① Rosenthal, *Muslim Historiography*, p. 26.
② 专门记录先知的言行。——译者
③ 描述先知及其门徒史诗般的业绩。——译者
④ Duri, *Rise of Historical Writing among the Arabs*, p. 23.
⑤ 关于《古兰经》和"圣训"对穆斯林的重要指导作用的简要讨论,见 R. Stephen Humphreys, *Islamic History: A Framework for Inquiry* (Princeton, NJ, 1991), pp. 21-23。

埃及等地区，他们开始使用纸张，尤其是埃及人的莎草纸。圣训学和史记学在公元8世纪和9世纪得到迅猛发展。伊斯兰史学也进入了古典时期，先知的传记，即"马哈吉"（maghāzī）和"希拉"（sīra）大量涌现。①

从610年穆罕默德第一次获得天启到哈里发乌斯曼王朝（Caliph Uthman，644—656）的这40年在伊斯兰的历史上称作"艰难时期"。一方面，伊斯兰世界（Dar al-Islam）从阿拉伯半岛的西部迅速崛起和扩张，建立起一个地域从北非，经小亚细亚，直到中亚的多种族和多语言的帝国。另一方面，穆罕默德去世后，伊斯兰共同体经历了严重的内部危机甚至内战。这个动乱时期对穆斯林来说又是黄金时期，因为它"提供了后世必须遵循的信仰和行为的准则"。② 为了充分理解和评估这个黄金时期的意义，穆斯林历史学家需要寻找更多的工具来认识他们的历史，结果创造了史学的新形式。

穆斯林史学的主要体裁

到了公元10世纪末，已经出现了三种不同类型的历史体裁。除了传记，即"希拉"，还有"塔巴加特"（tabaqāt）和"塔里

---

① Khalidi, *Arabic Historical Thought*, pp. 30-34; Robinson, *Islamic Historiography*, pp. 20-30.

② R. Stephen Humphreys, "Turning Points in Islamic Historical Practice", in Q. Edward Wang and Georg G. Iggers, eds., *Turning Points in Historiography: A Cross Cultural Perspective* (Rochester, 2002), pp. 92-93; 又参见他的"Modern Arab Historians and the Challenge of the Islamic Past", *Middle Eastern Lectures*, 1 (1995), pp. 121-122.

赫"(ta'rīkh),前者是集体传记,或类传;后者是年代纪,其中最著名的是阿布·加法尔·塔巴里(Abū Ja'far al-Tabarī,约838—923)的多卷本《诸先知和国王年代纪》(*Ta'rīkh al-rasul wa al-muluk*)。这三类体裁的出现表明历史写作到这时已经大致上与《古兰经》和史记的传统相分离,并取得了自己的地位。这可以从历史学家在记录过去的时候有了更加广泛和差异更大的兴趣中得到证明。例如,伊本·沙特(Ibn Sa'd,?—845)写了8卷本的《年代纪》,是最古老的一部历史著作,提供了4250个人物的志传,其中包括600名妇女。① 前面提到的塔巴里的杰作不仅因摘取了大量史料而且以其宏大的框架而卓然不群。他写的《年代纪》始于《创世记》,终于他去世的前几年——915年,歌颂伊斯兰教的兴起和取得的胜利。塔巴里的《年代纪》虽然带有种族中心论,但堪称一部普世史的著作,其气势之恢宏是当时欧洲的任何一部历史著作都无法比拟的。它作为年代纪的榜样对伊斯兰的历史写作发挥了范式性的影响。②

此外,在公元10世纪前后,穆斯林历史学家还尝试在历史写作中使用连续性的叙事,其中以叶耳孤比(全名为艾哈迈德·伊本·阿比·雅各比·叶耳孤比,Ahmad ibn Abī Ya'qūb al-Ya'qūbī,?—约897)最享盛名。他广阔的世界观也

---

① Robinson, *Islamic Historiography*, pp. 28-30.
② 塔巴里的著作已由不同的译者译成英语,书名为 *The History of Al Tabarī*(Albany, 1985—　)。

许给了塔巴里以启发。就叶耳孤比以及与他志向相同的历史学家而言,用连续性的叙事方法写作历史可谓已是顺理成章的事情,因为他们的著作要跨越阿拉伯世界的范围。据说叶耳孤比还在保证史料的准确性方面始终坚持高标准。他的成功有助于把连续性的叙事转变为11世纪和13世纪伊斯兰世界历史写作的主导形式。①

叶耳孤比和塔巴里的一统世界观以及他们写作的普世史反映了以倭马亚王朝和阿拔斯王朝的建立为代表的穆斯林扩张的早期胜利。公元747—750年发生的倭马亚王朝和阿拔斯王朝的改朝换代也提高了穆斯林历史学家的政治意识。从这次权力转移的角度出发,历史学家开始抓住政治合法性的问题,也就是说,阿拔斯王朝的君主们,是否如他们自己所声称的那样,标志着伊斯兰的历史进入了新的阶段;他们的统治是否恢复了穆斯林共同体与真主所订立的圣约,从而让穆斯林走上了赎罪之路。于是,宗教范式,即圣约—背约—赎罪,被用来表达史学对政治的关注。这个理论范式在很大程度上也可以用作宏大叙事,以支持未来的波斯帝国和奥斯曼帝国时期史学的发展,因为诸如政治合法性和合法政府等问题以

---

① Robinson, *Islamic Historiography*, pp. 35-36, 97-100; Khalidi, *Arabic Historical Thought*, pp. 81-82; 又参见 Tarif Khalidi, "Ahmad ibn Abī Ya'qūb al-Ya'qūbī", in Daniel Woolf, ed., *Global Encyclopedia of Historical Writing* (New York, 1998), vol. 2, p. 981。

后依然是穆斯林历史学家关注的焦点。①

史学的官僚化和世俗化

公元7世纪波斯帝国时期的史学发展从许多方面都可以说明中世纪伊斯兰史学的特征。第一个特征是努力继续和扩大普世史/世界史的写作。在蒙古王朝时期,蒙古汗国的大臣拉希德·丁(Rashīd al-Dīn),也是一名皈依伊斯兰教的犹太人,召集了一批学者(其中有2名中国学者)编写多卷本的普世史,内容涵盖了从爱尔兰到中国的各个地区。② 第二个特征是在继续保持写作普世史的兴趣的同时,也做出了新的努力,去写作地方和区域的历史,波斯史学本身的兴起在某种程度上证明了这种兴趣的存在,它关系到伊斯兰史学未来的发展。第三个特征是历史研究得到了宫廷的赞助和机构的支持。为了从历史当中寻找有益的政治教训并树立道德榜样这些实用的目的,宫廷历史学家以及退休的官员和将军们转向写作历史。"君主之鉴"(Fürstenspiegel)之类的文献大量产生就是明显的例子,尽管这类文献并不全属历史著作。③ 伊

---

① Humphreys, "Turning Points in Islamic Historical Practice", pp. 90-94 及 *Islamic History*, pp. 72, 91;又参见 Julie Scott Meisami, *Persian Historiography to the End of the Twelfth Century* (Edinburgh, 1999),尤其是 p. 283; Bernard Lewis, *From Babel to Dragomans: Interpreting the Middle East* (Oxford, 2004), pp. 411-412。

② Bernard Lewis, *The Muslim Discovery of Europe* (New York, 1982), pp. 150-157.

③ Rosenthal, *Muslim Historiography*, pp. 113-118.

本·赫勒顿(Ibn Khaldūn,1332—1406)虽然是突尼斯人,但他在14世纪写的《历史导论》(*Muqaddimah*)表明他抱有同样的旨趣,以具体的方式为他那个时代的穆斯林提供了有益的政治洞见。该书也成为了史学的典范,对现代西方世界产生了深远的影响。① 第四个特征是,虽然过去的黄金时期在历史写作中依然有着重要意义,但越来越多的历史学家转向写作当代的历史,从而造成了朝代史和自传的兴起。

在奥斯曼帝国统治的几个世纪里,伊斯兰史学的官僚化、世俗化过程不但得到了延续而且变得更为强劲。从15世纪开始,奥斯曼帝国的历代君主指令历史学家为帝国编纂官方编年史,但最好的一部历史典籍是在奥斯曼帝国极盛时期由退休的官员穆斯塔法·阿里(Mustafa Âli,1541—1600)写的《史粹》(*Künhü'l-ahbar*)。像一个世纪以前的伊本·赫勒顿一样,他也承继了穆斯林史学中的普世史传统。不过,这也是一部史学史著作,对伊斯兰和奥斯曼帝国历史写作的传统进行了公正而细心的讨论。② 17世纪末,奥斯曼帝国设立帝国史官(vak'anüvis)的职位。第一位担任此职的是穆斯塔法·纳伊马(Mustafa Naima,1665—1716)。他的功利主义政治思想和道德教诲,对进行史料考证的坚持,对朴实无华的写作风格

---

① Warren E. Gates,"The Spread of Ibn Khaldūn's Ideas on Climate and Culture", *Journal of the History of Ideas*, 28:3 (July-September, 1967), pp.415-422. 这篇文章提供的证据说明了伊本·赫勒顿对17世纪的欧洲思想产生的影响。

② 参见Cornell Fleischer, *Bureaucrat and Intellectual in the Ottoman Empire: The Historian Mustafa Ali (1541-1600)* (Princeton, NJ, 1986)。

的运用,以及不偏不倚的立场使他的著作在同时代的人当中显得独具一格。① 相反,与他同时代的历史学家为了哗众取宠,往往在他们的历史著作中使用华丽的辞藻和夸大的词句,甚至不惜牺牲准确性。②

纳伊马在有生之年还看到奥斯曼帝国与欧洲的关系发生了震荡性的变化。几个世纪以来,穆斯林一直不把包括拜占庭人在内的欧洲邻居放在眼里,主要是因为"信奉基督教的欧洲没有做出任何贡献",而且"显而易见地低人一等"。③ 然而,从17世纪开始,穆斯林和奥斯曼帝国的一些历史学家努力去了解欧洲的历史,并使用欧洲的史料来丰富自己的历史叙述。由米内德吉德吉姆·巴什(Münedjdjim Bashi,1631—1702)编写的新普世史就是最突出的例子。巴什以拉希德·丁的著作为榜样,在著作中叙述了英国革命等当时最新发生的各种事件,而且主要依据翻译过来的欧洲史料。④

伊斯兰世界和伊斯兰史学的衰落?

米内德吉德吉姆·巴什试图扩大普世史写作的传统,这

---

① Lewis V. Thomas, *A Study of Naima*, ed., Norman Itzkowitz (New York, 1972), pp.110-119.

② Bernard Lewis 称一些奥斯曼史家的著作"不外乎啰唆与浮夸",见他的 *From Babel to Dragomans*, p.422。但娱乐向来是穆斯林著史的主要动因,其作品的可读性与趣味性常常受到推崇。见 Robinson, *Islamic Historiography*, pp.171-177。

③ Lewis, *Islam in History*, p.100.

④ Ibid., pp.109-110.

预示伊斯兰世界历史上一个新时代的到来。从 18 世纪开始，奥斯曼帝国再也无力维持对欧洲强国的优势。按照现代历史学家的看法，奥斯曼人与奥地利人于 1699 年签订的《卡洛维茨条约》是穆斯林与欧洲关系的转折点。奥斯曼人开始对欧洲人的军事技术发生兴趣，这种兴趣很快就扩大到了其他领域。自从认识到与欧洲人打交道时外交明显成为不可避免的手段后，奥斯曼帝国的一些官员也开始学习欧洲的外交制度。① 印刷技术的传入则是又一个例子。奥斯曼的历史学家们，包括帝国史官，开始学习欧洲的语言，写出了更多的欧洲史著作。有些历史学家甚至认识到，他们帝国的未来取决于"准确地理解欧洲的发展"。② 在地方和社区等层次上以及在地方史和区域史的写作中，甚至在自传中，也开始明显地把欧洲纳入穆斯林史学。③ 所有这一切造成了穆斯林的历史实践和历史思想的重大变化。在欧洲兴起的背景下，奥斯曼帝国的历史乃至整个穆斯林世界的历史从 18 世纪开始进入了停滞甚至衰落的时期。当时的历史著述也展开了有关"帝国危

---

① Virginia H. Aksan, *An Ottoman Statesman in War and Peace: Ahmed Resmi Efendi, 1700-1783* (Leiden, 1995), pp. xv-xvi, 18-23; 及她的 *Ottomans and Europeans: Contacts and Conflicts* (Istanbul, 2004), p. 32。

② Lewis, *Islam in History*, p. 111.

③ 参见 Thomas Philipp, "Class, Community, and Arab Historiography in the Early Nineteenth Century: The Dawn of a New Era", in *International Journal of Middle East Studies*, 16:2 (May 1984), pp. 161-175; Steve Tamari, "Biography, Autobiography, and Identity in Early Modern Damascus", *Mary Ann Fay, ed., Auto/biography and the Construction of Identity and Community in the Middle East* (New York, 2001), pp. 37-50.

机"的许多讨论,似乎证实了这种说法。不过,近来的学术研究发现,这种"衰落论"需要做很大的修正,因为奥斯曼帝国依然"有能力调整它的统治并在整个18世纪维持一个稳定的等级制的统治体系"。① 以历史著述而言,近来的研究一般都同意,自穆斯塔法·纳伊马以后,奥斯曼帝国在整整一个世纪的时间里,再也没有出现第二个重要人物。不过埃及却出现了阿布杜·拉赫曼·杰巴尔迪(Abd al-Rahmān al-Jabartī, 1754—1822),他不仅是埃及也是整个穆斯林世界第一流的历史学家。杰巴尔迪在他的著作中记载和思考了拿破仑(Napoleon,1755—1821)入侵埃及所带来的影响。有关他的著作,我们将在下面一章讨论。

四　印度

西方对印度历史意识的看法

在本章对18世纪的讨论中,包括印度史学在内,都涉及一个重要的问题,那就是不仅西方历史学家,就连印度历史学

---

① Rifa'at 'Ali Abou-El-Haj 的 *Formation of the Modern State: the Ottoman Empire , Sixteenth to Eighteenth Centuries* (Albany, NY, 1991)对于奥斯曼帝国是否为穆斯林的衰落时期提出了质疑; Gabriel Piterberg,*Ottoman Tragedy: History and Historiography at Play* (Berkeley, CA, 2003)也对此进行了分析。有关近来的史学评论,见 Jane Hathaway, "Rewriting Eighteenth-Century Ottoman History", *Mediterranean Historical Review*, 19:1 (June, 2004), pp. 29-53。

家直到最近仍然认为,在 19 世纪的英国殖民者把历史引进印度之前,印度没有历史。① 那时的西方观察家所说的"没有历史"有两层意思:一层意思是说印度的文明没有变化。在欧洲人来到之前,南亚的社会不仅是东方专制主义的,而且是没有经历过任何历史变化的静止的社会。从黑格尔、兰克到马克思,印度社会是停滞不变的观点一直占据着主导地位。卡尔·马克思把印度和中国两大文明归入亚细亚生产方式,没有让它们加入西方历史的进步过程,而在兰克看来,印度只有"自然的历史"。② 从不变的社会这一基本前提出发可以推导出一个结论,即印度人没有历史思想的观念,不过黑格尔把这个问题颠倒过来,认为印度之所以一直没有获得世界历史的动力正是因为它缺乏历史意识。③ 人们一般认为,历史是英国的舶来品,此前,没有一个印度的历史学家写过历史,而詹

---

① 已经有人指出,在19—20世纪,不少前殖民地的知识分子都有相似的看法。见 Kumkum Chatterjee, *The Cultures of History in Early Modern India* (New Delhi, 2009)。

② Leopold von Ranke, "On the Character of Historical Science (A Manuscript of the 1830s)", in Georg G. Iggers and Konrad von Moltke, eds ., *Leopold von Ranke: The Theory and Practice of History* (Indianapolis, IN, 1973), p. 46. 其中一段写道:"最后我们可以简要地专门关注一下那些在今天仍然保持着一种自然状态的民族。他们会让我们得出一种假设:这些民族从一开始就一直处于这样的状态下,一直保留着史前的状态。据称印度和中国有古代,有长篇的编年史。但是,就连最聪明的编年史学家也读不懂。他们的古代是传说,而他们的状况更像是自然的历史。"

③ "由于印度人没有史学意义上的历史,因此他们没有动态(res gestae)的历史,也就是说,没有向真实的政治状态的发展。"摘自 Michael Gottlob, ed ., *Historical Thinking in South Asia: A Handbook of Sources from Colonial Times to the Present* (New Delhi, 2003), p. 8。

姆斯·密尔的《英属印度史》(History of British India, 1817)才是第一部印度史著作。西方认为历史写作的观念源于古代经典、文艺复兴时期的人文主义以及启蒙主义,这一观点为评价历史研究提供了标准。而且,尽管19世纪和20世纪初印度的许多历史学家对东方专制主义的理论提出了挑战,但他们仍然像同一时期的西方作者一样主张历史学完全不同于诗歌的想象,而在印度却不存在这样的区别。近年的后现代主义的印度学者依旧认为,印度在被西方殖民之前,没有真正的历史意识。印度对其过去的重新掌握,即使有的话,也是通过神话和传说。①

当然,人们也可以提出这样一些问题:信奉基督教的欧洲在中世纪存在这样的明确区分吗?甚至还可以问,今天的许多历史思想家仍然像过去那样毫不怀疑地承认这一区分吗?他们是否有可能对客观的历史学提出质疑,像海登·怀特那样认为每个历史叙事本质上都是诗歌式想象的产品?但是,我们依然要对非历史化的作用进行评估。在17世纪,尤其是在18世纪,人们对印度和中国的文化称赞备至。1700年以后,在法国的铭文学院以及在德意志,印度学已经发展成为一门学科。正如我们在前面看到的,英国的一些著作对外国文

---

① 因此,印度的历史学家班达卡尔称:"印度人对历史的好奇心是靠传说来满足的。"摘自 Gottlob, *Historical Thinking in South Asia*, p. 2。又参见 Romila Thapar, "Indian Historiography-Ancient", in Woolf, *Global Encyclopedia of Historical Writing*, pp. 455-458。

化做了肯定的描述,例如萨尔的《普世史》。研究印度学的欧洲学者,其中包括威廉·琼斯爵士(Sir William Jones,1746—1794)模仿萨尔的写法,把古代印度和古代希腊的文明放在同等地位上,并确实在这两种文明中看到了共同的文化根源。琼斯虽然是孟加拉殖民地政府的一名官员,但并不接受启蒙主义经典的进步模式,即相对于欧洲而言,印度仍处于一个原始的发展阶段上。他认为印度文明有它自身的价值,而它自从得到了英国的"保护和福利"后,印度古代的辉煌便逐渐走向了衰落。

然而,琼斯的观点没有得到其他人的赞同,包括后来的一些注释家,其中有许多是东印度公司的雇员,例如功利主义者詹姆斯·密尔。密尔指责琼斯等东方学家,在印度的过去和现在都没有什么可以称道的情况下,却写书去赞美它的过去,是有害无益的。过去的印度确实处在较低的进化阶段上,"今日我们面对印度教徒在某种程度上就像面对加勒底人和巴比伦人一样"。① 让印度人摆脱原始文化并把他们带入历史的潮流依然要靠英国人。

因此,在琼斯的著作中,当然还有前面提到的赫尔德等人的著作中,都可以看到那种用多元的观点看待文化的态度,但这种态度到了19世纪已被一种在很大程度上的批评态度所取代,并与殖民化的计划混合在一起。詹姆斯·密尔和托马

---

① 摘自 Gottlob, *Historical Thinking in South Asia*, p.7。

斯·巴宾顿·麦考莱(Thomas Babington Macaulay,1800—1859)都否认印度人有任何真正意义上的文明,而且声称这可以从他们明显缺乏历史意识这一事实中得到证明。这里可以摘引麦考莱所写的一句话:"从所有这些梵文写的书中收集起来的历史资料并不会比在英国预科学校使用的最粗糙的节选本中可以找到的资料更有价值。"①甚至琼斯也不得不承认,印度人对历史的敏感度不够;与希腊人不同,印度人把自己的过去埋葬在"一大堆神话中"。在欧洲人中间,并不是只有英国人对印度文明的缺陷有这样的看法。甚至10世纪的波斯史家和印度学家阿布·比鲁尼(Abu Biruni,973—1048)也说,印度人对"事物的历史顺序",了无兴趣。②

印度历史著述的形式

当然,古代印度确实没有现代形态的历史写作传统,即把历史学视为一种理性的、客观的和专门的学科。然而,尽管在古代(以印度教为主)③的印度缺乏人们比较熟悉的那些历史写作的形态,但确实存在着许多包含历史意义和记忆的文献。

---

① 摘自 Gottlob, *Historical Thinking in South Asia*, p.7。
② 引自 Asim Roy, "Indo-Persian Historical Thoughts and Writings: India, 1350-1750",收入 José Rabasa, Masayuki Sato, Edoardo Tortarolo, and Daniel Woolf eds., *The Oxford History of Historical Writing. 1400-1800*. Vol.3(New York, 2012), p.150。
③ 应当记住的是,在古代印度还有佛教和耆那教的著作,反映了这些教派特有的世界观和他们的社会背景,表达了不同类型的历史意识和形态。这两种宗教的寺院编年史含有丰富的俗界信息以及以宗教创始人的真实事迹为基础的尘世末世论的思想。

"印度诸王国有丰富的记录、谱系和编年史,其准确性不亚于从现代早期其他社会里发现的资料。"①在"艺提哈撒"(itihasa,译为"像过去那样")这一文学概念所概括的作品和"普拉纳"(Purana)的传统中,有不少古代人写的有关过去的故事,其写作手法十分多样。这些作品包括了传记、家谱和各种各样被罗米亚·塔帕尔(Romila Thapar, 1931—)称为"深藏于非历史叙述"中的年纪,对古代印度的社会文化的形成,起到了一个强大的作用。② 加布里埃尔·斯皮格尔(Gabrielle Spiegel)已经指出,在前近代的社会中,年纪和家谱有助构建持续性、一线进步和社会认同的观念。③ 罗米亚·塔帕尔也证明,随着君主国家的增强,以传记和谱系为体裁的著作数量越来越多,它们被用来确立君主的政治权威。此外,此类文本的数量与官僚体系的组织水平之间有明显的联系。例如,从公元7世纪开始,国王传记的数量增多了,但有关国王的历史性的记述要到信奉伊斯兰教的德里苏丹国和莫卧儿帝国时期,才出现繁荣的局面。在这一时期,波斯语成为主要的行政语言,历史写作也主要使用波斯语。这一时期的历史著作以

---

① C. A. Bayly, "Modern Indian Historiography", in Michael Bentley, ed., *Companion to Historiography* (London, 1997), p. 678.

② Romila Thaper, "Society and Historical Consciousness: the Itihasa-Purana Tradition", in Romila Thapar and Sabyasachi Bhattacharya, eds., *Situating History: Essays in Honour of Sarvapalli Gopal* (New Delhi, 1986), pp. 353-386.

③ Gabrielle Spiegel, "Genealogy, Form and Function in Medieval Historiography", in Gabrielle Spiegel, *The Past as Text* (Baltimore, 1997).

关注个人的军事功绩和治国才能,关注事件及其原因,并倾向于以从非宗教的角度来描述历史为特征。它们与早期的梵文文献有着不容置疑的差别。梵文文献以宗教和神话内容为主,历史内容为辅。伊斯兰文献则以历史内容为主,但也传达了宗教和道德的观点。在这一方面他们与中世纪基督教历史学家没有太大的差别,都带有相同的神义论的特征,也都抱持时间是单向变化的观念。尽管它与梵文文献中的循环时间观念"时代"(yuga)截然不同,但必须认识到它们都有以宗教为基础的共通性。① 此外,正如前面已经指出的,线性的/循环的两分法并不是绝对的,因为在印度教的每个时代都给这种看待历史进程的线性方式留下了空间,尽管时代的序列是不可颠倒的。②

印度-伊斯兰的历史写作以叙事史和评论政治问题为特征,有许多历史作品是行政官员们撰写的。其基本精神是提供教诲和赞誉,歌颂或警告统治者和宫廷。与此同时,历史的内容依然相当狭窄,只叙述政治权力和行政管理,不涉及更广泛的社会进程。它以波斯的历史写作传统为模式,发展出了一个独特的印度-波斯的历史书写传统,按照严格的时间顺序

---

① 在高等种姓的印度教徒的时间观念中,四个"时代"无止境地循环反复,从"萨提亚"(Satya)到"特瑞塔"(Treta),再到"都瓦帕尔"(Dvapara),最后是"喀历"(Kali),是从黄金时代(Satya-yuga)向社会混乱的时代(Kali-yuga)不断退化的过程,然后再次进入新的循环。

② Sumit Sarkar, *Writing Social History* (Delhi, 1997), p. 8.

写作了政治史,朝代纪,君主、诗人、学者和圣徒的传记与回忆录。① 更重要的是,在莫卧儿皇帝阿克巴(Akbar,1542—1605)当政的时期,出现了一种在档案材料和史料批判的基础上撰写的理性的和世俗的"官史",其宗旨是支持皇帝的帝国野心和削弱政府中宗教因素的影响。② 所以密尔的著作不是印度次大陆的第一部通史。在阿克巴的治下,已经写出了最初两部印度通史。③ 还需要知道的是,在印度的"伊斯兰时期",在写作形式和作者身份这些方面,印度和穆斯林的书写传统高度混合了。所以,印度梵文和白话的写作吸收了印度-波斯的伊斯兰史学形式,虽然在做法上有所选择和创新。在莫卧儿政府供职的印度文书阶层的人士写作了大量波斯的朝代史、传记及有关宗族、种姓和城镇的地方史。但以前的写作传统也没有完全消失。在近代早期乃至20世纪,历史写作的多种方式仍然得以共存。④

社会和思想在近代的转型

在1500年至1800年之间,也就是从莫卧儿帝国的建立到英国人到来的这段时期,印度次大陆上发生了重大的转变,尤以17世纪和18世纪最为剧烈。这些转变与伊斯兰世界其

---

① Roy, "Indo-Persian Historical Thoughts", pp. 153-157.
② Ibid., pp. 159-161.
③ Ibid., p. 161.
④ Chatterjee, *The Cultures of History*, pp. 253-255.

他地区以及欧洲和东亚发生的转变是同步的,因此可以说它属于我们前面所定义的近代化初期进程。① 这些转变并不仅限于穆斯林的印度。有两件事情需要记住。在穆斯林、印度教徒和其他宗教团体之间这时尚未形成严格的划分界线。尽管穆斯林在印度许多地区的政府中占据统治地位,但印度教的信仰和习俗对穆斯林有所渗透,反之亦然。"溶合式"(Syncretic)的宗教习俗流行于全国的许多地方,包括孟加拉和克什米尔。此外,穆斯林政府在很大程度上带有对印度教徒实行宽容的特征,有许多印度教徒在政府中官居要职。其次,印度从未与世隔绝。从公元前1500年前后雅利安人的征服开始直到15世纪初欧洲人的侵入,印度一次又一次地受到入侵;入侵者,无论是希腊化时代的希腊人、阿拉伯人、波斯人、阿富汗人、蒙古人,还是最后到来的欧洲人,都留下了他们的文化烙印。从第一个千年初开始,环印度洋地区形成了一个繁荣的贸易圈。这一贸易圈从西端的马格里布地区一直向东伸展到中国南部。从公元8世纪起,阿拉伯商人加入了这个贸易圈,但与他们祖先不同的是,其中有许多商人在南亚安家落户,但依然属于穆斯林世界的一部分。不仅在贸易的层次上,而且在思想和学术领域,印度人与当时的思想中心开罗、伊斯坦布尔、巴格达、大马士革和德黑兰有了接触,接着又

---

① John F. Richards, "Early Modern India and World History", *Journal of World History*, 8 (1997), pp.197-209. Richards 使用了他自己的一套标准,把这个时期称作"近代早期",而不再称作"莫卧儿时期的印度"或"中世纪晚期的印度"。

与欧洲保持接触。此外,贸易的重大结果是双语化和多语化。这说明沿着商道传播的不只是贸易,还有各种形式的知识。

有些学者近来指出,在18世纪,而且从一定的程度上说早在17世纪,世界上已经出现了观念的转变,虽然这些转变因不同的国家而异,即使在同一个国家里也有不同,其中包括印度,但毕竟还是有某些共同的东西可寻。① 这一转变早在殖民主义发生影响以前就已经开始了。它与世界市场的形成有联系,因为世界市场使印度与欧洲产生了更加紧密的联系。虽然这一发展主要发生在德里和勒克瑙等中心城市,但随着莫卧儿帝国的衰落和解体,在一些新的但较小的邦,人口众多的城市也变成了思想和文学生活的中心。所有这一切都推动了一种新市民社会的成长,它与这些城市中心更加传统的思想方式并存。这可以拿来与18世纪的欧洲进行比较。随着城市中阅读圈子的扩大,学者和神学家的垄断被打破,开始出现了沙龙。这类沙龙在某些方面与巴黎和柏林的沙龙相似,但在印度往往由王公显贵的情妇主持。除了一些由富商和贵族参与的沙龙外,还出现了一种研究群,参加者是来自中等社会阶级的成员、军人、工匠、小商人等。咖啡馆和浴室也成为交流思想的场所。在这些圈子里,通俗的口头语言,尤其是乌尔都语,取代了波斯语成为主要的交流语言。这里面还涉及

---

① 关于18世纪印度的思想转变,参见 Jamal Malik, "Mystik: 18. Jahrhundert", in Stephan Conermann, ed., *Die muslimische Sicht* (13. bis 18. Jahrhundert) (Frankfurt am Main, 2002), pp.293-350。

脱离宗教的正统,但未必是脱离宗教。回顾起来,18世纪西方的潮流,重点是个性的发展。正像艾麦德·阿里(Amed Ali,1910—1994)在《金色传统》(*The Golden Tradition*,1973)中对印度所做的描绘:

> 到18世纪中叶,各种疑窦开始冲击脑海,探索精神被唤醒,好奇心升至头顶,处处都可以听见质疑之声,如雷贯耳。批判的精神,拒绝仅因其权威而顺从的精神,都随着近代的开始而诞生。……自由精神现在已被唤醒,与欧洲正在发生的同样的运动如此巧合,而在那里,造反和浪漫主义的闸门已经打开。①

不过,对此我们需要谨慎对待。欧洲和印度的政治、经济和社会条件依然相去甚远。种姓制度依然如故。法国的转变导致了一场大革命,欧洲其他地方的转变也导致了改革的呼声,而印度还没有发生这样的转变。印度是个正在转型的社会,但在社会结构和思想观念方面基本上还是传统的。然而,因此便可以断言印度当时的历史写作是"派生的话语"(derivative discourse),是英国人输入的西方舶来品吗?

近来的一些研究表明,事实并非如此。近代早期的变化带来了各种不同的结果。在17世纪和18世纪出现了新的王公领地,随之而来的是一个文官阶级的诞生,同时出现了一批

---

① 引自 Malik,"Mystik",p.305。

法学家。官僚化导致了档案馆的建立,历史学家被法院聘请,受其委托对法权进行研究。正在兴起的中等阶级在法庭上运用档案记录来保证他们对财产权的要求。在印度的东部,18世纪末之前已经有波斯化的史学存在,服务于刚刚建立起来的殖民当局,因为后者非常需要获得有关不久前才被他们征服的那些地区的知识。结果,在前殖民统治向殖民统治的转变中,它们成了"自我表现的行动"(acts of self-representation),试图把源于本土的好政府的观念灌输给新的统治者。但是,它们在结构上仍然保留了印度教–伊斯兰教的传统,用叙述手法描述通过政府机构表达出来的政治权力。①

然而,在印度的南部,我们在日益壮大的"官绅"阶级(书记员、法院执事和村吏等)用地方语言写成的作品中,看到"一种新的、特殊的历史新意识"的出现。② 这些成员深受图解传统,而非口传文化的影响,重散文而轻诗歌,而且是多语性的。他们的工作没有宫廷或其他赞助,也不是对神的奉献,尽管支撑它们的道德框架想要表达的是符合政治惯例的意义。他们用泰勒固语、泰米尔语、马拉地语、梵语和波斯语写作,"历史"一词来自于泰勒固语的 caritramu,意为历史和故事。还有一点也很重要,他们的著作显然符合历史写作的现

---

① Kumkum Chatterjee,"History as Self-Representation: The Recasting of a Political Tradition in Late Eighteenth-Century Eastern India", *Modern Asian Studies*, 32 (1998), pp. 913-948.

② V. N. Rao, David Shulman and Sanjay Subrahmanyam, *Textures of Time: Writing History in South India, 1600-1800* (New York, 2003), p. 136.

代标准。①

这些著作一直遭到忽视,主要原因在于它们的体裁。无论是写成宫廷诗歌、民众史诗还是外交报告,它们的历史内容对我们来说都是"隐藏"着的,但当时的人是明白的。它们的"格式"、分类记号和文献内的换行向听众或读者传递了其中的历史含义。虽然自成一格的历史著述尚未作为一种独立的学科存在,或用相应的梵文来表述,它尚未成为"沙斯特拉"(shastra)。但历史意识已经存在并且以该文化中流行的文学形式写了出来。

当然,这些仍然是区域的历史。但如果合起来看,它们代表了一个可观的印度-波斯史学传统,并且对现存的写作形式和风格都有影响,体现了历史文化的多样性。人们可以这么说,虽然从概念上来理解,前近代的印度史学不是一个世俗的、科学的和以事实为据的职业学科,但这绝不代表历史意识荡然无存。而且即使在古代印度那些"隐藏"于其他书写形式的历史叙述中,它也包含了理性和事实的成分,因为这些作品是人们记忆之必需。再者,到了近代早期,比如以印度-波斯的史学传统为代表的历史写作,在确证史料和史学方法方面已经形成了严格的规范。如果历史书写是对社会、政治和文化结构的反映,那么前近代的印度史学敏锐地记录了那个

---

① V. N. Rao, David Shulman and Sanjay Subrahmanyam, *Textures of Time: Writing History in South India*, *1600-1800* (New York, 2003), p. 136.

时代演变中的文化。

五 东亚和东南亚

占卜和历史学:"史"的起源

最后,我们来讨论东亚和东南亚的史学传统。在那里我们可以看到首先在中国形成的历史写作的悠久传统。在其史学的形成期,也即在上古中国写作语言和历史文化的孕育过程中,占卜起到了重要作用。最早的历史记录发现于商代(约公元前1600—前1066)①的甲骨文,即刻在动物骨头和龟背上的预言。这些记录是卜师所作,用于预言和镇魔。以后,一种称为"史"的官职开始设立,在整个周代(公元前1121—前249)②,史官的职位在长期的变迁中越设越多,在周代变得很普遍。在现代汉语中,史官多作"历史学家"解,但在周代,史官的职责并不仅限于专门作史,还兼作记录和占星。③

历史修撰起源于占卜活动以及"史"最初是官职,这两点在中国的历史思想中留下了持久的烙印。在中国,修史往往

---

① 周取代商,即商代结束之年,史学界尚无定论。——译者
② 周开始之年,尚无定论。——译者
③ 有些现代中国学者对史官在古代中国的起源和职能做出了解释,有关论文收集在杜维运和黄进兴主编的《中国史学史论文选集》(台北,1976)中,见第1卷,第1—109页。有关的最新的英语综述,见 On-cho Ng and Q. Edward Wang, *Mirroring the Past: the Writing and Use of History in Imperial China* (Honolulu, 2005), pp. 1-7。

是官方行为,尽管在公元 7 世纪以前也有许多历史学家写作历史并非出于官府的指令,公元 7 世纪以后也有私家修史的各种习俗。在古代的文籍中,例如在据信由孔子参与编修和保存的"六经"中,已经提出了"以史为鉴"的观点,认为历史可以反映出过去的正确和错误,因而有益于现在。所以,历史被视为政治智慧的宝库,在中华帝国悠久的历史上(甚至在今天)一直保持着这一信念。因此,每个新王朝的统治者往往首先下令编修前朝史。自公元 7 世纪以来,这已经成为中国历史写作的惯例而且很快对朝鲜、越南和日本产生了明显的影响。

儒家史学的形成

有关中国史学的性质,有人说是"官家写给官家看的",即为统治者服务。然而在整个中华帝国时期,私家修史不仅一直存在而且十分活跃。例如,堪称中华帝国最伟大的历史学家的司马迁(公元前145—前187),受到的重视不下于希罗多德,他着手编纂《史记》是为了满足他对重大事件的好奇心并希望对这些事件的记忆得以传之后世。虽然司马迁出生于史官家庭,但他写作这部巨作是出于自愿,而非受命于皇帝。他的写作目的是"究天人之际,通古今之变,成一家之言"。①司马迁并不是完全想用它来为皇帝服务的。

---

① Ng and Wang, *Mirroring the Past*, p.62.

当司马迁动手写作《史记》时,中国早已有了叙述体的史书。他继承了这一传统并发展出了自己的风格,即"成一家之言"。① 然而,当他努力"通古今之变",或寻找历史的主要规律时,则更多的受到了孔子的启发。孔子明确地提出修史应当有助于建立正常的社会-政治秩序。孔子修订了他的家乡——鲁国史官撰修的《春秋》,对《春秋》记载中的用词略作改动(例如将"杀"和"诛"改为"弑"),以便对不正当的行为进行更强烈的道德谴责。孔子通过使用所谓的"春秋笔法"来证明史笔不仅应被用来记载过去,而且用来把道德和政治的判断传至后世。

孔子和司马迁的著作经常提到"天",即中国人心目中的"神"。这说明占卜时代的天人感应的信仰到这时依然有很大的影响。然而,孔子通过赋予历史写作以道德的意义,从而给史学传统注入了世俗的色调并增强了历史写作的动力:他希望通过历史学家之笔来恢复他所说的天道,即让众人知善恶。在孔子及其门徒看来,历史学家的直笔不能没有道德的标准;相反,它意味着历史学家应当通过直书其事来维护道德标准,而不应"屈从"于政治的压力和强制。②

---

① Ronald Egan, "Narratives in Tso Chuan", *Harvard Journal of Asiatic Studies*, 37 (1977), pp.323-352; *The Tso Chuan: Selections from China's Oldest Narrative History*, tr. Burton Watson (New York, 1989),还有 Watson 的导论。

② 参见 Q. Edward Wang, "Objectivity, Truth, and Hermeneutics: Re-reading the Chunqiu", in Ching-i Tu, ed., *Classics and Interpretations: The Hermeneutic Tradition in Chinese Culture* (New Brunswick, NJ, 2000), pp.155-172。

到了汉代(公元前206—公元220),儒学成为了国家的意识形态。在儒学的影响下,历史编纂带有两重目的:既有历史的目的又有规范的目的,一方面受到了建立历史知识宝库的愿望的推动,另一方面又受到了寻求理想的社会-政治秩序的愿望的推动。因此,司马迁的《史记》遵循一种等级结构——也许是他自己的理想世界的缩影,这成为了他的生动而多彩的传记的载体。① 司马迁用这样的方式对历史人物进行排列和分类表明了他所主张的是什么样的社会-政治程序。司马迁创立的纪传体被后人所采用,并经过一定的修改之后,在中华帝国以及华夏世界的其他地区成为了朝代史写作的标准体例。

史馆与朝代史

唐朝(618—907)初年,由于史馆的建立,历史编纂逐渐转变为官方的行为。唐朝的君主对于把历史变为丰富的借鉴资源表现出极大的兴趣,希望从中可以获得有用的政治教训以改进他们的统治,延长王朝的寿命。史馆或史官的任务一

---

① Wai-yee Li, "The Idea of Authority in the Shih chi (Records of the Historian)", *Harvard Journal of Asiatic Studies*, 54:2 (December 1994), pp. 345-405; Ng and Wang, *Mirroring the Past*, pp. 53-67. 有关司马迁史学的英文专著,见 Burton Watson, *Ssu-ma Ch'ien: Grand Historian of China* (New York, 1958); Stephen W. Durrant, *The Cloudy Mirror: Tension and Conflict in the Writings of Sima Qian* (Albany, NY, 1995); 及 Grant Hardy, *Worlds of Bronze and Bamboo: Sima Qian's Conquest of History* (New York, 1999)。

方面是撰修前朝史,另一方面是为当朝收集和保存档案。这些档案分为"起居注""日历"和"实录"等几大类,以这些档案为依据编撰当时的历史,称作"国史"。① 唐朝的官修史书制度对朝鲜和越南以及后来对日本都产生了范式性的影响,因此,这些地方的朝代史直到19世纪末仍然用汉语撰写。反过来,有关日本、朝鲜和越南早期历史的珍贵史料可以从汉语的历史著作中找到。日本的《六国史》最初就是用汉语仿照唐朝官修史书的榜样编纂的。② 唐朝统治者鼓吹的历史可以知古鉴今的观点也在日本得到共鸣。在公元8世纪和9世纪,日本出现了一大批历史典籍,如《镜》《今镜》《水镜》以及最著名的《吾妻镜》,书名中都含有"镜"字。但是,它们的内容和风格越来越日本化而非中国化,说明中国的影响在逐渐减弱。的确,与朝鲜和越南的情况不一样,中国撰修朝代史传统的影响在封建制度的日本从未扎根,原因之一是公元7世纪以前的日本还没有建立起统一的王朝。但是,尽管战争频仍,日本的历史学家依然不懈地努力记录历史,并审视国力兴衰的原因。这从"军记物语"的大量出现中可见一斑。③

---

① Denis Twitchett, *The Writing of Official History under the T'ang* (Cambridge, 1993).
② 坂本太郎:《六国史》(东京,1972)。
③ 坂本太郎:《日本の修史と史学》(东京,1991),第132—137页。参见 Hugh Burton, "A Survey of Japanese Historiography", *American Historical Review*, 43:3 (April 1938), pp.489-499, esp.490-492。

唐朝的修史实践以及以史为鉴的思想如果用孔子的标准来判断,并没有特殊的道德教诲的意义。自从汉朝于公元3世纪终结以后,佛教进入中国,唐朝的文化便带有浓厚的佛教色彩,并对日本和朝鲜产生了巨大影响。佛教高僧传的撰写以及它的劝世倾向成功地融入了唐朝史学中的传记写作传统。但是,儒学在宋朝(960—1279)复兴,即西方学者有时所说的新儒学或理学,重申道德教化在撰修历史中的地位。然而,这一重申不可避免地受到了佛教的影响。在宋朝的历史话语中,历史学使用了"理"和"天理"等超自然的概念。这种做法在古典儒学中是十分罕见的。[1]

朝代史的传播和影响

因此,宋朝的修史实践不同于唐朝,新儒学(理学)也不同于早期的儒学。一些文人学士在有关宇宙秩序的知识武装下,转向历史,以此向他们的皇帝进谏,反对任何人背离"天理"的行为。司马光(1019—1086)写作《资治通鉴》就是其中著名的事例。初看上去,这部通史涵盖了1300年的历史,贯穿着用历史为统治提供政治借鉴的时代思想。然而,司马光所追求的也许并不仅限于此;他的这部巨作可以看作是对过

---

[1] Peter Bol, *This Culture of Ours: Intellectual Transitions in T'ang and Sung China* (Stanford, NJ, 1992);余英时:《朱熹的历史世界》(台北,2003); Wm. Theodore de Bary, "Some Common Tendencies in Neo-Confucianism", in David Nivison and Arthur Wright, eds., *Confucianism in Action* (Stanford, NJ, 1959); Wm. Theodore de Bary, ed., *The Unfolding of Neo-Confucianism* (New York, 1975).

去的王朝兴衰进行总结并提供权威性的叙述。它升华了宝贵的政治智慧,以求实现治国的理想。①

换句话说,宋代以后的朝代史学越来越以君主为中心。它已经背离了汉代司马迁所建立的现在看来几乎涵盖了一切的模式。在朝代史著作范围缩小的同时,它的规模却膨胀起来,许多朝代史都是卷帙浩繁。由于规模巨大,一部朝代史完成修撰之后只能印成数份,而且永远藏于皇宫和大内书库,公众无缘得见。而且,这也不是中国才有的现象。作为中国的近邻,朝鲜和越南在中国的影响下至少从12世纪起也建立了官修史书的制度。② 1145年,金富轼(1075—1151)编撰《三国史记》,在朝鲜是现存最早的历史著作。③ 李氏王朝期间(1392—1910)可以看到以理学为形式的中国的影响更加强

---

① E. G. Pulleyblank, "Chinese Historical Criticism: Liu Chih-chi and Ssu-ma Kuang", in W. G. Beasley and E. G. Pulleyblank, eds., *Historians of China and Japan* (Oxford, 1961), pp. 135-166; Xiao-bin Ji, "Mirror for Government: Ssuma Kuang's Thought on Politics and Government in Tzu-chih-t'ung-chien", in Thomas H. C. Lee, ed., *The New and the Multiple: Sung Senses of the Past* (Hong Kong, 2004); Xiao-bin Ji, *Politics and Conservatism in Northern Song China: the Career and Thought of Sima Guang (1009-1086)* (Hong Kong, 2005).

② 朱云影:《中国史学对于日、韩、越的影响》,见杜维运和黄进兴:《中国史学史论文选集》,第2卷,第1056页及其后。此外,据说越南在12世纪还依照唐朝的模式设立了科举制度和国子监。参见 K. W. Taylor, "Vietnamese Confucian Narrative", in Benjamin A. Elman, John B. Duncan and Herman Ooms, eds., *Rethinking Confucianism: Past and Present in China, Japan, Korea, and Vietnam* (Los Angeles, CA, 2002), pp. 343-344; K. W. Taylor, *The Birth of Vietnam* (Berkeley, CA, 1983), p. 250ff.

③ 李润和:《中韩近代史学比较研究》(北京,1994),第17页。

大,大力推动了历史的编撰。① 1451 年撰成的《高丽史》是朝鲜第一部完整的朝代史。而另一方面,《东国通鉴》则是一部仿效司马光的著作。朝鲜历史学家努力坚持儒家的世界秩序,遵循事大主义(sadae)②的原则。③ 不过,这样的例子可能只是个别的,因为同一时期越南的朝代史历史学家则倾向歌颂大越国王的业绩,例如《大越史略》和《大越史记》。1479 年由宫廷历史学家吴士连(生卒年不详)撰成的《大越史记全书》又是一例,尽管所有这些历史典籍在不同的程度上无一例外地留下了儒家道德价值观的烙印。④ 与此同时,佛教或南亚对越南史学的影响也不应忽视。《越甸幽灵集》就是 13 世纪一位佛教图书馆的人员所写的。⑤ 最后,从 17 世纪开始,日本的朝代史写作进入复兴期,出现了《本朝通鉴》和《大日本史》的修撰,后一部书是德川幕府的家族成员提议编修

---

① 参见 Wm. Theodore de Bary and JaHyun Kim Haboush, eds., *The Rise of Neo-Confucianism in Korea* (New York, 1985) 和 Martina Deuchler, *The Confucian Transformation of Korea: A Study of Society and Ideology* (Cambridge, MA, 1992)。

② 事大主义是朝鲜新罗、高丽和李氏王朝的外交理念,是小国自保、应对大国的一种策略。"事大主义"一词源于世宗在位时崔万里等人的上疏:"我朝自祖宗以来,至诚事大,一遵华制。"——译者

③ 朱云影:《中国史学对于日、韩、越的影响》,第 1060 页;李润和:《中韩近代史学比较研究》,第 13—20 页。

④ 参见 Alexander Woodside, *Vietnam and the Chinese Model: A Comparative Study of Nguyen and Ch'ing Civil Government in the First Half of the Nineteenth Century* (Cambridge, MA, 1971), pp. 18-22。

⑤ Taylor, *Birth of Vietnam*, Appendix O, pp. 349-359; John K. Whitmore, "Chung-hsing and Cheng-t'ung in Texts of and on Sixteenth-century Vietnam", in Taylor and Whitmore, eds., *Essays into Vietnamese Pasts* (Ithaca, NY, 1995), pp. 116-136.

的,而德川幕府以天皇的名义对统一后的日本实行统治。

随着朝代史学被确立为华夏世界历史写作的规范,让我们再看一下这种规范的起源地中国。在那里,官方史书的编纂质量有所下降。在整个明朝(1368—1644),帝国权力的扩大意味着仅靠史馆的历史学家已经难以如实地记录宫廷发生的事情,遑论其他地方发生的事情。结果,明朝官修史书的性质发生了变化。在明朝,私家修史走向繁荣,一方面是因为历史学家虽然仍然受到理学政治理想的鼓励,但他们多为平民,试图暴露官修史学的隐讳之事。① 另一方面,明朝私家修史的增多还得益于16世纪商业文化的成长和书市的出现。由于贸易和商业的发展,在华东和华南出现了城市社会,城市居民中产生了以读史为乐的新读者群。为了迎合这种兴趣,明朝的私修史学出现了新的体裁,历史与小说之间的界线变得越来越不分明了。②

"实事求是":考证学的兴起

17世纪明朝覆灭后,满人在中国建立了清朝(1644—1911)。但是,在儒家学者——包括朝鲜和日本的儒家学者——看来,明朝的覆没标志着一个历史时代的终结。朝鲜

---

① Ng and Wang, *Mirroring the Past*, pp. 193-222.
② 参见 Kai-wing Chow, *Publishing, Culture, and Power in Early Modern China* (Stanford, NJ, 2004); Cynthia Brokaw and Kai-wing Chow, eds., *Printing and Book Culture in Late Imperial China* (Berkeley, CA, 2005)。

的儒家于是试图把朝鲜转变为"小中华",或新的华夏文化中心。① 德川幕府统治下的日本出现了商业文化的明显发展,取得了与中国明清时期的商业文化同步的发展。为了满足数量不断增加的城市居民的需要和兴趣,日本学者在解释儒家经典时采用了不同的诠释法,导致了幕府将军庇护下的新儒学正统的分裂和解体。在当时大批涌现出来的学校中,本居宣长(1730—1801)领导的国学派取得了特别重要的地位,在早期民族主义情绪的支持下,对儒家教诲的普遍价值提出怀疑,对它与日本的文化关系也提出了质疑。

在中国,对理学同样采取了批判的态度,这表现在考证学派上。这个学派是在17世纪中叶明清改朝换代之后兴起的。清朝的学者为了推动致用之学和治国知识,对理学家对儒学所做的解释产生了厌倦和失望。他们回避宋明理学,试图恢复汉朝甚至更早的古典儒学。这一目标与文艺复兴时期的人文主义者试图恢复希腊-罗马的古典文化的努力相似。为了实现这一目标,清朝学者转向使用语文学、训诂学、音韵学、语源学和金石学的方法,希望领会和悟得儒学经典的原意(因而也是真正的意义)。

知识文化的这一方向性转变,其特征用本杰明·艾尔曼

---

① JaHyun Kim Haboush, "Contesting Chinese Time, Nationalizing Temporal Space: Temporal Inscription in Late Chosŏn Korea", in Lynn Struve, ed., *Time, Temporality and Imperial Transition: East Asia from Ming to Qing* (Honolulu, 2005), pp. 115-141.

的话来说,就是"从理学到朴学",对历史研究产生了重大影响。① 历史思想的变化之大,使得考证派的学者们否定理学,并认为:既然理学家生活在孔子的 1000 年以后,那么没有任何理由要把他们的著作视为正统或视为对孔子言论的权威解释。这种颠倒时序的指责早在宋代已经提出过。② 但是,这种指责从未像 18 世纪那么普遍、那么有影响。

对考证学家来说,"实事求是"是他们的座右铭。这在戴震(1724—1777)的学术研究中表现得尤其典型。戴震是清代学术大师中的一颗明星。戴震的学术研究无所不包,从哲学、语源学、训诂学,到地理学、天文学和数学。虽然他主要并不是一位历史学家,但对古代的制度和规章进行过研究。他追求如此广泛的各种知识的主要目的是为了更好地理解孔子的教导。与理学家不同,尤其是与明朝以直觉和领悟而著称的理学家不同,戴震把主要精力用于还原真实的历史背景,以理解儒家经典本身的意义。他认为如果人们希望理解典籍的意义,那么首先必须理解其中用词的意义。③ 与同时期欧洲

---

① Benjamin A. Elman, *From Philosophy to Philology: Intellectual and Social Aspects of Change in late Imperial China* (Los Angeles, CA, 2000, rev. ed.);又参见罗炳良:《18 世纪中国史学的理论成就》(北京,2000);Q. Edward Wang, "The Rise of Modern Historical Consciousness: A Cross-Cultural Comparison of Eighteenth-Century East Asia and Europe", *Journal of Ecumenical Studies*, XL:1-2 (Winter-Spring, 2003), pp. 74-95。

② 参见 Lee, *The New and the Multiple*,尤其是 Lee 的导言。

③ 戴震的主要著作《孟子字义疏证》已译成英语,书名为 *Tai Chen on Mencius: Explorations in Words and Meaning*, tr. and intro., Ann-ping Chin and Mansfield Freeman (New Haven, CT, 1990)。

的人文主义者和古典学者一样,戴震和他的学派相信,语文学是古典研究之重心。他们特别重视古代音韵学的研究,因为词汇的读音随着时代而变化,许多字在古代有相同的读音因而可以互换。①

清代学者对古代史的兴趣并非没有先例。由于中国的历史写作有悠久的传统,中国人充分掌握了有关他们过去的知识,或许比同一时期世界上任何一个民族都更为充分。他们是凭借对古代遗留下的佳作进行研究和掌握而获得这些知识的。例如,司马迁的崇高地位为整个华夏世界提供了模仿的榜样。但是,这位史学大师的著作也不时地受到批判性的评价,以检验其内容的正确性和可靠性。唐代的刘知几(661—721)就是一个突出例子。他的《史通》可以说是华夏世界的第一部史学著作,对以前的历史著作和经典著作提出了批判性的甚至是苛刻的评价。② 在中华帝国,历史研究是一个在学术上受到尊重的传统,学者们付出了巨大的努力为以前的历史著作做评注、考证和注释。

清代的考证学派继承并推进了这一传统。王鸣盛(1722—1797)的《十七史商榷》、钱大昕(1728—1804)的《二十二史考异》和赵翼的《二十二史札记》都是清代考证学的光辉典范,表现出了批判精神和娴熟的技巧。正如这些书名所

---

① 滨口富士雄:《清代考据学の思想史研究》(东京,1994)。
② E. G. Pulleyblank, "Chinese Historical Criticism: Liu Chih-chi and Ssu-ma Kuang", pp. 135-166; Ng and Wang, *Mirroring the Past*, pp. 121-128.

显示的,它们批判研究的对象是备受推崇的朝代史,过去都被视为"正史"。然而,王鸣盛、钱大昕和赵翼却让它们接受批判性的检验,与其他众多的史料相互印证,其中包括与铜器和石器上的铭文相比较。他们还以其渊博的知识,为其中提到的人物、事件、官职、地点和制度做出详细而且常常是正确的解释。此外,他们对社会、文化和制度发展的一般模式和趋势进行了讨论,尤其是赵翼。①

这些历史学家用这一方法从事研究时受到了以史为鉴这一传统史学倾向的激励。不过,他们还主张,史学与经学研究同样重要。这是以前从未见过的大胆主张。清代知识文化中的这种历史主义的趋势导致了经学研究的"历史化"。② 这一过程可以归纳为章学诚(1738—1801)在《文史通义》中强调的一句话,"六经皆史",尽管章学诚的学术兴趣远不止于考证。清代考证学派强调和恢复了经典著作的历史性,一举推倒了理学的诠释学大厦,而理学把经典著作看作是神圣的和不可改变的。他们把历史学从经学研究辅助学科的传统地位上解放出来,从而提高了历史学的地位。他们追求和坚持这样一个信念,一旦真实的历史被确立起来,经典著作的对与错或伟大之处便不言自明了。这个信念与列奥波德·冯·兰克

---

① 杜维运:《清代史学与史家》(北京,1988);《赵翼传》(台北,1983)。
② On-cho Ng, "A Tension in Ch'ing Thought: 'Historicism' in Seventeenth and Eighteenth-Century Chinese Thought", *Journal of the History of Ideas*, 54:4 (1993), pp. 561-583; Benjamin Elman, "The Historicization of Classical Learning in Ming-Ch'ing China", in Wang and Iggers, *Turning Points in Historiography*, pp. 101-146.

的著名格言"如实直书"(wie es eigentlich gewesen)不谋而合。例如赵翼批判理学家的史学方法,批评他们重写过去的一些历史著作,不是为了纠正其中的错误,而是为了更好地维护孔子的理想。①

以上提到的所有学者,如王鸣盛、钱大昕、赵翼,在一定程度上也包括章学诚,都是戴震的同时代人。事实上,他们也是朋友。例如钱大昕是戴震的朋友,又与王鸣盛有姻亲关系。他们与其他学者一道构成了一个学术共同体,或文人圈,组成了一些学派。这些学派是在这些大师们工作的地方出现的,无论他们在那里是担任学院的教师,还是独立的学者。这个文人圈的兴起得益于明清两季书籍文化的繁荣。有人估计,到1750年,这一书籍文化使在中国印售的书籍多于世界上其他文化中印售书籍的总和。② 清代学者出版的著作往往成套地推出,但是其中有些学者仍生活贫困,例如章学诚。

中国清代书籍文化的急速成长与可观的经济发展和持续的人口增长有关。正如前面所提及的,华南和华东的城市社会在明代已经出现。到了18世纪,全国统一市场已经形成,以国内和国外的长距离贸易为特征。随着商人得到了越来越多的社会尊重,他们通过联姻与士人阶级有了交往和联系。在某种程度上,清代对致用之学和考证学的兴趣大增是为了

---

① Ng and Wang, *Mirroring the Past*, p. 245.
② 这一估计见 Ping-ti Ho, *The Ladder of Success in Imperial China: Aspects of Social Mobility, 1368-1911* (New York, 1962), p. 214。

满足商人在城市和商业文化愈益增长的背景下的需求。

　　与上述的社会变化相联系,文人圈也在成长中,许多中举的学者及早辞官以便集中时间用于教授和研究。钱大昕和王鸣盛都是著名的例子,他们之所以能够辞官是因为许多学院能为他们提供教席。在中国的明代和清代,有些学院发展到了前所未有的水平。许多学者于是可以养活自己,而更重要的是可以通过学院的讲学相互交流思想。前面提到的商业文化的发展也可以为士人阶级的成员提供资助,满足他们学术上的追求和兴趣。例如,富商往往会提供相当数额的报酬,委托著名的学者和诗人为其家族已逝的先人或祖先撰写悼文和祭诗。在18世纪,虽然通过殿试的考生比例不断下降,但通过乡试的考生数量还是增加的,说明人口中的识字率有所上升,估计占男性人口的20%到30%之间,阅读历史和其他门类书籍的读者数量也有增加。① 如果说中国的明代和清代确实出现了一个"读者群"的话,那么,正如近年来中国妇女史的研究所揭示的,它也得益于妇女识字率的提高。②

　　对考证学的兴趣也弥漫到了清朝的宫廷。以好大喜功和大兴土木闻名的乾隆皇帝(1735—1795年在位)下令编撰《四

---

　　① 参见余英时:《儒家伦理与商人精神》;Elman, *From Philosophy to Philology*;杜维运:《清代史学与史家》。有关识字率的资料,见 Brokaw and Chow, *Printing and Book Culture*, pp.30-31。

　　② 参见 Dorothy Ko, *Teachers of Inner Chambers: Women and Culture in Seventeenth-century China* (Stanford, NJ, 1994); Susan Mann, *The Precious Records: Women in China's Long Eighteenth Century* (Stanford, NJ, 1997)。

库全书》。这项计划是由国家出面对过去出版的所有有价值的图书进行筛选、摘要和分类。《四库全书》按照唐代以前首先使用的传统的图书分类系统,分为经、史、子、集四部加以组织。《四库全书》还吸纳了考证研究的成果;考证学派的文本考证和历史考证的思想和技术被运用于检验和识别图书的作者,查证和确保内容的完整性和真实性。考证学的旗手戴震出任这项计划的纂修官。①

  从另一个角度来看,乾隆皇帝对编撰《四库全书》的计划发生兴趣并给予赞助也可以说是一个阴险的诡计,目的在于对士人阶级实行思想控制。它可以有意地把知识分子的精力引向琐碎而耗时的事情,以消弭颠覆行为。在乾隆朝确实发生了数起被称作"文字狱"的臭名昭著的血腥案件,涉案作者——无论是历史学家还是诗人——都会被皇帝处决,株连九族和门徒,罪名是在他写的书中发现了谋反思想。乾隆皇帝可能给人留下的印象是个学术文化的爱好者,但就他的政治思想而言,可以肯定,他因为理学强调道德教化和社会政治秩序而对其更加倚重。由此观之,考证学却带有异端的色彩。最起码,在士人阶级的某些成员当中,他们表现得不愿给予满族统治者以公开的支持。

  日本的德川幕府也发现了考证学当中潜在的颠覆力量,

---

  ① 参见 R. Kent Guy, *The Emperor's Four Treasuries: Scholars and the State in the Late Ch'ien-lung Era* (Cambridge, MA, 1987)。

尽管作为一场知识运动,到了18世纪末它才来到日本。德川幕府试图支持理学的正统,杜绝对它的批评以及来自日本的其他学派的挑战,包括因井上金峨(1732—1784)和吉田篁墩(1745—1798)的提倡而得以兴起的考证学派的挑战。① 宽政《异学之禁》(1790)的颁布就是其中一例。② 尽管有这一禁令,考证学继续吸引着众多的追随者,并在19世纪臻于成熟,而这时它在清代的中国已经衰落。

在朝鲜李氏王朝,理学的批判者,包括那些专心于考证学的人,以实学派为代表。实学派的兴起反映了中国明代和清代的知识变化。③ 安鼎福(1712—1791)是一位颇受欢迎的考证派历史学家,《东史纲目》一书显示出了他出众的史料考证技巧以及在朝鲜史和中国史方面的渊博知识。这是一本编年史,但书名会让人误解这是一本理学的著作。他与他的追随者看到了明朝的灭亡,在萌芽状态的民族主义情绪的刺激下,对以中华为中心的世界秩序提出质疑,认为正是这种秩序约

---

① Robert Backus, "The Kansei Prohibition of Heterodoxy and Its Effects on Education", *Harvard Journal of Asiatic Studies*, 39:1 (1979), pp. 55-106.
② 朱云影:《中国史学对于日、韩、越的影响》,第1053—1054页;Elman, "The Search for Evidence from China: Qing Learning and Kōshōgaku in Tokugawa Japan", in Joshua A. Fogel, ed., *Sagacious Monks and Bloodthirsty Warriors: Chinese Views of Japan in the Ming-Qing Period* (Norwalk, CT, 2002), pp. 158-184;中山久四郎:《考证学概说》,收入福岛甲子三编:《近世日本の儒学》(东京,1939),第710—729页。
③ 参见Mark Setton, *Chŏng Yagyong: Korea's Challenge to Orthodox Neo-Confucianism* (Albany, NY, 1997)。

束了朝鲜李氏王朝对中国的纳贡关系。① 越南的一位很受尊重的历史学家黎贵敦(约 1726—1784)由于受到考证学的影响,也在他的著作中努力扩大史料的运用。黎贵敦的多卷本著作《黎朝通史》已经摆脱了越南的官修史学。该书集中了大量生动的传记描述,更像是一部集体传记,而不是编年史,让人们联想起司马迁的《史记》。② 总之,在西方强国进入之前,华夏世界的知识生活表现出了极大的活力和动力,考证学的潮起潮落更为其增添色彩。在以后的几个世纪里,考证学孕育出来的兴趣和关注焦点在等待着条件的成熟,并决定了这个地区的历史学家如何对西方的影响进行适应和调整。对此,我们将在下一章进行讨论。

---

① Shin Yong-ha, *Modern Korean History and Nationalism*, tr. N. M. Pankaj (Seoul, 2000), pp. 5-14.

② 参见 Li Tana, "Le Quy Don", in Kelly Boyd, ed., *Encyclopedia of Historians and Historical Writing* (London, 1999), vol. 1, p. 210。

第二章 民族主义和民族主义史学的兴盛：19世纪西方、中东和印度

一 革命时代的史学：1789—1848

政治背景

法国革命和法国革命以后的拿破仑政权无疑从根本上改变了历史研究、写作和阅读的状况。法国革命既反映了我们在导论中描述的近代化所达到的程度，也反映了这一进程的局限性。到1815年，法国革命事实上已经失败，旧秩序正在从各个方面复辟。然而，君主政体虽然重建起来，革命期间进行的社会改革以及某种程度上的政治改革却无法改变。除了东欧以外，欧洲大陆的社会已经发生了根本性的转变。法国革命一开始就废除了封建秩序的残余，确立了法制下的平等，窒息自由市场经济的羁绊有所松弛。作为拿破仑对外征服的结果，这些基本改革被推广到欧洲大陆的广大地区，如德意志、低地国家、瑞士以及意大利的一些重要地区。在英国，这样的制度早已得到牢固的确立。普鲁士自从被拿破仑的军队

击败以后，朝着这些方向的改革也自上而下地启动了。结果，法国资产阶级(bourgeoisie)和德意志市民阶层(Bürgertum)等中产阶级的力量得到了增强，市民社会得到了成长。在1815年以后的那段时间里，这一发展趋势不但没有中断，反而获得了新的刺激。即使在政治领域中，旧秩序也未能完全恢复。路易十八(1755—1824)流亡归来后颁布政令，将法国变为立宪君主国。虽然奥地利、普鲁士和德意志其他的一些小邦拒绝让步，但立宪主义运动的力量得到加强。到1830年，德意志各邦都颁布了宪法。在英国，1832年的议会改革法令增强了中产阶级的代表性，但是，除了英格兰和比利时，工业革命在其他地方尚未真正开始，对历史思想的影响也不大。

所有这一切都影响到了历史写作的方式。尽管上述的发展有利于现代观念的形成，但在这些革命事件发生期间和之后，历史学家做出的直接反应却是转而反对激发了革命的启蒙主义理想。革命被看作是对历史的否定，是基于一种对依照理性新法则建立社会的不合时宜的迷恋。公制的引进，即用清楚的新度量制取代复杂的旧度量制，典型地反映了这种精神状态。在法国革命尚未进入恐怖阶段之前，对法国革命做出的第一个重要反应是前面已经提到的埃德蒙·柏克写于1790年的《法国革命论》。柏克并不反对变化和改革，他曾是美国革命的支持者，但是，他相信与现有制度相决裂的改革会导致混乱和暴力。于是，柏克为19世纪上半叶的保守主义奠定了理论基础。然而，却有许多历史思想跨越了柏克,走向彻底的反动。

浪漫主义与史学

19世纪上半叶,浪漫主义取代启蒙主义,成为思想界的主流。① 但是,正如我们在前一章中看到的,18世纪的启蒙主义观点是多面的,并不意味着否定历史。事实上,历史在孟德斯鸠、伏尔泰、休谟和吉本的思想中占有非常重要的地位,在赫尔德的思想中也如此,只是方式不同而已。浪漫主义本身也是多面的,一方面歌颂过去,另一方面又率先为近代社会的转变提出了各种非常不同的政治理想,涵盖了所有的政治观点。

对法国革命理想的反动采取了把中世纪理想化的方式,中世纪可以用各种完全不同的方式来看待,可以从幽古之情出发,把中世纪看作充满和谐的社会,并依靠封建等级制度和

---

① 维基百科的"浪漫主义"条目,比较全面,近年又增加了浪漫主义在欧洲各国和南美、北美的异同。另见 Stephen Bann, *Romanticism and the Rise of History* (New York, 1995); 以及 *The Clothing of Clio: A Study of the Representation of History in Nineteenth-Century Britain and France* (Cambridge, 1984); Hugh Trevor-Roper, *The Romantic Movement and the Study of History* (London, 1969); Isaiah Berlin, *The Roots of Romanticism* (Princeton, NJ, 1999); 还有两本出版较早但同样有价值的著作:见 George P. Gooch, *History and Historians in the Nineteenth Century* (London, 1913); Georg Brandes, *Main Currents in Nineteenth-Century Literature*, 6 vols (New York, 1901), vol. 2, "The Romantic School in Germany", vol. 4, "The Romantic School in France",以及与之相关的, vol. 1, "Emigrant Literature"关于法国流亡贵族的内容。还有 Stefan Berger, "The Invention of European National Traditions in European Romanticism" in Stuart Macintyre et al., eds., *The Oxford History of Historical Writing*, vol. 4: 1800-1945 (Oxford, 2011), pp. 19-40。

罗马天主教的宗教信仰来维系。勒内·德·夏多布里昂（René de Chateaubriand, 1771—1835）那本被人们广为阅读的著作《基督教义的精神》（Génie du Christianisme, 1802）便持这样的看法。① 中世纪也可以像奥古斯丁·梯叶里（Augustin Thierry, 1795—1856）和儒勒·米什莱那样被看作近代自由乃至民主的源头。约瑟夫·德·迈斯特（Joseph de Maistre, 1753—1821）提出，他所认为的近代社会危机是源于新教的宗教改革，因为这次改革引进了个人信仰的原则，摧毁了中世纪基督教世界的和谐。然而，19世纪初浪漫主义的伟大诗人，英国的雪莱（Percy Bysshe Shelley, 1792—1822）和拜伦（Lord Byron, 1788—1824）首先倡导民主改革，并且后者在希腊争取独立的斗争中献出了生命。

55 民族主义的兴起及其对史学的影响

出自对法国革命和启蒙运动的反动，人们开始发现民族是近代历史中的核心力量。在德意志，民族崇拜成为了被拿破仑击败的普鲁士在1806年进行反对法国统治的斗争，以及1813—1814年反拿破仑的所谓自由战争中的组成部分。美国的《独立宣言》（1776）和法国的《人权和公民权宣言》（1789）宣布人人平等是在任何时候都适用的普遍原则，而民族则是根源于过去并包含一切的共同体，现在取代了"平等"

---

① François-René Chateaubriand, *The Genius of Christianity* (New York, 1975).

的地位,被视为历史进程中的核心。① 但是,正是这种把民族视为共同体的思想带有十分民主的意味,也就是说,一个民族当中的全体成员不仅都要服从君主的权威,而且都是平等的伙伴;而君主的权威不是来自神授,而是代表民族。1807 年,当柏林还在法国占领下的时候,费希特(Johann G. Fichte, 1762—1814)发表了《对德意志民族的演讲》(*Addresses to the German Nation*)。② 他在其中不仅把德意志民族看作整个人类的一部分,而且是独特的、与其他所有民族不同的实体。法国革命把法兰西定义为全世界一切热爱自由的人的祖国,因此,任何人只要坚信法兰西共和国所主张的理想都可以成为法兰西的公民。相反,费希特却从种族的角度来定义德意志的民族性:任何人不能既是犹太人或波兰人而又是德意志人。费希特并不是在生理学的意义上使用民族一词,而是把德意志人看作是一个与生俱来的独特的语言共同体。在他看来,语言并非仅仅是表达客观事实的不带价值观的媒介,相反,它形成了人们理解他们生活其间的这个世界的方式。语言受到

---

① 参见 Georg G. Iggers, *The German Conception of History: The National Tradition of Historical Thought from Herder to the Present* (Middletown, CT, 1983); also Ernst Breisach, *Historiography: Ancient, Medieval, & Modern* (Chicago, IL, 1983), pp. 228-267; Ernest Gellner, *Nations and Nationalism* (Oxford, 1983); Hans Kohn, *The Idea of Nationalism: A Study in the Origin and Background* (New York, 1944); Eric J. Hobsbawm, *Nations and Nationalism since 1780: Programme, Myth, Reality* (Cambridge, 1990); Stefan Berger, *The Search of Normality: National Identity and Historical Consciousness in Germany Since 1800* (Providence, RI, 1997); Stefan Berger, Mark Donovan and Kevin Passmore, eds., *Writing National Histories: Western Europe Since 1800* (London, 1999)。

② 英文版:*Addresses to the German Nation* (Westport, CT, 1979)。

了文化的制约，但又体现了文化。他认为就语言而言不存在什么普遍的东西，语言体现了说这一语言的民族的精神。但是，存在着两种类型的语言。一类语言与民族共同体同时诞生，一直沿用到现在，而另一类语言是被外部强加的。费希特认为德语属于前者，而法语属于后者。他指出，德意志人说的语言自德意志各民族在原始时代起源以来一直沿用到现在，依然是活的语言，体现了深刻的但未明确表达出来的民族精神。法国文化的连续性因罗马人的统治而发生了中断，因此是人为的和理性化的。现在应当轮到德意志人来创立民族国家，以政治的方式来表达自己的民族性。

尽管对基督教的忠诚，无论是对新教还是天主教的忠诚，是不可放弃的，但是，正在兴起的民族成了最重要的忠诚对象，甚至比现有的宗教更有力。在 19 世纪上半叶，出现了一种同样唯我独尊的观点，认为整个欧洲同为一个民族。这种看法在德意志和它以东的国家——从波希米亚到希腊——最为强烈。这些国家正在为确立他们的民族认同和独立而斗争。在这些国家里，史学所遵循的榜样更加接近德意志而不是法国。① 这种民族主义对历史的学术研究产生了巨大影响。不只是德国，在整个欧洲，18 世纪的世界主义观点普遍

---

① Effi Gazi, *Scientific National History: The Greek Case in Comparative Perspective (1850-1920)* (New York, 2000) ; Monika Badr, "East-Central European Historic al Writing", in *The Oxford History of Historical Writing*, vol. 4, pp. 326-348; Marius Turda, "Historical Writing in the Balkans", Ibid ., pp. 349-368.

被民族研究所取代。与此同时,历史学家努力使历史研究带有更严谨的特征。可见,职业化学术研究的发展与新兴的民族主义之间存在着密切的关系。①

职业化学术研究与民族主义的关系

此时,学者开始重视收集和编辑中世纪的史料,从而为写作民族史提供了基础。如前所述,18世纪初意大利的卢多维科·穆拉托里编辑了意大利的中世纪档案,朝着这个方向做出了最初的努力。德意志学者在19世纪上半叶从民族角度开展的历史研究中发挥了领先的作用。正如我们所看到的,语言学的方法在17世纪巴黎和比利时的莫尔学派和博兰学者的手中得到了充分发展,然后又在德意志各所大学的教会史研究和对希腊-罗马经典著作的研究中得到进一步的完善。但是,他们都没有打算用这种方法来服务于民族的利益。随着明确带有民族取向的1819年的《德意志史料集成》(*Monumenta Germaniae historica*)等大项目的启动,一切发生了变化,历史学家开始通过考证和编辑中世纪史料来推动民族认同的确立。中世纪现在被看作是德意志历史上的顶峰,在德意志发生分裂之前,神圣罗马帝国在欧洲占据着统治地位。

---

① Erik Lönnroth, Karl Molin, Ragmar Björk, eds., *Conceptions of National History: Proceedings of Nobel Symposium 78* (Berlin, 1994),该书还分章讨论了印度、中国和日本的历史研究以及后殖民时代非洲的历史研究;Berger, Conrad & Marchal, eds., *Writing the Nation: A Global Perspective*。

到了 19 世纪中叶,其他国家也启动了同样的项目。在法国,1821 年设立了专门的铭文学院,对中世纪的史料进行考证研究,而后,1836 年在时任公共教育大臣弗朗索瓦·基佐(François Guizot,1787—1879)的提议下,对中世纪的档案进行了系统的收集和编辑。① 到 1844 年英国启动《主簿丛书》(Rous Series)的编辑时,紧随其后的是从西班牙到斯堪的纳维亚地区的 7 个欧洲国家。

与中世纪民族史史料的编辑得到重视同步的是,政府把历史转变为一门严谨学科并用来为民族事业服务,尤其是在普鲁士。普鲁士邦在 1806 年战败后不久,于 1810 年开始推行改革。作为改革的一部分,成立了柏林大学,作为教学和研究相结合的机构。② 历史被提升到一门严谨学科的地位,其任务是重现过去,不掺杂虚构的成分。这里应当提到两位研究古代史的历史学家:一位是研究古罗马史的历史学家巴尔托特·格奥尔格·尼布尔(Barthold Georg Niebuhr,1776—1831),另一位是研究古希腊史的历史学家奥古斯特·伯克(August Böckh,1785—1867)。柏林大学一开办,他们都获得了大学的聘任。尼布尔于 1825 年来到这所大学。列奥波德·冯·兰克把尼布尔的方法运用于近代史研究,很快就被

---

① François Guizot, *Collection de documents inédits sur l'histoire de France*.
② William Clark, *Academic Charisma and the Origins of the Research Universities* (Chicago, IL, 2006); Charles E. McClelland, *State, Society, and Universities* (Cambridge, 1980).

尊为历史科学之父。① 这一声誉的获得有赖于他们坚持一切历史写作必须以原始史料的考证为依据。在尼布尔看来,在古罗马史中现有的叙述没有哪个是可以完全接受的,兰克也认为近代史已有叙述当中没有哪个是可以完全接受的,因为它们总有一些内容依据的是第二手史料。尼布尔认为,他的任务是揭示罗马历史学家李维(Livy,公元前59/64—公元17)的著作中的不实之处,兰克则要揭示佛罗伦萨历史学家弗朗西斯科·圭恰迪尼(Francesco Guicciardini,1483—1540)书中不可靠的地方。兰克的影响到19世纪中叶和下半叶才显现出来,我们在后面考察历史研究职业化的时候还要对他进行讨论。尼布尔从1810年开始在柏林大学讲学时提出,古罗马的历史需要重写,并在其《罗马史》(*History of Rome*,1811—1812)中付诸实施。② 在方法论上,尼布尔受到了18世纪德意志语言学家沃尔夫的影响。他通过分析罗马的法律并借助碑刻来重现罗马国家是如何像他所相信的那样发挥职能的。他的研究方法符合时代的精神;例如,他把罗马自由农民的社会理想化,根据他的看法,这种社会先于罗马共和国而

---

① Theodor H. Von Laue, *Leopold von Ranke: The Formative Years* (Princeton, NJ, 1950); Leonard Krieger, *Ranke: The Meaning of History* (Chicago, IL, 1977)。Santi Di Bella, *Leopold von Ranke: Gli anni della formazione* (Soveria Mamell, 2005); Andreas D. Boldt, *The Life and Work of the German Historian Leopold von Ranke, 1795-1886* (Lewiston, NY, 2014); Georg G. Iggers, ed., Leopold von Ranke, *The Theory and Practice of History* (London, 2011),见导论,xi-xlv。这时在兰克的名字之前还不能加"冯"字,因为他在晚年才被封为贵族。

② 英文版:*The History of Rome* (London, 1851)。

存在。对于这一说法,他没有拿出任何证据,但这符合他的浪漫主义倾向。他的同行奥古斯特·伯克的著作在创新上或许比他还要多一些。伯克使用了物质史料,如碑文,钱币以及有关价格、工资、财产的价值等一切可能发现的资料,重现了雅典的政治经济情况。①

德意志这时的历史研究基本上以大学为中心,从某种程度上说,这与18世纪已经形成的做法相去不远。大学期望用史料考证的方法进行历史研究,把史料考证视为方法论的规范,认为在职业化学术研究与业余爱好者写的想象性的文学之间应当有一条明显的界线。但是,这样的明显划分事实上并不存在。当时的绝大多数历史学家还是非职业的,至少在德意志以外。② 何况,这是一个对历史的兴趣大增的时代,学术著作也被当作文学作品来看待。在整个欧洲,许多历史著作依然被当作小说和戏剧来阅读。例如,沃尔特·司各特(Walter Scott,1771—1832)的小说对历史写作产生了巨大的影响。他把主人公放在具体的历史背景下,让中世纪鲜活起来。奥诺雷·德·巴尔扎克(Honoré de Balzac,1799—1850)也采用同样的做法,但他是面向现代,在多卷本的《人间喜剧》(*Human Comedy*)中描写了当时法国的各个社会阶层。即使是在德意志的大学里,历史的写作也不是纯粹针对学

---

① August Boeckh, *Der Staatshaushalt der Athener* (Berlin, 1817).
② 有关学院之外的史家,见 Martin Nissen, *Populäre Geschichtsschreibung Historiker, Verleger und die deutsche Öffentlichkeit 1848-1900* (Köln, 2009)。

术圈,作者脑子里想到的还有更广大的公众读者。这批公众读者在法国革命前的法国、英国和荷兰,也就是休谟和吉本的著作成为畅销书的时候,数量已经很大,而随着 19 世纪上半叶市民社会扩大到中欧和意大利,公众读者的数量进一步增加。

自由主义对中世纪的重新解释

大约 1830 年之后,对中世纪的迷恋开始退潮,历史学家转向对他们现在所生活的社会的历史根源进行研究。18 世纪 80 年代曾在哥廷根大学师从施勒策的黑伦(A. H. L. Heeren,1760—1842)早在 1830 年以前就把世界贸易的历史放在正在发展中的现代国家体系的框架中进行了研究。克里斯托弗·弗里德里希·施洛瑟(Christoph Friedrich Schlosser,1776—1861)则写了一部世界史和一部 18 世纪的历史。他们两人,尤其是施洛瑟,对档案研究并不重视,对史料也没有做周密的分析,却成为了 19 世纪上半叶德意志也许是最畅销的历史学家。在法国,从 19 世纪 20 年代开始,有些历史学家,特别是前面已经提到的奥古斯丁·梯叶里[①]和弗朗索

---

① Augustin Thierry, *The Formation and Progress of the Third Estate*, 2 vols. (London, 1859). 关于梯叶里,见 Friedrich Engel-Janosi, *Four Studies in French Romantic Historical Writing* (Baltimore, MD, 1955); Stanley Mellon, *The Political Uses of History* (Stanford, CA, 1958); Lionel Gossman, *Augustin Thierry and Liberal Historiography* (Middletown, CT, 1976).

瓦·基佐①,写了第三等级自中世纪以来兴起的历史,而米什莱从彻底的民主观点出发,认为自古以来法国人民就是推动历史前进的动力。② 他们现在开始从完全不同的角度来看待中世纪,不再是从幽古之情的角度把它看作秩序和等级制的源头,而认为它是现代市民社会发展进程中的一个阶段。在法国,米什莱无疑是最受欢迎的历史学家。他得到了大部分法国人的崇敬,被认为是最伟大的历史学家,而他一直是学术界的人士,在声誉很高的法兰西学院担任过好几年教授,还担任过国家档案馆馆长。尽管如此,还是有更多的人把他看作一名诗人,而不是一名以考证见长的历史学家。他写的法国历史和法国革命的历史成为了法国的民族史诗。他到档案馆去的目的不是让档案左右他的写作,而是为他写作叙事史寻找灵感。他受到了启蒙主义革命理想的鼓舞,同时又翻译过维柯的著作并受到了维柯和赫尔德的深刻影响。于是,浪漫主义和启蒙主义被他融合在一起了。米什莱又是一位民主斗

---

① François Guizot, *History of France from the Earliest Times to the Year Eighteen Forty-Eight*, 8 vols. (Chicago, IL, 1869-1898); *History of Europe from the Fall of the Roman Empire to the French Revolution* (London, 1854); *History of Civilization in Europe* (New York, 1899). 关于基佐,见 Stanley Mellon, *The Political Uses of History* (Stanford, CA, 1958); 又参见 George P. Gooch, *History and Historians in the Nineteenth Century*。

② Jules Michelet, *History of France* (New York, 1897); *History of the French Revolution* (Wynnewood, PA, 1972) *and the People* (Urbana, IL, 1973); 关于米什莱,见 Roland Barthes, *Michelet* (Oxford, 1987); Linda Orr, *Jules Michelet: Nature, History, and Language* (Ithaca, NY, 1976); Arthur Mitzman, *Michelet, Historian: Rebirth and Romanticism in Nineteenth-Century France* (New Haven, CT, 1990)。

士，在波旁王朝、基佐的七月王朝（基佐最初是支持他的）和拿破仑三世（Napoleon III，1808—1873）统治时期一再受到当局的指控。当德意志学术界把注意力集中于国家的研究并把民族和国家等同起来的时候，我们提到的这些法国的历史学家则把更多的注意力放在社会和文化的研究上。他们还关注阶级，把阶级视为推动政治冲突和社会变化的因素。正是由于他们对阶级的关注，因此卡尔·马克思宣称他们是自己的历史观念的先导。①

在英国和意大利，学院派在历史研究中起的作用更小。英国的重要历史学家没有一个是学院派的。这个时代最突出的两位历史学家，托马斯·麦考莱②和托马斯·卡莱尔（Thomas Carlyle，1795—1881）③都极受欢迎，也都对学术的严谨性不甚在意。卡莱尔曾经虚构了一位德里亚斯杜斯特教授（Proefssor Dryasdust，意为干巴巴的教授），说他是学术传统的代表，并对他加以嘲笑。麦考莱是一名活跃的政治家，长期担任国会议员，但因为他的著作《詹姆斯二世即位后的英国史》（History of England from the Accession of James II，1849—

---

① Karl Marx to Joseph Wedemeyer, 5 March, 1852 in Marx-Engels Werke, vol. 28 (East Berlin, 1963), pp. 507-508.

② Thomas Macaulay, History of England from the Accession of James II (New York, 1968). John Clive, Macaulay: The Shaping of the Historian (New York, 1974).

③ Thomas Carlyle, The French Revolution: A History (Oxford, 1989); History of Frederick the Great, ed. and abridged by John Clive (Chicago, IL, 1969); Heroes and Hero-Worship and the Heroic in History (London, 1888). 关于卡莱尔，见 John D. Rosenberg, Carlyle and the Burden of History (Oxford, 1985)。

1861)描述了英国自由制度发展的辉煌历史,却成了"辉格派历史观"的主要鼓吹者。① 1834 至 1838 年间,他在印度居住,并在印度最高法院任职期间得出结论:印度人必须依靠英国才能从原始文化中解放出来。麦考莱歌颂英国自由制度的不断完善,认为这是人类进步的最高表现;卡莱尔则用鄙视的眼光看待近代世界,把法国革命视为一场灾难,称赞历史上的大专制统治者;他同时也是工业社会的批评者,表现出对贫困民众的关心以及对统治阶级的蔑视。与麦考莱的乐观自得相反,他是一名保守的批判者,对他那个时代的文化和社会进行了批评。

殖民主义史观与史学

从法国革命以后到 19 世纪中叶的 1848 年革命,涌现出了各种不同的历史思想。然而,对于欧洲和非欧洲世界之间应当建立什么样的关系,在西方却存在着广泛一致的看法。西方列强对非西方世界的统治这时超过了 18 世纪。印度已被英国牢牢掌握在手中;1840 年鸦片战争让一向骄傲的中华帝国蒙受了耻辱。西方的军事力量不可匹敌。西方与东方以及北方和南方之间财富的差距随着工业化而迅速地拉大②,在非西方世界的原料流向西方之时,西方又以各种途径把它

---

① 参见 Herbert Butterfield, *The Whig Interpretation of History* (London, 1931)。

② Kenneth Pomeranz, *The Great Divergence: China, Europe, and the Making of the Modern World Economy* (Princeton, NJ, 2000).

的产品输往非西方世界,以阻碍其工业发展。同时,我们也不能忽视奴隶制度在加勒比海地区和南北美洲资本主义工业和贸易发展中所起的作用。①

世界市场现在已经牢固地确立,但历史写作的范围却缩小了。在18世纪的英国还有人在写作普世史,而现在的历史学家却把注意力完全集中于西方,尤其是集中于欧洲的历史,或者从西方殖民控制的角度来研究非西方。这一发展趋势实际上从18世纪就已经开始了。启蒙主义思想家主张西方文化的优越性,认为非西方世界毫无乐趣可言,尽管威廉·罗伯逊曾经写过美洲的历史②,对于西方对殖民地世界土著居民进行的剥削,教士纪尧姆·雷纳尔也给予了严厉的谴责。③

19世纪上半叶的绝大多数历史学家不再写作欧洲的历史,而是把越来越多的注意力用于追溯本民族的起源。只有列奥波德·冯·兰克是个明显的例外。在他看来,在革命前的欧洲,民族已经是历史研究的基本单位,但他把欧洲看作是依靠欧洲大国之间的均势而维系在一起的一个整体。他的第一部著作《拉丁和日耳曼诸民族的历史》(*Histories of the Latin*

---

① Edward E. Baptist, *The Half has never been Told: Slavery and the Making of American Capitalism* (New York, 2014); Michael Zeuske, *Handbuch Geschichte der Sklaverei. Eine Globalgeschchte von den Anfängen bius zur Gegenwart* (Berlin, 2013).
② William Robertson, *The History of America*, 2 vols. (New York, 1798).
③ 见 Abbot Guillaume-Thomas Raynal, *Histoire philosophique et politique des établissements et du commerce des Européens dans les deux Indes* (Ambsterdam, 1770), 第一章。

and Germanic Nations, *1494-1514*, 1824) 对近代欧洲国家体系的起源进行了考察①，随后写的有关罗马教皇、宗教改革时期的德意志、塞尔维亚、法国和现代英国的几部历史著作也是从欧洲大国相互影响的角度来观察的。不过，只有兰克是这样做的；而他的学生则集中于更狭窄的民族史的写作。对印度继续感兴趣而且在某种程度上对研究中国继续感兴趣的不再是历史学家，而是语文学家。但是，他们是从浪漫主义的角度对古代的印度和中国发生兴趣，尤其着迷于印度的神秘。此外，民族史学倾向于把注意力集中在国家和精英的层次上，社会和广大民众基本上被忽视，这点不仅限于德国，但在德国尤为突出。正如我们看到的，法国的基佐和米什莱以及英国的麦考莱的著作却不大一样，反映了一种更加自由的政治传统。

自由主义史学的衰落

或许我们可以这样说，至少在 1848 年之前的那段时间里，民族主义和自由主义是紧密交织在一起的。直到 1848 年革命提出的政治方案失败以前，对于所谓的普鲁士历史学家来说，同样如此。② 历史学家并非都是自由主义者，但他们几乎全是民族主义者。尤其是在法国革命的早期和革命之后，

---

① 该书的英文节选见 Georg G. Iggers and Von Moltke, eds., *Leopold von Ranke: Theory and Practice of History* (Indianapolis, IN, 1973)，其中有《教皇史》(*History of the Popes*)的一部分；又见 Roger Wines, ed., *The Secret of World History* (New York, 1981)。

② 参见 Iggers, *The German Conception of History*。

在法国和德意志有一批反对革命的思想家,他们像俄国的斯拉夫派①那样为立宪进行斗争,试图回到绝对君主制与专制和正统教会结成紧密联盟的体制中去。② 然而,令人惊讶的是,德意志一些著名的浪漫主义者竟然皈依了天主教。在整个 19 世纪的法国,甚至到 20 世纪纳粹控制下的维希政权成立以后,保皇派史学传统在大学校园之外仍然是一支强大的势力,而法国的大学正在为保卫革命的遗产和共和制的法国而斗争。③

1830 年以后出现了民主派的史学,在早期工业化的影响下,甚至出现了社会主义史学。在 1848 年革命的前夕,马克思和恩格斯在《共产党宣言》(*Communist Manifesto*)中描绘了走向共产主义社会的历史进程,还写了两篇重要的历史大纲,分析了法国和德意志的历史背景,以解释 1848 年革命失败的原因。④ 路易·勃朗(Louis Blanc,1811—1882)则从不同的、比较温和的社会主义立场出发,把经济意义上的阶级用作解释法国革命和七月王朝的历史范畴⑤,而洛伦茨·冯·斯泰

---

① 有关俄国的亲斯拉夫派,见 *The Oxford History of Historical Writing*, vol. 4, pp. 307-309。

② 关于法国革命期间的流亡贵族以及德国和法国的浪漫主义,有一本较早出版但仍然有用的著作:Georg Brandes, *Main Currents in Nineteenth-Century Literature*, 6 vols. (New York, 1900), vols. 1, 2 and 4。

③ William Keylor, *Jacques Bainville and the Renaissance of Royalist History in the Twentieth Century* (Baton Rouge, CA, 1979).

④ Friedrich Engels and Karl Marx, *Revolution and Counterrevolution or Germany in 1848*; Karl Marx, *The Eighteenth Brumaire of Louis Bonaparte*.

⑤ Louis Blanc, *The History of Ten Years, 1830-1840*.

因(Lorenz von Stein,1815—1890)则从保守主义的观点出发,对19世纪30年代和40年代的阶级冲突进行了分析。① 然而,绝大多数自由主义者反映了他们本身的社会出身。自由主义在他们看来不仅是否定绝对君主制,而且意味着民主制度的建立。基佐就是一个突出的例子。他不仅是一名重要的历史学家,而且从1830年七月王朝建立起到1848年被推翻,他都是主宰局势的政治人物。在自由派历史学家的眼中,民主意味着群众的统治,而在法国革命的恐怖阶段里群众所代表的是暴民。他们警告说,群众统治意味着今天的欧洲文明将被毁灭。尽管自由主义主张自由地交流思想和法律至上,但也认为使用警察手段来制止颠覆运动和对现有自由造成威胁的主张是正当的。选举权的范围必须限制在有财产和有文化的阶级内,就像英国1832年的改革法令所规定的那样。与西欧的历史学家一样,19世纪三四十年代德意志著名历史学家,弗里德里希·克里斯托弗·达尔曼(Friedrich Christoph Dahlmann,1785—1860)、海因里希·冯·聚贝尔(Heinrich von Sybel,1817—1895)和约翰·古斯塔夫·德罗伊森(Johann Gustav Droysen,1808—1884)也持同样的思想。② 达尔曼在他关于法国史和英国革命史的著作中赞同英国温和的立

---

① Lorenz von Stein, *Socialism and Communism in Contemporary France* (Leipzig, 1842); *The History of the Social Movement in France, 1789-1850*, tr., Kaethe Mengelberg (Totowa, NJ, 1965).

② 关于达尔曼、冯·聚贝尔和德罗伊森,散见 Iggers, *The German Conception of History*。

场,反对法国的激进传统。对他们来说,民族主义与自由主义是不可分割的,两者将融合在未来的德意志民族国家中。但是,德意志的民族主义是在反抗拿破仑的斗争中诞生的,在解放战争中达到了顶峰,因此带有强烈的排外和侵略的印记。①

无论是自由派、民主派,还是社会主义者,他们大多数持乐观的态度。他们相信历史的走向是达到高水平教育的阶段,市民社会得到增强,人类的生活状况取得重大的进步。欧洲无可争议地是这一进程的领导者,并将把他们的文明传播到世界上那些不幸和愚昧的角落。

进步论和危机论

然而,也有不同的声音来自那些不相信历史是走向自由社会的人们,他们甚至不相信这样的社会是受人欢迎的。圣西门派②和年轻的奥古斯特·孔德(Auguste Comte,1798—1857)③等人认为近代世界已经陷入了深刻的危机,其标志是个人主义和缺乏统一的信念。他们接过了天主教反革命派对

---

① 参见 Iggers, *The German Conception of History* 和 Robert Southard, *Droysen and the Prussian School* (Lexington, MA, 1995)。

② Georg G. Iggers, *The Cult of Authority: The Political Philosophy of the Saint-Simonians* (Amsterdam, 1970, 2nd edn);又参见 Georg Iggers, ed. and translator, *The Doctrine of Saint-Simon: An Exposition: First Year, 1828-1829* (Boston, MA, 1958); idem., *Actualité du saint-simonisme* (Paris, 2004)。

③ Henri Gouhier, *La jeunesse d'Auguste Comte et la formation du positivisme*, 3 vols., (Paris, 1933-1941); Mary Pickering, *Auguste Comte: An Intellectual Biography* (Cambridge, 1994); Mike Gane, *Auguste Comte* (London, 2006); F. A. Hayek, *Counter Revolution of Science* (Glencoe, 1952)。

现代性的批判,向往一种新秩序。这种新秩序把中世纪社会的统一和信仰与专制体制下尽可能实现的最大公正结合在一起,不仅接受宗教信条的指导,而且接受科学专家的指导。法国的政府官员兼历史学家托克维尔(Alexis de Tocqueville, 1805—1859)也指出现代政治发展面临着危险,但他的观察角度完全不同。他基本上坚持自由主义的价值观,但认为这种价值观正在因为近代大众社会兴起而受到威胁。他在《论美国的民主》(Democracy in America, 1833)一书中预言民主制度在近代西方世界发展的必然性,美国为世界提供了榜样,或将成为世界的榜样。托克维尔并不反对民主,但他担心民主会导致新的民众专制,将摧毁欧洲传统社会的多样性和个人主义。不过,他认为美国证明了民主制度将如何与保护个人自由相结合,如何与自愿社群的作用相结合,以抵制现代国家的中央集权制。在后来写的一部著作《旧制度与大革命》(The Ancient Regime and the Revolution, 1856)中,托克维尔提出了他对法国革命的见解,修正了反对革命的人和自由派对这场革命的解释。在他看来,在这场革命中,核心问题既不是自由,也不是平等。相反,他认为法国君主制从17世纪和18世纪建立起,已经开始试图取消自由,并把国家权力集中化。作为这个进程中的一部分,法国革命虽然宣布了民族主权,却没有改变这一趋势,反而将它巩固和扩大。

19世纪上半叶自由派的意识形态从许多方面来看都建立在启蒙主义思想的基础上,但也存在根本性的不同。18世纪末的孔多塞和康德预言了持久和平以及各国的共和政府结为世界联盟的发展趋势。正如我们所看到的,他们的世界主义此时已经被民族主义所取代。但是,未来不再被设想为赫尔德所相信的那种民族之间的和平共处,其特征是以战争为形式的冲突。无论是欧洲国家间的和平联盟,还是没有战争的世界,在当时历史文献中都没有任何地位。他们现在认为,在欧洲,民族之间的战争从16世纪现代国家体系诞生以来就是自然的和不可避免的。正如卡尔·冯·克劳塞维茨(Carl von Clausewitz,1780—1831)在《论战争的哲学》(*On the Philosophy of War*,1832)中提出的[①],战争是和平时代以其他手段推行的政策的延续。因此,外交史和军事史在欧洲史学中占有重要的地位,尤其是在普鲁士,但又不限于普鲁士。然而,也有些历史学家依然是从意识形态战争的角度进行思考,就像他们在法国革命的军事阶段进行的宣传一样。不过,这时还没有以战争作为毁灭手段的思想。战争可能带来边界的扩张,改变欧洲的均势,但战争的最终目的是恢复和平。1814年和1815年的维也纳会议所建立的欧洲大国之间的集体安全体系很快归于失败。从维也纳会议到19世纪50年代克里米亚战争之前的这段时间里,事实上没有发生过重大的国际冲突。

---

① 见 Peter Paret, *Clausewitz and the State* (Oxford, 1976)。

黑格尔的历史哲学

黑格尔的历史哲学或许可以反映 19 世纪初德意志的特征,但并不代表这个时期的历史思想。① 他的思辨观点根源于德意志的唯心主义,反映了普鲁士国家特有的官僚制的特征,与西欧和意大利的不那么倾向形而上学的思想家没有多少共同之处。普鲁士没有发生革命,只发生了我们前面所提到的自上而下的强制性改革。它在为市民社会的形成创造了基础的同时,也为君主制的专制权力以及官僚制的核心作用留下了余地。这是德意志和西欧的差别所在。但是,仍然有一些观念是德意志和西欧所共有的,黑格尔用一种比较教条的公式来描绘它们。这种公式从语言学的角度来看,如果说不是含糊不清的话,至少也是十分复杂的。第一个核心观念是,一切现实都是历史的。于是,历史取代了抽象的哲学。不存在抽象的真理;一切真理都必须放在具体的历史背景下去理解。世界以恒定的方式发展,遵循着一定的模式。黑格尔现在把这个发展看作一个进程,在这个进程中,理性最初带有

---

① 参见 *Lectures on the Philosophy of World History*, "Introduction: Reason in History", ed., Johannes Hoffmeister(Magnolia, MA, 1970); Herbert Marcuse, *Hegel and the Rise of Social Theory* (Boston, MA, 1960); Shlomo Avineri, *Hegel's Theory of the Modern State* (Cambridge, 1972); Joachim Ritter, *Hegel and the French Revolution* (Cambridge, MA, 1984); Frederick Beiser, ed., *Cambridge Companion to Hegel* (Cambridge, 1993); Jerry F. Pinkard, *Hegel: A Biography* (Cambridge, 2000); Frederick Beiser, *Hegel: A Biography* (Cambridge, 2005)。

纯粹抽象的特征,但在历史过程中逐步取得了具体的形态。在这个过程中,自由的不断进步体现在社会和政治制度中。在黑格尔看来,启蒙主义思想和法国《人权和公民权宣言》所想象的那种作为普遍原则的抽象自由根本就不存在。自由是在历史过程中产生的,源于东亚的东方专制主义。在东方的那些帝国里,除了暴君,任何人都没有自由。然后,它经历了若干个阶段以后,来到了革命以后的欧洲世界,在这里,理性和自由才得到了充分的发展。但是,黑格尔认为变化并不是人类的直接行动造成的,虽然亚历山大大帝(Alexander the Great,公元前356—前323)或拿破仑那样的伟人能抓住适当的历史时刻,因而无意中充当了历史的工具。与此相反,变化是非人格的动力造成的,黑格尔把它定义为辩证过程。这个过程中的每个历史阶段及其制度形态,由于只能不完善地体现理性和自由,因此将被一个更高的阶段所取代,而这个更高阶段代表了下一个层次的进步,接着,还是因为它的不完善,再次被下一个更高的阶段取代,直至最终到达了革命后体现了理性和保障自由的欧洲世界。他认为法国革命为这一状态的实现铺平了道路,但由于它主张普世主义,所以依然是不完善的,因为它只知道抽象的自由,即普遍的人权。黑格尔相信,在他那个时代,自由已经牢牢扎根于革命后的现有国家中,尤其是在复辟后的普鲁士。市民社会(bürgerliche Gesellschaft)在强大的君主制度中所处的地位得到了承认,而在这个制度中,开明官僚制代表了全社会的福利,而不像在立宪体制或代议体制中那样只代表特殊群体的利益。于是,历史得以终结。

当时在德国以外读到黑格尔著作的人还相当少。但是,只要把书中特有的形而上学的外衣剥去,其中的一些核心思想还是能为整个西方世界的同时代人所赞同。其中的一个观念是,只有一种历史——世界史,它的顶点是现代欧洲。只有欧洲才有权利和义务把它的文明带往世界其他地区,因为它代表了进步的顶点。

兰克批判了黑格尔的哲学图式,指责它强迫历史穿上紧身衣,没有给多样性或人类自由留下任何空间。① 但是在两个观点上,兰克与同黑格尔持有同样的看法。第一,他把国家看作历史理性的体现,用他自己的话来说,就是"上帝的思想"的体现。② 其次,他像黑格尔一样,把战争看作推动变化的主要动力。黑格尔认为胜利者代表了理性的更高阶段,从而也是道德的更高阶段,兰克同样说:"你很难找出几场重大战争是无法证明真正的道德力量将取得最终胜利的。"③

---

① 见 Leopold von Ranke, "On the Relations of History and Philosophy", 手稿(1830 年代), 收入 Iggers and Moltke, *Leopold von Ranke*, pp. 29-33; "On the Character of Historical Science", 手稿(1830 年代), Ibid., pp. 35-44。

② Leopold von Ranke, "A Dialogue on Politics", 手稿(1836 年代), Ibid., p. 119。

③ Ibid., p. 117。

二 民族主义与中东史学的转型

穆斯林"发现"欧洲

18世纪90年代初,新即位的奥斯曼帝国苏丹萨利姆三世(Selīm III,1789—1807年在位)进行了一系列改革。这些改革是中东地区在19世纪走向现代化的前奏。在18世纪的大部分时间里,奥斯曼帝国面对着来自欧洲列强的外部挑战和内部的动乱,但通过割土相让和分而治之度过了危机。到了18世纪末,奥斯曼帝国各省争取独立和自治的运动明显地缓和下来。1792—1793年,奥斯曼帝国与它的首要敌人俄国和奥地利以比较宽容的条款签订了条约,结束了它们之间的一场新战争。所有这一切为萨利姆三世的掌权和开始改革铺平了道路。然而,萨利姆十分清楚地知道,尽管战争已经结束,但奥斯曼帝国的军队与欧洲军队相比,无论在武器装备还是在训练上,都处于明显的劣势。于是,他在1793年成立了新型的军事学校和海军学校,聘请法国人担任教官。

虽然萨利姆的改革以军事为中心,但有着广泛的意义。这些改革被视为奥斯曼帝国历史上的新秩序(Nizam-i Cedid)或新阶段。它们开拓了西方思想流向中东的渠道,其中一条渠道是奥斯曼帝国这时开始长期派驻伦敦、巴黎、柏林和维也纳的外交官。萨利姆三世强化了这一做法,以便与欧洲的邻国互相沟通。这些外交官以上个世纪派驻欧洲的特使艾哈迈德·雷斯米·埃芬迪(Ahmed Resmi Efendi,1700—1783)为榜样,带回了有关西方的第一手知识,有助于引起他们对整个欧洲文化和历史的兴趣,具体地说,引起对法国革命的思想和理想的兴趣。尽管法国革命的影响绝不可能是全面的,但自由、平等和民族性等革命思想——虽然其中不包括博爱的思想——对改变奥斯曼帝国臣民的认同和忠诚产生了深远的影响。① 这一变化也对土耳其的穆斯林以及其他人写作历史的方法转变产生了影响。

而在埃及,法国革命立即产生了直接的影响。在1798年拿破仑的入侵和1799年拿破仑只身一人潜回法国以及英法之间的对抗发生之后,一个来自阿尔巴尼亚的奥斯曼帝国的军官穆罕默德·阿里(Muhammad ʻAlī,1769—1848)夺取了政权,自任埃及的新君主。1805—1848年,阿里在埃及实行统治期间,锐意推动现代化,把埃及同中东其他地区分离开来。自1807年萨利姆三世退位以后,奥斯曼帝国政府的现代化速度却缓慢下来,甚至暂时中断。与此相反,在埃及以及19世纪30年代被埃及占领的叙利亚,现代化在全速前进。在阿里的统治下,埃及政府聘请了法国顾问,成立翻译学校,向法国和欧洲其他国家派出留学生,学习军事技术、国际法和

---

① Bernard Lewis, *The Emergence of Modern Turkey* (London, 1968), p. 53ff; Erik J. Zürcher, *Turkey: A Modern History* (London, 1993), pp. 27-29.

公共管理。穆罕默德·阿里还对历史表现出了兴趣,他甚至会把自己比附为亚历山大大帝。①

法国对埃及的占领虽然为时很短,却造成了长远的影响。拿破仑对埃及的远征既是一次军事也是一次科学的远征。他随军带去了170名东方学家(当时是指对非西方文化抱有兴趣的专家)、考古学家和工程师(其中有许多来自法国的埃及研究院),把他们编入步兵和炮兵。此外,他们对罗塞塔石碑的意外发现,引起了欧洲人对神秘的古埃及的浓厚兴趣。此后对石碑上的象形文字的解读又推动了现代埃及学的诞生。法国人编写的《埃及行记》(*Description de l'égypte*)表明了他们对埃及文化和历史的重视,与此同时,穆斯林也把他们的到来记入了历史档案;但是,这些记载大多言过其实。例如,奥斯曼帝国的帝国史官艾哈迈德·阿西姆·埃芬迪(Ahmed Asim Efendi,?—1819)在他编撰的1791—1808年的编年史中把法国的政治议会制度比喻为"令人作呕的饥肠辘辘"。他还警告穆斯林同胞要提防法国人放荡的行为和危险的思想,否则将有损"真主之法的原则"。②

也有一些穆斯林历史学家对法国人的描述不是持那么敌视和蔑视的态度。我们在前一章中提到的阿布杜·拉赫曼·

---

① Jack A. Crabbs, Jr., *The Writing of History in Nineteenth-century Egypt: A Study in National Transformation* (Cairo, 1984), pp. 67-68.
② Lewis, *Emergence of Modern Turkey*, pp. 71-72. 对于法国对中东现代化的影响所做的批判性考察,见 Dror Ze'evi, "Back to Napoleon? Thoughts on the Beginning of the Modern Era in the Middle East", *Mediterranean Historical Review*, 19: 1 (June, 2004), pp. 73-94。

杰巴尔迪就是其中之一。作为一名有洞察力和探索精神的历史学家,杰巴尔迪看到了他的大多数同行当时没能看到的东西。他在据说是写于《法兰西国家遗赠中的神圣性之证明》之后的一部巨著《传记和报告中的奇迹》('Ajā'ib al-Fthār fī'l-Tarājim wa'l-Akhbār)中,生动地描述了法国科学家和学者的科学活动,而他显然对这些活动产生了兴趣。他还记载了自己与法国人的亲身交往。然而,总的说来,杰巴尔迪对历史的兴趣完全不同于法国的历史学家。例如,对于法国人和其他国家的欧洲人为何会对古埃及产生越来越浓厚的兴趣,他感到大惑不解。他的《奇迹》分为4卷,时间跨度从1688年到1821年。这是一部当代史,也是一部地方史(主要是描述埃及的历史),用传统的编年史的体裁写成。

作为伊斯兰史学的一位"巨人",杰巴尔迪对史料所进行的细致考察、丰富而详细的表述、不偏不倚的立场和直言不讳,都是第一流历史学家所具备的品质,是值得称道的。杰巴尔迪在阿里的统治时期写作历史,敢于对这位当代的亚历山大大帝做批判性的描述,与他相反,在这位君主如日中天之时,绝大多数历史著作却对他歌功颂德(其中有一部分著作是西方学者或旅行者写的)。[1] 杰巴尔迪对亲身经历的法国

---

[1] Lewis, *Emergence of Modern Turkey*, pp. 71-72. 对于法国对中东现代化的影响所做的批判性考察,见 Dror Ze'evi, "Back to Napoleon? Thoughts on the Beginning of the Modern Era in the Middle East", *Mediterranean Historical Review*, 19:1 (June, 2004), pp. 398-399.

统治的记载以及对他那个时代的变化做出解释的方法也使他的著作得到了现代西方历史学家的热烈称赞。① 或许,正是他的著作打开了现代西方历史学家的视野,使其看到了伊斯兰世界历史写作的丰富传统。因此,如果说萨利姆三世在奥斯曼帝国历史上位于新旧交替的转折点上的话②,那么,在奥斯曼帝国史学上,杰巴尔迪则处于一个思想转折的地位。他的著作把传统与已经崭露的现代性连接起来了。但是,在伊斯兰史学的转变中,传统与现代性并非构成对立的两端,而是相辅相成的。在伊斯兰的历史写作向现代转变之际,传统依然十分活跃。杰巴尔迪的优秀著作,正像有人指出的,说明这一传统事实上进入了19世纪初的"自发复兴"时期。然而,这一观点还认为,这次复兴"由于法国远征军的入侵而中断",法国的占领造成了新的转折,从此,穆斯林历史学家更多的是从事翻译而不是创作。③ 在传统史学和现代史学之间没有一条明显的分界线。

奥斯曼帝国时期的帝国史官的地位以及政府档案的保存让19世纪的伊斯兰历史学家获得了极其丰富的历史文献。为了给这些历史文献进行分类并加以利用,历史学家发展出

---

① Crabbs, *The Writing of History in Nineteenth-century Egypt*, pp. 44-45.
② Norman Itzkowitz, *Ottoman Empire and Islamic Tradition* (New York, 1972), p. 109.
③ Gamal el-Din el-Shayyal, "Historiography in Egypt in the Nineteenth Century", in Bernard Lewis and P. M. Holt, eds., *Historians of the Middle East* (Oxford, 1962), p. 403.

了文本考证的某种特长,其特征是以极其娴熟的手法来考证收藏在伊斯坦布尔和其他省会的珍贵档案资料。此外,这一娴熟的手法,或对这种手法的推崇,体现在19世纪官僚历史学家的著作中,成为了奥斯曼帝国和埃及史学成长的标志,直到今天仍然吸引着研究奥斯曼帝国历史的学者们的关注和兴趣。在某种程度上,它提供了一种"档案史料框架",既有助于、也限制了历史学术研究的扩展。①

谁的法老?——(重新)写作埃及的历史

18世纪以前,穆斯林历史学家的一个显著特征是对欧洲历史和文化毫不关心。这在很大的程度上是出于他们的宗教偏见和文化的自大以及欧洲的落后。但他们对法老统治下的古埃及却另眼相看,不仅为金字塔和狮身人面像的巨大规模所震慑,而且其中一些人还试图把古埃及异教的历史与基督教的兴起相提并论,当然对他们而言,更加辉煌和重要的则是伊斯兰教的兴起。② 可以肯定的是,在中世纪,穆斯林作者写的有关古代埃及文化和历史的著作数量依然很少,与其他地区数量十分可观的文献相比,更是如此。而且他们写的著作

---

① 参见 Gabriel Piterberg, *An Ottoman Tragedy: History and Historiography at Play* (Berkeley, 2003), pp. 185-186; Anthony Gorman, *Historians, State and Politics in Twentieth-century Egypt: Contesting the Nation* (London, 2003), pp. 12-15。

② Ulrich Haarmann, "Medieval Muslim Perceptions of Pharaonic Egypt", in Antonio Loprieno, ed., *Ancient Egyptian Literature: History and Forms* (Leiden, 1996), pp. 605-627。

第二章 民族主义和民族主义史学的兴盛:19世纪西方、中东和印度

大多数也不准确,不系统,甚至是可笑的。例如,公元10世纪的伟大史家塔巴里所提供的有关古代埃及的信息甚至还比不上《旧约全书》。他对伊斯兰统治下的地中海做了全景式的描述,但对古希腊-罗马时代那一千年的埃及史,关注甚少。① 尽管如此,中世纪的穆斯林对法老时期的埃及并非毫无兴趣,对它的文化成就也不是毫不在意。

随着18世纪末以后穆斯林的世界眼光的扩大,他们对伊斯兰教兴起以前的地中海的历史产生了越来越浓厚的兴趣。在19世纪,古代埃及得到了穆斯林学者越来越多的关注,埃及史的研究成为了那个时代埃及历史学家最显著的成就。这一成就构成了伊斯兰史学现代化的榜样,努力复兴过去的传统成为穆斯林在中东面临不断增强的西方影响时实行民族主义国家建设方案中的一部分。民族主义的刺激迫使这些学者和历史学家首先去想象在某块土地上曾经居住过一个共同体,然后试图从它过去的历史中寻找出有用的成分和有鼓舞力量的元素,以证明它的形成是合理的,它的存在是合法的,从而推动和增强其居民之间的凝聚力和亲和力。② 因此,对这个共同体的想象往往随心所欲,表明那里的历史学形成的时间还不够长,在许多非西方地区甚至只是西方殖民主义带

---

① 见 Donald M. Reid, *Whose Pharaohs? Archaeology, Museums, and Egyptian National Identity from Napoleon to World War I* (Berkeley, CA, 2002), p.30。

② 参见 Bernard Lewis, *History: Remembered, Recovered, Invented* (New York, 1975)。又参见 Benedict Anderson, *Imagined Communities: Reflections on the Origin and Spread of Nationalism* (New York, 1991)。

来的结果。因民族的想象而产生并反过来服务于民族想象的史学无一例外是目的论的史学,因为历史学家追溯和证明他们民族的起源和发端于远古的过去,是为了改造现有的文化传统并重构历史的记忆。

现代埃及知识界的重要人物里法赫·塔阂维(Rifaʻah al-Tahtāwi,1801—1873)的著作显示,19世纪中东史家对古代埃及兴趣倍增。作为教育家、新闻记者、翻译家和文人(littérateur),塔阂维在现代伊斯兰文化的转型中扮演着多方面的角色。然而,他最主要的学术成就却在于为给历史研究带来根本性的变化而做出的努力,以及唤醒伊斯兰学术界对古代埃及的兴趣。塔阂维旅居欧洲时认识了法国一些著名的东方学家,如西尔韦斯特雷·德·萨西(Silvestre de Sacy,1755—1838),库森·德·佩瑟瓦尔(Coussin de Perceval,1759—1835),约瑟夫·雷诺(Joseph Reinaud,1795—1867)和埃德蒙-弗朗索瓦·若马尔(Edmond-François Jomard,1777—1862),其中,若马尔因出版《埃及行记》而出名。塔阂维从这些学者身上学到了研究历史的新方法,后来又把这种方法应用在他自己的著作中。他还对古代埃及产生了兴趣。但是,与欧洲东方学家不同的是,塔阂维被古代埃及所吸引的原因是这一研究可以用来推动埃及的民族主义。

民族主义在中东的影响不断增强还表现为19世纪的伊斯兰历史学家努力寻找和识别文化和历史的遗产(仅指伊斯兰教兴起以前的遗产),其中以他们对自己民族过去的想象为特色。塔冗维写出的第一部埃及史著作《高贵的陶菲克在埃及和以赛马利子孙的故事中的光辉》(Anwār Tawifiq al-Jalil fi Akhbār Misr wa-Tawthiq Bani Ismā'il) 就是最有说服力的例子。与塔巴里以及其他人以前写的埃及史不同,塔冗维所叙述的埃及人的历史进入了伊斯兰教诞生前的阶段,包括法老时期、亚历山大和托勒密的统治时期、罗马统治时期、拜占庭统治时期,直到伊斯兰的征服。这是一个重大的行动,标志着伊斯兰历史学家正在蓄势待发。然而,正如前面所提到的,塔巴里这位据称是传统伊斯兰世界最伟大的历史学家竟然忽视了古希腊-罗马时代的埃及这整整一千年的历史。相反,塔冗维却对这一千年的历史做了详细的描述,并从穆斯林的视角赋予它历史的意义。此外,在他有关法老时期的埃及史著作中,塔冗维运用了欧洲学者最新的考古发现,说明他对东方学的学术研究非常熟悉。塔冗维以及他的弟子们一方面执行翻译著作的计划,另一方面把当时欧洲人写的有关古代埃及的重要著作也翻译成阿拉伯语,包括法国声名卓著的埃及学家奥古斯特·马里耶特(Auguste Mariette,1821—1881)的著作。

虽然塔冗维对伊斯兰教兴起前的埃及进行的研究得益于欧洲的埃及学,但他的《埃及的故事》(Story of Egypt) 显然是为埃及而写的,非常明显地体现了民族主义的基调。他在著作中明确主张,埃及的文化不同于其他任何文化,在好几个世纪里光芒四射。在它的开始阶段,或"法老时期,它[埃及]是世界上一切民族的母亲"。在此后的希腊-罗马时期,它保持着强劲的发展势头,成为古代世界的学术中心。伊斯兰教兴起以后,它又成为伊斯兰文化的支柱,帮助把文明传播到西方。即使在他那个时代,塔闼维认为,埃及依然保持着自己的力量和光荣,而且表现在它19世纪初对法国取得的胜利,以及在穆罕默德·阿里领导下所取得的巨大进步上。①

　　塔闼维的《埃及的故事》除了表达民族主义的兴趣外,无论在方法还是在写作风格上,仍以伊斯兰传统史学为出发点。塔闼维在建构他的叙述时不仅使用了阿拉伯语的史料,还使用了非阿拉伯语的文献以及考古和地理探险的发现,从而启发了后来的伊斯兰历史学家。在处理历史进程时,他同时采用了编年和专论的方法。的确,如果说"编年史的没落"表明了伊斯兰史学进入近代以后发生的转变,那么,这个过程最充分地表现在塔闼维的《埃及的故事》中。与过去的历史著作相反,塔闼维尝试运用叙事的方法来叙述和解释历史。② 虽然在史学上新意纷呈,但塔闼维在政治和史学上却宁愿做一名改良者,不愿寻求更激进的变化。作为爱兹哈尔大学过去的学生,他保持着对伊斯兰文化传统的忠诚,这表现在他的历史解释和对先知穆罕默德的虔信中——他在晚年完成了一本穆罕默德的新传记。

---

① 参见 Reid, *Whose Pharaohs?* pp. 115, 108-110。
② Crabbs, *The Writing of History in Nineteenth-century Egypt*, pp. 14, 74-82; El-Shayyal, "Historiography in Egypt in the Nineteenth Century", pp. 417-418.

民族认同与历史著述

正当埃及人忙于探索他们这块土地上和文明中特有的文化遗产时,奥斯曼人(土耳其人)和波斯人也同样开始了致力于民族建构的事业。例如,为了确立现代波斯/伊朗的历史叙事,波斯人回到古代,即伊斯兰教兴起以前的时代,去寻找伟大而辉煌的波斯文明。一方面,他们让《波斯古经》(*Dasatir*)和《列王记》(*Shahnamah*)等神话史诗获得新生,试图把波斯与伊斯兰教割裂开来,把波斯当作古代世界中的多语言和多种族的帝国加以歌颂。为缔造一个新的伊朗民族认同,他们力图恢复和重现前伊斯兰时期伊朗的神话、象征和英雄。另一方面,他们用卡优马尔斯(Kayumars)时代、哈桑(Hushang)时代、塔赫穆里斯(Tahmuris)时代和贾姆希德(Jamshid)时代(他们都是象征古代波斯的著名历史人物)来对应和取代亚当时代、诺亚时代、摩西时代和耶稣时代,从而创造了一种宏大历史叙事,为具有民族主义倾向的新型史学提供基础。这种民族主义史学叙述以史诗为史料,吸收了欧洲东方学的成果,往往以波斯传说中作为人类始祖的卡优马尔斯为开端,一直述至当代的伊朗。这种史学把伊斯兰教的统治时期视为"外族的"的统治,认为这是伊朗衰弱的原因,否认穆罕默德的崛起代表了一个新的文明。同时把祆教的神话恢复为伊朗人自己的神话,视其代表了现代伊朗的民族"精神和特征"。而且,从反穆斯林、反阿拉伯的立场上重建伊朗的过去,这种做法还试图在伊朗的语言中剔除阿拉伯的因素,并将伊朗语的非科学成分归咎于阿拉伯语的影响。①

相对于埃及人和伊朗人而言,土耳其人在建构民族主义的历史叙事时面临着更大的挑战,因为他们对早期土耳其历史的认知相当零碎。在传统上,土耳其人形成了两类忠诚,一类是对伊斯兰教的宗教忠诚,另一类是对奥斯曼国家的政治忠诚。由于土耳其人把自己看作穆斯林帝国的合法的穆斯林统治者,是过去的伟大的穆斯林统治者的继承人,因此,他们的历史学家对伊斯兰教兴起以前土耳其人以及土耳其的历史很少给予重视。在 19 世纪,一些新闻记者和历史学家,其中包括阿里·苏阿韦(Alī Su'āvī,1839—1878)和苏莱曼·帕夏(Süleymān Pasha,? —1892),付出了很大的努力,去探索伊斯兰教兴起以前土耳其历史的起源以及早期土耳其人的军事威力,标志着土耳其民族主义或"土耳其主义"开始出现。他们的著作主要依据西方的史料。这个时期还出现了一些其他的民族主义历史著作,其中包括纳米克·凯末尔(Namik Kemāl,1840—1888)的作品。凯末尔是当时知识界的重要领袖,倡导法国革命提出的自由与独立,致力于捍卫伊斯兰教的传统价值观,坚持歌颂伊斯兰过去的伟大和辉煌。对于什么是伊斯兰教的,而什么是奥斯曼的,凯末尔并不想把它们截然区分

---

① Mohamad Tavakoli-Targhi, *Refashioning Iran: Orientalism, Occidentalism and Historiography* (Basingstoke, 2001), pp.96-104. 晚至 1935 年"伊朗"才开始正式用作国家的名称,虽然很早以来伊朗人一直用它来指称他们的土地。

开来。他在自己的著作中告诉读者,他们的祖国曾经诞生过萨拉丁(Saladin)、苏丹穆罕默德二世(Sultan Mehemmed II)、苏丹萨利姆一世(Sultan Selīm I)以及艾米尔·内夫鲁兹(Emīr Nevrüz)等这样一些"民族"英雄。也就是说,他在歌颂"奥斯曼"的骄傲时把中世纪阿拉伯和波斯的穆斯林,以及古代阿拉伯的哈里发全都包括进来了,他看不出这里面有什么矛盾的地方。他的历史观"与对他那个时代的感受是一致的"。①

正如我们在埃及所看到的那样,自由和民族主义思想之所以能吸引土耳其人是因为奥斯曼帝国在这个世纪的大部分时间里也在进行着一系列改革。1807 年萨利姆三世(Selīm III)的退位意味着改革运动的倒退,但改革的势头并未完全遏止。面临来自西方的越来越大的冲击以及穆罕默德·阿里统治下正在进行现代化的埃及造成的威胁,奥斯曼帝国苏丹马哈茂德二世(Mahmud II)和他的儿子阿卜杜勒-迈吉德(Abdülmecid,生卒年不详)决定继续萨利姆三世开创的事业。马哈茂德二世采取了重大举措,派出留学生前往欧洲学习。他不仅恢复了萨利姆三世建立的军事学校和海军学校,还开办了新的军校。他继续像萨利姆那样重视培养陆军和海军军官。马哈茂德还采取了新的做法,通过设立语法学校

---

① Lewis, *Emergence of Modern Turkey*, p. 336; Ercüment Kuran, "Ottoman Historiography of the Tanzimat Period", in Lewis and Holt, *Historians of the Middle East*, pp. 426-427; Zürcher, *Turkey*, p. 71 ff.

和翻译学校来推动教育的现代化，希望培养出政府文官。借由帝国史官萨尼扎德（阿塔乌拉·穆罕默德，Sanizade [Ataullah Mehmed]，1769—1826）的努力，现代科学和技术得以被从欧洲引入奥斯曼帝国，并进入了帝国学校的课堂。马哈茂德二世在推动奥斯曼帝国的现代化和西方化的过程所扮演的角色相当于俄国的彼得大帝。他紧紧跟随着他的堂兄萨利姆三世的足迹前进，就像他的儿子阿卜杜勒-迈吉德后来所做的。奥斯曼帝国在阿卜杜勒-迈吉德统治下进入了称作"坦志麦特"（Tanzimat）的新发展道路，或所谓改革的道路。1839—1876年的"坦志麦特"时期标志着奥斯曼帝国西方化的全盛时期。

像奥斯曼帝国的军事、金融、法律、行政和教育制度经历了全面改造一样，历史著述的方式也发生了根本变革。这个变化首先而且主要表现在帝国史官的著作中。正如前面提到的，尽管艾哈迈德·阿西姆·埃芬迪持保守的态度，而且蔑视欧洲文明，但从肯定的角度描绘了彼得大帝的形象，歌颂这位沙皇为增强俄国的实力而做出的努力，从而给马哈茂德二世留下了无法抹去的印象。另一位帝国史官，后来担任教育大臣的艾哈迈德·杰夫代特·帕夏（Ahmed Cevdet Pasha，1822—1895），使用了欧洲人在埃及和其他地方发现并翻译的史料来编写多卷本的帝国编年史，它成为"坦志麦特"时期最重要的历史著作。虽然杰夫代特·帕夏像杰巴尔迪一样没有放弃编年史的传统体裁，但他使用的是可信的史料，并尽可能地对事件和人物做出丰富多彩的描述和令人信服的分析。①

还有一种更明显的变化表现为历史写作的范围扩大了。在"坦志麦特"时期,奥斯曼帝国面临着越来越严重的威胁。这些威胁不仅来自俄国人和奥地利人,而且来自反叛的希腊人和正在复兴的埃及人。在以往,奥斯曼帝国的历史学家的著作主要是记载同时代的事件,但复兴帝国和绥靖边界的紧迫性要求他们扩大研究范围,把注意力从记载当前的事件转向奥斯曼帝国早期的历史,建构连续性的历史叙事以增强民族的自尊。例如,哈鲁拉·埃芬迪(Khayrullah Efendi,1817—1876)开始给过去的每一位苏丹写作传记。他的《奥斯曼帝国国家史》(Tārikh-i devlet-i 'aliyye-i' osmāniyye)虽然只写到17世纪的史事,没有完成,却预示着19世纪的主要思潮——奥斯曼主义的影响的兴起。这种奥斯曼主义在我们前面已经提及的知识界的重要人物纳米克·凯末尔的著作中也有强大而有说服力的体现。

推动伊斯兰史学发生变化的重要动力之一是这一时期要求教育改革的呼声。19世纪初以来,越来越多的穆斯林对了解西方文化产生了兴趣,新型的学校在中东如雨后春笋般出现。埃及人和叙利亚人领先一步,土耳其人紧随其后。例如,

---

① Kuran, "Ottoman Historiography of the Tanzimat Period", p. 422. 又参见 Supraiya Faroqhi, *Approaching Ottoman History: An Introduction to the Sources* (Cambridge, 1999), pp. 156-157。

奥斯曼帝国在"坦志麦特"时期就开办国立大学和中小学的教育体制问题,不仅在伊斯坦布尔,而且在各省都展开了激烈讨论。① 新式学校的创办扩大了学科的范围,从而改变了教学内容。例如,历史课程如果说过去没有被完全忽视的话,充其量也只能算是一门副科,而这时它慢慢进入了中小学正式的课程设置。为了满足学生学习历史的兴趣,新编了历史教科书。新式的教科书不再按照传统编年史的体例编写,而是学习西方的榜样,以叙事的手法按章节编排。最典型的例子是艾哈迈德·韦菲克·帕夏(Ahmed Vefiq Pasha, 1823—1891)在法国担任外交官期间编写的《奥斯曼历史大纲》(*Fezleke-i tārīkh-i 'osmānī*)。数十年以后,这种新体例被帝国史官阿卜杜勒拉赫曼·谢里夫(Abdurrahman Sheref, 1833—1925)采用,编写了供中小学普遍使用的奥斯曼历史的教科书。②

艾哈迈德·杰夫代特·帕夏在担任教育部长时不仅在自己写的历史著作中做出了创新,而且帮助其他历史学家推陈出新。例如,帮助伊利亚斯·马塔尔(Ilyas Matar, 1857—1910)写出了第一部叙利亚的历史。马塔尔的这本著作歌颂旧日的叙利亚是文明世界的摇篮,诞生了许多发明,拥有善良的人民。虽然马塔尔没有把叙利亚当作"一个政治民族实

---

① 参见 Selçuk Akşin Somel, *The Modernization of Public Education in the Ottoman Empire, 1839-1908: Islamization, Autocracy and Discipline* (Leiden, 2001)。

② Kuran, "Ottoman Historiography of the Tanzimat Period", pp. 424-425.

体"来描述,但他的民族主义基调是非常清楚的。他着力于反映正在成长中的叙利亚民族主义意识,而这种意识在当时得到了奥斯曼帝国政府的鼓励,因为帝国正在推动内部的更加自主的文化发展。此外,马塔尔有一些著名的前辈供他效仿,同时也得益于叙利亚的教育改革。叙利亚的这些改革虽然是由埃及人首倡的,但在埃及人撤出后,这个地区接受了西方更多的影响,从而也获得了更多的推动力。例如,马塔尔是在美国传教士于1866年开办的叙利亚新教学院接受的教育。他除了是杰夫代特的好友外,还与布特鲁斯·布斯塔尼(Butrus al-Bustani,1819—1883)和萨利姆·布斯塔尼(Salīm Bustani,1848—1884)父子过从甚密,他们两人都是思想开放的教育家和新闻记者。布斯塔尼父子虽然主要不是历史学家,但通过他们对伊斯兰历史,包括伊斯兰教兴起前的阿拉伯历史的世俗理解以及以热爱叙利亚为特征的历史观影响了马塔尔。布斯塔尼父子利用他们在贝鲁特创办的新式学校,以及刊登在《花园》(al-Jinān)杂志上的系列文章鼓吹和宣传这种新的历史观念。《花园》杂志由他们编辑和出版,是第一批阿拉伯语的现代杂志之一。①

埃及总督伊斯梅尔(Isma'īl,1863—1879年在任)任内的教育部长阿里·穆巴拉克(Alī Mubārak,1823—1893)虽然主

---

① 参见 Youssef M. Choueiri, *Modern Arab Historiography: Historical Discourse and the Nation-State* (London, 2003), pp. 39-53。

修工程学，却是一名能干的行政官员和多才多艺的学者。穆巴拉克推动中学开设更多的历史课程，1871年成立师范学校（Dār al-'Ulūm）以后，又推动了高等学校的历史教学。虽然穆巴拉克没有受过历史学家的正式训练，但在19世纪的埃及，他为推动历史教育和保存历史资料发挥了奠基性的作用。他在19世纪70年代担任教育大臣期间，实现了在四年制的中学里每个学年都安排有历史课的目标。塔闵维的关于埃及史的划时代著作被用作基本教材来使用。埃及国家图书馆的建立也在很大程度上归功于穆巴拉克。①

新旧交融："百科全书派"与"新编年史学派"

穆巴拉克时代的埃及涌现出了新一代历史学家，在他们身上反映出了一些令人感兴趣的特征。他们像穆巴拉克一样也在西方接受过科学训练，回国后担任教育和公共事务方面的重要职务。例如，阿明·萨米（Amīn Sāmī，生卒年不详）一度担任过师范学院的院长，虽然他更出名的事迹是长期担任一所以高学术水平而著称的贵族学校的校长。阿明·萨米以及与他志同道合的历史学家都在西方科学文化和伊斯兰古典学术的环境下受过教育，对两者都非常熟悉，因此被称作"百科全书派"。② 他们在著作中不仅提及塔巴里、伊本·阿布

---

① Crabbs, *The Writing of History in Nineteenth-century Egypt*, p. 94.
② Ibid., pp. 109-129.

杜·哈卡姆（Ibn 'Abd al-Hakam）、麦斯欧迪（al-Mas'ūdī）、伊本·赫勒顿、麦格里齐（al-Maqrīzī）和苏尤提（al-Suyūtī），而且提到伏尔泰、卢梭和东方学学者夸特雷米尔。① 在这同一时期内，不仅埃及，而且在其他地区，也出现了百科全书派，例如在同样实行西方化的叙利亚有萨利姆·谢哈达赫（Salīm Shihādah, 1848—1907）和萨利姆·胡里（Salīm al-Khūrī, 1834—1875）。他们都是贝鲁特人，像布特鲁斯·布斯塔尼一样出版了自己编撰的百科全书。② 马哈茂德·法拉基（Mahmūd al-Falakī, 1815—1885）是天文学家和工程师，但后来因出版了伊斯兰教兴起前的历史著作，不仅在埃及而且在欧洲成为著名人物。阿里·穆巴拉克尽管担任了各种行政职务，却是一名多产的作者，其中最著名的是他编写的百科全书式的著作《陶菲奇亚·贾迪达的记述》（al-Khitat al-Tawfiqiyyah al-Jadīdah）。他对科学的兴趣促使他对金字塔的建筑者使用的度量衡进行研究。这种兴趣以及他对古代埃及的自然和文明所做的丰富而透彻的记述使他成为那个时代著名的穆斯林埃及学家。③

这些历史学家从他们受过的科学训练和掌握的科学知识而言无疑是"现代的"，但他们同时又保留了伊斯兰史学传统中的许多成分。穆巴拉克的《陶菲奇亚·贾迪达的记述》正

---

① El-Shayyal, "Historiography in Egypt in the Nineteenth Century", p. 405.
② Choueiri, *Modern Arab Historiography*, pp. 3-4.
③ Reid, *Whose Pharaohs*? pp. 179-181.

如书名所示,采用了"Khitat"的形式,"Khitat"一词可译作"记事"。穆巴拉克的受业弟子阿明·萨米编写了多卷本的《尼罗河年鉴》(*Taqwīm al-Nīl*),追溯了埃及文明在此前若干个世纪的演进。复兴传统历史写作形式的趋势一直延续到了那个世纪末的米哈伊尔·沙鲁比姆(Mīkhāʾīl Shārūbīm, 1861—1920)和伊斯梅尔·萨尔汗克·帕夏(Ismāʾīl Sarhank Pasha, 1854？—1924)的著述。在19世纪的埃及和中东其他地区,传统史学和现代史学平行地发展着。一方面,伊斯兰历史学家开始对伊斯兰教兴起以前的时代,尤其是对古代埃及,产生了新的浓厚兴趣。自19世纪中叶以来,不仅阿里·穆巴拉克的著作引起了西方的埃及学家的注意,还出现了一批伊斯兰的埃及学家,例如马哈茂德·法拉基、阿里·巴赫贾特('Ali Bahjat, 1859—？)和艾哈迈德·卡迈勒(Ahmad Kamal, 1860—？)经常在欧洲的学术刊物上发表文章。卡迈勒被誉为精通象形文字的第一位近代埃及人,而纳吉布·阿希姆(Nejib Asim, 1861—1935)则是奥斯曼帝国内的第一位突厥学家,对当时在欧洲正在兴起的突厥学研究非常熟悉。

然而,另一方面,伊斯兰传统对许多伊斯兰历史学家仍然有吸引力,而且不无道理。① 突尼斯的艾哈迈德·贝伊(Ahmad Bey, 1837—1855年在位)相当于埃及的穆罕默德·阿

---

① 参见 Faroqhi, *Approaching Ottoman History*, pp. 157-158。

里。在他的统治下,突尼斯的西方化改革进程迅速展开。然而,突尼斯的历史学家却老是提及他们的先辈伊本·赫勒顿,拿赫勒顿的思想去套用洛克、伏尔泰和孟德斯鸠的思想,用以勾画穆斯林过去的思想潮流,抵制当时穆斯林民族的形成。由于他们的努力,赫勒顿成为了"整个19世纪下半叶在知识界占据主导地位的人物"。他的著作不仅激发了对突尼斯,也激起了对埃及和其他地区历史的兴趣。赫勒顿在伊斯兰世界的影响一直到20世纪依然非常明显。①

19世纪,许多第一流的历史学家,例如埃及的萨米、沙鲁比姆和萨尔汗克以及奥斯曼帝国的艾哈迈德·杰夫代特·帕夏,都在他们的历史著作中创造性地和革新地运用传统的写作体裁,把编年史与分析和考证的历史融合起来,因此被称作"新编年史家"。他们的著作虽然使用的是编年史和地方志的写作形式,但不乏现代史学所共有的批判精神和分析推理的色彩。萨尔汗克的《海洋国家简史》(*Haqā'ig al-Akhbār 'an Duwal al-Bihār*)就是典型的例子。萨尔汗克在这部专题史学著作中十分从容地运用阿拉伯和欧洲的史料,以历史的眼光观察海洋国家兴衰的复杂过程。事实上,编年史的写作风格似乎有利于这些历史学家保持超然的立场。沙鲁比姆的《古代和现代埃及全史》(*Al-Kāfi fi Ta'rīkh Misr al-Qadīm wa'l-Hadīth*)即为一例。虽然这本书常常涉及穆罕默德·阿里统

---

① Choueiri, *Modern Arab Historiography*, pp. 4, 22, 191-192.

治时期等一些有争议的历史时期,但它在判断上的公允和分析上的力度,依然受到了称赞。沙鲁比姆还明智地扬长避短,他的《古代和现代埃及全史》显然不属于早期的学术研究中经常见到的那种史料的堆砌,而是提供了可靠和一致的历史叙述。①

  这些著作把传统史学和现代史学糅合在一起,是他们那个时代(即改革的时代)的产物。穆斯林发动的这些改革是对西方挑战做出的回应。但是,这些改革也抱有革新和复兴伊斯兰传统的目的。到了19世纪的最后20年,这一改革经历了重大的变化。由于在普法战争中的失败,法国在这一地区的影响被削弱,给奥斯曼帝国改革者的事业带来了负面作用。几十年来,埃及不断扩大它的军事力量,开始面临严重的财政危机,结果引起了1881—1882年的"乌拉比革命"(Urābī Revolution)。据称,这是中东的第一次民族主义运动。然而,它也导致了英国对埃及的占领(1882—1922/1952),造成了伊斯兰世界的进一步削弱和碎化。为了抵制西方帝国主义和殖民主义,越来越多的穆斯林转向民族主义的意识形态,从事民族建设的事业。民族主义史学因此得到长足发展,成为20世纪穆斯林史学的主导趋势。

---

① 参见 Crabbs, *The Writing of History in Nineteenth-century Egypt*, pp. 130-145。

三 印度史学的转型

殖民主义初期的史学

在讨论印度从前殖民地向殖民地的过渡时期,即从18世纪到19世纪的历史文献时,我们遇到的问题是如何评估欧洲的历史思想方式对已经在不同的程度上经历了现代化进程的社会所产生的相对影响。正如前面所指出的,在18世纪乃至更早时期印度的南部地区,历史写作的传统在很大程度上与现代的学科标准相吻合,但常常借助文学性的和文献研究的旧形式。在孟加拉则主要是波斯化的史学,以散文的形式写作,内容狭窄,集中于政治,但它毕竟是史学,其主要方向首先是讨论莫卧儿王朝权力的衰落,接着讨论东印度公司作为一种新政治力量的存在。这种波斯化的史学从其观点而言虽然也承认世俗的因果论,但在本质上注重于道德教诲。它按照年代的顺序记述了莫卧儿王朝历代君主的腐败和品德的败坏,但同样也针砭英国人的道德沦落。但是,波斯化历史学家,例如18世纪的巨著《现代观》(*Seir Mutaqherin*,1781)的作者古拉姆·侯赛因·塔巴塔巴伊(Ghulam Hussain Tabatabai)对英国东印度公司政治文化中的差异也非常了解,由此产生了新的政治和历史意识。1757年,东印度公司在普拉西战役中使用卑鄙的手段对付地方王公西拉杰-乌德-达乌拉(Siraj-ud-daula,生卒年不详),取得了胜利。这一事件之后,印度进入了充满暴力、抢劫和掠夺的时期,直到由此引起的混乱对自己造成了威胁,东印度公司才开始自我约束并进行改革,使这一地区恢复了和平和稳定。但是,对于东印度公司在印度造成的政治分裂局面,过去的历史著作从未做过叙述。其中的复杂性促使印度本国的历史学家,包括前面提到的塔巴塔巴伊,在他们的著作中进行评述。塔巴塔巴伊按编年顺序记述了东印度公司为夺取权力而玩弄的阴谋诡计,英国人"酗酒和放荡"的品性,以及新的统治者如何无法遵循莫卧儿王朝古典政治哲学的道德规范标准建立好政府。然而,他在书中也有一些实事求是的观察,承认英国人的到来也带来了稳定。更重要的是,他表现出了对现代帝国主义的本质特征的理解,也就是经济剥削加文化优越感。因此,"古拉姆·侯赛因是把东印度公司对印度早期统治的本质归纳为殖民统治体系的第一人"。① 1789 年,塔巴塔巴伊的著作译成了英语。

塔巴塔巴伊等作者代表的是受过教育的旧式官僚文人,他们虽然对东印度公司的统治持批评态度,但仍然希望能在新政府中谋得一官半职。他们希望通过自己的著作来强调,成熟而经验丰富的官僚体制对于确保良好管理所起的作用。

---

① Kumkum Chatterjee, "History as Self-Representation: The Recasting of a Political Tradition in Later Eighteenth Century India", *Modern Asian Studies*, 32 (1998), p. 942. 查特吉还指出,塔巴塔巴伊等人使用了"自我表象的策略"的说法,意味着正在形成中的"民族主义"史学反映了从前殖民统治向殖民统治的转变。

但是，英国人对他们持谨慎的态度。他们的著作对于当时正在形成中的殖民主义史学影响不大，这一点反映为几乎所有的殖民主义历史学家都把英国人到来之前的穆斯林政府描绘成专制、暴力和剥削的政权。正如前一章所提到的，这是东方专制主义的基本论点，并以此来反衬东印度公司统治印度的正当性。我们在后面将会看到，对莫卧儿/穆斯林王国的这种特殊的描述在19世纪末的民族主义史学中成为关键要素。

我们在19世纪初可以看到两类历史写作，而且都与东印度公司的存在有关。第一类是东印度公司中的英国籍行政官员写的历史。他们利用行政职务的空闲记录历史。这些人被称作行政官员历史学家，其中有些人从未到过印度，例如在伦敦办公的东印度公司首席通讯检视官詹姆斯·密尔。第二类主要以孟加拉的印度教文人学者（pandits）为代表，他们聚集在由东印度公司开办的加尔各答的威廉堡的一所学院里，写作用于语言学习入门读本的历史书。而且，自18世纪以来，东印度公司的政治影响逐渐提升。在19世纪，这一倾向进一步强化。出于保存历史和文化的目的，东印度公司赞助和支持了一些组织和机构，如孟加拉亚洲学会便是在1784年由前面提到的威廉·琼斯爵士创建的。

行政官员历史学家的动机首先是积累有利于使东印度公司的统治合理化和更有效率的资料。为了征税，东印度公司需要掌握有关当地风俗习惯的知识。为了满足这种需要，一种行政史应运而生,后来成为了《地区方志》(District Gazetteers)、《税收清算报告》(Reports on Revenue Settlements)的标准格式。但是,由于并不总能够随时随地地获得当地的信息,也不容易分门别类,所以有关殖民地的历史知识可靠与否,便成了问题。在拉纳吉特·古哈(Ranajit Guha,1923—)看来,当地的资料往往是不可靠的,甚至是有意误导,因此不能继续依赖当地的资料来源,因而产生了一种纯粹用作工具的史学,也就是殖民主义的史学。① 伯纳德·康恩(Bernard Cohn)揭示,对印度历史的认识是早期殖民统治的支柱。② 所以,东印度公司的职员收集文献和实物史料作为档案,而东方学家则将学习印度的语言作为获取历史信息的一个途径。从推广殖民统治和论证其合法性的立场出发,这些保存印度历史和文化的努力产生了双重后果。一方面它"为殖民统治建立了一个档案"③,让殖民主义者利用这些地方的材料来歌颂英国人统治的成功。另一方面,为了获得精确的行政管理信息而收集印度的文字和实物史料,也有助于提高历史研究的方法论意识,让历史学朝严格的经验主义、强调"事实"的方向发展,促其成为一门学科。由是,"早期的殖民政权对材料

---

① Ranajit Guha, *An Indian Historiography of India: A Nineteenth Century Agenda and Its Implications* (Calcutta, 1988), p. 14.

② Bernard Cohn, *Colonialism and its Forms of Knowledge: The British in India* (New Jersey, 1988).

③ Nicholas Dirks, *Castes of Mind: Colonialism and the Making of Modern India* (New Jersey, 2001), p. 144.

的归类整理培养了历史真实性的观念"。① 同时,这种收集和整理还影响了对殖民时期之前印度历史文献的看法,因为那时的文献并不这么分类,所以就失去了其原有的合理性,而仅仅变成了建构"事实"的"材料"了。确证这些史料真确与否的任务,常常由殖民主义的博古学者担任,他们也由此引进了新的历史方法。② 同样重要的是,除了出于实用的管理殖民地的需要之外,启蒙运动所推崇的普遍主义理念也是一个动力。研究印度的过去可以帮助认识人类的历史。③ 同时,虽然需要当地人士的帮助来收集史料,其中有些人也是很好的学者,但这一收集史料的工作还有一个后果,那就是贬低了印度传统的历史实践,由此在印度推崇实证主义的史学,殖民主义的史学就带有这样的印记。在东方学研究中心的场所,印度和英国人在面对以往多种多样的文献传统时,齐心协力,贬低和诋毁了这些文献的价值。拉玛·桑德利·曼特纳(Rama Sundari Mantena)就南印度的史学,著有一部优秀的著作,他指出:"在帮助收集、编排、鉴定和翻译史料的过程中,当地的印度人士不但充分吸收而且还改造了历史实践的新手段。"④不久,这些印度学者就开展了他们的历史研究、成立了印度的各种学会并通过这些学会重构历史知识。当然,在 19

---

① Rama Sundari Mantena, *The Origins of Modern Indian Historiography in India. Antiquarianism and Philology, 1780-1880* (New York, 2012).
② Ibid., p.51.
③ Ibid., p.39.
④ Ibid., p.181.

世纪上半叶,这些印度的学术机构还是少之又少的。

与之相对照,在威廉堡学院从事历史写作的印度文人学者则为了东印度公司而写作,因为日益壮大的英国官员需要有语言培训(孟加拉语而不是波斯语)的读本。在这批文人学者的著作当中,有三本书引起了我们的注意,即拉姆兰·巴苏(Ramram Basu)的《普拉塔帕迪加国王传》(*Raja Pratapaditya Charita*,1801),拉吉布洛昌·穆霍帕德希耶(Rajiblochan Mukhopadhyay,生卒年不详)的《克里斯纳昌德拉国王传》(*Maharaj Krishnachandra Rayasya Charitram*,1805)和姆里通卓·比迪亚兰卡(Mritunjoy Bidyalankar,生卒年不详)的《诸王记》(*Rajabali*,1808)。按照拉纳吉特·古哈的说法,"这三本书无论从文学还是从史学的角度来说,都展现了传统和现代之间的冲突"。① 此外,这些著作体现了梵文/普拉文和印度、波斯历史的双重传统,后者虽然杂有不少神意和神遣的记载,但主要是有关政治权力角逐的故事,并在纯粹世俗历史的层面加以分析。他们的作者也值得称赞,因为他们注意到一个事件会有不同的记载,所以强调写作的真实性、追求事实的精确和牢靠以及叙述的连贯和完整。不过,如同拉纳吉特·古哈所指出的,以上这些作品的品质,到底是反映了西方的史学模式的影响还是延续了诸如波斯史学和其他当地的文化传

---

① Ranajit Guha, *An Indian Historiography of India: A Nineteenth-Century Agenda and Its Implications* (Calcutta, 1988), p. 28.

统,尚不清楚。库姆库姆·查特吉(Kumkum Chatterjee)则认为,这些作品的写作,应该与西方的影响关系甚小。① 其实,我们前面已经提到,18世纪晚期孟加拉学者的作品显现出印度的史学传统自有其文化混杂的特点,因此这些品质的出现与我们的观察并不矛盾。在那个时候,威廉·琼斯领导下的孟加拉亚洲学会已经就印度和欧洲语言同一属性的问题,做出了开创性的研究。语义学的研究在殖民主义史学中,占有重要的位置,部分地是因为印度原来的作品被认为既不成熟也不可靠。在孟加拉亚洲学会之外,马德拉的圣乔治堡学院是另一个东方学的中心,也从事语义学的研究,特别针对各种地方语言。在那里,托马斯·特拉特曼(Thomas Trautmann)发现了所谓的"德拉维典证据"(Dravidian Proof),也即南印度的语言,它与梵文没有关系,自成系统。特拉特曼说道,他能找到"德拉维典证据"是因为借助了印度原来的语言分析的传统。② 拉玛·桑德利·曼特纳也指出,"如果不是因为英国东方学家必须依靠印度学者和印度原有的知识,历史语义学也不可能出现"。③ 再者,如果语言的时间性可以显现社会文化发展的阶段,那么东方学家通过语义学研究而对印度语言产生的历史性和有机性的理解,有助构建一线和进步的历史

---

① Chatterjee, *The Cultures of History*, p.143.
② Thomas R. Trautmann, *Languages and Nations: The Dravidian Proof in Colonial Madras* (Berkeley, 2006).
③ Mantena, *The Origins of Modern Indian Historiography*, p.18.

观念。① 上述这些研究结论显示,至少在殖民早期,印度人并不是"被动地"接受殖民者的知识,所以有必要纠正印度史学中英国殖民者"主持一切"的思考模式。

新教学方法和近代历史意识的形成

如同前述,在19世纪初年,有些有作为的印度学者,在协助英国人的时候,也开始了自己原创的研究。他们还能在殖民地的文化社群中宣读他们的成果,表示在殖民时期有一个让印度人和英国人一同从事知识探索的"公共场域"。不过对英国人容纳印度人的程度,我们不能过于乐观。印度知识分子能参与研究和讨论,往往是通过某个英国学者的个人引介,而且英国人还没有认为印度的知识分子已经完成了从传统到现代的转型。② 这一看法一直要持续到19世纪的后期,自那时开始印度人才被认为可以从事理性和实证的史学研究。

的确,随着时间的推移以及旧的方式的摒弃(不过没有消除)和新方法的引进,包括历史观的变化,实证主义的史学模式渐渐在印度史家中流行开来。殖民地史学多具片面性,但也促进了这一趋势,因为它强调在印度统治之前,印度整体一团漆黑,是英国人引进了良好的政府带来了文明的进步。

---

① Mantena, *The Origins of Modern Indian Historiography*, p.156.
② Ibid., p.121.

这种看法在印度史家中,激起了反弹,但他们对此的反驳也必须采用同样的理性模式。此外,我们还必须考虑到正规教育中的历史对于近代历史意识的兴起所发挥的作用。传教士兴办的学校和学院开设了历史课,新开办的地方学校也开设了历史课,而后一类学校开办的目的是为帝国培养文员和官吏。这些现代学校逐步取代了印度教的僧侣学校(tols)和平民小学(pathshalas)以及穆斯林学校(madrasas),并按照殖民主义者的教育价值观来安排课程设置的重点。印度教徒的传统小学传授日常生活所必需的基本技能,重点是学习语言、算术和会计等课程,而不是历史课程。但是,到了19世纪的前20年,许多这样的学校开始为学生提供免费的读物,以便同自由主义的(但并不完全是世俗的)教育哲学相吻合。在新的教育体制中,历史变成了最重要的一门课程。1844年,印度总督哈丁(Hardinge)颁布命令,要求创办大约一百所使用当地语言的乡村学校,在课程设置上也把历史当作重点。① 在这些学校里,尤其是在传教士开办的学校里,历史课程的开设带有功利主义的特征,重点是用有历史记载的实例来证明古代欧洲而不是古代印度所取得的成就和技能。然而,这却引起了人们对印度过去的"事迹"和"成就"的好奇心,例如老一辈的东方学家威廉·琼斯爵士抱着一定程度的赞许和同情,在其书中有这方面的内容。

---

① Sumit Sarkar, *Writing Social History* (Delhi, 1997), p. 14.

宗教复兴主义与对辉煌过去的探寻

再者,既然殖民主义的叙事史把英国人的到来说成是历史的理性所然,那就必须把神话摒弃才能证明这个论点。有一本重要的抽象叙述的著作把重器物的西方与重精神的东方进行了对比,认为尽管西方正如日中天,但历史终将以印度精神的胜利为终结。这些观点是由当时印度一些著名的社会和宗教改革家提出的,其中包括罗姆莫罕·罗易(Rammohun Roy,1772—1833)、达耶难陀·娑罗室伐底(Dayanand Saraswati,1824—1883)和辨喜(Vivekananda,1863—1902)等人。当然,这批改革家并不是历史学家。但是,他们希望通过改革运动来复兴早期的旧印度教,即尚未被时间和金钱所腐蚀的印度教,有些学者把它称作"新教式的印度教"。他们试图以自古以来的悠久文明,来论证印度的天命所归和未来复兴。按照他们的观点,人类的创造力在古代无论从精神上还是从知识上讲都已经臻于完美。于是,改革运动与还原过去相互联系起来了,而这里的过去所指的是与近来那种悲惨和腐败的过去完全不同的过去,还没有背离印度教的特质。不过,这并不意味着他们否定了现代性。的确,这些改革家认为他们肩负的任务与现代性是并行不悖的,因为他们相信理性—技术作为现代性的成就是在古代印度文明中孕育出来的。这是把传统与现代性的挑战相调和的一种方式。为此,罗易提供了充分的证据来证明,所谓印度没有历史的观点是错误的。

印度教雅利安协会的创始人、宗教改革家达耶难陀也论证说，《吠陀》里包含了所有的现代科学。当然，后一种说法说明他们对吠陀文化及其科学潜力持一种非常简单化的理解。此外，由于把印度的过去完全等同于印度教的过去，结果产生了一种观点：从排他主义和同质论的角度来定义印度的古代社会，同时也主张，被称作"印度教"的这种宗教古已有之。但是，事实并非如此。更重要的是，印度教复兴主义者和改革运动的思想可以被民族主义史学所利用，从而为20世纪印度教政治运动提供意识形态的基础。这种印度教同质论的看法尽管掩盖了它的社会和哲学的异质性，但逐步被视为社会改革和政治动员的必要前提。此外，它还提供了"印度性"的定义，可以被独立运动中的激进的民族主义史学所利用。

在印度的穆斯林知识分子当中也产生出了沿着宗教路线进行社会改革的做法，其中包括印度的教育家萨义德·艾哈迈德汗（Sayyid Ahmad Khan, 1817—1898）。他试图把西方科技与《古兰经》的训谕调和起来。但是，伊斯兰的传统却是一个比较棘手的难题，其原因之一是，相对于可以更为灵活地做出解释的印度教教义而言，伊斯兰教的信条更有条理，更为确定。此外，由于伊斯兰的黄金时代在印度境外，这就带来了一个问题：伊斯兰教并非印度文化的本土成分。然而，在这两个共同体当中，对宗教的依赖最终变得

"泾渭分明"①,早期的调和趋势逐渐消失。这对后来的民族主义的历史写作产生了影响,尤其是对1947年印巴分治的基础,即两个民族的理论,产生了影响。

当然,这些社会改革家并不是职业历史学家,也很少参阅真实的历史资料。但是,他们的观点与殖民地学校讲授的殖民主义观点大相径庭,因而在印度知识分子当中掀起了一股"渴求历史"的热潮,历史一方面成为了恢复尊严的手段,另一方面又成为了"讨论并实现集体自我的方法"。② 1838年,印度的"求知会"(Society for the Acquisition of General Knowledge)在加尔各答成立,其宗旨是通过举办系列讲座来介绍欧洲在各个领域取得的学术成果。第一个讲座是克里希纳·莫罕·班纳吉神甫(Rev. Krishna Mohun Bannerjee,生卒年不详)主讲的"论历史研究的性质和重要性"。他的论点是,西方之所以能够成功,原因在于它历史地认识自我的方式以及对自己过去的历史所做的评价。③ 不久以后,印度出版了一批区域史和民族史的著作,大多数用孟加拉语写作。例如,我们在其中可以看到教育家伊什瓦·钱德拉·比迪亚萨迦(Ishwar Chandra Bidyasagar,1820—1891)的《孟加拉史》(*Bangalar Itihas*,1848)和克德拉·纳什·达塔(Kedar Nath Datta,

---

① Michael Gottlob, ed., *Historical Thinking in South Asia: A Handbook of Sources from Colonial Times to the Present* (New Delhi, 2003), p. 21.

② 引自Sudipta Kaviraj,见Sarkar, *Writing Social History*, p. 13。

③ Vinay Lal, *The History of History: Politics and Scholarship in Modern India*(New Delhi, 2003), pp. 27-28.

1838—1914)的《印度史》(*Bharatbarsher Itihas*, 1859)。这种新的历史学采纳了殖民主义史学的许多线索。例如密尔的三个时期的划分方法——把印度的历史划分为印度教—伊斯兰教—英国人的统治时期——被新的历史所采用,但是他把印度社会描绘成文明的黑暗时期的消极看法被舍弃。印度历史学家更加重视自由主义的东方学家,例如威廉·琼斯和芒斯图尔特·埃尔芬斯通(Mountstuart Elphinstone, 1779—1859)。埃尔芬斯通把古代印度与古代希腊和罗马的文明进行比较,赞美古代印度在哲学、天文学、数学和其他科学中取得的成就。他们当中还有许多人把古代印度描绘成"黄金时代",并由此得出结论,后来的"穆斯林统治"时代是失落和衰亡的时代。在一定的意义上,这也是密尔的三个时代的分期方法带来的结果,就像欧洲的古代—中世纪—现代的三个时代的分期方法把中世纪的特征归纳为黑暗时代一样。然而,19世纪欧洲史学对待伊斯兰的偏见也充斥于这些印度史的著作中,结果,反倒使印度教徒的印度特质成了历史研究的主题,推动了印度历史"社群化"的过程,尽管在密尔以前,印度本土历史学家的著作,例如威廉堡学院的文士拉吉布洛昌所叙述的反西拉杰乌德达乌拉阴谋的著作,早已表现出了反穆斯林的偏见。[①] 苏米特·萨卡尔(Sumit Sarkar)认为,英国的殖民统治建立之后,印度社会的中产阶级(hbadralok)虽然只能依

[①] Sarkar, *Writing Social History*, p. 18.

附于殖民者,其社会地位还是有所提升。他们对伊斯兰时期的印度采取了批判态度,体现了他们作为一个社会团体对于自身身份的一种焦虑心情,因为他们无法对改善了他们经济生活的英国殖民者自由地表示不满。①

理性主义的史学范式

印度本土历史学家也开始接受西方人所主张的在英国人的统治之前印度没有历史写作传统的观点。例如,孟加拉亚洲学会的第一任印度会长、历史学家拉金德腊拉尔·米特拉(Rajendralal Mitra,1822—1891)宣称,"印度的文献中几乎找不到可信的历史叙述"。② 然而,帕沙·查特吉(Partha Chatterjee,1947—   )却指出,这种观点是"欧洲印度学的一个奇怪的发现"。③ 他这里所指的不是威廉堡学院的历史学家。这个观念的核心表现就是,印度史家日益重视研究方法和证据的真确,也即接受了民族主义、实证主义的史学。我们同时要看到,正是在19世纪,在亚洲学会等学会及各个大学中,历史学这一学科被分化成几个学科,如考古学、历史学和艺术史。印度学者如前面提到的拉金德腊拉尔·米特拉和著名的梵学家和研究古印度的历史学家 R. G. 班达卡尔(R. G.

---

① Sarkar, *Writing Social History*, p.19.
② 引自 Gottlob, *Historical Thinking in South Asia*, p.2。
③ Partha Chatterjee, *The Nation and its Fragments: Colonial and Postcolonial Histories* (Princeton, NJ, 1993), p.95.

Bhandarkar,1837—1935),都热心提倡理性主义、实证主义的史学,成就引人瞩目。班达卡尔以他对兰克的理解,坚持认为必须让事实自己说话。"人们必须首先做到不带任何偏见,不带任何倾向地从他面前的史料中发现那些能显示他的种族和国家光荣的过去的某些东西,他也不应带有反对国家和人民的偏见。他的目标只有一个,那就是干巴巴的真相。"①班达卡尔赞成社会改革,在他的多次公开演讲中说明了他那个时代印度教的习俗与古代印度教的习俗之间存在着差别。但是,他也坚持只有正确的方法才能确保正确的改革方向。"只有清楚地认识到我们伟大民族的缺陷,才能为未来健康的进步拓清道路。"

在许多方面,19世纪下半叶印度的史学作品是殖民主义史学作品的主题和论点的重复。社会史与"民俗学"相等同,经济史讨论的是土地赠与、生产力的数据以及带有行政管理意义的问题。政治史则是历届国王的历史,然后是各届总督的历史。但是,印度的思想历史化并不等于"赞同殖民主义"。② 由于殖民主义关于历史变化的观念绝不同意印度人发挥了推动历史前进的作用的观点,因此再也不能为印度的历史学家所接受。虽然印度本土出版的历史著作很难向殖民主义的历史观展开公开的批评,但却提供了证据来恢复印度

---

① 引自 C. H. Phillips, ed., *Historians of India, Pakistan and Ceylon* (London, 1961), p. 281。

② Gottlob, *Historical Thinking in South Asia*, p. 12.

人民在推动历史前进上发挥的能动性,尽管关于这种能动性的证据只能被置于遥远的过去。

民族主义史学范式的出现

历史越来越多地被用来与东方学家提出的贬低印度人的许多观点抗争。因此,按照帕沙·查特吉的观点,以王公为内容的民族主义史学到1870年已经形成。① 但是,我们必须记住,民族主义史学的实现可以通过若干种途径。首先,它必须在地理和文明的延续性之外,假定一种民族意识的存在。其次,它对本民族的过去有深刻的认知,且往往是对古代的深刻认知,并将其当作民族特质和历史命运的基本源泉,也是阐明历史的动力和主体性的理论基础,而这是民族主义历史著述的一个方面。最后,民族主义史学以对他者的认识为前提。然而,这种意识不一定导致对他者的批判。因此,它可能导致对殖民主义的批判,也可能催生出一种对自我的定义,这种定义是排他主义的,旨在剔除对上述民族主义史学两点定义不利的因素。

直到19世纪的最初20年,随着自给自足运动(Swadeshi movement)和革命恐怖主义运动的兴起,印度的民族主义史学才开始带有对殖民主义统治进行有力批判的特征,尽管在这之前殖民主义的某些方面已经受到了批判性的审视,这种

---

① Chatterjee, *The Nation and its Fragments*, p. 88.

审视,正如库姆库姆·查特吉(Kumkum Chatterjee)所证明的,甚至可以上溯到18世纪末。但是,由本土历史学家写的有关整个印度、不只是其中一个地区的历史著作,在19世纪50年代开始出现了。其中最重要的两本著作是尼尔马尼·巴沙克(Nilmani Basak)和塔里尼查兰·查托帕迪亚雅(Tarinicharan Chattopadhyay,生卒年不详)的《印度史》(*Bharatbarsher Itihas*),它们是由孟加拉历史学家分别撰写的同名著作。① 巴沙克的《印度史》分三卷,在两年内陆续出版。他在前言中表示,希望这本书能帮助读者清除掉英国人所说的"古代印度教徒都是非常愚蠢的家伙"的错误论调。这本著作还主张,用孟加拉语来表现过去的历史比用英语更可信,也更有吸引力,这说明语言开始被看作是民族认同的标志,并纳入了正在兴起的民族主义意识。还有一点很重要,那就是必须牢记印度的民族主义思维引发了有关认同的各式各样的论著。区域意识和民族意识在印度是一道出现的。纳入了区域主义的民族主义的意识经历了一个上升曲线这种说法是没有事实依据的。② 从这个意义上说,对母语(matribhasha)的语言自豪感与民族主义的意识之间不存在矛盾,而且正如古哈所指出的,在整个19世纪50年代,"民族语言"与"母语"两词可以互换

---

① 巴沙克的著作是三卷本,出版于1857—1858年;查托帕迪亚雅的著作出版于1878年。

② Sunil Khilnani, *The Idea of India* (New Delhi, 1997), p.153.

使用,从而说明语言是种族和政治意识形态的标志。①

因此,殖民主义教育与印度本土教育的相互结合导致了新史学的诞生。随着英语历史著作被翻译以及在中小学和大学中的使用,其中的不足和谬误越来越明显地表现出来了。19世纪下半叶,出现了一批"教科书历史学家"(通常是在高校任教的教授),开始为孟加拉的中小学写作印度史。这些教科书挑战了殖民主义叙事史中对印度的蔑视态度,试图从本土的遗产中找回自豪感。例如,克希罗德钱德拉·瑞乔图利(Kshirodchandra Raychaudhuri,生卒年不详)在1876年出版的一本教科书的前言中声称,"我的这本书是写给那些被英语历史书的译本误导的人阅读的"。② 书中否定了一个论点:英国人对印度的统治是历史的必然,因而是不可避免的。这个时期的印度历史学家虽然受过欧洲历史、国家管理和政治哲学方面的教育,却指出殖民主义者在印度取得胜利是由于他们使用了马基雅维利式的阴谋。例如,英国人之所以能取得普拉西战役的胜利,是因为克莱武玩弄的诡计和米尔·贾法尔(Mir Jafar)的背叛。尽管印度王公西拉杰—乌德—达乌拉失德和专制,但他的失败不是因为他个人的失误和上天的惩罚,而是强权政治的结果。

相对于巴沙克的多卷本的《印度史》而言,塔里尼查兰·

---

① Guha, *An Indian Historiography of India*, p.42.
② Chatterjee, *The Nation and its Fragments*, p.91.

查托帕迪亚雅的《印度史》影响更大。这本著作是19世纪下半叶孟加拉各学校通用的历史教科书,到1878年已经再版了18次。在巴沙克的著作中"印度"已经成为了一个分立的集合体,即一个"国家"(desh),但在塔里尼查兰的著作中,"国家"不再是一位又一位国王的名单,而成为了叙事史的基本框架。塔里尼查兰同他那一代的教科书作者一样,依据英语历史著作的体例,按照印度教—伊斯兰教—英国人统治时期的三段分期方法,把印度看作一个一以贯之的地理单位。在叙述古代印度时,塔里尼查兰依据的也是欧洲的印度学学者的叙述,虽然对这些叙述做了适当的选择。密尔那种全盘否定印度过去历史的叙述在他的书中已被舍弃;他更喜欢的是芒斯图尔特·埃尔芬斯通写的《印度史》(*History of India*,1841),而对于密尔的那种"霸权式教科书"①,他逐行逐句地进行了驳斥。相反,埃尔芬斯通的著作,正如它的各章标题所显示的,对古代印度在"哲学""天文学和数学""医学"等方面取得的成就表示赞许。然而,如果要还原印度人民在历史上的能动性,还必须解决两个问题。第一,必须解释印度一度辉煌的文明为什么会走向衰落。第二,必须说明如果印度人自己要把英国人已经开始的事业——现代化的事业——继续下去还需要做些什么。

其实,只要把英国人提出的印度历史三段分期方法加以改造,这两个问题就可以很容易地得到解决。例如,"古代印

---

① Ronald Inden, *Imagining India* (Oxford, 1990), p. 45.

度必将成为印度现代性的源泉,而'穆斯林时期'将对应中世纪的黑暗"。① 在塔里尼查兰看来,殖民主义的叙事史对穆斯林时期持否定的态度和对穆斯林国王的描述很有道理,例如亨利·艾略特爵士把他们描绘成"懒惰放荡,劣迹斑斑,堪比卡利古拉和康茂德"。残暴荒淫而同时又是宗教狂徒的征服者(这里指的不再是土耳其-阿富汗征服者,而是指穆斯林)并非印度教徒,不属于印度的原始居民,而是外来者,就像他们信奉的宗教一样(来自阿拉伯半岛)。他们击败了印度教徒并非因为上天的眷顾,而是因为印度教徒的运气不好以及无法预计的困境。因此,19世纪末的民族主义史学不仅反对英国人,也反对穆斯林。

民族主义、教派社群主义和历史写作

塔里尼查兰和巴沙克阐述了古代印度文明的伟大及其后来在穆斯林统治时期的衰落。这是一个常见的主题,但他们的解释也引出了一个棘手问题:英国人恰恰扮演了把印度教徒从穆斯林的虐政下解放出来的角色。不过,如果从地理和宗教特质的角度来定义印度性,那么,信奉基督教的英国人也属于外来者。正如一些社会和宗教改革家所主张的,推动印度现代化的各种努力(虽然被承认是有益的)的确来自印度教文化的外部。因此,19世纪末印度的民族主义史学提出了

---

① Chatterjee, *The Nation and its Fragments*, p. 102.

一种印度种族特殊论,认为印度人具有足够宏大的气量,能让外来者获得一席地位。然而,这并不是唯一的史学观,正如帕沙·查特吉所指出的,还有一种称作"去中心"的史学观也取得了一定的地位。① 此外,在巴沙克的著作中,我们还看到了印度史学发生了一种令人感兴趣的转变。这一转变到了下个世纪初变得更加明显,那就是从以国家为中心的历史转向"对社会史和文化史相当明确而又稍显粗浅的兴趣"。而这一兴趣出现的时候,兰克史学的模式却恰好在欧洲确立了其霸权的地位。② 对文化给予的重视高于对历代国王和战争的重视。这一趋势的产生从某些方面来说是因为有关印度教时期的历史缺乏可靠的编年资料,而到了这个时候,资料缺乏的问题开始被从方法论的角度进行考虑。此外,它还表现了一种认同政治,在研究印度过去的历史时,这种认同政治在确立历史能动性这一更为广泛的政治主题下,不是把政治而是把文化放在优先地位上。不过,这种史学文化主要是以宗教和种姓为基础的教派社群主义(Communalism)文化。③

对于各种流派写出的不同类型的印度史,穆斯林及时地

---

① 这种史学一般被称作以孟加拉为中心的史学。它承认帕坦人的统治(不同于莫卧儿王朝的统治)实际上对孟加拉有好处。不同于印度的其他地区,伊斯兰教在孟加拉的传播不是凭借武力,孟加拉的穆斯林实际上是一种特殊类型的孟加拉人。见 Chatterjee, *The Nation and its Fragments*, pp. 113-114。
② Sarkar, *Writing Social History*, p. 24.
③ 教派社群主义是指在南亚地区试图用各个族群中的文化和宗教等差异来挑起其纠纷、争斗和分裂。——译者

做出了回应,当然是自卫性的反应。他们不仅反对殖民主义的叙事史,而且反对印度教的各种印度史。穆斯林做出的回应之一是从政治责任紧迫性来解释穆斯林统治时期的消极方面,并暗示有些行为违背了伊斯兰教的教义,例如孟加拉作者萨义德·阿卜杜勒·拉希姆(Sayyid Abdul Rahim)的著作。穆斯林的另一种回应是强调伊斯兰文明的伟大。他们指出,伊斯兰文明经历了自己的古典时代,为人类文化做出了贡献。英国人和印度人都把穆斯林描述为好战、狂热和暴虐之人,这显然是诽谤。穆斯林过去的真实状况只能由穆斯林自己来描述,就像阿卜杜勒·卡里姆(Abdul Karim, 1863—1943)等作者所做的那样。

世俗叙事史和经济民族主义的兴起

在印度的其他地区也出现了用地方语言写作的历史著作,产生了世俗的历史叙事。1864 年,希瓦·普拉萨德(Shiva Prasad, 1823—1890)写出了第一部用印地语写作的印度史。这部著作的书名为《历史:黑暗的终结者》(*Itihasa Timirnasak*)本身就体现了它的致用原则:历史为积极变化提供指南。因此,在他们看来,历史不仅为集体的自我认识提供了依据,还是走向进步的途径。推动进步的动力来自历史,因而要认可历史就是力量。自我理解导致自我发展,而自我发展是自主的行为。因此,到了 19 世纪 70 年代,印度本土的历史思想中出现了一种新的趋势,对于在英国人统治下是否有可能取得进步,产生了越来越大的怀疑。希瓦·普拉萨德的学生、贝拿勒斯的哈里什钱德拉(Harishchandra,1850—1885)率先对英国的殖民统治发动了批评。这一发展趋势伴随着改革事业的世俗化。新一代活跃的社会改革家,诸如达达巴伊·瑙罗吉(Dadabhai Naoroji,1825—1917)和马哈德夫·戈文德·拉纳德(Mahadev Govind Ranade,1842—1901),把社会变化与宗教观念分离开来,这反过来又揭示了一种完全属于现代意义上的进步概念。尽管在政治上瑙罗吉和拉纳德依然对英国人的统治表示忠诚,但他们都依据其自身的主张毫不犹豫地对它展开批评。瑙罗吉认为,"当前的政府管理系统是破坏性的,是对印度人和非英国人的专制,对英国来说也是自杀性的"。① 这批改革家特别提到了英国人的统治所造成的经济后果。英国统治者用苛捐杂税"吸干财富"并以自治捐的形式把印度的岁收送往英国。这些观点明显地受到了马克思主义分析体系,尤其是有关国际劳动分工和自由贸易帝国主义分析方法的影响。他们提出的"经济民族主义"的观点标志着他们开始脱离宗教政治,摆脱了与古代印度文化有关的各种问题,逐渐地把莫卧儿王朝以及其他地区的王朝描述成人道的和仁慈的统治。对宗教复兴主义史学,拉纳德提出了严肃的批评。他向复兴主义者提出了这样一个问题:他们究竟想要追溯到哪一种起源上去,因为起源有多个,而所有的起源

---

① Gottlob, *Historical Thinking in South Asia*, p.48.

都受到了历史的制约。① 经济民族主义反过来鼓励对英国人的经济政策的政治背景进行仔细的考察,在1885年印度国大党成立时,这个问题成为了当时辩论的焦点。

瑙罗吉和拉纳德的结论对著名历史学家和政治家罗梅什·昌德尔·达特(Romesh Chunder Dutt,1845—1909)产生了影响。达特也是一位历史小说家,而在印度,写历史小说实际上是从事政治活动的一种形式,正像我们将要看到的,这种形式往往公开承认其带有工具性的意图。1897年,达特出版了《英国和印度:百年进步录》(England and India: A Record of Progress during One Hundred Years)一书,指出大规模生产的英国货不仅攫取了印度的财富,而且造成了印度的工业退化。达特对英国人的统治给印度带来了利益的正统观点提出了挑战。他的论述以印度政府的"蓝皮书"为史料,而前面所说的那种正统观点所依据的是殖民主义者的记录。他并不否认英国殖民统治确实给印度带来了一些福利,尤其是西方教育所具有的价值。但是,他像瑙罗吉一样,质疑英国人的统治是推动印度进步的动力的说法,并且用进步的概念来否定这种说法。

经济民族主义得出的各种结论,尤其是"吸干财富"的论点,成为了20世纪初印度各种政治行动中非常重要的组成部分。例如,1905年的自给自足运动就主要依据这一论点,虽

---

① Gottlob, *Historical Thinking in South Asia*, p.49.

然也有人认为印度的民族主义运动比经济民族主义的史学更为激进,因为经济民族主义史学在许多方面还保留了对英国人统治的忠诚。不过,他们在寻求经济解释的过程中表现出了对全球化进程的开放性,远比沿着教派社群主义道路强调印度能动性的复兴主义者的观点更有前瞻性。

印度的殖民主义史学促成了近代历史意识在19世纪的产生。本土历史学家逐渐接受历史解释的现代和理性主义的准则。历史学科本身成为了一个公认的重要知识领域。历史著述也成为了包装正在形成中的民族意识的重要工具。这种民族主义的历史意识往往是一种反应和模仿,尽管它的主要目的是为了清除殖民主义者贬低印度文化的叙述,而这种叙述所依据的是殖民主义的决定论。例如,印度的历史也被划分成三个历史时期,第一个时期是古代,人们认为它的辉煌并不次于希腊和罗马的古典时代。但是,承认过去确实存在过辉煌的时代仍不足以解释当前在殖民主义统治下遭受侮辱的现状。一部分民族主义历史学家把印度的积弱和衰退归罪于穆斯林统治时期,而在这方面,他们赞同以英语写作的历史学家的结论。当然,民族主义历史学家属于城市精英的一部分,其本身是殖民统治的产物。他们对伊斯兰时期的遗产持敌视的态度,因而与当时(尤其在孟加拉农村地区)盛行的调和说的传统产生了矛盾。

第三章 19世纪的学院派史学与历史研究的职业化：西方和东亚历史研究的转型①

一 科学崇拜与民族国家的范式(1848—1890)

史学的政治背景

1848年和1849年的欧洲革命对社会和史学的影响虽然不像法国革命和拿破仑时代的影响那么大，但毕竟是西方世界的政治、社会和思想氛围根本变化中的一个组成部分。像法国革命一样，1848年革命没有取得革命者期望的成果，从许多方面来看甚至可以算是一次惨痛的失败。但是，它们的失败在造成旧制度复兴的同时，也预示着重大的改革。在德意志和意大利各邦以及在哈布斯堡帝国一些地区发生的革命带有民主的潜流，与民族愿望发生了联系，德意志和意大利希望国家统一，匈牙利希望独立，而在法国，虽然民族主义不是

---

① 有关史学职业化的比较研究，参见 Gabriele Lingelbach, *Klio macht Karriere: Die Instituionalisierung der Geschichtswissenschaft in Frankreich und den USA in der 2. Hälfte des neunzehnten Jahrhunderts* (Göttingen, 2003)。

压倒一切的问题,但社会主义运动与民主运动却汇合在一起。这场革命在欧洲各国都遭遇了失败。到了1849年,德意志和意大利革命者试图通过民主方式获得国家统一的梦想完全破灭。在匈牙利,哈布斯堡帝国政府召来了俄国军队,用血腥手段制止了匈牙利的自主。在法国,1848年6月的工人起义被国民卫队扑灭。阶级冲突导致拿破仑三世以公投方式建立独裁。英国发生的事件不那么惊心动魄,但宪章派争取工人阶级选举权的要求遭到议会的否决。

然而,在欧洲几乎所有的国家,革命者的目标最终还是得到了实现,哪怕是部分的实现。法国在1848年实现了男子普选权,英国分阶段地通过了1867年和1884年的议会改革法令,部分地实现了男子普选权。在意大利、奥地利和斯堪的纳维亚地区实行了有资格限制的选举制,普鲁士和德意志的一些邦实现了按阶级加权的选举制,1871年德意志帝国成立后,帝国议会的选举开始实行男子普选制,不过,帝国议会的权力十分有限。直到19世纪末,欧洲还没有一个国家给予妇女以选举权,尽管争取妇女选举权的斗争在英国、德国和斯堪的纳维亚地区已经展开。在美国西部的一些州,妇女较早地争得了选举权。尽管如此,世界各地都诞生了大批选民,因此也出现了群众性的政党和民众的政治压力。

1870年和1871年,意大利和德国分别成功地实现了国家统一。1867年,匈牙利在哈布斯堡帝国治内获得自主权。但是,意大利的统一和德国的统一都不是依据议会的决定,而是如同普鲁士宰相奥托·冯·俾斯麦(Otto von Bismarck, 1815—1898)所宣称的,是依靠"铁与血"并通过一系列战争完成的。德意志和意大利的历史学家在动员民众完成民族统一事业的过程中发挥了重要作用。在德意志,许多历史学家成为1848年法兰克福议会的成员,拥护争取自由的斗争。但是,1848年革命失败后,他们转而支持普鲁士的霍亨索伦王朝,放弃自由主义的原则,拥护专制体制,因为这种体制毕竟可以通过国家统一和中产阶级所要求的经济和社会改革来落实他们所追求的政治秩序,并保护这种秩序不受自下而上的革命的威胁。① 法国大革命和后来的巴黎公社都引起了这种恐惧。除了奥地利,在德意志的其他地区,包括波兰人、丹麦人和法国人作为少数民族居住的地区,一种奇特的平衡把专制制度和议会制度结合起来,对德意志历史研究的方向产生了影响,即开始把国家当作研究的重点,从而与比较自由的西方国家的历史研究形成了鲜明的对比。

史学的社会背景

上述这些政治发展应当放在包括美国以及在一定程度上也包括东欧在内的西方社会所发生的根本变化的背景下加以考察。产生这一变化的根本原因是1850年以后的迅速工业

---

① Georg G. Iggers, *The German Conception of History: The National Tradition of Historical Thought from Herder to the Present* (Middletown, CT, 1983).

化,而这一变化反过来又对历史思想产生了影响。以农村为主导的社会让位于城市社会,诞生了产业工人阶级。然而,必须强调的是,这个过程虽然非常迅速,但传统的秩序在很大程度上仍然被保留下来了。在政治上,这意味着新兴的大众选民削弱了中产阶级自由党派的力量,而力量得到增强的不仅有社会主义者,还有农业和手工业利益集团,以及感受到了经济现代化威胁的小商贩。在这个过程中产生了一种副产品:正当犹太人至少在中欧和西欧最终获得了解放并与新的社会相认同时,在德意志、奥地利和法国却出现了新的政治反犹主义。①

技术革命的作用得到了充分的表现。1848年初,马克思和恩格斯在《共产党宣言》中写道:"资产阶级在它的不到一百年的阶级统治中所创造的生产力,比过去一切世代创造的全部生产力还要多,还要大。自然力的征服,机器的采用,化学在工业和农业中的应用,轮船的行驶,铁路的通行,电报的使用,整个大陆的开垦,河川的通航,仿佛用法术从地下呼唤出来的大量人口——过去哪一个世纪能够料想到有这样的生产力潜伏在社会劳动里呢?"②然而,这仅仅是在19世纪下半叶开始加速的那个进程的开端。技术进步与科学发现的进步

---

① Peter Pulzer, *The Rise of Political Anti-Semitism in Germany and Austria* (Cambridge, 1960); Sulamit Volkov, *The Rise of Popular Antimodernism* (Princeton, NJ, 1978); Georg G. Iggers, "Academic Anti-Semitism in Germany 1870-1933: A Comparative Perspective", *Tel Aviver Jahrbuch für Deutsche Geschichte*, 27 (1998), pp. 473-490.

② Karl Marx and Friedrich Engels, "Manifesto of the Communist Party", in Robert C. Tucker, ed., *The Marx-Engels Reader*, 2nd ed. (New York, 1978), p. 477.

是不可分离的。在文学和艺术领域,浪漫主义让位于新的现实主义,接着,随着充满冲突和剥夺的工业社会的出现,它又转变为刻板的自然主义,并聚焦于现代社会的社会错位上。

转向"科学的"历史学

这些转变在历史研究和写作中导致了科学崇拜。科学崇拜的形式尽管千差万别,但正像我们将要看到的,它们都主张历史的基本特征是不断的进步,而西方文明当然优越于世界上其他地区的文明。史学必须是"科学的",但是,从研究方法上看,科学的历史学的观念主要分为三种。每种科学的历史学都声称自己摆脱了过去史学中的哲学和形而上学,从严格的意义上讲是科学的,然而,我们将会看到,它们都植根于未经经验证明的哲学主张。

实证主义范式

通常认为,"实证主义"一词是奥古斯特·孔德在他的著作中提出的。① 他的实证主义建立在一种可以追溯到法国启蒙主义、并在某种程度上甚至可以追溯到弗朗西斯·培根(Francis Bacon,1561—1621)那里的传统。这一理论认为,人类的历史展现出了一条不断进步的道路,从以各种宗教为表

---

① Mary Pickering, *Auguste Comte: An Intellectual Biography*, vol. 1 (Cambridge, 1993); Mike Gane, *Auguste Comte* (London, 2006); Henri G. Gouhier, *La Jeunesse d'Auguste Comte et la formation du positivisme*, 3 vols (Paris, 1933-1941).

达的迷信,经过形而上学的阶段,最终到达了现代的"实证"科学,摆脱了宗教和形而上学的盲点。孔德的实证主义被广泛地尊奉为知识进步的顶峰,然而,其中却包含着深刻的矛盾。虽然他指出实证科学依赖于经验的证实,却没有为这一体系的正当性提供证明。实际上,他依然相信19世纪初的天主教思想家,而这些思想家对法国革命和启蒙运动持坚决反对的立场,试图恢复他们所主张的有机社会,即中世纪在现代的翻版。① 孔德论证说,现代人没有共同的信条;他把思想和探索的自由视为现代世界的一种疾病。能够提供这一信条的不是宗教,而是科学。他在晚年把实证主义称作"人类宗教",科学家则是它的教士。孔德的实证主义带有明显的保守主义倾向,支持它的是那些希望有科学的观念却否定自由社会甚至否定民主社会的人们。

  孔德从未写过历史著作,也从来没有人用他那种倾向写作历史。只有一个人常被称作实证主义历史学家,他就是英国的亨利·托马斯·巴克尔(Henry Thomas Buckle, 1821—1862)。巴克尔在《英国文明史》(*History of Civilization in England*, 1857—1861)中应用了他所认为的历史著述的科学方法。② 在他看来,科学只有一种,那就是自然科学。他主张

---

  ① 见 Georg G. Iggers, *The Cult of Authority: The Political Philosophy of the Saint-Simonians* (The Hague, 1958); Robert Carlisle, *Saint-Simonianism and the Doctrine of Hope* (Baltimore, MD, 1987); *Actualités du Saint-Simonisme* (Paris, 2004)。

  ② Eckhardt Fuchs, *Henry Thomas Buckle: Geschichtsschreibung und Positivismus in England und Deutschland* (Leipzig, 1994)。

"没有自然科学便没有历史学"。① 历史学必须使用与自然科学同样的方法,从经验的证据入手,通过对证据分析,最终找到普遍规律。巴克尔坚信"不断进步的文明所具有的明显趋势增强了我们对秩序、方法和规律普遍适用的信念"。② 与孔德相反,巴克尔在现代英国的自由制度中看到了历史的顶点。但是,归根结底,包括婚姻这样的个人行为在内的一切人类行为,都必须视为集体现象的一部分并用统计方法去认识。他本人没有受过大学教育,是一位靠自学成材却拥有广泛读者的业余作者。他的贡献是对文明的各个方面,包括文学、艺术和科学所做的叙述。巴克尔的历史著作核心内容不是西方的历史,也不是世界史,而是国别史。在写完英格兰的历史之后,他还想写作法国、西班牙和苏格兰等国的国别史,但没有来得及着手便与世长辞了。他在欧洲只产生了有限的影响,原因之一是他在历史学方面没有具体的贡献。但在日本,巴克尔强调的对"集体现象"的研究激起了一代历史学家对写作"文明史"(bunmeishi)的兴趣。日本人希望通过"文明史"的写作来改造他们的史学传统。③

---

① 关于巴克尔的《英国文明史》的节录,见 Fritz Stern, *The Varieties of History: From Voltaire to the Present* (Cleveland, OH, 1956), p. 121。
② Ibid., p. 125.
③ 19 世纪 80 年代,亨利·巴克尔的著作与弗朗索瓦·基佐的著作一道翻译成日文,不久以后又翻译成汉语出版。大久保利谦:《日本近代史学的成立》(东京,1988),第 94—95 页;小泽荣一:《近代日本史学史的研究:明治编》(东京,1968),第 169—176 页。胡逢祥、张文建:《中国近代史学思潮与流派》(上海,1991),第 201—205 页。

同样,法国历史学家伊波利特·泰纳(Hyppolite Taine, 1828—1893)在他的著作《英国文学史》(*History of English Literature*,1863)中也试图应用实证主义的原理。他是一名历史教授,在书中使用了 race, milieu et moment 等概念,大致上可译作"种族、背景和时机",但这些概念用作分析工具时过于含糊。这一点,连同他在法国史的著作中对法国大革命及其遗产进行的批判性研究方法,使他在 1878 年入选法兰西学院。他的分析方法并没有引起历史学家的关注,但最终却在 19 世纪末受到了社会学这门新兴学科的重视。

德国历史学派的范式

德国出现了一种对待历史科学的完全不同的方法。与法国的情况相反,德国历史学家一般都受过专业训练,在学术界占有一席之地。他们像法国的同行以及英国的巴克尔一样,认为研究历史的方法应当是科学的,并把历史学称作历史科学(Geschichtswissenschaft)。然而,在德语中,"科学"(Wissenschaft)一词的含义不同于英语和法语中的"科学"。科学探索和解释的模式也不同于自然科学的模式。任何研究领域,包括人文学科和历史学,只要遵循系统的研究程序,便可以是科学的。因此,人文学科,当然也包括历史学在内,只要它们的研究过程建立在明确界定的方法论之上,便可能是科学的。1861 年,柏林大学的历史教授约翰·古斯塔夫·德罗伊森在新创办的德国史学核心刊物《历史杂志》(*Historische Zeitschrift*)

上刊登了一篇评论文章,直接向巴克尔的历史科学的观念提出了挑战。① 德罗伊森认为,自然科学以决定论为前提,相反,历史学的研究对象却是生活的各个方面,即人类自由的领域,这是不能完全预设的。这个领域需要特殊的方法,才能考察人类行动所具有的意义。这些行动不能归纳为一般的规律,但需要理解它在具体的事件、人物和制度中表现出来的动机。其实,这种观点最早是由列奥波德·冯·兰克提出来的。德罗伊森还认为,历史科学的核心所在是对原始史料进行严谨的考察,但又不止于此。

正如我们所看到的,兰克最著名的格言是,历史学家的任务不是对过去做出判断,而是 wie es eigentlich gewesen(如实直书)。② 然而,德语中的 eigentlich(如实)一词在英语中是指"事实上"(actually),也可以指"实质的"(essentially)。在德意志以外,尤其是在美国和法国,按照人们的一般理解,兰克所要表达的是"事实上"发生的事情,换句话说就是事实。③ 他因此被人们称作实证主义者,但不是孔德和巴克尔那种意义上的试图寻求法则化的实证主义者,而是把自己的研究限制为客观地重现事件。在德国,按照人们通常的理解,他还试

---

① Droysen, "Art and Method", in Stern, *The Varieties of History*, pp. 137-144.
② Leopold von Ranke, "Introduction", *Histories of Latin and Germanic Nations* (1824), in Georg G. Iggers, ed., *Leopold von Ranke: The Theory and Practice of History*, p. 86.
③ 见 Georg G. Iggers, "The Image of Ranke in German and American Historical Thought", *History and Theory*, 2 (1962), pp. 17-40。

图领悟历史事实"实质上"是如何产生的。兰克认为,历史研究必须以对原始史料的严谨考证为起点。但是,他也充分认识到历史不仅限于还原事实,还必须呈现完整的故事。例如,他曾经这样写道:"历史学是一门收集、发现和领悟的科学;它是一门艺术,因为它创造和描述它所发现和认识到的东西。其他科学仅仅满足于记录所发现的东西;历史学需要创造能力。"历史学"必须以真实为依据……但作为一门艺术,它又与诗歌有联系"。①

兰克还坚信,艺术想象的元素实际上已经进入了严肃的历史研究,但这并不会妨碍史料考证,反而能提供资料来建立与事实相符的叙事。他解决这个问题的方法是借助理念主义的哲学主张,我们甚至可以说他是借助宗教的主张,而在他的认识中,这与科学观并不矛盾。然而,从经过史料考证而确立的事实到带有艺术创造性的历史叙事,这个过程中会产生一个问题。兰克试图用某种方法来解决这个问题,这种方法与威廉·冯·洪堡(Wilhelm von Humboldt, 1767—1835)的一篇著名文章《论历史学家的任务》("On the Historian's Task", 1821)中明确提出的主张不谋而合。"历史学家的任务,"洪堡写道,"是呈现事实上发生的事情。""然而,"他接着又写道,"在感观的世界里,事件只有部分是可见的;其余的部分

---

① Leopold von Ranke, "On the Character of Historical Science", in Iggers, *Leopold von Ranke: The Theory and Practice of History*, p. 8.

必须靠直觉、推断和猜想来补充。"①在洪堡看来,人类世界是由个体组成的,个体不仅包括个人,而且包括重要的社会制度。每个个体都表达了独特的但立足于真实世界的思想,是永恒的。这些思想因此是高度个人化的,不能简化为绝对的抽象。兰克相信"世界的历史所呈现的不是一片混乱的喧闹","其中有力量,而且确实是生机勃勃的创造力,道德的活力",一旦我们对史料进行了认真的研究,它们便会呈现在我们的面前。"它们无法用抽象的方式来确定和表现,但人们能够捕捉和观察到它们。"②正如我们在前一章提到的,在兰克看来,国家是最重要的道德力量,用他的话来说就是"上帝的思想",它把社会凝聚起来。没有抽象的国家。"有一种元素使国家成为活生生的东西,是个别的,是独特的自我,而不是一般范畴的再划分。"③它有扩张的需要,通过争夺权力的斗争来维护自己。但是,在这种斗争以及在战争中,仅凭武力是不能取胜的,还需要"真正的道德活力"。由此推出的结论是,自由主义的市民社会观念承认个人的需要和追求,但必须适可而止,必须服从国家的权威。福利不是国家的首要目的。

兰克的历史科学观念在 19 世纪下半叶主导着德国历史

---

① Von Humboldt, "On the Historian's Task", in Georg G. Iggers and Konrad Von Moltke, eds., *Leopold von Ranke: The Theory and Practice of History* (Indianapolis, 1973), p. 5.

② Leopold von Ranke, "The Great Powers", in Georg G. Iggers, ed., *Leopold von Ranke: The Theory and Practice of History*, p. 52.

③ Leopold von Ranke, "A Dialogue on Politics", Ibid., p. 112.

研究的所谓"普鲁士学派"中占据着核心的地位。① 这个学派的一部分成员是兰克的学生,例如海因里希·冯·聚贝尔。其他一些成员,像德罗伊森,尽管主张在普鲁士的领导下实现德国的统一,但与兰克公开主张的价值中立的立场有一定的距离。与19世纪德国所有历史学家不同的是,德罗伊森在《历史知识理论》(*Grundriss der Historik*,1858年第一版)中提出了系统的历史理论和历史方法的理论。这本著作直到今天仍然受到德国历史学家的重视。② 德罗伊森超越了兰克,强调指出,我们不可能直接领悟史料所包含的信息,还需要历史学家发挥主动作用,因为历史学家们必须重建它们。德罗伊森认为历史知识需要他所说的"解释"(interpretation)。③ 然而,他又像兰克那样,认为埋头于研究史料便能获得有关过去的真实知识。但他和兰克都未能清楚地提出获得这种知识的方法。说到底,他们两人都依赖直觉,认为直觉能如实地揭示过去,尽管其中带有历史学家的主观性。在这一点上,他们两人都回到了他们反对的形而上学的主张。德罗伊森像兰克一样相信道德的力量在历史中发挥的作用,而国家就是道德的

---

① 见 Iggers, *The German Conception of History*, ch. 5, "The High Point of Historical Optimism: The 'Prussian School'", pp. 90-123; Robert Southard, *Droysen and the Prussian School of History* (Lexington, KY, 1995).

② Jörn Rüsen, *Begriffene Geschichte. Genesis und Begründung der Geschichtstheorie Johann Gustav Droysens* (Paderborn, 1969).

③ Johann G. Droysen, "Interpretation", *Historik: historisch-kritische Ausgabe*, by Peter Leyh (Stuttgart, 1977), pp. 22, 169-216.

力量(sittliche Mächte)。① 要领会这个秩序不能依靠分析从史料考证中得到的资料,而是一个理解(Verstehen)的过程。理解不是通过运用抽象逻辑的思维而获得的,用德罗伊森的话来说,它包含着研究者的"整个精神—物质特性"。它"是创造性的行动,像两个带电体之间产生的火花,像概念化的行动"。② 因此,历史学家同时抓住了构成宇宙和社会的道德秩序的力量。虽然兰克和德罗伊森都反对黑格尔的历史哲学,认为它过于教条,缺乏灵活性,但他们都同意,正是社会的基本制度,包括家庭、市民社会、宗教和国家,以逐次上升的方式构成了这一秩序。

然而,这是方法论吗?兰克以及追随他的普鲁士学派声称,他们从史料考证入手进行历史研究的方法是科学的,但与此同时,他们又依赖直觉,而正是这种直觉使他们有可能造成意识形态的歪曲,引进政治的偏见。普鲁士学派的政治哲学从本质上讲来源于兰克的原理,而这个原理为德国在欧洲的扩张以及试图建成世界强国以便对殖民地的各个民族实行帝国主义控制的合理性进行辩护。德罗伊森主张国家的道德性质,并指出强权(Macht)不同于武力(Gewalt),永远是符合道德的。因此,如果军人"进行杀戮和烧夷是因为他遵照命令行事,

---

① 见 Iggers, *German Conception of History*, pp. 112-114; Günter Birtsch, *Nation als sittliche Idee: der nationale Staatsbegriff in Geschichtsschreibung und Gedankenwelt* (Göttingen, 1964)。

② Iggers, *German Conception of History*, p. 111。

他不是作为个人并按照他个人的看法在行动……他的这种行动发自更高的自我(Ego)……个人往往会发现这是困难的……但是,一旦他与这一更高的责任相调和,在良心上便可以感到安然自得"。① 在这里,纳粹主义的伦理观已经昭然若揭。

1873年兰克从柏林大学退休以后,接任他的教授席位的是海因里希·冯·特赖奇克(Heinrich von Treitschke,1834—1896)。② 特赖奇克在柏林大学与德罗伊森是同事。他提出了相同的主张,甚至抛开了理念主义的言辞。他写道:"一个民族只有在战争中才成其为一个民族","没有战争便没有国家可言"。没有为精英服务的群众,从而使其拥有进行创造的闲情逸致,文明就不可能产生。他告诫说,在战争中,平民的生命和财产只要不碍及军事行动就应当受到尊重,但这只适用于"文明的"民族,即西方的民族;战争的法则不保护"野蛮民族",尤其是黑人。③

德国的后一代历史学家,包括马克斯·伦茨(Max Lenz,1850—1932)和埃里奇·马克斯(Erich Marcks,1861—1939),呼吁回到兰克所主张的客观性和价值中立,但他们都是坚持保守主义观点的不妥协党的人,把俾斯麦尊为专制主义领袖的榜样,把兰克的欧洲强国的观念推及全世界,为德国帝国主

---

① Iggers, *German Conception of History*, p. 115.
② Andreas Dorpalen, *Heinrich von Treitschke* (New Haven, 1957).
③ Georg G. Iggers, "Heinrich von Treitschke", in Hans-Ulrich Wehler, ed., *Deutsche Historiker*, vol. 2 (Göttingen, 1972), pp. 66-80.

义张目。①

尽管如此,我们必须把普鲁士学派的有关国家的特殊观点与包含着这一观点的历史科学的观念区分开来。历史科学的观念试图取代我们前面所讨论的实证主义研究方法。后者注重总结规律,而历史科学的观念在许多情况下倾向计量的统计方法,这种方法关注需要考虑定性因素的差异性和意义。对于这种倾向,我们没有给它一个名称,虽然它往往被贴上了历史主义(historism, historicism)的标签。我们认为在19世纪的背景下不宜使用这个名称,因为历史主义一词在当时含义不一样。这种意义上的历史主义虽然过去也有人偶尔用过,但只是从20世纪初才开始。②

我们刚才讨论的德国传统把重点放在国家上,过分集中地研究以政治领袖为主角的军事史和外交史,社会、经济和文化的因素几乎被完全排除。然而,也有例外的情况。由于工业化的影响和激进的工人阶级运动的诞生,德国出现了一个以古斯塔夫·冯·施莫勒(Gustav von Schmoller, 1838—1917)为主要

---

① 见 Wolfgang J. Mommsen, "Ranke and the Neo-Rankean School in Imperial Germany: State-oriented Historiography as a Stabilizing Force", in Georg G. Iggers and James M. Powell, eds., *Leopold von Ranke and the Shaping of the Historical Discipline* (Syracuse, NY, 1990); Hans-Heinz Krill, *Die Ranke-Renaissance: Max Lenz und Erich Marcks: ein Beitrag zum historisch-politischen Denken in Deutschland 1880-1935* (Berlin, 1962)。

② Georg G. Iggers, "Historicism: The History and Meaning of the Term", *Journal of the History of Ideas*, vol. 56 (1995), pp. 129-152; Frederick C. Beiser, *The German Historicist Tradition* (Oxford, 2011); Jörn Rüsen and Friedrich Jaeger, *Geschichte des Historismus* (München, 1992); Charles Bambach, *Heidegger, Dilthey, and the Crisis of Historicism* (Ithaca, 1995)。

代表的所谓"国民经济历史学派"。① 施莫勒与奥地利经济学家卡尔·门格尔(Carl Menger,1840—1921)之间的争论充分反映了社会现象研究中实证主义和历史主义这两种截然相反的观点。这场争论肇始于门格尔在《德国国民经济学中历史主义的谬误》(*The Errors of Historicism in German National Economics*,1884)一书中对德国经济学中的历史学派发动的攻击。门格尔认为,经济学作为一门承继亚当·斯密和大卫·李嘉图的传统的科学必须运用抽象的模型。抽象的模型具有一定程度的普遍适用性,超越了历史和民族的界线。施莫勒却论证说,事实并非如此,在不同的民族背景和不同的历史时期,经济发挥的作用各不相同,政治因素和国家的中心地位也被赋予了重要意义。

马克思主义范式

马克思主义提供了第三种历史科学的观念。尽管我们往往把马克思主义设想为一种完整而系统的学说,但事实上卡尔·马克思和弗里德里希·恩格斯的著述不仅是系统的,更是教条主义的,包含着许多矛盾。② 到了 20 世纪,马克思主

---

① Gustav Schmoller, *The Economics of Gustav Schmoller*, tr., W. Abraham and H. Weingast (New York, 1942).

② 近年有关马克思和马克思主义的研究,见 Paul Blackledge, *Reflections on the Marxist Theory of History* (Manchester, 2006); Kevin B. Anderson, *Marx at the Margins: On Nationalism, Ethnicity, and Non-Western Societies* (Chicago, 2010); Eric Hobsbawm, *How to Change the World: Reflections on Marx and Marxism* (New Haven, 2011); 及 Q. Edward Wang & Georg Iggers, eds., *Marxist Historiographies: A Global Perspective* (London, 2015).

义表现为相互不同甚至对立的形式。我们这里着重讨论的是马克思的思想中两个不同而且难以相互调和的方面。一个是他与恩格斯提出的唯物主义的历史观念,这个观念与我们讨论过的实证主义传统的许多观念有共同之处。第二个涉及对实证主义的批判,又与德国历史主义学派的某些观念有共同之处。第一种观念的完整定义包含在马克思的《政治经济学批判导言》的序言中,马克思表达了一种他从 1845 年写作《德意志意识形态》直至 1883 年他去世时坚持始终的观点。他写道:

> 人们在自己生活的社会生产中发生一定的、必然的、不以他们的意志为转移的关系,即同他们的物质生产的一定发展阶段相适合的生产关系。这些生产关系的总和构成社会的经济结构,即有法律的和政治的上层建筑竖立其上并有一定的社会意识形态与之相适应的现实基础。物质生活的生产方式制约着整个社会生活、政治生活和精神生活的过程。不是人们的意识决定人们的存在,相反,是人们的社会存在决定人们的意识。①

这就设定了一个严格的决定论:人们受到了不可抗拒的发展规律的制约。马克思像巴克尔和实证主义者一样设想出了制约人类历史发展的规律。此外,他像实证主义者一样,看到了宗教和形而上学被实证主义科学所取代是一种进步。但是,

---

① Karl Marx, "Preface", reprinted in *A Contribution to a Critique of Political Economy* (1859), in Tucker, *Marx-Engels Reader*, p.4.

与实证主义不同的是,推动历史进步的动力被看作是经济的而不是精神的,而且以阶级冲突为表现形式。在每个历史阶段上都有压迫者和被压迫者;国家则是前者控制并剥削后者的工具。历史被看作是由进步的生产方式以及由此而产生的社会冲突所推动的进程。马克思和恩格斯把空想社会主义转变为科学社会主义,而后者的实现不是依赖善良的个人虔诚的意愿,而是依赖不可避免的经济发展的力量。

然而,马克思的科学信念还有另外一面,而且在一定的意义上与他提出的严格的经济决定论相矛盾。他很早就在《关于费尔巴哈的提纲》(*Theses on Feuerbach*,1845)中指出,当时唯物主义原理中的主要缺陷在于他们"对事物、现实、感性,只是从客体的形式去理解,而不是把它们当作人的感性活动"。[①] 认知永远是社会活动,发生在具体的社会背景下,并影响着发展的进程。因此,共产主义的实现不是纯粹依靠非人格的力量,还包括革命阶级的主动性。关于历史不断向一个健全社会发展的展望包含了对实证主义科学的经济学的根本批判。例如,他在《资本论》中对古典经济学的批判基于两个理由。资本主义因为它本身固有的矛盾而必然失败。另一个原因则是它把经济价值置于人类价值之上。[②]

[①] Karl Marx, "Theses on Feuerbach", *Ibid*., pp. 143-144.

[②] Karl Marx, "The Fetishism of Commodities and the Secret Thereof", in Capital, vol. 1, *Ibid*., pp. 319-329.

三种范式的共同点

然而,尽管我们所描述的实证主义、历史主义学派和马克思主义在历史科学由什么构成的问题上存在着根本性的分歧,但它们有某些共同的信念,不过无法进行系统的论证。它们都相信进步,虽然历史主义学派从不使用这个词,兰克甚至对此加以否定。德罗伊森以这三种范式共有的方式提出了这一观点,认为历史是一个统一的、进步的进程,并在现代西方得到了实现。德罗伊森把交往(Geschäfte)和历史(Geschichte)区别开来,前者涉及私人领域,后者在英文中应当使用大写(History),涉及的是政治领域。既有有历史的民族,也有没有历史的民族,后者对此也并不关心。兰克甚至用了另一句著名的格言"每个时代都直接面对上帝"来反驳进步观①,实际上就是认为中国和印度"有古代,但那是传说,而不是历史"。② 巴克尔、德罗伊森、特赖奇克和马克思都认为,如果把历史看作世界的历史,那也仅限于西方。德罗伊森和特赖奇克认为,有一些民族对世界的历史来说有价值,但不包括它的群众。马克思则认为,现代发挥积极历史作用的是阶级,即资产阶级和无产阶级,并把他们同法国的农民做比较,称法国农

---

① Leopold von Ranke, "On Progress in History" (1854), in Iggers, *Leopold von Ranke: The Theory and Practice of History*, p. 21.

② Leopold von Ranke, "On the Character of Historical Science," *Ibid*., p. 46.

民是"一袋子土豆"①,在现代历史的进程中没有发挥任何作用。这三种范式都主张西方列强向非西方世界的扩张和剥削是合理的。马克思所说的"亚细亚生产方式"把亚洲同西方区别开来,认为亚洲一直是停滞不前的,因而在近三千年的历史发展中没有发挥任何作用。马克思在一系列有关印度士兵起义事件的文章中指出了英国统治的剥削性质,但是,如果印度要进入现代的历史,即沿着现代资产阶级世界的道路发展,并在全球范围内最终走向共产主义,即后资本主义社会,这也是一个必要的阶段。② 马克思、德罗伊森和特赖奇克像德国历史主义学派一样相信德国人肩负的使命是对东欧各个民族进行开化。

历史研究的职业化

但是,正如德罗伊森所指出的,这三种倾向也有一个共同的基本缺陷,那就是宣称要把"历史学提高到科学的水平"。③这三种范式都坚持他们要把历史学从形而上学中解放出来,但他们在历史研究中都使用了形而上学的观点,公开主张有神论的德国历史主义学派尤为明显。马克思虽然公开主张无神论,却深陷于犹太教-基督教的目的论中,虽然他对此予以

---

① Karl Marx, *The Eighteenth Brumaire of Louis Bonaparte*, in Tucker, *Marx-Engels Reader*, p. 608.
② Karl Marx, "The British Rule in India", Ibid., pp. 653-664.
③ Johann Droysen, "Erhebung der Geschichte zum Rang einer Wissenschaft", *Historik*, pp. 451-469;这是德罗伊森对巴克尔的《英国文明史》第一卷所作的书评。

否认。尽管如此,他执着于用目的论看待据称仍处在形成过程中却十分令人神往的道德秩序。"当每个人的发展成为所有人自由发展的前提时,在这样的联合中,社会冲突行将结束。"①

这三种范式都声称自己是科学的,但实际上没有一个是如此。它们的工作都建立在他们并不承认却藐视经验证明的形而上学的假设上。在这个时期,历史研究正在日益职业化,并在大学或研究机构中进行。直到19世纪以前,历史基本上是男人写的,妇女很少。他们都是文人,往往有公众生活的经历,但在德意志和苏格兰以外,他们大多与大学无关。正如我们已经提及的,这一变化开始于1810年把教学与研究合而为一的柏林大学的创办。尽管哥廷根大学自1737年创办以来已经开始了这种做法,但从某种程度上讲,柏林大学从事历史研究和写作的方式成为了整个德意志乃至世界各地大学的榜样。在职业化的史学中,第二种范式,即德国历史主义学派占据了主导地位,尽管在德国以外的每个国家里这种范式都发生了变化,并反映了它们各自的传统和国情。历史学第一次成为了一门学科。尽管历史学家对历史科学的看法不同于对其他科学尤其是对自然科学的看法,但他们采纳了后者的制度框架。要成为一名历史学家就必须像其他学科中的科学家

---

① Karl Marx and Friedrich Engels, "Manifesto of the Communist Party", in Tucker, *Marx-Engels Reader*, p. 491.

那样经过大量的训练,通过考试,获得学位。历史学家的专业学会和专业刊物开始出现,从而使学者共同体的形成成为可能。职业化历史学家与业余历史学家之间出现了明显的差别。从任何严肃的意义上讲,只有前者才被认为是科学的。①越来越多的历史研究在大学里进行。

然而,历史学家的科学气质与他的政治倾向从一开始就产生了明显的矛盾。我在这里有意使用了"他的"一词,因为妇女实际上被排除在这门职业之外。然而,此前的情况并非如此。妇女历史学家虽然人数很少,但毕竟存在。② 我们在前面已经提到了 18 世纪的凯瑟琳·麦考莱。她从自由派的立场出发对大卫·休谟写的英国史做过批评,拥有广泛的读者。此外,民族主义历史学并不仅限于德意志。我们已经提到民族主义与收集和编辑中世纪史料的一些重大项目,例如 1819 年在德意志开始进行的《德意志史料集成》以及其他国家不久以后开始进行的类似项目,有密切的关系。这个项目的中心在慕尼黑,与大学没有直接的联系,但有些职业历史学

---

① 有关"业余"史家和他们与职业史家的异同,见 Martin Nissen, *Populäre Geschichtsschreibung Historiker, Verleger und die deutsche Öffentlichkeit (1848-1900)* (Köln, 2009)。另见 Peter Burke, "Lay History: Official and Unofficial Representations. 1800-1914" in *Oxford History of Historical Writing*, vol. 4 (Oxford, 2011), pp.115-132。

② 关于妇女历史学家,见 Natalie Z. Davis, "History's Two Bodies", American Historical Review, 93:1 (February, 1988), pp.1-30; idem., "Gender and Genre: Women as Historical Writers, 1400-1820", in Patricia Labalme, ed., *Beyond Their Sex: Learned Women of the European Past* (New York, 1980); Joan W. Scott, "American Women Historians, 1884-1984", *Gender and the Politics of History* (New York, 1988), pp.178-198。

家参加。大学招聘学者是有选择性的,因此对历史学家的政治倾向产生了影响①,尽管他们在大学里面可以相对独立地从事写作和研究,不受国家的干预。有些群体自然而然地被排除在大学的招聘对象之外,包括我们已经提到的妇女。在很长的一段时间里,犹太人也被排除在外,除非他们改宗。但是,到了19世纪末,随着宗教的反犹主义转变为种族的反犹主义,犹太人即使改宗也无济于事。② 在德意志新教大学里一般说来没有天主教徒的地位。虽然在1848年以前的大学里有一大批历史学家主张进行自由改革,但大学的招聘过程也意味着高度的政治统一性③,在宣传民族统一的思想上发挥了重要作用,正如德罗伊森和聚贝尔那样,他们把年代的顺序加以颠倒,把民族统一的源头放在中世纪和近代早期,从而发明了一种民族史。

有趣的是,以柏林大学为榜样而设立的现代高等教育制度首先发端于德意志而不是在政治和经济现代化道路上处于领先地位的英国和美国之类的国家。相反,在这些国家,按照德意志的模式创办现代研究型大学的做法比较晚,而且仅仅

---

① 关于德国历史学界的招聘情况,见 Wolfgang Weber, *Priester der Klio: Historisch-sozialwissenschaftliche Studien zu Herkunft und Karriere deutscher Historiker und zur Geschichte der Geschichtswissenschaft 1800-1970*(Frankfurt am Main, 1984)。

② Iggers, "Academic Anti-Semitism in Germany 1870-1933".

③ Weber, *Priester der Klio* and *Geschichte der Europäischen universität*(Stuttgart, 2002); Fritz Ringer, *The Decline of the German Mandarins: The German Academic Community, 1890-1933*(Middletown, CT, 1990).

在部分地区。在德意志,经过改造后的大学目标不是提供素质教育,因为那是中小学和文科预科学校的任务。它们的任务是训练学生从事专业研究工作。在 19 世纪以前,授课是十分重要的,而现在又开始辅之以研究班(seminar)的形式。不久以后,柏林大学的模式在 19 世纪中叶被说德语的各所大学以及德意志以外的大学广泛采用。以 1859 年由海因里希·冯·聚贝尔任主编,以在德意志创办的《历史杂志》为榜样的历史学专业杂志在欧洲许多国家以及美国和日本先后创刊。法国的《历史评论》(Revue Historique)于 1876 年创刊,意大利的《意大利历史评论》于 1884 年创刊,《英国史学评论》(English Historical Review)于 1886 年创刊,日本的《史学杂志》于 1889 年创刊,《美国历史评论》(American Historical Review)于 1895 年创刊。早在 1840 年,丹麦的《历史评论》(Historisk Tidsskrift)已经面世。在 19 世纪的最后三十年里,类似的杂志在东南欧各国以及在匈牙利、波兰和俄国先后创刊。与此同时,包括拉丁美洲在内的所有西方国家的历史教学都经历了转变。在日本,一位受过兰克式训练的德国年轻人路德维希·里斯(Ludwig Riess,1861—1928)于 19 世纪 80 年代应邀在东京大学创办了历史系。[1] 1868 年,法国的高等研究实用学校(École Pratique des Hautes études)在巴黎创办,在历史教

---

[1] Margaret Mehl, *History and the State in Nineteenth-Century Japan* (New York, 1998), pp. 95-107.

学中引进了研究班的方法。法国在1870—1871年的普法战争中战败以后,对大学制度进行了彻底改造,带有很强的研究倾向。① 美国也发生了同样的变化,虽然在程度上不及法国。② 在美国的大学里,各个学院发挥的功能相当于英格兰和苏格兰的大学,一直提供素质教育。1876年在巴尔的摩新成立的约翰·霍普金斯大学首先仿照德国的模式设立了历史学科的研究生班,培养博士生。这一做法很快被美国一些主要的私立大学和中西部各州的大学纷纷仿效。在整个东南欧,从希腊开始,高等教育也发生了同样的转变,并公开宣称这是为了推动民族事业。③ 到19世纪80年代,西方大多数国家(包括俄国、东欧和南欧诸国)及日本都成立了历史学会。

就历史学界的大多数人而言,有两个特征是共同的:一是带有强烈的民族主义色彩,二是集中从事国家层次上的政治研究,包括军事史和外交史,但社会和文化史被排除在外。兰克把国家当然地视为欧洲历史研究的基本单位,但也写过德国以外的国别史,例如法国史和英国史。就他的态度而言,他一直以欧洲人自居。但他之后的普鲁士历史学家,包括他的学生海因里希·冯·聚贝尔都批评他在民族统一的问题上缺

---

① William R. Keylor, *Academe and Community: The Foundation of the French Historical Profession* (Cambridge, MA, 1975).

② Peter Novick, *That Noble Dream: The "Objectivity Question" and the American Historical Profession* (Cambridge, NY, 1988).

③ Effi Gazi, *Scientific National History: The Greek Case in Comparative Perspective* (New York, 2000).

乏坚定的立场,尤其是他坚持历史学家必须坚持公允的态度。但是,在兰克的头脑中,"公允"(impartiality)并不等于中立(neutral)。他坚持这样的思想:公允对待历史进程的历史学家既要反对那些要求恢复旧体制的反动势力,又要反对那些要求进行自由和民主改革的激进派。① 他与过去的埃德蒙·柏克如出一辙,认为必须承认保守的现状是从历史的力量中成长起来的。聚贝尔一方面坚持史料考证,另一方面却主张"在我们的文献中留下了光辉一页的每一位历史学家都有自己的色彩,有来自各种学派的历史学家,有虔诚的信徒,也有无神论者;有新教徒,也有天主教徒;有自由派,也有保守派,但唯独没有缺乏血性的、客观的和公允的历史学家"。②

当时很少出版整个欧洲的历史著作,更没有世界历史的著作。即使在拉丁美洲也从未出版过关于整个拉丁美洲的历史著作,只有国别史。兰克到了80多岁时才终于开始写作他一直想要写的世界史,但也仅限于欧洲世界的历史,对其古代的地中海起源也有所涉及。

在德国之外,兰克经常被人们误解,而在德国,他的格言"如实直书"与其理论基础是相分离的。1885年,兰克去世前一年,美国历史学会将他选为第一位名誉会员,称他为"历史

---

① 见1836年兰克担任柏林大学教授(Ordinarius)时的就职演讲:"Über die Verwandtschaft und den Unterschied der Historie und der Politik",根据拉丁原文译出,收入 *Ranke's Sämmtliche Werke*,(Leipzig, 1868-1890), vol. 24, pp. 280-293。

② 引自Iggers, *The German Conception of History*, p. 117。

科学之父"。这时的兰克已经转变为实证主义者,但与孔德和巴克尔的那种实证主义毫无共同之处。约翰·霍普金斯大学的赫伯特·巴克斯特·亚当斯(Herbert Baxter Adams,1850—1901)写道:"兰克决心严格忠于历史事实,绝不说教,不涉及伦理,不用故事作装饰,只道出简单的历史真相。"哈佛大学的伊弗雷姆·埃默顿(Ephraim Emerton,1851—1935)从兰克的著作中看到他是"真正的历史方法原理"的创立者,并说"如果人们一定要在以精神为主要特征的历史学派和依赖于尽可能多获得有记载的事实的历史学派之间做出选择的话,我们不会有丝毫迟疑。……训练已经取代了才华,全世界今天正在获益"。① 兰克于是被当成了研究领域非常狭窄的专家,尽管他否认他所写的著作是只给专家阅读的,而是希望面对广大的公众,与他们讨论在历史上曾经发挥过作用的重大力量。

但是,并非所有的历史著述都可以纳入这三种范式。约翰·理查德·格林(John Richard Green,1837—1883)在《英国人民简史》(*A Short History of the English People*,1874)中指出,英国史必须考虑到无名的群众,而他们在过去所有的国别史著作中都被忽视了。还有一些重要的文化史著作摆脱了当时以政治为中心的轨道。其中有两部著作值得一提。一部是努马·德尼·甫斯特尔·德·库朗日(Numa Denis Fustel de

---

① 引自 Iggers, "The Image of Ranke in German and American Historical Thought", pp. 21-22。

Coulanges,1830—1889)的《古代城市》(La Cité antique, 1864),广泛述及古代希腊各个城市的文化,而文化在这里指宗教起着决定作用的生活和信仰方式。或许,更重要的一部著作是雅各布·布克哈特(Jacob Burckhardt,1818—1897)的《意大利文艺复兴时期的文化》(The Civilization of the Renaissance in Italy,1860)。① 在人们看来,这部著作并不是范围狭窄的学术研究,而是一件艺术品,以艺术和文学为依据,开创了一个时代的视野。它的主要论题是,在中世纪的文化中,个人永远是社团中的一分子,这种文化被新的观点所取代:个人可以表达和实现他们的个性。它试图建构一个时代全面的历史,但不是用叙述政治事件的形式呈现出来,而是"当作艺术品",现代的新观念从中得以形成。布克哈特在这部著作以及其他著作中有意识地突破了德国历史主义学派所主张的理论和方法论。他是瑞士人,在柏林大学师从于兰克,接受过部分训练,然后回到了他的故乡巴塞尔。令人吃惊的是,尽管他走向新的方向,但当兰克从柏林大学退休时,他居然先于特赖奇克受到邀请来接替兰克的历史学教授席位。他谢绝了柏林大学的教授席位显然与他如何看待1871年在俾斯麦的领导下德意志帝国建立以后的发展道路有很大的关系。他不是从

---

① 见 Felix Gilbert, *History, Politics and Culture: Reflections on Ranke and Burckhardt* (Princeton, NJ, 1990); John R. Hinde, *Jacob Burckhardt: The Crisis of Modernity* (Montreal, 2000); Lionel Gossman, *Basel in the Age of Burckhardt* (Chicago, IL, 2000)。*The Civilization of Renaissance* 是布克哈特的原著 *Die Kultur der Renaissance in Italien* 的英译本书名。——译者

民主的立场而是从保守的立场批评新德国,因为他对德国统一背后民众社会的力量怀有恐惧。这导致他对当时史学的基本哲学主张提出了质疑。他断然反对进步论的思想,也反对单一历史的思想。因此,对历史哲学这一概念他也加以反对。他在巴塞尔大学时的同事弗里德里希·尼采(Friedrich Nietzsche,1844—1900)在当时针对历史学家写了一篇论战性的文章《论历史之于人生的利与弊》(*Vom Nutzen und Nachteil der Historie für das Leben*,1874),完全误解了职业历史学家所做的工作,指责他们退缩到象牙塔里。他没能认识到,尽管声称客观性,这些史家其实在很大程度上带有政治目的,为了服务于当时的意识形态而对过去极尽歪曲之能事。

但是,在学术界之外,仍然有业余人士在继续写作和阅读历史。有两位德国作者把有关日耳曼起源的历史研究与虚构的文献结合起来,创造了德意志民族的理想形象。他们两人无论是作为历史学家还是作为小说家,都能吸引德国的一大批读者,从而孕育了极端的民族主义。一位是古斯塔夫·弗莱塔克(Gustav Freytag,1816—1895)。他在《德国往昔景象》(*Bilder aus der deutschen Vergangenheit*,1859—1867,英译书名为 *Pictures of German Life*)中①,用通俗的笔调描写了条顿时代以来德国的历史,目的在于描绘各个时代德国民众的特征。

---

① *Pictures of German Life in the XVth, XVIth, and XVIIth Centuries*, tr. Mrs. Malcolm (London, 1862).

弗莱塔克感到自己得益于英国的历史小说家,尤其是沃尔特·司各特和查尔斯·狄更斯。弗莱塔克在后来写的一部著作《先辈们》(*Die Ahnen*,1873—1881)中描写了一个家族从公元4世纪到他那个时代的虚构的故事。他最出名的小说,也是翻译成最多外国文字的小说是《借方和贷方》(*Soll und Haben*,1855),歌颂了德国商人的坚毅品德,拿他们同犹太商人进行对比。另一位是费利克斯·达恩(Felix Dahn,1834—1912),他用同样的民族主义笔调写的半历史半虚构小说《为罗马而战》(*Ein Kampf um Rom*,1876—1878)为自己赢得了广泛的读者,其涉及的时代起于民族大迁徙。

俄国、东欧和南欧诸国

直到近年为止,许多西方史学史的论著都基本会略过俄国、东欧和中欧国家的史学。但饶有趣味的是,有一个例外,那就是1913年古奇所著的《十九世纪的历史学与历史学家》。在题为"其他小国"的一章中,古奇简述了一些他在书中比较忽略的国家,如意大利、西班牙、葡萄牙、瑞士、斯堪的纳维亚和低地国家(荷兰等——译者),还有波西米亚和匈牙利。让人惊讶的是,从史学史的角度,他把这些国家——包括意大利、西班牙和俄国——视为"小国"而一笔带过。[1] 在许

---

[1] George P. Gooch, *History and Historians in the Nineteenth Century* (London, 1955, re. ed.), pp.397-416.

多方面,上述这些国家相比本书讨论的其他国家,其历史研究在 19 世纪有着平行的发展:日渐依靠批判史料来写作、史学走向职业化并服务于民族国家。但由于政治背景和意识形态取向之不同,那里的史学也呈现出不同之处。艾菲·伽兹(Effi Gazi)研究了希腊史家从注重史料的批判而走向职业化,并将史学视为民族国家建设的一个部分。她还通过比较指出,南欧和东欧诸国的史学也朝着相似的方向发展。① 在塞尔维亚,伊拉里昂·鲁瓦拉克(Ilarion Ruvarac,1832—1905)力图用事实来构建塞尔维亚的历史,不再将其置于神话的基础之上。② 不过,作为一个僧侣,他是在学院的高墙之外写作的。到了 19 世纪末年,希腊、罗马尼亚和俄国则已经建立了学院史学。罗马尼亚史家亚历山德鲁·德米特里·塞诺坡尔(Alxandru Dimitrie Xenopol,1847—1920)③在亨利·贝尔的《历史综合杂志》上与其他国家的学者一同讨论。他还希望超越兰克学派以国家为重的史学模式,转而采取跨学科的取径,在历史研究中借助社会学和经济学。

在 19 世纪的下半叶,俄国完成了其史学的职业化。远在

---

① Gazi, *Scientific National History: the Greek Case in Comparative Perspective*, *1850-1920*.

② 见 Božidar Pejović, ed., *Stojan Novaković i filološka kritika: izabrani kritiški radovi Stojana Novakovića i filososk kritika: Izabrani kritiški radovi Stojana Novakovića, Ilariona Ruvarca, Jovana živanovića* et. al. (Belgrade, 1975).

③ A. D. Xenopol, *Histoire des Romains de la Dacie trajane, depuis les origines jusqu'à l'union des principautés en 1859* (Paris, 1896).

这之前,本书第一章提到的德意志史家奥古斯特·路德维希·施勒策在圣彼得堡待了很长时间,从 1761 年一直到 1769 年。他用翔实的史料写作俄国的古代史,被誉为近代俄国史学之父。施勒策通过必要的文献学和语言学的分析,让人对俄罗斯的过去有了一个明确的认知。① 他在研究俄国史的时候,还超越了自己的《北方史》②,用语言学、人类学和统计学的方法,重构俄罗斯东部及相近地区各少数族裔群体的历史。这种规模的多学科方法,之后要到 20 世纪才再度被人所用。

到了 19 世纪中叶,俄罗斯的史学形成了分裂的两派。一派以国家为中心,注重皇室和教会,而另一派则关注各个区域和广大民众。亲斯拉夫派和西化派之间的关系剑拔弩张,前者拒斥西方的近代文明,后者则肯定了西方的现代性。1863 年改革之前,俄国已经有了大学,而之后大学有了更大的自主性。1870 年代之前,历史学已经出现了以圣彼得堡学派和莫斯科学派为代表的两大核心。在 1870 年代成长起来的一代史家,与国际史学的科学化同步,将史学与文学和哲学做了区

---

① 参见比如 Schlözer's *Russische Annalen in ihrer Slavonischen Grundsprache* (V Sanktpeterburgie, 1809-1819) 和 *Münz-, Geld- und Bergwerks-Geschichte des Russischen Kaiserthums* (Göttingen, 1791)。

② 见 *Allgemeine nordische Geschichte. Aus den neuesten und besten nordischen Schriftstellern und nach eigenen Untersuchungen beschrieben, und als eine geographische und historische Einleitung zur richtigern Kenntniss aller skandinavischen, finnischen, slavischen, lettischen und sibirischen Völker, besonders in alten und mittleren Zeiten* (Halle, 1771)。

分。莫斯科学派的杰出人物是瓦西里·奥斯珀维奇·克里奥钦斯基(Vasilii Osipovich Kliochenskii, 1841—1911)及其弟子帕威尔·尼克拉维奇·米留可夫(Pavel Nikolaevic Miliukov, 1859—1943)。① 与之前以国家为中心的学派不同,他们走出了以政治为重心的传统,注重社会,特别是经济的因素。如此,他们的论著为 1890 年代之后马克思经济唯物主义学派的兴起,开辟了道路。

二 儒家史学的危机与东亚近代史学的形成

亚洲与西方越来越频繁的接触塑造了 19 世纪亚洲历史与历史学的特征。不过,这并不是欧洲人第一次出现在他们称作"远东"的这一地区。早在 16 世纪和 17 世纪,耶稣会就加强了在亚洲的传教活动。耶稣会士在东亚生活和工作了近一个世纪以后,把他们对东方神秘大国的第一手知识带回了欧洲,给伏尔泰和莱布尼茨等知识分子留下了强烈的印象,甚至唤起了他们的向往。他们也把欧洲人在数学和天文学上取得的成就介绍给了亚洲人。例如,有人推测,耶稣会传教士带来的科学知识可能曾推动中国人从事严谨的学术研究,尤其

---

① *Gosudarstvennoe khoziâĭstvo Rossiĭ v pervoĭ chetverti XVIII stoliêtiiâ i reforma Petra Velikago* (St. Petersburg, 1905) 和 *Ocherki po istori-i russkoĭ kul'tury*, Valentine Ughet 和 Eleanor Davis 将其译成英文题为 *Outlines of Russian Culture* (South Brunswick, 1960).

是表现在"考证学"上。① 然而,无论耶稣会士的活动产生了多大的影响,到了18世纪初,正当穆斯林开始"发现"欧洲以及印度人目睹自己的土地被欧洲人变为殖民地的时候,中国和日本却再一次对外部世界关上了国门(越南对基督教的禁令早在几十年以前已开始颁布了)。他们这一次的决心比以前更大,日本把这一政策十分贴切地称作"锁国"。

西学东渐

但是,国门关闭并非密不通风。例如,日本的德川幕府给予中国和荷兰商人以有限的通商权,欧洲的知识通过荷兰商人以"兰学"的名义继续向日本渗透。兰学孕育了日本学者对欧洲语言和文化的兴趣,在他们当中涌现出日本的第一代"西学家",例如箕作阮甫(1799—1863)和西村茂树(1828—1902),他们在德川时期晚期翻译或写作西方的历史。② 在中国,从17世纪开始,葡萄牙殖民者试图盘踞于当时的一个小渔村——澳门,尽管在推动文化交流上,它的作用并不大。从19世纪初开始,西方传教士重新出现在中国。有些西方学者,例如郭实腊(Karl F. A. Gützlaff,1803—1851)和裨治文

---

① Benjamin Elman, *From Philosophy to Philology: Intellectual and Social Aspects of Change in Late Imperial China* (Cambridge, MA, 1984), pp. 116-122; Joanna Waley-Cohen, "China and Western Technology in the Late Eighteenth Century", *American Historical Review*, 98:5 (1993), pp. 1525-1544, especially p. 1534.

② 大久保利谦:《日本近代史学史》(东京,1940),第161—222页;酒井三郎:《日本西洋史学発達史》(东京,1969),第44—47页。

（Elijah C. Bridgman，1801—1861）学会了汉语以后，努力让中国人了解中国以外的世界所发生的变化。

与传教活动并行的是欧洲的经济扩张。大约在耶稣会士到达亚洲的同时，荷兰人和葡萄牙人控制了通向亚洲的远程贸易以后，也到达了中国并在那里建立起了商站。英国人紧随其后。在整个19世纪，英国政府多次向清王朝的乾隆皇帝要求建立贸易关系，但未能成功。这位中国皇帝对英国人的要求无动于衷，但他的臣民却越来越多地染上了吸食鸦片的毒瘾。这些鸦片是从英国人不久前获得、并大量种植鸦片的殖民地印度进口的。从此以后，贸易的平衡关系开始向有利于英国的方向倾斜。到了19世纪初，英国商人不仅弥补了自己的贸易逆差，而且第一次迫使中国支付白银来购买他们的商品，也就是鸦片。世界确实发生了变化。中国并不是完全没有察觉到这些变化。龚自珍（1792—1841）和魏源（1794—1857）是当时著名的学者。他们在各自的著作中记载了对西方入侵的忧虑并寻找方法以减轻其有害的影响。他们反复讨论改进治国方略的必要性。这是清初比较流行的一种思想。他们还重新审视了考证学派所推崇的对古代史的关注，并希望巩固边防。然而，在历史观念和研究历史的方法上，他们与考证学派完全不同。例如，龚自珍和魏源对历史研究的功用所持的态度比考证学派对考订训诂的兴趣更加成熟，更加理论化。他们研究历史的主要目的不是如同其前辈们那样仅仅是为了重现过去，而是从古代史或者汉代以前的孔子时代的研究中提炼出一般规律,希望用这些规律来指导和规范当前的世界。作为当时的思想领袖,龚自珍和魏源放弃了对考证学的历史主义的兴趣,表明考证学作为一场知识运动在19世纪的中国已经衰落。这说明文化氛围已经发生了变化,因为龚自珍年轻时,还曾在其外公、也是当时著名的考证学家段玉裁(1735—1815)的指导下学习考证学。

考证学的衰落使一些考证大家发起的经学历史化的研究中断。但是,人们对历史的兴趣依然经久不衰。在19世纪下半叶和20世纪初,龚自珍和魏源从两个方面对中国的历史思想和写作产生了影响。一是他们坚信孔子的教导仍有当代的意义,从而转化为一种不懈的努力,要从儒家传统中寻找有用的成分,以更好地理解和适应新的变化。另一方面是对历史研究的长期兴趣,这不仅反映了考证学的残余影响,而且把以史为鉴或积累智慧的传统思想进一步发扬光大,以解决当前面临的问题。龚自珍和魏源的历史观念虽然从表面上看是沿袭传统的思路,但揭示了微小却可见的变化。他们吸收了今文学派对儒家经典的解释,唤起对孔子本人有关古代文化的朴素解释,尤其是他对增删《春秋》的关注。龚自珍和魏源都认为其中包含着儒家的历史变化理论。这个理论可以简要地表述为三世说,是对历史运动所做的循环论的理解。龚自珍和魏源认为,既然这一原理说明了历史有时会经历重大的变化,那么,它对他们所处的时代就是有用的,也是有联系的,因为中国正在面临同样的时刻。① 因此,中国人对西方列强的扩张并不是不以为然和无动于衷的。在 19 世纪的大部分时间里,许多历史著作从表面上看似乎在沿袭常规,但是毫无疑问,无论是写作体裁还是范围,都发生了显著的变化。例如,历史地理学和边疆研究有了长足的发展,推动了对经验知识进行考证的兴趣。但是,它在这个时候的兴起也反映了对外国入侵中国边境的关注,包括俄国从北方的入侵以及英国和法国从南方的入侵。②

虽然龚自珍和魏源以及边疆研究的倡导者都预言中国人需要承受变化,但他们却未曾预料变化来得如此之快。龚自珍在鸦片战争(1839—1842)期间去世,但魏源亲身参加了这场战争,目睹了中国的失败。鸦片战争的失败使中国从此向西方打开了大门。魏源看到了西方的军事优势,于是鼓励中国人学习西方,用他的话来说,就是"师夷制夷"。他身体力行,写出了鸦片战争的历史经过,并通过另一本书唤起人们对清初成功地收复台湾岛以绥平沿海地区的回忆。魏源的《海国图志》的影响更大,是这一时期的中国历史学家所写的第一部但并非仅有的世界史著作。③ 还有一点值得注意的是,

---

① On-cho Ng and Q. Edward Wang, *Mirroring the Past: The Writing and Use of History in Imperial China* (Honolulu, 2005), pp.250-258.
② 胡逢祥、张文建:《中国近代史学思潮与流派》(上海,1991),第 34—90 页。
③ Jane Kate Leonard, *Wei Yuan and China's Rediscovery of the Maritime World* (Cambridge, MA, 1984); Q. Edward Wang, "World History in Traditional China", *Storia della Storiografia 35* (1999), pp.83-96.

这本书以图志为体裁。这说明除了官修史学外，私家修史的作品体裁越来越少采用纪传体，袁枢（1131—1205）所创的"志"和"纪事本末体"显然更受偏爱。这一变化表明了中国的历史观念和世界观发生了缓慢却重大的变化。在放弃纪传体的同时，历史著作中描述政治等级制度及其合法性的传统主题也宣告结束。这一时期外国传教士翻译的西方著作的出版也起到推波助澜的作用，增强了对叙事史的兴趣，因为西方的历史著作大多是连续性的叙事。尽管《海国图志》以及其他著作表明其世界观有了大大扩展，但这类著作绝不意味着向中国人的世界观中的华夏中心论提出挑战。例如，这本著作所叙述的世界史没有把中国的历史包含在内，这说明中国人并不认为世界上的其他国家可以同自己的国家等量齐观。总之，虽然魏源鼓吹儒家的理论并用它来说明需要了解外部的世界，但他与他的同仁继续把中国以外的世界看作"外部"。

文明与历史：一种新世界观

魏源的《海国图志》在日本引起了完全不同的关注。日本人密切注视着中国在鸦片战争中的失败，小心谨慎地处理与中国的关系以及与扩张了的世界的关系，而且明显地希望适应后者。尽管《海国图志》之类的中国书籍为日本人提供了他们十分需要的有关（西方）世界的信息，但熟悉兰学的日本人也从中发现了尚存的华夏中心论和史实的错误。① 他们自己描绘的世界史,例如冈本监辅(1839—1904)所撰的《万国史记》则把日本的历史包含在内,说明他们有意把自己的国家置于刚刚形成的新世界民族共同体中。

德川幕府倒台后,在明治时期的日本(1868—1912)确实出现了新的世界观,新成立的明治政府所采取的行动特别鲜明地说明了这一点。新政府刚刚成立不久就派出正式的使团周游西方各国,希望获得有关西方文化、政治和社会的第一手知识,了解需要什么条件才能修改德川幕府几十年以前与西方列强签订的不平等条约。这次历时两年的旅行虽然由于国内的政策争端而中止,但他们已经得出结论,为了加入现在由西方领导的世界,他们必须全面割断与中国和亚洲的文化联系,推动西方式的"文明"和"开化"。

这场西方化运动引起了历史思想的明显变化,并充分表现在福泽谕吉(1835—1901)于1875年写的《文明论概略》中。福泽谕吉早年受过兰学和儒学的双重教育,并受到亨利·巴克尔的《英国文明史》和弗朗索瓦·基佐的《欧洲文明史》(*Histoire de la Civilisation en Europe*)的启发,认为儒家史学已经过时,应当用"文明史"来取代。"文明史"这个新词是他自己发明的,用来描述巴克尔和基佐研究民族史的方法。福泽谕吉声称,现在写历史应当服务另一种不同的目的。它

---

① 依田憙家:《日中两国现代化比较研究》(东京,1986),第44、66—67页。

不是用来支持通常的道德和政治秩序,而是叙述一个民族文明的进步。他承认,按照文明的标准,日本和中国只属于"半开化文明",落后于欧洲。可见,福泽谕吉不仅采用了西方历史学家宣传的线性历史观,还利用它来推动日本脱亚入欧的事业。十年以后,他把这一思想写进了著名的《脱亚论》,更加有力而公开地提出了这一需要。

田口卯吉(1855—1905)是一名年轻的记者,也是"文明史"热情的追随者,他把福泽谕吉对世界历史的线性认识延伸到日本史的写作中。从1877年开始,田口卯吉出版了划时代的著作《日本开化小史》,仿照巴克尔和基佐写作欧洲历史的方法,勾勒了日本文化从古至今的发展过程,分析日本整个历史上的时代精神及其变易。顺便说一句,巴克尔和基佐的著作到这时已经在日本出版了多种译本。[①] 他们的著作所产生的影响足以让田口卯吉及其追随者绕开日本历史著述对王朝更替的一贯关注,转而关注以宗教、文学、哲学和社会习俗为表现的文化发展。作为一种新的写作类型,这种"文明史"给历史写作的观念和体裁带来了很多变化。由于历史学家把注意力从君主制度转向文明的研究,反过来又消除了对道德说教的需求,从而把日本的历史学家解放出来,得以采取西方历史写作中流行的叙事体裁。然而,正如田口卯吉提醒我们的,这种采用本身又是一场创新和革新,因为在中国历史著述

---

① 小泽荣一:《近代日本史学史の研究:明治编》,第105—106页。

的悠久传统中出现了三种类型的史学。除了纪传体和编年体外，第三种类型就是田口卯吉所说的"史论体"。历史学家很早以前就使用过这种体裁。① 而田口卯吉希望通过写作《日本开化小史》来复兴这种体裁，尽管他的著作从篇章结构上明显反映了西方的影响。"史论体"以及魏源的《海国图志》所采用的"志"的形式都使用了叙事史的结构，但他们往往不是按照连续叙事的做法，而分为章和节。不过，田口卯吉自称的复古主义值得我们注意。既然他公开鼓吹西学，当然没有明显的理由要隐藏自己在尝试"文明史"的写作时对西方做法的直接借鉴。他的复古主义主张，也许是一种诚恳的尝试，希望找到过去的某些本土元素，以更好地融合西方的影响。试图把它们调和起来的绝不只有田口卯吉一人。调和主义，或者说在传统和现代之间、本国和外国之间进行对话，成为整个非西方地区历史写作的现代转变中一个普遍的现象。

新旧交错

在日本的明治时期，尽管对西方文化和制度的兴趣有明显的高涨，但复古主义的要求也非常明显。日本走入"近代"，以1868年明治天皇的重新掌权为开端。一年后，明治政府设立修史馆，以新天皇的名义下令编撰"国史"，然而，这个

---

① 这一提法是田口卯吉在另一本结构相同的著作《支那开化小史》（东京，1887）的序言中提出的。

事例并不说明是受到西方的影响,相反,它是朝代史传统的延伸。

明治政府设立修史馆的目的是恢复公元 7 世纪从中国的唐王朝引进的官修史学的做法。更重要的是,正如天皇敕令所指出的,新国史应当是公元 7 世纪和 10 世纪开始撰修的《六国史》的续篇,目的是"正君臣名分之谊,明华夷内外之辨,以扶植天下纲常"。这些理由及其措辞让人们联想起过去中国文化传统中修撰朝代史的许多计划。①

因此,尽管有来自西方的观念,但在整个 19 世纪,亚洲大部分地区编撰朝代史的传统仍长久不衰。西方入侵实际上刺激了许多君主试图从过去的历史中寻找有用的教训,以便应付这一挑战。例如,中国清王朝、朝鲜的李氏王朝以及越南的国史馆都在进行史料的收集和《实录》的编撰。清朝官方历史学家编成的《明史》得到的评价高于明朝前辈历史学家的著作。李氏王朝编撰的卷帙浩大的《实录》表现了宫廷历史学家付出的心血和巨大努力,他们忠实而严格地把史料保留了下来。越南历史学家做出的努力即使难以比肩,但同样是可观的。② 1855 年,即在法国人全面入侵东南亚的三年之后,越南阮朝皇帝阮时(1847—1883 年在位)下令编撰《钦定越史

---

① 坂本太郎:《日本の修史と史学》(东京,1991),第 234 页;Mehl, *History and the State in Nineteenth-century Japan*, 16ff。

② Li Tana, "Vietnamese Chronicles", in Kelly Boyd, ed., *Encyclopedia of Historians and Historical Writing* (London, 1999), vol. 2, pp. 1265-1266.

通鉴纲目》。这部多卷本的著作用中文写成，历时30年才完成。它表现了越南人试图从历史中寻找答案，用以解决越南王朝所面临的越来越严重的威胁而做出的真诚努力。但是，它的重点，正如书名所表明的，依然是主张需要从理学的角度来证明王统的合法性。作为越南的通史，这部巨大的著作仍然是按编年顺序记载事迹，结果无助于拯救王朝，就在这本著作编成一年以后，越南被一分为三，沦为法国的被保护国。①

如果说朝代史学的传统开始失去了吸引力，那也是一个缓慢和逐渐的过程。日本根据天皇的敕令编修官史经历了一个曲折的过程，反映在19世纪70年代和80年代修史馆名称的变化及其成员的频繁更易上。② 修史馆最后把这部史书定名为《大日本编年史》。既然这部著作是用汉语写作，修史馆的成员大多数自然是由汉学家组成。但是，这些学者依照他们的兴趣和门派至少可以分为两个学派。一派坚持理学关于史学的功能是宣扬道德的主张，而另一派追求对史料的考证，反映了考证学对当时的日本越来越强的影响。修史馆最后落入了考证学家重野安绎（1827—1910）的掌控之中，并由有同样学术倾向的学者久米邦武（1839—1931）和星野恒（1839—1917）协助。在重野安绎的领导下，修史馆把精力集中在史

---

① 金旭东：《钦定越史通鉴纲目简论》，见王晴佳、陈兼主编：《中西历史论辩集：留美历史学者学术文汇》（上海，1992），第255—267页。

② 散见 Mehl, *History and the State in Nineteenth-century Japan*。

料的选择和考证上,为编撰全面的"国史"做准备。①

修史馆之所以把史书定名为《大日本编年史》是因为它正在继续完成从德川时期就开始的《大日本史》的编撰。但是,《大日本编年史》又不同于《大日本史》,作为一部编年史或当代人对史料的编纂,它代表朝代史编纂的第一阶段,按照惯例,每个朝代的历史应由下一个王朝来正式编纂。执行这项计划让重野安绎和他的同仁感到十分满足,因为他们可以通过考察史料来显示和运用他们娴熟的考证技巧。

这种对经验主义的兴趣把史料考证放在历史学家工作的核心地位上,从而把考证学同现代的西方史学结合起来,改变了日本官修历史的传统。例如,重野安绎在史料考证的过程中发现,包括《大日本史》在内的许多著作之所以会出现许多史实上的错误,是因为传统的历史学家只关注道德教化和政治合法性。例如,日本 14 世纪的一位神秘人物儿岛高德在 19 世纪以前的好几个世纪里,一直备受历史学家的称赞,因为据说他为后醍醐天皇(1318—1339 年在位)恢复王政提供了重要的支持和鼓励。但是,经过详细的考证后,重野安绎发现儿岛高德是个历史上根本不存在的人物,而过去的儒学家经常引用他的事迹,把他当作鼓吹儒家的政治忠诚、正统和秩

---

① Jiro Numata, "Shigeno Yasutsugu and the Modern Tokyo Tradition of Historical Writing", in W. G. Beasley and E. G. Pulleyblank, eds., *Historians of China and Japan* (Oxford, 1961), pp. 264-287;永原庆二:《20 世纪日本の历史学》(东京,2005),第 13—16 页。

序的楷模。对此,他同星野恒一道提出了质疑。① 通过揭示儿岛高德的编造过程,重野安绎也揭示了儒家史学的缺陷。他像同时代的"文明史"学者一样,开始认为儒家史学已经过时,再也不能指导自己的历史研究工作。

此外,重野安绎发现,西方史学有助于他对现存的所有历史文献进行不懈的考证。与福泽谕吉和田口卯吉相比,修史馆的成员没有那么强烈的西方倾向,"文明史"学者与修史馆的历史学家之间也没有太多的联系。不过重野安绎与修史馆的成员同样受到了西方的影响。例如,久米邦武曾是明治政府派往西方的使团中的低级成员。对西方历史学家所写的著作,尤其是有关日本的历史著作,重野安绎十分重视。它们叙述历史细节的丰富性以及对历史因果关系进行探索的兴趣,都给了他深刻的印象,并认为这是两个很有价值的特征,有助于改进日本历史学家的工作。② 然而,他对西方史学的兴趣完全不同于福泽谕吉;例如,作为一名官方历史学家,重野安绎不像福泽谕吉那样重视把历史写作扩大到社会文化的领域。

乔治·策尔菲、路德维希·里斯以及兰克学派在日本的影响

1879 年,日本修史馆为了更多的了解西方历史写作的传

---

① John Brownlee, *Japanese Historians and the National Myths, 1600-1945* (Vancouver, 1997), pp. 86-89.
② Ibid., p. 82.

统,在日本驻伦敦的外交官的帮助下,邀请当时正在伦敦大学任教的乔治·策尔菲(George G. Zerffi, 1820—1892)编写一部西方史学史的著作。策尔菲是匈牙利的流亡外交官员,自学成材的历史学家。他用了几个月的时间完成了这项任务,其成果《历史科学》(The Science of History),是欧洲历史学家最早写成的史学史著作之一。然而现在有许多西方和日本的历史学家不知策尔菲为何人,尽管他们都是策尔菲心目中的读者。策尔菲对史学进行的研究表明跨文化的接触不仅扩大了西方对非西方地区的影响,而且促使西方人从比较的角度审视他们自己的文化。在这点上,策尔菲的写作提供了一个显例,那就是他尝试性地对西方和亚洲的文化和历史进行了一次比较。①

正如他的书名所表明的,策尔菲有意强调西方历史学的实践具有科学的性质,这或许是为了同儒家史学进行对比,而对儒家史学,他只是在准备写作该书的过程中有粗浅的涉猎。然而,具有讽刺意味的是,在19世纪的大部分时间里,兰克式的科学史学或考证史学在他居住的英国并没有成为史学的主流。英国的许多历史学家,诸如托马斯·麦考莱,显然更主张自由主义的历史写作传统。尽管如此,策尔菲仍然把科学史

---

① 沼田三郎,"明治初期にぉける西洋史學の输入につぃて—重野安繹とG. G. Zerf, *The Science of History*",伊东多三郎编:《国民生活史研究》(东京,1963),vol. 3, pp. 400-429; Mehl, *History and the State in Nineteenth-century Japan*, pp. 74-80。关于策尔菲的生平和事业,见 Tibor Frank, *From Habsburg Agent to Victorian Scholar: G. G. Zerfi, 1820-1892*, tr. Christopher Sullivan and Tibor Frank (Boulder, CO, 2000)。

学视为现代西方历史学实践的主要特征。不仅如此,他还提供了科学的历史学的全面概述,从古代希腊和罗马的起源一直述及在他那个时代通过德国/兰克史学达到顶峰的发展过程。他显然相信现代的科学的历史学是西方文化传统的特征。

策尔菲似乎被他的目的论带得太远了。他想说明科学史学在西方源远流长,所以他的书从古代希腊、罗马开始一直讲述到他自己的时代,但却没有留下太多的空间描述他心中科学史学的典范——兰克史学的优点。但修史馆的史家还是知道了他的意图。尽管策尔菲的著作没有应即被译成日文,1887年,兰克的一位徒孙路德维希·里斯应邀到日本讲学时谈到,这本书已经对预期中的读者产生了影响。里斯因为是个犹太人,在德国无法找到全职工作,当他收到日本的邀请时正在英国从事研究。然而,里斯在日本却被任命为新成立的东京大学的第一位历史教授,因为校方认为需要一名西方人承担把现代历史教育引进日本的任务。可是,1888年,当明治政府把修史馆迁入东京大学以后,这一情况很快发生了变化。随即,重野安绎、久米邦武和星野恒都被任命为东京大学的教授,成了里斯的同事。1889年,他们同里斯一道成立了日本历史学会,创办了历史研究的专业刊物《史学杂志》。由于里斯以及他对德国现代史学模式的介绍,日本历史学家也把他们的这门学科建设成一门专业,与德国、法国、英国和美国的历史学并驾齐驱。①

日本历史学职业化的出现恰逢日本教育现代化的收获期。与中国等邻国相比,日本更快地认识到了需要建立现代的高等教育机构,在国内推动和宣传科学教育。然而,日本的现代教育并非完全源自于外国的影响,而是从已有的学校传统发展而来。例如,东京大学的前身之一昌平黉是江户时代一家著名的儒家学堂,重野安绎等人曾受业于此。1877 年,它与其他学堂合并,组建东京大学,成为第一所国立的现代高等教育机构,1886 年改名为东京帝国大学。此前,它还不是一所综合大学。课程设置带有明显的西方倾向,偏重于科学教育。例如,历史的课程设置主要讲授西方的历史,但由于招聘不到足够的教师,于两年后停开。直到 1887 年(改名为帝国大学的前两年)路德维希·里斯受聘后,东京大学才恢复历史教学。修史馆的重野安绎和他的同事转入东京大学后,历史课程设置的范围有所扩大,其中包括开设日本史的课程。可见,历史研究和教学的职业化和民族化在日本是相辅相成的。这也是世界各国现代史学发展中的普遍现象。

日本在历史研究职业化上领先于亚洲的邻国,证明这个国家经历了快速的西方化。然而,就历史方法的变化而言,里斯所讲述的兰克史学是以他强烈鼓吹的兰克对待史学的批判和客观态度为特征,这些对于接受过考证学训练的重野安绎

---

① Mehl, *History and the State in Nineteenth-century Japan*, pp. 87-112.

及其同事来说并没有什么特别之处。或许是由于他本人出身于犹太人家庭,或许是因为他考虑到日本人可能难以充分理解作为兰克历史实践支柱的德国理念主义以及路德派的宗教特征,里斯在讲授他的导师(即兰克)的著作时做了一些筛选,主要集中在方法论的层次上。他在东京大学开设的课程中最令人难忘的是"史学方法论",使用的教材是古斯塔夫·德罗伊森的《历史知识理论》,但侧重其方法论,而不是历史学的理论。① 非常清楚,里斯在介绍德国的史学时想把它建立在日本的考证学所固有的经验主义的兴趣上,从而可以把兰克史学转变为历史研究的普遍方法。里斯在研究中还试图证明兰克的方法也适用于日本史的研究,适用于民族建设的使命,甚至适用于帝国建设的计划。值得一提的是,里斯在旅居日本期间还写过一本台湾的简史,而当时的日本政府正在垂涎这座宝岛。从这个时期他的日本同事发表的文章来判断,里斯的策略似乎产生了很好的效果。例如,重野安绎告诫说,"历史学家必须学会中立和公正",而星野恒提倡"历史研究和写作必须依据周密选择的史料"。久米邦武是他们当中更为激进的同事,宣称"人们必须放弃扬善惩恶的习惯,以便发现历史[本身]"。这些主张显然扩大了兰克史学

---

① Brownlee, *Japanese Historians and the National Myths*, pp. 73-80;又参见 Leonard Blussé, "Japanese Historiography and European Sources", in P. C. Emmer and H. L. Wesseling, eds., *Reappraisals in Overseas History* (Leiden, 1979), pp. 193-222。

的论题。① 与此同时,它们也增强了对考证学的兴趣。

日本的历史研究传统通过跨文化的交流得到了改造,考证学在这个改造过程中不仅为日本学者适应兰克模式的西方史学铺平了道路,而且本身也经历了一次复兴。考证学派现在转变为在学术机构内工作的职业历史学家。此外,这样的变化并非单向的,当兰克史学扩大了在亚洲和其他地区的影响的同时,它也获得了不同于在德国的另一种形象。② 在里斯的描述以及日本读者的心目中,兰克这位史学大师的形象经历了一次变形,他的政治保守主义与宗教信仰被降低到一个无关紧要的层面上,在很大程度上就像考证学兴起之初取代了对儒家道德与政治哲学的抽象理解一样。无论是兰克史学还是考证学现在都被理解为只不过是推动历史方法前进而产生的必然结果,支撑它们的宗教和意识形态基础都被忽略掉了。

但是,方法论并不是不带价值观的。兰克强调以档案为依据的研究,正如前面所讨论的,预示着民族国家的兴起,因为档案总是由政府建立的,涉及的都是政府的事务。重野安

---

① 这些都是《史学杂志》在1889—1890年发表的文章的标题。学院派历史学的建立导向并巩固了考证学,兰克史学为大部分日本史学研究者所拥护。见 Jiro Numata, "Shigeno Yasutsugu and the Modern Tokyo Tradition of Historical Writing", in Beasley and Pulleyblank, *Historians of China and Japan*, pp. 273-287;大久保利谦:《日本近代史学史》,第74—81页;坂本太郎:《日本の修史と史学》,第247—248页;永原庆二:《20世纪日本の歴史学》,第15页。

② Iggers, "The Image of Ranke in German and American Historical Thought".

绎和久米邦武在执行他们的项目时批判地对传统史料进行考察,也带有政治的含义,尽管从表面上看这与当时日本政府的民族建设任务似乎有些矛盾。这两项计划,再加上星野恒的计划,都对许多有争议的史料是否可靠提出了质疑,揭示出它们是伪造的。久米邦武对史料进行了严谨的考证,终于剥去了神圣的古代日本神道教传统的神秘色彩,宣称那只不过是上天崇拜的习俗而已。久米邦武挑战神道教的神圣性,或许是无意的,但在日本政府看来,这对于他们鼓吹日本皇室的纯洁性来说,却是至关重要的,因为这是民族和帝国建设的关键成分。1892年,在神道教徒的支持下,掀起了一股强大的反对浪潮,东京大学被迫屈服,解聘久米邦武。几年后,重野安绎也被迫退休。他们被东京大学解职表明近代史学与国家的政治有着千丝万缕的关系,这也是日本高等教育中学术研究和自由的一种倒退。①

日本的"东方"与华夏文化圈的变化

19世纪90年代以后,随着日本民族和帝国建设的加快,政府对学术研究施加的限制增强了,但也开启了尊重与西方关系的新时代。与明治时代早期全面主张西方化的热潮相反,新一代知识分子对西方的影响抱有更谨慎的态度,转而向

---

① Brownlee, *Japanese Historians the National Myths*, pp. 92-106. 又参见 Byron K. Marshall, *Academic Freedom and the Japanese Imperial University, 1868-1939* (Berkeley, CA, 1992)。

内对发掘日本以及整个亚洲的古代传统的价值产生了兴趣。① 这次文化转向的标志是1890年明治天皇颁布《教育敕令》,因为它重申需要在日本的各级学校传授忠诚、服从、孝悌与和谐等儒家的道德价值观。但是,这一重申并不意味着日本要与当时的中国发展友谊。恰恰相反,日本的目标是自己充当亚洲的领袖,取代甚至压服中国,从而与西方平起平坐。也就是说,日本为了变成"西方",必须发现自己的"东方"。② 在当时日本的历史学界和学校的课程设置中出现的新名词"东洋史",以及在这个名目下大力开展中国和亚洲史的研究,就是这一趋势的反映。反观之,日本政治文化氛围的这一转变恰恰就是前面提及的东京大学解聘久米邦武和重野安绎的部分原因,因为它导致了文化本土主义和政治保守主义的复兴。重野安绎和久米邦武质疑日本的神话传说,以经验主义的方法执着于历史事实而偏废历史的启迪作用,再加上他们坚持用中文编写《大日本编年史》,都使他们首当其冲,成为首要的打击目标。他们离开东京大学标志着近代日本官修史书的结束。但是,日本政府对修史的检查和干预并没有结束,而且充分体现在教科书编写的领域中,政府的监督

---

① Kenneth Pyle, *The New Generation in Meiji Japan: Problems of Cultural Identity, 1885-1895* (Stanford, CA, 1969); Carol Gluck, *Japan's Modern Myth: Ideology in the Late Meiji Period* (Princeton, NJ, 1985).

② Stefan Tanaka, *Japan's Orient: Rendering Past into History* (Berkeley, CA, 1993);永原庆二:《20世纪日本の歴史学》,第43—45页。

和干预变成了惯例，并在一定程度上持续到今天。①

与此同时，"文明史"的研究仍在继续。从19世纪80年代起，田口卯吉等人提出的"文明史"及其变体"民众史"开始与学院派的相关研究合流。学院派的许多历史学家开始经常为田口卯吉主编的旨在推动通俗历史学的杂志《史海》撰稿。19世纪90年代，"民众史"的倡导者们组织成立了由德富苏峰（1863—1957）、竹越三叉（1865—1950）和山路爱山（1864—1917）领导的民友社。他们的著作产生了很大的影响，标志着日本的文化转向。就他们的历史研究而言，这些知识分子扩大了田口卯吉对日本文明进步规律的研究兴趣。他们还从民间的角度重新考察明治维新等重大历史事件，从而改进了研究方法。按照他们的想法，明治维新变成了一场社会革命，是奋起反抗非法政权的民众在民族意识觉醒之后进行的一场社会革命。②

这些历史学家之所以同学院派历史学家的旨趣相投，有两个原因。第一，这些"民众史学家"与现在大多数受过西方教育的学院派历史学家一样，都在努力地试图建立日本历史学和西方历史学之间的平等关系，认为这两种历史学使用了相同的方法去解释各自的历史运动。比起似乎缺乏血性的学院派来说，他们更加勇敢地反对神道教和政治寡头夸大日本

---

① Mehl, *History and the State in Nineteenth-century Japan*, pp.113-147.
② 见Peter Duus, "Whig History, Japanese Style: The Min'yusha Historians and the Meiji Restoration", *Journal of Asian Studies*, 33:3 (May 1974), pp.415-436。

单一的文化和宗教发展轨迹的做法;第二,作为自由主义和民粹主义的思想家,他们同样为日本的海外扩张而感到振奋并且想为它提供服务。例如,德富苏峰因狂热地支持日本政府进行中日战争和日俄战争而闻名。在20世纪初,他最终抛弃了自由派的形象,改变了自己的政治立场和公众形象,成为日本帝国主义对外政策的主要代言人。

日本的兴起和中国的衰落改变了华夏文化圈的格局,对朝鲜产生了直接的影响。19世纪末,朝鲜历史学家通过重写自己的历史,开始寻找摆脱中国的影响而崛起的道路,试图建立他们的文化独立性。这一趋势恰好与日本"东洋史"的兴起相重叠,表现为朝鲜现代民族主义的胚胎形式。但是,它的起源可以追溯到朝鲜人在17世纪对中国明清之际改朝换代的反应、此后实学派的兴起以及18世纪和19世纪朝鲜考证学的进一步发展。① 由于受到民族主义的影响,朝鲜的许多历史学家对于过去的朝鲜人真心实意地试图努力了解中国历史上发生的事情,却忽视甚至无视自身历史的做法表示不满。他们认为,朝鲜人实际上应当为自己国家的过去感到骄傲,因为他们的历史同中国一样绵延长久。根据传说,早在公元前2333年,天神与熊女所生的古代国王檀君建立了朝鲜王国。因此,到了19世纪20世纪之交,朝鲜开始摆脱对中国的长期

---

① 参见 Remco E. Breuker, "Contested Objectives: Ikeuchi Hiroshi, Kim Sanggi and the Tradition of Oriental History (Tōyō shigaku) in Japan and Korea", *East Asian History*, 29 (June 2005), pp. 69-106。

依附,或开始摆脱事大主义。正是因为有了这种事大主义,才使得朝鲜李氏王朝在大部分时间里贬低了朝鲜文化和历史的特征。① 从那时至今,民族主义一直主宰着近代朝鲜史学的发展进程,其中的原因之一是朝鲜在20世纪初对日本丧失了独立,而另一个原因是朝鲜半岛在二战结束时取得独立以后一直处于分裂之中。

当日本把中国视为它的"东方"时,中国显然并未警觉。19世纪60年代初,统治中国的清王朝走上了洋务运动的道路,尽管规模远不及日本。它的犹豫不决反映了中国人一方面不愿放弃把它的领土视为"天下之中"的固有世界观,另一方面不愿承认西方的兴起。但是,还有一个原因与太平天国起义的爆发有关,因为太平天国运动燎原于自称的基督教运动。尽管西方列强出于经济利益而与清王朝站在一边,但中国的士人对西方的宗教和文化影响侵蚀了儒教的传统信仰所造成的危险而感到惊恐。当清朝的军队显然无力镇压太平天国的起义军时,这批士人组织起民团,支持了清王朝。他们合伙平息了起义。这一胜利为清王朝的中兴(1862—1874)铺平了道路。在此期间,清王朝做出了更多的努力,试图调整中国与西方列强以及日本的关系。与此同时,清王朝也重新努力强化儒家的传统。清王朝的高级官员张之洞(1837—1909)提出了中学为体,西学为用的理论。这种"体用论"成

---

① 李润和:《中韩近代史学比较研究》(北京,1994),第87—90页。

为了"同治中兴"的指导原则。在改革的过程中,许多新的政府机构设立起来,其中以总理衙门最为显赫和重要,目的在于让中国人获得有关国际事务的新知识,然而,中国却没有认真努力去改造中国的教育制度,推动它的现代化。当然,也有一些新学堂在各省的政府和传教士的资助下创办起来,讲授外语和科学知识。但是,这些新学堂一般说来对中国的年轻人缺乏吸引力,因为它们不能帮助学生通过科举考试,而在1905年以前,参加科考依然是中国学生上学的目的,而且是登上仕途的必经之路。

因此,尽管中国清王朝的中兴与早期日本明治时代同时,但中国不同于日本,没有认识到需要建立现代的制度以便让中国学生能够获得有关西方世界的系统知识。当然,也有一些人例外,王韬(1828—1897)就是著名的例子。王韬受过儒学的严格训练,后来又有机会前往香港工作多年,并在香港协助苏格兰传教士理雅各(James Legge, 1815—1897)将儒学经典翻译成英文。王韬还接受理雅各的邀请前往英国度过了三年的时间。与魏源等前辈不同的是,王韬因此获得了对西方的直接认识,对世界潮流的变化有了更深刻的理解。如果说在魏源看来西方人的"长技"在于军事技术的话,王韬则更深一层地看到了制度和文化,并且感到必须把这些介绍给自己的同胞。由于受到西方新闻界的影响,王韬的著述集中于普法战争等当时发生的事件,像日本的田口卯吉那样尝试以叙事史的结构做出描述和分析。但是,王韬依然是属于那个时代的人。在19世纪末的中国,可以说,他是最具有世界主义观念的人,但仍坚持认为儒家的道德价值观具有普遍的意义,适用于分析世界历史的趋势。①

王韬也可以被视为中国的"文明史"学者,他在史学上的创新启发了日本的"文明史"学者。19世纪70年代,王韬访问日本时受到了重野安绎以及修史馆其他同事的热烈欢迎。② 但是,王韬回国以后的工作却没有受到如此热情的对待。在他的一生中,无论是他的生活方式还是文学成就,都与众不同,清王朝的官方历史学家们——其地位相当于日本的重野安绎,对于王韬受到西方影响的史学方法不屑一顾。相反,他们所重视的是几个世纪前由前辈历史学家所编纂的《明史》和《元史》那样一些"正史"的质量。他们对这两部历史的批判总是针对它们在阐述儒家道德和政治主题上的所谓缺陷。不过,只要仔细考察一下这些历史学家当时对朝代史的关注就不难发现他们并没有完全拘泥于旧的传统。至少,他们研究元史的成果得益于来自西方的有关蒙古人征服欧亚的新史料。更值得注意的是,正是这些西方的史料使洪钧(1839—1893)、柯劭忞(1850—1933)和屠寄(1856—1921)等历史学家得以通过相互参照史料而对《元史》的准确性进行

---

① 见 Paul A. Cohen, *Between Tradition and Modernity: Wang T'ao and Reform in late Ch'ing China* (Cambridge, MA, 1974), pp. 91-96, 110-139; Q. Edward Wang, *Inventing China through History: the May Fourth Approach to Historiography* (Albany, 2001), pp. 36-42。

② 实藤惠秀:《明治时代中日文化的联系》,陈固亭译(台北,1971)。

考察。元史研究的这些新成果在日本引起了重视,因为蒙古史在日本被视为东洋史中不可分割的组成部分。所有这些都说明,到19世纪末,中国人也扩展了他们的世界观,其结果可以从历史写作的变化中反映出来。不仅有更多的西方历史著作被林乐知(Young J. Allen,1836—1907)和李提摩太(Timothy Richard,1845—1919)等传教士翻译成中文,因为他们的活动得到了清王朝更多的宽容甚至支持;薛福成(1838—1894)和徐建寅(1845—1901)等一批驻外的外交官员也写出了有关西方和日本的历史叙述和游记。在这类著作中,黄遵宪(1848—1905)的《日本国志》最为优秀。黄遵宪决定要写一本日本通史,这本身就是一桩惊世之举,因为中国历史学家过去写的日本史,甚至包括魏源的《海国图志》,要么太简略,要么不够准确。相比之下,黄遵宪不仅全面而详细地叙述了日本的历史,而且称赞日本近年在现代化道路上取得的成就。

但是,预见到日本的现代化将对中国乃至整个华夏世界产生直接和不利后果的中国人并不多,甚至包括黄遵宪这样的"日本通"在内。他们以钦羡的眼光目睹了日本文明的惊人"进步",并告诫自己的同胞要迅速跟进,否则中国将要落后。19世纪90年代,进化论的思想和社会达尔文主义在中国流行。罗伯特·麦肯齐(Robert Mackenzie,1823—1881)的《19世纪史》(*History of The Nineteenth Century*)由李提摩太译成中文——《泰西新史揽要》并立即成为一本畅销书,因为这本本属平庸的著作狂热地鼓吹进步论历史学的思想。大体上说来,到 1895 年清王朝在中日战争中惨败于日本之前,即使是中国的开明之士,对于日本的迅速现代化与其说感到惊恐还不如说感到惊讶。然而,战争的结果给了他们当头一棒。它不仅宣告了清王朝中兴时代的结束,还标志着改变中国历史思想的新时代的开始。日本的悍然挑战向中国人有力地证明现在的世界所遵循的是完全不同的规律,达尔文主义的适者生存的原理可以一言蔽之。于是,中国人痛苦地认识到,如果他们的国家不承认这一规律,将要丧失的不仅是引以自负的泱泱大国的地位,还包括它的民族独立。然而,反过来看,日本迅速地获得优势也给中国人提供了一种启示,激励他们采取更多的行动,发起同样的政治和社会改革,凭此他们才能重新恢复昔日的辉煌。到 1898 年,清朝的宫廷和文士似乎取得了一致的看法:需要进行更彻底的改革。然而,皇帝颁布戊戌变法的敕令之后,只过了一百天,大权在握的慈禧太后因害怕失去她的权力而将变法扼杀。

可见,日本历史写作的转变是把经验主义的考证学与兰克的批判史学交织在一起。与此相反,中国人对西方史学影响做出的反应却表现为他们对进化论或社会达尔文主义的接受,并成为他们继续为民族生存和复兴而斗争所面临的更加迫切的主题。除了罗伯特·麦肯齐的《泰西新史揽要》以外,从英国留学归来的严复(1853—1921)所译的托马斯·赫胥黎(Thomas Huxley,1825—1895)的《天演论》(*Ethics and Evolution*)在世纪末的中国也成了畅销书。与此同时,达尔文主义所强调的变化和进化迫使中国学者再次从他们自己的传统中发掘可与现代相容的成分。正是从这个角度出发,龚自珍和魏源对儒学所做的重新解释——认为其中包含着历史变化的观念,一再引起人们的注意。戊戌变法的领导者康有为(1858—1927)在一系列引起争论的著作中吸收了龚自珍和魏源主张的三世说,从达尔文的进化论角度进一步把孔子重塑为社会改革家的形象。① 康有为改造孔子形象的做法有许多人并不赞同,但他努力把今文经学和进化论或社会达尔文主义糅合在一起,却激励了未来几代的历史学家和学者去接受外国的观念,给下一个世纪的中国现代史学带来了更大的变化。

---

① 见 Hsiao Kung-ch'uan, *A Modern China and a New World: K'ang Yu-wei, Reformer and Utopian, 1858-1927* (Seattle, WA, 1975)。

第四章　两次世界大战阴影下的历史写作：
历史主义与近代史学的危机

一　历史研究与历史思想的转向(1890—1914)

政治和文化氛围的变化

1890年,奥托·冯·俾斯麦被解除德国宰相的职位。但是,这一年不同于1789年,也不同于1848年或1871年,并非重大的转折年代。总的说来,在西方和北欧,包括德国、奥匈帝国和意大利以及美国在内,1871年开始形成的政治制度仍保持不变。巴尔干地区和俄国的形势则比较动荡。我们在19世纪中叶以后看到的那些社会变化,包括工业化和城市化,正在加速,在政治层面上出现了民众选举、民众政党和大众媒体等等。我们将会看到,社会变化的加速所造成的环境对历史写作的方法产生了直接影响。到1890年,强大的社会主义运动影响到欧洲大陆各国。这些运动的形成往往源于马克思主义的思想,但在1900年英国也出现了非马克思主义的工党。各国先后实现了男子普选权,奥地利和意大利虽然稍晚一些,但也分别在 1907 年和 1912 年实现了男子普选权。妇女选举权总的说来尚未获得,但争取妇女选举权的运动在英国、美国、德国和斯堪的纳维亚各国已经开展,为这些国家在第一次世界大战结束以后给予妇女选举权创造了条件。此外,中产阶级政党的力量不断增强,在议会的权力受到严格限制的德国以及在法国、英国和斯堪的纳维亚各国,中产阶级政党与劳工开始了紧密合作,其充分表现是 1900 年法国社会主义者的入阁,1906 年英国的自由党和工党组成联合政府。在澳大利亚和新西兰,工党开始发挥重要作用,斯堪的纳维亚各国的社会民主党发展壮大起来。美国出现了进步党,倡导社会和民主改革,但在反对歧视黑人的问题上持骑墙立场。在德国、奥地利和法国,由于大公司的出现,传统的手工业者和小商贩受到了威胁,因此出现了反犹太主义和沙文主义的运动。

1890 年到 1914 年之间的另一个特征是思想和文化领域也发生了重大变化。在物理学中,相对论和测不准原理取代了旧的机械论,与此同时,西格蒙德·弗洛伊德(Sigmund Freud,1856—1939)首创的心理分析学对潜意识的作用进行探索。法国和德国的新艺术脱离了现实主义的旧形式,詹姆斯·乔伊斯(James Joyce,1882—1941)、马塞尔·普鲁斯特(Marcel Proust,1871—1922)等小说家也做了不同以往的创新。在音乐领域,和谐开始让位于无调性。

对近代史学传统的挑战

对兰克模式的批判

尽管兰克学派奠定的职业化学术研究的模式依然主宰着大学里的历史研究,但也可以听到对它不满的声音,尤其是对它把研究重点放在政治史、外交史和军事史上并狭隘地集中使用书面官方档案的做法提出了挑战。令人惊讶的是,19世纪70和80年代,正当大致上遵循兰克模式的职业化历史研究被世界各国所采纳的时候,①这一模式在欧洲各国以及拉丁美洲却遭到了批判,不久以后在日本也遭到了批判。我们将会看到,日本人对兰克史学发动的批判,也是由卡尔·兰普雷希特(Karl Lamprecht,1856—1915)引发的。兰普雷希特的著作在20世纪初已经译成日文。② 对兰克史学的批判集中在两点上:第一,兰克史学模式反映的是大规模工业化以前的社会,忽视了广大公众的出现所产生的社会后果。第二,与第一项批判有关,它的操作依据过于狭窄的历史科学观念,因而忽

---

① 关于法国和美国的职业化与德国的职业化之间的比较,见 Gabriele Lingelbach, *Klio macht Karriere: Die Institutionalisierung der Geschichtswissenschaft in Frankreich und den USA in der zweiten Hälfte des 19. Jahrhunderts* (Göttingen, 2003)。

② 卡尔·兰普雷希特在日本的影响主要表现为20世纪20年代兴起并以津田左右吉和西田直二郎的著作为代表的所谓"文化史学派"。详情请参见第五章,又参见奈良本辰也:"文化史",历史学研究会、日本史研究会编:《日本歴史講座》,第八卷(东京,1968),第221—245页;永原庆二:《20世纪日本の歴史学》(东京,2005),第81—87页。

视了历史发展的社会背景。职业化历史研究所遵循的学术研究模式在美国和法国的一些大学里之所以受到批判,正如弗里德里希·尼采所宣称的那样,并非因为它太科学,而是因为它不够科学。科学包含因果解释。在整个西方和日本,越来越多的历史学家开始转向社会史、经济史和文化史的研究,在某些情况下还试图依据他们的经验观察提炼出历史发展的理论。

卡尔·兰普雷希特与德国的方法论之争

在德国,围绕着历史研究的正确方法而展开的争论,即所谓的"方法论之争"(Methodenstreit)引发了德国史学界与卡尔·兰普雷希特之间的一场激烈辩论。① 兰普雷希特是莱比锡大学的历史教授,1891年出版《德国史》(Deutsche Geschichte)的第一卷,这部著作共12卷。② 在德国,历史著作的主流是追溯俾斯麦领导下最终实现德国统一的政治发展进程,并把重点放在主导着这一发展方向的伟大人物的性格上。兰普雷希特恰恰相反,他在写作历史时认为需要理解的不是伟人,而是为政治史提供背景的社会和文化。此外,兰普雷希特的

---

① Roger Chickering, *Karl Lamprecht: A German Academic Life* (1856-1915), (Atlantic Highlands, 1993); Luise Schorn Schütte, *Karl Lamprecht: Kulturgeschichtsschreibung zwischen Wissenschaft und Politik* (Göttingen, 1984); Matthias Middell, *Weltgeschichtsschreibung im Zeitalter der Verfachlichung und Professionalisierung: Das Leipziger Institut für Kultur und Universalgeschichte*, 3 vols. (Leipzig, 2005), vol.1, *Das Institut unter der Leitung Karl Lamprechts*.

② Leipzig, 1891-1911.

《德国史》之所以受到抨击，不仅因为他对德国史学的民族传统的理念主义前提提出了质疑，还因为他把经济因素列入考虑的范围，因此被指责为一本马克思主义的著作。然而，事实并非如此。人们认为兰普雷希特的历史著作具有颠覆性，因为它引起了对普鲁士-德意志国家合法性的怀疑，而事实同样并非如此。在政治上，他本人带有温和的民主改革的倾向。《德国史》一书被认为是一部孔德和巴克尔意义上的实证主义的著作。它提出了历史发展的规律，而根据这一规律，德国的历史经历了定期的上升周期，每个周期历时五百年左右。兰普雷希特所写的历史依然是彻底的民族主义的历史，不同之处仅仅在于，他认为一个民族的核心不是它的政治组织，而应当到它的文化中去寻找，也就是从兰普雷希特所说的源自德国浪漫主义的民族精神（Volksgeist）一词中去寻找。这本著作因其学术上的肤浅和无法证实的推测而受到了德国历史学界的严正批评。社会学家马克斯·韦伯对德国学院派的学术性提出了严厉的批评，主张历史和社会研究应当具有更加严谨的特征。他更强烈地攻击兰普雷希特想要把历史学提高到科学的层次，而他松散的推测和浪漫想法实际上却与此南辕北辙。①

1884 年兰普雷希特在出版《德国史》之前完成的博士论文《莫塞尔地区的中世纪经济史》（*An Economic History of the*

---

① Chickering, *Lamprecht*, pp. 268-269.

Moselle Region in the Middle Ages)受到了称赞,被认为是一部严肃而有创新的学术作品。① 兰普雷希特的这篇论文全面地讨论了某个特定地区的经济和社会史,把它放在具体的地理背景下,并依据翔实的档案考证。大约与此同时,法国历史学家查理·瑟诺博司(Charles Seignobos,1854—1942)写了一篇非常相似的论文,内容关于大致上同一时期的勃艮第地区。② 但是,瑟诺博司后来回到了更传统的史学。兰普雷希特的《德国史》尽管在同行中受到敌视,但与他那本关于莫塞尔地区的经济史著作的命运不同,它在学术界以外的读者中受到了欢迎。这部经济史著作为兰普雷希特首倡的"区域史"(Landesgeschichte)铺平了道路,而正是这种"区域史"后来成了德国的一个重要学术研究领域。

法国历史研究方向的变化

在法国,以《历史评论》创始人加布里埃尔·莫诺(Gabriel Monod,1844—1912)为代表的德国模式的政治史和外交史也同样引起了反应,尽管在许多方面有所不同。首先,思想传统不同。在兰克的历史观念中占据重要地位的理念主义传统在法国并不存在。在19世纪的法国,最有影响的历史学家是

---

① Karl Lamprecht, *Deutsches Wirtschaftsleben im Mittelalter: Untersuchung über die Entwicklung der materiellen Kultur des platten Landes auf Grund der Quellen* (Leipzig, 1885-1886).

② Charles Seignobos, *Regime féodale en Bourgogne jusqu'en 1360: étude sur la société et les institution d'une province au Moyen-Âge* (Paris, 1882).

儒勒·米什莱。他写过一部生动的历史著作,内容包含日常生活的各个方面,不仅选择了具有超凡魅力的人物作为中心内容,还包含了普普通通的男人和女人。受过哲学教育的亨利·贝尔(Henri Berr, 1863—1954)倡导一种综合史。他于1900年创办《综合史杂志》(Revue de synthèse historique),曾邀请兰普雷希特为这份杂志撰稿,尽管没有迹象说明他受到了兰普雷希特的直接影响。正如贝尔的文章标题所说明的,他要求的是一种能把某个特定时代里社会和文化的各个方面集合为一个整体的历史学。贝尔受到了社会学家埃米尔·涂尔干(Emile Durkheim, 1858—1917)①、法国地理学家保尔·维达尔·白兰士(Paul Vidal de la Blache, 1843—1918)和德国地理学家弗里德里希·拉采尔(Friedrich Ratzel, 1844—1904)的深刻影响。在维达尔·白兰士和拉采尔看来,地理学主要是一门人文学科,而且是一门与历史学不可分离的人文学科,并不是自然科学。② 涂尔干则认为,传统上的历史学不可能成为科学,因为它没有系统,但可以从历史的角度观察社会,从而为社会学提供服务。德国的史学传统坚持认为历史学是一门以个体——无论是个人还是社会——为研究对象的科学,并试图理解它们独有的特征。相反,涂尔干却坚持,涵盖历史

---

① Steven Lukes, *Emile Durkheim: His Life and Work: A Historical and Critical Study* (Stanford, CT, 1985).

② Paul Vidal de la Blache, *Géographie universelle* (Paris, 1927-1948); 同作者, *Principles of Human Geography* (New York, 1926).

学在内的社会学是以社会群体的"集体意识"为研究对象。他的著作《自杀论》(Suicide, 1897)转向对当时的工业世界进行研究,从他所定义的"失范"的角度对自杀进行分析。所谓"失范"即指在庸常的大众社会中个人的孤立状态取代了旧式传统社会中的归属感。相反,贝尔却坚信历史学不但可能而且应当把涂尔干所归纳的集体现象纳入历史研究的框架。他创办的杂志后来成为国际性的讨论历史理论和方法的论坛,反过来又对法国的新社会史产生了影响。

尽管20世纪初的法国依然缺乏严肃的马克思主义学术研究,马克思主义历史学家也从未占据重要的学术位置,却出现了公开的马克思主义历史学著作。这就是法国社会党政治家让·饶勒斯(Jean Jaurès, 1859—1914)写的《法国革命的社会主义史》(The Socialist History of the French Revolution)。饶勒斯在书中运用马克思主义阶级冲突的概念,重点讨论了农民和工人在法国革命进程中发挥的作用,而在此前的著作中他们的作用基本上被忽视了。饶勒斯运用档案资料写出了一部学术性很强的历史著作,并配上大量的图片,文字浅显,连农民和工人都可以读懂。他重视经济因素的作用,但并不是经济决定论者。正如他自己说的,他不仅受到马克思主义的影响,而且受到米什莱的"神秘主义"的影响,其中,包括普通人在内的具有非凡魅力的个人所发挥的重要作用。令人惊讶的是,法国学术界对饶勒斯的反应完全不同于德国学术界对兰普雷希特的反应。饶勒斯被当作一名学者认真地对待。

1903年,他要求法国政府设立一个委员会,为研究法国革命的经济和社会史收集和出版散失在各地的史料。这项请求获得批准,由饶勒斯出任这个由研究法国革命的著名历史学家组成的委员会的主席。在德国,倾向普鲁士君主制的学者统治了各所大学,民主改革的支持者大都受到排斥;①而在法国的大学里,随着在第三共和国期间进行的改造,绝大多数学者拥护共和派的理想。② 尽管保皇派史学反对共和国并对法国革命进行批判,但他们的成员,除了前面已经提到的伊波利特·泰纳这个明显的例外,基本上处于学术界之外。他们当中有些人在政治上非常活跃,积极参加极端民族主义和反犹主义的"法兰西行动"(Action Française)。③

美国的"新史学"

在美国,随着"新史学"的产生,同样出现了向社会史的转向。"新史学"试图对前一代职业历史学家自称的"科学的历史学"进行清算。其中的重要动力之一来自威斯康星-麦迪逊大学的教授弗雷德里克·杰克逊·特纳(Frederick Jackson

---

① 关于德国各大学的政治和思想氛围及其分化,见 Fritz Ringer, *The Decline of the German Mandarins: The German Academic Community, 1890-1933* (Middletown, CT, 1990)。

② William Keylor, *Academy and Community: The Foundation of the French Historical Profession* (Cambridge, MA, 1975)。

③ William Keylor, *Jacques Bainville and the Renaissance of Royalist History in the Twentieth Century* (Baton Rouge, LA, 1979)。

Turner,1861—1932)。① 特纳在一篇题为《美国历史上的边疆》("Frontier in American History",1893)的文章中对许多前辈历史学家所主张的英美的自由制度起源于古代日耳曼部落社会的观点提出了挑战,并认为美国的自由制度是独特的,起源于争夺边疆的斗争。真正的美国并不是东部精英集团建立的美国,而是美国腹地和西部地区的普通民众建立的美国。他指出,历史学家必须考虑到美国社会的地理背景,西部边疆所起的关键作用以及美国政治史的社会和文化背景。

特纳的历史论著发表时正值美国政坛"进步主义运动"的兴起。进步主义运动的目标是争取民主改革。在这之前的19世纪70和80年代,美国出现了"平民运动",主要是农民反对银行和铁路势力的运动。而进步主义运动不仅考虑到了工业社会中农民的生活状况,而且考虑到了工人的生活状况。从1893年起就担任哥伦比亚大学教授的詹姆斯·哈维·鲁滨逊(James Harvey Robinson,1863—1936)在20世纪的头十年里写了一系列文章和《新史学》(New History,1912)一书,归纳了一种新的历史学的纲领,即他所主张的以文化和社会为中心的历史学。反过来,他所说的文化就是思想史,也就是不仅限于描述伟大的思想家,还要努力去理解一个时代的精神面貌。与特纳不同的是,这种历史学并不仅限于美国,只是把

---

① Richard Hofstadter, *The Progressive Historians: Turner, Beard, Parrington* (New York, 1968); Ernst Breisach, *American Progressive History: An Experiment in Modernization* (Chicago, IL, 1993).

美国看作西方文明中的一部分,而欧洲在其中发挥了关键作用。1919年,哥伦比亚大学首次为本科生开设了"西方文明"的课程。同样是在哥伦比亚大学,一批志趣相投的历史学家和社会科学家聚在了一起,其中包括哲学家约翰·杜威(John Dewey,1859—1952)。当时,卡尔·洛特斯·贝克尔(Carl Lotus Becker,1873—1945)正在专心从事有关欧洲思想史以及欧洲对美国民主思想的影响的一系列研究。①

令人惊讶的是,倾向民主的"新史学"几乎完全忽视了美国的非裔美洲人的命运。1912年当选美国总统的伍德罗·威尔逊(Woodrow Wilson,1856—1924)得到"新史学"派中许多人的支持,却反对就种族分离制度进行任何改革。"新史学"的倡导者试图建立的历史学总的说来与刚刚出现的社会科学展开了紧密合作。然而,与兰普雷希特不同的是,他们并不认为这种"新史学"能够总结出社会进程的历史发展规律,尽管他们乐观地认为现代世界的整个发展方向是趋向更大的民主和社会平等。

然而,与提出美国例外论的特纳不同,有些进步主义的历史学家却深知美国的民主是不完善的。1913年,查尔斯·比尔德(Charles Beard,1873—1945)出版了《美国宪法的经济解

---

① Carl Lotus Becker, *The Declaration of Independence: A Study in the History of Political Ideas* (New York, 1922);同作者, *The Heavenly City of the Eighteenth-Century Philosophers* (New Haven, CT, 1932)。

释》(An Economic Interpretation of the US Constitution)一书。①虽然比尔德并不认为自己是马克思主义者,但他运用了与马克思主义的历史和社会解释密切相关的两个观念。一个正如他的书名所表明的,是经济因素起核心作用的观念。另一个观念是,政治权力在一定的程度上建立在经济力量的基础上并用于维护社会和经济的不平等。比尔德开始打破关于美国宪法之父们的神话,即他们主要受自由理想的激励;相反,他证明了他们做决定时仍是受私人经济利益驱使。兰普雷希特和贝尔都坚信历史研究和社会研究有可能实现科学的客观性,而卡尔·贝克尔与查尔斯·比尔德则不然,他们更谨慎,强调主观因素的作用。

英国的经济和社会史

从传统的博学派史学向跨学科的社会史的转变,在英国比较缓慢。许多历史著作继续沿着辉格派历史解释的道路写作②,把重点放在议会和法律的发展上。尽管如此,在学术界以外产生了一些劳工史的重要著作,着重研究穷人的生活。阿诺德·汤因比(Arnold J. Toynbee, 1851—1883,那位著名的与其同名的汤因比是他的侄子的《英国工业革命讲稿》(Lec-

---

① 关于比尔德,见 Hoftstadter, *The Progressive Historians*; Peter Novick, *That Noble Dream: The "Objectivity Question" and the American Historical Profession* (Cambridge, 1988); Breisach, *American Progressive History*; Ellen Nore, *Charles A. Beard: An Intellectual Biography* (Carbondale, IL, 1983)。

② 见 Herbert Butterfield, *The Whig Interpretation of History* (London, 1931)。

tures on the Industrial Revolution in England)在他去世后的1884年出版,把注意力集中在工业化对市镇产生的后果以及农村的圈地运动上。请读者注意,不要把他与他的同名侄子弄混淆了。此外还有两对夫妻,一对是约翰·劳伦斯·哈蒙德(John Lawrence Hammond,1872—1949)和巴巴拉·哈蒙德(Barbara Hammond,1873—1961),于1911年出版了《农村劳工》(The Village Labourer);另一对是比阿特丽斯·韦布(Beatrice Webb,1858—1943)和西德尼·韦布(Sydney Webb,1859—1947),出版了《工联史》(History of Trade Unionism,1894)和《工业民主》(Industrial Democracy,1897)。在法国也出现了埃米尔·勒瓦瑟(Emile Levasseur,1828—1911)和亨利·豪塞尔(Henri Hauser,1866—1946)撰写的关于劳工生活状况的重要著作。

经济史作为一门学科,不仅从经济学而且从历史学派生出来,并在20世纪20年代开始占据重要地位,但它的起源应当追溯到W. J. 阿什利(W. J. Ashley,1860—1927)。19世纪90年代,他在哈佛大学就任世界上第一位经济史教授。不久,大西洋两岸都设立了经济史教席。

其他国家的新社会史

事实证明,从以国家为中心的史学范式向跨学科的社会和文化史转变是国际性发展趋势,它首先发生在西方和拉丁美洲,不久以后又发生在东亚。奥地利统治下的波兰的克拉科夫大学和利沃夫大学,以及俄国占领下的波兰地区的华沙大学等一些相对自主的大学对这一发展趋势的反应和倾向,是为了赋予民族文化以历史的基础,以抵制占领国把波兰俄罗斯化和日耳曼化的企图,并恢复民族独立。在作为政治和宗教实体的沙皇俄国,中央集权非常强大。以瓦西里·奥西奥维奇·克留切维斯基(Vasili Osiovich Kluchevskii, 1841—1911)和他的学生帕维尔·尼古拉耶维奇·米留科夫(Pavel Nikolaevich Miliukov, 1869—1943)为代表的莫斯科学派采用了跨学科的研究方法,把政治结构和进程放在更广泛的经济和社会背景下进行研究,用以证明俄国的发展道路与西方不同。[1] 兰普雷希特的著作在20世纪初译成日文后,激发了日本历史学家对社会-文化史的兴趣。这一兴趣体现在津田左右吉(1873—1961)写的考察日本民族的集体精神的著作中。[2] 鲁滨逊的《新史学》在20世纪20年代初译成中文出版。在这部著作的启发下,中国同样出现了扩大历史学研究领域的变化。它推动了中国的历史学批判性地反思以王朝为中心的帝国史学传统,并开始尝试写作民族的历史。[3]

---

[1] Anatole G. Mazour, *Modern Russian Historiography* (Westport, CT, 1975); Thomas M. Bohn, *Russische Geschichtswissenschaft von 1880 bis 1905: Pavel N. Miljukov und die Moskauer Schule* (Köln, 1998).

[2] 全面研究津田左右吉的历史思想和史学观念的著作,见上田正昭:《津田左右吉(人と思想)》(东京,1974)。

[3] Q. Edward Wang, *Inventing China through History: The May Fourth Approach to Historiography* (Albany, NY, 2001), pp. 67-72.

可见,向社会和文化史新范式的转变是个国际性的现象。当然,旧的历史研究模式依然占据着重要地位。在我们提到的所有国家中,有许多历史学家依然按照传统的方式从事研究,试图避开理论问题,尽管他们无法摆脱政治偏见。以卡尔·兰普雷希特的《德国史》为开端,推动这一转变的重要力量来自德国,但即使在德国这样的国家,新史学同样遭到顽强的排斥。兰普雷希特既不是激进的民主改革派,也不是马克思主义者。然而,他被当成了两者皆是。这无疑给半专制的德国政府带来了许多麻烦,引起了中产阶级各个阶层的恐惧。他们害怕这一方向的民主化和政治改革会增强社会民主党和工人阶级的力量。此外,正如我们在前一章看到的,德国的历史学家在动员公众舆论以支持1871年建立半专制政府的方案上发挥着非常重要的作用,因为这一方案实现了中产阶级的立宪诉求。这部宪法既满足了他们的许多政治和社会要求,同时又维持了现状。所以,兰普雷希特用理想主义的观念向传统史学提出挑战被视为是要颠覆现有的一切。

国际交流

自18世纪的启蒙运动以来,此时第一次出现了跨越国界的紧密的学术交流。19世纪下半叶,大批美国、法国和东欧的历史学家前往德国。来自日本和中东的学生也很快加入了这一行列。这种交流持续到20世纪初。美国"新史学"的核心人物鲁滨逊曾在莱比锡大学同兰普雷希特一道从事研究。

莱比锡大学有一小群志同道合的社会科学家定期聚会，其中包括经济学家卡尔·比歇尔（Karl Bücher，1847—1930）、心理学家和哲学家威廉·冯特（Wilhelm Wundt，1832—1920）和地理学家弗里德里希·拉采尔，而兰普雷希特是核心人物。涂尔干和著名的浪漫主义历史学家尼古拉·约尔加（Nicolae Iorga，1871—1940）也曾经在莱比锡大学学习。1893年，约尔加在兰普雷希特的指导下完成了博士论文。还有一些历史学家前往柏林大学学习，包括鲁滨逊和非裔美国社会学家和历史学家杜波伊斯（W. E. B. DuBois，1868—1963）。杜波伊斯参加了经济史学家古斯塔夫·冯·施莫勒主持的讲座，并与马克斯·韦伯保持通信联系。

在历史研究中出现了新的国际合作，其中一个例子是奥地利社会民主党历史学家卢约·莫里茨·哈特曼（Lujo Moritz Hartmann，1865—1924）与德国保守主义历史学家格奥尔格·冯·贝洛（Georg von Below，1857—1920）于1893年共同创办的《经济和社会史季刊》（*Vierteljahrschrift für Sozial-und Wirtschaftsgeschichte*），刊登德文、法文、英文和意大利文的文章，撰稿人来自欧洲和北美的所有国家。1904年，在美国圣路易斯举办博览会的同时召开了艺术和科学大会。卡尔·兰普雷希特、弗雷德里克·杰克逊·特纳、詹姆斯·哈维·鲁滨逊和来自英国的伯里（J. B. Bury，1861—1927）等新史学的主要倡导者在伍德罗·威尔逊负责召集的小组中讨论了历史和社会研究的新方向。出席这次大会的还有来自德国的社会学家马克斯·韦伯、宗教社会学家恩斯特·特勒尔奇(Ernst Troeltsch,1865—1923)和教会史学家阿道尔夫·冯·哈纳克(Adolf von Harnack,1851—1930)。① 此后,兰普雷希特于1904年在哥伦比亚大学举行一系列讲座。他的讲稿一年后用英文出版,书名为《什么是历史？现代历史科学五讲》(*What is History? Five Lectures in the Modern Science of History*)。② 兰普雷希特在美国受到了极大的重视。1906年,他如同几十年前的兰克一样当选为美国历史学会的名誉会员,但是,他阐述的关于历史规律的推论是否对美国学界产生了直接的影响,还是值得怀疑的。

历史理论的讨论

19世纪90年代和20世纪初,围绕着历史知识的性质等理论问题,展开了热烈的讨论。那时出现了两本历史方法论的教材。恩斯特·伯伦汉(Ernst Bernheim)的《历史方法讲义》(*Lehrbuch der historischen Methode*,1889)与查理·朗格诺瓦(Charles Langlois)和查理·瑟诺博司的《史学原论》(1898)是那时有关学术研究的标准读物。它们都被译成了多种文字,而伯恩汉的书出版不久就有了日文的节译本。我们上面已经提到,亨利·贝克尔的《历史综合杂志》是讨论历史研究

---

① *Congress of Arts and Sciences: Universal Exposition*, St. Louis 1904, vol. 2 (Boston, MA, 1906).

② New York, 1905.

方法的国际论坛。但把历史学作为一门研究学科在理论上做深入探索的则是德国学者。在一定意义上,这些讨论是我们之前提到的德罗伊森的《历史学基础》和他对巴克尔的批评的一种继续。1883 年威廉·狄尔泰(Wilhelm Dilthey,1833—1911)出版了《精神科学导论》(Einleitung in die Geisteswissenschaften)一书,更激活了有关历史学性质的争论。狄尔泰的目的是像康德对纯粹理性的批判那样,尝试"历史理性的批判"。① 狄尔泰继续阐发了兰克和德罗伊森等人的一个重要理论前提,这个理论前提对之前史学的发展至关重要,那就是历史学是一门科学,但是一门人文科学。与自然科学寻求抽象的因果解释不同,历史学力求"理解"人类行为的动机,因为这些动机无法做因果解释。狄尔泰同意康德的观点,认为人类精神本质上遵循了严密的逻辑思维,因此对他来说,"精神/文化科学"(Geisteswissenschaften)有可能展现真实的知识。它的真实性不在于如何反映了外在的现实,而是如何在心灵上建构和重构对过去的认知。狄尔泰这么写道:"我内心所经验的是意识活动的一个事实,因为我体会到了。""当所有的经验在我们的意识中——我们的本性中——出现的时候,已经具有了它们原有的联系。"②狄尔泰强调所有的知识

---

① 该书英译本书名为 Introduction to the Human Sciences: An Attempt to Lay a Foundation for the Study of Society and History,(Detroit, 1988);关于狄尔泰,见 Jacob Owensby, Dilthey and the Narrative of History (Ithaca, NY, 1994)。

② 引自 Georg G. Iggers, The German Conception of History: The National Tradition of Historical Thought from Herder to the Present (Middletown, CT, 1983), p. 135。

都是主观的,同时他又相信主观认知的过程可以通向知识。在这点上,他没有真正超越兰克和德罗伊森对"理解"的立场,也即"理解"是历史研究的对象。"理解"归根结底是一种直觉的行为。但狄尔泰不再进一步指出检验直觉是否可靠的办法。他竭力想让历史学与形而上学脱钩,但却回到了兰克和德罗伊森对"理解"的形而上学的界定,也即"理解"虽然本质上是主观的行为,但却植根于现实。

威廉·文德尔班(Wilhelm Windelband,1848—1915)、海因里希·李凯尔特(Heinrich Rickert,1863—1936)同意德罗伊森和狄尔泰的看法,认为直觉式的理解(Verstehen)为沟通直觉和客观现实提供了桥梁。但是他们没有提出一种方法能让直觉可以受到客观现实的检验。① 文德尔班对自然科学"法则式"的方法与历史学"个别式"的方法的区别,为人熟知。前者寻求法则和规律,而后者试图捕捉历史现象的个别特征。这一区分也适用于德国历史学家对兰普雷希特的批判,其中(如同我们上面所述)杂有政治的意味。李凯尔特的基本立场类似于文德尔班等人,不过他在讨论中引入了两个重要的观念,这两个观念马克斯·韦伯也同意。第一,人文科学抑或"文化科学"(Kulturwissenschaften)不能没有概念;第

---

① 关于文德尔班、李凯尔特和新康德主义,见 Thomas Willey, *Back to Kant* (Detroit, 1979); Klaus Köhnke, *Entstehung und Aufstieg des Neokantianismus* (Frankfurt, 1986); Erich Kreiter, *Philosophy as Weltanschauung ib Trendelenburg, Dilthey und Windelband* (Amsterdam, 2007); Sebastian Luft and Rudolf Makreel, eds., *Neo-Kantianism in Contemporary Philosophy* (Amsterdam, 2010).

二,一个文化所体现的价值就是它重要的方面。

然而,当时对历史学最严厉的批评者是马克斯·韦伯,他不但批评兰普雷希特的实证主义做法,也认为德国历史学派缺乏明确的方法。他像在海德堡大学时的同事李凯尔特一样,认为必须从文化中所体现的中心价值观的角度对文化进行研究,但他也像李凯尔特一样坚持,这样的研究必定会掺杂观察者的价值观。韦伯这一次使用的概念是社会科学,而不是文化科学(Geisteswissenschaften),并主张提出某种方法论,从而把社会研究提高到与其他科学同样严谨的程度。①与李凯尔特和大多数新康德主义者相似,但更进一步,韦伯认定价值观一旦与它相关的文化脱钩便失去了有效性。人类世界充满了相互对立的价值观,这是它的基本特征之一,而任何价值观都不可能在科学或理性中找到它的依据。文德尔班和李凯尔特依然坚持伦理与理性之间存在着微弱的联系,而这一联系在韦伯那里被完全切断了。② 尽管韦伯详细阅读过狄尔泰和弗洛伊德的著作,也阅读过弗里德里希·尼采的著作,但他依然坚信理性的思想完全有可能不受情感或弗洛伊德所说的潜意识的影响。人们所研究的文化的价值观没有任何客观的有效性。但是,他写道:"如果运用合适,那么由社会科

---

① Max Weber, "'Objectivity' in Social Science and Social Policy", in H. H. Gerth and C. Wright Mills, eds., *Max Weber on the Methodology of the Social Sciences* (Glencoe, 1949).

② Max Weber, "Politics as a Vocation", in H. H. Gerth and C. Wright Mills, eds., *From Max Weber: Essays in Sociology* (New York, 1946), pp. 76-128.

学的方法论所证明正确的东西,应该放之四海而皆准,即使一个对我们的思维范畴和推理毫无兴趣的中国人,也会承认其正确。这一点应该是毫无疑问的。"① 韦伯承认文化科学和社会科学的研究对象是独特的和定性的,需要不同于自然科学的方法;但是,一切科学,包括文化科学和社会科学在内,都需要明确的概念、理论和概括。既然文化是意义的网络,那么,他们就需要能在具体的环境中帮助他们理解这些意义的概念。因此,韦伯主张建立他所说的那种"理解社会学"(verstehende Soziologie),但与德国历史学派不同的是,他并不把"理解"看作是与理性无关的直觉行动。因此,他与维也纳的经济学家卡尔·门格尔站在同一立场上,批判古斯塔夫·冯·施莫勒以及德国国民经济历史学派使用了片面的历史方法,批评他们的历史方法忽视了经济行为的重复性②,但与此同时,他也批评门格尔和古典政治经济学把经济学简化为非历史的规律。③ 社会科学之所以能够成立是因为文化和社会中的个人行为依据公认的标准。韦伯否定了德国历史学派所认为的个人和群体的行为是不可通约的观念。按照韦伯的看法,把"意志的自由等同于行动的非理性是错误的"。"不可

---

① Weber, "'Objectivity' in Social Science", p. 58.
② Carl Menger, *Die Irrtümer des Historismus in der deutschen Nationalökonomie* (Vienna, 1884).
③ Max Weber, "Roscher und Knies und die logischen Probleme der historischen Nationalökonomie," in *Gesammelte Aufsätze zur Wissenschaftslehre* (Tübingen, 1968), pp. 1-145.

预测的行为(Unberechenbarkeit)是疯人独有的特征。"①因此，每个社会都有它固有的行为模式，而社会科学家的任务就是把它们简约为概念。虽然韦伯相信理性思维的可能性，但他也强调社会和文化的特征并不会直接呈现在观察者面前，只能反映在观察者提出的问题中。韦伯像涂尔干一样认为科学有内在的主观成分，以社会为研究对象的科学必须使用类型学，但类型并不完全与现实相符。它们的用途是捕捉现实。韦伯把它们称作"理想类型"(ideal types)，而"理想类型"必须在经验上和理论上接受社会现实的检验。

然而，韦伯所持的激进的伦理相对主义和他坚持世界并无意义的观点，又恰恰与他的历史哲学相矛盾。他的立场越来越接近社会达尔文主义，虽然他不愿意承认这一点。韦伯是强烈的日耳曼民族主义者，把历史看作为民族复兴而进行的斗争。世界的特征就是世界观(Weltanschauungen)之间不断的竞争。政治的任务不是去决定这些世界观正确与否，而是从现实感的角度决定某种观念如何实践。诸如"登山宝训"之类的伦理学忽视了这些现实，因此是不负责任的。② 他在早期一篇反对波兰农业工人涌入德国的文章中采取了赤裸裸的种族主义立场，认为德国人在与波兰为敌的长期斗争中证明了他们的文化优越性，而现在正在面临"低等种族"(tief-

---

① 引自 Iggers, *German Conception of History*, p. 163。
② Weber, "Politics as a Vocation", p. 119.

erstehende Rasse）流离失所对他们造成的威胁。① 但是，他以后再也没有重复过这样的言论；他在《社会科学的档案》中指出，W. E. B. 杜波依斯是一位杰出的知识分子。韦伯之后继续强调德国在争取民族复兴的国际斗争中必须走议会民主的方向。这并不是因为他倡导民主，而是因为他认为在列强之间的国际斗争中获得生存的唯一途径是克服工人阶级的异化并限制贵族和官僚的陈旧权力。在第一次世界大战的早期阶段，他倡导大规模的领土吞并，但到了1917年，对现实的认识导致他呼吁缔结和约，放弃吞并，并进行政治改革。1918年11月，他对德国共和国表示支持。②

在韦伯的整个学术生涯中，他始终在对西方文明和非西方文明进行比较。他认为每一种文明，无论现在还是过去，都拥有一整套决定其特征的价值观。然而，尽管他对价值观持相对主义的看法，但这样的比较导致他得出结论：西方代表了优越的文化。在他看来，只有西方有一种特殊形态的理性主义，即以抽象逻辑和经验思维为形式的科学。其他的文化也有某种形式的科学，但从未采取这一抽象的形式。西方历史以理智化进程为其特征。在这个过程中，旧的宗教和形而上学的幻想被抛弃，代之以科学理论。一方面，西方仅代表诸多

---

① 引自 Iggers, *German Conception of History*, p. 169。又见 Wolfgang J. Mommsen, *Max Weber and German Politics 1890-1920* (Chicago, IL, 1984)。

② Wolfgang J. Mommsen, *Max Weber and German Politics 1890-1920* (Chicago, 1984)。

文化中的一种,但另一方面,它的理性和科学观念又符合普遍适用的逻辑思想的标准。① 总而言之,这个理智化的过程不仅意味着知识的进步,也会摧毁珍爱的价值观,并迫使现代人面临存在的无意义感。

近代文明的生存危机

西方历史的不断进步一方面走向了一个更好的世界,另一方面也为摧毁旧的信念和价值观创造了条件,使人类陷入了生存危机。不止一位思想家提出了这种观念,尤其是涂尔干、弗洛伊德和韦伯。我们在前面已经讨论的这些历史学家和哲学家大多数持温和的立场。但在广泛的公众舆论中,绝大多数人在西方优越论和彻头彻尾的种族主义上比他们走得更远。在19世纪90年代和20世纪初的沙皇俄国和罗马尼亚以及德雷弗斯事件以后的法国出现了反犹太人的屠杀事件,尽管德雷弗斯和第三共和国在法国得到了许多人的支持。1896年,美国最高法院在普莱西诉弗格森一案的判决中公然宣布,在南方已成为习惯的种族隔离并不触犯美国宪法,反映了当时的思想氛围,而在1954年美国最高法院审理布朗诉教育委员会一案中,又宣告学校实行种族隔离为违宪,反映出思想氛围发生了变化。在20世纪初,标志着这一变化的重要事

---

① Max Weber, "Introduction", *The Protestant Ethic and the Spirit of Capitalism* (New York, 1958), pp. 13-31.

件是,当德国在德属西南非洲(今纳米比亚)进行的所谓"赫雷罗战争"(Herero War,1904—1908)中对大多数土著居民实行种族灭绝行动时,整个世界却置若罔闻。德国为了给这种行动制造正面形象,竖立了一座纪念碑来纪念战争中阵亡的德国军人。在后来的比属刚果地区,数以百万计的非洲人被屠杀的事实却因为西方种族和文化优越的历史观念而被合法化了。

二 两次世界大战之间的史学(1918—1939)

第一次世界大战期间的历史学家①

1914年7月31日,就在第一次世界大战爆发的前夕,法国狂热的民族主义者刺杀了社会主义政治家和历史学家让·饶勒斯,因为他发出了最后的呼吁,要求法国不要卷入战争。这次刺杀事件表明民族主义情绪的增长带来了政治氛围的变化。

1890年至1914年之间历史观念的主要特征之一——至少在西方,当然也包括其他地区——是逐渐摆脱了以国家为

---

① 关于第一次世界大战中德国、俄国、法国和英国的大学,见 Trude Maurer, ed., *Kollegen-Kommilitonen-Kämpfer: Europäische Universitäten im Ersten Weltkrieg* (Stuttgart, 2006); Notker Hammerstein, "The First World War and Its Consequences", in Walter Rüegg, ed., *A History of the Universities in Europe*, vol. 3 (Cambridge, 2004), pp. 641-645。

中心的狭窄的历史研究,也就是从相对孤立于跨学科研究之外并专注于外交史和军事史的研究,开始转向社会史、经济史和文化史的研究。此外,顽固的民族主义情绪尽管依然存在,但这一时期的国际交流仍有所增强。但是,随着1914年大战的爆发,国际交流增强的趋势被迫中断,甚至在某些情况下发生了逆转。

令人恐惧的是,在所有的参战国里,人们竟然如此广泛一致地支持战争。在柏林、巴黎、罗马、圣彼得堡和伦敦都举行了盛大的群众示威。各国的教会,无论是路德派、罗马天主教,还是俄罗斯东正教,在英国不仅有国教,还有除贵格会以外的其他抗议教派,都在祈求上帝保佑各国自己的军队。知识分子和作家们也坚定地支持战争,至少在战争的最初阶段是如此,其中包括西格蒙德·弗洛伊德、埃米尔·涂尔干、马克斯·韦伯和托马斯·曼(Tomas Mann,1875—1955)等思想家,他们认为这场战争是在捍卫自己的文化。偶尔也可以听到有少数知识分子发出了反对战争的声音,尤其是德国的阿尔伯特·爱因斯坦(Albert Einstein,1879—1955)和法国小说家罗曼·罗兰(Romain Rolland,1866—1944)。英国哲学家伯特兰·罗素(Bertrand Russell,1872—1970)和德国的罗莎·卢森堡(Rosa Luxemburg,1871—1919)则公开地批评战争。1917年美国参战后,社会党领导人尤金·德布斯(Eugene Debs,1855—1926)也对战争进行了公开的批评。但他们的批评都遭到了钳制。

知识分子,尤其是历史学家,以学术研究效忠于他们所认为的需为战争而服务的爱国主义责任,这是可耻的行径。但是,由于民族主义甚嚣尘上,这种做法并不是西方国家独有的现象。法国的恩斯特·拉维斯(Ernest Lavisse,1842—1922)和埃米尔·涂尔干曾在德国学习并高度称赞德国思想传统,而现在却提出了一种思想发展的新线索,反对路德,赞同霍亨索伦王朝和俾斯麦。特赖奇克则竭力歌颂无情的权力(Macht)。牛津大学的一些现代史教师在系列丛书《我们为什么开战:大不列颠的解答》(Why We are at War: Great Britain's Case)中也重复着同样的论点。① 这次大战被他们看作是两种文化的对抗:西方盟国的文化与普鲁士的文化之间的对抗,前者以"法制国家"为基础,而后者以马基雅维利的"国家利益"(raison d'état)为基础。所谓"国家利益",即在政治权力的追逐中,如有必要,不惜开战。这些作者承认存在两个德国:一个是以波茨坦为中心的军国主义的德国,另一个是从属于前者的魏玛德意志文化。德国官方也进行了针锋相对的宣传,同样得到了德国历史学家和知识分子的广泛支持,它认为这场战争是两种文化的碰撞:一种是体现在德国政治现状中的"1914年理念",据称是主张社会公正,并植根于丰富的文化传统;而与它相对立的是"1789年理念",也即法国和

---

① Stuart Wallace, *War and the Image of Germany: British Academics 1914-1918* (Edinburgh, 1988).

英国那种缺乏责任感的民主观念。作家托马斯·曼指出,德国用它哲学上的理念主义和团队意识来体现文化(Kultur),而西方联盟则以理性主义的思想倾向和粗糙的唯物主义来代表文明(Zivilisation)。① 战前历史学家的国际合作戛然而止,直到战后才恢复。为社会史研究提供指南并用四国语言出版的杂志《经济和社会史季刊》现在仅限于在德国发行,专门刊登研究制度史和行政史的范围比较狭窄的文章。跨国交流的中断典型地反映在卡尔·兰普雷希特和比利时的历史学家亨利·皮朗(Henri Pirenne, 1862—1935)之间的交恶上。皮朗曾为德法两国社会史学家的交流架起了一座桥梁,并与兰普雷希特交往甚笃。但是,自兰普雷希特公开支持德国的扩张,包括德国对比利时的入侵以后,再来造访皮朗时,皮朗当着他的面砰地一声将大门关上。② 直到20世纪20年代,皮朗一直反对邀请德国历史学家出席国际会议。

第一次世界大战期间,各国政府招募历史学家来从事宣传,其效果达到了空前的程度,而且他们总能从历史学家那里得到有力的支持。所有参战国无一例外,尤其是在现代媒体的大规模运用最为发达的美国。1917年,美国一宣布参战,总统伍德罗·威尔逊立即设立了公众信息委员会,与美国历史学会全面合作,向数以万计的潜在读者分发宣传品。此外,

---

① 见 Thomas Mann, *Betrachtungen eines Unpolitischen* (1918); 英文版:*Reflections of an Unpolitical Man* (New York, 1983)。

② Chickering, *Lamprecht*, p.439.

美国历史学会创办了一份针对历史教师的杂志,指导高中教师如何讲授大战的历史背景。被美国各所大学和学院解聘的历史教师在比例上大于任何其他卷入大战的国家。在欧洲各国的大学,招聘历史学家时对社会和政治一致性的要求,甚至超过了美国。尽管许多知识分子都预见到如果德国取胜将对西方民主造成威胁,但在他们中间仍有一些绥靖分子。大批历史学家和知识分子被国立和私立的高级学术机构解聘。查尔斯·比尔德主张美国参加对德作战十分必要,但在1917年,当他的一些同事因反对战争而被解聘时,他认为这违背了学术自由的原则,愤而辞去哥伦比亚大学的职务,以表示抗议。同样是在哥伦比亚大学的詹姆斯·哈维·鲁滨逊,在受到压力,被要求修改他所写的那本广为流传的著作《中世纪和现代》(*Medieval and Modern Times*),增加更多反对德国的注释时,他却被迫应允了。①

这种施压手段在德国并不必要,因为历史学家们之间有着坚定的共识。法特·法伦汀(Veit Valentin,1885—1947)是一个例外,他在1917年失去了大学任教资格(venia legendi),因为他被视为缺乏爱国情怀。② 这个资格到战后也未能恢复。德国历史学家举行声援活动,号召公众支持德国的战争

---

① Novick, *That Noble Dream*, chapter 5, "Historians on the Home Front", pp. 11-132.

② Hans Schleier, "Veit Valentin", in his *Die bürgerliche Geschichtsschreibung der Weimarer Republik* (e. Berlin, 1975), pp. 346-398; Elisabeth Fehrenbach, "Veit Valentin" in Wehler, *Deutsche Historiker*, vol. 1, pp. 69-85.

政策。在这些声明中,最著名而且最终变得最声名狼藉的是德国93名著名知识分子、科学家、艺术家和作家签名的《对文化界的声明》(Aufruf an die Kulturwelt)。① 这份声明为德国入侵比利时的行为辩护,认为德国的军国主义传统与德国的文化之间不存在任何冲突。在德国的高级研究机构中,在类似的声明上签字的有4000人。《九十三人声明》带有令人恐惧的种族主义腔调,指责协约国在"可耻地煽动蒙古人种和黑人反对白色人种","因而根本没有权利把自己称作文明的捍卫者"。对于这份声明,有一份8个人签名的声明表示反对,并得到了阿尔伯特·爱因斯坦的支持。②

在大战的进程中,德国历史学家和知识分子的共识终于被打破了。1917年,德国帝国议会通过和平决议,而其他所有参战国都没有采取相同的行动。决议呼吁德国政府通过谈判缔结谅解和约,放弃占领的领土。但是,这时由保尔·冯·兴登堡(Paul von Hindenburg,1847—1934)将军和埃里希·鲁登道夫(Erich Ludendorff,1865—1937)将军为首的军队控制着政府,他们对这项决议不予理睬。这时,包括历史学家弗里德里希·梅尼克(Friedrich Meinecke,1862—1954),有历史学倾向的社会科学家马克斯·韦伯和阿尔弗雷德·韦伯(Al-

---

① 93人签名的《对文化界的声明》全文可在Google网上搜索到。
② Albert Einstein, "Manifesto to the Europeans" (with G. F. Nicolai and F. W. Förster), mid-October 1914, in *The Collected Papers of Albert Einstein*, 8 vols. (Princeton, 1987-2002), vol. 6, pp. 28-29.

fred Weber,1868—1958)以及恩斯特·特勒尔奇在内的一些重要知识分子组成了一个松散的政治团体,号召缓和战事并以议会民主为目标进行政治改革。忠于现有政治秩序和现有历史研究方式的历史学家,与目标稳健、但认为政治和学术研究的改革都势在必行的少数历史学家和社会科学家之间产生了分歧,这决定了德国战后的思想和学术氛围。①

对理性和现代性的批判与为启蒙运动辩护

伍德罗·威尔逊宣布这场战争的目的是"使民主制度在世界上安全存在",并在"十四点原则"中号召民族自决。然而,事实正好与此相反,两次世界大战之间的主要特征是,除了在西欧和北欧以及美国已经建立的民主制度外,在所有的地区都出现了政治上的不稳定。在旧日的德意志帝国、奥匈帝国、奥斯曼土耳其帝国和俄罗斯帝国解体后,诞生了新的民族国家并建立了民主政府,但是,所有这些新的民主国家,除了捷克斯洛伐克以外,都像以前的意大利、葡萄牙、德国以及西班牙一样演变成了专制制度。获胜的协约国肆意重新分配领土,战败国不得不向新的国家割让土地;结果大量不安的少数民族也被交给了新政府。十月革命导致了苏联的诞生,建立了集权国家,实行国家社会主义。苏联把自己看作是对资本主义世界现有社会秩序的挑战,而资本主义世界也同样把

---

① Ringer, *Decline of the German Mandarins*.

它看作是一个挑战。德国的纳粹党把自己看成反对布尔什维克的一道防线,与此同时也希望对西方民主国家进行报复,因为它们在1919年的和约中羞辱和惩罚了德国。

这种不稳定越来越多地反映在对民主制度和现代文明的幻想的破灭中。19世纪末的一些抱有不同政治倾向的历史学家和社会思想家,如弗里德里希·尼采、维尔弗雷多·帕累托(Vilfredo Pareto, 1848—1923)和乔治·索雷尔(Georges Sorel, 1847—1922)等,以及两次大战之间的许多其他人,如约翰·赫伊津哈(Johan Huizinga, 1872—1955),哲学家马丁·海德格尔(Martin Heidegger, 1889—1976)、诗人艾略特(T. S. Eliot, 1888—1965)和埃兹拉·庞德(Ezra Pound, 1885—1972)等,都早已表达过一种消极的态度。他们对世界的评价是,在现代社会中,所有的集体感都丧失殆尽,民主制度导致了群氓的兴起,摧毁了所有的文化价值观。在尼采19世纪七八十年代的论著中,以及在何塞·奥尔特加·加塞特半个世纪以后的《大众的反叛》(Revolt of the Masses)一书中①,这种批判强烈地否定了开明和民主的现代世界必将实现的进步论思想。意大利的未来主义者和法西斯主义者,都希望建立一个由具有超凡魅力的领袖所领导的、受极端民族主义神话激励的社会和政治新秩序。这在某种意义上包括纳粹运动,尽管后者

---

① José Ortega y Gasset, *The Revolt of the Masses* (London, 1932).

把中世纪的农业世界理想化了。① 这种神话中的革命观念也渗进了乔治·索雷尔的思想。索雷尔是一名辛迪加-无政府主义者,既否定马克思主义对进步和科学社会主义的信念,又反对民主社会党对改革的认可。他主张暴力革命以便把民众引向一致的行动。令人惊讶的是,他同时受到了列宁和墨索里尼的影响,尽管这看上去似乎有些矛盾。②

对现代性的批判,关键在于对理性思维的攻击。同样,这些观念早在1914年以前就有人开始宣扬,比如狄尔泰对主观性的强调,它至少在欧洲大陆成为了重要的哲学话语。这种反理性主义的典型事例之一是亨利·柏格森(Henri Bergson,1859—1941)提出的生命哲学(vitalistic philosophy)。柏格森认为生命是最基本的现实。他强调,机械的、一成不变的物质世界,可以通过智力来认知,而要想理解生命,理性和经验就一筹莫展,必须经由直觉来感知。有关现实是什么的观念因此整个发生了转变,神话于是获得了特殊的作用。柏格森对现实的这一否定又被马丁·海德格尔向前推进了一步。他在诗歌中回避了科学思维,放弃了启蒙主义的理性和人权的遗产。具体地说,这种观点在德国被包含在政治权利中。1933年担任弗雷堡大学校长的海德格尔对纳粹纲领的认可便属于这种政治权利。奥斯瓦尔德·斯宾格勒(Oswald Spengler,

---

① Jeffrey Herf, *Reactionary Modernism: Technology, Culture and Politics in Weimar Germany and the Third Reich* (Cambridge, 1986).

② Jack Roth, *The Cult of Violence: Sorel and the Sorelians* (Berkeley, 1980).

1880—1936）在《西方的没落》(Der Untergang des Abendlandes)一书中却表达出了一种强烈的悲观态度，令人震撼。①这本书写于第一次世界大战期间，1918年和1920年出版，在德国以外的国家赢得了广泛的读者。斯宾格勒的历史观受到了极端宿命论的指引。他描述了一些所谓的高等文化，西方文化就是其中之一，而每种文化都经历了前定的循环过程。每种文化都有各自的特征并决定了各自的推理方式。因此，根本不存在什么普遍的科学，甚至是数学，因为每个文化都有自己的科学和数学，而在这些文化之间不可能进行交流。所有的文化都以战争和信仰宗教的英雄时代为开端，但都随着城市化而丧失了自己的本质，从神话转向科学和技术。在西方，随着古典文化时代之后到来的是文明的时代，民众占据着统治地位，文化被商业化所摧毁。随着西方世界分解成不发达的野蛮状态，它将被新的文明所取代，就像早期的西方从英雄的神话时代重新开始一样，再也没有了创造性的思想。在斯宾格勒看来，现代世界如临深渊。

然而，启蒙运动的遗产虽然在欧洲大陆上处处受到威胁，但绝没有消失。一种逻辑实证主义的观念重申了对科学方法的信心，尤其是在盎格鲁-撒克逊人的世界，但也包括20世纪20和30年代的维也纳学派。带有这一倾向的思想家，诸如英国的阿尔弗雷德·怀特海(Alfred Whitehead，1861—1947)

---

① 英文版：(New York, 1926)。

和伯特兰·罗素,逃离维也纳的卡尔·波普尔(Karl Popper,1902—1994)和鲁道夫·卡尔纳普(Rudolf Carnap,1891—1970),依然坚持着民主的价值观。

美　国

这些思想潮流如何影响历史研究和历史写作？如果我们讨论的是西方民主国家的历史学界,应当说这种影响比较小。那里的历史学家依然躲在他们工作的机构里,虽然我们看到在第一次世界大战期间他们的工作并没有屈服于来自外部的要求保持一致的压力。在美国战后若干年的"红色恐慌"时期,战争期间那种对不同政见者的迫害仍在继续着。各国历史研究的职业化增强了专门化,结果使大学里的历史学家更加孤立于广大公众,其程度远远超过了 19 世纪。查尔斯·比尔德那样为公众所熟知的历史学家为数极少。向范围广泛的社会史和文化史转变的主流趋势开始于 20 世纪初,延续到了两次大战之间。我们已经提到的从事民主史研究的进步论历史学家继续发挥着重要作用。其中,查尔斯·比尔德与他的夫人玛丽(Mary Beard,1876—1958)共同完成了《美国文明的兴起》(The Rise of American Civilization,1926),受到读者的欢迎。尽管进步论历史学家把全体人口作为他们的研究对象,但妇女基本上仍受到忽视①,对于黑人在美国社会中的从属

---

① 参见 Mary Beard, ed., *America through Women's Eyes* (New York, 1933)。

地位问题也避而不谈。

　　与进步主义学派的方向相反,美国还产生了一个以哥伦比亚大学为中心的邓宁学派(Dunning School),代表了明目张胆的种族主义立场。① 在档案研究方面,他们以兰克式的历史学家自居,并以此为傲。循着这一方法,詹姆斯·G. 伦德尔(James G. Randall,1881—1953)在 1937 年出版了《内战和重建》(*Civil War and Reconstruction*)一书,试图证明黑人是天生低劣的种族。他的例子是,美国重建之后黑人曾短期进入议会,但表现出的不负责任证明他们在政治上没有能力。相反,杜波伊斯在《黑人重建》(*Black Reconstruction*,1935)一书中却得出完全相反的结论:黑人立法者在美国内战后的立法中倡导改革,其影响一直持续到重建之后。② 这本书的最后一章"历史的宣传"最为精彩,指出了兰克式的对档案的详细考证是一种伪装,可以让维护某种意识形态的结论披上历史学术研究的伪装,而他所说的结论是指种族主义的结论。③ 在这部历史著作中,他把马克思主义的阶级分析和种族冲突的分析相结合,证明黑人并不是没有政治观念的沉默和被动

---

①　见 William A. Dunning, *Reconstruction*, *Political and Economic* (New York, 1907)。

②　W. E. B. Du Bois, *Black Reconstruction in America: An Essay on the Role which Black Folks Played in the Attempt to Reconstruct Democracy in America 1860-1920* (New York, 1935)。

③　W. E. B. Du Bois, "The Propaganda of History", in his *Black Reconstruction: An Essay toward a History of the Part which Black Folk Played in the Attempt to Reconstruct Democracy in America*, *1860-1880* (New York, 1956), pp.711-729.

的臣民,而是美国重建这一政治过程的积极参与者,完全知道他们所要求的是什么。然而,令人惊讶的是,他在 1935 年却几乎完全忽视了妇女在争取平等地位的斗争中所起的作用。在这个时期,美国的高等学校的教师队伍中没有黑人,妇女和犹太人也极少。加拿大的情况也大致如此。

在美国,新史学导致观念史、思想史(history of ideas, intellectual history)的诞生。思想史是一种自觉的尝试,试图通过重现隐藏在这类历史背后的精神面貌,超越传统的政治史和进步主义历史学家写的社会史。前面讨论过的鲁滨逊的著作以及卡尔·贝克尔的《十八世纪哲学家的天城》(*The Heavenly City of the Eighteenth-Century Philosophers*, 1932)等著作已经做过类似的尝试,通过研究推动广泛的社会和政治运动的思想观念去理解这些运动。亚瑟·洛夫乔伊(Arthur Lovejoy, 1873—1962)的《存在巨链》(*The Great Chain of Being*)和他于 1940 年创办的《观念史杂志》(*Journal of the History of Ideas*),进一步推动了观念史的研究。① 不过,在洛夫乔伊的著作问世之前已经有人对观念史产生了兴趣。早在 1918 年,哥伦比亚大学哲学系已经出版了《观念史研究》(*Studies in the History of Ideas*)的系列丛书。

---

① Arthur Lovejoy, *The Great Chain of Being: A Study of the History of an Idea* (Cambridge, MA. 1936).

英　国

同美国一样,第一次世界大战对英国史学而言并不代表与战前的重大断裂。相较美国,社会史与经济史在英国保持着更紧密的联系。而事实上,经济史与历史学在学术上存在着一种分野。后者继续沿着旧的史学传统行进,而经济史则引发了社会史的研究。在这一时期,史家们主要关注两个问题:一是16至17世纪乡村绅士所经历的危机;二是工业革命期间的工人阶级状况。马克思主义的理论在那时的讨论中,还不像在二战之后的英国那么至关重要。托马斯·阿什利(Thomas Ashley,1860—1927)、理查德·托尼(Richard Tawney,1880—1962)、M. M. 珀斯坦(Postan,1899—1961)和艾琳·帕沃尔(Eileen Power,1889—1940)都不是马克思主义者。1927年,托尼创办了《经济史评论》(*Economic History Review*)并担任主编。他的《宗教与资本主义的兴起》受到了马克斯·韦伯而不是马克思的启发。上述这些人那时基本都在伦敦政经学院任职。艾琳·帕沃尔在他们中间比较突出,不仅因为她是该校唯一的女性经济史教授,而且她的著作、特别是《中世纪的人民》(*Medieval People*,1923),用档案资料来重现普通人、包括妇女的生活。与美国相比,思想史、文化史的研究,之后由以赛亚·柏林(Isaiah Berlin,1909—1997)和昆廷·斯金纳(Quentin Skinner)的论著所代表,在当时的英国处于十分边缘的地位。

两次世界大战之间的德国

两次大战之间德国的情况却大相径庭。让人讶异的是,第一次世界大战的经历对德国学院派的大多数历史学家的态度,几乎没有产生多大的影响。一战期间,这些历史学家就像德国的整个知识界一样,划分为极端的民族主义者和温和的民族主义者两派。前者认为 1871 年以俾斯麦的方案解决德国问题代表了历史的顶峰,而后者虽然从内心上讲也属于君主派,但要求正视德国战败的现实,承认魏玛共和国,努力调整与西方的宿敌关系。他们不那么情愿承认德国东部的新边界。像战前一样,这些史家坚守着以民族国家为中心的政治史传统,反对开发社会史和文化史的领域。至少在这老一辈人当中,坚定的民主派人数极少。梅尼克是最著名的温和派历史学家。带有历史学倾向的社会思想家韦伯和特勒尔奇也加入了温和派的阵营,不过他们都在魏玛共和国建立的初年去世了。梅尼克的观念史(Ideengeschichte)研究,以德意志哲学和史学传统为基础,与韦伯的社会学取径不同。这类观念史把研究重点放在政治的形成过程中发挥重要作用的个别伟人身上。梅尼克用这类观点写出的第一部重要著作是《世界主义和民族国家》(*Weltbürgertum und Nationalstaat*, 1907)。他在书中坚持,德国的文化传统与导致德国在俾斯麦领导下实现统一的强权政治是相互调和和浑然一体的。这其实就是 1914 年由 93 名知识分子联名发表的著名宣言所提出的主要论点,梅尼克未在这份宣言上签字仅仅是出于偶然的原因。①他在另一本更为悲观的著作《国家至上论》(*Die Idee der Staatsräson*,1924)当中承认,第一次世界大战的经历使他放弃了以前的那种信念,即认为德国寻求的权力带有伦理的性质。面对纳粹主义的兴起,梅尼克在《历史主义的兴起》(*Entstehung des Historismus*,1936)中,则把历史观念与政治完全割裂开来了。他指出,德国的历史思想传统构成了哲学发展的高峰,与马丁·路德一道成为德国奉献给人类的两件最了不起的礼物。

尽管如此,梅尼克有其功劳。虽然他持有比较保守的政治观和史学观,且事实上并未完全摆脱反犹主义的偏见,但梅尼克仍乐于与年轻的历史学者一道工作。年轻一代的历史学家几乎清一色是坚定的民主派,其中还有许多人带有犹太人的血统。他们之所以站在梅尼克一边不仅是出于对他的尊重,还因为他们在保守的历史学家当中几乎找不到可以进行合作研究的人。② 他们认为,历史研究必须走向新的方向,变为与其他学科有紧密联系的政治史;尤其是与社会学,特别是马克斯·韦伯的社会学建立起紧密的联系,心理学和经济学也应在其列。他们不满于事件的历史,而主张要对

---

① 参见第249页注①,并见维基百科的"The Manifesto of the Ninety-Three"条目,上面有93人的名单,梅尼克不在其中。

② Gerhard A. Ritter, ed., *Friedrich Meinecke-Akademischer Lehrer und emigrierte Schüler. Brief und Aufzeichnungen 1910-1977* (München, 2006).

事件所发生的政治和社会结构进行分析。他们从民主派的立场出发,要求对俾斯麦时期和之后德国的反民主遗产进行批判性的考察。假如他们能继续留在德国的话,对复兴德国的历史学界也许能做出一些贡献。但是,在1933年纳粹掌权以后,他们全都被迫流亡国外,因为他们要么是犹太人的后裔,要么持有自由派的观点,而且大多数是两者兼有。① 有一位老一代的史家这里需要提一下,那就是与德罗伊森和施莫勒一道从事研究的奥托·辛策(Otto Hintze, 1861—1940)。他在1918年以前专门研究普鲁士的行政机构和经济制度,而在魏玛共和国时期,他的政治态度和方法论取向都发生了变化。辛策不再像普鲁士学派那样把国家看作是神圣的,而是看作各种机构中的一种。他在20世纪20年代出版的一些有关封建制度和现代资本主义制度的重要著作中不再使用叙事方法,而是采用马克斯·韦伯那种分析方法。这里还应当提及他的妻子黑德维希·辛策(Hedwig Hintze, 1884—1942),因为她是获得柏林大学任教资格的第一位女历

---

① Mario Keßler, *Deutsche Historiker im Exil(1933-1945)* (Berlin, 2005); Gabriele Eakin-Thimme, *Geschichte im Exil. Deutschsprachige Historiker nach* 1933 (München, 2005); Peter T. Walther, "Von Meinecke zu Beard? Die nach 1933 in die USA emigrierten Neuhistoriker" (1989年于纽约州立大学布法罗分校历史系完成的博士论文)。还可见 Axel Fair-Schulz and Mario Kessler, eds., *German Scholars in Exile* (Lanham, 2011)。

史学家,得以在那里从事教学。① 她研究的课题是法国大革命,在当时的德国不受欢迎。人们用批评的眼光看待她,因为她对法国大革命中的民主方面寄予了同情。她的著作直到近年来才得到承认,现在被认为是有创新和重大意义的著作。由于犹太人的血统,黑德维希·辛策被迫流亡到荷兰,最后客死他乡。她去世前本要被送往奥斯维辛集中营,由此看来,显然是自杀身亡。她曾经被任命为新成立的纽约市社会研究学院的教授,但申请签证时被美国拒签。

在两次大战之间,德国历史学界还遇到了另一种完全不同的反抗。这一次是来自极端民族主义右翼的年轻人。② 他们把老一辈历史学家以国家为研究方向看作是陈腐和精英主义的做法。他们主张的历史研究要把全体人口包含在内,以日耳曼"族民"为重点,而按照他们的定义,日耳曼"族民"是指以血统和语言为纽带的种族共同体,犹太人和其他少数种

---

① Schleier, "Hedwig Hintze", in his *Bürgerliche Geschichtsschreibung*, pp. 272-303; Steffen Kaudelka, *Rezeption im Zeitalter der Konfrontation. Französische Geschichtswissenschaft und Geschichte in Deutschland 1920-1940* (Göttingen, 2003), pp. 241-408; Peter Th. Walther, "Die Zerstörung eines Projekts. Hedwig Hintze, Otto Hintze und Friedrich Meinecke" in Gisela Bock and Daniel Schönplug, eds., *Friedrich Meinecke in seiner Zeit* (Stuttgart, 2006), pp. 211-226; Peter Th. Walther, "Hedwig Hintze in den Niederlanden 1939-1942", in Keßler, *Deutsche Historiker im Exil*, pp. 197-222; 又见 Otto und Hedwig Hintze, *"Vergangenheit und laß nicht auf zu kämpfen": die Korrespondenz 1929-1940* (Essen, 2004). Peter Th. Walther's "Hedwig Hintze in den Niederlanden 1939-1942",该文未肯定她系自杀。

② Willi Oberkrome, *Volksgeschichte: Methodische Innovation und völkische Ideologisierung in der deutschen Geschichtswissenschaft* (Göttingen, 1993); Winfried Schulze, *Deutsche Geschichtswissenschaft nach 1945* (München, 1989), ch. 17.

族被排除在外。他们否定协约国在凡尔赛会议上划定的德国边界以及1918年以前的边界,要求扩大德国的疆域,不仅把东部而且把西部所有日耳曼种族占居民多数的地区都纳入德国的版图,并主张把所有非日耳曼人从这些土地上驱逐出去。他们从社会达尔文主义的角度出发,把历史看作是不同种族之间为生存而进行的斗争。他们期望通过战争以牺牲他们所认为的劣等民族为代价来确立德国的优势。因此,他们预示了纳粹分子反对魏玛共和国议会民主派的计划,要求通过立法把犹太人排除在公众生活之外,如有必要,不惜使用战争手段。他们一方面反对城市化和世界的现代性,梦想回到现代以前那种农业共同体的世界中去。另一方面,他们又应用现代的方法进行历史研究。1934年,维尔纳·康策(Werner Conze,1910—1986)完成的学位论文,以立窝尼亚的赫森霍夫一个说德语的孤立小社区为对象,就是其中典型的事例。① 康策把历史方法同社会学、人类学、人口学和统计学的方法相结合。除了政治观点之外,他与法国年鉴学派历史学家从事的研究没有什么两样。1945年以后,康策放弃了种族主义信条和浪漫主义的唯农论(agrarianism),在西德学术界发挥了关键作用,为奠定以现代工业社会为对象的社会史研究做出了贡献。

---

① *Hirschenhof: die Geschichte einer deutschen Sprachinsel in Livonien Hirschenhof: The History of a German-Speaking Community in Livonia*(Berlin, 1934).

第四章 两次世界大战阴影下的历史写作:历史主义与近代史学的危机

　　1914 年以前,德国历史学界极力反对卡尔·兰普雷希特转向文化史研究,在 20 世纪 20 年代,他们又否定弗雷德里希·梅尼克的学生们进行的社会史研究,而这时他们却接受了年轻历史学家倡导的以"族民"为方向的历史学。这确实让人感到惊讶。这一切都与他们反对魏玛共和国的议会民主和决心修改《凡尔赛和约》对德国施加的限制条款有密切的联系。虽然加入纳粹党的历史学家不多,但他们都赞同纳粹党的纲领。因此,纳粹党对历史学家的工作没有施加限制。持反对意见或犹太人出身的历史学家,以及兼有二者的历史学家,都被迫流亡国外。大批历史学家在第二次世界大战期间发表的著作认为驱逐非日耳曼种族的人口是十分必要的。① 尤为可耻的是,在 1933 年,当他们的同事被开除时,没有一位著名的历史学家有勇气和信心站出来保护他们,甚至到了 1945 年以后,也不愿意欢迎他们回国。与此同时,在法西斯统治下的意大利,有两位著名的历史学家,加埃塔诺·萨尔韦米尼(Gaetano Salvemini, 1873—1957)和阿纳尔多·莫米利亚诺(Arnaldo Momigliano, 1908—1987),因受到镇压而被迫流亡。② 在罗马尼亚,历史学家尼古拉·

---

① Ingo Haar and Michael Fahlbusch, *German Scholars and Ethnic Cleansing 1920-1945* (New York, 1945).

② Edoardo Tortarolo, "Objectivity and Opposition: Some Emigré Historians in the 1930s and Early 1940s", in Q. Edward Wang and Franz Fillafer, eds., *The Many Faces of Clio: Cross-cultural Approaches to Historiography* (New York, 2007), pp.59-70.

约尔加被秘密警察暗杀。①

马克思主义的史学形态

布尔什维克夺取政权后不久,在苏联实行了另一种形式的威权主义统治。它的控制比法西斯国家和纳粹德国更加全面。但是,我们在使用"极权主义"(totalitarianism)一词时必须格外谨慎,因为在法西斯国家和纳粹德国,虽然国家和政党意在实行全面控制,但毕竟还有一些很小的空间让历史学家得以独立地从事他们的工作。但是,在两战之间欧洲的任何地方,历史学家都没有像在1929年斯大林的大清洗之后那样受到直接的人身威胁,包括流放和处死。历史研究必须接受所谓马克思列宁主义学说的指导。虽然列宁从唯物主义历史观出发,坚持经济力量的冲突决定了事件的发展过程,但他把唯意志论的因素引进了马克思主义,规定政党的核心作用是干预和指导历史进程。马克思和恩格斯仍然相信历史的过去是客观的,因此有必要进行科学的历史研究,而列宁所解释的马克思主义却认为根本不存在为科学而科学这样一种东西,所有的认识都反映了意识形态的立场,历史研究的任务不是如实地重现过去,而是服务于政党和国家的政治需要。尽管

---

① William O. Oldsen, *The Historical and Nationalistic Thought of Nicolae Iorga* (Boulder, CO, 1973). 1893年,约尔加在卡尔·兰普雷希特的指导下获得博士学位。他并不是民主派,甚至积极参加了反犹主义仇外党派的活动。他于1940年11月被杀,显然是因为他与罗马尼亚法西斯铁卫队发生冲突并反对德国占领罗马尼亚的结果。

如此,苏联的高等学术机构,尤其是科学院所属的中央历史研究所和各所大学仍然培养出了用经典方法进行史料考证的历史学家。他们选择的研究主题离当前的政治问题越远,自主性的程度越大,只要保留马克思主义的语言即可。因此,在不直接涉及党的基本原理的领域中,例如在中世纪史和考古以及在史料的编辑和出版等方面,苏联历史学家做出了重要贡献。在两战之间和二战以后,苏联的史学在很大程度上带有实证主义的色彩,也就是说,历史学家回避解释,让史实自己说话,并大量引用马克思、列宁和斯大林的著作来保护他或她自己(女历史学家的数量这时大有增加)。此外,苏联历史学家在历史研究一向比较薄弱的领域也做出了重大贡献,不仅包括工人阶级的历史,而且包括整个下层阶级的历史,转向研究近来所说的那种"物质文化",涉及了日常生活的各个方面。①

在苏联以外的欧洲大陆,马克思主义在历史思想中同样发挥了重大但很不相同的作用,并因此获得了"西方马克思主义"的名称。这里应当提到马克思主义理论的两位解释者。他们是捷尔吉·卢卡奇(Georg Lukács,1885—1971)和安东尼奥·葛兰西(Antonio Gramsci,1891—1937)。他们的重

---

① T. Sanders, "Soviet Historiography", in Daniel Woolf, ed., *A Global Encyclopedia of Historical Writing* (New York, 1998), pp. 854-856; Yuri L. Bessmertny, "August 1991 as Seen by a Soviet Historian, or the Fate of Medieval Studies in the Soviet Era", *American Historical Review*, 97:2 (June 1992), pp. 803-816.

要著作都写于两战之间,但他们的主要影响到 20 世纪 60 年代才显现出来。卢卡奇出生于布达佩斯,在 1919 年共产党领导的匈牙利革命中发挥了重要作用,属于德国以马克斯·韦伯为中心的知识界,对当时的历史讨论非常熟悉。作为一名坚定的马克思主义者和共产主义者,他把历史看作是由阶级冲突所推动的辩证过程,然而,他也认为马克思的唯物主义解释已经不再适合 20 世纪欧洲的知识氛围。他在《历史与阶级意识》(History and Class Consciousness, 1923)一书中论证说,马克思被庸俗的马克思主义者错误地理解为唯物论者和决定论者。只要认真地阅读马克思的《资本论》就可以看出马克思最为关注的是批判地考察他所谓的"商品拜物教",即把资本和利润的积累看作是人类的最高需要。卢卡奇把马克思放在黑格尔以来的哲学传统中去考察。这时,马克思成为了文明的批判者,希望把所有知识都归纳为抽象的、去人性化的,而不是辩证的理性。卢卡奇指出,现代科学反映的是这样一种努力,就是把生活中质性的层面简化为一些数据,将之量化,因此需要被一种新的马克思主义科学来取代,把人类的价值和需要放在首要地位。《历史与阶级意识》立即受到共产国际的谴责,卢卡奇屈服于莫斯科的指令,收回了该书,但它的盗版却被广为传阅。1967 年,当政治和知识氛围发生转变后,这本书才再次出版。安东尼奥·葛兰西在一战结束后曾担任意大利共产党的领导人,1926 年被墨索里尼投入监狱。在被监禁 11 年以后,他因健康状况恶化而获释,不久即去世。

他在狱中不断思考的一些问题是意大利为什么没有发生无产阶级革命,反而被法西斯夺取了政权,从而使资本主义的秩序得以巩固等等。葛兰西在小纸片上写下了他的《狱中笔记》(Prison Notebooks)。这本书到法西斯政权垮台以后才出版。①葛兰西认为,法西斯在意大利取得的胜利用马克思主义的经济决定论是无法解释的,必须考虑到统治阶级对工人阶级的思想所施加的"霸权"(hegemony,葛兰西用语)。成功的无产阶级革命需要创立无产阶级的意识和另一种革命的文化。

这两部著作对20世纪60年代的马克思主义思想产生了巨大影响,但没有取代历史写作中经典的阶级观念。在两战之间,除了苏联之外,马克思主义史学最重要的中心是法国。当马克思主义历史学家转向研究法国大革命这一重大主题时,法国的一些大学里第一次涌现出了一批倾向马克思主义的历史学家。他们从经典的马克思主义出发,试图把法国革命解释为结束封建制度残余的一场资产阶级革命。在这批历史学家当中,最有创造性的无疑当推乔治·勒费弗尔(Georges Lefebvre,1874—1959)。1924年,勒费弗尔开始出版他的第一部著作,依据翔实的档案分析,对法国的北方省进行了深入的研究。他依然坚持法国革命是一场资产阶级革命的论点,但同时也证明这场革命的性质在不同的社会群体之间存

---

① 见 Antonio Gramsci, *Selections from the Prison Notebooks of Antonio Gramsci* (London, 1971); David Forgacs, ed., *Antonio Gramsci: Selected Writings 1916-1935* (New York, 1988)。

在重大的差异。他在《法国大革命的降临》(The Coming of the French Revolution, 1939) 一书中证明,除了资产阶级以外,包括中等阶级的下层、农民和贵族在内的各种阶级,都在1789年的动荡中发挥了作用。但是,他最重要的著作是《1789年的大惶恐:法国革命时期农村的狂热》(The Great Fear of 1789: Rural Panic in Revolutionary France, 1932)。他引进了民众行为的心理分析,从而修正了对1789年夏农民骚动的纯经济解释。勒费弗尔在后来发表的一篇有关革命群众集体心态的文章中对保守心理学家古斯塔夫·勒庞(Gustave Lebon, 1841—1931)的论点提出了挑战,因为勒庞主张愤怒的群众根本不清楚他们的要求究竟是什么。勒费弗尔论证说,档案资料充分表明他们并不是激动的暴民,因为他们持有一种道德秩序的观念,正是这种观念驱使着他们,使他们获得了人类的面孔。

早期的年鉴学派

在两战之间,有关社会史研究的最有创造性的提议来自法国历史学家吕西安·费弗尔(Lucien Febvre, 1878—1956)和马克·布洛赫(Marc Bloch, 1886—1944)。他们于1929年创办了《经济和社会史年鉴》杂志。20世纪以来被北美、英国、比利时和斯堪的纳维亚国家的历史学家以及德国的施莫勒和韦伯所理解的那种经济和社会史,在费弗尔和布洛赫那里得到了极大的扩展和改变。有两部早期著作体现了费弗尔和布洛赫的思想。一部是费弗尔1911年出版的专著《腓力二世与弗朗什-孔代》(*Philippe II et la Franche Comté*)①,另一部是马克·布洛赫1924年出版的《国王神迹》(*Les rois thaumaturges*)。② 费弗尔认真地响应了亨利·贝尔提出的历史综合的口号,撰写了新教改革时代的弗朗什-孔代地区的历史。他希望写出一部整体史,描述地理、经济、社会、宗教和政治等各种因素的相互作用,与此同时也试图重新捕获日常生活的状况。费弗尔不是以德国的学术传统为基础,尽管这一传统在19世纪最后30多年里对法国的历史研究产生了影响;而是建立在法国史学的基础上,建立在儒勒·米什莱把社会史、文化史和政治史结合起来的基础上,建立在维达尔·白兰士的人类地理学的基础之上,重视一切历史所发生的物质框架。与我们前面提到的德国环境决定论者弗里德里希·拉采尔相反,费弗尔强调人类在其环境的形成过程中发挥的作用。他称赞让·饶勒斯,并像他那样描述了与现代世界的诞生所伴随的贵族与资产阶级之间的冲突,但他又与饶勒斯不同,试图证明这一冲突不能主要从经济的角度去理解。布洛赫的《国王神迹》所研究的是中世纪末和近代早期在法国和英国流行的一种信仰,人们相信只要国王触摸坏血病人的身体便能将

---

① Lucien Febvre, *Philippe II et la Franche-Comté*, etude d'histoire politique, religieuse et morale (Paris, 1911);之前还有 *La Franche-Comté* (Paris, 1905)。

② 英文版:*The Royal Touch: Sacred Monarch and Scrofula*, tr. J. E. Anderson (London, 1973)。

他治愈。这一信仰是王权的神秘特征之一,甚至连未能因此而被治愈的病人也坚信不疑。布洛赫在这里涉及的是集体心态的问题。他对《金枝》(*Golden Bough*, 1890)的作者詹姆斯·弗雷泽(James Fraser, 1854—1941)以及吕西安·列维布留尔(Lucien Lévi-Bruhl, 1857—1939)等人类学家关于神圣王权与原始心理的论述相当熟悉。

与布洛赫不同的是,费弗尔对宗教史,尤其是宗教改革时期,表现出了浓厚的兴趣,集中研究了集体的态度。例如,他的《马丁·路德》(*Martin Luther*, 1928)一书的主要内容不是研究马丁·路德的生平,而是一种新宗教观。① 这种宗教观比天主教更充分地反映了资产阶级对理性和仁慈的一种更高的愿望。这一结论与他过去写的专著《弗朗什-孔代》的论点是一致的。他试图把宗教与社会史联系起来,同时又防止把前者简化为后者。费弗尔最重要的著作无疑是有关拉伯雷的宗教的那本书:《16世纪的不信教问题:拉伯雷的宗教》(*The Problem of Unbelief in the Sixteenth Century: The Religion of Rabelais*, 1942)。② 他在书中提出了一个问题:拉伯雷是否像人们一向主张的那样是个无神论者?他的结论是,这不可能,因为要成为一名无神论者所需要的"心态工具"(outillage mental,费弗尔提出的术语)在当时还不具备。他对16世纪的语言进

---

① 英文版:*Martin Luther: A Destiny* (New York, 1929)。
② 英文版:Cambridge, MA, 1982。

行了考察,认为当时的语言还不能为无神论者提供他们所需要的概念,由此他成为了后来的语言学转向的先驱。因此,宣称拉伯雷是无神论者是犯了时代颠倒的错误。

在布洛赫的著作中,这种结构主义的特征表现得更为明显。1931 年,他出版了《法国农村史》(French Rural History)。他试图写一部对法国和英国的农业进行比较的历史,并着重对法国的北方和南方进行比较。他在书中使用的研究方法带有明显的唯物主义倾向。他试图确定在不同的地区和不同的时代使用的工具有什么不同,并对土地耕作制度进行了比较。为此,他决定从当下入手,因为当下是他最熟悉的,可以由近及远,通过空中照相的手段来发现各个时期的土地使用是如何组织的。然而,布洛赫十分清楚,文化因素影响着工具和土地的使用模式。他最重要的著作无疑当推《封建社会》(Feudal Society,1939—1940)一书。这部著作是对公元 9 到 14 世纪的四百年欧洲历史的考察。其中有几个做法让人感到惊讶。这不是一部以一个国家而是以整个欧洲为发展线索的历史。它没有集中研究封建制度的政治结构,而是着重研究封建文化各个方面之间的相互关系。它对中世纪的民众如何看待周围的世界给予了关注,特别是他们对生命、死亡、自然、时间和空间的看法;他也强调了货币通过市镇和商业的兴起对中世纪社会的转变发挥的作用。他写的这种历史社会学更多的得益于涂尔干的集体表象的观念而不是韦伯的制度研究方法。像韦伯一样,布洛赫也希望建立社会的理想类型,然后可以用它来同其他的社会进行比较。他在最后一章提出,在其他文化中也有可能存在着不同形态的封建制度。其中,他提到了日本,认为可以用作比较研究的对象。涂尔干的社会学研究方法对现代土耳其历史学家的工作也产生了某些影响。① 在涂尔干的社会学和布洛克的历史学中,让人感到惊讶的是,个人被完全忽视了。《封建社会》是一部从集体的角度看待人类的历史,所以从未面对过真实的人。

从1920年到1933年,费弗尔和布洛赫一直在斯特拉斯堡大学共事。这时的斯特拉斯堡刚刚被归还法国。他们的办公室相邻,因此可以经常交流看法。他们还计划同比利时的亨利·皮朗共同创办一份杂志。虽然只使用法语,但可以像德国的《经济和社会史季刊》那样服务于国际交流的目的。它们之间的不同之处在于,这份新办的杂志对经济和社会史的构成有更宽泛的观念。1933年,费弗尔前往巴黎,在声望很高的法兰西学院任教,布洛赫则在1936年被任命为巴黎索邦大学的经济史教授,接任前面已经提到的法国劳工史的作者亨利·豪塞尔的职位。值得一提的是,布洛赫之所以能获得这一教席的任命是因为他的经济史观在法国得到了充分的承认。《经济和社会史年鉴》的出版地点现在转移到了巴黎,它所提倡的历史学得到了法国许多历史学家的承认,尽管还

---

① Bernard Lewis, "History Writing and National Revival in Turkey", *From Babel to Dragomans: Interpreting the Middle East* (London, 2004), pp. 425-426.

不是大多数。不仅如此,它还得到了斯堪的纳维亚、英国、巴西以及其他国家的承认。1931年,与法国年鉴学派有密切联系的波兰历史学家弗朗齐歇克·布亚克(Franciszek Bujak,1875—1953)和扬·鲁特科夫斯基(Jan Rutkowski,1886—1948)也创办了一份波兰文的同名杂志。

最后要说的是,费弗尔和布洛赫都热爱法国,年迈的布洛赫自愿加入了法国军队,在抵抗运动中进行战斗,后来被德国人处死。然而,他们都没有写过以国家为中心的历史。他们写的历史以地区为中心,往往是跨国家的历史或比较的历史。此外,重要的一点是,费弗尔和布洛赫的研究工作不再使用线性的编年方法来证明西方世界的进步,而这是欧洲和北美的历史学家自19世纪历史研究职业化以来得到公认的方法,因此,他们的著作既不同于传统的历史叙事方法,又不同于当时大多数社会学著作的研究方法。

第五章　民族主义史学走向世界：20世纪中东和亚洲的历史研究

一　奥斯曼主义，土耳其主义和埃及化：中东的民族主义历史学

现代教育的兴起

进入20世纪以后，中东的历史学实践沿着两条线索发展：一是民族主义类型的历史研究得到长足发展；一是历史研究和教学走向职业化。这两类现象与穆斯林当时与西方世界的接触和相互影响的增强有密切的关系。当西方列强加快世界殖民化的速度，现代帝国主义时代到来之时，他们把民族主义输出到非西方地区。埃及的乌拉比革命显示，民族主义已经成为穆斯林以及非西方地区各个民族的有效武器，可以用来抵御殖民主义和帝国主义的冲击。为了建立民族国家，文化和历史话语的民族化至为关键，由此引发了教育改革。早在1845年，奥斯曼人已经开始筹备创办本民族的大学，尽管这种类型的大学（伊斯坦布尔大学）到了1900年才正式成立。19世纪以来，一批西式中学在奥斯曼帝国的各个地区相

继成立(其中一些是旧式学校的翻新),这类学校的毕业生中还涌现了许多政治领导人和知识领袖。例如,在文官学校(Mülkiye school)的毕业生中产生了后来的青年土耳其运动的领袖穆拉德·贝伊(Murad Bey,?—1912)和最后一名帝国史官阿卜杜勒拉赫曼·谢里夫。后者是标志现代奥斯曼/土耳其史学诞生的过渡人物。①

叙利亚和埃及也在试图成立"国立学校",有的是借助西方传教士的努力创办的私立学校,有的是通过开罗政府的法令创办的公立学校。1908年,埃及的王公艾哈迈德·福阿德(Ahmad Fu'ad,1868—1936)建立了埃及大学(1952年更名为开罗大学)。1925年,当这位王公成为埃及国王之后,这所学校成了国立教育机构。在这些学校里,历史教学成为核心课程。这与伊斯兰学校(Madrasah)和爱兹哈尔大学形成了鲜明的对比,因为在这类传统教育机构中,历史教学遭到了忽视。这一变化为历史研究的职业化铺平了道路,因为越来越多的历史著作由在学校任教的历史教授来写作。到了1920年代,中东出现了第一代职业历史学家。

对奥斯曼人而言,民族主义的兴起意味着帝国的进一步分裂和帝国实力的进一步削弱。在整个19世纪,越来越多的地方势力在寻求独立和自治,尤其是在奥斯曼帝国传统上所

---

① Bernard Lewis, *The Emergence of Modern Turkey* (London, 1968), pp. 181-182. 又见 Selçuk Akşin Somel, *The Modernization of Public Education in the Ottoman Empire, 1839-1908: Islamization, Autocracy and Discipline* (Leiden, 2001).

依赖的巴尔干和欧洲的领地。奥斯曼帝国逐渐变成了"欧洲病夫"。然而,奥斯曼人并不愿意屈服于命运。在19世纪的最后20年里,奥斯曼青年党取得政权,开创了奥斯曼历史上的立宪时期。奥斯曼帝国借助于奥斯曼主义和泛伊斯兰主义,试图建立代议制政府,似乎恢复了实力。

奥斯曼主义在史学中的代言人是艾哈迈德·米德哈特(Ahmed Midhat,1844—1912)。米德哈特是一名多才的文人和多产的作家,他用西方的资料撰写了一部普世史和一些欧洲国别史的著作,尽管他的文笔与其说像是一名历史学家,还不如说像是一名记者,但恰恰是这一原因帮助他成为当时拥有最广泛读者的作者之一。米德哈特的广泛影响反映在立宪时代的精神上,其特征是对西方的文化和历史,当然也包括对西方的民族主义思想,产生了前所未有的兴趣。[①] 民族主义的影响在很大程度上产生于青年奥斯曼运动,因为这场运动促进了爱国主义,或者说激起了对祖国(vatan)的热爱,即使这场运动的主要任务是恢复奥斯曼民族(millet)作为全体穆斯林的所有者和主宰者的地位。奥斯曼青年党的历史学家埃布吉亚·陶菲克(Ebüzziya Tevfik,1849—1913)的著作表达了这些思想。另一方面,他也受到了纳米克·凯末尔的泛伊斯兰主义思想的影响。尽管在兴趣和文风方面,他不同于米

---

① 参见 Carter Vaughn Findley, "An Ottoman Occidentalist in Europe: Ahmed Midhat Meets Madame Gulnar, 1889", *American Historical Review*, 103:1 (Feb. 1998), pp. 15-49。

德哈特,但在当时西方思想和文化的传播上,他们都是著名的人物。①

由此可见,在20世纪初年,奥斯曼主义是中东民族主义的普遍形式。它的中心在伊斯坦布尔以及安纳托利亚周围地区,并得到了远在埃及的一些地区积极和热情的呼应。埃及在整个19世纪一直是奥斯曼帝国的主要挑战者,但在1881—1882年的乌拉比革命以后,埃及已经今非昔比了。穆罕默德·阿里发动并由其继承者继续的各项改革耗尽了它连年的岁入,更糟糕的是,埃及在那场革命之后进入了英国人占领时期。为了抵抗外国人的统治,埃及人考虑了多种选择,其中包括与奥斯曼帝国结盟。当时埃及有两位重要的民族主义历史学家,穆斯塔法·卡米勒(Mustafa Kāmil,1874—1908)和穆罕默德·法里德(Muhammad Farīd,1868—1919),倡导埃及与土耳其合作,共同反抗欧洲列强。卡米勒是乌拉比革命的代言人阿卜杜拉·纳迪姆(Abdullāh al-Nadīm,1845—1896)的下属。他们共同创建了埃及的第一个政党,民族主义党。法里德是土耳其人的后裔,也同民族主义党保持着密切联系,写过两本历史著作,一本是关于穆罕默德·阿里统治时期的埃及史,另一本是奥斯曼帝国的历史。他决定要写这两本书显然与他的政治兴趣有密切关系,或许,与他的土耳其血缘也

---

① Lewis, *Emergence of Modern Turkey*, pp. 189-191, 333-343; Erik J. Zürcher, *Turkey: A Modern History* (London, 1993), 71 以降。

有关系。同奥斯曼青年党一样,卡米勒和法里德都笃信泛伊斯兰主义,并从其教义出发,首创性地用文化学的方法描述和考察了西方与中东的冲突。卡米勒的巨著《东方问题》(*Mas'alah al-Sharqiyyah*)从历史和宗教的角度分析了现代奥斯曼帝国一再遭遇的灾难。他指出,这一问题的主要根源是穆斯林与基督教徒之间的相互仇视,而这可以追溯到十字军东征的时代。奥斯曼人在欧洲的扩张进一步激化了这一问题,因为自18世纪末以来,随着欧洲人的实力大增,他们不断向奥斯曼帝国发动挑战,蚕食它的领土。英国人占领埃及只不过是其中一例。不幸的是,奥斯曼人花费了很长的时间才认识到欧洲人的真实意图。卡米勒为穆斯林之间的自相残杀感到惋惜,因而鼓吹泛伊斯兰主义。他在这一方向上走得如此之远,甚至责骂乌拉比革命,因为按照他的观点,正是这场革命带来了英国人对埃及的入侵,英国人是全体穆斯林的敌人。为了把伊斯兰世界支撑起来,一道反抗欧洲人的干涉,全体穆斯林必须共同奋斗。为了实现这一目的,卡米勒主张埃及人和土耳其人应当联合起来,甚至不惜放弃埃及的国家领土。[①]

卡米勒和法里德之所以被称作埃及的现代历史学家,不仅是因为他们持有民族主义思想,还因为他们明确地对"现

---

① Jack A. Crabbs, Jr. *The Writing of History in Nineteenth-century Egypt: A Study in National Transformation* (Cairo, 1984), pp. 156-162; Thomas Mayer, *The Changing Past: Egyptian Historiography of the Urabi Revolt, 1882-1983* (Gainesville, 1988), pp. 7-8.

代性"产生了兴趣。因此,在他们的著作中,核心内容是现代穆斯林与欧洲人的关系。为了进行这种双边关系的研究,他们多次前往欧洲收集欧洲开放的史料,其中包括政府档案和官方文件,并从中获益。然而,尽管卡米勒和法里德有共同的民族主义信念,但在写作风格上很不一样。卡米勒以分析之深刻而著称,而法里德更具传统意识,行文典雅,尤其表现为他的历史叙述熟练地运用了韵文手法。法里德成功地把传统和现代融为一体,充分证明伊斯兰传统在史学中的生命力,因为他取得的成就绝不是个别的例子。例如,伊斯兰传统史学的特有形式——年代纪所产生的影响在今天土耳其历史学家所写的奥斯曼帝国的历史中仍有所体现。①

土耳其的建国和土耳其史的写作

20 世纪初的卡米勒和法里德之所以提倡埃及和土耳其的联合或全体阿拉伯人的团结,是因为他们对奥斯曼青年党努力把奥斯曼帝国带入立宪时代和复兴帝国寄予厚望。然而,这个时期十分短暂,很快就被苏丹阿卜杜勒哈米德二世(Abdülhamid II,1876—1908)的专制统治所取代。不过,民族主义的趋势并没有退潮,相反在 1908 年达到新的高潮。正如我们在第二章所讨论的,土耳其主义的思想早在 19 世纪阿

---

① Supraiya Faroqhi, *Approaching Ottoman History: An Introduction to the Sources* (Cambridge, 1999), p. 176; Geoffrey Barraclough, *Main Trends in History* (New York, 1979), p. 128.

里·苏阿韦和苏莱曼·帕夏撰写的著作中已经形成。在哈米德家族统治时期(阿卜杜勒哈米德二世的统治),土耳其主义聚集起了巨大的推动力。尽管泛伊斯兰主义并未完全消失(后来在20世纪五六十年代泛阿拉伯主义的复兴中取得世俗的形式),"奥斯曼"一词也在继续使用,但在19世纪末无疑促生了探索两类历史观念的浓厚兴趣,即土耳其的观念和土耳其人的观念。如果在19世纪下半叶,"土耳其人"一词很少用在日常生活中,然而希土战争(1897)的爆发使得穆罕默德·埃明(Mehmed Emin, ?—1907)这位年轻诗人自豪地把自己称作"土耳其人":

> 我们,土耳其人
> 身上流着这样的血
> 带着这样的名字,
> 我们生活着。①

这个事情之所以有重要的意义是因为"土耳其人"一词早已有之,但略带贬义,主要用来指安纳托利亚地区说土耳其语的乡巴佬。然而,穆罕默德·埃明用"土耳其人"的名称来宣告自己的身份时,却充满了骄傲和激情。他的宣言反映了在奥斯曼帝国内的穆斯林土耳其人的认同在当时的青年土耳其运动推动下发生了转变。与青年奥斯曼运动相似,青年土

---

① Lewis, *Emergence of Modern Turkey*, pp. 333, 343.

耳其运动具有民族主义的性质,但明显也更世俗,更西方化(表现在它推崇西方的知识起源以及对共和主义之类的代议制政府的政治兴趣上),而且带有更强烈的土耳其倾向。土耳其主义的成长确实带上了西方突厥学的明显烙印。这种突厥学经由俄国和巴尔干国家等比奥斯曼帝国更西方化的邻国和地区传入。例如,阿尔巴尼亚人舍姆塞丁·萨米·弗拉谢里(Shemseddin Sami Frasheri,1850—1904)用语言学的方法对奥斯曼帝国以前的土耳其历史和文化的研究鼓舞了土耳其人的自觉意识。有库尔德人血统并倾向泛土耳其主义或图兰主义的济亚·格卡尔普(Ziya Gökalp,1875—1924)撰写了一系列重要历史著作,阐明伊斯兰教需要自我更新以适应现代生活,从而为土耳其民族运动奠定了思想基础。①

1908年,青年土耳其党取得政权后,尤其是穆斯塔法·凯末尔(Mustafa Kemal, Kemal Atatürk,1881—1938)于1923年建立土耳其共和国以后,对土耳其历史的研究进入迅速成长的时期。这一成长得益于使历史研究职业化的种种努力,其中包括1910年奥斯曼历史学会的成立。1923年,土耳其共和国成立以后,该学会更名为土耳其历史学会。这一行动标志着它承担起了推动土耳其民族史研究的新责任。但是,

---

① Bernard Lewis, "History Writing and National Revival in Turkey", 收入他的 *From Babel to Dragomans: Interpreting the Middle East* (London, 2004), pp. 424-426; 又见 Alastair Bonnett, "Makers of the West: National Identity and Occidentalism in the Work of Fukuzawa Yukichi and Ziya Gökalp", *Scottish Geographical Journal*, 118:3 (2000), pp. 165-182。

即使在共和国成立以前,该学会在推动传统史学向民族主义史学的转变上已经发挥了应有的作用。奥斯曼帝国的最后一任史官阿卜杜勒拉赫曼·谢里夫担任该学会的第一任会长,而他本人,正如我们已经看到的,是用叙事手法编写的奥斯曼历史通用教科书的作者。该学会的另一名重要会员纳吉布·阿希姆与穆罕默德·阿里夫(Mehmed Arif, 1873—1919)合作,依据他对西方突厥学研究的知识,编写了奥斯曼帝国以前的土耳其历史。该学会还通过自己创办的刊物推动了高水平学术标准的确立。这一努力体现在艾哈迈德·雷菲克(Ahmed Refik, 1881—1937)发表的对研究土耳其历史有价值的史料进行考察和分析的许多重要文章中。与此同时,济亚·格卡尔普及其追随者在学术刊物上发表文章,表示拥护史学中的土耳其主义。济亚·格卡尔普曾师从埃米尔·涂尔干,从地理上把土耳其历史研究的范围扩大到土耳其人曾经居住过的中亚和南亚地区。他们关注法律、制度、民俗和文化的发展,从而扩大了史学研究的范围,不再像传统史学那样仅仅关注于政治的变化。①

然而,在土耳其民族主义史学进步的背后,共和国的缔造者凯末尔·阿塔图尔克或许是更重要的推动力。作为一名真正的爱国者,凯末尔对历史的兴趣并非出自想与过去的某些

---

① Lewis, "History Writing and National Revival in Turkey", pp. 425-426. Ercüment Kuran, "Ottoman Historiography of the Tanzimat Period", in Bernard Lewis and P. M. Holt, eds., *Historians of the Middle East* (Oxford, 1962), pp. 428-429.

英雄相比的自恋癖,而是出于他的民族主义情结,意在通过历史编纂推动土耳其独特的民族认同。他的这一兴趣在学院派历史学家刚刚组成的共同体中获得了积极的响应。就在凯末尔建立共和国的同一年,伊斯坦布尔大学授予他名誉历史教授的称号。与他的一些同代人的期望相反,凯末尔信奉青年土耳其运动的思想。他为这个新型国家规划了一个完全不同的未来,希图建立一个以安纳托利亚为中心的新国家,切断与穆斯林的纽带关系,以推动世俗化。为了实现这一目的,需要组织一种新型的历史,突出土耳其人的历史中非伊斯兰的那一面,歌颂土耳其文明取得的成就。凯末尔不满当时流行于欧洲史家的看法,把土耳其视为"东方"的一部分。他决心对这个国家的过去做出新的历史解释,在此基础上筹划现代土耳其的未来。①

在1932年举行的土耳其历史代表大会上,凯末尔亲眼看到他所主张的应当对土耳其独特的历史特质进行总结的任务得到了实现。在国家的新首都安卡拉,凯末尔新建了地理、历史及语言学院,许多人工作于此。为让土耳其与伊斯兰教和奥斯曼人脱钩,他们提出一种理论,即"土耳其史观"(Türk Tarih Tezi)。② 这一理论由三个命题组成。第一,土耳其人的

---

① Speros Vryonis, Jr., *The Turkish State and History: Clio meets the Grey Wolf* (Thessaloniki, 1991), pp. 68-69.

② Nancy Elizabeth Gallagher, ed., *Approaches to the History of the Middle East: Interviews with Leading Middle East Historians* (Reading, 1994), p. 154.

历史不同于奥斯曼人的历史,比它更悠久。第二,土耳其人是短颅形人种,因此不属于黄种人,而是白种人。第三,土耳其人是中亚人种的后裔,而且是土耳其人把文明带到了安纳托利亚、伊拉克、埃及和爱琴海地区。土耳其史观源于东方学的研究成果①,又以两个基本论点为基础。当时的土耳其历史学家对这两个基本论点做了详细的阐述。一个论点是,土耳其人过去和现在都是发源于高山型白种人的短颅形人种,他们的祖先包括赫梯人。土耳其人的祖先与欧洲人种的联系多于与亚洲人种的联系。另一个论点是,安纳托利亚是古代文明的地理中心,包括埃及、美索不达米亚、中国、希腊和印度在内的其他文明都是从这里派生出来的。换句话说,在所有古代文明当中,只有土耳其文明是源头,而其他的文明全是从它那里派生出来的。②

有关土耳其历史和文明的这种说法显然过于极端,很怪诞,也带有沙文主义的色彩,但它与凯末尔在这个新兴国家发动和强制推行的改革措施,异曲同工。凯末尔决心让土耳其成为一个现代欧洲国家,因此想要摆脱它与伊斯兰教和奥斯曼人过去历史的纽带,更新它的文化传统。为了推动土耳其的世俗化,他对宗教机构以及戴土耳其毡帽和面纱等习俗发起攻击,但仅获得有限的成功。如果他能活得更久一些的话,

---

① 见 Cemal Kafadar, *Between Two Worlds: The Construction of the Ottoman State* (Berkeley, 1996), p.33。

② Vryonis, *Turkish State and History*, pp.70-77.

人们完全有理由推测土耳其的西方化和世俗化会取得更长足的进步。尽管如此,凯末尔打破旧习的做法已经成为现代土耳其的永久遗产。对于土耳其史观,职业历史学家可能会持保留态度,但其中也有一些人,包括与凯末尔同时代的20世纪土耳其的著名历史学家穆罕默德·福阿德·科普吕律(Mehmet Fuat Köprülü,1890—1966),显然与凯末尔有共同的民族主义情感。在科普吕律为人们呈现出来的早期的土耳其历史中,由于受到了涂尔干的社会学的影响(这种影响在济亚·格卡尔普更早的著作中已经可以看到),为了避免片面的解释,因此适当地注意到了各种社会经济因素的作用。然而,他依然坚信,在早期土耳其历史的演进中,起根本作用的不是外来的任何因素,而是土耳其精神(Turkdom)。①

毋庸赘言,凯末尔为现代土耳其规划的蓝图带有西化倾向。西方化正在成为中东的主导趋势,而且正如我们将要看到的,也是20世纪初到50年代前后东亚和其他地区的主导趋势。② 西方列强不顾第一次世界大战造成的灾难,加快了在更多非西方地区的帝国主义和殖民主义扩张。例如,意大利在1911年占领了利比亚。奥斯曼帝国和奥匈帝国崩溃后,英国和法国获得了现在的叙利亚、黎巴嫩、约旦和巴勒斯坦的

---

① 参见 Kafadar, *Between Two Worlds*, pp. 35-44; 又 Leslie Peirce, "Changing Perceptions of the Ottoman Empire: The Early Centuries", *Mediterranean Historical Review*, 19:1 (June 2004), pp. 6-28。

② Bonnett, "Makers of the West"。

版图,把势力范围扩大到了伊拉克,还扩大了在伊朗的影响,不过没那么成功。为抵抗西方帝国主义,民族主义成为了有力的武器。这一点在 1882 年以来建立殖民统治的埃及表现得尤为明显。面对埃及民族主义的不断增强,英国被迫于 1922 年承认了埃及的独立,尽管英国在那里的影响依然存在。

历史写作的埃及化

正如我们在土耳其所看到的,民族独立并不是简单地意味着回到过去。相反,它产生了更多的刺激,让人们向西方借鉴,以完成民族建设的任务。在这个过程中,过去接触过西方学问的人发挥了更明显和更有效的作用。一个突出的例子是叙利亚知识分子在埃及进行的活动。由于叙利亚和黎巴嫩这一地区在地理上邻近西欧,那里的许多知识分子,同时也是基督教徒,他们往往以自己熟练掌握了阿拉伯语和欧洲语言为荣。在英国占领埃及期间,他们移民到埃及,并很快在推动现代新闻业和教育的发展上发挥了工具性的作用。其中有一些人,例如吉尔吉斯·胡奈因(Jirjis Hunayyin)和雅各布·阿尔廷(Yaʻqūb Artin,1842—1919),还在埃及政府中担任要职,虽然他们是亚美尼亚人。1904 年,胡奈因出版《埃及的土地和赋税》(*Al-Atyān waʼl-Darāʼb fiʼl-Qutr al-Misrī*),书中含有大量经济史资料。阿尔廷写过两本埃及历史的著作,在法国一份埃及学的学术刊物《埃及研究院公报》(*Bulletin de l'Institut Égyptien*)上发表了一些论文。由于阿尔廷有很高的社会地位,能很容易地获得政府档案,因此能在自己的文章中详细地运用档案。此外,阿尔廷出版的论著大多数用法语写作,说明他受过很好的西方教育。①

这些叙利亚人虽然是移民,但他们推动埃及民族主义事业的热情并不亚于埃及人。雅各布·萨鲁夫(Ya'qūb Sarrūf,1852—1927)通过他们的报纸和刊物,把民族主义和达尔文主义引进了埃及,法拉赫·安顿(Farah Antūn,1861—1922)向埃及人介绍了让雅克·卢梭(Jean-Jacques Rousseau,1712—1778)和欧内斯特·勒南(Ernest Rénan,1823—1892)的著作。萨利姆·纳加什(Salīm al-Naqqāsh,? —1884)在《埃及人的埃及》(Misr li'l-Misriyyīn)一书中详细分析了他亲眼目睹的乌拉比革命,虽然他的整个立场是不同情这场革命的,但书名可以充分说明他带有民族主义的色彩。乔治·宰丹(Jurjī Zaydān,1861—1914)是贝鲁特人,无论在学术成果还是在影响方面,似乎都可以让所有的同行相形见绌。宰丹年轻时学过德语、法语和英语,除了会说他的母语阿拉伯语外,还会说叙利亚语、拉丁语和希伯来语。他还在叙利亚的新教学院和美国的一所大学里接受过医学的教育,但后来意识到自己的真正使命是在文学、历史和新闻上。来到埃及以后,他起初是在新闻业中崭露头角,在《新月》杂志担任编辑期间为他赢得

---

① Crabbs, *Writing of History in Nineteenth-century Egypt*, pp. 186-188; Gamal el-Din el-Shayyal, "Historiography in Egypt in the Nineteenth Century", in Lewis & Holt, *Historians of the Middle East*, pp. 414-416.

了全国范围的卓著名声,即使这个名声存在争议。他与民族主义历史学家穆斯塔法·卡米勒和他的叙利亚同胞雅各布·萨鲁夫一道提倡在埃及建立本民族的大学。这就是前面提到的成立于1908年的埃及大学。但是,他的叙利亚/黎巴嫩血统以及他受过的西方教育也招来了埃及人的怀疑和敌视。例如,他在创办埃及大学中发挥的作用就几乎没有得到承认。①穆斯塔法·卡米勒虽然赞同他的意见,需要创办一所大学,但卡米勒在对待叙利亚移民知识分子上以不友好而著称,经常嘲笑他是"外来户"。②

的确,虽然宰丹赢得了"叙利亚裔埃及历史学家的主教",甚至是"他那个时代阿拉伯历史学家的主教"的称号,但他被禁止在他协助创办的埃及大学里讲授伊斯兰的历史。因此,他对现代埃及史学的贡献主要体现于他发表的有关伊斯兰历史和文学的大量著作,包括1902—1906年出版的极受人们欢迎的五卷本著作《伊斯兰文明史》(*Ta'rīkh al-Tamaddun al-Islāmīn*)。作为一名深深浸润于东方学学术研究的西方化学者,宰丹以他世俗的研究方法和轻视传统的伊斯兰史学而著称。他在《伊斯兰文明史》中充分承认了先知穆罕默德的重要性以及伊斯兰文明的重要意义,把阿拉伯视为新月沃土文明的一颗明珠。但是,宰丹拒绝从正统伊斯兰的观点叙述

---

① Crabbs, *Writing of History in Nineteenth-century Egypt*, pp.188-192; Donald M. Reid, *Cairo University and the Making of Modern Egypt* (Cambridge, 1990), pp.22-24.

② Crabbs, *Writing of History in Nineteenth-century Egypt*, p.153.

伊斯兰的兴起,而是把它视作真主的意志对异教徒敌人的胜利。①

埃及的民族主义者不信任叙利亚的移民学者,这并没有什么奇怪,因为当时的民族主义滋生了排外主义的情绪。埃及大学的成立和发展充分说明了这一点。作为中东最早的高等教育机构之一,它的创立是为了把埃及的学术活动民族化和职业化,并为埃及服务。作为一所现代大学,它在一定的程度上与爱兹哈尔大学等旧式教育机构,甚至与旨在向国内传播现代学术文化的新创办的达尔乌里姆学院(Dār al-'Ulūm)竞争,有时甚至是对抗。埃及大学在初创年代聘请了西方学者和科学家任教,同时也努力聘用具有与西方人同等水平的本国学者担任教师,推动师资的埃及化。

埃及大学的艺术学院首先实行了师资队伍的埃及化。1919年,埃及大学迎来了它过去的学生、新近在法国取得博士学位的塔哈·侯赛因回校讲授"东方古代史"和"历史哲学"课程。埃及大学与侯赛因的合同规定,未经校方允许,不得在校外兼职。② 这意味着中东的历史研究进入了职业化时期。塔哈·侯赛因虽然双目失明,但因在校期间学术成果突出,获得了前往索邦大学留学的奖学金,并在那里与埃米尔·涂尔干和东方学家保罗·卡萨诺瓦(Paul Casanova,1861—

---

① Crabbs, *Writing of History in Nineteenth-century Egypt*, p. 191; Reid, *Cairo University*, pp. 35-37.

② Reid, *Cairo University*, p. 83.

1926)一道工作。作为首批获得西方博士学位的埃及学生之一,塔哈·侯赛因后来的生涯可谓平步青云,不仅担任大学的行政官员,还一度出任教育部长,成为埃及现代教育的著名先驱者。

同样的命运也落到了埃及历史学界的开创者穆罕默德·里法特(Muhammad Rif'at Bey)的身上。穆罕默德·里法特是塔哈·侯赛因的同时代人,20 岁刚刚出头就前往欧洲留学。他从利物浦大学获得硕士学位后回国担任一所高等师范学院的历史教授。几乎与此同时,他开始了担任教育界领导人的生涯,最后在 20 世纪 50 年代成为埃及的教育部长。穆罕默德·里法特虽然忙于他的行政职务,但仍然设法从事历史写作。1947 年,他发表了一部用英语写作的重要著作《现代埃及的觉醒》(*The Awakening of Modern Egypt*),不过他以前的著作大多数用阿拉伯语写成。作为一名公开的民族主义者,他不仅参与并推动了埃及各大学师资队伍的埃及化,而且确实相信并鼓吹这一做法的必要性。他宣称:"只有本国的国民才最合适表达他们的同胞对面临的思想和事件的真实感情和反应。"①

穆罕默德·里法特的民族主义思想在 20 世纪初埃及史研究的老前辈穆罕默德·沙非克·古尔巴(Muhammad Shafiq

---

① Anthony Gorman, *Historians, State and Politics in Twentieth-century Egypt: Contesting the Nation* (London, 2003), p.21.

Ghurbāl,1894—1961)的著作中得到了响应。古尔巴从英国回国后曾经与穆罕默德·里法特在高等师范学院共事,1929年起担任埃及大学的教师,这时,塔哈·侯赛因正担任艺术学院的院长。古尔巴像穆罕默德·里法特一样从利物浦大学获得硕士学位,但他前往伦敦大学继续他的学业,师从于当时崭露头角的历史学家阿诺德·J. 汤因比(Arnold J. Toynbee, 1889—1975)并获得博士学位。作为埃及第一代学院派历史学家的典型,古尔巴发表的著作大多数用英语写作。他的第一部著作是1928年出版的根据他的博士论文改写的《埃及问题的开始与穆罕默德·阿里的崛起》(*The Beginnings of the Egyptian Question and the Rise of Mehemet Ali*),被誉为现代埃及史学的"里程碑",标志着它进入"新的发展阶段"。① 阿诺德·汤因比在该书的前言中盛赞他的学生写的这本书,说"(古尔巴)彻底摆脱了被人们带入研究领域的情绪和偏见,因此难以从它的内部证据来猜测这位作者究竟是英国人,法国人还是埃及人,也即哪一国的人都不是"。②

与其同僚学者、历史学家穆罕默德·易卜拉欣·萨布里(Muhammad Ibrahim Sabrī,1894—1978),以及政治活动家、历史学家、穆斯塔法·卡米勒的门生阿卜杜拉·拉赫曼·拉菲伊('Abd al-Rahmān al-Rāfi'i, 1889—1966)相比,古尔巴在其

---

① Youssef M. Choueiri, *Modern Arab Historiography: Historical Discourse and the Nation-State* (London, 2003), p.77.

② 引自 Gorman, *Historians, State and Politics in Twentieth Century Egypt*, p.27。

著作中表现得更公允一些。但是,他依然带有不少的民族主义色彩,也不免有自己的政治倾向。在古尔巴看来,历史研究应负有使命,那就是推动民族利益。他被任命为埃及大学的教师本身就是该大学推行埃及化计划的一部分。1935 年,古尔巴接替研究欧洲近代史的英国历史学家亚瑟·J. 格兰特(Arthur J. Grant,1862—1948)担任该校近代史的第一位埃及教授。教师配置上的这一变化标志着埃及在推动本民族的教育方面迈出了重大的一步。这不仅因为古尔巴是埃及人,还因为他的专长是欧洲史而不是埃及史。此后,他担任这个职位长达二十多年,训练和培养了一大批后来在现代埃及的历史研究领域中起主导作用的历史学家。这些历史学家研究的都是埃及史,不过研究的范围各异,从政治和制度的变迁到社会和经济的发展都有涉及。

如果说古尔巴的影响是巨大而深远的,那也与他一生曾担任数个政府要职,协助指导国家教育有密切的关系,就像塔哈·侯赛因和穆罕默德·里法特一样。虽然他从未担任过教育部长,但在好几届政府中多次出任教育部的副部长。他的政治立场以多少倾向保守而著称,因为他似乎与王室有密切的关系。不过,这也可能产生于他的民族主义倾向,因为埃及的民族主义政党华夫脱党(埃及国民党)领导的国王反对派于 1922 年成功地从英国人手中赢得了埃及的独立,虽然这个政党后来往往得到英国的支持并以此来巩固自己的权力。与此同时,英国人对于继续保持他们在埃及的影响也抱有兴趣。

埃及学院派历史学家圈子中的另一位著名人物穆罕默德·易卜拉欣·萨布里在许多方面成为了古尔巴的陪衬。他过去曾在埃及大学与古尔巴共事,但他是从法国而不是从英国归国的留学生。萨布里在法国的索邦大学师从法国革命史专家阿尔封斯·奥拉尔(Alphonse Aulard, 1849—1928)并获得博士学位。与古尔巴平步青云直至圣殿的道路相比,萨布里在学术生涯之初遭遇了一些挫折。他起初先后在埃及高等师范学院、埃及大学和达尔乌里姆学院任教,最后于1950年回到埃及大学,一度担任国家图书馆(Dar al-Kutub)副馆长。但是,他与论著较少的古尔巴不一样,是一名多产的历史学家,尽管大多数论著是用法文写作的,因此限制了他在本国知识分子中的影响。不过,他的《埃及革命》(*La Révolution égyptienne*, 1919—1921)一书可与古尔巴的《埃及问题的开始与穆罕默德·阿里的崛起》比肩。该书叙述了1919年在埃及发生的事件,明显带有他导师的影响,为埃及的历史学术研究确立了方向。如果这本书的出版提前十年的话,很可能会被视为标志了"埃及职业化史学的来临"。①

穆罕默德·里法特、沙非克·古尔巴和易卜拉欣·萨布里这三个人的一生虽有一些不同,但作为现代埃及第一代学

---

① Jack Crabbs, Jr, "Politics, History, and Culture in Nasser's Egypt", *International Journal of Middle East Studies*, 6:4 (October, 1975), p.389. 不过,对于这一评价,Yousseff Choueiri 在 *Modern Arab Historiography* 中提出了异议,认为易卜拉欣·萨布里的成就因为他在政治上卷入了华夫脱党而大为失色(77—78)。

院派历史学家的代表,他们表明埃及的历史研究自 20 世纪 20 年代起进入了新的阶段。历史学成为了一门由职业历史学家进行研究和教学的学科。这些历史学家的著作,像西方同行们一样,都是依据对政府档案为主的史料进行的详细考证。不过,他们也弘扬了伊斯兰的传统,因为在奥斯曼帝国时期,中东的历史学家在运用档案资料记载和写作历史上已经形成了成熟的方法。这些现代埃及历史学家与前辈历史学家的不同更多的表现在写作风格,而不是研究方法上。他们不再使用古体韵文,而是用阿拉伯语的散文直截了当地,同时也是公允地表达他们在研究中的发现。此外,他们在创建埃及的专业学会中发挥了领导作用。在这之前,埃及已经成立了一些学术团体,但大多是西方人建立的。例如,埃及研究所(Institut d'Egypte)成立于 1859 年,它的前身是拿破仑在 1798 年成立的埃及研究所(Institut Égyptien)。虽然这个所的成员以欧洲的东方学家为主,但也有一些非欧洲的著名会员,例如里法赫·塔闳维和雅各布·阿尔廷等。在 20 世纪上半叶,埃及研究所也加入了埃及化的进程,例如,塔哈·侯赛因于 1924 年当选为会员,古尔巴在 1947 年也当选为会员,尽管在这之前的 1945 年,古尔巴已经创立了皇家历史研究学会(后来更名为埃及历史研究学会)。这是由埃及历史学界组成的一个更重要的去精英化的组织。1949 年起,该学会出版了阿拉伯语和英语两种文字的《皇家埃及史学评论》(*Royal Egyptian Historical Review*),1952 年以后,该刊物更名为《埃及史学评论》(*Egyptian Historical Review*)。到 1951 年,这个学会的注册会员达 350 人,此后又增加到 3000 人以上。

学院派史学与民族政治

埃及历史学界获得了史学所有这些学术性的外包装,而它的诞生与政治领域的变化有密切的联系,反过来又直接反映了这一变化。正如我们在欧洲的一些事例中所看到的,历史研究作为一门学科得到确立后确实提高了历史学家的自主性和学术成果的质量,但另一方面,这并不等于可以让历史写作和研究完全避免来自外界的影响,因为学院派史学的成立要靠国家的支持和政府的资助。在中东地区,除了传教士开办的学校,现代学术机构都是由国家建立的,是国家建设计划中的一部分。正如我们在前面提到的,伊斯坦布尔大学的历史教授们热烈地歌颂,并不余遗力地夸大凯末尔关于土耳其早期历史的主张,以图增强民族自尊。自那以后,土耳其史的研究在历史领域中占据了主导地位,不过奥斯曼帝国时期它受到了冷落,因为其代表的是与民族主义意识形态相悖的旧时代。①

如同土耳其历史学家放弃了奥斯曼帝国的历史一样,在旧帝国领土上的其他国家里,历史学家也攻击了奥斯曼帝国,把它视为暴虐的帝国主义。他们为了锻造自己独特的民族认

---

① Lewis, "History Writing and National Revival in Turkey", p. 428.

同,尽可能地把各自国家的起源追溯到最远古的起点。例如,伊拉克历史学家发现他们的早期祖先是亚述人,而突尼斯历史学家则声称他们有迦太基人的辉煌过去,黎巴嫩人则把腓尼基人取得的成就归于自己。① 在伊朗,以 1925 年的王朝更迭和之后的宪政革命为契机,该国的现代化在许多方面取得了成绩,其中学院派历史学家付出了巨大努力,致力于推进民族主义。宪政革命之后的知识分子继承和拓展了他们前辈的事业,从"非阿拉伯化"入手构建伊朗的民族认同。他们强调波斯/伊朗族群和语言的同质性以及历史与文化的持续性,致力于构思和建设一个独具特色的波斯/伊朗。哈桑·皮尔尼亚(Hassan Pirniya)写作了伊朗古代史著作,他对于欧洲现代历史研究中应用考古学、铭文学和钱币学等辅助学科的做法感受极深,认为这些方法是现成的,完全可以用来解释波斯文明(指萨珊王朝)的伟大所在,证明波斯文明具有优于印度文明的特征。研究伊朗近代史的马木德·马木德(Mahmud Mahmud,1881—1965)是一个政治和历史的两栖人物,他指出虽然有外族的入侵,但受惠于神的保佑和伊朗文化精英的杰出成就,伊朗仍然是一个独特的民族。与之同代的历史学家艾哈迈德·卡斯拉维(Ahmad Kasravi,1890/1—1946)谴责了伊斯兰教的入侵,为此他不惜付出自己的生命。他坚持认

---

① 参见 Choueiri, *Modern Arab Historiography*, pp. 71-72; Marion Farouk-Sluglett and Peter Sluglett, "The Historiography of Modern Iraq", *The American Historical Review*, 96:5 (Dec. 1991), pp. 1408-1421 及 Barraclough, *Main Trends in History*, pp. 128-129。

为,尽管有伊斯兰教的入侵,导致波斯文化受到了"污染",但波斯人在此后的若干个世纪里仍然保持住了自己种族的"纯洁"。1946年3月11日,卡斯拉维在法院为自己的激进立场辩护,被一个极端伊斯兰教徒所杀。上述这些例子都有助于说明,在礼萨汗(Reza Shah, 1878—1944)和其他巴列维王朝的统治者当政期间,伊朗走向了民族国家,其中史学与政治发生了紧密的联系。①

让我们再回到埃及。20世纪埃及的历史学家所关心的主要不是他们的文化是否有悠久的历史,因为老一辈历史学家,例如里法勒·塔闵维和阿里·穆巴拉克(Alii Mubarak)已经成功地用古代埃及丰富的文化遗产证明了这一点。② 相反,他们所关心的主要是如何评价和分析近代埃及在穆罕默德·阿里和伊斯梅尔等著名改革家的统治时期,以及在19世纪末的埃及民族主义浪潮中的兴起。穆罕默德·里法特和沙非克·古尔巴的著作提供了与埃及皇族有关系的历史,并对有改革思想的历届总督表示称赞,同时也没有忽视极权主义

---

① Firuz Kazemzadeh, "Iranian Historiography", in Lewis and Holt, *Historians of the Middle East*, pp. 430-432; Touraj Atabaki, "Agency and Subjectivity in Iranian National Historiography", in *Iran in the 20th Century: Historiography and Political Power*, pp. 69-92. 关于伊朗思想家和历史学家如何寻求现代性,见 Farzin Vahdat, *God and Juggernaut: Iran's Intellectual Encounter with Modernity* (Syracuse, NY, 2002), pp. 25-128。

② 关于20世纪20年代埃及法老主义问题的专著,见 Donald M. Reid, *Whose Pharaohs? Archaeology, Museums, and Egyptian National Identity from Napoleon to World War I* (Berkeley, CA, 2002)。

政策所起的作用。穆罕默德·里法特写了一本近代埃及史的通用教科书,把这些总督取得的成功与乌拉比革命的失败进行对照,因为前者增强了埃及的实力,而后者引起了英国人的入侵。比较倾向自由主义的易卜拉欣·萨布里也用否定的口气描述乌拉比革命,因为他试图对沙德·扎格卢勒和华夫脱党在埃及独立上做出的功绩给予更多的肯定。这又与他同华夫脱党的密切联系有一定的关系。有趣的是,阿卜杜勒拉赫曼·谢里夫这位受到读者广泛喜爱的非职业历史学家倒成了唯一的例外。他的论著对埃及历届总督和乌拉比革命的评价采取了比较中立的态度,尽管他的导师穆斯塔法·卡米勒对后者已经表明了否定的看法。① 对现代埃及史的这些不同的解释再一次说明学院派历史学家不可能避免政治对他们的影响。20世纪50年代初开始的冷战以及近来具有深远影响的全球化所导致的政治变化,对埃及和中东其他地区历史研究的发展方向产生了更为直接的影响。

二 民族主义、科学主义和马克思主义

东亚和东南亚的现代史学

1895年的甲午战争是现代东亚历史的转折点,对华夏世

---

① Mayer, *Changing Past*, pp.10-27.

界传统秩序的转变产生了巨大影响。得益于西方传教士引进,并由受西方影响的中国记者建立的早期新闻媒体,人们可以比过去更加快捷地得知中国的战败①,从此中国人被唤醒了。在后来发生的戊戌变法中,虽然具有改革思想的皇帝和他的亲信康有为和梁启超(1873—1929)被慈禧太后及其同党剥夺了权力,但连后者也相信某些改变是必需的。例如,慈禧太后保留了变法者在1989年建立的全国教育机构——京师大学堂,这是中国第一所现代大学,是北京大学的前身。在张之洞的建议和组织下,以模仿日本为特征的清王朝的改革进入了新的时期,而这时的张之洞提出中国应向西方学习,得到慈禧太后的信任。京师大学堂在建立之初,不仅聘用日本人和在日本受过教育的中国人担任教师,还以日本为参照设立系科和课程。张之洞在《劝学篇》(1898)这篇很有影响的文章中勉励中国学生向日本学习,因为日本在地理上邻近中国,语言和文化相似,作为中国现代化的榜样来说,比西方更合适。在张之洞以及一批思想开明的官员看来,日本也是更有吸引力的,因为在19世纪90年代初,日本明治政府早期推行的全盘西化的政策被日本对亚洲和本土发生的新兴趣所取代。②

---

① Joan Judge, *Print and Politics: "Shibao" and the Culture of Reform in Late Qing China*(Stanford, 1996).

② Douglas Reynolds, *China, 1898-1912: The Xinzheng Revolution and Japan*(Cambridge, MA, 1993).

中国的"新史学"

20世纪初,大批中国学生漂洋过海,到日本留学。从这批留学生中涌现出了一批未来政治界和知识界的领袖人物,其中以梁启超最为突出。梁启超虽然不是官派的留学生(他其实是因为在戊戌变法中的领袖身份而逃亡),但他的政治地位使他能与日本的主要知识分子和政治领袖成为朋友。由于受到福泽谕吉和田口卯吉奋斗经历的启发,梁启超在日本开办报刊,为回国再次进行政治改革做准备。他为了鼓吹立宪,通过阅读许多西方自由主义思想家著作的日文译本,不仅努力获取知识,而且把它们介绍给中国。① 他还认识到,为了在中国建立立宪君主制和代议制,需要改变中国文化传统所固有的中国思维方式,包括改造中国史学编纂的传统。

因此,他于1902年开始在他创办的《新民丛报》上连续发表学术文章《新史学》,贬斥中国朝代史学的传统,并像福泽谕吉一样宣称需要进行一场"史界革命"。梁启超在《新史学》的一开头就指出,虽然历史写作在中国有悠久的传统,但已经变得陈腐和不足了,因为它同西方现代史学已拉开了差距。西方史学滋生了民族主义,而相反中国的史学传统却以王朝或王朝的兴替为中心。此外,中国历史学家执迷于道德

---

① 见 Joshua Fogel, ed., *The Role of Japan in Liang Qichao's Introduction of Modern Western Civilization to China* (Berkeley, 2004) 和 Paula Harrell, *Sowing the Seeds of Change: Chinese Students, Japanese Teachers, 1895-1905* (Stanford, 1992)。

说教,缺乏探索和解释历史因果关系的动力,导致他们的著作没有新意和创造性。梁启超指出,在过去的两千多年里,从汉代到清代的《二十四史》的编修充其量不过是一种重复行为,它们都服务于同一个目标:帮助统治王朝延续其统治。①

梁启超的《新史学》既是针对中国历史写作传统的第一份檄文,又全面地概述了新史学的思想。第一,梁启超写道,新史学应当成为民族建设的各种努力的一部分,是中国人在自己的国家屡次被外国列强打败后面临的紧迫任务。第二,新史学应当以日本的"文明史"为榜样,叙述和分析整个民族的进步或进化,不应把全部精力集中于王朝权力的成败。②

以上的两方面虽然是个概要,却是当时与梁启超一道旅居日本的留学生所推动的"史界革命"的核心所在,其中以章太炎(1869—1936)、黄节(1873—1935)和邓实(1877—1951)最为出名。1905年,章太炎、黄节、邓实以及其他留学过日本的中国学生出版了《国粹学报》,他们对中国面临的史学问题的思考及论述反复地提到梁启超对国史和"文明史"的构想。他们像梁启超一样认为"史界革命"已是刻不容缓,因为必须用"民史"来取代"君史",才能使历史写作有益于民族主义的

---

① 梁启超:《新史学》,见于《梁启超史学论著三种》(香港,1980),第3—9页。参阅 Q. Edward Wang, *Inventing China through History: The May Fourth Approach to Historiography* (Albany, NY, 2001), pp. 42-50。

② 梁启超:《新史学》,第10—15页。参见 Xiaobing Tang, *Global Space and the Nationalist Discourse of Modernity: The Historical Thinking of Liang Qichao* (Stanford, NJ, 1996)。

事业。他们通过鼓吹这种需要来号召恢复"国粹"。"国粹"是19世纪90年代日本人探索其东方起源过程中出现的一个新名词。他们使用这个词并不是为了重申与儒学遗产的渊源,而是寻求更加远古的、儒学之前的过去,就像文艺复兴时期的人文主义者重视希腊和罗马是希望从中发现与他们自己的文化相兼容的成分一样。

黄节在概述有中国特色的所谓"黄史"的演变时,要求给予中华民族假定的最早的祖先黄帝以特殊的注意。黄节的著作虽然没有完成,却是中国研究以黄种人为中心的民族史的一次早期尝试。但是,在黄节、章太炎、刘师培(1884—1919)和其他撰文作者看来,中华民族并非发源于本土的民族,而是像法国汉学家泰里安·德·拉克伯里所提出的,是大约五百万年以前从中亚或迦勒底迁移而来的。这些知识分子之所以愿意接受拉克伯里的理论,是希望从历史上和种族上把中华文明的起源与公认的人类文明摇篮中亚联系起来,因为西方文明的源头希腊文明也源于中亚。① 他们的动机与20世纪20年代声称中亚是古代土耳其文化和民族起源的土耳其历史学家一样。在这两件事情的背后,都有一种为其民族增强

---

① 见 Q. Edward Wang, "China's Search for National History", in Q. Edward Wang and Georg G. Iggers, eds., *Turning Points in Historiography: A Cross-Cultural Perspective* (Rochester, 2002), pp. 185-203。参阅 Yü Ying-shih, "Changing Conceptions of National History in Twentieth-Century China", in Erik Lönnroth, Karl Molin, and Ragnar Björk, eds., *Conceptions of National History* (Berlin, 1995), pp. 155-174;郑师渠:《晚清国粹派——文化思想研究》(北京,1997),第161—237页。

民族自尊和威望的愿望,而这也是民族主义史学的基本特征。

正当这些民族主义的历史新观念得到宣扬和宣传的时候,中国的教育也进入了改革时期。除了京师大学堂外,清王朝还同意创办更多现代的大学和中小学,讲授数学、物理、化学和外语等新课程。历史与其他"旧式"课程一道也列为课程设置的核心,并使用新的方式教学,反映了"史界革命"的影响。1905年以后,清王朝废除了历史悠久的科举制度,中国学生以日文著作为捷径,致力接受新的知识体系。为了满足对中小学新教科书的需要,从日本归来的留学生翻译了日文教科书。在历史教育方面,由于日本"东洋史"研究的兴盛,日本历史学家已经写成了一批中国史的教科书,其中有一些还是用汉语写的,例如那珂通世(1851—1908)的《支那通史》。

在20世纪初的中国,那珂通世的书与桑原骘藏(1870—1931)的《东洋史要》很快成为中小学通用的历史教科书。日本的新历史教科书表现出了三个方面的特点:(1) 它们不同于传统的王朝编年史,在结构上按照西方史学的叙事史,明确划分历史时期,通常是采用三个时代(古代、中世纪和现代)的划分方法;(2)虽然政治变化在这些教科书中仍占有叙事的中心地位,但由于受到了"文明史"或"民众史"的影响,教科书的作者以更加全面但简明扼要的方式提及了宗教活动、文化习俗和文学成就等其他方面的变化;(3)教科书的作者在叙述时对事件和人物的选择尽管考虑到了道德教育的目的,但主要意图是为了描述民族历史从古至今的连续性发展,偶尔也对一系列历史事件提供因果解释。总之,简要(用一两册课本涵盖中国的全部历史)、划分历史时期和叙事性是这些日文教科书的主要特征,而正是这些特征符合了从民族主义的新角度进行中国史教学的需要。

中国的出版商在课本市场上也看到了这些教科书的商机,因此抓住了这个机会。例如,1905年,商务印书馆出版了夏曾佑(1863—1921)编写的《最新中学中国历史教科书》。夏曾佑是梁启超的朋友,他们都崇信进步论的历史学。他写的教科书首次尝试用叙述,即章节体的形式描述中国的历史,但几乎就在同一时候,还有人在做同样的尝试,其中包括国粹派的刘师培。刘师培也是中国第一个转向无政府主义信仰的人。当中国人用各种新的理论和观点——社会达尔文主义或社会进化论、民族主义、无政府主义,甚至法西斯主义——来阅读、研究和写作本国过去的历史时,这些理论有助于指出在清王朝临近灭亡之际中国历史可能走向何方。确实,尽管清王朝做出了绝望的努力,开始进行改革,但已经挽救不了自己。1911年,清王朝被孙中山(1866—1925)领导的民族主义政党推翻。在该党发动革命的过程中,它的代言人,著名的国粹派学者章太炎向同胞们解释说,清王朝是由满人建立的,是外来民族的非法统治,因为中国应当属于汉民族。[①]

[①] 胡逢祥、张文建:《中国近代史学思潮与流派》(上海,1991),第256—271页。

民族史学与科学史学之间的张力

　　1912年,亚洲的第一个共和国,中华民国宣告成立,中国进入了极为乐观的新时代,人们对它抱以巨大的期望。但是,这些乐观和期望很快就被悲观和绝望所取代,因为在中华民国的总统竞选中,前清将军袁世凯(1859—1916)击败了孙中山,攫取了革命的果实。当孙中山在中国南部筹划"二次革命"时,北京大学的知识分子则在继续探索文化改革或革命,以帮助中国克服近代的灾难。这一代新的中国知识分子以十年前的梁启超为偶像,鼓吹中国需要引进"德先生"(民主)和"赛先生"(科学),对中国的文化传统进行彻底批判。由于"史界革命"的影响以及使用新型教科书进行教学,进化论已被五四时期的一代人所接受,并用它来解释历史的进步和运动。此外,它还成为了他们用来创造"新文化"的手段。新文化的领袖,从美国读完研究生回国的胡适(1891—1962)宣称,对中国人来说,进化论的思想并不是从国外输入的。康有为在上个世纪末也提出过同样的说法,但胡适与他不同,是从方法论的层次上对进化论进行考察,将其确立为一种科学方法和历史理论。胡适用通用的说法把进化论称作"谱系学的方法"或"祖孙的方法"。胡适在哥伦比亚大学写作学位论文时曾与著名的实用主义哲学家约翰·杜威一道工作,追溯了这一方法在中国古代思想中的发展。1917年,他回到北京大学任教,开始把注意力转向清代的考证学,并发现他所认为的进化论,作为一种科学方法,在中国的学术传统中得到了最成熟的运用。他指出,清代学者考察了某个文本在各个时代的"进化",把它同各种不同的版本相比较,以追溯和识别其中隐藏的删改、修正和歪曲。这些学者的做法遵循了科学的程序,其特征是质疑、假设、实验和证明。这种程序与他导师杜威的著作《我们如何思考?》(How We Think? 1909)所归纳的现代科学方法一致。胡适运用清代人的方法,或文本和历史考证的方法,查明和确定了在清代和当时流行的一些著名小说的真实作者。他还仔细地考证了许多哲学和历史文本的真伪。于是,胡适通过指出考证学的科学特征,并将它与近代西方科学的学术研究相比较,重新发现和复兴了清代考证学的传统。① 他还摆正了现代中国史学的变化方向,用与十多年前日本重野安绎同样的方法,把考证学与兰克史学互相啮合起来。

胡适带给中国历史研究的变化最初表现为他在北京大学开始的以"整理国故"为名称的研究项目。胡适的学生顾颉刚(1893—1980)受聘担任他的助手。胡适和顾颉刚在五四时期"打倒孔家店"的精神鼓舞下对中国文学和历史的重要经典持批判和怀疑的态度,决心对它们进行彻底的批判。应

---

① Hu Shih (Shi), *The Development of the Logical Method in Ancient China* (New York, repr., 1963);胡适的文章《实验主义》《杜威先生与中国》《清代学者的治学方法》,见胡适:《问题与主义》(台北,1986)。参阅 Wang, *Inventing China through History*, pp. 53-66。

胡适的要求,顾颉刚以清代学者为榜样,着手对大量文献进行甄别,把真实的文本从伪造和错误的文本中清理出来。他们的努力和兴趣类似于国粹派的学者,即在文艺复兴时期的人文主义者为复兴希腊和罗马的古典文化所做努力的鼓舞下,希望通过恢复真实和可信的文学传统,开展一场"中国的文艺复兴"。的确,当后来有人向胡适问起20世纪40年代的"整理国故"计划有何意义时,他将它比作西方的文艺复兴。①

然而,这样的类比有它自身的缺陷,因为他们想要恢复的传统并没有被淹没,也就是说并没有蒙上历史的灰尘,反而一直受到一代又一代中国学者的称赞、敬仰和呵护。对于在五四时期受到科学文化洗礼的学者来说,真正的问题是浩如烟海的经典著作已被伪造和篡改弄成了一个个谜团,用科学标准来衡量是不真实和不可信的。例如,顾颉刚在批判地考察有关中国古代历史的文本时,对它们的真实性和可靠性产生了极大的怀疑。在五四时代反迷信精神的影响下,他大胆地提出假设,认为古代中国"三代"的理想统治被过去的历史学家和文人传奇化和偶像化了,并非真实,而是杜撰的故事。相反,按照顾颉刚的推测,远古传说中的圣王之一大禹,并非真实的历史人物,只不过是一个图腾符号。顾颉刚的怀疑得到

---

① Anthony Grafton, *Defenders of the Texts: the Traditions of Scholarship in An Age of Science*, *1450-1800* (Cambridge, Mass., 1991). Hu Shih (Shi), *The Chinese Renaissance* (New York, rep. 1963, orig. 1934) 和 Jerome Grieder, *Hu Shih and the Chinese Renaissance: Liberalism in the Chinese Revolution*, *1917-1937* (Cambridge, MA, 1970)。

他的导师胡适的支持,因为胡适认为大胆的假设是进行科学探索和研究的第一步。顾颉刚得到鼓励后继续努力揭示传统史料的不可信。他的活动以"疑古"为特征,引起了一场"古史辨",对中国远古的历史真实性展开辩论。这场辩论类似于日本历史学家对日本史前神话时代的讨论。顾颉刚还对被公认为中华民族祖先的黄帝的历史真实性提出了怀疑。①

顾颉刚的"疑古"研究,就像重野安绎和久米邦武揭示了古代日本的历史记载和著作中的缺陷和谣传一样,在中国掀起了一场公开辩论,因为,如果他的假设被承认的话,中国历史的进程将从五千年缩短到三千年。这种激进的行为必定要引起国粹派等历史学家的强烈抗议。这种观念虽然出自顾颉刚,但其中的激进成分早在胡适在北京大学讲授的思想史课程中有所展现,而顾颉刚听过他的讲课。② 与日本不同的是,日本的辩论始终围绕着史料是否可信而展开,而且面临着来自政治家和宗教团体的压力,而在中国,"古史辨"基本上是一场学术讨论。但是,这场讨论有助于推动中国的学院派史学前进。顺便说一句,顾颉刚成了刚刚形成的中国学术界的

---

① Gu Jiegang (Ku Chieh-kang), *The Autobiography of a Chinese Historian*, tr. Arthur Hummel (Leyden, 1931);顾颉刚:"黄帝",见《史林杂识初编》(北京,1963)。参阅 Laurence Schneider, *Ku Chieh-kang and China's New History: Nationalism and the Quest for Alternative Traditions* (Berkeley, CA, 1971) and Tze-ki Hon, "Ethnic and Cultural Pluralism: Gu Jiegang's Vision of a New China in His Studies of Ancient History", *Modern China*, 22:3 (July 1996), pp. 315-539。

② Gu, *Autobiography of a Chinese Historian*, pp. 65-66.

一颗明星,许多大学争相聘请。他的批评者为了挑战他,也被迫寻找史料,并用顾颉刚论证其结论时使用的方法去考察史料。胡适和顾颉刚通过他们在"整理国故"计划中发挥的领导作用,成为了"史料学派"的领导人物,因为他们重视史料的评价和证明。在20世纪二三十年代,史料学派在中国历史学界占据了主导地位,而这时的历史学界基本上是由学术机构中的历史学家组成。这些历史学家还组成了历史学会,出版历史刊物,虽然大多数都为时不长。

"史料学派"在推动科学历史学的过程中,对中国历史的悠久性提出了怀疑,有可能伤害到民族的自豪感。然而,历史研究的科学化毫无疑问可以用于服务民族主义的目的。胡适和顾颉刚对西方和日本的汉学研究的发展都很熟悉,对于它在中国的"落后"状态深感忧虑。也就是说,如果中国学者依然迷恋于史料批判和证明的问题,他们的工作便无法得到国外同行的尊重。早在十年以前,得到兰克方法训练的日本汉学家白鸟库吉(1865—1942)就对记述中国上古历史的典籍的可靠性提出了挑战,但是他的论点遭到了日本汉学家林泰辅(1854—1922)的反驳。①

在1926年"古史辨"的热潮中,胡适的另一名学生和追随者,北京大学的傅斯年(1896—1950),刚从欧洲留学七年

---

① 见钱婉约:《"层累地造成说"与"加上原则"》,载于顾潮编:《顾颉刚学记》(北京,2002),第195—200页。

归来。受到欧洲各种学科浸润的傅斯年在柏林大学最终找到了他真正的兴趣——语文学、哲学和历史学。归国以后,他建立了中国的第一所历史研究机构,即历史和语言研究所。这个名称反映了德国和兰克学派的影响,率先提出了使用语言学的研究方法可以确保史学可信性的思想。然而,历史学-语言学的结合也推进了傅斯年早年接触过的考证学的传统。但是,傅斯年所要追求的更多。在他的领导下,历史和语言研究所对当时推测为商朝首都的安阳进行了考古发掘。20世纪初,一些带有文字的甲骨在安阳出土,王国维(1877—1927)、林泰辅和法国汉学家伯希和(Paul Pelliot, 1878—1945)等学者从中获得了有关商朝历史和中国上古史的有价值的信息。傅斯年的发掘没有像他希望的那样得到更多的甲骨文。但是,他和他的同事使用考古方法可以证明商朝不仅是真实的历史实体,而且是一个繁荣和成熟的文明。傅斯年因此依靠扎实的科学证据反驳了他过去的同学顾颉刚的所谓上古历史并不真实存在的论点。他的成功也是献给他所属的"史料学派"的一份厚礼,因为傅斯年证明考察旧史料和发现新史料都能促进现代的科学历史学的发展。他的发现还幸运地恢复了中国上古史的真实性,对民族自豪感给予了有力的支持。①

---

① Fan-sen Wang, *Fu Ssu-nien: A Life in Chinese History and Politics* (Cambridge, 2000), pp. 114-125; Wang, *Inventing China through History*, pp. 121-129.

修正兰克的模式:日本的民族史学

日本在甲午战争和日俄战争中的取胜,使它成了一个世界强国。但其历史研究却遇到了挑战。为了推动这架战争机器,日本政府实行了思想钳制。日本的社会主义思想家幸德秋水(1871—1911)因发表反战言论被投入了监狱,最后以叛国罪被处死。日本政府还把日本在海外取得的胜利归功于天皇的"万能",把越来越多的人引向对日本天皇的信仰,吹嘘自神话时代以来的皇祚绵延不断,或称"万世一系",是日本独有的现象。1911年,日本政府得知有人抱怨说,历史教科书居然声称在14世纪的日本有两个天皇宫廷同时并存并相互争夺合法性,决定进行干预。政府下达的最终指令称只有南方宫廷是合法的,从而维护了万世一系的说法。在这场战斗中,历史学界过去的一批领袖,包括重野安绎、久米邦武以及他们的继承人三上参次(1865—1939)和喜田贞吉(1871—1939)都败下阵来。他们无法说服大众两个皇室的并存是历史事实,关于哪个皇室更合法的争论是没有意义的。为了自我宽慰,他们找到了一种办法,把历史研究和历史教育区别开来。他们一致同意,后者作为"应用的历史"直接服务于民族国家的需要,应当是没有错的。①

---

① Margaret Mehl, History and the State in Nineteenth-century Japan (New York, 1998), pp.140-147;永原庆二:《20世纪日本の歴史学》(东京,2005),第54—56页。

20 世纪初,日本学院派历史学家在推进民族主义和之后的日本帝国主义方面,颇有成效。当时涌现出来的一批杰出的日本学院派历史学家,除了三上参次和喜田贞吉外,还有坪井九马三(1858—1936)、福田德三(1874—1930)和白鸟库吉。坪井在德国取得博士学位后曾与里斯共事,福田也取得了德国的博士学位,白鸟则是里斯的学生。他们都努力把西方历史研究的学术性运用于日本历史研究的许多领域,并因此而著称。例如,里斯回德国以后,由坪井继续讲授历史方法论的课程,宣扬兰克史学的原理。福田与原胜郎(1871—1924)、内田银藏(1872—1919)、中田薰(1877—1967)都在欧洲接受过高等教育。他们运用比较方法分析日本历史的特征,目的在于寻找与欧洲民族的类似之处。白鸟库吉与那珂通世和内藤湖南(1866—1934)这两位对中国学者表示尊重的学者一道成为了东洋史研究的先驱者,从他们的学术著作中人们可以明白无误地看出日本对这一地区的领土抱有兴趣。例如,白鸟库吉提出的日本和朝鲜两个民族有共同的种族起源的假设,即"日鲜同祖论",是为日本在两次战争以后吞并朝鲜作辩护。① 白鸟库吉还不时地将这一假设扩大到中国东北,预示他的国家对这一地区抱有兴趣。

到第一次世界大战结束时,日本现代史学的面貌大为改

---

① Hyung Il Pai, *Constructing "Korean" Origins: A Critical Review of Archaeology, Historiography, and Racial Myth in Korean State-Formation Theories* (Cambridge, MA, 2000), pp. 35-41.

观。学院派史学曾经占据着主导地位,它的主要特征是将考证学转变为重视史料批判和集中研究政治史。然而,他们的这种地位现在已经被一些新的学派所取代,其中有些学派以京都大学等一些新成立的大学为中心。这些大学的地位不断上升,成为东京大学的主要对手。以福田德三、内田银藏等人的著作为代表的社会-经济史的兴起就是一个突出的例子。①民俗研究的先驱者柳田国男(1875—1962)则是另一个突出的例子。然而,更令人感兴趣的例子是由津田左右吉和西田直二郎(1886—1964)开创,并得到村冈典嗣(1884—1946)和和辻哲郎(1889—1960)进一步扩大的"文化史"学派,又称"精神史"学派。这一学派研究的不仅是历史中文化和心理的方面,而且从这个观点出发,对日本的历史发展提出了全面的新解释,与20世纪初卡尔·兰普雷希特对德国史的研究非常相似。他们对前一时期经验主义史学的"反叛"所产生的效果与兰普雷希特反对兰克史学产生的效果一样。幸运的是,1919年,兰普雷希特的《现代历史科学》(*Moderne Geschichteswissenschaft*,1909)在日本出版。虽然西田直二郎于20世纪20年代才留学欧洲,但当时已经对孔多塞和黑格尔的著作产生了兴趣。在兰普雷希特的影响下,他逐渐认识到批判史学的局限性,它只关注史料考证,不足以推动历史

---

① Hugh Borton, "Modern Japanese Economic Historians", in W. G. Beasley and E. G. Pulleyblank, eds., *Historians of China and Japan* (Oxford, 1961), pp. 288-306.

解释和历史分期理论的进步,与孔多塞和黑格尔关注的问题形成了明显的对比。在海因里希·李凯尔特和威廉·狄尔泰的启发下,西田直二郎还阐述了历史研究中个别与普遍之间的关系。他得出结论,对于历史学家而言,匡正史实固然是绝对必要的,但在历史事件表面的背后找出和识别起推动作用的真正的精神,并对历史运动提出合理的解释更为重要。①

批判和经验主义史学的新领袖津田左右吉虽然是白鸟库吉的学生,但得出的结论却同西田直二郎的一样,也认为历史学家的工作不应仅限于史料考证。不过,他指出,更紧迫的任务是发现和揭示"国民精神"及其在不同时代的特征。津田左右吉从民族主义的角度出发,揭示和详述了前现代和现代日本独有的文化轨迹。他认为,日本在前现代虽然受到中国的影响,但发展出了自己与中国根本不同的文化传统。日本现代文化的发展尽管受到西方的影响,但也可以得出同样的结论。虽然津田左右吉没有像西田直二郎那样留学国外的经历,但也许是因为与里斯的弟子白鸟库吉一道工作过的缘故,他吸收了兰克的历史主义的成分,主张日本历史也存在一个通贯古今的一致性。然而,正像前面提到的,里斯所认为的兰克史学一直倾向于只强调兰克史学中的"史料批判",而津田

---

① 奈良本辰也:《文化史》,历史学研究会、日本史研究会编:《日本歷史講座》,第八卷(东京,1968),第 221—245 页;永原庆二:《20 世紀日本の歷史学》,第 81—87 页。

左右吉的兴趣却在于探索历史运动的流向和动力,这也许可以说明他受到威廉·狄尔泰和弗里德里希·梅尼克等新历史主义者的影响更大。①

津田左右吉的"文化史"中在许多方面浓缩了后明治时代或大正时代(1912—1926)日本史学的进步。由于社会经济史学派和民俗研究等当时的各个学派的共同努力,文化史对历史研究的一些新领域进行了探索,克服了第一代学院派历史学家的著作以政治史为特征的狭小的研究视角。更特别的是,津田左右吉和志趣相投的历史学家吸收了"文明史"和"民众史"的遗产,努力把他们的研究兴趣从政治精英转向普通民众,采用整体论的历史解释方法。所有这些又与大正时代的民族精神相吻合。大正时代虽然有时出现了一些动荡和骚动,但在推动民主制度和代议制政府上取得了明显的进步。这一进步破坏并最终推翻了明治政府中的寡头统治,代之以两党制的确立。由于一战期间日本经济的繁荣,中产阶级和无产阶级的数量都有所增加。对成年男子普选权、工人权利、民权、社会福利、女权主义、工联主义、社会主义和共产主义的兴趣也大为增强。所有这一切在很大程度上推动了在政府层面上向更加民主的方向变化。津田左右吉等人在他们的著作中通过详细阐述日本过去独立和一贯的文化发展,反映了公

---

① 上田正昭:《津田史学の本質と課題》,《日本歷史講座》,第247—288页;增渊龙夫:《日本の近代史学史における中国と日本——津田左右吉と内藤湖南》(东京,2001),第16页脚注。

众对日本上升为一个现代国家并谋求与西方列强平等地位的愈益增强的信心和殷切期望。

与其他人的历史著作相比，津田左右吉的史学著作尤为如此，代表了当时的史学变化，因为津田左右吉的研究在前辈已经开创的事业之上，百尺竿头，更进一步。例如，他的授业老师白鸟库吉用批判方法武装自己，批判地考察了中国古代历史文献，并对它的可信性表示怀疑。津田左右吉继承了白鸟库吉及其研究古代史和神话时代的老师（即重野安绎、久米邦武和星野恒）的兴趣，着手考察了《六国史》中最早的两部历史典籍《古事记》和《日本书纪》，以求获得对史前日本的理解。他像前辈们一样对它们作为史料的真实性提出了质疑，与此同时也承认它们的价值在于为理解古人的心理和心智提供了线索，而这正是他的史学的核心所在。在日本的神道教徒和政治家们看来，这些典籍是日本皇室的神圣性所系，而津田左右吉却推翻了它们的历史真实性。这让他后来付出了惨重的代价。20世纪30年代末，他遭到短期监禁，他的著作被列为禁书。

尽管大正时代是日本国内政治的重大转折时期，但就日本国的对外政策而言，走的却是明治时代的政治寡头既定的方向。1910年，日本改换大正国号，正式吞并朝鲜，结束了朝鲜王朝（李朝）250年的统治。现在，继台湾之后，朝鲜成为了日本的又一个殖民地。日本还向中国的军阀之父袁世凯主持的中国政府提交了《二十一条》。可见，日本在世界政治中地位的上升是以牺牲中国和朝鲜为代价的。第一次世界大战以后,日本在这两个国家发生的新一轮民族主义运动中成为了首要目标。1919 年,为了在凡尔赛会议上恢复国家独立,朝鲜发动了"三一运动",参加的民众达两百万人,相当于全国人口的十分之一。两个月后,对于凡尔赛会议达成的把德国在中国的势力范围转让给日本的决议,中国大学生表示强烈愤怒,走上北京街头,发动了五四运动。这两个事件作为不断增长的民族主义运动的里程碑,对引导朝鲜和中国的文化发展具有重大意义。[①]

神话与历史:寻找朝鲜民族的起源

20 世纪 20 和 30 年代,民族主义在中国和朝鲜同时兴起。1919 年的"三一运动"失败后,朝鲜人遭受了日本殖民统治者更残酷的镇压。日本的殖民统治带有学术活动的一面,用来支持日本政府的殖民主义政策。研究朝鲜的日本学者不仅提出了朝鲜文明"落后/停滞"的论点,还对其原因提出了解释性的看法。他们的理论可以大致表述如下:第一,朝鲜人在他们的历史进程中从未获得过独立的地位。在邻近强大帝国的剥夺和欺凌下,他们习惯于依附他人(指中国),从而解

[①] Yong-ha Shin; *Modern Korean History and Nationalism*, tr. N. M. Pankaj (Seoul, 2000), pp. 223-272; Chow Tse-tsung, *The May Fourth Movement: Intellectual Revolution in Modern China* (Cambridge, MA, 1960) 及 Vera Schwarcz, *The Chinese Enlightenment: Intellectuals and the Legacy of the May Fourth Movement of 1919* (Berkeley, 1986)。

释了事大主义何以在朝鲜文化中盛行,尤其是在李朝盛行的原因。第二,研究朝鲜的日本学者,如白鸟库吉,通过考古学、人类学、哲学和历史学的研究,提出朝鲜人和日本属于同一个种族谱系(日鲜同祖论)。他们的祖先在史前居住在东北亚的许多地区,公元4世纪至7世纪,朝鲜曾在日本人统治之下。换句话说,日本统治朝鲜是把朝鲜人从历史上依附中国的地位中解放出来,现在由更加文明和先进的日本人通过对其国家的统治,来"提高"与他们有种族兄弟姐妹关系的朝鲜人的福利,是完全正当的。①

除了提出日鲜同祖论外,白鸟库吉还对古代朝鲜神话中的开国君主檀君进行研究,对朝鲜人所珍爱的开国神话进行分析。檀君的故事第一次出现在13世纪朝鲜的典籍《三国遗事》中。他把《三国遗事》与在朝鲜和中国发现的同一时期和更早的典籍进行比较并得出结论,檀君的传说只能是公元4世纪以后创造的,因为《三国遗事》带有佛教的影响,而佛教传入朝鲜是公元4世纪以后的事情。② 然而,白鸟库吉进行的详细的文本研究以及他得出的结论都是朝鲜人无法接受的,因为这把他们的历史缩短了,伤害了他们的民族自豪感,尤其是在他们被迫忍受日本殖民统治的不幸时刻。

---

① Pai, *Constructing "Korean" Origins*, pp. 35-56.
② Ibid., pp. 261-262.

因此，后来被誉为"现代朝鲜史学之父"的申采浩（1880—1936）在20世纪20年代以檀君的传说为主题发表了一系列著作，与白鸟库吉及日本的其他东洋史学者展开辩论，反驳他们对朝鲜历史的解释。与白鸟库吉相反，申采浩认为"三韩"时代的朝鲜古代史从史前一直延伸到公元前1世纪，檀君的传说即开始于这个时期。这个时期因其独立的精神和灿烂的文化发展而成为朝鲜历史上最有价值的时期。此外，檀君时期是"三韩"时代中最重要的时期，因为它展示了朝鲜典型的文化特征。同样，申采浩认为第二个朝鲜王朝，即箕子朝鲜在朝鲜的历史上并不那么重要，因为檀君的继承人箕子是中国商朝皇族出身的王子，商朝灭亡之后流亡到朝鲜。在箕子朝鲜时期，中国文化对朝鲜产生了很大的影响。① 在某种程度上，申采浩的著作与中国国粹派相类，努力地重新发现古代朝鲜的"国粹"，因为在长达五百年的李朝，箕子一直被认为是朝鲜国的创始人，意在增强朝鲜与中国的纽带关系。②

在这里，申采浩作为一名有原创力的思想家踏上了一条艰难的旅途。一方面，他要为朝鲜重建国家寻找新方法，对李朝持否定但同情的态度，因为它多个世纪以来一直努力维护与中国的亲密关系。他的研究似乎又默认了日本人的说法：

---

① Pai, *Constructing "Korean" Origins*, p. 63 以降。
② Martina Deuchler, *The Confucian Transformation of Korea: A Study of Society and Ideology* (Cambridge, MA, 1992), p. 107ff.

朝鲜民族深受外国文化,特别是中国文化的影响,因此李朝是被动的,没有多大意义。另一方面,他通过重新发现檀君,把这位据说诞生于公元前2333年的从天而降的传说人物恢复为朝鲜的开国君主,又否定了日本人关于朝鲜人从来依附于其他民族的说法。实际上,他把檀君确立为朝鲜远古时代的开国君主,目的是延长朝鲜的历史,即使不比它的邻国的历史更长,至少也一样源远流长。

事实证明,申采浩的巧妙而大胆的做法对朝鲜本国的历史学家产生了激励作用,甚至到了今日依然如此。① 我们可以从崔南善(1890—1957)的著作中看出他继续强调朝鲜自檀君时代以来就有悠久的历史。崔南善少年得名,是文学和思想天才,曾在"三一运动"期间起草过"独立宣言"。在日本的东洋史研究所体现的现代历史学术研究的影响下,他收集了大量史料,用民俗学和语言学的方法对檀君的传说进行分析。他得出的结论是,檀君的故事不仅为古代朝鲜,而且为欧亚更广阔地区的一种被称作萨满教的特殊的民间活动提供了线索。这种萨满教以信仰上天、人间和地狱为特征,起源于朝鲜,然后传播到邻国。为了确立这一主张,崔南善首先提出,檀君的出生地,即从北朝鲜延伸至中国东北的太白山脉,是这种萨满教活动的起源地。他接着试图用详细却牵强的语言学证据证明,在东北亚曾经存在一个以古代朝鲜为中心的文化

---

① 散见 Pai, *Constructing "Korean" Origins*。

圈。因此,朝鲜不仅过去是个独立的实体,而且在东北亚的文化发展中处于领先地位。①

在日本统治时期,朝鲜的历史写作仍然发生了巨大变化。例如,申采浩和崔南善对檀君的神话产生兴趣,甚至他们提出的有关理论都与朝鲜北部民间宗教的发展有很大的关系。在1905年创立的檀君教誓约中,檀君并非被视为朝鲜的立国者,而是朝鲜民族的大救星而受到崇拜。民间宗教的其他一些派别在朝鲜的历史进程中也发挥了不可或缺的作用。例如,1895年的宗教组织东学党的起义触发了中日战争。"三一运动"的动员也得益于各种宗教派别的参与。进入近代以后,朝鲜的宗教信仰在一定程度上对历史写作产生了影响,往往甚于日本和中国。②

朝鲜史学的变化还带有民族主义、种族主义和社会达尔文主义的影响。社会达尔文主义不仅通过日本,而且通过中国传播到了朝鲜。20世纪初,梁启超的许多论著以及他提出的"史界革命"的口号对朝鲜学者产生了巨大影响。申采浩曾经把梁启超的一些文章译成韩语。他像梁启超一样在《读史新论》(1908)中贬斥儒家的道德史学,鼓吹需要用历史写作为民族拯救事业服务。他吸收了社会达尔文主义的思想,

---

① Chizuko T. Allen, "Northeast Asia Centered around Korea: Ch'oe Namson's View of History", *Journal of Asian Studies*, 49:4 (Nov. 1990), pp. 787-806.

② Ibid., p.794, 注5; Shin, *Modern Korean History and Nationalism*, p.214. 参见 Boudewijin Walraven, "The Parliament of Histories: New Religions, Collective Historiography, and the Nation", *Korean Studies*, 25:2 (2002), pp. 157-178。

认为历史即斗争,是"自我"与"他者"之间的斗争,这一论点清楚地反映了朝鲜反抗日本殖民主义的残酷现实。① 最后,在方法论的层面上,日本的东洋史研究在近代朝鲜历史学术研究上留下了明显的烙印,尤其表现为1934年震檀学会的成立。震檀学会把东洋史研究的经验主义与朝鲜已有的考证学传统相结合,直到今天依然是一个很有影响的学会,说明文本批判研究对朝鲜学者有着持久的吸引力。② 另一个例子可以在崔南善有关古代东北亚文化圈的论点中看到。他的这一论点扩大了白鸟库吉等人提出的日鲜同祖论。在20世纪30年代,日本的政治家和学者试图建立所谓的"大东亚共荣圈",为日本侵略中国东北以及未来领土的野心辩护。崔南善在日本统治下取得了事业上的成功。他与1936年作为一名流亡的革命者而悲惨去世的申采浩不同,于1939年当上了日本的傀儡国伪满洲国的建国大学的教授,与他早年作为朝鲜独立宣言的作者和签字人时的形象判若两人。③

战争与革命:马克思主义史学的吸引力

日本于1931年占领中国东北,继而又于1937年大规模

---

① Allen, "Northeast Asia Centered around Korea", p. 789; Shin, *Modern Korean History and Nationalism*, p. 211.

② Remco E. Breuker, "Contested Objectivities: Ikeuchi Hiroshi, Kim Sanggi and the Tradition of Oriental History (*Tōyō shigaku*) in Japan and Korea", *East Asian History*, 29 (June 2005), pp. 69-106.

③ Pai, *Constructing "Korean" Origins*, p. 65.

入侵中国。以历史研究而言,日本的军事侵略把 20 世纪 30 年代变成了一个困难时期。例如,在战争的威胁下,中国的"史料学派"逐渐失去了史学界的主导地位,以及对年轻一代学生和学者的吸引力。它强调周密的史料分析和偏爱专题研究的做法显然远离了严酷的社会现实。相反,1919 年以后,马克思主义在中国的影响,通过五四运动领袖和中国共产党的创始人李大钊(1889—1927)与陈独秀(1879—1942)的著作的出版,急剧上升。马克思主义对历史研究的影响推动了 1931 年至 1933 年的"社会史论战"。这场论战的参与者围绕中国社会的性质和中国历史发展的阶段展开辩论,试图寻找解决民族危亡的可行方案。这些具有马克思主义倾向的学者认真思考了社会主义或共产主义革命的各种选择,对列宁主义、托洛茨基主义和斯大林主义的原理反复进行掂量和权衡。①

1937—1938 年,日本占领中国沿海许多城市以后,中国一些大学撤往内地,历史学家无法利用原始史料进行专题研究。"史料学派"的领袖们也开始根据新的环境调整他们的思想和历史研究方法。例如,傅斯年利用历史证据谴责日本对中国东北的占领。与他早年强调的原创性研究相反,傅斯年现在开始讲授中国通史,强调中国历史的长期性和生命力,

---

① Arif Dirlik, *Revolution and History: Origins of Marxist Historiography in China, 1919-1937* (Berkeley, 1978).

认为提高民族的道德水准是高等教育的必要成分。一批这样的中国通史教科书开始出版,其中以钱穆(1895—1990)的《国史大纲》和柳诒徵(1879—1961)的《国史要义》(1948)最受欢迎。

关于越南的历史写作我们尚未提及。20世纪30年代初,越南的历史写作也进入了现代的新阶段。留学国外,尤其是留学法国的越南学者向国内传播各种意识形态,使越南的历史著述接受了它们的影响,这是这一阶段的主要特征。然而,在这个阶段以前,越南的历史写作是沿着两条平行而独立的道路发展的。一方面,法国的东方学家,特别是法国远东学院(École Française d'Extrême Orient)的一批学者,用现代方式进行越南史研究,并通过在越南的传教士兴办的学校把这些知识传播给越南人。另一方面,越南本国历史学家的历史著作基本上坚持过去遗留下来的由儒家历史学家确立的写作风格和形式。例如,受人尊重的学者和民族主义者陈重金(1883—1953)于1928年发表了用改良的传统风格写作的《越南史略》。这本书后来经过多次修订出版,直至20世纪60年代,证明了它所受到的推崇,也证明了传统的韧性。但是,与此同时,事实也证明马克思主义、社会主义、托洛茨基主义和无政府主义等各种新的意识形态渗透进了越南的知识文化和历史写作。例如,陶维英(1904—1988)的《越南文化史纲》(1938)是运用马克思主义解释体系的一次尝试。通晓法语的越南学者开始在法语的学术刊物上发表有关他们国家及其与法国和欧洲关系的历史论文。所有这一切预示着、并在一定程度上推动了二战结束以后越南史学的巨大变化。①

20世纪30年代马克思主义影响的上升与1929年因美国股票市场崩溃而触发的世界经济危机固然有关,但马克思主义、社会主义和共产主义思想自20世纪初以来已经传播到了亚洲。例如,幸德秋水和河上肇(1879—1946)等学者把《共产党宣言》译成了日文。河上肇是日本著名的马克思主义者,在社会经济史的研究中心京都大学任教。在大正时代,包括《资本论》在内的许多马克思的著作也陆续译成日文出版,启发了早期的马克思主义历史学家野吕荣太郎(1900—1934)等人从比较的角度去分析日本资本主义的历史发展。野吕荣太郎因参与1933年的劳工运动而被日本政府逮捕,次年死于监禁中。野吕荣太郎的志同道合者,包括曾经在东京大学和海德堡大学从事过历史研究的羽仁五郎(1901—1983),继续执行了以野吕荣太郎为开端的一系列有关日本资本主义的重要著作的出版计划。例如,其中羽仁五郎有关明治时代的论著就很受读者的欢迎,服部之总(1901—1956)对明治维新的性质所做的理论分析也是如此。羽仁五郎注意到了明治维新与历史上其他资产阶级革命之间的区别,对资产阶级/地主阶级在日本的形成

---

① P. J. Honey, "Modern Vietnamese Historiography", in D. G. E. Hall, ed., *Historians of South East Asia* (Oxford, 1961), pp. 94-104.

进行了深入的研究。①

更重要的是,日本马克思主义历史学家首先发起了对家庭史和妇女史的研究,与其他学派一道扩大了历史学的领域。坚定的女权主义者高群逸枝(1894—1964)以前是无政府主义者。她率先对古代日本的母系家长制进行了研究。按照她的观点,妇女在明治时代获得了财产所有权和继承权,但远没有获得解放,主要原因是父系家长制传统的影响,而这种传统源于中国的儒家文化。高群逸枝在她研究过程中参阅了弗里德里希·恩格斯的《家庭、私有制和国家的起源》和路易斯·H. 摩尔根(Lewis H. Morgan, 1818—1881)的《古代社会》(Ancient Society),偶尔也参阅了约翰·J. 巴霍芬(Johann J. Bachofen, 1815—1887)的《母权论》(Das Mutterrecht)。她似乎同日本的其他马克思主义者保持着频繁的接触。第二次世界大战爆发后,她变成日本政府的狂热支持者,担任拥护战争的日本妇女组织的领导者。她认为日本对华战争在某种程度上是她所主张的女权主义事业的延伸,因为她谴责中国儒家文化破坏了古代日本固有的家长制。②

总而言之,第二次世界大战的爆发是亚洲近代史学发展中的又一个转折点。在日本,马克思主义史学的成长遭到了

---

① 远山茂树:《唯物史觀史学の成立》,《日本歷史講座》,第289—323页;永原庆二:《20世紀日本の歷史学》,第88—101页。

② 高群逸枝:《母系制の研究》(东京,1938);Eiji Oguma, A Genealogy of "Japanese" Self-images, tr. David Askew (Melbourne, 2002), pp.156-171。

压制,平泉澄(1895—1984)领导的"帝国学派"占据了主导地位。这一学派坚决支持日本的军国主义政府,歌颂帝国统治是日本独特的"国体"之基础,希望日本军队无往不胜。这种"国体"论的基础体现在"日本现代哲学之父"、对近代日本影响很大的"京都学派"的创始人西田几多郎(1870—1945)的著作中。20世纪40年代,西田几多郎和他的学生们试图从哲学上论证日本将上升为新的世界强国,并对世界历史进程发生影响,为日本的军事侵略提供辩护。① 战争期间,由于日本政府加紧了对持不同政见者的迫害,能坚持不同政见的人确实寥寥无几。津田左右吉被监禁一事值得在此重提,因为这在当时绝不是孤例。在战争期间的中国,历史学家做出了同样的努力,支持国民政府抗击日本侵略。"史料学派"的衰落导致了新学派的发展,其中以马克思主义史学最引人注目。在共产党的根据地延安,新一代历史学家们与胡适、顾颉刚和傅斯年的地位和影响相抗衡,并向他们提出挑战。他们在1949年共产党夺取政权后成为了中国历史学界的领导人。在战后的日本、越南和朝鲜,正如我们将会在第七章中看到的,马克思主义史学也成为了史学的主要趋势,尽管它的影响程度因国家和时代的不同而存在着差异。

---

① 对于西田几多郎在为日本军国主义辩护中扮演的角色,存在不同的观点。有关这一问题近来的扼要讨论,见 Christopher S. Goto-Jones, *Political Philosophy in Japan: Nishida, the Kyoto School, and Co-Prosperity* (London, 2005)。

三 现代印度的民族主义史学

"世纪末"的先声:浪漫民族主义

1924年,莫罕达斯·卡拉姆昌德·甘地(Mohandas Karamchand Gandhi,1869—1948)已经成为印度民族主义运动无可争议的领袖。他发表了以下的著名讲话:

> 我无意吸引读者去注意我关于应当把历史视为有助于推动我们种族进化的那些思考。我相信这一说法:没有历史的民族是幸福的。我钟爱的理论是,我们印度徒的祖先靠对我们今天意义上的那种历史的漠视,靠把他们的哲学结构建立在无足轻重的事件上,才为我们解决了问题。在我看来,吉本和莫特利的著作不过是一种低劣版本的《摩诃婆罗多》而已。①

然而,甘地对历史的不信任并没有得到他的民族主义同胞们的赞同。1899年印度诗人泰戈尔提到,印度公众"对历史的热情",已经有明显的表现。然而,这里要提出的问题是,这种观念是什么时候形成的?我们在前面已经看到,早在19世纪50年代,殖民主义史学就引起了反对,也就是说,东

---

① M. K. Gandhi, "My Jail Experiences-XI", in *Young India*, (September 11, 1924), in Collected Works CD Rom.

方学就印度过去的历史提出的论点受到了批判。印度出现了另一种类型的历史著述,以经济民族主义者瑙罗吉、拉纳德和达特等人为代表,着重强调英国经济给印度造成了消极的经济影响,但在政治上,他们仍然是效忠派。直到20世纪初印度的政治激进化以后,公开反对殖民主义的史学才真正产生。但是,这并不等于说在这之前数十年的时间里没有任何奠基工作。对于历史和历史意识在民族性表达上发挥的核心作用,印度文人有十分清楚的认识。达特曾经提出:"没有哪种研究能像批判性地和周密地研究一个民族过去的历史那样对民族思想和民族特征的形成起到潜在的作用。"① 达特固然因对英国人统治的经济分析而著名,但他也是三卷本的古代印度史著作的作者。他也写作历史小说,对沃尔特·司各特大加称赞,并以他为榜样自觉地运用小说体裁来推动爱国主义意识的形成,并引起人们对过去的兴趣。

像在欧洲一样,历史小说在印度民族主义意识的兴起中也发挥了关键作用。达特写的这类作品在很大程度上得到了另一位孟加拉人、著名作家般吉姆·钱德拉·查特吉(Bankim Chandra Chatterjee,1838—1894)的鼓励。般吉姆本人写的小说就极受孟加拉一般读者的热烈欢迎。他用各种主题的历史论著和历史小说"以想象构建出民族的神圣形象",

---

① 引自 Michael Gottlob, ed., *Historical Thinking in South Asia: A Handbook of Sources from Colonial Times to the Present* (New Delhi, 2003), p.27。

因而受到人们,尤其是知识分子的称赞,也有力地推动了对历史的思考。如果说甘地否定历史和过去能产生影响,那么,般吉姆则把历史视为治疗印度政治软弱病的唯一药方。他发出的有力呼喊"我们没有历史!我们必须要有历史!"实际上是行动的号召,因为正如我们所看到的,当他在 1880 年提出这一说法时,已经出版了一大批由印度本国历史学家写的历史。但是,在般吉姆看来,这些著作并没有体现出真实的历史,因为它们没有再现印度过去的英雄和光辉事迹。这种历史的再现在他看来是非常必要的,而且体现在他对历史的政治价值的认识上。"谁来写这样的历史?"他问道,"你来写,我来写,人人都来写这样的历史。"历史写作应当成为集体的行动,一种现实的举措,它将催生出蕴含着各种可能的民族集体。因此,般吉姆的计划比巴沙克等老一代历史学家想得更远,因为巴沙克的主要目标仅仅是反对殖民主义的陈词滥调。与此同时,这也说明他充分认识到了他所擅长的历史小说有制造神话的潜力。

像 19 世纪下半叶的欧洲和其他地区一样,在印度的民族历史写作中也存在着"科学的"传统与浪漫主义,抑或虚构的传统之间的冲突。① 般吉姆直截了当地主张历史学的政治化,显然有悖于班达卡尔等学者所强调的严格的科学标准。

---

① Stefan Berger, ed., *Writing the Nation: Towards Global Perspectives* (Basingstoke, 2007). 参阅导论和其他各章以及有关东亚和东南亚的部分中对世界其他地区的民族主义史学中同样存在的紧张关系的讨论。

然而,从许多方面来看,对20世纪印度的大众历史意识产生更大影响的,正是般吉姆那样一些历史职业学界之外的作者。在印度抑或法国、英国和其他国家,学者们已经认识到,历史写作既要有科学性,又要面向大众,学术性历史研究的准则就来自于这两者之间的创造性张力。作为一门学科,历史知识的基础必然要剔除"虚构的"故事。① 但如果史学要服务于民族解放,那么它在描述过去的时候,就必须包含情感和想象。在20世纪初年,许多严守科学史学的印度史家又写作了不少历史小说,虽然他们竭力将这些小说与他们严肃的历史论著做了区分。

宗教在民族主义史学中的作用

20世纪印度民族主义领导人经常通过般吉姆的方式来讨论的一个主题,是把《薄伽梵歌》的作用视作启示的源泉。② 在《薄伽梵歌》中,奎斯那对阿尔琼娜说的关于"勇士之道"的那番话对主张起义的民族主义领导人有更大的吸引力,因为他们正需要从历史上寻找一位英勇善战的英雄。例如,马哈

---

① DipeshChakrabarty, "The Birth of Academic Historical Writing in India", in Stuart Macintyre, Juan Maiguaschca, and Attila Pok eds., *The Oxford History of Historical Writing. Vol 4: 1800-1945*, (Oxford, 2011). 另见 Stephen Bann, *The Clothing of Clio: A Study of the Representation of History in Nineteenth Century Britain and France*, (Cambridge, 1984)。

② 正像维奈·拉尔所指出的,有关《薄伽梵歌》在民族主义思想中的地位,尚待详细的研究。见 Lal, *The History of History*, p.76, n.98。

拉施特拉邦的民族主义者巴尔·甘加德哈·提拉克(Bal Gangadhar Tilak,1856—1920)就赞同般吉姆的看法,认为奎斯那是一个历史人物。提拉克还从历史的角度,而不是神话的角度,赞颂了马拉塔的领袖西瓦吉(Shivaji,1627/30—1680)。在他眼里,西瓦吉抵抗莫卧儿皇帝奥朗则布的事迹是一场拯救印度教的战争,从而在 20 世纪初年,民族主义者和教派社群主义者当中普遍掀起了一场西瓦吉崇拜。① 提拉克提出的概念——自治——是针对英国人的统治而言的,也建立在对印度教与吠陀教的印度的观察之上。他关于恢复甘奈施神节游行等宗教节日的尝试,受到宗教政治化观念的驱动。提拉克十分清楚,集体认同即使不是完全地、至少在一定程度上也是一种建构,因此,他放弃了作为印度教特征的许多神祇、传统和社会阶层的划分,也不必考虑它们之间的平衡。他致力克服这些多元主义的因素,以求构建一个一体的叙述。他宣称,印度文化有其同质性,所以印度可以达到民族的统一,以反驳英国人声称印度的政治统一是他们的作为。那时还有其他人符合提拉克的说法。如同我们将在下面看到的那样,

---

① 1960 年,新的马哈拉施特拉邦成立后,在历史学家所写的一些评论著作中,西瓦吉被奉为"马拉地民族国家"之父和"自由建筑师"。凡对西瓦吉持批评态度或不把他描述为圣人的叙述都招致了拥护西瓦吉的地方自治力量极端和激烈的抨击。1974 年,马拉特瓦达大学的一位历史学家因怀疑西瓦吉的神话而被解聘,见 Lal, *The History of History*, p. 105。最近,美国明尼苏达马卡拉斯特学院从事宗教研究的教授詹姆斯·莱恩(James Laine)的著作 *Shivaji* (2003)出版后,赞同该书观点的印度学者都遭到侵扰,马哈拉施特拉邦的学术研究机构,包括藏有大量档案的般达卡尔研究所等遭到洗劫。当时的马哈拉施特拉邦政府还要求逮捕莱恩。

1920年代出版了许多著作,描述古代印度的政治和文化的形成,强调在印度次大陆的地理空间中,神庙、圣地、社会机构、帝国体制等把人民整合成一体,而同时又有足够的开放性,可以容纳其他文化和传统。这种强调伊斯兰教入侵之前的古代印度文化上有其统一性的立场又有一个后果,那就是日渐将印度的统一建立在印度教的基础上。印度的统一变成了印度教徒的统一。提拉克于是声称:"古代印度的统一失去之后,印度不断退化;现在的领袖必须重建这种统一。"①

这项任务被一名恐怖分子、历史学家、右翼印度教徒心目中的"民族英雄"萨瓦卡全盘接受、视为己任。他解决印度多元主义这一棘手问题的方法是把"印度教特性"(Hindutva)与地理、种族联系和基于上层印度教(即吠陀传统)的共同文化融合起来。他声称"印度教特性不是一个词,而是历史","印度教只是从其中派生出来的"。萨瓦卡极力称赞加里波第和马志尼(并把他们的传记译为马拉地语),将以特定地理范围为纽带的民族宗教习俗为基础,总结出了他们的种族特质,从而把民族主义的话语向前推进了一步。他说,一个印度人就是:

> 他把⋯⋯从印度河到大海的这块土地视为他祖先的土地,他祖国的土地;他所继承的种族血统有最早的可识

---

① 引自 Michael Gottlob, "India's Unity in Diversity as a Question of Historical Perspective", in *Economic and Political Weekly*, March 3, 2007。

别的源头,可以追溯到吠陀时代的七河流域的居民,并在他们自己的不断前进中同化了许多被结合的居民,把被同化的居民变为贵族。他们逐渐被人们称作印度民族,并继承了那一种族的文化,把它称作自己的种族文化……①

因此,"印度教特性"从一开始就存在,而且在历史上的任何时间都一直存在,正是有了这一共同的历史,他们便可以称为一个民族,它不只是隐喻意义上的,也存在于抵抗行动之中。后者的典型是1857—1858年的印度起义,英国人把它称作"土兵起义",而萨瓦卡称它为印度的独立战争,并把它用作他在1909年出版的专著的书名。在此类著作中,它第一次质疑了将该事件视为"叛乱"的观点。

萨瓦卡有关"印度教特性"的思想可以视作为正在崛起的民族国家而写的一本杰出的叙事史,为写作全面的印度史奠定了基础。当然,它也带有赤裸裸的宗派主义和排他主义。其观点中所包含的印度高等种姓的意识形态反映了多数人对这个民族的看法,即把其他宗教和种姓边缘化。萨瓦卡被公奉为印度教政治原教旨主义的意识形态导师。但正如我们所看到的,这种观点在19世纪已有先例。在萨瓦卡的著作中,令人吃惊的是,他竟用神圣化的地理观念把印度民族特性人种化。根据他的说法,印度是印度教徒的真正故乡,因为他们

---

① 引自 Gottlob, *Historical Thinking in South Asia*, p.155。

是在这个国家得到了拯救(punyabhu)。穆斯林和基督教徒虽然也是印度人口中的一部分,但忠于不同的对象,因为他们在别处有自己的圣地。

民族即历史,历史即科学

强调统一和同质的做法,对历史书写影响甚巨,使其聚焦于描述一个完整又具体的民族实体及其形成,同时,带有地域、种姓和宗教团体偏见的作品也数量众多。但是,历史学家的眼光所凝视的是它遥远的过去。正如苏米特·萨卡尔所言,印度独立前的民族主义史学"按其逻辑,其合适的重点应该是同时代丰富多样和不断成长的反殖民主义运动,但其实际的发展却与之产生了距离……结果,印度殖民地时期的历史学在很大程度上依然是历届总督的叙事史、阿富汗战争或缅甸战争的叙事史、行政改革或'宪政'改革的叙事史"。① 造成这一结果的原因之一是殖民地当局始终对历史保持着警惕的目光。完全有理由认为,在1947年以前民族主义的历史写作并未像运动本身那样超前。② 对于拉达·库莫德·穆克吉(Radha Kumodh Mookerji,1880—1964)、卡西·普拉萨德·贾瓦斯瓦尔(Kashi Prasad Jayaswal,1881—1937)和许多其他一

---

① Sumit Sarkar, *Writing Social History* (Delhi, 1997), p. 26.
② Bipan Chandra, "Nationalist Historians' Interpretations of the Indian Nationalist Movement", in Sabyasachi Bhattacharya and RomilaThapar, eds., *Situating Indian History: For SarvapalliGopal* (Delhi, 1986), p. 197.

些 20 世纪 20 年代以来的历史学家来说,古代印度依然是历史研究的焦点,其任务是描述印度文明的特征,清算殖民主义者提出的负面论点,特别是有关东方专制主义的论点。贾瓦斯瓦尔指出了伽纳斯(ganas)、桑哈斯(sanghas)等高度发展的古代政治体系,无可辩驳地证明了共和制的存在。穆克吉走得比这更远。他还反对英国人所认为的印度在英国人来到之前没有取得统一的论点。他认为,在阿育王、旃陀罗笈多王和戒日王等统治的古代王国中可以看到民族国家的先兆,他们现在被当作最早的自由战士。即使说这个时期的大多数学术著作是一种专门针对殖民主义史学的反史学的话,也并不过分,在面临民族主义的鼓动时,殖民主义史学变得更加刺耳了。在他们看来,无论是文森特·史密斯(Vincent Smith, 1848—1920)写的《牛津印度史》(*Oxford History of India*, 1919)还是英国人主持编写的六卷本《剑桥印度史》(*Cambridge History of India*, 1922—1932),都带有彻底的殖民主义观点,目的是为英国的殖民统治辩护。英语世界的历史学家用他们自己的经济史来压制经济民族主义者的激进观点。在这类著作当中,影响最大的一本当推 W. H. 莫兰(W. H. Moreland, 1868—1928)的《穆斯林统治时期印度的农业制度》(*The Agrarian System of Moslem India*, 1924)。该书试图论证,英国人统治以前印度的经济规模很小,由于缺乏基础设施和交通条件,阻碍了贸易网络的形成。然而,这一观点受到了贾都纳什·萨卡尔(Jadunath Sarkar, 1870—1958)的挑战。萨卡尔虽然对奥朗则布持批评的看法,但他指出,莫卧儿王朝打破了各邦之间的孤立状态,推动了印度的现代化。

在这一代人当中,萨卡尔是最多产的历史学家之一,被同时代的人视为印度的兰克,是近代科学历史学最热情的倡导者。他在1915年的一次演说中告知听众:"最好的历史研究方法是科学的方法。"他接着说道:"我将寻求真相,理解真相,承认真相。这应当成为历史学家坚定的决心。"①萨卡尔的研究兴趣集中在17和18世纪的印度,以莫卧儿王朝历届君主为主要对象。这一倾向必然会把他的注意力引向奥朗则布的对手西瓦吉,并把西瓦吉描绘成一名英雄人物。② 与他的同代人比如马拉塔的史家G. S. 萨德赛(Sardesai, 1865—1959)不同,萨卡尔坚决主张必须公正对待史料。他严厉批评了萨德赛对马拉地语的史诗《巴卡斯》(Bakhars)的解读,认为如果按照史料批评的原则,完全没有根据。在萨卡尔的眼里,萨德赛对西瓦吉的解读以及贾瓦斯瓦尔的写作,都有偏见。他对后者作品的评价是"19世纪民族主义的自吹自擂和痴人说梦"。③

1937年,独立后第一任印度总统拉金德拉·普拉萨德(Rajendra Prasad)邀请萨卡尔担任计划中的20卷本《印度

---

① 引自 Lal, *The History of History*, p. 98。
② 为了从事研究,苏米特·萨卡尔参阅了波斯语、马拉地语、印地语、梵语、英语、法语、荷兰语和葡萄牙语等八种文字的资料。
③ 引自 Chakrabarty, "The Birth of Academic Historical Writing", p. 531。

史》的主编。但这套书只出版了第一卷便被搁置起来了。不过,全印历史学家的组织——印度历史学代表大会在第二年成立了,宣告以兰克的历史学为榜样,强调政治性、准确性和运用国家档案,并以此作为印度职业历史学家不容置疑的范式。

印度历史学界如何坚持这一范式是20世纪二三十年代人们极为关注的问题。① 库姆库姆·查特吉指出,到19世纪末,殖民地教育造就的一代印度学者坚信"历史学的实践与以可验证的事实为基础的理性-实证主义的历史学有密不可分的联系"。② 这一观点无疑是针对殖民主义者指责印度人缺乏历史意识的观点而提出的,但也表明了他们的决心:要创立一种特殊类型的历史学,即以理性分析和"硬性证据",特别是以考古学、古钱币学和铭文学的证据为基础的历史学。在他们看来,这类证据比文本证据,尤其是比印刷术发明以前的文字材料更加可信。实际上,许多热心于"硬性证据"的人本身就是考古学家。20世纪20年代印度河流域的哈拉帕和摩罕达约等城市的重大考古发现显然有力增强了他们的声望和观点。但是,理性-实证主义历史学的范式像新诞生的浪漫主义历史学一样,也遭遇了挑战。

---

① Lal, *The History of History*, pp. 31-35;又见 KumkumChatterjee, "The King of Controversy: History and Nation Making in Late Colonial India", *American Historical Review*, 110:4 (Dec. 2005), pp. 1454-1475。

② Chatterjee, "The King of Controversy", p. 1458。

地方传奇故事与另类叙事史的兴起

在殖民地时期的晚期,印度存在两种历史学体系,相互竞争。一种是殖民主义历史学以及当地人对它做出的回应。关于这方面,我们已做了详细的讨论。第二种体系与历史写作的性质有关,是印度人之间围绕着社会(samaj)和国家(rashtra)之间的两极对立展开的内部争论,实际上是社会和文化史与以国家为中心的历史学的对立,以及浪漫主义的历史学与科学历史学之间的对立。这些两极对立决定了职业历史学家与业余历史学家之间的区分。

库姆库姆·查特吉已经指出,在20世纪的二三十年代的孟加拉地区,这样的区分是多么的激烈和明显。[1] 我们也看到了19世纪末孟加拉地区的作者们对社会史研究专题的兴趣带有多么强烈的浪漫主义倾向和大众化的倾向。在20世纪,尤其是在抵制英货运动以后,对孟加拉人的大众历史和"民间历史"的兴趣开始回潮。这类历史学所依据的不是官方档案和政府记录,而是地方的神话、故事、家谱、艺术品、工艺品、习俗和物质文化。在这类历史著作中,最典型的例子是迪内希昌德拉·森(Dineshchandra Sen, 1866—1939)写的《大孟加拉》(*Brihat Banga*, 1935)。这是他通过二十多年的研究与对孟加拉乡村的实地考察而取得的成果。森把这本书称作

---

[1] Chatterjee, "The King of Controversy", p. 1455.

"真正的历史",是一部歌颂孟加拉民间文化以及在文本、档案和精英当中保存下来的传统宝库的历史。然而,这部以"社会"为中心的社会和文化史巨著的主要内容是关于孟加拉印度教徒中的中产阶级,而不是普通民众。① 此外,这类社会史显然是由职业历史学界之外的作者写的,大多数是自学成材的人或古籍研究的爱好者。他们认为,真正的历史学不仅要进行民俗学的研究,还应为本国的民众提供启示。这种观点与波斯人统治时期和殖民统治时期的印度历史学相对立,因为后者是从国外引进的,以国家为中心,只能造成印度人对他们自己文化的异化。② 因此,这是另一种类型的民族主义史学,是另一个层次上对殖民主义史学的反驳,而且正如查特吉所证明的,在亚洲所有新兴国家里都可以看到这种类型的史学。它也是对尚未接触到外国影响的真实的印度文化的再发现。这一努力所提出的是一种地方性和区域性的民族主义,与政治组织所倡导的"官方"民族主义平行发展。当然,这类著作基本上未经过考证,因为它们所描绘的文化是理想化的,而且被浪漫化了。这类著作与历史小说一道使历史越来越受到民众的喜爱。不过,由于它们对统计方法和理性-实证主义的范式持强烈的反对态度,因此认为"社会"和"国家"不可能联系在一起。他们所研究的社会和文化往往被看

---

① Sarkar, *Writing Social History*, p. 25.
② Chatterjee, "The King of Controversy", p. 1462.

作是尚未同外界发生过接触,未受到污染的。尽管这两种范式之间存在差异,但也有某些共同的前提。第一,他们集中研究的一般是印度教徒和高等种姓,而且是一种过于明显的偏爱,因为在这个地区,穆斯林和低级种姓占大多数。第二,他们都认为必须让印度人和孟加拉人自己来写作历史,因为殖民主义者写的叙事史绝不可能抓住印度过去历史的实质。

这类大众历史学的作者还提出了其他一些主张。第一,历史学绝非所谓的职业历史学家独占的地盘。业余历史学者同样有资格写出扎实的历史著作。第二,既然历史是普通民众的故事,那么,它的受众也应当是普通民众。规范的历史写作要求在方法论上的严谨,但这样的著作对读者来说缺乏吸引力,因为它们缺少激情和真诚。"这些学者所提供的是用直觉和不规范的方式而获得的对过去的发现,根本不受什么方法论、标准和评价的约束。"[①]在印度殖民地时期的晚期,由于从事这门学科不需要受过专业训练的资格要求,因而涌现出了一大批地方史的著作,地方性的文学和历史学会相继成立,其中包括1900年成立的孟加拉文学会(Bangiya Sahitya Parishad)。值得注意的是,这个时期政府为纯学术研究提供的资助都是通过亚洲学会和人种学研究会这些机构来实施,而且,在第一次世界大战之前,历史学科还没开设研究生班;大多数的研究生班都在战后才逐步建立。由于殖民政府不让

---

① Chatterjee, "The King of Controversy", p. 1464.

印度学生使用档案,因此学术期刊也寥寥无几。① 因此,孟加拉文学会之类的地方文化组织在公共领域中发挥了重要作用。按照现代的标准来看,这类资助的数量无疑很少,对成果的质量也不可能会有很高的要求。因为缺乏足够的资金,所以学者们不能从事全职的研究,相互间也没有进行更广泛接触的机会,因此其视野受限于国家和地区的窠臼;而民族主义范式的狭隘性又在对阶级和高等种姓的模糊界定中透露出来(甚至有人采纳了教派社群主义的态度),所有这些都使它付出了代价。那个时代"最佳"的学术成就,都表现出了今天无法接受的局限性——井蛙之见还自以为是,极少有例外。②

据称,在印度殖民地时期的晚期,地区史之所以能繁荣是因为教育部赞同的是把印度分解的历史,从而支持了殖民主义者所认为的在英国人到来之前印度只不过是个"地理名词"的看法。③ 不过,对地区史表现出来的热情也反映了重大的政治问题。在孟加拉,1905 年的分治以及此后的政治争论说明,为了维护它地理上的完整性,需要确立历史的完整性。印度西部出现了一大批歌颂马拉地历届国王以及他们反抗穆斯林和英国人的斗争的历史著作。在印度南部出现了另一类传统主义,把对德拉威族人的研究以及泰米尔文化放在首要

---

① Chakrabarty, "The Birth of Academic Historical Writing", p. 523.
② Sarkar, *Writing Social History*, pp. 34-35.
③ C. A. Bayly, "Modern Indian Historiography", in Michael Bentley ed., *Companion to Historiography*, (London, 1997), p. 682.

地位。在殖民地晚期,印度史学中叠次出现的地区和国家为不同的偶像和情感提供依据。印度教的民族主义求助于有关《吠陀》和婆罗门的论述,而孟加拉等地区的文化认同则以地方性的神祇和崇拜(例如迦梨神、毗湿奴教的崇拜等等)为依据。当然,无论是作为个人还是群体,他们可以而且事实上也与共同体的两种表象发生了认同,拥有双重的身份。在反帝国主义政治的背景下,国家和地区之间这种复杂的,有时靠张力来推动的关系,是有待于进一步考察的课题。

在印度的南部和西部出现了另一种类型的叙事史,质疑了印度教高级种姓和北方印度人对民族主义史学主要内容的推定。这类叙事史主张,婆罗门占据的统治地位以及雅利安人的帝国镇压和颠覆了当地的区域文化和民族。因此,种姓之间的冲突这一主题被纳入了这一时期的史学,并随着低级种姓各种团体的成立而找到了它的政治表达方式。但是,这些质量平庸的历史著作通常没有引起职业历史学家的注意。伊斯兰教的历史著作也遭遇了同样的命运,不过现在比以往更倾向使用民族主义历史著作中的"两个国家"的概念,与此同时也坚持写作以国家为中心的历史,因为,正如诗人穆罕默德·伊克巴勒(Muhammad Iqbal,1877—1938)所说的,在伊斯兰统治时期,"教会和国家是有机地结合在一起的"。① 但是,在穆斯林知识分子当中,这并不是唯一的观点。例如,萨义

---

① 引自 Gottlob, *Historical Thinking in South Asia*, p.40。

德·毛都迪(Sayyid Ab'l-ala Maududi,1903—1979)把南亚的穆斯林看作是一个单独的宗教共同体,而不是一个国家,并且主张伊斯兰教肩负的世界使命超出了国家的狭窄范围。①

重新铸造的民族形象:尼赫鲁时代的整合

到了20世纪30年代,印度没有历史意识的说法再也站不住脚了。1939年,印度历史学代表大会举行的会议宣布,"在今天印度的各所大学里,研究最为认真的课题也许是对印度历史的研究"。这个估计可能是正确的,在政府支持不力的情况下,尤其引人注目。当然,印度政府对历史研究的资助在印度独立以后可望得到大幅度的增加。殖民时代结束后,印度政府很快就认识到了历史在国家建设的任务中充当的重要角色,即要纠正殖民主义的历史叙事和叙述反对殖民者的"自由斗争"。印度历史学家在这项事业中得到了开国总理贾瓦哈拉尔·尼赫鲁(Jawaharlal Nehru,1889—1964)无保留的支持。尼赫鲁是一位有创造性的思想家,也是一位声望不小的历史学家。他的著作《世界历史一瞥》(*Glimpses of World History*,1934)是他那一代人当中少有的几本超越了通常的以西方文明为中心的概述之一,涵盖了世界上所有重大的文明。在印度即将获得独立的关键时刻,尼赫鲁在狱中完成了《印度的真相》(*The Discovery of India*,1946),紧紧扣住印

---

① 引自 Gottlob, *Historical Thinking in South Asia*, p.56。

度民族这一概念,而他所说的印度民族指的就是一个印度。

英属印度帝国行政长官约翰·斯特雷奇(John Strachey,1823—1907)曾经断言:"没有,也从来没有一个印度。"这句话一直是殖民主义评论家的口头禅。他的依据是,印度作为一个大陆,一直争端频出,难以管理,且差异太大。对此,尼赫鲁做出的回应是对印度和印度特性提出了一种复杂、灵活和多层的定义。他所定义的印度是"一块古代石板,上面的每一层都镌刻着思想和冥想,然而,任何一层都不能把过去写上的东西完全覆盖和抹除掉"。① 由此产生的结果是一种"融合"的文化,具有文明的特质,却没有完全成为一个"熔炉"。确实,印度是由许多个共同体组成的,但这些共同体并不是单独的实体,它们之间不断地发生密切联系。这一观念延伸到时间维度上,意味着印度历史上不可能有任何与另一种本土历史相左的不幸的中间期。这种本土历史正是印度教民族主义者试图描绘的:它的独特(和想象出来的)疆界是印度的主要特征。

尼赫鲁对印度的定义有其新意和优点,它提供了一种公开性和多元文化论的方法,可以把印度的许多共同体编织在一起,变成一个政治结构。在这个政治结构中,一切都可以表现为公民权的意识。宪法和联邦民主制的作用就是为这一结构提供保障,保持它的整体性,防止任何一个强势种族群体占

---

① Jawaharlal Nehru, *The Discovery of India* (Oxford, 1988), p. 58.

据统治地位的倾向。这一观念又含有区域多元性,每个共同体都享有不受外来强制的成长自由。此外,它正视现代性及其对应物——现代民族国家,也就是说,这一实体的保障就是印度。尼赫鲁不同于印度教民族主义者,甚至不同于甘地,他不回避印度与西方发生的碰撞。在不同的历史时期,印度的许多文化相互混合,其中包括殖民主义和西方的文化在内,不同程度地在印度的现代性中留下了它们的烙印。尼赫鲁避开了他的导师甘地的反历史和反现代主义的冲动。印度的经济发展取决于对现代主义方案的接受。

独立后的印度史学:新与旧的交错发展

印度独立以后,历史学被纳入了国家方案,以维护印度人心目中的国家主权和自主性。由政府资助的历史研究有两个重要的领域。一个领域与民族主义运动有关,但现在称作"自由斗争"。第二个重大项目是编写传记,第一步是编辑甘地的著作和演说集,然后是写作瓦拉巴伊·帕特尔(Vallabhai Patel,1875—1950)和安培德卡尔(B. R. Ambedkar,1891—1956)等重要人物的生平传记。① 民族主义历史学的第三项计划是编写多卷本的从古至今的印度史。这项任务的确定是因为考虑到此前的一部同类著作,即詹姆斯·密尔写的八卷本《印度史》已经陈旧了。不过,这项计划不是由政府而是由

---

① 甘地的全集共100卷,至1994年已全部出版,现已制成光盘销售。

私营机构主持(其中有部分资助来自政府)。在各种计划中,它在某些方面也是最有争议的。所有这三项计划作为民族主义的史学著作都带有神圣化的性质。

"自由斗争"的提案是在印度独立以后被提出的。1950年,该提案委员会主席、著名历史学家和教育顾问塔拉·昌德(Tara Chand)提议用"自由斗争"一词代替"独立运动",更能揭示印度在走向自由的道路上发挥的主动作用。据说,塔拉·昌德无疑非常清楚,在这个委员会里有一部分人觉得印度人并没有为自由进行过艰苦的斗争;此外,甘地倡导的非暴力策略也没有产生效果。① 塔拉·昌德意识到了印度的民族主义所具有的历史特征,承认印度的民族意识是受西方影响的结果,不过他也强调即使在西方,民族主义也是一个刚刚出现的现象。与其他民族主义历史学家相比,他的历史视野更为宽阔,也更有批判精神。他对伊斯兰教对印度文化产生的影响进行的研究反映出他并不赞同印度民族主义的宗教形态。

"自由斗争"项目最终没有成为一项合作研究,而是由塔拉·昌德一手完成。他的四卷本的《自由运动史》(*History of the Freedom Movement*)于 1961 年出版了第一卷。与此同时,人们还决定各邦政府应当为编写各地区自由斗争的历史收集资料。一批这类著作按期出版,但各地往往相互争夺自由斗

---

① Lal, *The History of History*, p. 85.

争的中心舞台的角色(例如,北方邦的历史著作把1857—1858年的土兵起义视作对民族意识的觉醒有关键意义的事件)。比旁·钱德拉(Bipan Chandra,1928—　)指出,这些著作大多数运用了辉格派的历史解释,体现出了一种趋势:把民族运动描绘为热爱自由的结果,而热爱自由又是全体印度人(或各个邦的印度人)的一个悠久的特征。塔拉·昌德把民族主义看作是从国外输入的,而奥里萨邦的历史学家却把奥里萨民族运动的起因归为他们对自由的热爱,这种热爱甚至可以追溯到公元前3世纪阿育王对羯陵伽(Kalinga)的入侵时期。①

不过,当时还有一种全面的印度史也在编写中。1951年,十一卷本的《印度人民的文化与历史》(The History and Culture of the Indian People)付梓。出版者是致力于提供印度、尤其是印度教的文化和价值观的教育机构——世界梵文学会(Bhartiya Vidya Bhavan)。该学会的创始人是一位学者、吉吉拉特语文学的重要人物K. M. 孟希(K. M. Munshi,1887—1971)。他写的小说歌颂印度祖先曾经有过的光荣和辉煌,但在穆斯林统治时期失去了昔日光彩。长期以来,孟希立志于完成一部能抓住其"灵魂"的全面的印度历史,并得到了工业界巨富比尔拉(G. D. Birla,1894—1983)对这项计划的资

---

① Chandra, "Nationalist Historians' Interpretations", p. 197; Lal, *The History of History*, p. 86.

助。著名的孟加拉历史学家罗梅什·钱德拉·马宗达（Romesh Chandra Majumdar, 1888—1975）被任命为历史和文化卷的主编，由他们二人负责监督"第一次由印度人写作的一部眼光最远大的印度史"。①

这部历史著作与尼赫鲁提出的印度文化的"石板论"大相径庭。尼赫鲁歌颂印度的过去存在着多元的文化，是"在差异中求得统一"。然而，世界梵文学会主持的项目却主张印度文化是以印度教徒为主，虽然曾经遭受过外来的侵略，但总是保持着很强的反弹力。印度教虽然受到了很大的影响，但在文化和精神上始终保持着顽强的生命力。② 马宗达反对尼赫鲁所说的"融合文化"，认为这是政府为了抹去印巴分治的记忆并煽动少数民族而提出的一种意识形态。当然，马宗达也反对殖民主义者的叙事史，但并不反对将印度历史分为三个时期的方法。他更反对把"穆斯林统治时期"的特征描绘为"伴随着文化的巨大倒退以及艺术和文学的创造精神的消失"的"黑暗时代"。③ 马宗达出自对教派社群主义的憎恶，在讨论印度历史的民族主义阶段时提出，1857 年的士兵起义绝不是印度教徒和印度穆斯林为反抗英国人而结成同盟进行的起义。他虽然也像塔拉·昌德一样指出民族主义是从西方

---

① Lal, *The History of History*, p. 92.
② 按照马宗达的观点，其他的古代文明和文化已经消亡，而唯独印度保持了历史和文明的连续性。
③ 这里再引用他的一段话：穆斯林时期是"印度文明长夜中的一段黑暗，其阴影存在至今"。引自 Lal, *The History of History*, p. 95。

输入的观念，但政治动机完全不同，从某种意义上讲，他甚至对英国人抱有感激之情，因为是英国人把印度从穆斯林的暴政下解救出来了。

教派社群主义对印度历史的解释与官方的口径相悖，也遭到了其他职业历史学家的反驳。1969 年，罗米拉·塔帕尔、哈尔班斯·穆希亚（Harbans Mukhia）和比旁·钱德拉合作完成的著作《教派社群主义和印度的历史写作》（Communalism and the Writing of Indian History）对教派社群主义者的一些共同的观点进行了反驳，主要是针对历史学界内部和全国志愿者协会（Rashtriya Swayamsevak Sangh, RSS）等印度教政治组织所持的观点。罗米拉·塔帕尔被认为是古代史领域中最杰出的历史学家之一。她重申了被教派社群主义者根本否定的一些学术观点，其中包括雅利安人由印度之外迁入，且食用牛肉，以及吠陀文化是由外来和本土的成分混合而成的结果等观点。她和其他一些人都指出，社群之间的争斗是一种人为的特征，而肇事者正是殖民主义国家。印度的穆斯林历史学家，包括阿布·哈桑·阿里·纳德威（Abul Hasan Ali Nadwi, 1914—2000）在内，也强调印度教徒和穆斯林关系有"融合"的性质，穆斯林产生的影响是一种积极的贡献。然而，伊斯兰国家巴基斯坦在 1956 年的成立却意味着巴基斯坦的历史著作将致力于为穆斯林创造另一种单独的历史，"结果却是未来的巴基斯坦实际上放弃了历史写作"。①

走向社会科学的历史学

印度的世俗历史学家当然是尼赫鲁思想的继承者。这一传统既是反殖民主义的,又带有左倾的倾向。到20世纪60年代,这一传统中出现了一批水平上乘的著作。借用罗米拉·塔帕尔的话来说,历史研究的"范式转型"以1956年D. D. 科萨姆比(D. D. Kosambi, 1907—1966)的《印度历史研究导论》(*Introduction to the Study of Indian History*)的出版为标志。科萨姆比虽然是位马克思主义者,但绝不是教条的马克思主义者。尽管可以肯定他没有接受马克思关于亚细亚生产方式的理论,但他的研究对象是社会的转型、阶级冲突和物质生活,从而把他的论述提高到了新的水平,不再以王朝变迁、战争和国王优劣与否为对象。科萨姆比的《导论》从印度形态的封建社会的角度对中世纪/"穆斯林"时代的印度历史做出了解释,认为即使在这个时期也仍然出现了重大的技术变化。科萨姆比的著作引发了20世纪六七十年代的历史学家R. S. 夏尔马(R. S. Sharma)和伊尔凡·哈比卜(Irfan Habib, 1931—)对印度封建社会做进一步研究,也激起了世界其他地方的中世纪史家去研究其他封建社会的兴趣。更重要的是,对社会转型的重视也让史家质疑以前对印度历史所做的

---

① Bayly, "Modern Indian Historiography", p. 683.

三段论解释。

在这个时期,"自由斗争"的主题仍吸引着一些人的注意,但到了20世纪六七十年代,有关的一些问题就不那么让人眷恋了,因为注意力被转移到其他方面。政治左派的兴起以及印度政治所遇到的越来越多的麻烦,其中最具标志性的是国民大会党影响力的衰落,还有一个印度"发展"失败的问题,都是例子。经济史家在20世纪初便已经提出的问题,亦成为一个重要的研究领域,那就是殖民主义的"核心矛盾"以及它在发展印度经济上的失败。建立于1969年的尼赫鲁大学以中间偏左的学生政治出名,该校的历史学家比旁·钱德拉对国际资本主义的结构与后殖民主义时代,或者说新殖民主义时代的欠发达状况之间的关系给予了关注。这些研究是对某些学者提倡的"新殖民主义"的叙事史做出的反应,其中包括美国经济史学家莫里斯·D. 莫里斯(Morris D. Morris, 1921—)。莫里斯试图论证殖民主义统治给印度带来了好处。剑桥大学的新一代历史学家认为,印度的民族主义者是一批难以驾驭并受权力驱使的政客。他们往往与英国人合作,但他们的主要野心是取主人之位而代之。对于这种观点,比旁·钱德拉提出了质疑。① 钱德拉虽然在政治上属于左派,但他也认识到了印度的民族主义运动中所带有的理想主

---

① Anil Seal, *The Emergence of Indian Nationalism: Competition and Collaboration in the Later Nineteenth Century* (Cambridge, 1968).

义的成分。他宣称,"男人和女人们创造历史,不仅因为物质的力量和利益,还因为思想,并通过思想来创造历史,尽管他们对这些思想的信仰可能是由物质利益而产生的"。他对于"无视思想和意识形态的错误以及不考虑历史中的思想的错误"发出了警告,因为这会产生消极的结果,会导致"历史学家忽视民主、民权、世俗主义、人道主义和理性的传统和价值观,而民族运动从一开始就包含着这些传统和价值观"。[1] 非常明显,印度的马克思主义历史学家认识到,用断章取义的方式对待马克思的范畴会起到相反的作用,马克思对历史动力的总的理解是有价值的,但"西方"和欧洲的发展道路可能并不适合印度的国情。

这一时期还出现了对社会和文化史的再度重视,但研究范围多半仅限于殖民地以前的时期,并且受到了人类学和社会学体系的影响,尤其是受到了 M. N. 斯里尼瓦斯(M. N. Srinivas,1916—1999)的著作的影响。他提出的"梵语化"(sanskritization)的观念运用特殊的文化习俗参量来表达社会变化和历史发展。在殖民地时期的历史研究中,民族主义的范式仍然占据着主导地位,其原因之一,正如苏米特·萨卡尔所指出的,"在很大程度上,社会不可避免地还要由'内部'的紧张关系来构成,对于对一个基本上统一的民族的传说进行

---

[1] Chandra, "Nationalist Historian' Interpretations", pp. 206-207.

研究的民族主义史学来说,它能提供的是一些难以处理的资料"。① 当然,有一些马克思主义历史学家把注意力集中在殖民地时期的工人和农民进行的阶级斗争上,但大多数倾向使用列宁主义的研究方法,而这种方法基本上是很机械的。在印度,区域的历史研究继续得到重视,往往以某个邦的历史为形态,但置于整个印度联邦的结构之中,与独立后的政治分离主义很不相同。印度也开始创办一些学术刊物,例如1963年创刊的《印度经济和社会史评论》(*Indian Economic and Social History Review*),主要刊登有关殖民地时期的文章。此外,在"经济史"领域中出版了一些非马克思主义的研究著作,其中第一部也是最著名的著作是达尔马·库马尔(Dharma Kumar,1928—2001)写的《印度南方的土地和种姓》(*Land and Caste in South India*,1965)。库马尔使用了人类学的方法和计量方法,呈现出了殖民主义统治下经济和人口变化的图景。然而,直到20世纪70年代,社会史的研究领域才开始关注一些新的问题,并提出新的观点,与主流民族主义无关的性别、种姓、工人和"农民起义"等问题,变成了历史学家注意的重点。

---

① Sarkar, *Writing Social History*, p. 39.

第六章 战后史学的新挑战：从社会史到后现代主义和后殖民主义

一 冷战与世界新秩序的出现

我们把 1945 年到 1989/1991 年这段时期分为前后两部分，以 1968 年前后为分界线。其中有三个年份不仅对欧洲，同时对全球也有重大意义。1945 年，轴心国的失败标志着纳粹德国和天皇制的日本分别试图在欧洲和亚洲建立统治的野心宣告终结。它也宣告美国和苏联的力量达到了新的高度，开始了西欧和日本对美国的依赖，以及苏联对东欧的直接控制。美国经历了空前的繁荣，这次繁荣不同于两战之间，并没有因经济危机的到来而中断。这一繁荣后来又被西欧和日本所共享，因为它们在美国的援助下克服了战争的破坏而得以复兴。与此同时，法国、英国、德国和日本等战前强国丧失了对国际政治的影响力。这个年代还有一个特征，1947 年，印度、巴基斯坦和斯里兰卡从英国手中获得独立，印度尼西亚经过短暂的军事冲突后于 1949 年从荷兰手中获得独立，刚果于 1960 年从比利时手中获得独立。此后，旧的殖民主义帝国开始解体。法国仍顽固地试图维持它对阿尔及利亚和印度支那的占领。到 60 年代中叶,非洲、东南亚、中东、加勒比海地区和大洋洲的大多数国家取得了自决权。随着 1949 年中华人民共和国的成立,中国实现了政治上的统一。国际关系笼罩着冷战的阴影。冷战与 1914 年以前的那种两大军事联盟之间的冲突不同,是两种制度之间的冲突,双方都试图从意识形态上定义自身。而中国作为第二大共产主义国家出现。令人惊讶的是,尽管两种制度之间相互敌视,但在欧洲并没有发生武装冲突,其中的原因之一无疑是对核战争的恐惧。相反,非洲和亚洲的前殖民地却代替它们发生了战争。西欧、北美以及苏联及其统治的一些国家中的相对稳定的状态由于西方和苏联的势力范围受到越来越多的挑战而遭到破坏。这些挑战包括美国出现的民权运动;反对西方卷入越南战争的抗议;整个欧洲、日本和北美青年一代的不断觉醒,不再迷恋于高度工业化和商业化文化的价值观;东欧抵制苏联强加给他们的严厉的独裁制度。这种不安定表现为 1968 年席卷西方的大规模的学生抗议活动,以伯克利、巴黎、西柏林、墨西哥和东京的学生运动以及"布拉格之春"为顶峰。尽管世界各地的骚动都平息下来了,但给以后那些年代的社会氛围留下了深刻的烙印。

二 西方的各类社会史(1945—1968/1970)

在历史思想和历史写作方面,至少在西方,随着 1945 年以后的二十年里人们广泛一致的自信心及对工业社会的文化认同,西方出现了不懈的努力,试图把历史研究转变为一门严谨的科学,一门依赖于经验研究和分析方法的科学。与作为早期历史研究职业化的一个组成部分的兰克的研究方法相比,它与自然科学的方法论更为接近。在 1945 年以后那段时间的许多历史学家看来,历史学正在成为一门社会科学,不过,至少有四种不同的模式以对待历史学的科学特征,而这四种模式可以部分地按照国家来划分。我们将它们区分为美国的、法国的(年鉴学派)和西德的历史社会科学观念以及跨越国界的马克思主义历史研究方法。不过,马克思主义研究方法内部存在着相当大的差异,难以做出一个统一的界定。尽管在战前欧洲大陆的哲学中,以及在卡尔·贝克尔和查尔斯·比尔德等某些美国历史学家所主张的相对主义理论中,不确定性占据了主导地位,但所有这些倾向都没有放弃对客观历史知识所抱有的信念。① 他们相信存在着一个真实的历史过去,尽管他们也承认在重现这一过去时带有

---

① Peter Novick, *That Noble Dream: The "Objectivity Question" and the American Historical Profession* (Cambridge, 1988); John Higham, *History: Professional Scholarship in America* (Baltimore, 1983).

主观的成分。此外,所有这些倾向,除了年鉴学家有部分的例外,都把历史看作现代化的进步的进程,并最终将在西方得到实现。

然而,到了20世纪60年代,对科学方法和现代化的信心都受到了越来越猛烈的攻击,因为不再迷恋现代工业文明必然会导致对科学理想的怀疑,导致对现代化是进步的这一思想的怀疑,而这些理想和思想恰恰是这一文明的根本所在。尽管许多职业历史学家继续用传统的方式从事着历史研究和历史写作,还有许多人甚至在进入20世纪七八十年代之后仍然遵照现有的社会科学的方法,但七八十年代恰恰是历史研究发生明显转变的时期,从社会研究转向文化研究,需要使用不同的新方法,才能理解促进社会变化的价值观。在战后,全球范围的马克思主义史学也出现了一个相似的文化转向。① 苏联在1968年8月决定摧毁"布拉格之春"及其"人性的社会主义"的信条,标志着苏联在经济和意识形态两条战线上的势力加速衰退。苏联代表的马克思主义不仅在西方,而且在苏联帝国的内外,包括在日本,都失去了信誉,对此我们将在下章处理。只有在继续与西方的干涉进行斗争的前殖民地国家,在一定程度上也包括正在寻求激进改革的拉丁美洲地区,马克思主义的因素仍在继续发挥着重要作用。

---

① 见 Q. Edward Wang & Georg G. Iggers, eds., *Marxist Historiographies: A Global Perspective*(London, 2015), 特别是其导论。

美国：从共识派到新左派

第二次世界大战刚刚结束后的几年里有两个标志：一方面由于战争的胜利以及美国由此上升为世界强国，人们对其制度的可靠性和价值观所抱的信心大增；另一方面，是面临冷战和所谓"自由世界"的重大威胁时的紧迫感。自20世纪初以来在美国史学中发挥了核心作用的进步主义历史学家的统治地位宣告结束。被称作"共识派"的历史学家取而代之。[①]以查尔斯·比尔德为代表的进步主义学派把美国看作是一个分裂的国家，既得利益者统治着广大民众。这一学派坚信，从长期的角度来看，既得利益者的权力将会受到扼制，一个更美好、更公正的社会将会在美国出现。尽管进步主义历史学家把他们的注意力集中在经济因素上，但他们并不是马克思主义者，而仅仅是从改革而不是革命的角度来看待这一进程，拒绝在导致社会转变的历史规律上与马克思主义者结成联盟。

以路易斯·哈茨（Louis Hartz, 1919—1986）、理查德·霍夫斯塔特（Richard Hofstadter, 1916—1970）和丹尼尔·布尔斯廷（Daniel Boorstin, 1914—2004）等人为代表的"共识派"却反映了20世纪50年代保守的政治和社会氛围，对新政改革的

---

① 有关共识学派，见 Ernst Breisach, *Historiography: Ancient, Medieval & Modern* (Chicago, 1983), pp. 388-391; Bernard Sternsher, *Consensus, Conflict, and American Historians* (Bloomington, 1975); Davis S. Brown, *Richard Hofstadter: An Intellectual Biography* (Chicago, 2006)。

反对,同时也是出于捍卫美国,以抵制他们所认为的共产主义正在对美国自由造成威胁的需要。他们强调美国历史的独特性,认为美国与欧洲那种以阶级为基础的社会根本不同。由于美国的过去从来就没有封建制度,它从一开始就可以作为一个平等参与民主政治秩序的社会发展起来。他们声称,除了美国内战以外,美国从未发生过重大的冲突;而且如果抱有意识形态动机的废奴派不强迫对方,内战本有可能避免。

共识派的历史学家仍然沿用传统的方式写作历史,但产生出了一种越来越重要的社会科学倾向,即赞同英美分析哲学的重要原理。卡尔·亨普尔(Carl Hempel,1905—1907)把分析哲学的概念运用于历史研究,形成了后来所说的覆盖律理论(Covering Law theory)。① 根据这一理论,只有一种形式的科学推理可以应用于历史学,就像它应用于其他研究领域一样。一切事件的发生都有它们的原因。因此,仅仅叙述事件链还是不够的。相反,历史学家必须把个别的事件与它们的原因联系起来。但是,由此产生了一个问题:这可能吗?在这样的归纳过程中,难道没有人类活动和意志的因素加以阻碍吗?亨普尔最后不得不承认这些因素的存在。但是,卡尔·波普尔(Karl Popper,1902—1994)得出结论,因为只存在一种理性探索的逻辑,所以历史学不可能成为科学。

---

① Carl Hempel, *Aspects of Scientific Explanation and Other Essays in the Philosophy of Science* (New York, 1965).

试图应用社会科学方法的历史学家们并不像亨普尔或波普尔走得那么远,但他们设法构建起了可以进行计量的模型,来确定社会行为的一般趋势,并用经验方法加以检验和归纳。他们一方面同意波普尔提出的历史学或社会科学陈述无法从正面证实的观点,但也坚持必须以能得到经验检验的方法来形成陈述,而且从原则上讲是可以证伪的。[①] 社会科学的历史学家面临的任务不是叙述事件,而是提出理论的解释,从而把事件与更广阔的因果关系联系起来。计量可以在这里发挥关键的作用。借助于计算机这一新的技术工具,大量的资料可以进行数学式的分析。于是,历史学转变为在其严谨性上可与自然科学媲美的科学。罗伯特·福格尔(Robert Fogel, 1926—2013)和斯坦利·恩格尔曼(Stanley Engerman, 1936—)在他们合著的研究美国奴隶制的《苦难的年代》(*Time on the Cross*)中提出了这样一个问题:在美国内战前夕,奴隶制是否像人们经常认为的那样,在经济上已经衰落了?他们对这一公认的结论提出了挑战。他们论证说,一个新的时代已经到来,历史问题不再需要面临各种对立的解释,现在借助于计算机技术,已经可以对历史问题做出高度精确的回答。他们运用了大量有关营养、住房和健康的量化数据,对当时的奴隶和美国东北部的产业工人的生活状况进行了实实在在的比较。

---

① 见 Paul Arthur Schilpp, ed., *The Philosophy of Karl Popper*, 2 vols. (La Salle, IL, 1974)。

从此,人们广泛地认为,只有计量的历史学才能被视作科学的。于是,计量方法开始被用于研究选举、家庭模式、社会流动和移民等问题,当然也用于研究经济问题。被创造出来的一个新词汇"计量史学"(cliometrics)指的就是这种新方法的运用。1959 年,罗伯特·福格尔和道格拉斯·诺斯(Douglas North,1920—2015)在《铁路与美国经济的成长》(*Railroads and American Economic Growth*,1964)一书中试图经验性地检验一个反事实问题(counterfactual question):如果美国没有建成铁路,也没有其他形式的商业化和交通运输——例如没有河流和运河——发挥作用,那么,美国的工业化将会是什么样子?

也就是在这同一时期,现代化理论在历史社会学和经济学中发挥了越来越重要的作用。现代化理论所依赖的主要不是计算机技术,而是起源于启蒙主义时代并得益于马克思和恩格斯的历史发展观念。沃尔特·罗斯托(Walt Rostow,1916—2003)的《经济成长的阶段》(*Stages of Economic Growth*,1960)一书尽管使用"非共产党宣言"(A Non-Communist Manifesto)作为它的副标题,但他的出发点却是马克思所主张的"工业发达国家只不过是向欠发达国家显示其未来的图景"[①],19 世纪中叶资本主义的英国被 20 世纪中叶资本主

---

① Karl Marx, *Capital*, vol. 1, Introduction, in Robert C. Tucker, ed., *The Marx-Engels Reader*, 2nd edition (New York, 1978), p.296.

义的美国所取代。整个世界将最终按照美国现代化进程提供的榜样,走向自由市场经济和自由的议会民主制度。毕业于维也纳大学的经济史学家亚历山大·格申克龙(Alexander Gerschenkron,1904—1978)在《从历史的角度看经济落后》(*Economic Backwardness in Historical Perspective*,1962)一书中警告说,较晚实现工业化的国家处于不同的政治和社会条件下,可能不适用这一模式。尽管如此,罗斯托这种在意识形态上与冷战相吻合的观点一直在某些理论家身上有所反映,例如弗朗西斯·福山(Francis Fukuyama,1952—)于1989年柏林墙倒塌几个月后发表的一篇著名文章《历史的终结?》。①20世纪五六十年代,美国有一大批历史社会学的著作运用了宏大叙事的观念,描述科学思想、经济增长不可逆转的"现代化",以及世俗观念将占据统治地位的前景,这不仅被19世纪的实证主义者而且被马克斯·韦伯所预见,尽管韦伯比1945年以后美国的社会学家更多的认识到了这一进步中潜藏的危险以及其他文明独有的特征。在现代化理论家看来,历史是个单线发展的进程,而西方(尤其是二战以后的美国)则是这一进程的顶点。于是,现代化与西方化基本上等同起来了。

不过,共识派历史学家和大批社会科学历史学家的乐观

---

① Francis Fukuyama,"The End of History?" *The National Interest*,16(Summer 1989),pp.3-18;*The End of History and the Last Man*(New York,1992);又见他的"Reflections on the End of History,Five Years Later",*History and Theory*,34:2(1995),pp.27-43。

和自得却止步于美国国内外越来越紧张的关系。到那时为止,黑人要么基本上被白人历史学家所忽视,要么像威廉·A. 邓宁(William A. Dunning, 1857—1922)[1]和乌尔里希·菲利普斯(Ulrich Phillips, 1877—1934)[2]及其学生詹姆斯·G. 伦德尔的著作那样,从家长制的角度对他们进行研究,把他们视为劣等种族。我们在前面已经提到了伦德尔的著作,他试图用档案来证明黑人种族上的劣根性。现在,美国开始有了一批黑人历史学家,其中包括W. E. B. 杜波伊斯和约翰·霍普·富兰克林(John Hope Franklin, 1915—   ),像白人历史学家斯坦利·埃尔金斯(Stanley Elkins, 1925—2013)和肯尼思·斯坦普(Kenneth Stampp, 1912—2009)一样,把历史研究的焦点转向黑奴史和种族压迫史。埃尔金斯在一本引起了很大争议的著作《奴隶制:美国制度和知识生活的问题》(*Slavery: A Problem in American Institutional and Intellectual Life*, 1959)中把美国的奴隶制与纳粹集中营进行了比较。约翰·肯尼思·加尔布雷斯(John Kenneth Galbraith, 1908—2006)的著作《富足的社会》(*The Affluent Society*, 1958)以及后来由迈克尔·哈林顿(Michael Harrington, 1928—1989)写的《另一个美国:美国的贫困》(*The Other America: Poverty in the United States*,

---

[1] William A. Dunning, *Reconstruction: Political and Economic 1865-1877* (New York, 1907).

[2] 见 Ulrich Phillips, *American Negro Slavery: A Survey of the Supply, Employment and Control of Negro Labor as Determined by the Plantation Regime* (New York, 1918).

1962)也指出了美国的许多缺陷。

面对国内的骚动,特别是民权运动,以及美国陷入越南战争的泥沼,共识派历史学家和以前的进步主义历史学家都受到了来自新左派的挑战。加布里埃尔·科尔柯(Gabriel Kolko,1932—2014)在《保守主义的胜利》(The Triumph of Conservatism,1963)一书中证明进步时代并非像一般认为的那样标志着美国朝着更民主的社会演变,而是一个资本主义制度对经济的控制越来越有效的进程,所伴随的改革并没有导致更多的民主,而是导向一个为既得经济利益集团的利益服务的政府。① 不过,新左派所关注的焦点主要是越南战争阴影笼罩下的美国对外事务的领域。威廉·阿普尔顿·威廉斯(William Appleton Williams,1921—1990)、沃尔特·拉费伯尔(Walter La Feber,1933—)和加布里埃尔·科尔柯等历史学家颠覆了冷战是为了抵制苏联和中国侵略、捍卫西方自由制度的论点,试图证明美国的外交政策在多大程度上是为了谋求既得利益者的目标,并且证明它在与欠发达国家的关系上何以是彻头彻尾的帝国主义。② 他们这样做并不是支持苏联,因为他们对苏联的压迫性十分了解。不过,对越南等一些过去和现在一直遭受西方统治的国家为自决权而进行的斗争,他们寄予了极大的同情。

---

① Gabriel Kolko, *The Triumph of Conservatism: A Reinterpretation of American History 1900-1916* (New York, 1963).
② 见 Breisach, *Historiography on New Left historians*, pp. 391-393。

从 20 世纪 60 年代末美国紧张的政治气氛和喧闹的学生运动中诞生了自称为"激进派史学"风格的历史写作倾向。① 尽管它仍处于相对边缘的地位,但对 20 世纪 70 年代历史观和社会观的形成做出了贡献。这种写作风格的旨趣在于"自下而上的历史学",着重研究美国人群中几乎完全被进步主义历史学家和共识派历史学家所忽视的那部分人。霍华德·津恩(Howard Zinn, 1922—2010)在《1492 年以来的美国人民史》(A People's History of the United States from 1492 to the Present, 1980)中试图纠正过去的这种倾向。激进派历史学家还表现出对妇女的较大关注,广泛地赞同女权主义的历史观。关于这一点,本章后面将做更详细的讨论。美国是"上帝保佑的、将自由和公正给予所有人的、不可分割的国家"这样一种观念被一种多元文化社会的观念所取代。这种观念认为,不同的人群往往被剥夺了获得自由和公正的权利,因此,他们需要属于他们自己的历史。这一挑战提醒人们,历史写作需要认识到美国的各个方面,从阶级、种族和性别的角度来写作历史,但这并不意味着放弃民族共同体的意识,而是对民族重新定义。

---

① 见 Joseph M. Siracusa, "Radical History (United States)", in Daniel Woolf, ed., *A Global Encyclopedia of Historical Writing* (New York, 1998), pp.757-758, 并见其书目。

法国:年鉴学派

我们在这里不使用年鉴学派的范式这一说法,因为这种说法似乎肯定了年鉴学派对于如何提出指导科学的学术研究的问题有一种明确的观念,对于如何解决这些问题也有一套明确的方法论。① 其实在年鉴学派的运动中,历史学家追求着不同的取向。彼得·伯克称赞年鉴学派创作了"20 世纪最具革新性的、最值得牢记的、意义最重大的、数量惊人的历史著作"。② 人们也一向认为,年鉴学派对历史研究,不仅在法国,而且在国际上,都有重大的意义,并产生了重大影响,堪与19 世纪的兰克学派相媲美。年鉴学派历史观的核心在于,把历史学看作一门社会科学,或一门涵盖一切的"人类科学"(human science),但它在研究方法上与我们刚刚讨论的美国的社会科学截然不同。正如我们在前面一章所看到的,把追随这些方法的历史学家聚集在一起的最初是马克·布洛赫和吕西安·费弗尔创办的《年鉴》杂志,然后,第二次世界大战结束后,则是围绕着这份杂志建立并苦心经营的制度性机构。

第二次世界大战以前,即使在费弗尔和布洛赫分别于1933 年和 1936 年转到巴黎的法兰西学院和索邦大学工作以

---

① Traian Stoianovich, *French Historical Method: The Annales Paradigm* (Ithaca, 1976).

② Peter Burke, *The French Historical Revolution: The Annales School*, *1929-1989* (Cambridge, 1990), p. 1. 又见 André Burguière, *The Annales School: An Intellectual History* (Ithaca, 2009)。

后,《年鉴》杂志在法国历史学界并没有占领中心地位。当时的主流史学依然沿着常规的道路,叙述由事件构成的政治史。1944年,布洛赫被纳粹杀害。费弗尔在战后承担起了《年鉴》杂志的领导作用,于1947年成功地创建高等实用研究院(École Pratique des Hautes Études)中的一个特殊部门,即第六分部,并担任该分部的主任。由于有了这个职位,他可以按照他所认为的应当如何写作历史的思路来组织历史研究。在他看来,历史学与社会科学是不可割裂的。它们之间的界线应当取消。1972年以后,改组后的高等研究院第六分部更名为社会科学高等研究院(École des Hautes Études en Sciences Sociales),聚集了社会科学和人文学科的学者,从而使历史学家之间以及历史学家与其他领域的学者之间的紧密合作得以开展。在这些学者当中,不仅像以前那样有经济学家、社会学家和地理学家,现在还有了人类学家、心理学家、心理分析学家,而且更重要的是,还有艺术史学家、文学批评家和比较历史语言学这一新学科的专家。历史学将成为全方位的社会科学,或者,也可以称作"人类科学"。这种新类型的历史学将为其他各类学科提供一条主线。在新型的人类科学中,历史学以及社会科学和人文学科中各门学科的孤立状态将不复存在。与此同时,这门科学将不再以系统性为特征;换句话说,不再存在某个单一科学的目标。相反,它包含了各种研究方法,可以用来探索人类存在的各个侧面,同时又不会失去彼此间的联系。1956年费弗尔去世后,他的学生费尔南·布罗代尔

(Fernand Braudel,1902—1985)接任《年鉴》杂志主编和第六分部主任之职。正像彼得·伯克所说的,这份刊物最初被当作"异端邪说",而这时却接管了法国的历史学界。① 1968 年,一座中央大楼在巴黎左岸落成,名为"人文科学之家"(Maison des Sciences de l'Homme),为来自各门学科的学者提供住房,也为他们的正式或非正式的交流提供了优越的环境。

在费弗尔去世后的十多年里,费尔南·布罗代尔(Fernand Braudel)成了年鉴学派的指路明灯。他的学术声望是靠 1949 年出版的三卷本的丰碑式著作《地中海和菲利普二世时代的地中海世界》(The Mediterranean and the Mediterranean World in the Age of Philip II)建立起来的。② 布罗代尔的这项研究开始于 20 世纪 30 年代初,最初是作为他的博士学位论文。他的研究重点起初集中在西班牙国王菲利普二世(Philip II of Spain,1527—1598)的外交政策上,是一个相当传统的外交史课题。然而,这项研究由于两次中断而未能如期完成。第一次是由于他前往巴西的圣保罗大学承担两年的教学任务,但他在那里与人类学家克洛德·列维-斯特劳斯(Claude Lévi-Strauss,1908—2009)结成朋友并受到了他的深刻影响。第二次是在德国的俘虏营,达数年之久。不过,他却因此得到了空闲的时间来重新思考他的研究,并写出了大部分草稿。

---

① Burke, *French Historical Revolution*, p. 31.
② 1966 年修订扩大版两卷;英文译本, 2 vols. (New York, 1972-1973)。

完成后的著作完全走向了另一个方向,脱离了他最初的设想。他明显地从叙事转向关注制约历史的基本结构。他还摆脱了牛顿的那种把时间视为线性和进步的传统观念,认为针对不同的历史背景需要有对时间的不同理解。他的著作分为三个部分,反映了三种不同的时间观。对于事件的迅速变化过程,也就是传统史学的基本特征,布罗代尔并不感兴趣。他感兴趣的是抗拒变化或延缓变化的那些方面,也就是他所说的长时段(longue durée)。

他像布洛赫一样把历史放在坚实的物质基础上,但他所理解的"物质"与马克思的理解有根本的不同。尽管经济在布罗代尔写的历史中占据重要地位,但他的著作更深地扎根于物质世界,而不是马克思所说的生产方式或生产条件。该书的第一部分讨论了地中海及其周围陆地的地理背景,包括欧洲、北非和近东沿岸。但是,布罗代尔不是经济决定论者;相反,他像布洛赫一样紧紧依赖于保尔·维达尔·白兰士的"人文地理学"。① 在布罗代尔看来,地中海世界不仅是由海洋、高山和平原构成的,还有村落、道路和渡口。因此,地理不仅是自然的地理,还有人文的地理,因而是一门历史的科学。引起布罗代尔兴趣的并非事件的进程,而是结构,人类的历史在其间发生。在有关地理的第一部分里,这些结构基本上是不变的。当他在第二部分转向研究经济和社会时,再次对长

---

① Vidal de la Blache, *Principles of Human Geography* (New York, 1926).

时段但可以识别出的运动的结构产生了兴趣,试图认识这些变化当中类似于规律的特征。他吸收了克莱芒·朱格拉(Clément Juglar,1819—1905)和尼古拉·康德拉季耶夫(Nikolai Kondradieff,1892—1938)的经济学理论①,探索经济活动以或长或短的商业周期为形态反复出现的模式。布罗代尔在研究中应用了历史观和社会观,由于他认为它们是唯物主义的,因此等同于科学观。在这一部分里,他几乎没有涉及文明的方面。最后,在第三部分,布罗代尔回到了他最初关心的菲利普二世时期的外交和军事,但他几乎是带着歉意地指出,政治事件是表面的,没有涉及支撑着历史的长时段结构。尽管如此,布罗代尔为20世纪五六十年代法国的历史著述贡献了一些重要的思想:他的人类科学取向把注意力从事件和个别伟人转向社会结构,从叙事转向分析,把历史学从一门自成一统的学科转变为宏阔的跨学科研究。他在这部关于地中海的著作中研究了环地中海的所有区域,跨越了以民族国家为中心的观念,形成了广阔的世界主义视野。

将人的研究视为一门科学的观念反映在第六分部中,这个分部的成员们把他们的研究机构称作实验室。20世纪60年代,《年鉴》杂志发行了系列专刊,从历史的角度讨论人体生物学。1951年,第六分部策划的三套丛刊反映了布罗代尔的观点。这三套丛刊的内容是:(1)港口、道路和交通;(2)商

---

① 俄国经济理论家康德拉季耶夫显然于1938年死于狱中。

业和商人;(3)货币、价格和时势(conjunctures)。继布罗代尔的地中海研究之后,皮埃尔·肖努(Pierre Chaunu,1923—2009)在十二卷本的《塞维利亚和大西洋》(*Sevilla and the Atlantic*)中对 1504—1650 年间西班牙港口与新大陆的西属殖民地之间商品运输的吨数进行了计算。①

布罗代尔从事的下一个研究项目是三卷本的著作,他称之为"物质文化史",中心内容是资本主义的兴起。② 尽管像人们所期待的那样,这部著作集中讨论的是以早期的意大利为中心的地区,依次论述了安特卫普、阿姆斯特丹和伦敦等城市,但值得注意的是,布罗代尔是从全球的视角进行他的研究的,与中国、印度、伊斯兰世界和拉丁美洲的发展状况进行了比较。第一卷讨论了日常生活的物质方面,包括食品、服装、住宅、卫生、工具、货币和市镇等,对于在布洛赫和费弗尔的著作中占有重要地位的精神观念没有涉及。布罗代尔只是在他的最后一部未完成的而且是在去世后才出版的著作《法国的特质》(*The Identity of France*)中,才对法国的历史给予了特别的关注,但正如这本书的副标题"空间和历史"所表明的,他并没有把法国当作一个国家来对待,而认为它是由各个区域构成的,每个区域都有自己的特征。③

---

① Pierre Chaunu, *Séville et l'Atlantique*, 12 vols. (Paris, 1955-1960).

② Fernand Braudel, *Civilisation materielle, économie, capitalisme*, 3 vols. (Paris, 1979-1987);英文版: *Civilization and Capitalism*, 3 vols. (New York, 1992)。

③ Fernand Braudel, *L'identité de la France, espace et histoire* (Paris,1986);英文版: *The Identity of France*, 2 vols. (New York, 1988-1990)。

第六章 战后史学的新挑战:从社会史到后现代主义和后殖民主义

布罗代尔对经济史的兴趣因第六分部的成员欧内斯特·拉布鲁斯(Ernest Labrousse,1895—1986)的研究工作而得到增强。早在20世纪30年代,拉布鲁斯继弗朗索瓦·西米昂(François Simiand,1873—1935)①对价格进行的早期研究之后又做了大量的研究。② 拉布鲁斯从马克思主义的观点出发,集中研究18世纪,像乔治·勒费弗尔过去曾经做过的那样,试图在价格变化与法国革命的爆发和进程之间建立起某种关系,但这一次的做法是建立在计量的基础之上。

在20世纪五六十年代,年鉴学派的成员所写的重要著作转向了区域研究。他们像布罗代尔一样避开了国别史和近代史,尽管也有一些对国别史和近代史的零散研究,例如夏尔·莫拉泽(Charles Morazé,1913—2003)的一些著作讨论了资产阶级的胜利③,马克·费罗(Marc Ferro,1924—)的著作以第一次世界大战和俄国革命为内容。④ 但是,沿袭费弗尔和布洛赫的传统并在方法论上有创新的研究成果主要集中在法国革命以前的区域研究上。导致这一结果的原因之一无疑是

---

① Ernest Labrousse, *Esquisse'des mouvements du prix et du revenus* (Paris, 1933).
② François Simiand, "Méthode historique et sciences sociales", *Revue de synthèse historique*, vol. 6 (1903), pp.1-22, 英文版收在 Review, vol. 9. 1985-1986, pp. 163-213; 又见他的 *Recherchrs anciennes et nouvelles sur le movement général des prix du XVIe au XIXe siècle* (Paris, 1932)。
③ Charles Morazé, *Les bourgeois conquérants* (Paris, 1957); 英文版: *The Triumph of the Bourgeoisie* (New York, 1966)。
④ Marc Ferro, *La revolution russe* (1967), 英文版: *The Russian Revolution of February* 1917 (Englewoods Cliffs, NJ, 1972) 和 *La grande guerre* 1914-1918 (Paris, 1969); 英文版: *The Great War* 1914-1918 (London, 1973)。

他们使用的方法比较适合于研究相对静止的社会,无法运用于研究工业化时期的迅速转变。如果说20世纪30年代的《年鉴》杂志刊登的文章还涉及一些当代的问题,例如意大利的法西斯主义、苏联的共产主义、美国的新政、城市化和欠发达世界的问题,那么,1945年以后,这份杂志对20世纪的世界给予的关注就很少了。这也许反映了20世纪的观念中普遍存在的对现代世界的不安。年鉴学派决意要把历史学转变为一门科学。虽然这不可避免地要涉及计量化的取向,但与美国的许多社会科学家的态度不同,对于现代性的进步发展的观念,他们并不关心。虽然年鉴学派的历史学家无意像德国的民族史(Volksgeschichte)的倡导者那样把过去的农业社会浪漫化,而且也确实看到了这个时期存在的消极方面,但他们依然选择它作为主要的研究领域。皮埃尔·古贝尔(Pierre Goubert, 1915—)对博韦城及周边地区的研究会让人们联想起费弗尔在有关弗朗什-孔代的学位论文中试图描写的一个区域的"总体史"。① 但是,古贝尔的著作大不一样,更不完整,更有选择性,运用了布罗代尔的"结构"和"时势"的概念。他的兴趣所在是1600—1730年这一时期的物价、生产力和人口的长期或短期的"时势",及其对不同社会阶级产生的作用,而非费弗尔所关心的宗教和政治。古贝尔试

---

① Pierre Goubert, *Beauvais et le Beauvaisis*(Paris, 1960);此书似乎没有英文译本,不过可以参考他的 *Louis XIV and Twenty Million Frenchmen*(New York, 1970)。

图说明人口增长在传统社会中如何导致了大致以三十年为一周期的反复发生的生存危机,导致人们自觉地通过晚婚来限制人口增长。

　　历史人口学在这段时期的发展是独立于年鉴学派的,但又纳入了与诸如古贝尔的著作相类似的年鉴学派的研究范围。这种研究不同于过去在更广阔的经济和社会的结构与发展的背景下对人口增长周期进行经验性研究时使用统计方法进行的描述。在法国,国立人口研究院成立以后在路易·亨利(Louis Henry,1911—1991)的指导下开展了研究工作。英国成立了一个与它类似的剑桥人口和社会结构研究组,在爱德华·雷格莱(Edward Wrigley,1931—)、罗杰·斯科菲尔德(Roger Schofield,1937—)和彼得·拉斯莱特(Peter Laslett,1931—2001)的领导下,运用家庭重建法这一重要手段对社会结构进行分析。这一手段通过教区登记簿的使用而得以实践。在日本,以速水融(1929—　)为核心的研究小组在京都和东京也进行了类似的研究,使用的是1600年以来佛教寺庙的登记簿。[①] 在布罗代尔有关资本主义兴起的著作中,缺乏对早期资本家的精神世界的考察。然而,罗贝尔·芒德鲁(Robert Mandrou,1921—1984)在一本有关早期资本家的研究中却做了这项工作,同时也对民众的态度,包括阅读习惯,做

[①]　速水融:《近世农村の历史人口学の研究》(东京,1973年)。此外,速水融还协助日本总务省编写了多卷本的有关日本人口数据的著作,见《国势调查以前:日本人口统计集成》(东京,1992年)。

了更广泛的研究。① 20 世纪 60 年代初,年鉴学派的大量著作转向"心态史"。这类研究一直持续到 70 年代,所依据的前提是,历史研究必须是计量的才能是"科学的"。这类著作的基本主题是基督教的淡化,并反映在人们对待死亡的态度上。为了理解意识的转变,他们把数千份遗嘱录入了计算机,建立了系列资料。从这个意义上讲,科学的历史学应当是"系列史"(serial history),并以米歇尔·沃维尔(Michel Vovelle,1933—)和皮埃尔·肖努等人的著作为典型。②《年鉴》杂志很快引起了国外的注意,包括意大利、西班牙和拉丁美洲,尤其是在墨西哥和巴西;而且,我们在本章的后面还会看到,它在东欧,尤其是波兰、匈牙利,甚至在苏联,也引起了注意。

德国:从历史主义到批判的历史社会科学

美国和法国把历史学转变为社会科学所做的努力,在 1945 年以后德国的历史研究中也占据着主导地位。但是,德国的这种转变并不连贯,因为坚持历史思想传统的德国历史

---

① 关于罗贝尔·芒德鲁对早期资本家的观念和行为进行的研究,见 Robert Mandrou, *Les Fuggers propriétaires fonciers en Souabes 1500-1618. Etudes de comportements socio-économmiques à la fin du XVIe siècle* (1968);关于近代早期法国的历史心理学研究,见 Robert Mandrou, *Introduction à la France moderne 1500-1640*, *essai de psychologie historique* (Paris, 1974);关于大众文化的研究,见 Robert Mandrou, *De la culture populaire aux 17e et 18e siècles* (Paris, 1964);关于巫术与法律的研究,见 Robert Mandrou, *Magistrats et sociers en France au 17e siècle* (Paris, 1968)。

② Michel Vovelle, *Piété baroque et déchristianisation* (Paris, 1973); Pierre Chaunu. et al., eds., *La Mort à Paris* (Paris, 1978)。

学家把俾斯麦建立普鲁士-德意志民族国家视为德国历史的顶峰,因此长期以来反对民主化,对引进社会科学方法的一切企图进行抵制。[1] 这一状况在二战以后发生了变化。首先,1945年以后的历史学界没有多大变化,因为1933年以后被迫流亡国外的大多数自由派历史学家没有应邀回国;回到国内的历史学家只有极端的民族主义者汉斯·罗特费斯(Hans Rothfels,1891—1979)。罗特费斯虽然曾与纳粹有密切的交往,但因为有犹太人的血统,被迫于1939年离开德国。[2] 以格哈德·里特尔(Gerhard Ritter,1889—1967)为首的传统历史思想的卫道士们继续统治着德国的历史学界。然而,包括维尔纳·康策和特奥多尔·席德尔(Theodor Schieder,1908—1984)在内的曾经在纳粹时期从种族的角度进行过社会史(族民史)研究的一些比较年轻的历史学家,在1945年以后把历史研究引向了新的方向。尽管德国历史学界费尽心机地抵制把社会科学的观念引进历史学的努力,里特尔也强烈地拒绝《年鉴》杂志,认为它与马克思主义和美国的社会科学相接近[3],但正如我们在第四章所提到的,在纳粹统治时期,他们也十分愿意接受民族史的支持者,因为他们对民主制度持

---

[1] Georg G. Iggers, *The German Conception of History: The National Tradition of Historical Thought from Herder to the Present* (Middletown, CT, 1983).

[2] 见 Jan Eckel, *Hans Rothfels: Eine intellektuelle Biographie im 20. Jahrhundert* (Göttingen, 2005)。

[3] Gerhard Ritter, "Scientific History, Contemporary History, and Political Science", *History and Theory*, vol. 1 (1962), pp. 261-279.

同样的批评立场。现在,也就是 1945 年以后,他们并不把纳粹主义看作是德国特有的,而认为它是西方的普遍现象,因为它根源于现代大众社会。他们声称,纳粹取得政权并非因为 1933 年以前的德国不够民主,而是因为过于民主。① 1945 年以后,族民史的倡导者批评他们对种族主义的执着或默认,并从对中世纪村社的浪漫主义观点转变为他们所认为的对现代工业世界的现实主义认识。② 他们现在已经成为新一代历史学家的导师,尤其是康策和席德尔。他们培养的一批年轻历史学家,包括汉斯-乌尔里希·韦勒(Hans-Ulrich Wehler, 1931—2014)、汉斯·蒙森(Hans Mommsen,1930—2015)和沃尔夫冈·蒙森(Wolfgang Mommsen,1930—2004),都是 1945 年以后才进大学接受专业训练的。③ 1957 年,维尔纳·康策创办"现代社会史工作组",有许多年轻历史学家参加进来,重点研究现代德国的工业社会。有民主倾向的格哈德·A. 里特尔(Gerhard A. Ritter,1929—2015,与格哈德·里特尔没有关系)培养的一批更加年轻的历史学家也开始崭露头角,

---

① Gerhard Ritter, *Carl Gördeler und der deutsche Widerstand* (Stuttgart, 1954);英文版: *Carl Goerdeler's Struggle Against Tyranny* (Freeport, 1970); Hans Rothfels, *The German Opposition to Hitler* (Chicago, 1948); Jam Eckel, *Hans Rothfels/ Eine intellektuelle Biographie im 20. Jahrhundert* (Göttingen. 2005)。

② 见 Winfried Schulze, *Deutsche Geschichtswissenschaft nach 1945* (München, 1989);特别是第 16 章, "Von der 'politischen Volksgeschichte' zur 'neuen Sozialgeschichte'", pp. 281-301。

③ 有关德国史家如康策和席德尔等人在纳粹时期的表现,见 Rüdiger Hohls and Konrad H. Jarausch, eds., *Versäumte Fragen: Deutsche Historiker im Schatten des Nationalsozialismus* (Stuttgart, 2000)。

其中最突出的有于尔根·科卡(Jürgen Kocka,1941—)。他们像格哈德·里特尔和罗特费斯一样认为纳粹主义是现代性在西方的普遍表现,避开了对它的起源的研究。

然而,康策和席德尔培养的年轻历史学家和格哈德·A.里特尔的学生们对此有不同的看法。① 他们面临的主要问题是纳粹主义的兴起。他们认为,纳粹主义不是欧洲的普遍现象,而是根源于德国历史。他们还从现代化的角度看待历史,但他们对现代化的看法不同于康策和席德尔,认为现代化还意味着民主化。正如韦勒所认为的,"德国社会不断进步的经济现代化本应与社会关系和政治的现代化同步发生。工业化以及它所带来的长期性的技术革命本应导致这样一个社会发展方向:其公民在法律上是自由的,具有政治责任感,并有能力独立做决定",然而,德国显然不属于这种情况。② 这说明经济的现代化应当像在英国本土及其自治领、美国和西欧大多数国家那样伴随着议会政府的形成。由此引出的问题是,为什么德国走上了与西方不同的道路(Sonderweg)?要回答这一问题需要专门的社会科学研究方法,其中包括要与德国以政治为中心的传统叙事史及其历史主义决裂,转向分析

---

① 见 Georg Iggers, ed ., *The Social History of Politics: Critical Perspectives in West German Historical Writing since 1945* (Leamington Spa, 1985)。

② Hans-Ulrich Wehler, *Das deutsche Kaiserreich* (Göttingen, 1973), p.17;英文简版:*The German Empire, 1871-1918* (Leamington Spa, 1983)。

式的社会科学。① 与老一辈德国历史学家不同的是,韦勒以及他那一代历史学家在美国和英国生活过很长的时间,也在法国生活过一段时间,对这些国家所讨论的社会科学十分熟悉。与此同时,他们还吸收了德国社会思想的营养,包括马克思(但并未成为马克思主义者)、韦伯和1933年以后被德国驱逐的历史学家和社会科学家的思想。他们的社会科学观念与美国主流社会科学家的不同在于,他们把社会研究与政治更紧密地联系在一起。他们还突破了社会科学的研究必须不带价值判断的主张,要求历史学和社会学带有明确的价值倾向。在这一方面,他们深受马克斯·霍克海默(Max Horkheimer,1895—1973)和西奥多·阿多诺(Theodor Adorno,1903—1969)的法兰克福学派的"批判理论"的影响。② 霍克海默和阿多诺在纳粹时期被迫流亡国外,但战后回到了德国。他们认为,研究人类事务的理性方法不仅涉及方法论的程序,而且涉及社会制度相对于人类的需要和尊严方面有多大合理性的问题。韦勒不同于美国传统的行为社会科学的代表人物,他要求在研究社会时应明确提出与社会变化有关的问题。在他

---

① Frederick C. Beiser, *The German Historicist Tradition* (Oxford, 2011); Georg G. Iggers, *The German Conception of History: The National Tradition from Herder to the Present* Middletown(Ct. ,1968); Georg G. Iggers, "Historicism: The History and Meaning of the Term", *Journal of the History of Ideas*, vol. 56 (1995), pp. 129-152.

② 见 Martin Jay, *The Dialectical Imagination: A History of the Frankfurt School and the Institute of Social Research 1923-1950* (Boston, 1973); John Abromeit, *Max Horkheimer and the Foundation of the Frankfurt School* (Cambridge, 2011)。

看来,社会科学与社会实践之间存在着密切的关系。

在 20 世纪 60 年代末和 70 年代,越来越多的西德年轻历史学家接受了这一前提,并与社会学家、经济学家和政治学家合作。这批人往往被称作"比勒菲尔德学派"(Bielefeld School),因为韦勒和科卡在比勒菲尔德成立了一个由跨学科的研究者构成的松散的学会。他们把注意力集中在历史和社会的发展上,试图解释 20 世纪上半叶德国历史走过的悲剧性的历程。对于导致德国在俾斯麦领导下获得统一的因素,他们给出了一个基本的解释。德国的统一阻止了德国民主化的进程,使前现代的权力阶级——东普鲁士的土地贵族与新兴工业巨头的军事联盟——获得了权力,并扼制了工人阶级势力的壮大。实际上,早在魏玛共和国时期,梅尼克的一名学生埃卡特·克尔(Eckart Kehr, 1902—1933)已经提出过这些问题。他在 1930 年写的学位论文中论证,促使德国建立舰队并最终导致与英国对抗不是出于国家安全和外交政策的考虑,而是对国内政策的关注,而这些国内政策的目的是为了巩固统治精英的地位。① 60 年代,韦勒出版了克尔的著作,把它当作新批判史学的基础。② 梅尼克的学生们,其中包括汉斯·罗森贝格(Hans Rosenberg, 1904—1988),也提出了德国的现

---

① Eckart Kehr, *Schlachtflottenbau und Parteipolitik*, 1894-1901 (Berlin, 1930; 1966 重印)。

② Eckart Kehr, *Das Primat der Innenpolitik*, 论文集由 Hans-Ulrich Wehler 所编 (Berlin, 1965)。

代经济与前现代的社会结构之间存在矛盾等类似的问题。罗森贝克虽然后来前往美国伯克利的加州大学任教,再也没有返回德国,但他在伯克利组织了一些重要的研究班,有许多年轻历史学家参加,因而充当了沟通美国和德国的批判社会科学研究的桥梁。

新批判史学得到了来自比勒菲尔德学派的一位老派历史学家弗里茨·菲舍尔(Fritz Fischer,1908—1999)的推动。他虽然过去加入过纳粹党,但在20世纪50年代通过自己的研究,在《德国在第一次世界大战中的作战目标》(Germany's War Aims in the First World War)一书中得出结论,德国应为1914年战争的爆发负有主要责任。① 他研究档案的方法非常传统,与社会科学的方法毫不相干,但他是在一个更宽广的框架内考察了德国一步步走向战争的决定是如何做出的,从而支持了批判社会科学学派对德国外交和军事政策的解释。菲舍尔得出结论,德国的帝国政府屈服于从工业和农业到工会的经济利益集团的一致看法,这些集团都倾向于把德国的政治和经济霸权扩张到欧洲的大部分地区(尤其是扩大到东欧,因此也对第二次世界大战期间纳粹德国执行的政策产生了实际影响),目的是为了取代英国和法国等殖民主义大国的地位。菲舍尔的著作引起了保守历史学家,尤其是格哈

---

① Fritz Fischer, *Der Griff nach der Weltmacht* (Düsseldorf, 1961);英文版:*Germany's War Aims in the First World War* (New York, 1967)。

德·里特尔的反对,但他的这一论点,即使经过了一些修改,也得到了绝大多数年轻历史学家的重视。

到20世纪70年代,批判学派不仅在比勒菲尔德大学,而且在其他大学和研究中心也确立了牢固的基础。1975年,批判史学派创办了一份刊物《历史与社会》(Geschichte und Gesellschaft),提出了有关方法论的一些问题,考察了现代史的各个方面。《历史与社会》及其有关的系列丛书《批判研究》所关注的焦点不同于法国的《年鉴》和英国的《过去和现在》(Past and Present)关注中世纪或现代的世界,而是现代工业社会转变的进程。①

三 20世纪七八十年代:文化转向和后现代主义

从社会科学的历史学到文化转向

1966年,布罗代尔的一个学生、不久就要接替他担任社会科学高等研究院院长的伊曼纽埃尔·勒华拉杜里(Emmanuel Le Roy Ladurie,1929—)出版了一部两卷本的专著,内容是从14世纪初黑死病爆发前到他所说的18世纪农业革命之间法国南部地区朗格多克的农民。② 第二年,他出版了

---

① 见第一辑的前言,1975年。
② Emmanuel Le Roy Ladurie, *Les Paysans du Languedoc* (Paris, 1966);英文版:*The Peasants of Languedoc* (Urbana, IL, 1976)。

另一部专著,规模较小一些,内容是公元 1000 年以来的气候史。① 这两本书都反映了布罗代尔的论点:历史创作的首要任务不仅要与民众的行动发生联系,还要重现历史进程背后的长时段结构,以及该结构内部有规则的周期和起伏(时势)。但是,勒华拉杜里的《朗格多克的农民》是对布罗代尔的超越,他试图以自然科学为榜样,把历史学转变为一种严谨的经验科学。这种科学并不依赖于对事实做出宏大解释,而是对研究的主题提出具体的理论问题。在这本著作里,勒华拉杜里从马尔萨斯有关农业生产力、人口和粮食供应之间的紧密关系的命题着手。他提出,在他所研究的这一时期里,直到 18 世纪开始的农业技术革新之前,粮食产量一直保持不变,马尔萨斯提出的那种关系显然在发挥着作用。他运用人口、土地价格、粮食价格和工资等统计数据找到了不因人类的干预而变化的周期:每当相对丰腴的年代之后便会出现人口的增长,然后又导致了粮食的短缺。他在第一卷中对他所研究的这个时期进行了描述和分析,而第二卷是统计数据,是为支持第一卷的论点而提供的证据。他在此后出版的有关气候史的著作中,使用了树的年轮数据,把粮食产量与苛刻的自然因素相联系。不久,勒华拉杜里十分教条地断言:凡没有计量

---

① Emmanuel Le Roy Ladurie, *Histoire du climat* (Paris, 1967);英文版: *Times of Feast, Times of Famine* (New York, 1971)。

数据为依据的历史研究不能称之为"科学的"研究。①

然而,《朗格多克的农民》一书中使用的马尔萨斯的分析方法,主要是对无名的和非人格的力量进行分析,同时考察了这些力量所创造的条件如何转变为反映农民依附性的社会意识,以及如何导致了社会冲突。最令人惊讶的是,他在书中曾用了短短五页的篇幅来描述1580年普罗旺斯镇的罗曼人在狂欢节期间的胡闹,而这个内容后来却被他扩展成整整一本书。② 在这里,勒华拉杜里的研究走向了一个完全不同的方向,叙述的故事中有真实主人公,还描绘了统治该镇的胡格诺派中产阶级商人与穷苦的天主教市镇居民之间的冲突,后者获得了涌入市镇的周边农民的支持。但是,这些冲突并非公开围绕政治和经济问题,而是在狂欢节中象征性地把自己装扮成想要消灭对方的动物。这场斗争以穷人假扮的角色的惨败而告终。可见,理解这场斗争的钥匙不是靠经济学而是靠心理学来提供。

20世纪七八十年代,越来越多的历史学家把历史学视为一门严谨的科学。1979年,英国历史学家杰弗里·巴勒克拉夫(Geoffrey Barraclough,1908—1984)受联合国教科文组织的委托,写了一本有关当前史学趋势的综述。他说:"计量研究

---

① Emmanuel Le Roy Ladurie, *The Territory of the Historian*, tr. Ben and Sian Reynolds (Chicago, 1979), p.15.

② Emmanuel Le Roy Ladurie, *Carnival in Romans*, tr. Mary Feeney (New York, 1980).

无疑是当前史学界最有影响力的新潮——70年代的历史态度之所以与30年代有所不同,可以有许多原因,但它是最主要的因素。"①我们在前面已经提到了罗伯特·福格尔和斯坦利·恩格尔曼在《苦难的年代》(1974)一书中对美国黑奴制进行的计量研究,讨论了奴隶制经济的利润以及奴隶的生活状况②,并要求结束不同的历史解释可以并存的状态,把历史学置于客观和科学的基础上。这本书一度受到了极大的欢迎,被认为是一个重大的突破,但也很快就遭到计量历史学家的大量批评,因为他们发现书中使用的数据有错,但更重要的原因是对奴隶制度的研究,或者说对一般社会状况的研究还需要考虑某些定性的因素。③ 尽管有这些批评,但并没有阻碍福格尔担任哈佛大学的讲席教授,并且同道格拉斯·诺斯一道成为1994年诺贝尔经济学奖的得主。福格尔曾经与英国传统派历史学家杰弗里·埃尔顿(Geoffrey Elton, 1921—1994)就历史研究将要或本应走什么方向的问题交换看法,也就是说,是继续以兰克学派的方式依赖于史料的考证呢?还是按照福格尔所倡导的方向,把历史学转变为一门严谨的社会科学?但是,无论是这两种方向中的哪一种,都主张要把历史学和文学严格地区分开来,把学者或科学家与业余爱好

---

① Geoffrey Barraclough, *Main Trends in History* (New York, 1979), p.89.
② New York, 1974.
③ 见 Herbert Gutman, *Slavery and the Numbers Game: A Critique of Time on the Cross* (Urbana, IL, 1975)。

者区分开来。福格尔指出,历史研究必须采用严谨科学的方式。无论哪种方向,都需要专家以及训练有素的行家才能使用的技术话语,而不是依靠只受过一般教育的广大读者。①

到了 70 年代初,大批历史著作,包括勒华拉杜里的著作,已经偏离了福格尔的社会科学模式。只有福格尔依然在坚持。1975 年,就是在《朗格多克的农民》出版仅九年之后,勒华拉杜里又推出了他的一本新书《蒙塔尤:1294—1324 年奥克西坦尼的一个山村》(Montaillou: village occitan)。② 这是一本完全不同的历史著作,不再是那种覆盖好几个世纪的以普罗旺斯等地区为研究对象的大部头著作,书中只研究一个孤立的而且只有 200 个居民的小村庄。在这本著作中,个人和家庭处于中心位置。书中使用的史料也不再是硬性的计量数据,而是宗教裁判所的档案,其中记载了村民们在审讯时所做的证词。宗教裁判所的审判是天主教会用来镇压以农村为堡垒的异端清洁教派(卡特里派)的手段。这本书的开头几章是按照年鉴学派的方式写作的,介绍了地理背景和经济,以及社会背景,即家(domus)——把村民们联结在一起的扩展型家庭的住处。但是,在介绍了这些背景之后,我们在书中看到的是一个个的人,有男人,也有女人,通过他们的证词可以了

---

① Robert Fogel and Geoffrey Elton, *Which Road to the Past? Two Views of History* (New York, 1983)。

② 英文版:*Montaillou: Cathars and Catholics in a French Village 1294-1314* (New York, 1978)。

解他们的经历,他们对生活的看法,他对性的态度以及他们的性生活,他们信仰的迷信以及他们对死亡的看法。总之,这是一本自下而上的日常生活史的著作。此外,勒华拉杜里在写作这本书时是以广大读者为潜在的对象,因而一出版就成了一本畅销书,仅在法国就售出了50多万本。

还有两本反映这种历史写作新倾向的书值得一提。一本是卡洛·金兹堡(Carlo Ginzburg, 1939—)的《奶酪与虫子:一位16世纪磨坊主的世界观》(*The Cheese and the Worms: The Cosmos of a Sixteenth Century Miller*, 1975)①,另一本是娜塔莉·戴维斯(Natalie Davis, 1928—)的《马丁·盖尔归来》(*The Return of Martin Guerre*, 1984)。② 像勒华拉杜里的《蒙塔尤》一样,这两本书也避免重现宏大规模的非人格的历史进程,相反,它们把注意力集中在出身低微的个人在他们无法选择的社会背景下的生活经历,以及在主动反抗这些背景的过程中对自我的发现。《奶酪与虫子》的主人公是一位名叫多门尼科·斯坎德拉的磨坊主,人们一般叫他梅诺乔。他于1532年出生在意大利弗留利地区的一个村庄里,当时处在威尼斯人的统治下。他有着非常活跃的想象力,创造了一幅与天主教正统相反的世界图景,结果两次受到了宗教裁判所的审判,遭受火刑而死。金兹堡使用的史料来自审判中的供词。

---

① 英文版:New York, 1975。
② Boston, 1983。

他在书中再现了两种文化：一种是当时受过教育的上层人物的文化，另一种是农民文化。这两种文化通过梅诺乔的阅读而交织在一起。梅诺乔的阅读面相当之广，他读过大量哲学与科学经典，但作为他身处的农民世界的一分子，他以这个世界的视角重新解读了这些经典。金兹堡关注的一个焦点是上层文化与大众文化的互动。但问题在于，在解读梅诺乔的证词之时，他加进了多少自己对于农民文化的浪漫想象。他假设了一种古老的地中海农民文化的存在，梅诺乔正是从这种文化中继承了他的现世宗教观。对于这个假设，金兹堡无法用他的史料来证实，他对梅诺乔被处死一事做出了这样的解释：他的死因不是因为异端信仰，而是由于威尼斯的世界要现代化，就必须根除梅诺乔所代表的那种古老的农民文化。这本书读起来不像是一本艰深的学术著作，倒像是一本引人入胜的文学作品。这也是它受到人们欢迎的原因之一。

　　同样，娜塔莉·戴维斯的《马丁·盖尔的归来》也是对宗教改革时期法国南部农村社会史研究的一项贡献，读起来像一本小说，而且这也是出于作者的本意。这本书的主人公是一位名叫贝特朗·德罗尔斯的农村妇女，被感情糟糕的丈夫马丁·盖尔抛弃后，守寡多年，直到一个自称马丁·盖尔的男人来到这个村庄，她接受了这个男人，大多数村民也接纳了。一种爱的关系产生了。戴维斯完全有理由怀疑贝特朗知道这个冒名顶替的男人并非她的丈夫。但是贝特朗和这位称作马丁·盖尔的人"发明"了他们的婚姻，而且一道幸福地生活，直到真正的马丁·盖尔归来。戴维斯把贝特朗的行为解释为妇女在男人统治的世界里采取的一种策略。与此同时,戴维斯的著作还原了村民之间的关系,从而使这本书呈现出了一幅那个时代法国某个角落的农村历史的画卷。这本书像《奶酪与虫子》和《蒙塔尤》一样,也翻译成了多国文字并被广泛阅读,而且拍成了电影。尽管如此,有一个问题很快就被提了出来:这究竟是严肃的历史著作呢,还是一部颠倒了时代的娱乐性作品?因为戴维斯在书中显然是把20世纪末中产阶级妇女的女权主义态度折射到16世纪一位农村妇女的行为上了。① 然而,戴维斯讲的这个故事绝非凭空杜撰,而是依据一位法官的回忆。这位法官主持了那次审判,宣判了那位冒名顶替者有罪,并处以死刑。戴维斯的批评者在《美国历史评论》上撰文,指出她的描述已经超越了档案的证据。戴维斯也承认,她在重现贝特朗·德罗尔斯所生活的那个农民的世界时运用了想象。尽管如此,她依然坚持说,即使缺乏这样的证据,但她可以利用那些相似的村庄留下的证据。她还指出,她在重现贝特朗·德罗尔斯所生活的农村以及她的动机时,想象和"发明"确实起了重要作用,但她也指出,在重新创作真实的人物和真实的过去时,"发明"是必不可少的,但这样的"发明"并非历史学家的任意创作,而是十分仔细地倾听了

---

① Robert Finlay, "The Refashioning of Martin Guerre", *American Historical Review*, 93:3 (June 1988), pp.553-571; Natalie Davis' rejoinder, "On the Lame", Ibid., pp.572-603.

过去通过史料发出的"声音"。① 在她对批评所做的回答中，人们可以发现，兰克在重现历史人物的思想过程时，也曾坦率地承认想象在史料的指导下可以发挥作用。

在1979年的《过去和现在》杂志上，劳伦斯·斯通（Lawrence Stone, 1919—1999）发表了一篇题为《叙述的复兴》（"The Revival of Narrative"）的文章，以同样的精神宣告社会科学的范式已经寿终正寝。② 或许，他的宣告为时过早了一些。他指出，社会科学的历史学核心在于相信可以"对过去的变化做出严密的科学解释"，而他同时也指出，这种信念现在已经遭到了普遍的反对。相反，历史学家越来越多地转向研究人类存在的各个侧面，而这些侧面过去遭到了忽视。人们开始相信，"群体文化乃至个人的意志，至少从潜在的意义上说，就像物资的产出和人口增长等非人格的力量一样，也是推动变化的重要动力"。③ 把具体的个人当作历史动力来对待，这样的兴趣反过来推动了叙事史。但是，这种新的历史学与旧的叙事史完全不同。后者的注意力集中在政治和政治人物的身上，而新的叙事史则以普通民众为研究对象，有的时候，正如我们在《奶酪和虫子》一书中看到的，是以梅诺乔那样与普通人完全不同的人物为研究对象。

---

① Natalie Zemon Davis, *The Return of Martin Guerre* (Cambridge, MA, 1983), p. 5.
② Lawrence Stone, "The Revival of Narrative: Reflections on a New Old History", *Past and Present*, 85 (November 1979), pp. 3-24.
③ Ibid., pp. 9-19.

于是，历史研究发生了转变，从制度分析转向了文化领域。这样一种转变往往被称作"文化转向"（cultural turn）。① 然而，文化转向走向了各种不同的方向。现在人们是从人类学的角度来理解文化，把文化视为某个社会中人类主体的行为。从 19 世纪以来，各种各样的文化的社会史已经诞生，既有马克思主义的，也有非马克思主义的，但现在发生的变化是这些文化的社会史（social histories of culture）被社会的文化史（cultural histories of society）所取代。② 这一转变往往意味着退出了政治史的研究，但也并非必然如此。例如，在分析法国革命的原因时，人们注意到了文化所起的重要作用。正如我们已经看到的，自 20 世纪 20 年代阿尔贝尔·马迪厄（Albert Mathie, 1874—1932）和乔治·勒费弗尔的著作发表以来，马克思主义的解释把法国革命看作一场资产阶级革命，而这种解释在 60 年代遭到了阿尔弗雷德·科班（Alfred Cobban, 1901—1968）的挑战，尽管这一挑战仍基于经济的基础。③ 弗朗索瓦·傅勒（François Furet, 1927—1997）早年曾为共产党员，在后来的马克思主义者和非马克思主义者关于法国革命的解释的争论中起了重要作用。1971 年，他在《年鉴》杂志上对阿贝尔·索布尔（Albert Soboul, 1914—1982）的教条主义发

---

① 见 Peter Burke, *What is Cultural History?* (Cambridge, 2004)。
② 罗杰·夏蒂埃在这点上指的是彼得·伯克, Ibid., p.74。
③ Alfred Cobban, *The Social Interpretation of the French Revolution* (Cambridge, 1965)；又参见 Alfred Cobban, *Historians and the Causes of the French Revolution* (London, 1957)。

起了猛烈攻击。索布尔是用马克思主义对法国革命进行阶级分析的最重要的代表人物,强调划分了阶级界线的意识形态所发挥的作用,是法国革命起源的因素之一。① 令人惊讶的是,在60年代末,傅勒还像勒华拉杜里那样极力鼓吹计量方法,但是在70年代却在他发表的一系列著作中放弃了计量化,转向研究政治、思想和文化的作用,而这些作用是难以进行计量分析的。② 在莫里斯·阿居隆(Maurice Agulhon, 1926—2014)③和莫娜·奥祖夫(Mona Ozouf, 1931—)④的著作中,经济和社会范畴已经不再占据首要地位,取代它的是对革命的象征意义和共和国遗产所做的研究。在转向对法国革命进行文化分析的过程中,林·亨特(Lynn Hunt)的《法国革命中的政治、文化和阶级》(*Politics, Culture, and Class in the French Revolution*, 1984)是一本很重要的著作。她在该书的导论中解释说,起初,她想把这本书写成一本法国革命的社会史,然而"后来逐渐地变成了文化分析,政治结构在其中变

---

① François Furet, "Le Catéchisme révolutionnaire", *Annales. Economies: Sociétés. Civilisations*, vol. 26 (1971), pp. 255-289.

② François Furet, *Interpreting the French Revolution*; English: Cambridge, 1981;另见他与 Mona Ozouf 所编, *The Transformation of Political Culture*, 3 vols. (Oxford, 1989)。

③ Maurice Agulhon, *La République au village* (Paris, 1970);关于政治象征主义,见 Maurice Agulhon, *Marianne au combat* (Paris, 1979); 英文版: *Marianne into Battle: Republican Imagery and Symbolism in France 1789-1880* (Cambridge, 1981)。

④ Mona Ozouf, *La Fête revolutionnaire 1789-1799* (Paris, 1976); 英文版: *Festivals and the French Revolution* (Cambridge, MA, 1988)。

成了整个故事的一部分"。①

后现代主义与语言学转向

20世纪七八十年代,在历史写作发生方向性变化的同时,围绕着历史学的性质以及历史认知是否可能的一场异常活跃的讨论也在进行着。1980年代以后出现了一种被称作后现代主义的新理论,尽管后现代主义者之间存在着太大的分歧,以至于无法将他们称作一个群体,也不能把它称作一场运动。但是,其中表现出了激进的历史学和认识论上的相对主义的思想倾向,而且是这类思想家共有的倾向,因此在这里将他们统称为后现代主义者。后现代主义的讨论主要发生在文学理论界,最初是在60年代的法国,然后以美国为主。在一定的程度上,哲学家、历史人类学家和语言学家也参与了这场讨论。正如我们所看到的,历史学家讨论这些思想并赞同对现代世界和研究现代世界的方法进行批判。但是,在他们的实践中,对于历史只不过是某种形式的虚构这一观点,历史学家是无法接受的。虽然他们也认识到,每当历史叙事缺乏足够的史料时,想象便会乘虚而入,但这种想象的成分绝不是虚构,而是像娜塔莉·戴维斯所指出的,受到了档案中的"过去的声音"的指引,以便用来准确地重现和理解过去,即使应

---

① Berkeley, 1984, p. xi.

当承认这是不够完善的。①

后现代主义必须放在对现代资本主义工业社会的批判态度的背景下去理解。这种态度是60年代美国的人权运动、反越战运动、激进女权主义,还有同性恋解放等运动所燃起的。让-弗朗索瓦·利奥塔(Jean-François Lyotard,1924—1988)的《后现代状况》(The Postmodern Condition,1984)出版以后,"后现代"一词才开始被广泛使用。在这本书中,他把后现代性定义为"对元叙述的怀疑"(incredulity towards metanarratives),而"元叙事"是指人类的进步发展将不断趋于完善的思想和只有一个"历史"的思想,无论是自由资本主义的捍卫者,还是马克思社会主义的捍卫者,都持有这样的思想。② 正如凯斯·詹京斯(Keith Jenkins,1943—)后来提出的,"后现代性并不是一种我们可以加以赞同或不赞同的意识形态或立场,后现代性就是我们的状态:它是我们现在正在经历的历史命运"。它是对"18世纪以来在欧洲试图通过理性、科学和技术的运用以达到社会和政治福利的某种水平……即实现现代性所遭遇的全面失败"而做出的反应。"事实上,历史现在就像是一个失去基础的定位表达的世界里的另一个失去基础的定位表达。"③简言之,后现代主义表达了对启蒙主义方案

---

① Davis, *Return of Martin Guerre*, p.5.
② Jean François Lyotard, *The Postmodern Condition: A Report on Knowledge* (Minneapolis, 1984).
③ Keith Jenkins, ed., *The Postmodern History Reader* (London, 2000), 导论, 3, 4, 6。

以及对科学进步的信仰的深切失望,而这恰恰是现代世界观的核心所在。

1980年代,"后现代主义"一词基本上取代了"后结构主义",虽然后一个词在对历史和历史认知的性质上抱有相同的主张。"后现代"一词比"后结构主义"更强烈地主张现代世界正如我们所知道地那样接近于终结。我们今天生活在一个根本不同的世界上,虽然批评者可以认为,如果没有现代世界,眼前的这个世界是不可想象的,因为它从现代世界脱胎而来,但又尚未完全脱颖而出。后结构主义于60年代在法国出现时是对结构主义的反动,但事实上,它依然坚持了结构主义的一些基本主张。我们在前面已经讨论了费尔南·布罗代尔的结构主义的历史研究方法。布罗代尔希望纠正常规史学中以叙事、事件和人物为中心的研究方法,抛弃把历史看作单线进步过程的思想。这样的关注在克洛德·列维-斯特劳斯的结构文化人类学中也居于中心地位。在他看来,如同克利福德·格尔茨所主张的一样,必须从它们的符号的角度去看待文化,而符号需要诠释。19世纪以来的文化人类学把所谓的不识字的原始民族与文明的民族严格区别开来。前者没有历史[①],是他们的研究对象,而后者,特别是现代西方的文明民族,有一部不断进步的历史。列维-斯特劳斯修正了这样的描述,证明这些所谓的原始民族实际上有自觉的世界观和整套

---

① Wolf, *Europe and the People without History*.

的价值观。他还拒不承认现代科学理性回答了有关生命意义的问题,因而比所谓的原始民族的神话思维更优越。①

结构主义者、后结构主义者和后现代主义者认为语言是构成社会和文化的关键。这一看法导致了所谓的"语言学转向"(linguistic turn)。这一转向采用了多种形式,激进程度不一。语言在传统上被看作是指称现实世界的工具。后结构主义者和后现代的理论家在语言当中看到了一个自主的系统,它不仅不依赖于现实,反而构建了现实。把语言视为一种含有句法结构的自主系统的观念可以溯源至瑞士语言学家费尔南·德·索绪尔(Ferdinand de Saussure,1857—1913)的著作《普通语言学教程》(Course in General Linguistics,1916)。② 索绪尔倒没有走得太远,还不至于否定符号,即组成语言的声音,以及他们所指的对象(意指)与现实无关,但他认为语言不是交流意义的工具,相反,意义是语言的功能。换言之,人们不是使用语言来携带他们的思想,相反,人们如何思想是由语言决定的。

20世纪七八十年代的许多历史著作已经认识到了语言在历史的形成中所发挥的重要作用,但与此同时,他们并不需要接受所谓语言并非指称现实而是创建现实那样一种激进的观点。他们赋予了语言在历史意识的形成中所发挥的作用。

---

① Claude Lévi-Strauss, *Savage Mind* (Chicago, 1968).
② 英文版:London, 1983。

例如,剑桥大学的昆廷·斯金纳①和约翰·霍普金斯大学的约翰·波考克(John Pocock,1924—)②抛弃了传统的观念史(history of ideas),转向分析政治思想的话语,从而开拓了另一类思想史(intellectual history)的新方向。德国的赖因哈特·科泽勒克(Reinhart Koselleck,1923—2006)与他的合作者出版了多卷本的百科全书式的著作《基本历史概念》(*Geschichtliche Grundbegriffe*)③,在书中收录了18世纪中叶至19世纪中叶德国政治和哲学语言中的一些概念,并对它们进行考察,从而获得了对科泽勒克所说的从旧的社会和文化秩序向现代秩序转变的那个关键时期里发生的根本性变化的理解。我们已经看到,林·亨特、莫里斯·阿居隆和莫娜·奥祖夫都主张,在分析法国革命和法兰西共和国的遗产时,语言、符号和象征可以起重要的作用。威廉·休厄尔(William Sewell,1940—)在《法国的劳动与革命:从旧体制到1948年的劳动语言》(*Work and Revolution in France: The Language of Labor from the Old Regime to 1948*,1980)一书中讨论了语言在工人革命意识的形成中发挥的决定性作用。④ 加雷思·斯

---

① 参见例如 Quentin Skinner, *Foundations of Modern Political Thought*, 2 vols. (Cambridge, 1978)。

② 参见例如 John Pocock, *The Macchiavellian Moment: Florentine Political Thought and the Atlantic Republican Tradition* (Princeton, 1975)。

③ Otto Brunner, Werner Conze, and Reinhart Koselleck, eds., *Geschichtliche Grundbegriffe*, 8 vols. (Stuttgart, 1972-1997);又见 Melvin Richter, *The History of Political and Social Concepts: A Critical Introduction* (New York, 1995)。

④ Cambridge, 1980.

特德曼·琼斯(Gareth Stedman Jones, 1942—)在《阶级的语言:英国工人阶级历史研究,1832—1982》(*Languages of Class: Studies in English Working Class History 1832-1982*, 1983)一书中像 E. P. 汤普森(Edward P. Thompson, 1924—1993)那样讨论了英国工人阶级的形成。① 他承认汤普森把阶级与它和经济基础的直接联系分离开来是一个重大贡献,但他更强调语言在阶级意识的形成中所起的作用。他重点讨论了英国的宪章运动,并指出宪章运动的兴衰与其说是被经济剥夺决定的还不如说是被政治语言决定的。托马斯·奇尔德斯(Thomas Childers, 1946—)用同样的方式考察了德国魏玛共和国时期的选举运动以及由此导致的纳粹党的掌权。他强调说,鲜血、荣誉、民族、族民等词汇并非现实冷静的反映,而是充满了情感和政治的内容。②

然而,尽管休厄尔、斯特德曼·琼斯和奇尔德斯强调在某种程度上语言并非描述而是建构了社会现实,但他们都承认这些现实的存在,并在语言中看到了考察它的工具。相反,在观点上与后现代主义更加接近的理论家们却否定这一点。他们把语言看作是自主的符号组合系统,是独立的,它不反映现实,只创造现实。雅克·德里达(Jacques Derrida)把这一观点

---

① Cambridge, 1983.

② Thomas Childers, "The Social History of Politics in Germany: The Sociology of Political Discourse in the Weimar Republic", *American Historical Review*, 95:2 (1990), pp. 331-358.

向前推进了一步,声称语言没有系统或一贯性可言。历史学家,或者说任何有关的解读者,所面对的是文本,而不是客观的现实。我们在前面已经提到格尔茨如何把文化视为必须这样去解读的文本。在一个经常被引用的名句中,德里达写道:"文本之外,一无所有。"① 但是,他认为,对于同一个文本,不同的解读者可以做出完全不同的解读。它内在的矛盾必须加以"解构"。福柯也以同样的方式指出,文本是独立于它的作者的。② 因此,作者的意图是什么,并无关系。

这些理论对历史写作有什么意义呢?早在 60 年代,罗兰·巴特(Roland Barthes, 1915—1980)就强调说,历史写作具有语言学的特征,因此可以推论,历史学和文学并没有区别,或者说,事实与虚构之间没有区别。他抱怨说:"历史话语的唯实论是文化模式的一个组成部分……其实是改头换面的'真实'崇拜。"③ 海登·怀特在《元史学:19 世纪欧洲的历史想象》(*Metahistory: The Historical Imagination in nineteenth-Century Europe*,1973)中表达的观点没有像巴特那样走得那么远,他没有否定历史事实的存在,但他也强调,写作历史需要诗人一般的想象力。他最初依然用结构主义的方式思考,但后来他改变了思考方式,更加接近于德里达的后现代主义,认

---

① Jacques Derrida, *Of Grammatology* (Baltimore, 1976), p. 158.
② Michel Foucault, "What Is an Author?" in José Harari, ed., *The Foucault Reader* (New York, 1984), pp. 101-120.
③ Roland Barthes, "The Discourse of History", tr. Stephen Bann, in *Comparative Criticism: A Yearbook*, vol. 3, 1981, pp. 3-28.

为历史写作的方法决定于修辞方式,而这样的修辞方式只有几种。因此,历史在他看来基本上就是诗人一般的想象力所产生的成果。①他在1978年写道:"历史叙事是文字的虚构,它的内容是被发明的,如同是被发现的一样。"(着重号为怀特所加)②他认为必须把史学看作是文学的一种类型,必须遵循文学的标准。但是,这里没有涉及用什么标准来确定历史真相。于是,他又指出,要决定什么可以当作历史真相来加以接受,不是取决于证据,而是取决于美学和伦理的观点。索尔·弗里德兰德(Saul Friedlander,1932—)③和克里斯托弗·布朗宁(Christopher Browning,1944—)在他们的著作中谈到,在对待犹太人遭受的大屠杀时,怎么可以不遵循历史学的方法呢。怀特因此受到了挑战并陷入了困境。确实,怀特从没有说过这场大屠杀并不存在;因为这样做"从伦理上是不可接受的,就像从知识上讲它造成了混乱一样"。④但是,他仍然坚持这场大屠杀的历史绝不可能客观地被还原出来。这个还原过程必须服从所有的历史叙述所遵循的修辞模

---

① Hayden White, *Metahistory: The Historical Imagination in Nineteenth-century Europe* (Baltimore, 1973),见导论"历史的诗学," pp. 1-42。

② Hayden White, "Historical Texts as Literary Artifact",收入他的 *Tropics of Discourse: Essays in Cultural Criticism* (Baltimore, 1978), p. 82。

③ Saul Friedlander, ed., *Probing the Limits of Representation: Nazism and the "Final Solution"* (Cambridge, MA, 1992)。

④ 引自 Christopher Browning, "German Memory, Judicial Interrogation, and Historical Reconstruction: Writing Perpetrator History from Postwar Testimony" in Friedlander, *Probing the Limits of Representation*, p. 32。

式,这就是说,一旦超越了事实的基础去制作叙事,便成了解释,因此再也不可能证实或证伪了。只要解释没有歪曲事实,便失去可以对它们进行比较的客观基础。克里斯托弗·布朗宁在《普通的人们》(*Ordinary Men*)一书中重现了汉堡的警察营如何在波兰执行大规模的屠杀①,也向怀特的观点发起了挑战,强调这场大屠杀并非历史学家的建构。相反,他指出:"历史学家给研究带来了什么以及这些研究对历史学家产生了什么影响,两者之间一直存在着辩证的互动关系。"②

可以被我们姑且称为"后现代主义者"的那些理论家的立场包含着两个难以解决的矛盾,一个与历史认知的问题有关,另一个涉及道德判断的问题。宣称历史学是文学的一种形式,这并不困难。书面的历史当然含有文学的一面,但它绝不仅仅是想象性的文学。它所关注的永远是如何努力地重现过去,是把真实的人和真实的背景放在历史的环境下进行研究,不管这样的操作有多么复杂,多么间接。没有探索就没有历史学。后现代主义者写作历史的时候,如琼·斯科特(Joan Scott)写作 19 世纪妇女的历史时,试图发掘过去一直被人们忽视的法国妇女的看法,把妇女视为历史的动力,她们塑造了自己的生活并参与了政治和社会的各种场景。即使她可以解释说,这是一种类型完全不同的研究,但她所依据的依然是历

---

① Christopher Browning, *Ordinary Men: Reserve Police Battalion 101 and the Final Solution in Poland* (New York, 1992).

② Browning, "German Memory", p. 31.

史学固有的研究方式,即史料。归根结底,历史叙述必须经得住检验,看看它们究竟是忠于事实的表达,还是想象性的虚构。西蒙·沙玛(Simon Schama,1945—)在《已死的确定性:无根据的推想》(*Dead Certainties: Unwarranted Speculations*,1991)一书叙述了几个英国将军在法国和印度阵亡的故事以及19世纪哈佛大学一名教授被杀的几个疑点,其中没有一个故事可以证明是真的还是假的。于是,他提出了一个历史认知是否真正可能的重要问题。① 史景迁(Jonathan Spence,1936—)的著作《胡若望的疑问》(*Question of Hu*)从中国明清史的严肃研究中破门而出,讲述了一名18世纪初来到欧洲的广东天主教徒胡若望的故事。② 他的出发点是档案史料,试图重现胡若望的精神状态。他使用的方法与娜塔莉·戴维斯在《马丁·盖尔归来》中使用的方法相类似。他并没有任凭想象驰骋,但塞进了一些似是而非的东西。

此外,对启蒙主义价值观的强烈否定与我们在本节讨论的那些理论家自身所持的价值观之间存在着矛盾。他们认为,这里再次引用凯斯·詹京斯的话来说,历史只不过是"在失去基础的定位表达的世界里的另一个失去基础的定位表达"。现代世界,作为启蒙主义运动的产物,被从统治、阶级、妇女的从属地位,以及对不顺从的边缘群体和个人——其中

---

① New York, 1991.
② New York, 1988.

包括同性恋者的压制的角度来看待。后现代主义理论针对的就是这些受压制和受剥削的方面,这是一个积极的贡献。尽管许多社会和文化研究也把这些方面当作主题,但并不赞同后现代主义在认识论上极端的相对主义。不过,巴特、福柯、怀特、保罗·德曼(Paul De Man,1919—1983)①、利奥塔、让·鲍德里亚(Jean Baudrillard,1929—2007),特别是德里达,都对现代文明消极的一面,以及知识——无论是科学的、技术的、社会的还是人文的知识——如何被用作统治工具进行了合理的批判。他们在批判中都转向了弗里德里希·尼采和马丁·海德格尔等哲学家。然而,这二人却都公开地反对民主。德里达是一位左翼人士,但他却求助于尼采,更求助于海德格尔,把他们看作重要的思想源泉。他从海德格尔那里接受了对西方哲学传统和理性思想的谴责。始自古代希腊但不仅限于启蒙主义的这种传统被他谴责为"逻各斯中心",并用神话的方法来取代这一传统。斯科特则求助于德里达,为女权主义的历史解读奠定了基础。她指出,性别并非自然的赋予,而是特定历史背景下的社会和文化建构物。她接着指出,西方的语言和大量的知识遗产都带有男性统治的特征。她还把这个观点推进了一步,赞同德里达的语言观,并按照她的理解把这种观念当作女权主义政治的基础,却没有认识到德里达在

---

① 在纳粹德国占领比利时期间,德曼写过一篇主张与德国合作的论文,其中有反犹太的言论。

其中藏有语言决定论,没有为积极的政治方案留下多少空间。她还进一步将充满复杂性的世界完全视为语言的建构,并对加雷思·斯特德曼·琼斯进行批判,因为琼斯强调了语言在阶级意识的形成中所发挥的关键作用,"从而滑回了语言反映了外部'现实'而不是建构了现实的观点"。①

如果人们都相信斯科特的观点,怎么可能写出历史甚至是女权主义的历史呢?然而,正如我们所提出的,她写作的历史就像通常的女权主义历史著作一样,都认为真实的人所组成的真实世界是确实存在的。他们受到了语言的影响,但并不纯粹是语言的构造物。

微观历史学、日常生活史和历史人类学

文化转向也意味着以小规模的历史为重点,不再像以前的社会科学家、马克思主义者和年鉴学派的许多历史学家那样探索大规模的结构和发展。意大利的一些历史学家围绕着《历史季刊》(*Quaderni Storici*)形成了一个重要团体,首先提倡微观历史学(microstoria)。微观历史学与过去在各种社会史研究中占主导地位的宏观研究方法正好相反。包括卡洛·金兹堡、乔瓦尼·列维(Giovanni Levi, 1939—)和爱德华多·格伦迪(Edoardo Grendi, 1932—1999)在内的几乎所有的

---

① Joan Wallach Scott, "On Language, Gender, and Working Class History", 收入她的 *Gender and the Politics of History*, pp. 53-67。

意大利微观历史学家现在都放弃了"世界将沿着革命的路线发生迅速和急剧转变的乐观信念"。①

同样,对马克思主义历史哲学的抛弃也意味着更广泛地拒绝西方史学思想中广为流传的一种观念,即认为世界历史的顶峰在现代的西方,把现代西方视为真正文明的唯一中心,不过仍保留一些强调现代资本主义文明的剥削性的马克思主义观点。正是这个文明的成分之一,即它特有的科学逻辑观念,导致一些批评者提出,真相和虚构之间并无差别,其中包括相互之间歧见很大的马丁·海德格尔、罗兰·巴特、保罗·费耶阿本德(Paul Feyerabend,1924—1994)和阿希斯·南迪。意大利的微观历史学家却不像他们走得那么远。例如,列维强调"重要的一点是要否定相对主义和非理性主义,反对有人把历史学家的工作降低为纯粹的修辞活动,即诠释文本,而对事件本身却不做出解释"。② 金兹堡采取了同样的立场。社会科学总是带有对归纳进行因果解释的倾向,而微观历史学却在探索如何将这些归纳运用于地方性的小规模研究。在对近代早期的意大利村庄进行研究时,列维证明地产的转移并不是机械地遵循经典的市场规律,还会受到一些非经济因素的影响,其中包括道德的、宗教的和全然属于个人的因素,也就是皮埃尔·布迪厄(Pierre Bourdieu,1930—2002)所说的

---

① Giovann Levi, "On Microhistory", in Peter Burke, ed., *New Perspectives on Historical Writing* (University Park, PA, 1992), p. 93.
② Ibid., p. 95.

"符号资本"(symbolic capital)的影响。①

在西方各国,包括正在加入这一新趋势的东欧国家,历史学家之间的交流之频繁远远超过了以往任何时候。在德国,与微观史学相对应的是日常生活史,尽管它们之间也存在着某些差异。日常生活史的倡导者像微观史学家一样对现有的社会科学方法进行了批评,主要是针对德国以比勒菲尔德大学和《历史与社会》杂志为中心的历史社会科学。日常生活史学派没有像"比勒菲尔德学派"那样形成一个强大的机构作为基地,但它的一些最重要的倡导者都在哥廷根的马克斯·普朗克历史研究所工作。20 世纪 80 年代,这两个学派的支持者展开了激烈交锋。日常生活史的倡导者批评历史社会科学的理由与微观历史学的倡导者批评社会科学历史学的理由相同,认为它缺乏个性,过于抽象,对普通民众的生活和经历缺乏兴趣。但是,比勒菲尔德学派的历史学家和日常生活史的实践者都坚持历史研究有解放的功能。所谓解放,在比勒菲尔德学派的历史学家以及与他们有关的各个学科的社会科学家看来,是指社会民主制度在工业社会中的改革过程;而日常生活史的支持者往往在地方层次上取得更大的控制权以及在改良环境方面更为左倾。相对于意大利的乔瓦尼·列维对社会科学方法的批判而言,马克斯·普朗克研究所的汉

---

① Giovanni Levi, *Inheriting Power: The Story of an Exorcist*, tr. Lydia Cochrane (Chicago, 1985).

斯·梅狄克(Hans Medick,1939—　)的批判更进一步,走向了历史人类学的方向,并赞同克利福德·格尔茨所坚持的主张,即文化研究所涉及的并非因果解释,而是对意义的诠释。格尔茨同意马克斯·韦伯的说法:"人是悬挂在他自己编织的意义之网中的动物。"然而,他却完全误解了韦伯就文化研究而提出的方法论。韦伯所主张的是严谨的理性研究方法,坚持研究工作必须在明确提出的带有理论性的问题的指导下进行,而格尔茨所主张的是"深描"(thick description),用人类学的方法去直接处理文化现象,把它当作"他者",让人像面对文本那样直面文化,并"说明"其意义,而不是对其妄加解读。①

"历史工作坊"运动

绝大多数的日常生活史反映了马克思主义的影响,虽然正像我们所看到的,它已经摆脱了经济决定论和共产党的政治教条。这些变化还反映在1976年在英国创刊的《历史工作坊》杂志上。它在创刊时还带有一个副标题:"社会主义历史学的杂志"。起初,这份杂志认为自己是得益于 E. P. 汤普森研究劳工史的方法,但它很快就超越了这种方法。它与英国其他史学杂志的区别不在于它的社会主义倾向,因为《过去

---

① Clifford Geertz, "Thick Description. Toward an Interpretative Theory of Culture",收入他的 *The Interpretation of Cultures: Selected Essays* (New York, 1973), pp. 3-30。

和现在》杂志的许多编辑和撰稿人也带有社会主义倾向。它们之间的真正区别在于《历史工作坊》试图弥合学术界和更广泛的公众之间的隔阂,鼓励后者也来写作历史。他们很快就认识到,汤普森仍然坚持的那种有关产业工人阶级的马克思主义观念再也不能满足经济和政治领域中正在发生的变化。因此,他们很快就开始关注新的经济现实对日常生活各个方面产生的影响,其中包括对私人生活和性生活的影响。在他们看来,对妇女的剥削不仅是劳动力方面的,也是男性统治的社会中的一部分,这推动着她们走向女权主义的方向。因此,这份杂志不仅把越来越多的篇幅用来讨论妇女的经历,也有越来越多的妇女为它撰写稿件并在编辑部中占据重要地位。1982年,这份杂志的副标题改为"社会主义和女权主义历史学家的杂志"。到了1995年,由于认识到原先马克思主义对现代世界的分析与现代世界已经变化了的现实不再吻合,于是干脆取消了副标题。按照编辑们的看法,激进的历史学家能够把自己称作马克思主义者或社会主义者的那种条件已不复存在。当代世界的挑战,包括环境的、种族的和性别的挑战,已经变得极其复杂,以至于"社会主义"和"女权主义"这样一些词语及其包含的内容已经变得不足以应对了。尽管如此,《历史工作坊》杂志依然坚持批判的立场。它还试图带动劳动人民,无论男女,一道来发掘他们的地方史,尽管在这方面只取得了有限的成功。这份杂志的撰稿人像过去一样,也几乎清一色地是学术界的人士。然而,历史工作坊的思想传播到了欧洲大陆,德国和瑞典也创办了地方性的历史工作坊,德国还创办了两份杂志。① 所有这些变化还包含向历史人类学的转向。意大利的《历史季刊》和俄罗斯新创刊的《奥德修斯》(*Odysseus*)也走向了同样的方向。

女权主义妇女史和性别史

20世纪60年代末,妇女史也吸引了越来越多的关注。② 在西方职业化历史学出现之前,在西方和其他地方都有妇女史和女性史家,因为那时妇女被视为传统的守护者和记录者。当历史书写变成了一种学术研究,并以民族国家为中心之后,妇女便不再视为历史研究的对象了。当然,在学院内外,还是有女性书写有关妇女的著作,并形成了两种趋势。一种以争取妇女普选权、妇女的法律地位、扩大妇女受教育的机会和堕胎权等政治改革运动中的中产阶级妇女为中心;另一种则以作为劳动力的工人阶级妇女的境遇为研究对象。但是,在1960年代以前的大多数历史著作中,甚至包括社会史著作在内,都以男性为中心,对于妇女在历史上的积极作用以及她们遭遇的问题没有给予多大的重视。

自1960年代开始,以美国的人权运动、反越战运动和反文化的呼声为标志的整个社会动乱为背景,特别是第二波女

---

① *Geschichtswerkstatt* 和 *Werkstatt/Geschichte*。
② 见 Bonnie Smith, *The Gender of History: Men, Women, ad Historical Practice* (Cambridge, MA, 1998)。

性主义的推动,妇女的作用和她们的需要得到了重视。这类历史学从一开始就像大多数我们刚刚讨论的日常生活史那样以明确的政治使命为己任,即要求结束妇女"被忽视、无权和从属"的状况,创建一种把妇女表现为历史上的积极主体而非消极客体的"她的历史"(her-story)。这种历史学还要求揭示传统历史叙述中固有的男尊女卑的等级结构。① 除了在东欧,这些女权主义历史学家中没有几个是马克思主义者,但她们把一切存在过的社会,无论是过去还是现在,都视为有压迫的社会,对于她们身为历史学家所做的工作,她们都看作是为反抗压迫而做出的贡献。但她们描述的对象和提出的问题又是不同的。美国和英国的妇女史家比较倾向关注选举权,意大利、法国和德国的史家注意资本主义制度下的劳动分工。而印度妇女史家则研究重要的女性民族主义者。

像新社会史的研究一样,"她的历史"强调主体性;妇女被视为重要的历史人物而走上了历史舞台。反映这一意向的著作有希拉·萝博塞姆(Sheila Rowbotham)的《在历史的背后》(*Hidden from History*)和雷纳特·布莱顿萨尔(Renate Bridenthal)、克劳迪·库姆孜(Claudia Koonz)和苏珊·斯图亚德(Susan Stuard)合著的《渐行渐著》(*Becoming Visible*)。但很快,这类研究显出不足,因为在政治和公共的领域,妇女受到

---

① 见 Joan Wallach Scott, "Women's History", in Burke, *New Perspectives on Historical Writing*, p. 45。

排挤而没有什么地位。只是在私领域和家庭中,人们才能找到妇女的生活和经验。于是新社会史希图从非传统的史料中发掘普通人生活的做法,对妇女史家颇有启发。但与其描述妇女如何受到父权制的压迫以及被限制在家庭中,学者们更注重研究妇女如何在家里享有权力,并在家庭之外通过男人间接发挥作用。以前普通的私领域变成了各种政治行为角逐的场所。不过,如同朱莉·德嘉鼎(Julie Des Jardins)所示,将公私领域分开的做法"无法精确地指出父权制的强权,也不能显示不同阶级、背景的妇女承受这一强权的不同经历"。① 这类著作在很大程度上,关注了西方上层社会妇女的生活,但怎么写贫穷的、有色人种的、第三世界和同性恋的妇女?进一步说,在其他文化和社会中,公私领域和性别的分工不同,史家是否能搬用西方有关自由和压迫的范畴?

"她的历史"没有怎么挑战历史实践的固有假设。它挑战了传统的进步和分期观念(比如妇女是否经历了文艺复兴?),但仍然忠实于以男性为中心的职业史学模式。而其结果就是在20世纪70年代,尽管许多大学建立了妇女研究的项目,但妇女史仍然处于边缘化的地位。人们认为妇女史被冷落了,所以需要加入教程,但它仍然是一种附加物。教科书中加入了妇女一节,但与其他无关,所以"将妇女从她们的语

---

① Julie Des Jardins, "Women's and Gender History", in *Oxford History of Historical Writing* (Oxford, 2011), p.146.

境中孤立出来,将她们视作另类"。①

"她的历史"也没有让人信服地解释性别压迫和社会等级化的不同的、演化的形式。一般还是用马克思主义或者其他理论来说明性别之间的关系,将社会的等级化固化的处理,提不出更有力的理论。其结果是,以生理为基础的、对性的不同做本质性的理解,仍有很大市场。其实,男女的确有生理上的不同,虽然无法改变,但性别(gender)是建构的、后天的,并在不同的文化中表现出不同的特点。性别与权力的关系植根于文化的机制、逻辑的思维和语言的表述,其表现大相径庭、并不划一。②

1986年琼·斯科特发表了《性别:历史分析的一个有用范畴》一文,这是妇女史领域在理论上一个重要突破。当然,妇女史和"她的历史"仍有市场,但建构的性别作为一个范畴,不但是理解妇女的生活和经验的有用范畴,因为它作为一个象征系统,含义丰富,可以处理在性别登记、地区差异和不同意见中的两性和多性的关系。对性别含义的语言学和解构分析也可以用来揭橥威权与权力所造成的性别之间的不平等。"男人味"和"女人味"这类性别的比喻表现了且肯定了社会的等级化,这些等级不但体现在两性的关系上,而且也表现在阶级、种族、宗主国与殖民地的关系上。安妮·麦克林托

---

① Julie Des Jardins, "Women's and Gender History", in *Oxford History of Historical Writing* (Oxford, 2011), p. 145.

② 见 Scott, *Gender and the Politics of History*, 导论, pp. 1-11。

克(Ann McClintock)的《帝国之装》(*Imperial Leather*)是有关性别、种族和帝国复杂关系的一本重要著作。她说上述这些关系其实都是"表述的范畴",只有在相互的关系中才显现出来。女性主义"与性的关系和与阶级、种族和金钱的关系一样重要",而"性别不但关注男性的建构,也同样注意女性的建构"。① 所以性别已经不再为女性主义史学的初衷所限,而是成了从更广的、文化的角度研究史学的一个概念。

性别的社会建构和性别建构起来的社会和文化,成了一个自相循环的逻辑,表现出这类史学的相对主义特点。如果男人、女人、社会和文化都是相对的,那么史家书写的历史也同样是相对的。如同斯科特所言:历史学"是生产两性差异的知识中的一个参与者"。② 如此的话,历史学就成了像朱莉·德嘉鼎所说的那样,既是"一项艰巨的任务"、具有"无限的可能性",但同时史家们对他们的发现也不必沾沾自喜、期望过高。性别研究也揭示,历史书写一直是男性化的产业,因为诸如战争、国家及其创建者长期以来是历史书写的重心,而对科学性、客观性和逻辑性的理解和运用,也同样是男性的。同时,性别研究对男性的建构也提出了质疑。对同性恋、跨性别和酷儿等异于寻常的性取向的研究,是性别研究的一大进展。而对培养男性性格的相关习俗的研究,也揭示了男人成

---

① Anne McClintock, *Imperial Leather: Race, Gender and Sexuality in the Colonial Context*" (Routledge, 1995), pp. 5, 7.
② Scott, *Gender and the Politics of History*, p. 2.

长过程中所经历的多种形式的限制和压力。通过性别这个视角,于是也出现了一种"他的历史"。

四 后殖民主义[①]

在 1970 年以后的时期,人们对非西方世界的历史表现出了更大兴趣。历史的全球化也拉开了帷幕,关于这一点,后面的第八章将要写到。不仅如此,在这个时期,世界上其他地区的历史学家还用更具批判性的眼光对历史做出评价,例如过去曾作为殖民地的印度以及曾遭受帝国主义压迫的中国。正如我们所看到的,在西方和非西方的历史思想中发出了越来越多对西方和西方史学进行批判的声音。总之,线性历史发展的观念,即把现代西方文明视为顶峰的世界史观念,已普遍地遭到拒绝。在人们看来,西方进步论的历史观是把非西方世界的社会和文明看作低等社会和文明的意识形态的组成部分,因而是为了从意识形态上为殖民主义和帝国主义提供合法性。殖民主义并不纯粹是指对殖民地人民的政治控制,还包括文化霸权,目的在于强行推动遵循西方路线的现代化。到了 70 年代,剩下的殖民地几乎都取得了独立,但它们在经济上仍然依赖于过去的殖民主义强国,继承了后者强加给它

---

① 见 Robert Young, ed ., *Postcolonialism: A Historical Introduction* (London, 2001); Prasenjit Duara, ed. *Decolonization: Perspectives from Now and Then* (London, 2004)。

们的许多行政管理上的基础结构。殖民地时期以前的政治结构并未得到恢复,国家的边界,尤其是非洲国家的边界,根本不考虑过去的部落划分,而且按照西方的模式建立起了人为的民族国家和教育制度。

"后殖民主义"(postcolonialism)是指对后殖民地时代的西方历史制度和思想方式的批判,但是,在后殖民主义的思潮中,由于相互间的歧见太大,不可能给它下一个准确的定义。不过,它们有一些特征是共同的。第一,他们都认为殖民主义的根本原因是资本在世界市场上的经济渗透。这一思想显然起源于马克思。然而,在后殖民主义的思想家当中,把殖民主义的征服主要看作是资本主义世界市场的作用的正统马克思主义者并不多见。他们几乎都偏重于经济和政治统治中的文化方面,而且认为这样的统治至今仍未结束。弗朗兹·法农(Frantz Fanon,1925—1961)是后殖民主义理论的重要先驱。他出生于马提尼克岛,在里昂接受教育,成了一名心理学家。但是,与我们将要提到的其他作者不同,他是一名革命家,参加过阿尔及利亚的反法起义。他的著作《全世界受苦的人》(*The Wretched of the Earth*,1961)公开号召进行暴力革命。[①]这本书在黑非洲受到反殖民主义活动家的高度重视,也成为美国黑人解放运动和欧洲激进学生运动的重要文件。

到了70年代,法农的《全世界受苦的人》已经成为历史

[①] Frantz Fanon, *The Wretched of the Earth* (New York, 1961).

学的经典著作。后殖民主义著作尽管对政治态度和观念的重构产生的影响是难以估量的,但迄今为止几乎全是由学术界的人士撰写的。有一点这里必须提及,后殖民主义史学的许多实践者不是来自前殖民地国家,而是来自西方。后殖民主义历史学家和社会理论家,尤其是印度的,大多数在西方或西方式的机构中受过教育。他们当中还有许多人希望能在西方的大学任教。他们不用本国的语言,而用英语写作,当然也有少数人是用法语写作。因此可以这样说,无论是否正确,后殖民主义所反映的既是西方的也是非西方的态度。

为了公正地理解前殖民地世界或中国等曾经蒙受外部压迫的国家的历史,我们需要对使用非西方语言写作的著作进行考证,正如我们在有关东亚尤其是中国和日本的章节里所做的那样。不过,在以下的篇幅里,我们的讨论仅限于后殖民主义在英语世界的两种重要表达方式:一种是爱德华·萨义德写的《东方主义》(*Orientalism*,1978),①另一种是 1982 年以后在印度出现的《底层研究》(*Subaltern Studies*)。

脱离了马克思主义的遗产便无法理解后殖民主义的思想,因为它特别强调的一点是,资本主义世界市场起源于西方并导致了西方对非西方世界的控制。美国社会学家和非洲研究专家伊曼纽尔·沃勒斯坦在他的《现代世界体系》(*The Modern World System*,1974—1989)一书中把非西方世界定义

---

① 三卷本(Minneapolis, 1974-1989)。

为"边缘"地区。① 沃勒斯坦的研究运用了正统马克思主义的世界市场的概念。世界市场受西方资本需求的驱使,追求资本积累最大化,因而要求对非西方世界实行经济剥削和政治统治。资本的积累要求廉价的工资。因此,沃勒斯坦是从资本主义需要降低劳动成本的角度来解释"边缘"地区和国内种族主义的出现,然后他又指出,在资本主义制度下,妇女的从属地位出自同样的根源,因为家中存在不须支付报酬的劳动力,才使得降低男性工资成为可能。沃勒斯坦的著作在拉丁美洲引起了极大的关注,因为那里的情况完全符合依附理论(dependencia theory),而依附理论试图对拉丁美洲没有成效的经济发展做出解释。然而,沃勒斯坦由于过分地依赖于用经济因素来解释非西方世界的从属性,在有关殖民主义和后殖民主义时期的依附关系的讨论中显得比较孤立。尽管这些讨论把注意力主要集中在经济和文化的相互影响上,但从未忽视过西方的政治、经济和文化统治的帝国主义背景。

萨义德的《东方主义》对20世纪80年代的后殖民主义的讨论产生了很大影响。萨义德少年时被迫逃离巴勒斯坦的家园,在开罗和英国接受教育,一生都在纽约市的哥伦比亚大学担任英国文学教授。② 他是一名有政治抱负的知识分子,对巴勒斯坦人的命运深为关切。他在《东方主义》一书中考察

---

① 又见 Immanuel Wallerstein, *The Capitalist World Economy: Essays* (New York, 1979)。

② 见 Edward W. Said, *Out of Place: A Memoir* (New York, 1999)。

了学术研究在近东或更广泛意义上的亚洲的政治功用。在讨论非西方世界时,他认识到了资本帝国主义的作用,但与马克思相比,他又更重视思想,尤其是学术研究对非西方的作用。他的研究以知识从来就不是中立的,而是权力的工具这样一个观念为出发点,而这个观念来源于尼采和福柯。他在转向东方学的研究之后提出,有关近东的学术研究不仅是为西方扩张和统治的合法化服务,而且从根本上开启了这类政策。他对英国和法国的东方学进行了长期的研究,指出这类研究并不是在如实地表现东方,而是在创造东方,更准确地说,是发明了东方。东方作为一种形象,是为一定的政治目的服务的。这种学术研究把文明的和理性的西方与落后、迷信、残酷和柔弱的东方截然区分开来。因此,东方被他们表现为"他者"。此外,这种学术研究对西方的历史观念也产生了深刻的影响。萨义德指出,西方的思想,尤其是学术研究,是一种简化论的思想。但是,人们也经常会提出这样一个问题:萨义德不也是在用简化论的方式来描述东方学的研究状况吗?他没有提及德国和美国东方学研究的丰富传统,而这两个国家在近东并没有直接的殖民利益,不符合这一模式的法国和英国的东方学研究,他也没有涉及。例如,马克斯·米勒(Max Müller,1823—1900)以及其他研究早期印度的学者们写的东方学著作都赞赏印度文明的深刻,尽管他们往往把印度的神秘主义看作是人类幼稚的特征,从而像东方学家那样更强调现代西方的规范性。

《底层研究》

令人惊讶的是,无论在西方还是东方,《东方主义》一书都受到了热烈欢迎,被视为"里程碑",标志着后殖民主义学术研究的形成。① 这无疑与西方和东方的整个知识氛围有密切的关系,但我们不应当说东方,而应仅指说英语的印度,因为只有它在许多方面参与了西方的讨论。极端表现之一是新德里大学的阿希斯·南迪(1937—)的著作。他曾经在英国和德国的学术机构从事研究工作,正如我们前面提及的,他完全否定西方启蒙主义的传统,认为它应对20世纪发生的群众暴力和种族灭绝行为负责。他呼吁回归前现代的思想方式,抛弃现代理性主义和世俗的观点。按照南迪的看法,现代的历史观至少有一部分受制于"现代民族国家、世俗主义、培根式的科学理性观、19世纪的进步主义理论以及近几十年出现的发展理论。有些文化对过去持开放的态度,依赖于神话、传说和史诗定义文化的自我。对于这样的文化我们必须再次给予尊重"。②

---

① 见 Prasenjit Duara, "Postcolonial History", in Lloyd Kramer and Sarah Maza, *A Companion to Western Historical Thought* (Malden, MA, 2002), p.418。
② 见 Ashis Nandy, "History's Forgotten Doubles", *History and Theory*, Theme Issue, pp.34, 44; 又见 Vinay Lal, *Dissenting Knowledges: Open Futures: The Multiple Selves and Strange Destinations of Ashis Nandy* (Delhi, 2000)。

1982年创刊的《底层研究》杂志却没有走得那么远。①这份杂志的目标,按照它的编辑、当时还在苏塞克斯大学的拉纳吉特·古哈在1982年创刊号上的解释,是为了同主流的印度史学决裂,他把这种史学称作精英主义的史学,把印度民族主义的出现和印度取得独立的成就都归功于印度的著名政治人物和知识分子,古哈运用马克思主义的术语,称他们为资产阶级。相反,这份杂志在它的名称中使用了"底层"一词,这个用词来源于安东尼奥·葛兰西的《意大利历史笔记》(*Notes on Italian History*)。《底层研究》把它的主要篇幅用于刊登以前印度民族精英史学不关注的团体的研究,如下层人口、农民、低级种姓、部落和其他边缘化的团体。这里使用的"民族"一词是印度的"资产阶级"历史学按照英国的模式复制的,而这种历史学现在遭到了质疑,认为印度是由不同传统的各种类型的人口组成的。底层历史学的核心在于它主张底层阶级从来就不是消极的、没有思想的臣民,而是具有政治意识的"主体",主动地创造了自己的历史。精英历史学家"不承认人民在现代印度形成的过程中依靠自己并独立于精英而做出的贡献,更没有对他们的贡献做出解释"。②古哈在他的著

---

① 有关底层研究的团体,见 Vinay Lal. "Subalterns in the Academy: The Hegemony of History",收入他的 *The History of History: Politics and Scholarship in Modern India* (New Delhi, 2003), pp. 186-230;又见 Dipesh Chakrabarty, *Habitations of Modernity: Essays in the Wake of Subaltern Studies* (Chicago, 2002)。

② Ranajit Guha, ed., *Subaltern Studies I: Writings on South Asian History and Society* (Delhi, 1982), p. 3.

作《殖民地时期印度农民起义的基本方面》(*Elementary Aspects of Peasant Insurgency in Colonial India*)中提供了如何对这些起义进行研究的榜样。① 更进一步，由于底层阶级没有留下什么文字记录，古哈在他的《造反的语言》(*The Prose of Counterinsurgency*)一文中，提出了一种方法，即如何从官方的材料对造反的记录中，反其道而行之，在造反者的"沉默"中发现他们的立场。这一重视知识与权力的关系和档案文献中的文本属性的做法，使得底层研究的史学与后现代的文学理论产生了深度的沟通。

正如前面所说的，《底层研究》杂志所代表的史学运动受到了左翼的启发。但是，它也是20世纪70年代在西方产生的对正统马克思主义理论和实践的幻灭感的一个组成部分。1976年，E. P. 汤普森对印度进行的学术访问对印度学者产生了很大影响。像汤普森所做的一样，《底层研究》也试图把"底层"从"子孙后代的恩赐"中拯救出来，其中包括"官方"左翼历史学家的"恩赐"，因为他们把全部精力用于研究经济状况以及左翼组织的领导方式。《底层研究》只刊登用英文写的文章，但它的撰稿人不仅有印度学者，也有英国和美国的历史学家和包括历史人类学家在内的社会科学家，他们构成了一个跨越几大洲的松散但不失凝聚力的群体，成员都有着共同的历史观。当然，这里也可以提出一个问题，这个团体不

---

① Delhi, 1983.

也是代表了精英,即学术界的精英吗?他们毕竟在更大的程度上是靠语言以及英国而不是印度传统的训练而联系在一起的学者。《底层研究》的一位成员加亚特里·查克拉沃蒂·斯皮瓦克(Gayatri Chakravorty Spivak,1942—)提出了这个问题。她说这是个悖论,即知识分子替底层社会说话,而不是让他们自己说话。也有人看到《底层研究》的方法与英国马克思主义提倡"自下而上"的史学在方法上的惊人相似之处,因此,前者没有什么后殖民的因素。

但是,《底层研究》的成员中也有人指出,他们的研究"并不从一开始就有意识地是一个后殖民的计划",而是其"介入"的性质最终使其成为"对西方殖民知识实践的一种批判"。[①] 对反殖民的底层阶层的分析,包涵了在广义的角度对国家、民族和现代性及对支撑这些概念的、以欧洲为中心的假设的批评。对过去的精英主义式的再现,即便是民族主义形式的,也还是殖民主义和欧洲中心话语的延伸,使其贬低和无视其他对民族和国家概念和范畴的想象。而《底层研究》的成员们强调,这个问题的根本在于认定欧洲历史经验、特别是现代民族国家这一机制的普适性,从欧洲的变化态势来理解人类的演化。南迪走了极端,对这一普适性完全否定,但对欧洲中心史观的批判必然要批判作为现代学术的历史学,显现

---

① Gyan Prakash, "Postcolonial Criticism and History: Subaltern Studies", in Axel Schneider and Daniel Woolf ed., Oxford History of Historical Writing (Oxford, 2011), vol. 5.

它其实是权力支配下的一种理论范畴。

1992年迪佩什·查克拉帕蒂（Dipesh Chakrabarty）在一篇文章中指出了这些问题,之后他将这篇文章收入其影响广泛的《将欧洲地方化》(*Provincializing Europe*)一书。① 他概括了非西方世界的历史书写,指出"在一个特殊的方面,这些著作均可以被视为'欧洲史'的宏大叙事之不同版本"。② 他指出有一个"区域化欧洲"的任务,即把欧洲视为"大写历史"从而理解其他文化的模式。查克拉帕蒂指出,古哈最初的贡献在于对殖民资本主义性质做了本质上的再思考,强调欧洲范畴的普遍资本主义的道路及其社会和经济发展的阶段,其实无法适用于殖民地社会。"资本主义的全球史其实基于权力,不必在其他所有的地方都加以复制。"在殖民地印度,与欧洲资产阶级不同,印度的资产阶级没有霸权的意识形态,它对社会的掌控在方式上更像前殖民时期的上下层关系。而这一"前殖民"的形式,虽然与资本主义的现代性不相吻合,不应被视为是退化和"落后的"。相反,《底层研究》认为这反而代表了不同形式的现代性,而且还一直持续到后殖民时代。在这点上,他们与英国马克思主义者分道扬镳了。③ 同样,《底层研究》对民族主义史学和底层社会抵抗运动的分析,也

---

① Dipesh Chakrabarty, "Postcoloniality and the Artifice of History: Who Speaks for the Indian Pasts?" *Representation*, 37 (Winter 1992).
② Ibid., p.1.
③ Chakrabarty, "Subaltern Studies", p.22.

使得他们与英国马克思主义者在目的和价值上，都有明显的不同。印度民族主义精英的民族、国家和市民的概念，均受到西方的启发，注重世俗主义、理性主义和市民社会的形成，显现了启蒙运动的遗产，而底层社会的造反则与之相反，代表了一种不同的意识。所以《底层研究》分析下层阶级的造反，质疑了民族主义和民族国家的模式，因为这一模式视社团为其对立面，认为它们是"一团散沙""在后启蒙思想的主题之外"，而且"抵制了在整合民族文化和政治团体的名义下对社会加以同质化和'常规化'的努力"。① 在这一发展上，《底层研究》又与后现代主义异曲同工了。

1988 年，古哈从编辑部的项目小组退休。同年，《底层研究》出版了一本论文选集，爱德华·萨义德为这本选集撰写了前言，称它为一次"知识起义"。但也有批评之声。譬如苏米特·萨卡尔曾是《底层研究》的成员，当该团体走向后殖民主义的时候，它选择了退出。他认为"底层"这一概念变成了片面的"文化主义"的概念。在殖民地时期的印度那种基本上属于前资本主义的状况下，使用这个概念的目的是为了避开经济简化论的陷阱，与此同时又能保留统治和剥削的内涵。萨卡尔指出："人们时常忘记，简单地用'底层'或'社群'替代'阶级'，并不能让问题消失。出于对经济简化论的极度恐

---

① Gyanendra Pandey, "In Defence of the Fragment: Writing about Hindu-Muslim Riots in India Today", in *Representations* 37 (Winter 1992), pp. 28-29.

惧,而与社会-经济背景和决定因素做相应地分离,实际上会强化将其坐实的趋势。"萨卡尔补充说,即使葛兰西所说的底层也"明显并非同'经济生产的领域'毫无关系"。①

而且,脱离了社会-经济的背景之后,统治愈益变得像是一种文化力量,官僚民族国家里"几乎无法抗拒的"权力-知识,其根源在于后启蒙主义时代的西方。但是,正如批评者所指出的那样,对社会下层所谓的"一团散沙"所下的这种孤立而稳定的定义忽视了它内在的矛盾、它本身的统治和从属的结构,以及它所植根的更加广阔的社会形态,其中还反映了殖民主义国家的权力控制。对政治经济学比较关注的历史学家也指出,"一团散沙"的观点拒不承认"全球资本主义和地方的社团主义之间的联系不是对立的而是辩证的"。②

后民族主义者在后期的《底层研究》上强调"一团散沙"观显然是为了呼应后现代主义者对"进步"和"现代性"所做的批判,因为"一团散沙"必然带有前殖民主义的特质。正如我们在前面看到的,这种反现代主义正是阿希斯·南迪的立场的核心所在。这个团体另一位成员贾南德拉·潘迪提出,"'一团散沙'观点的重要,至少有一部分是它抵制了将民族做肤浅的同质化趋向,指出了作为民族对立面的他者的重要

---

① Sarkar, "The Decline of the Subaltern in *Subaltern Studies*",见他的 *Writing Social History*, pp. 88-89。

② Sugata Bose & Ayesha Jalal, *Modern South Asia: History, Culture, Political Economy* (Delhi, 1997), p. 9.

性,从而丰富了人们对民族和未来的政治共同体的认知"。①对西方启蒙主义的否定还促使一些底层研究学者在著作中对那种把历史本身视为一种欧洲形态的知识的观点进行批判。继萨义德和福柯之后,正是古哈首先提出了历史写作与帝国主义的关系问题。② 吉安·普拉卡什(Gyan Prakash,1952—)、帕沙·查特吉、沙希德·阿明(Shahid Amin)、戴维·阿诺德(David Arnold,1945—)和其他一些人也对各个领域中"殖民主义话语"的问题进行了探讨。但他们都没有像南迪和维内·莱尔(Vinay Lal)那样,全面否定近代史学的成就,也没有像两人一样,试图将等级翻转过来,让印度凌驾于欧洲之上。查克拉帕蒂强调,人们不要一厢情愿地希望欧洲的宏大叙事会消失殆尽。但通过底层的角度,将历史这一西方殖民的工具做解构性的阅读,指出它的漏洞和缺陷,可以在底层性(subalternity)的地位重新认识"印度"的历史。③

所以《底层研究》从它重建底层阶层主体性的原始意图,转向了对西方中心论的历史及整个学院史学的全面批评。不过如同吉安·普拉卡什所说:"重新思考并不等于要整个推翻这个学术领域及其研究的程序"。④ 或许这些批评与这一

---

① Pandey, "In Defence of the Fragment: Writing about Hindu-Muslim Riots in India Today", in *Representations* 37 (Winter 1992), pp.28-29.

② Ranajit Guha, *An Indian Historiography of India: A Nineteenth Century Agenda and Its Implications* (Calcutta, 1988).

③ Chakrabarty, "Postcoloniality and the Artifice of History", p.1.

④ Prakash, "Postcolonial Criticism", p.90.

事实有关:尽管他们都对殖民主义的文化和制度进行了批判,但底层研究团体所描述的印度依然带有英国的许多遗产,其中至少包含英国的教育制度、法律模式、议会制度和公民自由等等。所以,启蒙主义在很大程度上变成了现代印度政治文化的一部分。作为严肃的历史学家,《底层研究》的学者们接受了历史研究的国际学术标准。迪佩什·查克拉帕蒂一方面试图证明,西方关于走向现代性的不同发展阶段中,殖民地文化代表前现代的形态因而必将被取代这一观点十分狭隘;但与此同时,他也承认西方形态的科学和社会科学理性观在过去殖民化的世界中,尤其是在南亚,基本上被采纳了。他指出,"今天,如果不是在(印度)所有的大学里,至少也是在多数大学的社会科学系里,唯一活跃的是所谓的欧洲知识传统"。因此,把自己的理论置于古代印度思想家基础上的印度社会科学家即使有的话,也为数极少。欧洲对印度的殖民统治所产生的结果之一是"曾经连绵不绝和活跃的梵语、波斯语和阿拉伯语的知识传统现在已经绝迹"。①

最后,还有一点必须解释一下,即后期的底层研究所采取的立场有何政治含义。人们可以发现,"一团散沙"论和前现代论的定性得到了"印度教特性"运动中的右翼宗教沙文主义势力的认可,这有点无可奈何,但又毫不意外。就印度一些邦的情况来看,右翼宗教势力在不同时期,在政坛上扩大了影

---

① Chakrabarty, *Provincializing Europe*, pp. 5-6.

响力。一方面,《底层研究》的团体是坚决反对这一运动的,视其为后殖民主义时代的一个"现代"建构。而另一方面,宗教右翼势力又显然利用了《底层研究》的成果,因为它批判世俗自由的民族国家,视其为西方的舶来品,宣扬其与"正宗的印度传统"如何凿枘不投。需要指出的是,虽然许多学者指出,在印度的背景下,世俗主义有完全不同的意义,指的主要是宗教世俗主义和宽容,但阿希斯·南迪本人则把世俗主义看作某种形态的中央集权的经济统治,从来就做不到宽容为怀。把神话和历史混合在一起并把它当作印度史学的一种形式,也有助于那些坚持"印度教特性"的人重写印度过去的历史,并用它来服务于建立理想化的印度教社会的政治目标。埃贾兹·艾哈迈德(Aijaz Ahmad)写道:"底层研究的思想经历了一个奇特的过程,它最初是葛兰西思想的翻新,最后又把自己转变成反对共产主义的右翼分子的帮凶。"①

拉丁美洲:依附论及其他

在我们正在讨论的这个时期里,即自 20 世纪 60 年代后期开始,拉丁美洲许多历史论著的发展方向与我们在前一部分描述的西方、印度和即将讨论的非洲的历史论著相一致,即从以政治精英为核心的叙事史转向研究宏观历史结构,并采

---

① 引自 Latha Menon, "Saffron Infusion: Hindutva, History and Education", *History Today*, 54:8 (August 2004)。

用了马克思主义的研究方法,过去被淹没的阶级连同他们的文化背景成为了研究的对象,开始呈现在历史的场景中。自16世纪西班牙人和葡萄牙人征服拉丁美洲以来,从许多方面来看,拉丁美洲一直是西方的一部分。不过,马克·塞纳尔(Mark Thurner)在最近的一篇论文中指出,拉丁美洲的史学史,一直采取了近代西方的视角,忽视了印第-伊比利亚的历史方法,而这一方法不但早于而且还在西方的影响之外。① 拉丁美洲史学与西方也有明显的不同。拉丁美洲从未演变成一个统一体,而是被区分成不同的种族。在南端,有的种族与欧洲保持着紧密的纽带关系,有的则是人数很多的土著居民,还有的是非洲黑奴的后裔,尤其是在巴西和加勒比海地区。这些划分都体现在史学的差异中,但如同我们在下面会提到,不宜过分强调这一划分。随着历史研究的职业化,拉美的历史书写尽管持续关注地方和地域,但大体上采用了西方史学的模式,特别是受到了年鉴学派、马克思主义和北美社会科学方法研究的影响。

从来没有人试图把拉丁美洲当作一个整体来写作它的历史。② 拉美史家的历史书写,基本以他们自己的国家和地区为

---

① Mark Thurner, "An Old New World for the History of Historiography", *Storia della Storiografia*, 67:1 (2015), pp. 29-50;又见他的 *History's Peru: The Poetics of Colonial and Postcolonial Historiography* (Gainesville, 2012)。

② 联合国教科文组织编的 *Historia general de América Latina*, 9 vols. (Madrid, 1999-2008) 和 *The Cambridge History of Latin American History*, 11 vols. (Cambridge, 1984-2008) 是有关拉丁美洲历史的重要著作,不过都没有将拉丁美洲视为(转下页)

主题,很少超出民族国家的疆界之外。令人讶异的是,近年出版的五卷本《牛津史学史》(2011—)分别有阿根廷、巴西和墨西哥的章节,但却没有一章以整个拉丁美洲为对象。① 璜·麦基夏(Juan Maiguaschca)在《牛津史学史》第四卷中讨论了1800到1945年间西属南美的史学潮流。② 只是在更近的年代,才有了一个以拉美史学当代趋向为题的研究,那就是胡浪迪尔·马乐巴(Jurandir Malerba)对20世纪60年代以来拉美史学的评述。该书在2009年以葡萄牙文出版,并在2010年出版了西班牙文版。③ 智利史家菲利普·索扎(Felipe Soza)

(接上页)一个整体。前者由 Estevâo de Rezende Martins 主编的第9卷中简略地谈到了拉丁美洲的历史学。另见 George L. Vásquez, "Latin American Historiography (Excluding Mexico and Brazil)-Writing on the precolonial and postcolonial periods from the sixteenth century to the present day", in D. R. Woolf, ed., *A Global Encyclopedia of Historical Writing* (New York, 1998), vol. 2, pp. 534-542; Juan Maiguashca, "Latin American Historiography (Excluding Mexico and Brazil)-the National Period 1820-1990", Ibid., pp. 542-544。还可见 "New Themes in Latin American Historiography", *Storia della Storiografia*, 67:1(2015)专辑。对当代拉丁美洲史学的评述,见 Jurandir Malerba and Carolos Aguirre Rojas, eds., *Historiografia contemporânea em perspectiva critica* (Bauru, 2007)。

① Joel Horowitz, "Argentine Historical Writing in an Era of Political and Economic Instability"; Marshall C. Eakin, "Brazilian Historical Writing", pp. 440-453; Guillermo Zermeño Padilla, "Mexican Historical Writing", in Axel Schneider & Daniel Woolf, eds., *The Oxford History of Historical Writing* (Oxford, 2011), vol. 5, pp. 422-439; 440-453; 453-472。

② Juan Maiguashca, "Historians in Spanish South America: Cross-References between Centre and Periphery", in Stuart Macintyre, Juan Maiguashca & Attila Pók, eds., *Oxford History of Historical Writing*, vol. 4, pp. 463-490。

③ Jurandir Malerba, *História na América, ensato crítica historiográfica* (Rio de Janeiro, 2009)。

则在之后讨论了自殖民地一直到现代拉美历史研究的主要潮流。①

拉丁美洲各个地区之间存在着很大的差异,但有一点是共同的,它们都有一个殖民地的过去,而且都在近两个世纪以前就结束了殖民地的历史,许多国家取得了独立,但彼此之间缺乏联系。其次,拉丁美洲大陆上的所有国家,除了巴西是说葡萄牙语以外,都以西班牙语为共同语言,还有一些幅员很小的飞地说英语、法语或荷兰语。拉丁美洲各个地区的经济发展不平衡。西欧、中欧和北美走向工业现代化的时候,大部分拉丁美洲国家没有同步发展。农村地区的农民社会仍然非常普遍,尽管有一些与自由市场经济相联系的工业岛与资本主义世界市场牢固地交织在一起并依赖于它。在文艺复兴以后的早期阶段,人文主义传统的史学表现出世俗化的趋势,回归以修昔底德为榜样的政治叙事史的古典模式,而在哥伦布到达拉丁美洲以后,大量的历史著作主要是由耶稣会的学者写的,也有一些著作出自天主教的其他宗教团体的神职人员之手。从殖民地征服早期直到十七八世纪,这种史学带有以下明显特征,它所关注的主要是哥伦布到达前的社会和文化,以及殖民时代土著居民与来自欧洲的新移民之间

---

① Jaime Aurell, Carolina Palmaceda, Peter Burke, Felipe Soza, *Comprender el pasado: Una historia de la escritura y el pensamiento histórico* (Madrid, 2013), esp. Soza, "La historiografia latinoamericana", Ibid., pp. 341-437.

的相互影响。① 因此,它比宗主国以政治和政治领袖为中心的传统史学更为详细地研究了生活和文化的各个侧面。② 然而,启蒙主义思想对 18 世纪欧洲的历史写作和历史兴趣的形成产生了重要作用,对拉丁美洲的历史思想影响却比较有限。

拉丁美洲各国的独立带来了变化,尽管精英与广大民众的社会关系模式仍保持不变,但这并不等于说在整个拉丁美洲是一致的。尽管存在宗教差异,但也有某些类似的发展。神职人员的作用让位于来自公众生活的人员。他们往往为了建立民族认同的意识而写作历史,但不是整个拉丁美洲的民族认同。当职业化在其他地区改变了历史研究的时候,拉丁美洲的历史写作受到的影响却很小。

相反,从 19 世纪 20 年代独立到 20 世纪初的历史著作基本上是由上层社会人士或精英阶层的业余作家写的。这是一种自上而下的历史学,中心是民族国家及其领导人。这种历史学往往被描述为自由主义的历史学。自由主义从某些方面来看是欧洲的舶来品。启蒙主义的思想来到这里以后也带来了对世俗观点的要求,希望摆脱过去殖民制度下的宗教倾向。这种新史学包含着对西班牙和葡萄牙官僚统治的批判,呼吁

---

① 见 Jorge Cañizares Esguerra, *How to Write the History of the New World* (Stanford, 2002); Mark Turner, "An Old New World for the History of Historiography"和 Alan Durston, "Indigenous Languages and the Historiography on Latin America", *Storia della Storiografia*, 67:1 (2015), pp. 51-66。

② 见 George L. Vásquez, "Latin American Historiography"。

建立保障民法的立宪政府,要求古典自由主义所鼓吹的财产权。① 几乎没有历史学家是站在西半球的立场上。这种立场又受阻于档案材料越来越频繁的使用:这意味着把注意力集中在国家的历史,尤其是越来越集中于区域的历史研究上,因为这类历史容易获得档案资料。这种史学在很大程度上属于实证主义的历史学,即严格地依赖于史料。迟至20世纪上半叶,拉丁美洲历史研究的职业化才开始起步,可以在国家的首都和乡村获得更多史料。同时,几乎在整个拉丁美洲,19世纪大部分时间中占据统治地位的自由主义史观受到了"修正主义"史观的挑战,后者主张传统的、集权的史观,反对拉美史学中现代化和城市化的主流趋向。② 这一"修正主义"至今仍有市场——2012年6月有一个纪录片,推崇奥古斯托·皮诺切特(Augusto Pinochet)的独裁统治。自由主义和修正主义两方的史学著作大都出自业余史家之手,由各自的意识形态所驱动,没有遵循严格的方法论程序。

在20世纪初年,以阿根廷的拉普拉塔大学和布宜诺斯艾利斯大学为首,历史研究在拉美迈出了走向职业化的重要一步。而在西班牙的殖民地,15世纪就建立了大学,但与现代意义上的大学不同,这些大学的教学与研究之间没有紧密的关系。在巴西,大学是在殖民化之后建立的。③ 但在一定程

---

① Juan Maiguashca,"Latin American Historiography", pp. 542-543.
② 参见 Horowitz,"Argentine Historical Writing", p. 422。
③ 见 Marshall C. Eakins,"Brazilian Historical Writing" p. 440。

度上,那里历史研究的机构化在 19 世纪就开始了,以 1838 年建立的巴西历史和地理研究所为标志。另一个相似的机构是 1842 年建立的智利大学。虽然作为职业历史研究标志的方法训练还没有完善,历史研究或多或少得到了这些机构的支持。① 1908 年阿根廷的拉普拉塔大学聘请了理卡多·罗哈斯(Ricardo Rojas, 1882—1957)和恩纳斯托·季萨达(Ernesto Quesada, 1858—1934)这两位当时著名的业余史家,来为高年级的学生讲授欧洲和北美大学怎样教授和研究历史。罗哈斯主要讲了欧洲和北美大学的情况,而季萨达曾访问过德国的主要大学。② 这一结果是,根据兰克的模式,阿根廷的历史书写首次依据了原始史料。③ 之后,墨西哥、智利、秘鲁、委内瑞拉和古巴等其他拉美的大学中,也逐渐采用了同样的手段写作历史。④ 巴西的第一所现代大学是 1930 年代建立的圣保罗大学,其历史研究的方法新颖而不同。像法国年鉴学派那样,人类学和文化研究的新方法被引入了历史研究的领域。⑤ 于是,圣保罗大学参与了同一时期在欧洲和北美,尤其

---

① Ciro Flamarion Cardoso, "Brazilian Historical Writing and the Building of a Nation", in *Oxford History of Historical Writing*, vol. 4, pp. 447-462.

② Soza, "La historiografia latinoamericana", pp. 417-418.

③ 有关兰克的影响,见 Guillermo Zermeño Padilla, "Mexican Historical Writing", pp. 455-460。

④ Juan Maiguashca, "Historians in Spanish South America: Cross References between Centre and Periphery", in *Oxford History of Historical Writing*, vol. 4, pp. 482-484.

⑤ 见 Eakin, "Brazilian Historical Writing", p. 440。

是在法国出现的对历史研究的改造。特别值得一提的是,圣保罗大学早期的访问教授中,有克劳德·列维-斯特劳斯和费尔南·布罗代尔。在接下来的一段时期,社会变化理论被引进拉丁美洲并取代了早先的实证主义模式。

1945年以后,为了应对拉丁美洲的社会和经济状况,两种历史理论越来越多地被拉丁美洲历史学家和社会科学家所采纳。它们是现代化理论和马克思主义理论,代表了两种不同的政治倾向。这两种理论都认为全世界的现代社会都将不可抗拒地走向经济增长以及社会和政治的现代化,但它们是从不同的角度来看待这一发展进程。现代化理论一般都认为拉丁美洲必须循着西欧和北美社会所设定的道路发展。在这个过程中,拉丁美洲将在城市并最终在乡村实现现代化,而且是以西方化为特征的现代化。在跨国公司、国家资本和当地资本的联合推动下,这一过程将走向全面工业化,城市和乡村的贫困将被明显地消除。然而,到了20世纪60年代中期,拉丁美洲的情况已经变得非常明显,这样的发展策略既没有带来工业方面的成果,收入的巨大差异也没有消除,相反还有扩大的趋势。原先所期望的国际资本和地方资本的输入将导致重大的经济增长,西欧、中欧、北美,还有后来迅速赶上的日本等经济发达国家与拉丁美洲欠发达国家之间不平等的贸易分工的旧状态将会消除,但这样的期望也同样变得遥遥无期了。在这点上,带有马克思主义倾向的"依附"理论持有与现代化理论对立的主张,挑战了现代化理论认为资本主义将对拉丁美洲的发展产生积极影响的看法。①

在 20 世纪 60 年代,"依附"(dependencia)理论由西方学者推动,特别是安德烈·贡德·弗兰克。他出生于德国,幼年时逃离纳粹统治,前往美国求学,获得芝加哥大学经济学博士学位。1962 年之后他基本在拉丁美洲建立其事业,先后在巴西利亚大学、墨西哥城市大学和智利的圣地亚哥大学讲授社会学、人类学、经济学和历史学。②"依附"理论最重要的西方理论家是上面已经提到的伊曼纽尔·沃勒斯坦及其《现代世界体系》,但沃勒斯坦与拉丁美洲没有直接关系。③ 但对他理论的主要鼓吹者则是拉美的学者,譬如阿根廷学者拉乌·普列比塞(Raul Prebiseh,1901—1986),巴西学者费南多·亨里克·卡尔多索(Fernando Henrique Cardoso,1931—   )、特奥托尼奥·多斯·桑托斯(1936—   )和瑞·马娄·码里尼(Ruy Mauro Marini,1932—1997)和墨西哥学者帕布洛·冈萨雷斯·卡萨诺瓦(Pablo Gonzalez Casanova,1922)。④ 这些人中,卡尔多索还是 1995—2002 年巴西的总统。"依附"理论的核心论点是:资本向拉丁美洲的渗透总的说来并没有导致经

---

① 见 Peter Evans, *Dependent Development: The Alliance of Multinational, State, and Local Capital* (Princeton. 1979)。

② 维基百科"André Gunder Frank"条目,2015 年 6 月 5 日查询。

③ Immanuel Wallerstein, *The Modern World System* (New York, 1974), 之后在 1980 年、1989 年、2004 年、2011 年都出了新版, 将来有可能还会再出。

④ *The Making of the English Working Class* 中有关拉丁美洲史学的三章, *Oxford History of Historical Writing*, vol. 5, pp.422-472。

济发展,而是相反阻滞了经济发展并加重了拉丁美洲对世界资本主义的依附。①

不过,"依附"理论依然是一种马克思主义的结构形态,其中看不到个人的作用。从20世纪50年代开始,拉丁美洲各个地区进入了社会动荡时期:1954年危地马拉发生起义,迅即在美国的干涉下被镇压;1959年,古巴发生革命;尼加拉瓜发生桑地诺运动;1969年,萨尔瓦多·阿连德(Salvador Allende,1903—1973)当选智利总统,1973年被美国支持的奥古斯托·皮诺切特将军发动的军事政变推翻;1968年墨西哥城在奥林匹克运动会期间爆发学生示威游行,各国也出现了骚动。所有这些在一定程度上都是为了追求马克思主义的社会公正的理想。我们在西欧、北美和印度都看到了向"自下而上的"的历史学的转向。这样的转向也出现在拉丁美洲的史学中。事实上,拉丁美洲的史学紧紧跟随西欧和北美史学的变化,所以从20世纪50年代开始,甚至部分地区更早,其史学已经从叙述政治事件和描述政治人物的传统史学转向了社会经济史。但其主要跟随的模式不是北美的社会科学导向的社会经济史,而是年鉴学派对社会的那种广义的理解,其中经济层面为主,但也包括了社会和文化的层面,希望从跨学科

---

① 参见比如 André Gunder Frank, *Capitalism and Underdevelopment in Latin America* (Monthly Review, 1967); Vincent Ferrero, "Dependency Theory: An Introduction", in Giorgio Secondi, ed., *The Development Economics Reader* (London, 2008), pp. 58-64。

的角度研究"人的科学"(sciences de l'homme;"科学"这里是复数的)。以1968年作为象征,20世纪60年代后期对历史观念、历史实践和历史选题的影响甚巨,拉丁美洲的史家与西欧和北美的同行一样,感同身受。历史社会学和经济学研究曾在早期年鉴学派中,扮演了举足轻重的角色,而在这之后则发生了重要的转变,转向了文化人类学和历史人类学。①

虽然仿效了欧洲和北美的模式,20世纪60年代后期对拉丁美洲史学的冲击,比前者更为剧烈。这一剧烈化的思想根源在欧洲,特别是与法国以及部分地与马克思主义的影响有关,但其在拉丁美洲的表现则另有特色。② 尽管各个地区关注的问题有所不同,但拉丁美洲的史家对下列问题形成了基本一致的看法,那就是1960年代后期的骚动引发了女性主义运动,反对种族歧视的斗争,后殖民主义的讨论和对社会、经济现状的批评,上述这些都影响了历史的书写。不可避免的,年鉴学派的文化人类学与马克思主义的经济学走向合流,而后者对资本主义的批评对拉丁美洲更有针对性。③

我们必须区分两种形式的马克思主义,一种是革命实践

---

① Soza,"La historiografia latinoamericana", p. 440.
② Jurandir Malerba, *La historia en América Latina: Ensayo de critica historiográfica* (Rosario, 2010).
③ Juan Maiguashca, "Latin American Marxist history; rise, fall, and resurrection", in Q. Edward Wang and Georg G. Iggers, eds., *Marxist Historiographies: A Global Perspective* (London, 2015), pp. 104-124. 有关拉丁美洲的马克思主义史学,见 Sergio Guerra Vilaboy, "O fondadores de la historiografia marxista na América Latina", in *Malerba and Aguirre Rojas*, pp. 315-350。

的形式,另一种是在学术框架下的理论建构。第一种形式与古巴革命和切·格瓦拉的遗产密切相关。自然,这一形式并不局限于古巴,还在尼加拉瓜的革命斗争和委内瑞拉、厄瓜多尔和玻利维亚的左翼政府中有所表现。在这之前,危地马拉的雅科博·阿本兹(Jacobo Arbenz, 1903—1973)和智利的阿连德政府开展的改革运动,也与之相关。它与传统的马克思主义注重工业社会的阶级斗争不同,转而注意像尼加拉瓜的农民起义和墨西哥南方解放军的自治运动。另一方面,第二种形式的马克思主义在比较城市化的国家,如阿根廷、智利、巴西和一定程度上的墨西哥,并在其学术机构中,产生了主要的影响。那里的马克思主义史家的论著直接、间接地指向政治改革,不过军事独裁于1966—1983年在阿根廷、1968—1985年在巴西和1973—1990年在智利的上台,中断了社会改革的运动,改革派的知识分子被迫从大学离职、出走他乡。在这之后,如同璜·麦基夏所说:马克思主义者"从改造世界转向解释世界。拉美的马克思主义'学院'史学由此在注释、书目、篇目和其他学术形式中诞生和完善"。① 到了20世纪80年代结束的时候,马克思主义史学赢得了尊重;在一些地方甚至成了新的主流。

但拉丁美洲的这两种形式的马克思主义,虽然渊源于欧洲,又与欧洲的形式颇为不同。相比卡尔·马克思,它们与安

---

① Maiguashca, "Latin American Marxist History", p. 107.

东尼奥·葛兰西（Antonio Gramsci，1891—1937）的关系，更胜一筹。从葛兰西那里拉丁美洲的史学吸收了文化"霸权"和"底层"阶级的概念，与正统马克思主义注重革命的无产阶级相比，含义更广，包含了穷苦的大众。① 同时，E. P. 汤普森（1924—1993）也受到了很大的关注。工人们不再被看作主要由经济力量决定，而是参与塑造了他们生活其中的那个世界。② 历史研究的重点现在开始从宏观的历史方法转向微观史学。受"自下而上"（los de abajo）的影响，拉丁美洲史学的对象不但包括工业无产阶级，而且还有农民、妇女和其他边缘的团体和个人，比如游民和罪犯都包含在内。在巴西、古巴和其他地方，贩奴史的研究方面首次出现了重要的著作，注意到了奴隶的主体性和奴隶在奴役状态下创造的文化，与美国尤金·吉诺维斯（Eugene Genovese，1930—2012）的路径颇为相近。③ 当然，这并不仅仅是拉丁美洲的一个现象，而是反映了20世纪七八十年代史学界总体上的新观点、新取向和新特点。以前的历史研究是把城市中的上层分子当作中心人物，而现在已经把中心转移到了穷人身上。其结果是，我们对

---

① 见 Florencia E. Mallon, "The Promise and Dilemma of Subaltern Studies: Perspectives from Latin American History", *American Historical Review*, 99:4 (1994), pp. 1491-1515。

② Edward P. Thompson, *The Making of the English Working Class* (London, 1964).

③ Eugene Genovese, *Roll Jordan Roll: The World the Slaves Made* (New York, 1974).

"酗酒成性、扔石块闹事的暴徒和城市的工匠"比对正统马克思分析的形式,了解似乎更多一些。①

由此,我们可以看一下拉丁美洲史学最近,也即20世纪末和21世纪最初十余年的发展。在这一阶段,高等教育有了长足的发展,以圣保罗大学和墨西哥大学为代表,重要的研究性大学如雨后春笋,遍及整个拉丁美洲。而拉丁美洲史学与欧美史学的关系,也日趋紧密。② 如上所述,自20世纪30年代其职业化开始的时候,拉美史学便与欧美史学产生了联系。而在阿根廷、巴西和智利军事独裁统治的时期,学者出走西欧和美国,更加强化了这一联系。而反过来,在20世纪三四十年代法西斯主义猖狂一时的时候,西班牙、德国和意大利的学者也躲避到拉丁美洲,特别是去了墨西哥。③ 堪称是20世纪阿根廷最重要的史家图里奥·哈儿培林·多吉(Tulio Halperin Doughi, 1926—2014)曾于1972年赴加州伯克利大学任教,一直到阿根廷恢复民主制度后才回国,任教于布宜诺斯艾利斯大学。④

1990年前后,苏联帝国的垮台对马克思-列宁主义的政

---

① 见 Knight, "Latin America", p. 740。

② 见 *Oxford History of Historical Writing* 中有关拉丁美洲的三章和 Jaime Aurell, Carolina Palmaceda, Peter Burke, Felipe Soza, *Comprender el pasado: Una historia de la escritura y el pensamiento histórico* (Madrid, 2013), esp. Soza, "La historiografia latinoamericana", Ibid., pp. 341-437。

③ Felipe Soza, "The Association of Chilean Historians in the United Kingdom 1980-1989", *Storia della Storiografia*, 67:1 (2015), pp. 101-118。

④ Horowitz, "Argentine Historical Writing", pp. 426, 427, 430, 434, 436。

治和社会理念有所冲击。但对拉丁美洲史学的影响不大。因为除了古巴仍然奉其为正统之外，1990年之前马克思主义在拉丁美洲已经有所转型。全球范围的历史学转向不是发生在1990年代前后，而是在20世纪60年代。这一转向不但走出了传统的政治史，而且也走出了实证的、计量的、社会科学导向的北美历史研究模式，不再以没有个人的社会结构分析和历史过程为主要对象了。随着1960年代后期学生运动的开展，历史学家逐渐扩大了他们关注的社会群体，特别是之前历史研究中忽视的妇女和少数族裔团体。那个时期大学师生的群体本身也出现了变化，有助于历史研究转向新的课题，如两性和性别、集体心理和情感。前述《牛津史学史》有关阿根廷、巴西和墨西哥史学的三章和菲利普·索扎对拉丁美洲史学的概述，都谈到拉丁美洲史家如何追溯西欧和北美史学潮流的倾向，而且指出这一倾向在1990年之后更为明显。犹尔·霍洛维茨（Joel Horowtiz）对阿根廷史学有这样的描述："最近的出版动向反映了西方史学的主要潮流，从语言学的转向到性别研究、私人生活，再到思想史和后现代主义"。① 这一描述反映了这三章的作者和索扎的一个共识。如同基勒尔莫·策尔米诺·帕迪拉（Gillermo Zermeno Padilla）在写墨西哥的那章形容的那样，受到劳伦斯·斯通、阿瑟·丹图、保罗·利科（Paul Ricoeur）、海登·怀特和罗杰·夏蒂埃的影

---

① Horowitz, "Argentine Historical Writing", p. 437.

响,拉丁美洲史学显现一种向叙述史学回归的趋势。① 而由多人写作的十卷本《新阿根廷史》(Nueva historia Argentina)被视为这一新的文化史学的显例。② 巴西史家罗拉·德梅洛·德索查(Laura de Mellow de Souza)用文化史的方式研究心态史的论著,也代表了这一趋向。③ 巴西史家费南多·诺瓦伊斯(Fernando A. Novais)所编的《巴西私人生活史》(Historia da vida privada no Brasil)显示,像法国史学一样,私人历史重新占据了重要的地位。1990年之后,像在西欧和北美一样,政治史也以"新政治史"的形式在拉丁美洲重新复兴,大致取代了老式的政治史。这一新政治史不再将注意力集中在政治活动和精英人物,而是考察文化场景中工人、农民以及妇女和下层阶级的积极作用。④

1990年又目睹了冷战的结束和全球化的开展,引发了比较历史、跨国史和跨文化的历史研究。在美国,全球史引起了很大的兴趣,而徼有趣味的是,中国也兴起了全球史的研究⑤,但欧洲则略逊一筹。民族国家史在欧洲仍居重要地位,但不再独霸一方,而全球史在拉美则尚未兴起。如同马歇尔·依金

---

① Guillermo Zermeño Padilla, "Mexican Historical Writing", p. 469. 另见 Soza, p. 428。

② Horowitz, "Argentine Historical Writing", p. 437.

③ Eakins, "Brazilian Historical Writing", p. 449.

④ Guillermo Zermeño Padilla, "Mexican Historical Writing", pp. 461-464; Soza, p. 429.

⑤ 有关全球史和全球史观在美国和中国的比较研究,见 Dominic Sachsenmaier, Global Perspectives on Global History (Cambridge, 2011)。

(Marshall Eakin)所说:"像在拉丁美洲其他地方一样,巴西出版的历史著作,仍然以民族史为重","很少有比较的和跨国的"观点。① 这个现象有点奇怪,因为费尔南·布罗代尔对巴西和整个拉丁美洲的史学有着举足轻重的影响,而除了他的最后一部著作之外,布罗代尔以跨国史观著称。② 不过最近出版的《认识过去:历史思想和写作史》(Compreder el Pasado. Una historia del escritura y pensamiento historico)或许是个例外。③ 该书讨论了中国和伊斯兰史学,但只是锁定在它们的古典时期,对之后的发展没有叙述。至于其他的部分,除了菲利普·索扎写了拉丁美洲的史学,均以西方而不是全球为中心。

1990 年之后,拉丁美洲史学中的马克思主义影响不再重要。这与苏联、东欧的解体自然相关,但也与文化史的兴起相连,在总体上取代了以前经济为主的历史研究。当然如同上面提到的那样,马克思主义本身在最近三十年中也出现了一个"文化的转向"。年鉴学派之前与马克思主义一样,重视社会和经济结构,其极端的表现就是布罗代尔的"长时段"概念,但之后该学派 也受到文化史新途径的深刻影响。在最近的二十五年中,马克思主义、年鉴学派、社会科学的现代化概念有关历史和社会的经典理论,逐渐失去了市场。④ 在拉丁

---

① Guillermo Zermeño Padilla, "Mexican Historical Writing", p.459.
② Fernand Braudel, *The Identity of France*, 2 vols. (New York, 1988),第 1 卷"历史与环境"和第 2 卷"人类与生产"。
③ Madrid, 2013.
④ Guillermo Zermeño Padilla, "Mexican Historical Writing", p.470.

美洲,人们重视日常生活史,其实也就是自下而上的历史。还有许多历史论著以自古至今一直存在的不平等和诸种歧视为题。在当代,愈来愈多的历史著作重视人口中的工人、妇女和原住民。① 巴西和古巴的史家从文化主义的角度研究了奴隶制的历史。虽然许多著作显然受到了马克思主义的启发,但不像经典马克思主义那样,从唯物论的角度研究工业社会中的男性工人,而是从广义的文化的视角将研究范围扩大到社会的更多成员。② 在这一意义上,人们或许可以说米歇尔·福柯取代了卡尔·马克思。

现代史学在撒哈拉以南非洲的兴起③

撒哈拉以南非洲的史学发展与我们已经讨论过的其他地区有很大的不同。在那里的民族主义时期,民族压迫比印度更残酷,而且有更加臭名昭著的种族主义的支持。大学的建立和历史研究的职业化起步非常晚,直到殖民统治结束时才开始。与印度相比,更加明显的是,殖民统治者坚持非洲是没

---

① 见 Marshall Eakin, "Brazilian Historical Writing", p. 464 和 Soza, p. 428, 又见 Alan Knight, "Subalterns, Signifiers, and Statistics: Perspectives on Mexican Historiography", *Latin American Research Review*, vol. 37 (2002), pp. 136-158。

② Marcel van der Linden and Karl Heinz Roth, eds., "Beyond Marx: Theorizing the Global Labour Relations in the Twenty-first Century" (Leiden, 2013)。

③ Joseph C. Miller 1999 年发表的美国历史学会主席演说:《历史学与非洲,或非洲与历史》是一篇有关非洲以及在非洲进行的历史研究的很好的历史学与相关著作的综述,见 Joseph C. Miller, "History and Africa/Africa and History", *American Historical Review*, 104:1 (1999), pp. 1-32。

有历史的大陆,至少黑非洲是没有历史的。欧洲和北美的知识分子和公众大都持这样的看法。这样的种族观在启蒙主义时代的一些思想家的身上已经非常强烈地表达出来了。例如,18世纪末的大卫·休谟认为"黑人天生就比白人低级"。接着,他又声称:"除了白人以外,其他任何肤色的种族都不是文明的民族。他们没有创造性的成就,没有艺术,没有科学。"正如我们所看到的,黑格尔也否认印度和中国经历过历史,而非洲更糟。非洲,正如他所说的,是"没有历史的世界的一部分……我们所理解的那种无历史、无发展的精神,还处于一种受制于自然的状态"。直至晚近的1968年,牛津大学近代史钦定教授休·特雷弗罗珀(Hugh Trevor-Roper,1914—2003)依然把非洲史贬为"地球上风景美丽但落后的角落里野蛮部落的无意义的轮回"。① 他还说:"非洲只有欧洲人写的非洲史。其他则是一片黑暗,而黑暗不是历史的题材。"② 不过,早在20世纪上半叶,欧洲和北美的研究工作已经对非洲给予了注意,但他们只是把非洲当作欧洲扩张的一部分来对待,对于非洲的过去,他们很少关心,或者说,根本不关心。

在20世纪五六十年代之交,黑非洲的学者开始承担越来

---

① 引自 Toyin Falola, "Nationalism and African Historiography", in Q. Edward Wang and Georg G. Iggers, eds., *Turning Points in History: A Cross Cultural Perspective* (Rochester, 2002), pp.211-212。

② 引自 Falola, p.402;休·特雷弗罗珀的电台讲座,在 *The Listener* 中重印(28 November 1963), p.123。

越多的任务,证明撒哈拉以南的非洲在殖民地时代以前就有着悠久的历史。① 早在19世纪末20世纪初,非洲人和非裔美国人就开始反对欧洲中心论者所炮制的非洲过去没有历史的观点。美国历史学家W. E. 杜波伊斯和莱奥·汉斯伯里(Leo Hansberry,1894—1965)都试图发现非洲各个时代的特质。但是,后来非洲历史学家所做的并不是这类研究。他们研究历史抱有建设国家的目标,而杜波伊斯作为历史社会学家和马克思主义者公开宣称以反帝国主义和反殖民主义为自己的使命,勇敢地鼓吹在美国和非洲实行种族平等,并归纳出了一种超越民族和种族界线的泛非特质。② 在19世纪末20世纪初,非洲的一批新文化精英带着民族主义的倾向,试图把欧洲的民主和经济增长的思想与非洲传统的再发现结合在一起。英属西非的爱德华·维尔莫特·布莱登(Edward Wilmot Blyden,1832—1912)在19世纪下半叶尝试过类似的综合。③ 20世纪上半叶,塞内加尔独立后的首届总统列奥波德·桑戈尔(Léopold Senghor,1906—2001,1950—1981年在任)也是一位用法语写作的诗人,他大力推动他所呼吁的"黑人特质"

---

① 有关非洲史学,参见 Markus Völkel, *Geschichtsschreibung: Eine Einführung in globaler Perspektive* (Köln, 2006), pp. 360-372;另见联合国教科文组织编, *General History of Africa* (London, 1978-2000)。

② David L. Lewis, *W. E. B. Du Bois: Biography of a Race, 1868-1919* (New York, 1993)和 William Wright, "The Socialism of W. E. B. Du Bois" (1985年纽约州立大学历史系博士论文)。

③ Falola, "Nationalism and African Historiography", p. 213.

(négritude),即他所认为的非洲过去的精神和特征,并主张重新注意它并把它与现代文明的紧迫要求相结合。① 这一想法来自艾米·塞萨尔(Aimé Césaire,1913—2008),他是一位住在马提尼克的黑人诗人,属于非洲离散人群(diaspora)的一员。他还不是唯一的例子。乔治·帕德摩尔(George Padmore,1903—1959)对泛非洲运动同样影响甚巨。另一个重要的例子是西印度的学者沃尔特·罗德尼(Walter Rodney),其著作《欧洲如何阻碍了非洲的发展》(*How Europe Underdeveloped Africa*)采用了马克思和"依附"理论。② 在外人看来,"黑人特质"的定义似乎是一种黑非洲同质论的观念,忽视了撒哈拉以南非洲在种族、文化、宗教和人种上的差异。尽管如此,在英国、法国、比利时和葡萄牙殖民统治的最后年代里,寻求独立的精英和业余历史学家越来越坚定地试图证明非洲确实有自己的历史。在他们看来,殖民地时期在非洲人悠久的历史中只不过是一个比较短暂的阶段。③

  黑非洲历史研究的职业化从第二次世界大战结束以后才开始,所以起步相对比较晚,但后来进步非常迅速。历史研究的职业化是学术界对非洲历史的殖民主义解释做出的反应。它最初的推动力来自非洲以外的英国和北美。那里的非非洲

---

① Falola, "Nationalism and African Historiography", pp. 214-215.

② Walter Rodney, *How Europe Underdeveloped Africa* (London, 1972).

③ 见 J. F. Ade. Ajayi and E. J. Alagoa, "Sub-Saharan Africa", in Georg G. Iggers and Harold T. Parker, eds., *International Handbook of Historical Studies: Contemporary Research and Theory* (Westport, CT, 1979), p. 411。

裔学者不再偏重于仅仅研究与欧洲殖民领地有关的非洲,而转向研究整个非洲的历史。值得指出的是,在非洲史学非殖民化的各种努力中,涌现出了一个国际性的学术圈,其中既有黑非洲的历史学家,也有西方的历史学家。第二次世界大战结束后不久,伦敦的东方研究所得到了扩大,并在名称上加进了非洲研究的字眼。1948年,伦敦大学在尼日利亚、加纳和乌干达增设了三个学院。尼日利亚开办了更多的大学,其中包括在尼日利亚北方开办的以伊斯兰教为重点的大学。在英国和法国的前殖民地和过去的比属刚果也成立了一些大学,前者有达喀尔大学,现名谢赫·安达·迪奥普大学,后者有鲁瓦尼姆大学,现名金沙萨大学。前英国殖民地的大学教师最初基本上是英国人,但在1962年非洲的大学与伦敦中断联系后,他们逐渐被非洲人所取代,尽管并没有全部取代。[①] 历史研究的职业化在这个时期取得了迅速进展。早期最重要的中心是伊巴丹大学。毕业于伦敦大学的肯尼思·翁伍卡·戴克(Kenneth Onwuka Dike,1917—1983)以及他的年轻同事雅各布·阿贾伊(Jacob Ajayi,1929—2014)从50年代初开始在这所大学把非洲研究转变为一门严谨的学科,采纳了国际标准,

---

[①] 关于非洲历史学术研究的开端,参见 J. F. Ade Ajayi and E. J. Alagoa, "Sub-Saharan Africa", 同上。该书由伊巴丹学派的两名最重要的历史学家撰写。又参见 Andreas Eckert, "Historiker, 'Nation Building' und Die Rehabilitierung der Afrikanischen Vergangenheit. Aspekte der Geschichtsschreibung in Afrika nach 1945", in Wolfgang Küttler, Jörn Rüsen and Ernst Schulin, eds., Geschichtsdiskurs, vol. 5 (Frankfurt am Main, 1999), pp. 162-190。

为后来著名的"伊巴丹学派"(Ibadan School)的形成奠定了基础。1956年,戴克在伦敦大学完成的学位论文《尼日尔河三角洲的贸易和政治,1830—1885 年》(*The Trade and Politics in the Niger Delta, 1830-1885*)使用了大量的口述材料和文字记载。他的贡献在于口述传统从此不再被单纯地视为民谣,而被承认为历史研究的合法史料。① 1952年,戴克参与位于伊巴丹的尼日利亚国家档案馆、国家图书馆和非洲研究院的筹建,协助筹备伊巴丹历史丛书的写作并创办《尼日利亚历史学会杂志》(*The Journal of the Historical Society of Nigeria*)。阿贾伊研究的是19世纪尼日利亚精英的形成,但伊巴丹学派的历史学家也对殖民地时期以前的历史进行研究,不但使用档案史料,而且使用口述的、考古的、语言的史料以及阿拉伯文的文字史料。为非洲研究恢复青春做出贡献的不仅有伊巴丹学派,非洲其他国家也成立了专业学会并创办刊物,例如《加纳历史学会学报》(*The Transactions of the Historical Society of Ghana*)。尼日利亚历史学会还创办了供教师和学生阅读的专门期刊。他们举办国际性学术会议,把非洲各国以及来自欧洲和北美的从事非洲研究的学者聚集在一起。②

---

① Kenneth Onwuka Dike, *The Trade and Politics in the Niger Delta 1830-1885: An Introduction to the Economic and Political History of Nigeria* (Oxford, 1956).

② 见 Falola, "Nationalism and African Historiography" and Ajayi and Alagoa, "Sub-Saharan Africa"。

联合国教科文组织编写的八卷本的《非洲通史》表明非洲的专业学者在非洲研究中发挥着越来越重要的作用，也体现了非洲研究的新方向。① 这套著作的写作在一个由专家组成的国际性科学委员会指导下进行；八卷本中的绝大多数主编是黑非洲的学者。第二卷的主编为埃及人，内容涉及公元7世纪以前的历史，第三卷由一名摩洛哥人和一名捷克人共同担任主编，跨度为公元7世纪到11世纪。其他各卷都由来自撒哈拉以南非洲的学者担任主编：有关方法论和史前史的第一卷由上沃尔特（即今布基纳法索）的一名学者担任主编；另外两卷，其中包括以独立的非洲为内容的最后一卷，由肯尼亚的学者担任主编；来自几内亚、加纳和尼日利亚的学者各主编了一卷。值得一提的是，这八卷中的大多数讨论的是殖民时期以前的历史阶段，从而确立了黑非洲历史的连续性。

学者们转而讨论的另一个关键问题是，在缺乏文字记载的情况下，如何确立研究撒哈拉以南非洲历史早期阶段的方法论。当然，有一些考古史料和语言学史料被保留下来了，还有一些档案史料。今天马里的廷巴克图就有一个重要的档案馆。然而，对于撒哈拉以南非洲的历史研究而言，史料的最大问题是它们主要来自于外部，要么是阿拉伯人写的史料，要么

---

① 联合国教科文组织编，*General History of Africa*；关于该书编委会的组成，参见 Ajayi and Alagoa, "Sub-Saharan Africa", p. 417.

是欧洲人写的史料,因此,口述传统成了弥补外来史料空缺的重要材料。当阿拉伯人和欧洲人的著作在撒哈拉以南非洲确立了它们的地位以后,当地的学者也立即开始编写口述传统的史料和当前事件的编年史。为了对这些史料进行检验,需要使用比较的方法。在这方面,西方或阿拉伯史学有丰富的文字史料可依,相比之下,黑非洲的史料需要更为复杂的方法。不过,不应轻视口述史料。非洲研究需要跨学科方法,把历史的方法与伊巴丹学派在区域研究时使用的考古和语言学方法结合起来。①

但是,像印度和拉丁美洲已确立的史学一样,伊巴丹学派很快也受到批评,认为他们的研究过于偏重精英而忽略了普通民众。② 他们认为自己肩负的使命是为民族建设提供历史依据,并把这一使命进一步引申为证明非洲的过去,也就是在殖民地时期以前,就存在过国家,因此产生了一种趋势——把重点放在国王和王子等英雄式的领袖身上,为了创造在创建民族意识的过程中可资利用的神话,甚至不惜歪曲真实的过去。20世纪七八十年代,社会史和经济史受到了更多的重视,学者也试图研究人口中更广泛的层面。这与我们讨论过的世界上其他地区在这一时期的发展情况相一致。在社会主

---

① 见 Ajayi and Alagoa, "Sub-Saharan Africa"。
② 参见 Andreas Eckert, "Nationalgeschichtsschreibung und koloniales Erbe. Historiographie in Afrika in vergleichender Perspektive", in Christoph Conrad & Sebastian Conrad, eds., *Die Nation schreiben. Geschichtswissenschaft im internationalen Vergleich* (Göttingen, 2002), pp. 78-111。

义的坦桑尼亚,史学从一开始就走向这一方向。萨拉姆大学的一些历史学家对60年代的"资产阶级民族主义的历史学"提出了抗议。[①] 他们所要求的是一种对过去有广泛民众参与的反殖民主义的抵抗活动给予更多重视的历史学。其中有一项重大研究计划以1905—1907年德属东非的马及马及起义为对象。[②] 像尼日利亚一样,在坦桑尼亚,新马克思主义的方法在60年代的史学批判中发挥了越来越重要的作用。与拉丁美洲和印度的情况一样,这些批判运用了依附理论来解释非洲的欠发达状态。将马克思主义和"依附"理论相结合的一个重要例子就是上面提到的西印度学者沃尔特·罗德尼的《欧洲如何阻碍了非洲的发展》一书,其观点为非洲的史家和社会科学家所普遍认可,形成了一个新学派。不过,在20世纪八九十年代,埃塞俄比亚、坦桑尼亚和莫桑比克这些国家的社会主义实践失败之后,学界的兴趣开始从经典马克思主义注重生产方式和阶级的范式,转移到安东尼奥·葛兰西、米歇尔·福柯、爱德华·萨义德和 E. P. 汤普森的立场了。这一思想的转变又与印度和拉丁美洲颇可相比。

在非洲一些说法语的地区,职业历史学术研究的兴起比

---

① 参见 Andreas Eckert, "Nationalgeschichtsschreibung und koloniales Erbe. Historiographie in Afrika in vergleichender Perspektive", in Christoph Conrad & Sebastian Conrad, eds ., *Die Nation schreiben. Geschichtswissenschaft im internationalen Vergleich* (Göttingen, 2002), p.96。

② Ibid., p.98.

较缓慢。① 在说法语的塞内加尔,最重要的研究中心是达喀尔大学。这是塞内加尔当时仅有的一所大学。造成这种迟缓的原因是多方面的。其中一个原因是桑戈尔推动的"黑人特质"运动更强调要使用诗学和美学的方法研究过去,而不是严谨的历史研究。另一个原因是法国对前殖民地大学中的研究在一定程度上依然保持着控制,致使在一段很长的时间里,在说法语的非洲,大学里讲授历史的没有一个是非洲人。在法国,进入大学讲课有很高的资格要求,博士研究生在完成第一篇学位论文以后还被要求写第二篇篇幅更大的学位论文,因此,在法国就读的研究生一般都难以在 40 岁以前取得学位。对非洲人而言,这意味着在 1979 年以前没有人能获得论文导师的职位。尽管如此,到了 20 世纪的 70 年代,数量越来越多的非洲历史学家在认真地从事历史研究,尽管他们没有获得法国的文凭。说法语的非洲历史学家组织起了非洲历史学家的全非学会,于 1974 年创办了自己的杂志《非洲史学评论》(*Afrika Zamani. Revue d'Histoire Africaine*)。② 他们沿着说英语的同行走过的道路,第一步是集中研究过去的政治和英雄式的领袖,就像伊巴丹学派开始所做的那样,把这当作民族建设的一部分;然后,他们转向了社会史、经济史和人类学的历史学。把奴隶贸易和伊斯兰教的作用作

---

① Eckert, "Nationalgeschichtsschreibung".
② Ajayi and Alagoa, "Sub-Saharan Africa", p. 413.

为重要研究课题。

在非洲这块广袤的大陆上,这些例子只是一些片段。尽管如此,我们仍然可以从中得出一些结论。欧洲中心论所鼓吹的把非洲视为没有历史的大陆的观点已经寿终正寝。在20世纪60年代,非洲历史学家往往使用民族主义在欧洲成长的同一种模式去追溯非洲民族主义和民族国家的兴起。到了70年代,他们更加集中地研究对殖民主义的抵抗,并试图从这些抵抗活动中找到非洲下层民众发出的真正声音。今天,从2007年的视角来回顾七八十年代,有两种发展趋势是令人遗憾的。非洲研究的职业化从积极的方面来说推动了黑非洲认同的意识。但另一方面,它的中心在学术界内,从而使历史学界失去了与广泛群众的密切联系。70年代的石油繁荣增加了比如尼日利亚各个大学的研究经费,不过其他没有丰富石油资源的国家就没有那么幸运了。然后,自80年代开始非洲进入了饥饿的时代,经济衰落,资源紧缩,结果,许多学者,或许是大多数学者,被迫离开了学术界,去其他地方就业;还有相当多的一批人移民国外,大多数去了美国,杂志中断发行,图书馆再也无力购置哪怕是最重要的图书和期刊。在70年代让人们看来如此令人振奋的前景,即把非洲学者联合成为一个国际性的共同体,在今天似乎都成了明日黄花。

南非的史学①

与我们上面讨论的黑非洲的史学相比,南非独立之后的历史学发展路径很不相同。这一差异可以说是不言自明的。在黑非洲的其他地方,国家独立之后创建了自己的学术机构,其目的是建构非洲的过去,反对殖民主义,而在种族隔离制于1994年结束之前,南非的黑人和白人分别到不同的大学上学,实行了严格的种族隔离。南非白人的大学渊源于19世纪,有的以英语为主,有的则主要使用南非语。种族隔离制结束之后,这一情形有所改变,原来只有白人的大学开始接收黑人学生。黑人的大学为数很少,比如黑尔堡大学创建于1916年。由于经费短缺,这些大学培养的历史工作者,很少能有足够的影响力来服务于黑人的种族解放,并重构黑人的历史。② 迈克尔·莫瑞(Michael Murray)在1988年观察到:黑人的历史意识"在文学的领域,如戏剧、诗歌、短篇和长篇小说及其他文学形式中呈现出来",也就是产生在学院

---

① 有关南非的史学,见 Martin J. Murray, "The Triumph of Marxist Approaches to Social and Labour History", *Journal of Asian and African Studies*, vol. 23,1 (1998), pp. 79-101 和 Wessel Visser, "Trends in South African Historiography and the Present State of Historical Research", 该论文在2004年9月23日于 Nordic Africa Institute, Uppsala 举行的会议发表。在2015年1月13日又与维瑟(Visser)教授电话访谈有关南非史学的最新趋向。我们还要对 Christopher Saunders 教授对本节的细心阅读和批评表示感谢。另见 Hans Erik Stolten, ed., *History Making and Present Day Politics: The Meaning of Collective Memory in South Africa* (Uppsala: Nordiska Afrikainstitutet, 2007)。

② 见"The Dilemma of the Black Universities in South Africa", *South African Journal of Higher Education*, 20:3 (2006), pp. 442-460。

之外。① 与黑非洲不同,反对殖民主义和种族主义的斗争在南非大学里往往由讲英语的学者启动。当然,自1960年之后,南非的史学与非洲其他大学的史学又有一种平行发展的趋向。20世纪的最后三十年,在非洲所有的大学中,广义的马克思主义对历史思想和书写均有很大的影响。

南非的史家,如执教于讲南非语的斯泰伦博斯大学的维索尔·维瑟(Wessel Visser),指出南非的史学按照年代顺序,可以分为三大学派:英国帝国主义学派、英国殖民者后裔抑或白人殖民主义学派和南非民族主义学派。南非民族主义学派差不多与白人殖民主义学派同时出现,并认可其殖民主义和种族主义的立场。自20世纪30年代开始、种族隔离制结束之后,南非民族主义学派演变出一个自由主义学派,他们与英国帝国主义学派的立场不同,主张非洲的黑人在欧洲殖民之前,就有了自己的历史。但他们还是相信,资本主义的市场经济将黑人从其贫穷落后的状态解救了出来。在自由主义学派之后,出现了一个修正主义或者激进学派。他们从马克思主义的视角出发,批判了自由主义学派的立场,指出资本主义和种族主义之间有着紧密的关系。这两个学派的主要成员都是讲英语的白人,也都反对种族隔离制。在种族隔离制结束之前,修正主义的学派已经不再只是从经济的角度来解释阶级

---

① Murray, "The Triumph of Marxist Approaches to Social and Labour History", p.98.

斗争,而是采取了广义的文化取径,首次关注了性别关系在历史上的重要性。总之,虽然修正主义的史学扬弃了马克思主义,但他们仍然关注政治和社会,批评了现存体制中的不平等和种族歧视。

在黑非洲,黑人学者承担了重建非洲历史的重任。而在南非,这一任务主要由自由主义学派承担,展现了来自非洲之外的影响,因为其大部分成员不但讲英语,而且英国的教育对他们的事业发展至关重要。这些自由主义学派的成员大都不是马克思主义者,也相信资本主义最终将解决非洲黑人人口的贫困和落后,但他们也看到工业化和城市化对白人和黑人劳工阶级所产生的影响。这一认识始自 20 世纪六七十年代,有助于扩展马克思主义在八九十年代的影响。1969 和 1971 年间出版的《牛津南非史》(*Oxford History of South Africa*)是呈现南非自由学派立场的重要著作。① 如同身为南非人的维索尔·维瑟所言:《牛津南非史》"一举破除了南非的历史从 1487 年葡萄牙人航海到达之后才开始的神话,显示在白人到来之前,非洲人已经有了自己的历史。"②

在许多方面,《牛津南非史》采取了威廉·马克米兰(William Macmillan, 1885—1974)的立场。马克米兰出生于

---

① 八卷本的《剑桥非洲史》(1975)和两卷本的《剑桥南非史》(2010—2011)都有关于早期非洲史的章节。

② Visser, "Trends in South African Historiography and the Present State of Historical Research", p. 8.

苏格兰,在英国完成学业,然后一直在南非的维特沃特斯兰德大学任教。但他公开反对种族隔离制的做法,这使得他于1933年离开了该大学。早在20世纪最初十年,他就关注南非白人和黑人的贫困问题。马克米兰分析说,南非农村的黑人失去了土地,只有两个选择,一是成为佣工,二是走向工业化的城市,与同样失去土地的贫穷白人抢工作。从史学史上的角度来看,他做的是整合的历史,因为他视南非为一个整体,将白人和黑人的命运结合起来考察。

威廉·马克米兰不是马克思主义者,而是一个民主社会主义者,很早就加入了费边社和英国的劳工党。但他强调白人和黑人的贫困由经济造成,使其与激进学派的马克思主义立场相近。1956年,马克米兰的学生C. W. 德吉维特出版了《解剖南非人的惨状》(*The Anatomy of South African Misery*)一书,不过他们都称不上新自由主义派。① 与马克米兰和德吉维特对贫困的研究不同,修正主义学派在进行经济分析的时候,带有马克思主义的风格。20世纪五六十年代南非黑人渐渐强化了他们对南非政府的抵抗,而到了七八十年代,这一抵抗运动日益壮大,其支持者不但有更多的黑人,还有不少白人,特别是讲英语的白人,也包括南非的共产党人。这些学者根据马克思主义的理论,指出南非"在国际和南非资本主义的统治下,成了一个阶级分化的社会……原来享有政治和经

---

① London, 1956.

济上的独立、在前资本主义社会生活的黑人,被迫成为雇佣工人,也即无产无业的城市人口"。① 美国的南非专家迈克尔·莫瑞在1988年发表了一篇文章,其中指出:马克思主义已经取代了自由主义,"成为南非思想界的主流,因为自由主义学者没有看到资本主义和种族隔离制之间的联系"。② 马克思主义影响的扩大,与20世纪70年代,特别是1972—1973年的大罢工浪潮和1976—1977年的索韦托暴乱紧密相关。③ 在一定程度上,马克思主义的影响有助于黑人民族主义史学的兴起,其主张是,由于白人的压迫,黑人才失去了他们的地产,成了没有立锥之地的无产者。黑人学生运动的许多成员认为,南非作为一个多种族国家的理念已经过时了。对他们而言,南非就是一个黑人国家,只属于非洲黑人。④

马克思主义对资本主义剥削和种族主义的批评,主要从经济的层面做阶级分析,而在近年,更多人强调了文化的因素,注重资本主义剥削和种族隔离下受害者怎么生活,而不是仅仅做没有个人的社会结构分析。如同我们在上面讨论西方马克思主义时已经指出的那样,安东尼奥·葛兰西在为墨索

---

① Visser, "Trends in South African Historiography and the Present State of Historical Research", p. 8.

② Murray, "The Triumph of Marxist Approaches to Social and Labour History", p. 79.

③ Visser, "Trends in South African Historiography and the Present State of Historical Research", p. 14.

④ Ibid., p. 15.

里尼关押期间所写的《狱中札记》,挑战了经典马克思主义对历史和社会的唯物主义解释,希望扩大对工人阶级的理解,使其包括如所谓的"底层阶级"在内的更多人士。20 世纪 60 年代英国 E. P. 汤普森、乔治·鲁迪和埃里克·霍布斯鲍姆的论著、80 年代印度的《底层研究》和 70 年代美国尤金·吉诺维斯注重奴隶制下美国的黑人文化,都表现出这种修正马克思主义的努力。① 这些思潮都深刻影响了南非的修正主义学派。1977 年《历史工作坊》杂志在英国出现,其副题是《社会主义者的杂志》,体现了牛津大学的劳工学院-罗斯金学院历史工作坊的精神,其研究的主要对象是资本主义经济压迫下工人的生活。② 五年之后,《历史工作坊》杂志的副题改为《社会主义和女性主义者的杂志》,试图突破历史学中以男性为主的传统。1978 年《历史工作坊》就在维特沃特斯兰德大学召开了学术会议,其组织者贝林达·波佐利(Belinda Bozzoli)有着相同的理念并朝着这一方向有所努力。③ 她指出:"需要从草根的立场重新理解维特沃特斯兰德这个城市"。④ 到了

---

① Eugene Genovese, *Roll Jordan, Roll. The World the Slaves Made* (New York: Vintage, 1974).

② 见 He Wuyi(贺五一)最近的论文,"Raphael Samuel's Idea of a People's History", *Storia della Storiografia*, 66:2 (2014)。

③ Bozzoli, *Labour, Townships, and Protest: Studies in the Social History of the Witwatersrand* (Johannesburg: Ravan Press, 1979),还有最近她的 *Theatres of Struggle and the End of Apartheid* (Athens, OH: Ohio University Press, 2004)。

④ Murray, "The Triumph of Marxist Approaches to Social and Labour History", p. 94.

1980年代中期,相当数量的著作在讨论资本主义和种族主义国家政策的紧密联系时,不但考察城市化之后白人和黑人无产者的日常生活,也比较注意妇女的生活如何受到影响。以马克思主义阶级分析的理论作为出发点,南非学者首次与许多讲英语的同行和部分黑人学者一道,研究了底层的团体,比如矿场的黑、白工人和农村人口。在这一领域,或许查理·范·昂赛伦(Charles van Onselen)是最重要的学者。他在1982年写了维特沃特斯兰德的城市史,描述贫穷的白人如何来到该城市,为人洗衣或做人力车夫,成为当地社会的最底层。他还分析酗酒和嫖妓如何吸引了黑、白工人到当地的金矿工作。范·昂赛伦的研究受到了 E. P. 汤普森《英国工人阶级的形成》的启发,但取径颇为不同。他的对象是在资本主义工业化中最受迫害的阶级,也即马克思所谓的"流氓无产者"(Lumpenproletariat),并非汤普森研究的对象。

南非的种族隔离制于1994年终于结束。但正如克里斯托弗·桑德斯(Christopher Saunders)这位对南非的历史研究最好的观察者之一指出的那样,种族隔离制的终结没有引起历史研究的重大转向。① 在种族隔离制结束之前好久,如上面所谈的修正主义学派所示,对殖民主义史学各个方面的检

---

① Christopher Saunders, "Four Decades of South African Academic Historical Writing", in *History Making and Present Day Politics: The Meaning of Collective Memory in South Africa*, ed. Hans Erik Stolten (Uppsala, 2007). 该书集中描述种族隔离制结束之后南非的历史思想变化。

讨早就开始了。许多人也许期望,南非种族隔离结束之后,会出现一种黑人的民族主义史学,与黑非洲的其他独立后的国家那样,突出非洲黑人的贡献,强调白人只是非洲的擅入者,没有什么历史作用。但这一类的论著没有在南非出现。这一不同或许是因为,南非结束种族隔离制与黑非洲国家的独立运动,有着很大的差异。种族隔离制的结束是南非白人和黑人之间的一种妥协,建立了参与性的民主制度。不过,虽然以前白人的大学,如维特沃特斯兰德大学开始招收了大量的黑人学生,但年轻黑人中的绝大部分人无法负担大学的学费。南非的政府承诺,将为所有的南非人创造就学的机会,无论肤色和性别,但事实上,许多黑人学生十分贫穷,在教育上仍然处于劣势。虽然社会、经济和教育的不平等现象也同样影响了白人的下层阶级,但黑人由于种族歧视的持续,所受的伤害还是更为严重。[1]

---

[1] 见 R. Ilorah, "The Dilemma of the Historically Black Universities in South Africa", *South African Journal of Higher Education*, vol. 20-3 (2006), pp. 442-460。

第七章 伊斯兰主义和马克思主义的影响：20世纪末亚洲、中东和西方的历史学

一 马克思主义史学在东亚和东南亚的涨落

重新发明日本：二战以后历史教育和历史研究的改革

日本在第二次世界大战中的战败开始了世界历史的新时代，也翻开了日本史学乃至整个东亚和东南亚史学新的一章。在美国占领日本期间(1945—1952)，日本虽然在道格拉斯·麦克阿瑟(Douglas MacArthur, 1880—1964)将军的帮助下保留了天皇制，但所有其他举措都对日本的政治、文化和其他方面的传统造成了破坏，因为在麦克阿瑟看来，正是这些传统导致了这个国家20世纪上半叶的对外侵略和军国主义行为。1947年，在他的直接指导下，盟军最高司令部(SCAP)起草了日本新宪法。新宪法维护妇女和工人的权利，扩大普选权，通过普选产生议会，也保证言论、集会、成立政党和政治组织的自由。随着工会运动和社会主义活动的重新开始，马克思主义史学也得到繁荣，在这个国家享受着以前从未有过的自由。

马克思主义历史学家在这一时期承担的任务是批判和谴责战前和战争时期的史学和历史教育,导致他们对日本现代化进程重新审视。在战后的日本发展起来的另一支重要的历史学派"近代化学派"也参与了他们做出的各种努力。

"帝国历史学派"在战争期间的历史研究中占据着统治地位,并把他们的观点强加给历史教科书的编写。1943 年由文部省出版的作为中学教科书的《国史概说》就是一个典型事例。它厚颜无耻地向日本学生灌输日本国体的神圣,以歌颂日本皇族的至圣为中心。"文化史学派"的某些成员(除了津田左右吉以外)还提出了所谓的"近代之超克"论,目的在于证明日本独特的文化传统以神圣的皇族占据中心舞台,从而使日本能够超越西方型的现代性。第二次世界大战以后,为了改造日本的历史教育,必须去除日本皇权的神圣性。1946 年,新成立的文部省颁布了新教科书,书名为《国家的历史进程》,使用了考古发现,描述了日本群岛的早期文化,书中未涉及众神世纪和日本皇室的神授起源。① 这种做法是前所未有的,有着重要的意义,因为自明治维新以来,大多数历史教科书都对国家的神话起源进行追溯,不可能也不愿意脱离朝代史学以皇权为中心的传统。战后,日本天皇宣布他以及他的祖先都不是神的后代。

---

① 永原庆二:《20 世纪日本の历史学》(东京,2005 年),第 124—145 页;Yoshiko Nozaki, *War Memory, Nationalism and History in Japan: Ienaga Saburo and the History Textbook Controversy, 1945-2005* (London, 2005)。

除了改革历史教学外,战后的日本历史学家还面临着另一项令他们胆怯的任务:如何解释日本的过去,包括如何解释日本自明治维新末期至二战爆发前对亚洲邻国表现出来的好战行为。在发起这样的历史研究时,马克思主义历史学家再一次起到了领导作用。1946年,石母田正(1912—1986)出版《中世的世界之形成》。这部著作的大部分研究工作是他在战争期间进行的,尽管他被列在政府的黑名单上。这部系列著作的第一卷是作者在后来完成的。《中世的世界之形成》探索了中世纪日本封建土地制度的发展过程。对于遭受大地主迫害的农民,石母田正表达了他的同情。然而,由于他拘泥于马克思主义关于奴隶制必然向封建制过渡的原理,因此把这整个过程看作人类走向最终进步的一个必然阶段。如果说这种悲观论和决定论的观点反映了他在军国主义的统治下研究这一课题时的郁闷情绪的话,那么,这本书对封建制度的批判也折射了日本战后的环境,即对这个国家的过去充满了怀疑和批评。[①] 远山茂树(1914—2014)和井上清(1913—2001)出版了他们对明治维新的研究成果。远山茂树的著作所展示的内容中包括天皇制度在日本近代史中产生的破坏作用。井上清的著作则从国际环境的背景对明治维新与非西方各个民族反对西方殖民主义斗争的关系进行了分析。这两部著作建

---

① 石母田正:《中世の世界の形成》(东京,1957年)。参见 Thomas Keirstead, "Inventing Medieval Japan: The History and Politics of National Identity", *Medieval History Journal*, 1:1 (1998), pp.47-71。

立在战前马克思主义历史学家所取得的成就的基础上,为研究明治时期的历史奠定了新的基础。①

在日本近代化学派的阵营中,研究欧洲经济史的专家大冢久雄(1907—1996)对日本经济从封建时期向近代的转变进行了考察。他在马克斯·韦伯的"理想类型"研究方法的启发下分析了每个时期的特征,证明了它们之间存在根本性的差别。他着意描述日本历史上阶段性的社会发展,表明他受到了马克思主义的影响。思想史学家丸山真男(1914—1996)发起了对德川时期日本的思想和文化的变化进行的研究。他提出的论点认为,日本的思想传统为二战前的军国主义和国家主义提供了"精神结构",由于它没有得到完全的改造,从而使得个人主义和自由主义等现代观念无法在日本的社会中深深扎根。②

有关日本在现代化进程中出现的失常,以致酿成20世纪初的军国主义和帝国主义的问题,日本的马克思主义者和近代化学派都到欧美的历史上去寻找现代主义"正常"和"成熟"的成长模式作为参照,并参考莫里斯·H.多布(Marice H. Dobb, 1900—1967)和保罗·M.斯威齐(Paul M. Sweezy, 1910—2004)的著作。在日本的马克思主义者那里,马克思

---

① 远山茂树:《明治维新》(东京,1951年);井上清:《日本现代史》(东京,1951年)。

② 大冢久雄:《近代化の历史の起点》(东京,1948年);Ôtsuka Hisao, *Max Weber on the Spirit of Capitalism*, tr. Kondō Masaomi (Tokyo, 1976); Maruyama Masao, *Studies in the Intellectual History of Tokugawa Japan*, tr. Mikiso Hane (Tokyo, 1974)。

的社会发展理论,即从奴隶制度向封建主义过渡,然后又向资本主义过渡,是他们分析日本历史的基本原则。例如,安良城盛昭(1927—1993)通过考察奴隶制度及其向封建制度的过渡而一举成名。为了识别出这一社会发展的动力,日本的马克思主义者还提出了"民众斗争"的观点,对农民起义和其他形式的群众运动予以关注,描述和解释历史的变化和进步。①

日本的马克思主义者和近代化学派在战后的年代结成联盟,这说明前者由于享有了前所未有的自由,现在可以更自由和更公开地与带有经验主义倾向的同行们以及日本主流历史学界交流思想并进行合作。而对于近代化学派来说,尽管有这场战争,他们自己的事业还是得到了发展,因为他们的研究兴趣在军国主义政府看来毕竟不像马克思主义者的研究那样有那么大的害处。战后,这两个学术群体互相合作,写出了日本历史的一些重要丛书,其中最著名的是由日本卓有声望的学术出版社岩波书店推出的《岩波日本历史讲座》。

战后日本史学的活跃还表现为一些历史学会的恢复和成立。马克思主义者在这方面再一次起到了先导作用。1946年,石母田正和远山茂树等人对1932年成立但后来在1944年军国主义统治下被迫解散的历史学研究会进行重组。重组

---

① 安良城盛昭:《日本封建社会成立史论》,东京,1984年;又参见永原庆二:《20世纪日本の历史学》,第145—166、178—180页。

后的新研究会还设立了历史教育分会,其成员致力于消除"帝国历史学派"在历史教学和教科书写作上的影响。其他历史学家的组织也在战后纷纷成立。日本史研究会是其中的突出事例,因为它的发起者主要是业余历史学家,而这个学会是为他们服务的。所有的学会都创办了自己的刊物。与此同时,一些老刊物,例如1889年创刊的《史学杂志》也发生了变化,迎合了更年轻一代历史学家的新兴趣。到1950年,日本历史学家为了重新加入国际历史学会议(International Congress of Historical Sciences,CISH),成立了日本历史学研究会,目的是协调所有已经成立的历史学会。1960年,日本历史学研究会在战后第一次派出代表团参加在斯德哥尔摩举行的第十届国际历史学会议。从那以后,日本历史学家定期地参加国际历史学会议每五年举行一次的会议,并在它的组织和活动中发挥了积极的作用。①

马克思主义史学在中国大陆的主导地位

如果说马克思主义学派和历史组织的复兴标志着战后日本史学的进步,那么,在战后的中国史学中也可以看到同样的趋势。不过,它们之间存在着重大的差异。中国在第二次世界大战中取得了对日本的艰苦胜利以后,成功地收复了台湾,

---

① 见国际历史学会议日本国内委员会编:《日本における历史学の发达と现状》(东京,1959年);永原庆二:《20世纪日本の历史学》,第193—195、292页。

并在中国大陆收回了外国势力范围的主权。以蒋介石为首的国民党政府尽管有美国的援助，仍然无力迅速恢复经济，从而导致了社会动荡和政治抗议。中国共产党在战争期间和战后取得了民心，又有苏联的援助，成功地把他们的根据地从东北扩大到了国内其他地区。在接踵而至的国共之间的国内战争中，毛泽东（1893—1976）领导的共产党取得了胜利。在把蒋介石以及他的残余军队赶到台湾以后，毛泽东于 1949 年宣告中华人民共和国成立。

中国的权力转移对中国史学的发展产生了重大影响，尤其是导致了大陆已经陷入重围的"史料学派"彻底瓦解。蒋介石垮台后，胡适、傅斯年和其他学术界的领袖由于不相信共产主义，去了台湾、香港以及西方。但是，他们的许多同行和助手，包括顾颉刚和陈寅恪（1890—1969），由于对蒋介石的极度失望，更出于对中国文化的留恋，留了下来。陈寅恪在历史和语言研究所时是傅斯年的得力助手，也是一位已经成名的历史学家。傅斯年到了台湾后出任 1928 年由日本人创办的台湾大学的校长，把台湾大学当作基地，以期复兴"史料学派"。"史料学派"的另一个基地则是傅斯年跟着国民党撤退后带到台湾岛的历史和语言研究所。虽然傅斯年于 1950 年去世，但他的努力并没有白费。这个学派在台湾的历史学界取得了统治地位；胡适担任"中央研究院"院长，下辖历史和语言研究所。"中研院"的地位在 1958 至 1962 年期间还得到加强,影响也有所扩大。①

然而,中国大陆是马克思主义历史学家的天地。中国共产党的领袖们取得胜利后旋即成立了中国科学院,由研究古代中国的马克思主义历史学家郭沫若(1892—1978)担任院长。成立中国科学院的目的是为了与台湾的"中研院"竞争,部分地照搬了苏联科学院(Академия Наук)的模式。从20世纪50年代初到60年代初,中国历史学家把苏联的马克思主义史学视为榜样,紧跟不舍。他们邀请苏联历史学家担任科学院和多所大学的顾问和导师,翻译苏联历史学家的著作,其中包括名义上由斯大林撰写的党的宣传品《辩证唯物主义与历史唯物主义》(*Dialectical and Historical Materialism*)和《联共(布)党史简明教程》(*A Brief Course on the History of the Soviet Communist Party*)。专门刊登翻译苏联历史学家论著的杂志相继问世。总之,讨论马克思主义历史理论和史学的苏联著作与马克思、恩格斯、列宁和毛泽东的著作一道被放在受人崇敬的位置上。

中国历史学家对苏联马克思主义史学的热情反映了这一时期两国之间的友谊。不过,中国的马克思主义者在报以热情的同时,也亟望做出自己独有的贡献,因为他们是从不同的方向而不是仅从苏联那里得到了马克思主义,例如郭沫若由

---

① Q. Edward Wang, *Inventing China through History: The May Fourth Approach to Historiography* (Albany, NY, 2001), pp. 199-202;王晴佳:《台湾史学五十年(1950—2000)》,台北,2002年,第3—42页。

于在日本住过相当长的时间,第一次是20世纪头十年,后来是在30年代,因此对河上肇等日本人写的马克思主义著作更为熟悉。在马克思主义社会发展理论的启发下,郭沫若把他的研究重点放在证明中国古代确实存在过奴隶制度,以及描述它后来向封建制度的转变上。他的研究与安良城盛昭颇为相似。但是,郭沫若对史料的运用,又受到了"史料学派"所养成的经验主义气质的影响。更具体地说,郭沫若继承了王国维和其他中国古代史的学者所开创的研究,拿文字史料与新发现的商代甲骨文进行比较。从30年代开始,作为一名已经成名的重要的马克思主义者,郭沫若因其识别和解读甲骨文这种古代文字的能力,逐步获得了甲骨文研究这一高度专门化领域中的专家声望。①

虽然中国和苏联的历史学家都是马克思主义者,但郭沫若提出的中国古代奴隶制向封建制过渡的理论在发生时间的问题上却与研究中国史的苏联专家有分歧。这就是说,虽然他们都坚持马克思的社会历史发展阶段论是可以普遍适用的,但对于中国奴隶制度向封建制度的转变发生于何时,却无法达成一致;有趣的是,即使是在中国历史学家之间,也是各执己见。郭沫若认为奴隶制度向封建制度的过渡发生在周朝(公元前11世纪—前256年)末年,而曾经到延安参加革命的

---

① 参见郭沫若:《中国古代社会研究》(北京,1989年);《商周古文字类纂》(北京,1991年)。

资深马克思主义者范文澜(1893—1969)却认为它的发生比这还要早几个世纪。他们的分歧引发了马克思主义历史学家之间一场严肃的讨论,因为这涉及了马克思主义历史理论能否应用于解释中国历史这一更大的问题。此外,范文澜还提出了一个假设,中国在公元前221年秦王朝统一时国家开始形成,而过去公认的观点认为,根据欧洲的历史经验,民族国家是到了近代才开始出现的。斯大林在《马克思主义与民族、殖民地问题》中对这一观点表示赞同并做了进一步的发展。范文澜强调中国的国家形成早于世界上的其他地区,实际上是想对西方历史的普遍性提出质疑,并歌颂中国历史的独特性和悠久性。①

因此,中国大陆的历史学家既是马克思主义者又是民族主义者;虽然他们的国家毫无疑问地走向社会主义的方向,并决心在冷战的划分中成为苏联集团的一员,但中国的马克思主义历史学家在提出中国史和世界史的新解释时并不盲从苏联的同行。他们的著作因充满民族主义的激情而表现出了活力,与那些受民族主义驱使的非马克思主义同行们一样。然而,中华人民共和国成立以后,非马克思主义历史学家却面临

---

① 参见范文澜:《中国通史简编》(北京,1956年);Q. Edward Wang, "Between Marxism and Nationalism: Chinese Historiography and the Soviet Influence, 1949-1963", *Journal of Contemporary China*, 9:23 (2000), pp. 95-111。参阅 Albert Feuerwerker, ed., *History in Communist China* (Cambridge, MA, 1968); Dorothea Martin, *The Making of a Sino-Marxist World View: Perceptions and Interpretations of World History in the People's Republic of China* (Armonk, NY, 1990)。

着许许多多的困难。他们被要求进行似乎永无完结的"思想改造"。他们当中有许多人付出了努力去接受和适应新的意识形态,而且往往是真诚和严肃的。但是,他们依然难以得到党的信任。例如,顾颉刚在50年代初被调到北京的中国科学院工作,担任历史所的研究员。但是,他在这一时期被允许并被要求做的"研究"主要是没完没了地对他与他的导师、现在被马克思主义者所厌恶的胡适的"不正当"友谊和在宣扬"史料学派"中的合作进行自我批评。①

陈寅恪也是一名非马克思主义历史学家,处境略好一些。他曾在欧美求学多年,接受过现代教育,懂多国语言,取得了现代杰出的"考据家"的声誉。陈寅恪除了接受过西方教育外,还出身于一个著名的文学世家,从小受到中国古典经学的扎实训练。1926年回国以后,陈寅恪讲授中国佛教和唐史。他的博学不仅得到他的学生,也受到同事和同行的钦佩。50年代初,中国科学院与他接洽,请他出任历史研究所第二所的领导职务。陈寅恪婉言谢绝了。政府对他依然保留着兴趣,甚至为他的研究配备助手,因为他那时已经失明。陈寅恪在五六十年代继续发表他经过潜心研究而取得的成果。但是,由于他似乎还得以保持非马克思主义的立场,致使他大大地

---

① Ursula Richter, "Gu Jiegang: His Last Thirty Years", *China Quarterly*, 90 (Jun. 1982), pp. 286-295;顾潮:《历劫终叫志不灰——我的父亲顾颉刚》(上海,1997年);王学典、孙延杰:《顾颉刚和他的弟子们》(济南,2000年)。

失去了对历史学界的影响。①

尽管陈寅恪驾驭多种文字的史料的能力确实令人敬佩，但他的研究再也不能吸引五六十年代中国大陆历史学家的兴趣。他们除了对历史分期和中华民族起源进行讨论外，还热衷于研究农民起义。再加上封建土地所有制的变迁以及所谓的明清时期"资本主义萌芽"的研究共五个研究主题，当时被称作"五朵金花"，占据了中国大陆马克思主义史学的统治地位。这些研究工作是为了说明马克思主义理论可以应用于中国历史的研究，马克思主义的理论框架与保存在大量历史文献中的中国历史知识之间不一致的地方完全被忽视了。例如，为了突出农民起义在历史上的作用，马克思主义历史学家为了寻找对他们有用的记载，对各个王朝的史料进行精心的筛选。他们从以农民为中心的观点出发去重现历史，从而摒弃了"史料学派"的精英观点以及朝代史以君主为中心的传统。② 像日本的马克思主义历史学家一样，这种"群众斗争"的研究方法目的在于把马克思主义的阶级斗争理论扩大到历史的写作上去。

中国与苏联的"蜜月"为时不长。赫鲁晓夫的非斯大林化的计划使中国共产党的领导人感到震惊。60 年代初，两国关系开始恶化。毛泽东更多的是从个人的角度对赫鲁晓夫在

---

① 陆键东：《陈寅恪的最后二十年》（香港，1996 年）。

② Wang, "Between Marxism and Nationalism"，参见 Feuerwerker, *History in Communist China*。

斯大林死后对其名誉采取的做法感到担心。为了防止同样的事情发生在自己的身上,他在1966年发动了"无产阶级文化大革命",利用青年学生揪出和打倒党内的"赫鲁晓夫"。这一到毛泽东去世后才得以结束的政治动荡使历史研究陷于瘫痪。事实上,正是毛泽东组织的针对吴晗(1909—1969)的历史剧《海瑞罢官》而开展的严厉的文学运动拉开了"文化大革命"的序幕。吴晗曾经追随过胡适,是著名的明史专家,40年代末加入共产党以后,担任北京市副市长。吴晗的一生所发生的转变一度被中国大陆的非马克思主义历史学家视为榜样。但是,他写的剧本显然激怒了毛泽东。作为毛泽东发动的这场运动的第一个牺牲品,吴晗的去世预示着他的同辈乃至整个民族将要经历中国历史上长达十年(1966—1976)之久的苦难历程。①

对马克思主义史学和欧洲中心论的挑战

在日本,非斯大林化引起了马克思主义史学新的发展。冷战的出现带来了所谓的"开倒车",工人运动和共产党的活动被取缔,导致了政治保守主义的回潮。1960年,日本社会党和其他左翼组织以及激进学生未能成功阻止《日美共同合作和安全条约》的获批。政治氛围以此为标志发生了

---

① Tom Fisher, "'The Play's the Thing': Wu Han and Hai Rui Revisited", in Jonathan Unger, ed., *Using the Past to Serve the Present* (Armonk NY, 1993), pp. 9-45.

变化，日本共产党和马克思主义历史学家进行了大量的自我批评，并用新的眼光审视他们在日本史研究上做的工作。例如，在有关昭和时期（1926—1989）的历史辩论中，马克思主义历史学家受到了非马克思主义历史学家的批评，指责他们曾经教条地使用阶级斗争的理论。批评者指责说，马克思主义史学把重点放在研究历史的结构变化上，结果忽视了人民真实的生活经历，就是说，当马克思主义历史学家打算从"群众斗争"的角度考察历史的时候，在他们的历史叙事中却往往不去描述真正的群众生活发生了什么真实的变化。

昭和史辩论对日本历史学界的马克思主义史学的进步有广泛的意义。马克思主义历史学家在批评者的激励下从各种不同角度去考察历史上发生的变化，对马克思主义历史理论的基础，即社会发展理论，开始产生怀疑。他们注意到，从奴隶制度向封建制度以及向资本主义制度的连续过渡固然可以概括世界历史的演变，但这一进步并不总是单线的，或只有一个方向。他们有时提出，两种或更多的生产方式（即封建制度和资本主义制度）以及阶级关系（即农民与地主的关系以及工人与资产阶级的关系）在某个时期会共存。此外，在某个具体区域，历史演变往往会有自己独有的特征，而这种特征是其本身和周围地区独有的因素造成的。[1]

---

[1] 永原庆二：《20世纪日本の历史学》，第169页以降。

这些讨论开辟了新的前景,丰富了史学中的马克思主义研究。更重要的是,或许是第一次,他们开始了对欧洲中心论的批判,而欧洲中心论在意识形态上产生的重大影响,为马克思主义史学和近代化学派史学提供了基础。正如前面所提到的,近代化学派的历史学家往往是接受过西方教育以后再回国发展欧洲史教学和研究的事业。作为马克思主义历史学家,他们倡导马克思主义的历史理论,并以欧洲的历史经历为依据,参照欧洲的历史著作,提出了他们对日本历史的解释。大冢久雄的著作就是典型例子。他使用马克斯·韦伯的方法,通过他的研究来着重证明,与欧美的"正常"的现代化相比较,日本所获得的却是"被扭曲了的现代性"。虽然他的著作揭示了那些导致日本帝国主义兴起的社会和经济因素,但在论及亚洲历史的"落后和停滞"时却一再重复欧洲中心论的腔调。① 江口朴郎(1911—1989)等马克思主义历史学家在新的批判精神的鼓舞下对近代化学派的这一论点提出了质疑。为了寻找代替欧洲中心论的研究方法,他们现在把日本的历史置于东亚的背景下,做了更有说服力的比较。例如,研究中国的学者竹内好(1910—1977)甚至提出,战前日本在现代化的努力上遭遇的惨败,应当让历史学家睁开眼睛,看到中国现代历史的进步性,例如,中华人民共和国自成立起,就以

---

① Sebastian Conrad, "What Time is Japan? Problems of Comparative (Intercultural) Historiography", *History and Theory*, 38:1 (1999), pp.67-83.

打破偶像的态度对待传统并反对传统。①

但是,在整个60年代,日本的许多历史学家似乎依然相信,西方的现代化模式提供了榜样,而他们国家的历史却背道而驰,应当对此加以分析和比较。当日本的经济进入爆炸式增长时期后,这个国家突然被推到了先进工业国家的行列,日本历史学家被西方学者提出的"现代化理论"所吸引。在约翰·W. 霍尔(John W. Hall,1916—1997)、E. 赫伯特·诺曼(E. Herbert Norman,1909—1957)和罗纳德·P. 多尔(Ronald P. Dore,1925—)等美国的日本研究专家的成就鼓励下,他们在1960年组织了"现代日本国际研讨会"。与会者在会上对以下问题达成了一致的看法:第一,从明治维新开始的日本现代化进程是成功的;第二,这一成功的现代化为日本战后明显的经济扩张铺平了道路。② 换句话说,历史学家们现在不再把日本在明治时期、大正时期和昭和时期初年的现代化看作是一场导致了军国主义和帝国主义的失败,相反,他们用一种更加肯定并被拔高了的目的论去看待这个国家的过去。

像马克思主义者的研究群体一样,以大冢久雄为首的近代化学派因为强调日本属于"反常的现代化"而受到越来越多的审查。批判他们的人许多都在京都大学任教,而大冢久

---

① 永原庆二:《20世纪日本の历史学》,第173—185页;Takeuchi Yoshimi, *What is Modernity? Writings of Takeuchi Yoshimi*, tr. Richard Calichman (New York, 2004)。

② 永原庆二:《20世纪日本の历史学》,第199—202页。

雄一生的声望却是在东京大学建立起来的。他们向大冢久雄提出挑战也反映了现代日本这两所最强大的学术机构——京都大学和东京大学之间的争斗。一度有很大影响的"京都学派"似乎在60年代重新恢复了活力。它的成员不再像战前那样以哲学系毕业的学生为主。就其对历史研究的影响而言，主要是靠从生物系毕业的人类学家今西钦二（1902—1992）和历史学家兼人种史学家梅棹忠夫（1920—　）的著作，虽然他们二人都深受西田几多郎的哲学理论的影响。比起马克思主义和近代化学派的决定论，这些学者对人类在历史演进中发挥的作用以及人类与周边生态环境的相互影响更为关注。他们的理论意味着日本的文明进程可以从另外的角度加以解释，例如把日本的文明视为海洋文明而不是大陆文明，把它与邻国的文明相区别，从而对忽视了地区差异和历史特殊性的马克思主义理论和现代化理论的普遍适用性提出了挑战。①

著名女社会学家中根千枝（1926—　）的著作也以从积极的角度描述日本的文化和历史为特征。她把现代日本社会和文化的特征与中国和印度社会相对比，希望对日本的经济成功做出解释。② 家永三郎（1913—2002）所编写的大学教科书和中学教科书由于在描绘日本的现代史时没有持比较肯定的立场，因而受到文部省的审查。直到2007年，日本教科书

---

① 川胜平太：《文明的海洋史观》（东京，1997年）。
② 例如，参见 Nakane Chie, *Japanese Society* (Berkeley, CA, 1970)。

的编写依然需要得到政府的同意,家永三郎的教科书没有取得许可,因此被禁止发行。他为此不得不多次把文部省告上法院,以便重新发行。相反,林房雄(1903—1975)在同一时期写的关于第二次世界大战时期亚洲的新著对日本的侵略行径轻描淡写,却得以获准出版。这绝非巧合。① 总之,日本的历史学在20世纪60年代初经历了一个双重的发展。一方面,马克思主义史学经过积极的转变后,促进了妇女史、地方史、民俗、大众文化和弱势群体的研究,但另一方面,日本的经济繁荣以及日本在冷战政治中的重要性增强,更年轻一代的日本历史学家和整个社会受到了鼓励,更加不愿意用批判的眼光审视这个国家的过去。

越南的学院派史学:在马克思主义和民族主义之间

社会主义集团领导权的变化也影响到亚洲其他国家的马克思主义史学的发展,虽然这种影响在国家之间存在着程度上的差异。例如,斯大林去世以后,北方的越南民主共和国(北越)依然保持着对苏联和中国的友好关系,并获得了它们的援助。然而,北越历史学的实践却在后斯大林时期发生了明显的变化。北越历史学家像苏联和中国的历史学家一样在政府的主持下从事马克思主义的史学研究。早在1953年给

---

① Nozaki, *War Memory, Nationalism and History in Japan*;林房雄:《大东亚战争肯定论》(东京,1970年)。

予法国殖民地政府以致命的打击之前,胡志明(1890—1969)和越南劳动党的其他领导人就组织了一个文学、历史和地理研究委员会,并在该委员会中专门设立考古部。这个委员会的主要任务是编写越南的历史,1959年该委员会更名为"历史研究所"就是一个明证。但是,这部新历史的编写经历了近三十年的时间。越南的马克思主义历史学家像中国一样,也因马克思主义的理论框架与他们国家历史发展之间存在的差异而感到为难。为了使越南的发展与马克思归纳的"普遍"的历史演变过程相一致,他们对越南的历史分期方法展开了热烈的讨论,而讨论的目的是要从越南过去的历史中找出五个阶段的转变。为了做到这一点,他们着重参照斯大林的《马克思主义与民族、殖民地问题》一书,因为与马克思的说法相比较,斯大林在这五个阶段(原始共产主义、奴隶制、封建制、资本主义和社会主义/共产主义)普遍存在的问题上持有一种更坚决的立场。直到斯大林去世以后在非斯大林化的冲击下,越南的大多数马克思主义历史学家才同意对斯大林的论点进行某些修正是必要的。例如,有人认为越南的历史没有经历过奴隶制阶段,而是从原始共产主义直接过渡到封建制。在20世纪70年代末和80年代初,当这部历史终于问世时,作为其解释体系的五个阶段的理论被完全抛弃了。[①]

[①] 散见 Patricia M. Pelley, *Postcolonial Vietnam: New Histories of the National Past* (Durham, NC, 2002)。

不过,朝代史的传统和法国殖民主义的遗产依然是严重的挑战,因为这两者都是建立新的民族主义历史叙事的障碍。在吴士连写的《大越史记全书》这样一些朝代史的著作中,人们可以看到越南早期形态的民族主义,例如,吴士连把越南的诞生追溯到公元前 2879 年,是为了证明它早于中国的夏代(约公元前 2207—前 1600 年)。然而,越南的朝代史典籍总的来说充满了中国尤其是儒家的影响。与此同时,这些史料,包括中国的一些断代史,对于越南马克思主义历史学家编织越南从古至今的连续历史来说,依然是不可缺少的。此外,有关中国在传统上对越南产生的巨大影响也成为一个有争论的问题,因为无论是法国的东方学家还是受到西方影响的越南作家都给越南贴上了"可怜地"照搬中国的标签。更严重的是,在 1976 年这个国家统一之前,殖民主义学派的代表作,陈重金的《越南简史》一再重印,而在马克思主义历史学家看来,陈重金的著作是"封建殖民主义"的典型,带有传统的结构和亲法立场。陈重金之所以成为被攻击的目标还因为他在 20 世纪三四十年代曾经与法国和日本殖民者有过合作。①

因此,越南的马克思主义史学明显带有民族主义的基调,为了证明越南人一直保持着抗击侵略者的独特的光荣历史,

---

① 散见 Patricia M. Pelley, *Postcolonial Vietnam: New Histories of the National Past* (Durham, NC, 2002), pp. 32-34, 36-40.

越南的历史学家们决定,在他们的国家,封建时期的起点应当以公元40年抗击中国汉朝军队的二征姐妹起义为标志。他们还使用了一次里程碑式的胜利来结束越南的封建时代,那就是1945年他们的国家打败了日本。尽管这样一个封建时代长得难以置信,但他们指出,这段历史证明了越南为世界革命提供了"光辉榜样",因为越南是通过一场革命打败了殖民主义强国从而建立社会主义的唯一国家。事实上,历史的悠久性正是他们所希望的,因为这恰恰可以证明,与东方学家以及二战前的历史学家的说法相反,越南并非中国的文化殖民地,越南人不仅可以而且确实建立了独立的国家,而且它的建立甚至比中国还要早。因此,吴士连提出的关于公元前2879年文朗在越南建国的含糊说法依然有相当大吸引力。它推动了越南今天的历史学家和考古学家寻找证据来支持这一说法。①

朝鲜民族史学的复兴

二战以后的朝鲜史学发展也以民族主义为特征。1945年日本投降后,朝鲜人获得了独立,但他们的国家至今仍处于分裂之中,而这一分裂是冷战格局的反映和延伸。尽管在南

---

① 散见 Patricia M. Pelley, *Postcolonial Vietnam: New Histories of the National Past* (Durham, NC, 2002), pp. 62-63。参见 Nguyên Thê Anh, "Historical Research in Vietnam: A Tentative Survey", *Journal of Southeast Asian Studies*, 26:1 (March 1995), pp. 121-132。

北朝鲜的政府之间存在着意识形态上的差异,但这两个国家的历史学家面临着同样的殖民地遗产,因此对于重建新的历史叙事这一同样的计划基本上表示赞同。这样的历史叙事必须突出独立的朝鲜历史的悠久性以及朝鲜人民不屈不挠的精神。因此,檀君立国的神话成为了历史学家和考古学家关注的焦点。其原因有二:首先,它是由申采浩等朝鲜著名的历史学家提出的观点,目的在于反驳日本人对朝鲜历史和文化的轻视。其次,檀君教或檀君崇拜在今天的南朝鲜(韩国)依然极为流行。它把檀君视为神和大救星,对现代的朝鲜人来说,是他们在日本殖民统治时期发动强大的抵抗运动的基础。檀君的传说在北朝鲜也有很大的吸引力,因为著名的马克思主义历史学家白南云运用了檀君神话来分析和描述朝鲜的古代社会,从马克思主义的观点出发,把它看作朝鲜存在原始共产主义的例证。北朝鲜立国以后,白南云担任教育部长和朝鲜科学院院长等显要的职位。1993—1994 年,当北朝鲜的最高领导权从金日成转移到他的儿子金正日手中时,北朝鲜的考古学家正在平壤附近对传说中的檀君陵从事发掘工作,并适时地宣告发现了檀君和他母亲(一头母熊)的遗骸。此外,他们还使用电子自旋共振(ESR)的方法把檀君的时代从公元前 3 千纪向前推至公元前 5 千纪。[1]

---

[1] Hyung Il Pai, *Constructing "Korean" Origins: A Critical Review of Archaeology, Historiography, and Racial Myth in Korean State-Formation Theories* (Cambridge, MA, 2000), pp. 268-270.

对这些发现,韩国历史学家提出了质疑。但是,对于把檀君当作朝鲜民族祖先来信仰,他们同样热衷。事实上,尽管现有的文字历史记载不早于公元前1世纪,与关于檀君时代的传说有明显的出入,朝鲜历史学家和历史教科书依然把檀君的故事写进了朝鲜的叙事史。朝鲜的学生今天得到的说法是檀君在公元前2333年建立了朝鲜国,朝鲜人是上天的选民,因为申采浩和崔南善早在20世纪30年代就提出过,檀君的父亲是上天所生。① 自20世纪60年代开始,韩国开始走向现代化。现代化理论对韩国的民族主义史学颇有影响,使其史家试图从朝鲜半岛的过去中寻找现代历史发展的因素。但这一企图也带来不少争议。有些史家选择强调反殖民和民族主义的叙述,而另一些史家(他们在政治上往往比较亲美)受到了后殖民主义理论的启发,主张从后民族主义的立场重写历史,其中底层"民众"(minjung)应该在这一历史叙述中占据一个中心位置。②

从20世纪70年代初开始,民族主义也重新对日本史学发展产生影响,只是方式不同。由于日本惊人的经济增长,日本历史学家这时似乎走出了战后用悲观的态度看待他们国家历史的阴影。日本在古代和中世纪的建国和王朝兴替吸引了

---

① Hyung Il Pai, *Constructing "Korean" Origins: A Critical Review of Archaeology, Historiography, and Racial Myth in Korean State-Formation Theories* (Cambridge, MA, 2000), pp. 57-58.

② 参见 Henry Em, "Historians and Historical Writing in Modern Korea", in *Oxford History of Historical Writing*, vol. 5, pp. 659-677。

历史学家的兴趣。马克思主义历史学家的著作也一扫严厉批判的特征,有了更深入和更平衡的分析,并用同情和浪漫的口气加以渲染。一度声名狼藉的天皇制度也重新引起了历史学家的兴趣。它不再被视为日本的"痼疾"之一,而是更多的被看作理解日本独特的政治结构和制度的途径。[①]

日本史学的这一新方向最明显地体现在历史教育和教科书编写的变化中。在今天的日本,教科书市场向所有的出版社开放,但文部省仍保留审订教科书内容的职权。在最近流行于历史学界和广大公众的"重评[我们的]历史"和"反省[我们的]历史"的口号推动下,有些历史教科书,尤其是1999年由西尾干二(1935—)编写并由一家保守的出版社出版的《国民的历史》,用修正后的观点看待日本的现代史,掩盖这个国家在亚洲发动第二次世界大战的罪责以及日本军队对中国、朝鲜和其他国家的人民犯下的种种暴行。尽管西尾干二的著作带有"新史学"的倾向,但所占的市场份额并不大。然而,它在一般的书店里很畅销。作者对待战争和日本现代史的立场对其他历史教科书的作者产生了影响。[②] 从更广泛的角度来谈,这些粉饰日本在二战中所犯下的罪行做法的出现,又与战后日本政客和一些学院人士所宣传的日本作为战争"受害者的心理"相关。他们强调广岛和长崎被核武器炸

[①] 永原庆二:《20世纪日本の历史学》,第247—257页。
[②] 同上书,第264—285页;西尾干二:《国民的历史》(东京,1999年); Nozaki, War Memory, *Nationalism and History in Japan*。

毁、日本整个国家又在战后为美国占领，然后以这些为借口，指出"日本民族是这场战争的真正受害者"。上述现象有助日本的民族主义和修正主义史家影响今天日本的公众舆论。①

年鉴学派、后现代主义和日本史学的新变化

20世纪70年代以后的日本史学采取的新方向表明它受到了后现代主义及法国年鉴学派和社会史等西方史学趋势的影响。在经历了二十年的经济扩张以后，日本经济虽然位居其他许多工业国家之上，但现在也开始看到了他们的国家为现代化付出的代价，例如环境污染、城市密度过高、高犯罪率、道德水准下降以及农村荒废等等。在后现代主义讨论的影响下(70年代以后，"后现代"一词在日本学术界和新闻媒体上不胫而走)，历史学家在探索以"总体史"为特征表现过去的新方法时，付出了共同的努力。

日本的这种"总体史"与过去的马克思主义者和近代化学派以政治和经济为研究重点的做法有明显的不同，而且，他们的研究兴趣明显带有年鉴学派的烙印。确实，在1985—1999年间，翻译成日语出版的不仅有吕西安·费弗尔和马克·布洛赫的著作，还有费尔南·布罗代尔的名著《物质文明、经济和资本主义：15—18世纪》。在这本书的启发下，现

---

① Sebastian Conrad, "Japanese Historical Writing", *Oxford History of Historical Writing*, vol. 5, pp. 638-658；引语在 p.649。

代日本著述最丰的历史学家之一网野善彦(1928—2004)写出了一系列著作,其中包括研究日本中世纪社会的里程碑式的著作《日本中世的非农业民与天皇》。马克思主义历史学家的兴趣过去主要集中在地主与农民之间的阶级冲突上。与此相反,网野善彦的著作却以非农业人口为中心。他提供了中古日本社会的生动"画面"(像),把商人、工匠、渔民、铁匠、各色妓女等非农业人口的生活理想化。天皇也得到了一副慈祥的面孔,因为是他保证了这些人的合法地位。网野善彦把历史理想化的目的是希望对前现代的日本从更加正面的角度去理解,从而挑战过去的学术研究中那种公认的形象,这种形象只不过是服务于进步的历史和现代化。①

布罗代尔的杰作也激励了战后年代以松散的方式组织起来的"京都学派"著名经济史学家川胜平太(1948—　)。他提出如何看待日本历史的海洋史观,像他的前辈今西钦二和梅棹忠夫一样,他对日本周边的生态环境及其对日本的历史和经济发展产生的影响特别重视。他与京都学派的另一名成员滨下武志(1943—　)一道考察了西方人来到之前,推动亚洲的华夏圈内部贸易的动力,特别是日本与中国大陆的经济交流。②

---

① 网野善彦:《日本中世的非农业民与天皇》(东京,1984年)。
② 川胜平太:《文化力:日本的底力》(东京,2006年)。滨下武志和川胜平太:《亚洲交易圈和日本工业化,1500—1900》(东京,2001年)。他们的一些著作已译成英文,见 A. J. H. Latham and Heita Kawakatsu, eds., *Japanese Industrialization and the Asian Economy* (London, 1994) and idem., eds., *Intra-Asian Trade and the World Market* (London, 2006)。

这项研究导致他们对现代化理论提出质疑，认为现代化理论把资本主义或现代经济的扩张看成是从西方向非西方的单向通道。相反，京都学派的这些历史学家，就像安德烈·贡德·弗兰克和伊曼纽尔·沃勒斯坦一样，强调了亚洲在加入现代全球资本主义的过程中发挥的作用。1980年，角山荣（1921—2014）出版《茶的世界史》，就是这方面令人鼓舞和有说服力的例子。①

日本历史学家除了受到年鉴学派的影响外，还受到了英美的社会史和西德的社会科学历史学的影响。如果说60年代留学法国的二宫宏之（1932—2006）是年鉴学派的拥护者的话，那么，从德国回来的留学生阿部谨也（1935—2006）则在把德国的社会科学历史学引进日本的过程中起了推动作用。他在自己的著作中主张把"世间"（即市民社会或人类的世界）既当作历史的对象又当作一种观察角度来加以研究。②此外，西德社会科学历史学的著名学者于尔根·科卡和赖因哈特·科泽勒克以及法国年鉴学派的主要成员雅克·勒高夫（Jacques Le Goff, 1924—2014）应邀到日本讲学。尽管法国年鉴学派和德国社会科学历史学研究的方法略有不同，但正如二宫宏之所归纳的，他们一道推动了日本历史学家的研究兴

---

① 角山荣：《茶の世界史——緑茶の文化と紅茶の社会》（东京，1980年）。关于角山荣一生对近代化学派的批判以及"京都学派"的兴起，见角山荣：《生活史の発見——フィールド・ワークで見る世界》（东京，2001年）。

② 例如，参见阿部谨也：《"世间"论序说》（东京，2002年）；《日本人の歴史意識："世间"という視角から》（东京，2004年）。

趣向三个领域的转变:(1)从普遍性转向地方性的知识;(2)从抽象概念转向日常生活的世界;(3)把欧洲现代化的模式相对化。①

不过,当代日本历史研究之所以出现方向性的变化,外部影响并非唯一的因素,因为至少从60年代末开始,日本的历史学家就已经在认真地把他们的研究领域从政治史扩大到社会文化史,用他们的术语来说,即后来所称的"民众史"。这种新型历史学的倡导者安丸良夫(1934—2016)、色川大吉(1925—)和鹿野政直(1931—)虽然受到马克思主义历史理论的影响,但他们既非马克思主义历史学家,也从未在东京大学和京都大学等学术重镇任教。这些历史学家对经验主义的专题研究不感兴趣,更倾向于从全面的角度对日本现代化的正反两面进行分析。与此同时,对于马克思主义的研究方法,他们也不以为然,因为在他们看来,日本的马克思主义历史学家把历史客观化和非人格化了,把历史的动力简化为少数用预设的目标来表示的变量因素。相反,对这些历史学家的影响更大的倒是柳田国男对战前年代日本民俗的研究,推动他们去重现普通民众的日常生活和精神状态。② 因此,

---

① 永原庆二:《20世纪日本の历史学》,第219—220页。
② Carol Gluck, "The People in History: Recent Trends in Japanese Historiography", *Journal of Asian Studies*, 38:1 (Nov. 1978), pp. 25-50; Nagahara Keiji, "Reflections on Recent Trends in Japanese Historiography", tr. Kozo Tamamura, *Journal of Japanese Studies*, 10:1 (Winter 1984), pp. 167-183 及民众史研究会编《民众史を考える》(东京:校仓书房,1988年)。

"日常生活史"(在日本称作"生活史")和"心态史"(在日本称作"精神史")既是从德国和法国引进的,又是在日本的本土成长起来的。①

到 20 世纪末,日本史学出现了两种令人感兴趣的发展趋势。一是妇女史的迅速扩大;二是对弱势群体和社会贱民的历史和生活产生了越来越浓厚的兴趣。前面提到的 30 年代的高群逸枝所写的突破性的著作和 40 年代井上清的著作都表明妇女史领域的成长是与马克思主义史学的发展相伴随的。进入 70 年代以后,"民众史"和社会史的倡导者也同妇女史和性别史领域的学者合作。例如,鹿野政直对高群逸枝及其有关日本妇女生活的著作发生了兴趣。② 这一领域乃至整个历史研究领域的扩大还得益于今天在日本出现的一种新社会现象,即越来越多的日本妇女得以接受高等教育并从事专门的职业。与此相应,自 20 世纪 80 年代开始,日本不同的大学也给予妇女史和性别史愈来愈多机构上的赞助。马克思主义和民族主义思潮仍然占据主要的地位,但日本许多女性史家也受诸如朱迪·巴特勒(Judith Butler)和琼·斯科特等人推广的后现代主义、后殖民主义思想的启发。同时她们也关注和批评西方理论和日本现实之间存在的"鸿沟"。换言之,在对日本妇女的过去和当代的研究中,没有什么人只想全

---

① 广田昌希,"パンドラの箱:民众思想史研究の课题",酒井直树编:《历史の描き方:ナショナル・ヒストリーを学び捨てる》(东京,2006 年),第 3—92 页。
② 鹿野政直和堀场清子:《高群逸枝》(东京,1977 年)。

盘搬用西方女性主义的理论。①

过去的日本禁止公开讨论种族和人种的差异,因为这个国家自明治维新以来一直强调国内和国外在文化和民族上的和谐。直到战后,学者们才开始冒着风险去研究"贱民"(亦称"不可接触者")、"非人"等"底层"群体以及居住在日本的朝鲜人和中国人等少数人群的生活状况。这些群体有些居住在城市,也有一些居住在郊区,因此有关他们生活状况或种族史的研究与另一个正在繁荣的历史学新分支——城市史和日常生活史的兴起相关联。②

中国马克思主义史学的转型

20世纪70年代以来,中国的历史和史学也走上了新的道路。1976年毛泽东去世后,"文化大革命"宣告结束。1978年,中国的新领导人邓小平(1904—1997)发动了经济改革,谨慎地向世界(西方)打开了大门。当西方国家接受了对其先进科学知识十分渴望的中国留学生时,西方文化也趁机而入,进入了他们的课堂,并意外地获得了友好的听众。经过长达十年之久的动荡和自我封闭之后,中国的知识分子一方面在痛苦地总结"文化大革命"的历史经验,同时对刚刚重新发

---

① 参见 Hiroko Tomida, "The Evolution of Japanese Women's Historiography", *Japan Forum*, 8:2 (1996), pp. 189-203 和 Curtis Anderson Gayle, *Women's History and Local Community in Postwar Japan* (London, 2010)。

② 永原庆二:《20世纪日本の历史学》,第232—235、243—246页。

现的外部世界充满了好奇。

在这时已从中国科学院独立出来的中国社会科学院世界历史研究所的张椿年(1931—2017)和陈启能(1934—)于1978—1979年创办了《世界历史》和《世界历史动态》等杂志,目的不仅是为了推动外国史的研究,同时也向学习历史专业的中国学生介绍西方世界历史研究的新观念和新趋势。北京大学欧洲史教授张芝联(1918—2008)对欧美进行了访问,并邀请乔治·杜比(Georges Duby,1919—1996)、雅克·勒高夫、弗朗索瓦·傅勒、梯利夫妇、伊曼纽尔·沃勒斯坦、格奥尔格·伊格尔斯、林·亨特、小亚瑟·施莱辛格(Arthur Schlesinger,Jr.,1917—2007)、埃里克·霍布斯鲍姆和E.P.汤普森前往北京大学及其他大学和学术机构举行讲座。张芝联在巴黎访问了暮年的费尔南·布罗代尔之后,在中国成为年鉴学派的支持者。此外,中国历史学家自1980年开始,定期派出代表团出席每五年举行一次的国际历史学家大会。①

所谓的"文化热"讨论可以浓缩80年代中国的时代精神,其特征是热心于把外国文化引进中国并更新中国自己的文化传统。自从中国的各所大学向在"文化大革命"中失去学习机会的中国青年重新打开大门以后,这个国家出现了一次生机勃勃的文化复兴。在历史学领域中,新思想的涌入造

---

① Q. Edward Wang, "Encountering the World: China and Its Other(s) in Historical Narratives, 1949-1989", *Journal of World History*, 14:3 (September 2003), pp. 327-358.

成了马克思主义史学一统天下局面的瓦解。中国青年一代历史学家对西方史学中"新"研究方法的发展深有感受,对历史方法论展开了活跃的讨论,希望寻找新的方法替代马克思主义的研究方法。①

现代化理论虽然在世界上的其他地区已经遭到了批判,但在中国历史学界却非常热门,原因之一是这个理论对中国来说是一种"新"的理论,还有一个原因则是中国这时正如火如荼地行进在现代化的道路上。在追赶发达世界并补回"文化大革命"损失的时间的愿望驱使下,中国历史学家和学者努力研究这种理论,寻找有价值的教训,以指导他们较晚才开始的对现代性的追求。② 这一愿望得到了广大公众的赞同。1988 年,在一名原理科学生,后来却因发起历史方法论的讨论而出名的金观涛的领导下,一批青年学者筹拍了一部有关中国历史的电视纪录片《河殇》。他们在片中嘲笑中国的文化传统,呼吁全国同胞拥护西方模式的工业化和现代化。这套节目在中国中央电视台播出时,赢得了大批观众,非常走红,尽管节目中对传统的攻击激怒了政府,也引起了历史学界

---

① Q. Edward Wang, "Encountering the World: China and Its Other(s) in Historical Narratives, 1949-1989", *Journal of World History*, 14:3 (September 2003);又 Jing Wang, *High Culture Fever: Politics, Aesthetics, and Ideology in Deng's China* (Berkeley, 1996)。

② 罗荣渠的一系列有关现代化理论的著作是集中的表现。见罗荣渠:《中国现代化历程的探索》(北京,1992 年);《现代化新论》(北京,1993 年);《现代化新论续篇》(北京,1997 年)。

一些人的不满。①

1987年,中国社会科学院世界史研究所的陈启能及其同事创办《史学理论》杂志,1989年停刊。1992年春,该杂志更名为《史学理论研究》重新出版,至今仍发挥着将西方和其他地区历史学的新理论引进中国的渠道作用。

从20世纪90年代起,中国的学术氛围也发生了明显的变化。如果说中国学术界因重新发现了世界而感到兴奋是80年代的特征,那么,90年代则出现了经验主义学术研究的复兴,尤其表现为对清代的考证学传统以及民国时期"史料学派"的遗产重新产生兴趣。胡适、顾颉刚、傅斯年以及柳诒徵和钱穆重新获得了在中国近现代学术界的地位以后,成为了一些传记研究的主人公。陈寅恪则受到了特别的尊重。这不仅因为他兼有驾驭中国古代经典和西方现代学术的能力,还因为他在政治压力下坚持了对学术自由的自由主义信念,抵制了马克思主义的教条,在中国大陆的学者中是少有的榜样。在陈寅恪与胡适、顾颉刚、傅斯年曾任教的北京大学,陈寅恪的学生季羡林(1911—2009)、周一良(1913—2001)和田余庆因坚持经验主义学术研究的传统,在后毛泽东时代和后邓小平时代获得了很高的学术地位。目前,由于他们的学生,包括北京大学的魏晋南北朝史专家阎步克和研究隋唐史的学

---

① Wang, "Encountering the World", and Xiaomei Chen, *Occidentalism: A Theory of Counter-discourse in Post-Mao China* (New York, 1995).

者荣新江所做的工作,这一学术研究继续得到弘扬。①

伴随着经验主义学术研究的复兴,社会文化史成为了当代中国史学的主要趋势,有取代马克思主义学派地位之势。它的倡导者遍及全国,其中一些,包括广州中山大学的陈春声和刘志伟,与西方研究中国的学者展开了紧密的合作。此外,这些社会文化史学家与在中国香港、中国台湾、日本和欧美的华人历史学家一道工作。后者为人民大学杨念群教授主编的《新史学》杂志以及孙江和黄东兰在日本主编并得到旅美的中国教授王笛协助的"新社会史"丛书撰稿。社会文化史最初兴起于80年代末的"文化热"讨论,致力于把研究重点从阶级斗争转向普通民众的生活和文化。但是,至少正如前面提及的出版物所显示的,它近来的发展说明这一研究领域的实践者对西方与后现代主义和后殖民主义相联系的史学发展产生了浓厚兴趣。这批历史学家倡导历史学与人类学、心理学、文学建立联盟,从而推动了妇女史、性别史、地方史、文化研究、符号学分析和心理分析的发展。②

---

① 参见 Qu Lindong, "Historical Studies in China: the Legacy of the Twentieth Century and Prospects for the Twenty-first Century", *Chinese Studies in History*, 38: 3-4 (Spring and Summer, 2005), pp. 88-113;王学典:《近五十年的中国历史学》,《历史研究》2004 年第 1 期,第 165—190 页;侯云灏:《20 世纪中国的四次实证史学思潮》,《史学月刊》2004 年第 7 期,第 70—80 页。

② 杨念群等主编:《新史学:多学科对话的图景》(北京,2003 年);孙江主编:《新社会史:事件、记忆、叙述》(杭州,2004 年),黄东兰主编:《新社会史:身体、心性、权力》(杭州,2005 年);王笛主编:《新社会史:时间、空间、书写》(杭州,2006 年)。参见 Q. Edward Wang, "Historical Writings in Twentieth-century China: Methodological Innovation and Ideological Influence", in Rolf Torstendahl, ed., *An Assessment of Twentieth-century Historiography* (Stockholm, 2000), pp. 43-69,特别是 pp. 62-66。

总之,马克思史学一度在整个东亚和东南亚有很大影响,而这一影响在70年代以后明显地减弱。在这些地区,民族主义的影响依然是一贯而强大的。在民族主义的推动下,亚洲的史学家做出了不懈的努力,通过历史著作和教科书的写作来维护民族尊严和自信,有时也因此引起了各国之间的争论。① 此外,由于全球化的迅速推进,这个区域的历史学家开展了活跃的全球性对话,其程度超过了以往任何时候。然而,政府组织下的集体官修史学作为这个区域史学实践的独有特征依然表现得非常活跃。最近在中国启动的清史工程的宏伟计划就是一个明显的例子,如同前面提到的,越南所实施的编写标准的国家叙事史的同样做法,在日本也可以看到,但日本的这项工作主要是在地方和州县的层次上进行。② 这种"新"与"旧"的交错是现代东亚和东南亚地区史学发展的特征,而且很有可能长期持续下去。

二 伊斯兰教和伊斯兰史学在冷战及以后的发展

伊斯兰史学的全球化

本书关于近现代伊斯兰史学的讨论,到目前为止,涉及的

---

① Edward Vickers and Alisa Jones, eds., *History Education and National Identity in East Asia*(New York, 2005)和 Laura Hein and Mark Selden, eds., *Censoring History: Citizenship and Memory in Japan, Germany, and the United States*(Armonk, NY, 2000)。

② 见"*Qingshi*(Qing History): Why a New Dynastic History", *Chinese Studies in History*, 43:2(2009/10)和 Masayuki Sato, "The Two Historiographical Cultures in Twentieth-century Japan", in Torstendahl, *Assessment of Twentieth-century Historiography*, pp.33-42。

只能是那些生活和工作在中东的伊斯兰历史学家(虽然我们也提到了叙利亚的基督教知识分子做出的贡献,有时也提到欧洲的东方学家的努力,并认为他们与穆斯林进行的对话起到了辅助作用)。但是,当我们的讨论涉及第二次世界大战以后,特别是20世纪70年代以后时,这样的做法就再也行不通了,因为越来越多出生于中东的历史学家在西方学术界从事着长期或短期的工作。目前仍在研究岗位上的许多穆斯林历史学家,像印度的历史学家一样,也许在一定的程度上也像东亚的历史学家一样,不仅在求学的年代接受了西方教育,而且在推动西方的中东研究中发挥了领导作用。这种情况在他们的老师那一辈身上非常少见。

可以肯定的是,这一变化反映了全球化对世界各地的冲击。不过,对于中东来说,它的特殊之处在于这个地区自17世纪末以来一直保持着与西方的文化交流。近几十年来,美国和欧洲一些国家的高等教育机构中,外国留学生数量明显增加,其中一些留学生来自中东。他们不仅选择了接受西方的教育,还选择了"留在那儿并在大学谋求教职",因为"在他们的祖国,政治、经济和社会问题往往使得这种留下来的选择不仅有吸引力,而且几乎是不得已而为之"。① 此外,由于地理位置上的邻近,中东受到了西方文化的强烈影响,其中不仅

---

① R. Stephen Humphreys, "The Historiography of the Modern Middle East: Transforming a Field of Study", Israel Gershoni, Amy Singer, and Y. Hakan Erdem, eds., *Middle East Historiographies: Narrating the Twentieth Century* (Seattle, 2006), p.27.

包括法国殖民主义施加了十分强大影响的马格里布地区,还包括马什里克地区(Mashriq,即中东地区。——译者)和安纳托利亚地区。土耳其著名的历史学家哈利尔·伊纳尔哲克(Halil Inalcik,1916—)长期在安卡拉大学、芝加哥大学和哈佛大学任教。在一次采访中,他回忆说,他在土耳其读书的时候就已经通过穆罕默德·福阿德·科普吕律和贝基尔·瑟特克·巴伊卡尔(Bekir Sitki Baykal,?—1987)等受过西方教育的历史学家而接触到了西方的学术研究,从他们那里得到的影响超过了他后来遇到的欧洲同行给他的影响。[①] 土耳其史学的西方化以及整个中东地区近现代的历史学实践,使得那里的历史学家能够前往西方去发展个人的事业。伊纳尔哲克的合作者杰马尔·卡法达(Cemal Kafadar,1954—)是土耳其的青年一代,现在任教于哈佛大学;M. 许克吕·哈尼奥格卢(M. Sükrü Hanioglu)任教于普林斯顿大学,新近担任了中东研究中心的主任。研究奥斯曼帝国史的专家苏拉娅·法洛希(Suraiya Faroqhi,1941—)生于柏林,现在在慕尼黑的路德维希·马克西米连大学任教。从20世纪初开始,许多中东人移民到西方国家;在西方的中东研究当中,有一些著名历史学家是这些移民的孩子。例如,长期担任牛津大学安东尼学院中东研究中心主任的阿尔伯特·霍拉尼(Albert Houra-

---

[①] Nancy Elizabeth Gallagher, ed., *Approaches to the History of the Middle East: Interviews with Leading Middle East Historians* (Reading, MA, 1994), p.155.

ni, 1915—1993)出生于英国曼彻斯特一个黎巴嫩移民的家庭。霍拉尼在牛津大学读书时的同班同学查尔斯·伊萨维(Charles Issawi, 1916—)是研究中东的著名经济史学家,出生于开罗并在那里度过了童年。他后来移民到美国,长期任教于哥伦比亚大学。在哥伦比亚大学任教的还有阿法夫·卢特菲·萨义德·马尔索特(Afaf Lutfi al-Sayyid Marsot, 1933—)。他先后在埃及以及斯坦福大学和牛津大学读书,后来成功地在加州大学(洛杉矶)获得教职。① 研究伊拉克历史的德高望重的专家汉纳·巴塔图(Hanna Batatu, 1926—2000)生于耶路撒冷,刚满20岁时移民美国,在贝鲁特和乔治顿的美国大学成功地发展了自己的事业。

这些移居国外的学者虽然在推动中东历史的研究上发挥了重大作用,但未必都是穆斯林(霍拉尼和伊萨维像许多叙利亚人一样也是基督教徒),而且,由于他们的家庭背景和文化渊源,对这一研究领域也不感兴趣。例如,霍拉尼和伊萨维在牛津大学读书时对伊斯兰文化就不感兴趣。只是到了第二次世界大战以后,特别是巴勒斯坦的形势处于危急的时候,他们才像许多同行一样开始真正重视对这个地区的研究。全球化之所以对中东的史学产生如此重大的影响,其原因也是因

---

① Nancy Elizabeth Gallagher, ed., *Approaches to the History of the Middle East: Interviews with Leading Middle East Historians* (Reading, MA, 1994), pp. 19-66, 91-108. 有关战后一代中东历史学家的更多事例,参见 Thomas Naff, ed., *Paths to the Middle East: Ten Scholars Look Back* (Albany, NY, 1993)。

为全球化在穆斯林史家的发展并不平衡。比如在沙特阿拉伯,不少外国(亦信伊斯兰教)学者在战后启动了沙特民族主义史学的发展。①

历史和史学的相互影响

一般都认为,中东研究以及有关这个地区的历史研究,在第二次世界大战以后进入了急速增长的时期,这与中东地区多变的政治格局有很大的关系。这一急速的增长有四个原因。第一,以土耳其和埃及为榜样,走向独立的趋势不断在增强,有时甚至采取暴力和革命的形式。在第二次世界大战以后的年代里,沙特阿拉伯、北也门、叙利亚、约旦、黎巴嫩、伊朗、伊拉克、利比亚和摩洛哥先后独立。以色列也在1948年取得独立,但它的独立在伊斯兰世界引起了高度的敌视。阿以战争相继爆发并以以色列的胜利告终,但冲突仍延续到今天,主要是以色列和巴勒斯坦之间的冲突。由于中东政治局势的不稳定,不仅中东出身的学生选择了尽可能留在西方国家,一些成名学者也设法前往西方一些大学去发展自己的事业。在第二次世界大战结束后的年代里,英语取代法语和德语成为中东出版物的主要语言,反映了美国霸权的力量。但是,这也是在西方工作的许多中东学者越来越多地用英语出

---

① Jörg Matthias Determann, *Historiography in Saudi Arabia: Globalization and the State in the Middle East* (London, 2014), pp.39-50. 另见 Youssef M. Choueiri, "Arab Historical Writing", *Oxford History of Historical Writing*, vol. 5, pp.496-514。

版他们的成果造成的结果。①

其次,在大多数穆斯林的眼中,以色列代表了英国和美国等强国;它的存在让他们联想起这一地区根深蒂固的殖民主义和帝国主义遗产。也就是说,虽然中东大多数国家在战后的年代里从西方列强手中取得了独立,但反西方的情绪依然异常强烈,激起了泛阿拉伯主义和阿拉伯民族主义的一次次浪潮。②泛阿拉伯主义表现为世俗化的方式,类似于纳米克·凯末尔和萨义德·哲马鲁丁·阿富汗尼(Sayyid Jamal al-Din al-Afghani,1838—1997)所倡导的以及20世纪初奥斯曼青年党所宣传的泛伊斯兰主义。③ 1945年阿拉伯国家联盟的成立只不过是这个运动的政治力量的体现而已。50年代以后,埃及和伊拉克掌握了阿拉伯国家联盟最初的领导权之后,泛阿拉伯主义对中东的历史写作产生了重大影响。④ 例如,在埃及的史学中,20年代曾经流行的法老主义已让位于新的关注,开始着重研究伊斯兰教对这个国家的历史和文化的影响,而法老主义的目标却是歌颂法老时期的埃及并在现代埃

---

① Humphreys, "The Historiography of the Modern Middle East", pp. 19-27.

② 参见 Rashid Khalidi, "Arab Nationalism: Historical Problems in the Literature", *American Historical Review*, 95:5 (Dec. 1991), pp. 1363-1373。

③ Youssef M. Choueiri, *Arab Nationalism—A History: Nation and State in the Arab World* (Oxford, 2000), p. 101ff.

④ 参见 Yvonne Yazbeck Haddad, *Contemporary Islam and the Challenge of History* (Albany, 1982); Assem Dessouki, "Social and Political Dimensions of the Historiography of the Arab Gulf", 收入 Eric Davis and Nicolas Gavrielides, eds., *Statecraft in the Middle East: Oil, Historical Memory, and Popular Culture* (Miami, 1991), pp. 92-115。

及人当中创建和培养民族认同和民族尊严。① 这一地区其他国家的史学也发生了同样的变化,同过去的历史著作相比较,对伊斯兰教给予了更多的重视,也给予了更积极的评价。即使是在土耳其,尽管这个国家试图把自己转变为欧洲国家,但自凯末尔去世以后,也通过不断的努力,关注伊斯兰的历史以及土耳其历史上伊斯兰教的统治时期。随着土耳其申请欧共体/欧盟成员国的努力一再遭遇挫折,这样的兴趣一次次地兴起和增强。② 然而,这个运动在推动泛阿拉伯团结方面的潜能最突出地表现在 1973 年欧佩克(OPEC,石油输出国家组织)对西方、以色列和日本的石油禁运上。这次石油禁运表明伊斯兰世界内部虽然存在着分歧和争吵,有些争吵甚至可以追溯到几个世纪以前,但它们不再像 20 世纪初那样碎裂了。相反,它们现在有充分的能力采取协调行动以反抗西方的霸权和统治。从 70 年代以后,对西方的思想挑战越来越多地从这一地区的历史遗产以及伊斯兰教的宗教信仰中吸取力量。也就是说,伊斯兰教在这个地区得到了复兴。它的力量

---

① Anthony Gorman, *Historians, State and Politics in Twentieth-century Egypt: Contesting the Nation* (London, 2003), p. 62; Shimon Shamir, "Self-view in Modern Egyptian Historiography", Shimon Shamir, ed ., *Self-views in Historical Perspective in Egypt and Israel* (Tel Aviv, 1981), pp. 37-50.

② Bernard Lewis, "History Writing and National Revival in Turkey", *From Babel to Dragomans: Interpreting the Middle East* (London, 2004), p. 428; Meltem Ahiska, "Occidentalism: The Historical Fantasy of the Modern", *The South Atlantic Quarterly*, 102:2/3 (2003), pp. 351-379; Geoffrey Barraclough, *Main Trends in History* (New York, 1979), p. 129.

不仅表现在1979年的伊朗革命中——这次革命推翻了拥有改革思想的亲美王朝①，还表现在伊斯兰会议组织、世界伊斯兰大会的成立以及经常举行的会议，和此前已成立的阿拉伯联盟以及阿拉伯石油输出国家组织（OAPEC）及石油国家输出组织上。90年代以来，这些世界其他地区无可匹敌的组织开展的活动达到了空前的水平。②

再次，在五六十年代，冷战时期的政治、苏联的影响、马克思主义和社会主义是构成现代伊斯兰世界的历史和政治的重要因素。苏联在与西方世界的对立中出于对同中东的历史联系的考虑，把中东视为重要的战线。对于中东的许多政治和思想领袖来说，苏联的反西方立场以及它所提供的不同于资本主义的社会主义前景，都是鼓舞和激励人心的。这些领袖都有过与西方殖民主义和帝国主义打交道的经验，显然受到了推动，希望不按西方的模式而通过其他的道路实现现代化。例如，在当时流行的激进主义和民粹主义的鼓励下，埃及通过自由军官革命（1952—1956），经历了制度的变化，接着进行了贾迈勒·阿卜杜勒·纳赛尔（Gamal Abdel Nasser, 1918—1970）领导的社会主义或称"纳赛尔主义"的实验。此后，伊拉克爆发了阿卜杜勒·卡里姆·卡赛姆（Abdul Karim Qassim,

---

① Farzin Vahdat, *God and Juggernaut: Iran's Intellectual Encounter with Modernity* (Syracuse, 2002), pp. 129-211. 该书对革命的思想基础进行了讨论。

② 参见 Samuel Huntington, *The Clash of Civilizations and the Remaking of World Order* (New York, 1996)。

1914—1963）领导的 1958 年革命，推翻君主制，建立了共和国。卡赛姆虽然不是共产主义者，但得到了本国的马克思主义组织和苏联的支持，实行了一些没收富人财产和扶助穷人的社会主义政策。在文化领域中马克思主义同样确立了牢固的地位。许多穆斯林马克思主义历史学家受其支配，对欧洲东方学家提出的有关他们历史和文化的解释进行严厉批评，并提出新的解释。他们的著作虽然有时比较教条和简单化，但引起了对社会经济史的兴趣。从 20 世纪末开始，社会经济史压倒了政治史、外交史和思想史，成为这一地区历史研究的主要焦点。新研究重点的出现有助于扩大历史研究的领域，加强了与公众和社会的联系，因为这类历史著作大多数不是学术界的历史学家撰写的。①

最后，二战以后西方史学的发展，尤其是法国年鉴学派影响的增强，对社会经济史的兴起以及最近几十年当代伊斯兰史学对文化史和性别史的兴趣的增强产生了影响。② 在年鉴学派和马克思主义的共同影响下，中东的历史研究改变了它的方向，对社会经济结构予以了更多的关注，并认为它是造成历史根本变革的关键因素。这些影响也推动着中东的历史学家去重新考虑东方学学者的研究方法，努力与社会科学的理论和方法相结合，在历史研究中进行翔实的史料考证。1954

---

① Gorman, *Historians, State and Politics in Twentieth Century Egypt*, pp. 79-111.
② Gershoni, Singer, and Erdem, *Middle East Historiographies*, pp. 3-18.

年,剑桥大学举办了一次题为"东方学与历史学"的国际会议,更加推动了这样一种努力。参加这次会议的马克思主义历史学家克劳德·卡恩(Claude Cahen,1909—1991)提倡对"财政制度、土地税、土地所有者的社会范畴、文化的经济和技术形态、城市的历史以及劳动和商业的专业和模式"开展研究。① 这些主题显然把年鉴学派的主要兴趣进一步扩大了,预示着中东学者未来的研究趋势。阿尔伯特·霍拉尼的一生所从事的广泛的研究范围就证明了这一点。战后,他首先是怀着对政治史的兴趣进入了中东研究的领域,直到50年代末才改变研究方向,把重点转向思想史,出版了他的著名研究成果《自由时代的阿拉伯思想,1789—1939 年》(*Arabic Thought in the Liberal Age*, *1789-1939*,1962)。到了60年代中期,他开始涉足社会史,按照他的回忆是因为"前往牛津大学的学生都希望接受另一些类型的课程,研读另一些类型的书籍,而我开始想到,可能还有另一些类型的历史学"。② 霍拉尼的兴趣转变也同样反映在哈利尔·伊纳尔哲克身上。伊纳尔哲克曾经受到过东方学学术研究方法的扎实训练,后来在马克思主义历史理论的基础上提出了一个颇有影响的理论,对于大农(çift-hane)在奥斯曼帝国农业社会结构的形成中发

---

① 参见 Nancy Elizabeth Gallagher 在 *Approaches to the History of the Middle East* 中的前言,第 1—8 页。

② Gallagher, *Approaches to the History of the Middle East*, p.36;Albert Hourani, "How Should We Write the History of the Middle East?" *International Journal of Middle East Studies*, 23:2(May 1991), pp.125-136.

挥的作用予以了充分的注意。① 因此,从 70 年代起,在中东的历史研究中出现了"全新的一套理论、模式和研究方法",特别是以妇女史、性别史、自下而上的历史学、日常生活历史学、新文化史以及殖民主义和后殖民主义研究的兴起为明显标志。② 例如,妇女史是中东研究中发展最快的领域,学者们把注意力集中于妇女在这个地区的历史中发挥的多方面的作用,包括妇女在财产的拥有和社会权力的行使等方面扮演的角色。他们还对历史分期方法做了重新考虑,对一些往往被视为理所当然的重要结论进行重新讨论,例如对一度占统治地位的民族主义史学方法进行了讨论。③

爱德华·萨义德与东方学批判

在中东研究的领域中,在爱德华·萨义德的里程碑般的著作《东方主义》出版以前,已经出现了对东方学研究方法的

---

① Gallagher, *Approaches to the History of the Middle East*, p. 163; Halil Inalcik, "Village, Peasant, and Empire", in Halil Inalcik, *The Middle East and the Balkans under the Ottoman Empire* (Bloomington, 1992), pp. 137-160;又见 Supraiya Faroqhi, *Approaching Ottoman History: An Introduction to the Sources* (Cambridge, 1999), p. 187。

② Israel Gershoni, Hakan Erdem & Ursula Woköck, eds., *Histories of the Modern Middle East: New Directions* (Boulder, 2002), pp. 2-3;又可见 Gershoni, Singer, and Erdem, *Middle East Historiographies*。

③ 见 Judith E. Tucker, "Problems in the Historiography of Women in the Middle East: The Case of Nineteenth-century Egypt", *International Journal of Middle Eastern Studies*, 15:3 (Aug., 1983), pp. 321-336; Julia Clancy-Smith, "Twentieth-Century Historians and Historiography of the Middle East: Women, Gender, and Empire", Gershoni, Singer, and Erdem, *Middle East Historiographies*, pp. 70-100。

批判性思考和评价,但这无损于这本书对于中东研究新方向的重新形成产生的关键而持久的影响。① 对 60 年代以前流行于现代西方的实证主义学术研究方法的反叛已经在 60 年代激进的学生运动中找到了它的支持者,而东方学正是实证主义学术研究的一个组成部分。西方青年对资本主义所持的批判态度打开了许多中东知识分子的眼睛,看清了西方模式的现代化和学术研究的虚伪和霸权。阿拉伯人在 1967 年的阿以冲突中惨败,也可以看作是向西方统治挑战的失败,用希沙姆·沙拉比(Hisham Sharabi, 1927—2015)的话来说,也是"用具体的方式显示了从属和欠发达的结果,从而为批判性的新自我意识的产生铺平了道路"。这种自我意识带来了兴趣的转变,从精英转向社会以及普通民众,更重要的是,产生了对西方某些概念和研究方法,尤其是对"西方独有的看待(非西方)世界的观点中含有的价值观和观察角度"的批判态度。②

爱德华·萨义德出生于耶路撒冷,大部分时间在埃及长大,并在美国确立了他成功的学术生涯。他的经历又一次体现了战后移居国外的中东学者所取得的成功。萨义德虽然不是历史学家,但对于致力于构建东西方二分法的东方学家的

---

① 参见 Youssef M. Choueiri, *Modern Arab Historiography: Historical Discourse and the Nation-State* (London, 2003), p. 191。

② Hisham Sharabi, ed., *Theory, Politics, and the Arab World: Critical Responses* (London, 1990), p. 21。

第七章　伊斯兰主义和马克思主义的影响:20世纪末亚洲、中东和西方的历史学

工作,提出了一个重要理论。他的大胆观点引发了对有关西方学术研究的兴起及其在西方帝国主义传播到非西方世界的过程中所起的(尽管可能是不自觉地)推波助澜的作用所进行的历史讨论。萨义德像许多中东学者一样,在提出观点时,对东方学的学术研究完全缺乏公允的态度,尽管如此,他的观点对中东历史和史学的研究,对其他非西方地区的研究都产生了巨大的影响。① 萨义德认为,后现代主义是重要的理论,有利于重新构筑有关当代世界变化的理论。例如,在后现代主义的影响下,今天的中东学者和历史学家所关心的不仅是西方如何表现东方,还要关心东方人如何表现西方。他们研究了西方主义的形成,通过分析它在各种背景下的复杂和矛盾的结果,批判性地考察它作为文化再现形态的表达方式。②

换言之,萨义德从福柯有关知识与权力的内在关系的观

---

① 散见 Gallagher, *Approaches to the History of the Middle East*。关于对萨义德的著作及其意义的激烈讨论以及中东专家对该书的批判性的回应和书评,见 Zachary Lockman, *Contending Visions of the Middle East: The History and Politics of Orientalism* (Cambridge, NY, 2004). Also, Bryan S. Turner, *Orientalism, Postmodernism and Globalism* (London, 1994)。

② 参见例如 Mohamad Tavakoli-Targhi, *Refashioning Iran: Orientalism, Occidentalism and Historiography* (Houndmills, 2001); K. E. Fleming, "Orientalism, the Balkans, and Balkan Historiography", *American Historical Review*, 105:4 (Oct. 2000), pp. 1218-1233; Carter Vaughn Findley, "An Ottoman Occidentalist in Europe: Ahmed Midhat Meets Madame Gulnar, 1889", *American Historical Review*, 103:1 (Feb. 1998), pp. 15-49; Ahiska, "Occidentalism: The Historical Fantasy of the Modern";中东以外的区域则见 Stefan Tanaka, *Japan's Orient: Rendering Pasts into History* (Berkeley, 1993) and Xiaomei Chen, *Occidentalism: A Theory of Counter-Discourse in Post-Mao China* (New York, 1995); Arif Dirlik, "Chinese History and the Question of Orientalism", *History and Theory*, 35:4 (Dec. 1996), pp. 96-118。

点中得到了启发。但是,在萨义德和福柯的观点提出以前,有许多人对于政治在文化生产过程中的影响已经有了认识。但萨义德的观点之深刻性以及对福柯的著作的巧妙运用靠的却是他本人的分析才能,同时也反映了中东研究领域自50年代以来的急剧变化。例如,埃及历史学家阿努亚尔·阿卜杜勒马利克(Anouar Abdel-Malek, 1924—2012)在1963年的一篇题为《东方主义的终结》("The End of Orientalism")的文章中呼吁对东方学的学术研究进行批判性的考察。① 这并不是说中东研究在50年代以前的那一时期没有多大的变化。正如我们前面讨论过的,在中东历史学家为历史职业化而进行的斗争中,中东研究已经发生了重要的变化。50年代以后,中东历史学家显然面临着更大的挑战,那就是在意识形态的影响和政治干预的环境下,如何保持他们的先辈在前一阶段确立的职业化历史学的完整性和自主性。

马克思主义和社会主义的吸引力

这个问题从埃及说起似乎更符合逻辑,因为在中东地区的许多变化中,埃及从许多方面来说都是先行者;根据最近一份对中东史学的综述,埃及也是个"焦点,受到了特殊关注"。② 正如前面所提到的,这个时期的土耳其正在加紧努

---

① Clancy-Smith, "Twentieth-Century Historians and Historiography of the Middle East", p. 76.
② Gershoni, Singer, and Erdem, *Middle East Historiographies*, p. 7.

力,希望成为欧共体的成员国。但是,它的大多数居民是穆斯林,土耳其政府有意要在政治和宗教上让自己远离阿拉伯穆斯林邻国。相比之下,埃及的一些政治领袖,从1953年被自由军官组织拥戴为共和国第一任总统的穆罕默德·纳吉布(Muhammad Naguib,1901—1984)到贾迈勒·阿卜杜勒·纳赛尔、安瓦尔·萨达特(Anwar Sadat,1918—1981)和侯赛因·穆巴拉克(Hosni Mubarak,1928—),都希望并已然把他们自己视为阿拉伯世界的领袖,尽管由于法老时期的遗产和科普特教派(埃及的基督教派)的存在,一些阿拉伯邻国并不视其为真正的阿拉伯国家。例如,纳赛尔通过他在阿拉伯国家联盟的领导地位在创造和宣传泛阿拉伯主义上发挥了具体作用。埃及领导人推行的国内政策服从于对外目标,而对外目标反过来又对指导埃及历史学家对本国历史的兴趣和研究产生了很大影响。自共和国成立以来,埃及的史学发生了多次明显的转折。第一次转折发生在新政府刚刚成立的时候。正如我们前面提到的,在埃及要把历史研究建设成为一门学科必然会受到两方面的影响,即民族主义的影响和东方学的影响。第一代职业历史学家在西方受业于从事东方研究的学者,接受了民族主义的目的论并把它运用于解释埃及历史的演进。例如,埃及历史学界无可争议的领袖沙非克·古尔巴就是靠研究穆罕默德·阿里及其改革时代而成就了自己一生的事业。在他看来,这个时期构成了埃及按照西方模式进行现代化的一个关键阶段。① 但是,当自由军官组织推翻了君主制以后,政府在如何解释埃及的现代史上的兴趣有所不同,这位埃及总督现在被当作反面人物,而反对他的起义,例如乌拉比革命,受到了称赞。华夫脱党领导的1919年革命也没有得到更好的评价,因为人们并不认为它反映了普通民众的意志。在自由军官组织看来,乌拉比革命虽然失败了,但预示并影响了他们后来的行动。纳赛尔掌权以后,不仅这种新的解释得到巩固,政府还推动了一项计划,把伊斯兰教恢复成这个国家的一部分文化特质。政府组织的一个委员会起草的文件《民族行动宪章》清楚地表明,这项史学计划与纳赛尔出台的许多国内外新政策是相辅相成的,目的是寻找新的模式来取代西方的模式,把埃及和整个阿拉伯世界的政治和经济发展协调起来。

对于纳赛尔"向左转"的政策,沙非克·古尔巴那一辈的知识分子和学术界的主流历史学家并不喜欢,因为它们直接挑战了他们过去对近现代埃及历史发展所做的评价。但是,这些历史学家又表现得愿意适应这种政治气候的变化。当阿拉伯国家联盟设立阿拉伯高级研究院时,已经从开罗大学退休的古尔巴接替阿拉伯民族主义的著名倡导者萨提·胡斯里(Sati' al-Husri,1879—1968)出任第二任主任。晚年的古尔

---

① 关于古尔巴对穆罕默德·阿里的看法,详细的讨论见 Choueiri, *Modern Arab Historiography*, pp. 77-114。

巴还表现出对阿拉伯主义的浓厚兴趣。1958年,埃及和叙利亚一度合并,古尔巴出版了一本依据他的讲座汇编而成的小书,概述了阿拉伯民族主义的历史和特征,否定了它仅仅是照搬欧洲民族主义的公认说法。① 他在生命的最后时刻还响应埃及政府重新评价埃及历史的提议,编写了《埃及文明史》的第一卷。

古尔巴和他那一代历史学家虽然采取了和解的做法,但不再被视为接受政府直接指派的任务的适当人选。与他同一代的非职业历史学家阿布德·拉曼·拉菲伊(Abd al-Rahman al-Rafi'i)极受读者欢迎,处境更好一些,可以继续出书,并获得了1964年诺贝尔奖的提名。② 不过,这一代人的影响越来越小了。沙菲克·古尔巴最出名的学生伊扎特·阿布杜·卡里姆('Izzat 'Abd al-Karim, 1908-1980)是埃及本国培养的第一位历史博士,他把研究重点从政治史和思想史转向经济史,主张重视群众对历史的贡献。经历了这一转变后,卡里姆成功地成为60年代以后埃及历史学界的新领袖。③

但是,阿布杜·卡里姆并不乏竞争者。虽然他参与了起草《民族行动宪章》的委员会,但纳赛尔政府指定负责这项重新编写埃及历史的计划的人却是穆罕默德·阿尼斯(Muham-

---

① Choueiri, *Arab Nationalism*, pp.41-48.
② Jack Crabbs, Jr., "Politics, History, and Culture in Nasser's Egypt", *International Journal of Middle East Studies*, 6:4 (Oct. 1975), pp.403-404.
③ Gorman, *Historians, State and Politics in Twentieth Century Egypt*, pp.30-32.

mad Anīs,1921—1986)。阿尼斯是古尔巴在开罗大学时的年轻同事。他从伯明翰大学取得博士学位后,有时自称是沙菲克·古尔巴的学生,尽管对古尔巴就近现代埃及历史提出的整个解释,他并不赞同。阿尼斯从社会主义-民粹主义的观点出发,建立起了自己的学派,即社会主义学派,用全新的眼光审视埃及历史的演进。他认为这样做是必要的,因为"这种社会主义观点是当前我们的社会勇敢走上的这一阶段的产物"。① 阿尼斯论证说,现代埃及的历史上出现了两种阶级力量之间的斗争,一种力量代表富人,而另一种力量来自得到军队支持的受过教育的阶级。1881年的乌拉比革命标志着埃及历史的转折点,是这两种力量冲突的表现,意味着这个国家从封建制度向资本主义的转变。虽然富人最初因有外国的援助而占据上风,但最终在1952年被自由军官组织击败。从那以后,埃及进入了新的历史时期。②

对埃及历史的这一新解释在政府耳中犹如天籁一般,阿尼斯为此受到褒奖。1964年,他晋升为开罗大学现代史首席教授。当他接受委托写作1798年埃及抗击法国入侵的历史时,又得到了一笔丰厚的报酬。阿尼斯认为历史应当"为社会主义的发展服务"。他按照这一信念采取行动,不仅加入了阿拉伯社会主义联盟这一在当时埃及唯一合法的党派,而

---

① Gorman, *Historians, State and Politics in Twentieth Century Egypt*, pp. 32-34.
② Thomas Mayer, *The Changing Past: Egyptian Historiography of the Urabi Revolt, 1882-1983* (Gainesville, 1988), p.45 以降。

且担任该党的"宣传和社会主义思想部"的秘书长。阿尼斯运用他的政治影响创办了国家历史文献中心并担任第一任主任。政府对他的任命既是对他在历史研究中所做贡献的奖励,同时也是出于对中心的活动进行控制的目的。中心落成后,穆罕默德·阿尼斯、伊扎特·阿布杜·卡里姆和其他学者都把他们的博士研究生派到那里去从事档案研究。他们的成果既提高了埃及历史写作的水平,又为它设立了新的标准。不过,该中心并不向公众全面开放,也不对外国学者全面开放。① 作为一名受过专业训练的历史学家,阿尼斯深知依据史料做出的历史叙述何其重要。虽然他的著作往往带有挑战性并引起争论,但他在写作时所依据的是认真收集的史料。然而,他又认为,周密地使用史料,目的是为了阐明公认的理论和原理。②

穆罕默德·阿尼斯为首的社会主义学派的影响是巨大的,有时甚至是压倒性的。1963年,当这个学派负责管理"重新评价现代历史写作"的政府项目时,许多历史学家感到除了参与别无选择。例如,为了响应阿尼斯对埃及历史的解释,阿布杜·卡里姆甚至提出了相当荒谬的说法,在他的分析中

---

① Thomas Mayer, *The Changing Past: Egyptian Historiography of the Urabi Revolt*, 1882-1983 (Gainesville, 1988), p. 73. 例如,根据牛津大学的阿尔伯特·霍拉尼的回忆,他去查阅资料时遭到了拒绝。参见 Gallagher, *Approaches to the History of the Middle East*, p. 29。

② Gorman, *Historians, State and Politics in Twentieth Century Egypt*, pp. 57-58, 74-78; Crabbs, "Politics, History, and Culture in Nasser's Egypt", pp. 393-395; Mayer, *Changing Past*, pp. 43-47.

把奥斯曼统治时期埃及的封建制度说成带有社会主义的性质。① 但是,社会主义学派的影响为时不长。纳赛尔去世以后,阿尼斯虽然多少保持在公众面前的良好形象,但由于经常接受出国的任务,很少到开罗大学视事。② 1970 年纳赛尔去世,新任总统安瓦尔·萨达特很快就发动了批判纳赛尔主义的运动。非纳赛尔化对历史研究产生了影响,有助于新的解释以及不同的思想学派的形成。萨达特取消了政府对新闻的控制,允许更多的学术自由。在这种新的政治氛围的鼓舞下,埃及史学进入了新的发展阶段,其特征之一是努力在过去的历史中发现民主的成分。③ 如果说在萨达特的领导下确实出现了一个民主化的进程的话,那么,在这个进程中也伴随有高等教育的明显发展和分化,许多新大学在 70 年代纷纷成立。大批妇女第一次进入了高等学校,在她们当中产生了中东的第一代女历史学家,其中包括阿法夫·卢特菲·萨义德·玛索(Afaf Lutfi al-Sayyid Marsot)。④

但是,萨达特也对纳赛尔分子和社会主义者进行了清洗,虽然不像纳赛尔以前对待政敌时那么严厉。马克思主义历史学派或者说马克思主义历史解释的方法依然有吸引力,而且从 80 年代开始,当政治言论得到更大自由的时候,它的影响

---

① Crabbs, "Politics, History, and Culture in Nasser's Egypt", pp. 396-399.
② Gorman, *Historians, State and Politics in Twentieth Century Egypt*, p. 33.
③ Mayer, *Changing the Past*, p. 59.
④ Gorman, *Historians, State and Politics in Twentieth Century Egypt*, pp. 34-41.

范围进一步扩大了,证明了马克思主义在当代伊斯兰世界受到普遍欢迎。例如,著名的马克思主义历史学家里法特·萨义德(Rif'at al-Sa'id,1932—)的著作就是今天埃及最畅销的历史著作之一。1998年,一部关于工人阶级和下层民众的多卷本著作开始陆续出版,2001年出版了第5卷。① 杰出的摩洛哥历史学家、东方主义的有力批判者阿卜杜拉·拉鲁伊(Abdallah Laroui,1933—)因为用马克思主义的方法为他的国家构筑了新的叙事史而闻名。② 现代伊拉克史学的发展也证明了马克思主义在中东有很大的影响。在整个20世纪,这个国家很少有学术自由。叙述伊拉克历史的大多数著作是在西方或塞浦路斯和大马士革等中东的其他地方出版,而且都带有马克思主义的特征。例如,汉纳·巴塔图在有关伊拉克现代史的著作中详细地叙述了50年代伊拉克共产党领导的起义以及它的广泛影响。③ 还有必要指出的是,马克思主义在21世纪前十年的阿拉伯起义中,扮演了重要的角色。在中东,虽然不少国家走上了资本主义的发展道路,但这一道理所产生的问题,诸如贫富分化、环境恶化和高犯罪率等社会问题,也让那里的不少人士对资本主义道路丧失了信心,转向马克思主义的阶级斗争理论。同时,中东的马克思主义史家也

---

① Gorman, *Historians, State and Politics in Twentieth Century Egypt*, pp.94-96.
② Choueiri, *Modern Arab Historiography*, pp.174-196.
③ Marion Farouk-Sluglett and Peter Sluglett, "The Historiography of Modern Iraq", *The American Historical Review*, 96:5 (Dec. 1991), pp.1409-1410.

吸收了西方的马克思主义,注意经济基础和上层建筑之间的互动,也即关注伊斯兰教这一上层建筑的重要性及它如何影响了中东的政治和社会。①

伊斯兰的复兴:伊斯兰主义和民族主义

影响当代伊斯兰史学并造成其变化的另一个关键因素是伊斯兰教的复兴。第二次世界大战以后,许多伊斯兰国家付出了努力,试图从他们自己过去的文化中寻找出独有的特质。这其中便含有对伊斯兰教重新产生的兴趣,也同这一地区普遍流行的反西方情绪相一致。今天的穆斯林历史学家似乎都把他们的兴趣集中于对各自国家的伊斯兰教统治时期的研究,而不像前一代民族主义历史学家那样埋头于研究伊斯兰教以前的历史阶段;他们还对19世纪末和20世纪初的历史进行了或许带有想象的研究。也许,除了旅游行业外,法老时期的埃及对现代埃及人来说已失去了吸引力。法老主义确实一度是埃及历史学家的热门研究课题,但现在与埃及人如何想象他们国家过去的历史几乎毫不相干。② 越来越多的穆斯林历史学家看到了冷战的长期性以及几十年来不断的阿以冲

---

① 参见 See Ervand Abrahamian, "Marxism and Middle Eastern History", Q. Edward Wang & Georg G. Iggers, eds., *Marxist Historiographies: A Global Perspective* (London, 2015), pp. 219-228。

② Israel Gershoni, "New Pasts for New National Images: The Perception of History in Modern Egyptian Thought", Shimon Shamir, *Self-views in Historical Perspective in Egypt and Israel*, pp. 51-58.

突所造成的越来越紧张的局势,因而否定了曾经鼓舞着他们先辈的西方现代化模式。纳赛尔倡导的泛阿拉伯主义虽然带有明显的世俗性,但表达了对政治层面的新兴趣,而在文化层面上,尽管纳赛尔已经去世,但追求阿拉伯团结的情感继续高涨,导致了对伊斯兰教的再评价和它的复兴。对于老一辈历史学家所接受的现代化学派对埃及历史做出的带有西方倾向的解释,早在纳赛尔的时代,当代埃及史学中的伊斯兰学派的重要代表塔里克·比什里(Tariq al-Bishri,1931—)已经提出了怀疑。从 70 年代开始,他否定了伊斯兰教阻碍了现代化的公认观点。相反,比什里现在把伊斯兰教看作是埃及民族认同的基石。近年来,对伊斯兰教遗产所做的这种新解释大行其道。在学术界之外,由于穆斯林兄弟会等草根组织开展的有效工作,这一解释得到了大力提倡。有一位观察家指出:"正是[比什里]使用了人们熟悉的宗教手法并鼓吹文化的纯正性,才保证了它对埃及公众的广泛吸引力。"①在学术界内部,对于 70 年代历史解释中的宏大叙事,后现代主义所进行的批判也推动了穆斯林学者去重新思考伊斯兰教的传统及其与现代性的关系。②

确实,从 80 年代开始,伊斯兰教复兴表现得非常明显,而

---

① Gorman, *Historians, State and Politics in Twentieth Century Egypt*, pp. 102-104.
② 参见 Inge Boer, Annelies Moors and Toine van Teeffelen, eds., *Changing Stories: Postmodernism and the Arab-Islamic World* (Amsterdam, 1995)。又参见 Turner, *Orientalism, Postmodernism and Globalism*。

且十分活跃,这不仅在埃及,在中东其他地区也可以看到。①以黎巴嫩为例,由于几十年来,许多种族和宗教群体之间处于紧张的关系之中,致使历史学家无法对这个国家的历史做出前后一贯并让人信服的叙述。棘手的问题是每个种族群体,尤其是基督教马龙派和穆斯林阿拉伯人,对黎巴嫩历史所做的叙述各不相同,而且差异很大。例如,穆斯林历史学家在阿拉伯主义的鼓励下强调伊斯兰教的影响和特征,而在基督教马龙派的描述中,他们的先辈在 15 到 18 世纪取得的成就被放在首要地位;他们还到腓尼基时代远古的历史中去寻找共同体的起源。马龙派的意图和倾向受到了信奉基督教的黎巴嫩历史学家卡马尔·S.萨利比(Kamal S. Salibi, 1929—2011)的批评。萨利比最初在贝鲁特的美国大学,然后又到伦敦大学接受历史学的专业训练。在伦敦大学,他与后来成为中东事务权威的伯纳德·刘易斯(Bernard Lewis, 1916—2018)一道工作。② 萨利比在完成了西方教育以后,开始写作他称之为客观的民族史。他的一本著作名为《众屋之屋》(*A House of Many Mansions*),意在表达他对每个群体对黎巴嫩历史演进的贡献都给予应有的承认,但从他列举的书目中依然可以看出他带有马龙派的偏见并希望黎巴嫩能保持基

---

① 参见 Haddad, *Contemporary Islam*。该书摘录和分析了这一地区的穆斯林思想家和史学家,并讨论伊斯兰教对现代的意义。

② K. S. Salibi, "The Traditional Historiography of the Maronites",收入 Lewis and Holt, *Historians of the Middle East*, p.225。这篇文章是 1953 年萨利比在伦敦大学完成的博士论文中的一部分。

督教的特征。① 但是,80 年代以后,由于政治格局的明显变化,叙利亚和巴勒斯坦对黎巴嫩的影响不断增强,萨利比改变了观点,认识到了阿拉伯主义日益增强的重要性。他声称:"在阿拉伯世界中,阿拉伯主义的聚合力依然是强大的,像黎巴嫩这样的国家只有在阿拉伯世界中才能保持其特殊的重要性。"②

所以,虽然埃及在 1970 年纳赛尔去世后(就其领导层而言)走向了多少带有西方式民主化的新方向,但泛阿拉伯主义并没有消亡。相反,它像阿拉伯主义一样扩大了在中东的影响。此外,它还在叙利亚和伊拉克的巴斯主义(Ba'athism)当中找到了新的领袖,巴斯党是 40 年代成立的泛阿拉伯政党,1963 年开始在这两个国家掌权。在伊拉克,巴斯党在 1968 年重新掌权后,政府被 1979 年正式担任总统的萨达姆·侯赛因(Saddam Hussein,1937—2006)所控制。为了取得对阿拉伯世界的领导地位,侯赛因把自己装扮成阿拉伯主义的忠实信徒,致力于阿拉伯的团结。他在镇压了国内的库尔德人以后,还镇压了什叶派,入侵科威特并声称对其领土拥有主权。因此,泛阿拉伯主义成了萨达姆·侯赛因和巴斯党用来巩固其权力的基础和对国内外施加政治影响的工具。伊拉克政府凭借它的石油财富为历史学界提供资助,为的是诱

---

① 参见 Kamal Salibi, *A House of Many Mansions: The History of Lebanon Reconsidered* (Berkeley, 1988)。

② Choueiri, *Modern Arab Historiography*, pp. 125-167;引文在第 166 页。

使历史学家对巴斯党的兴起和贡献做出歌功颂德的叙述,揭露过去的哈希姆王朝与英国人合作的罪行。这种做法和活动还延伸为对伊拉克过去的历史进行再创造,目的在于强调这个国家的阿拉伯特征和文化特质。特别是通过援引阿拔斯王朝鼎盛时期的历史思想家阿布·乌特曼·乌马尔·伊本·巴赫尔·吉哈德(Abu 'Uthman 'Umar ibn Bahr al-Jahidh, 776—869)的著作,得到政府资助的历史学家歌颂阿拔斯帝国,鼓吹它对伊斯兰世界有最合法和最正统的统治权,希望增强阿拉伯和伊拉克的特质,而这个帝国的首都恰好是在巴格达。也就是说,这一研究把伊拉克的历史与阿拔斯王朝直接挂钩,以证明伊拉克在现代的阿拉伯世界中拥有合法的领导者的地位。①

萨达姆·侯赛因用铁腕统治这个国家,把阿拉伯主义当作一种民族主义的形态,通过学校的教育和新闻媒体反复地向伊拉克人灌输它的原理。萨米尔·哈利勒(Samir al-Khalil)在《恐惧的共和国:萨达姆的伊拉克》(*Republic of Fear: Saddam's Iraq*, 1989—1990)中详细地描述了他的这一做法。确实,萨达姆不仅直接下达指令,制定重新编写伊拉克历史的计划,以支持他的统治;他还亲自参与了这部历史的写作。

---

① Dessouki, "Social and Political Dimensions of the Historiography of the Arab Gulf"; Eric Davis and Nicolas Gavrielides, "Statecraft, Historical Memory, and Popular Culture in Iraq and Kuwait", in Davis & Gavrielides, *Statecraft in the Middle East*, pp. 94-95, 116-148.

1979年,伊拉克的文化和艺术部出版了一本书,书名为《论历史的写作》(*Hawla kitabat al-Tarikh*),其中有四篇文章是萨达姆本人写的,而其他学者写的文章只不过是重复了他的观点。按照萨达姆的观点,历史写作是有目的的,那就是服务于国家发展和社会进步。某些个人可以得到歌颂,但只能限于他的事迹如何推动了整个社会的利益。萨达姆认为,在当前,这个利益就是通过泛阿拉伯的民族主义来强化伊拉克的阿拉伯遗产,但绝不能煽动分离主义和地方主义。换句话说,虽然库尔德人和基督教徒等少数群体有权保持他们的文化和宗教传统,但应当承认伊拉克无疑是属于阿拉伯世界的一个国家。[①] 如果说阿拉伯主义对萨达姆来说是用来制服过去泛滥于这个国家的分离主义和地方主义的手段的话,那么,事实证明他并没有取得成功。复兴伊斯兰教的各种努力,主要任务似乎是为了强化对什叶派、逊尼派或库尔德人的部落、团体乃至家族的忠诚,而不是强化对伊拉克国家的忠诚;而库尔德人由于受到了镇压,对他们的研究最少。[②] 2003年美国入侵伊拉克以来一直试图稳定这个国家并建立民主制度,但不断地受到伊拉克种族和宗教异质性的严重挑战。

[①] Dessouki, "Social and Political Dimensions of the Historiography of the Arab Gulf"; Eric Davis and Nicolas Gavrielides, "Statecraft, Historical Memory, and Popular Culture in Iraq and Kuwait", in Davis & Gavrielides, *Statecraft in the Middle East*, pp. 138-140.

[②] 参见 Farouk-Sluglett and Sluglett, "Historiography of Modern Iraq"。

历史与政治：对民族主义史学的挑战

如果说当代伊拉克的史学反映和扩大了政治和经济变化的影响,那么,这并不是孤立的事例。在阿拉伯海湾地区、利比亚、阿尔及利亚和伊朗也出现了同样的变化。这些国家像伊拉克一样通过革命或通过恢复部落酋长制取得了独立,在六七十年代,又都因为中东地区石油工业的繁荣得到了好处。在他们建立国家和民族建设的努力中,历史写作发挥了工具作用,与此同时,它本身也从一门传统学问转变为一门学科。在这个过程中似乎出现了两种模式。一种模式流行于利比亚和阿尔及利亚等国家。这些国家的军官们以埃及和伊拉克为榜样,发动了反政府的政变,而这些被推翻的政府清一色的都是西方扶植的傀儡。这种类型的革命发生在1958年的苏丹、1962年的也门、1965年的阿尔及利亚以及1969年的利比亚。革命的领导人夺取政权后都以石油大亨的财政支持为基础,而且都诉诸民族主义。他们启动和资助了历史研究的规划,目的是为了谴责前任政府与西方的勾结。在这样做的过程中,历史学家强调了历史记忆的断裂,重新创造和发明国家过去的历史,反抗西方入侵的抵抗运动在这样的历史中占据着中心地位。另一种模式则涵盖了科威特等一些从未经历过革命的国家。这种模式不强调甚至避开本国历史上的革命性转折。它主要是通过王室的连续性来追溯本国过去的历史,强调传统部落文化与现代文化之间的兼容性。这种类型的史学研究计划往往是去挖掘非文字的和口述民俗的传统。有趣的是,这类研究计划往往含有防止类似于邻国那种革命性动乱在本国发生的动机,因为他们担心对自己的体制造成潜在的威胁。①

尽管如此,这些产油国家毕竟还是在60年代末开始了历史研究的职业化,而这个过程带有我们在中东其他国家看到的那种民族主义的特征。在各国政府的主持下,国立大学纷纷成立,从这些大学的毕业生中涌现出了第一代从事学术研究的历史学家。他们后来又到埃及、黎巴嫩或欧美国家接受高级训练。以利比亚为例,它早在革命发生之前就做出了写作民族主义历史的最早努力。1968年,利比亚大学的文学院组织了第一次学术会议。作为这次会议的成果,出版了一卷论文集《历史上的利比亚》(*Libya in History*);收录的论文大多涉及这个国家的远古时代。1969年卡扎菲(Mu'ammar al-Qadhdhafi, 1942—　)推翻王朝统治后,对利比亚的现代史给予了更多的注意,尤其是对意大利占领时期,目的是歌颂利比亚对殖民统治的反抗。政府为此设立了"1979年利比亚人反抗意大利占领的圣战研究中心",它的主要任务是从民族主义和革命者的角度提出有关利比亚历史的新解释。该中心主

---

① Dessouki, "Social and Political Dimensions of the Historiography of the Arab Gulf"; Davis and Gavrielides, "Statecraft, Historical Memory, and Popular Culture in Iraq and Kuwait", in Davis and Gavrielides, *Statecraft in the Middle East*, pp. 92-99, 140-145.

持了口述史和其他史料收集的研究项目;前者的内容主要是采访抵抗运动的参加者。在 1978 年到 1982 年之间,该中心进行的此类采访录音超过了 4000 小时。所有这些都是为了把利比亚的历史定位为"一个团结的、民族主义的、反帝国主义的社会的历史,它忠于阿拉伯和穆斯林文化,反对西方的政治和文化的统治,积极地参与了世界的历史"。由于 60 年代以前利比亚的历史研究还没有成为一门学科,大多数历史学家是在国外接受的训练,因此,利比亚当代史学的发展接受了西方史学中社会和文化史等这样一些新趋势的影响。然而,卡扎菲对这个国家的专制统治从 80 年代以后愈益明显,也意味着历史学界的学术自由非常有限,甚至根本不存在。因此,近年来出版的大多数著作,尽管有专业的外表,实际上要么是屈从于政府的政治需要和理想,要么是为它做辩护。①

拿利比亚作为政治对历史研究进行干预的例子,可能显得有些极端,但大致上反映了当代中东史学的整体发展趋势。在土耳其,虽然学术性史学的扎根比许多邻国都早,但政府同样对写作土耳其历史的历史学家施加了压力。这种压力的起源往往可以追溯到以这个国家的创始人穆斯塔法·凯末尔的政府为开端的领导层。正如前面所提到的,在整个 20 世纪,

---

① 参见 Lisa Anderson, "Legitimacy, Identity, and the Writing of History in Libya", in Davis and Gavrielides, *Statecraft in the Middle East*, pp. 71-91,引语在第 87 页。

土耳其一直在按照凯末尔的提议努力把自己转变为欧洲国家。为此目的,土耳其发动了更多的政治改革,虽然不无起伏和倒退,但目标始终是要建立代议制的政府和提高政治的透明度。土耳其于1963年加入北约后还调整了它的外交政策,与西方结盟。土耳其因此得到了"奖励",于同年获得欧共体联系国的地位。但是,自那以后,土耳其要求成为欧共体正式成员国的申请却一再受挫。

自凯末尔以来,土耳其政府一直没有停止努力,让历史服务于政治目的。1988年,时任总理、后来当选总统的图尔古特·厄扎尔(Turgut Özal,1927—1993)出版了一本土耳其历史著作,书名为《走向欧洲的土耳其》(La Turquie en Europe)。它扩大了凯末尔就土耳其早期历史和文明提出的"土耳其史观",概述了土耳其从新石器时代以来的历史,涵盖了五个主要历史时期:(1)从新石器时代到希腊化时代;(2)罗马时代;(3)拜占庭帝国;(4)塞尔柱王朝和奥斯曼帝国的时代;(5)现代土耳其。厄扎尔的著作认为现代土耳其人是赫梯人的后裔,并称赞赫梯人是活跃于人类文明发源地——中亚或安纳托利亚地区的强大有力的主要权力角逐者。厄扎尔写作这部著作显然得到了职业历史学家的帮助,强调了安纳托利亚地区与欧洲的内在和历史联系。通过爱奥尼亚人把希腊文明与安纳托利亚地区或中亚相联系,并否定西方文明的希腊起源。这本书主张,西方文明起源于土耳其人或中亚人。他还进一步扩大了他的论点,在涉及后一个历史时期,即罗马时期时,他认为基督教的传播首先进入的是安纳托利亚地区。总而言之,厄扎尔要人们承认这样一种观点,土耳其不仅与欧洲的历史发展有联系,而且正如其著作的书名所指出的,土耳其是欧洲文明的真正起源。①

厄扎尔的《走向欧洲的土耳其》既是向欧洲国家做的一次有关土耳其历史和文化的演讲,又是一份恳求,要求它们考虑土耳其成为欧共体成员国的申请;其中有一点值得注意,即它对伊斯兰教在土耳其历史上的作用进行了讨论。与凯末尔的世俗主义不同的是,厄扎尔不主张贬低伊斯兰教。相反,他称赞伊斯兰教统治时期取得的文化和科学的高度成就,而土耳其人也为此做出了贡献,并宣称这一成就哺育了欧洲文化中的知识增长,并给它带来了益处。② 确实,今天的土耳其虽然对获得欧盟成员国资格仍感兴趣,但它也像其他伊斯兰国家一样,出现了同样程度的伊斯兰教的复兴。正如厄扎尔书中的主要论点所显示的,他在总统任上虽然坚持了"土耳其史观",但也公开地把自己与伊斯兰教的象征和政策一致起来。土耳其政府尽管有世俗的倾向,但在 80 年代设立了"宗教事务办公室",为最近几十年里数量急剧增加的伊斯兰学校提供资金。凯末尔曾经下令禁止戴土耳其帽和蒙面纱,但现在的土耳其姑娘得到允许,可以佩戴头巾。1993 年厄扎尔

---

① Speros Vryonis, Jr., *The Turkish State and History: Clio meets the Grey Wolf* (Thessaloniki, 1991), pp. 11-66.

② Ibid., p. 45.

去世后,伊斯兰化的复兴运动更加蓬勃发展,对这个国家新近的外交政策的转变产生了影响。90 年代以后,土耳其更多的把自己看作仅仅是东西方之间,或亚欧之间的"桥梁",不再像过去那样声称自己是"正宗"的欧洲国家。① 所有这一切都影响到了土耳其史学的方向。例如,奥斯曼帝国时期的历史比以前得到了更多的重视,也得到了更加肯定的评价。位于伊斯坦布尔的伊斯兰历史中心最近出版了多卷本的有关奥斯曼时期的历史著作。② 越来越多的历史学家,包括土耳其和国外的历史学家,在肯定了他们对伊斯兰教的认同的同时,也对东方学家所描述的奥斯曼帝国从 18 世纪开始"衰落"的形象提出了质疑。③ 意义更重大的是,对伊斯兰文化再次发生兴趣引导着 70 年代以后的历史学家去发现各个行省的伊斯兰法庭档案的价值。这些丰富档案的发现和使用与年鉴学派在推动社会史和地方史研究上的影响相结合,起到了在当代的奥斯曼史学中开创"社会史革命"的作用,从而改变了土耳

---

① Samuel P. Huntington, *The Clash of Civilizations and the Remaking of the World Order* (New York, 1996), pp. 144-149.

② Faroqhi, *Approaching Ottoman History*, p. 197. 又见 Riffat Ali Abou-el-Haj, "The Social Uses of the Past: Recent Arab Historiography of Ottoman Rule", *International Journal of Middle East Studies*, 14:2 (May 1982), pp. 185-201; Barraclough, *Main Trends in History*, pp. 129-130。

③ 见 Rifa'at 'Ali Abou-El-Haj's *Formation of the Modern State: the Ottoman Empire, Sixteenth to Eighteenth Centuries* (Albany, 1991) 及 Jane Hathaway, "Rewriting Eighteenth-Century Ottoman History", *Mediterranean Historical Review*, 19:1 (June 2004), pp. 29-53。

其民族史研究的范式。①

总之,当代伊斯兰史学最新和最重要的变化与伊斯兰教的复兴有关,虽然它的源头可以反推至战后的年代。在80年代末和90年代,这一复兴取得了很强的势头。结果,"在1995年,以穆斯林居民为主的各国……在文化上、社会上和政治上都比15年前更加伊斯兰化和穆斯林化了"。② 伊斯兰教的复兴与本章所叙述的史学变化互为因果。这些变化有许多与70年代以来后现代主义和后殖民主义对西方文化霸权(现代史学是其中的必然组成部分)的批判有密切关系。当然,这些变化并没有产生出类似于印度史学中那种有世界影响的底层研究学派。伊斯兰教的复兴带有其内在的泛宗教主义,并表现为泛阿拉伯主义所主张的穆斯林的团结和阿拉伯的统一。但这种伊斯兰教的复兴并没有动摇民族史写作的统治地位,而这正是整个20世纪伊斯兰史学重大变化的特征。事实上,正如一位观察家指出的,"尽管他们的主张是超国家的,但大多数伊斯兰运动是依据各国具体的国情而形成的"。③ 同时我们必须看到,与世界其他地区不同,中东的民族国家史并不都采用叙述史的体裁写作。相反,如上面讲到的沙特阿拉伯的例子所示,不少史家仍然采用传统的地方史

---

① Hathaway, "Rewriting Eighteenth-Century Ottoman History". 又见 Enid Hill, ed., *New Frontiers in the Social History of the Middle East* (Cairo, 2001)。

② Huntington, *Clash of Civilizations*, p. 111.

③ Olivier Roy, *Globalized Islam: The Search for a New Ummah* (New York, 2004), p. 62.

和朝代史的写法,有助于形塑该地区的多元认同。同样重要的是,妇女史、新文化史、日常生活史等新领域不断开发,引起了越来越多读者的关注。① 总之,中东的史学变化无疑对现代历史想象的转变做出了贡献。毕竟,米歇尔·福柯和雅克·德里达这两位后现代主义的主要灵魂人物,一生中的一部分时间,分别是在突尼斯和阿尔及利亚渡过的。② 后殖民主义的主要倡导者爱德华·萨义德也来自这个地区。出于反对殖民主义和与帝国主义遗产进行斗争的强烈感情,穆斯林历史学家的著作一般说来都对意识形态的影响和政治压力做出了让步,而且比世界上其他地区的历史学家都要大。这一地区许多国家的政府依然是专制政府,从这一事实来看,这样的状况将可能继续下去,并在可见的将来对历史学家构成严重的挑战。

正统与新潮之间:西方马克思主义史学的转型

1945—1968 年之间的显著特征一方面是苏联的国力得到巩固并扩大对东欧的控制,另一方面,苏联制度内部的危机和正统马克思主义世界观的危机加剧。1953 年斯大林的去世以及 1956 年尼基塔·赫鲁晓夫(Nikita Khrushchev,1894—

---

① Determann, *Historiography in Saudi Arabia* 和 Clancy-Smith, "Twentieth-Century Historians and Historiography of the Middle East", p. 86ff。

② 见 Robert C. Young, ed., *Postcolonialism: An Historical Introduction* (Malden, MA, 2001), pp. 395-426。

1971）在苏共二十大上的讲话开始了痛苦但不彻底的非斯大林化的进程。与此同时,在1953年的东德、1956年的波兰和匈牙利发生了一系列骚动,以匈牙利最为猛烈。最后,捷克斯洛伐克在1968年也发生了骚动。这些骚动不仅表达了强烈的不满,也引起了对正统的马克思主义意识形态的怀疑。非斯大林化的影响还尖锐地反映在中国和越南等社会主义国家,以及日本的马克思主义历史学者圈中。①

在苏联及其控制下的国家里,当代政治史的写作,包括对近代早期的历史研究,都受到党和国家的严格控制。官方关于马克思主义历史主义和辩证法的学说得到了维护,但拥有一定程度的灵活性。苏联历史学家如果研究的是较早的历史时期,在公式化的历史观方面享有较大的自由。② 尽管研究这些时期的历史学家同样被要求与马克思主义的原理保持一致,但有一些作者突破了这些限制,在文化史研究中做出了重大贡献,引起了国际关注,其中包括哲学家和文学史家米哈伊尔·巴赫金(Mikhail Bakhtin,1895—1975)。他在《拉伯雷与他的世界》(Rabelais and His World,1941)一书中对法国文艺复兴时期的大众文化进行了探讨,重点放在狂欢和怪诞的方面。令人感兴趣的是,他的这本著作以及他有关历史比较语

---

① Denis Kozlov, "Athens and Apocalypse: Writing History in Soviet Russia", in *Oxford History of Historical Writing*, vol. 5 (Oxford, 2011), pp. 374-398.

② Yuri Bessmertny, "August 1991 as Seen by a Moscow Historian, or the Fate of Medieval Studies in the Soviet Era", *American Historical Review*, 97:2 (June 1992), pp. 803-816.

第七章　伊斯兰主义和马克思主义的影响:20世纪末亚洲、中东和西方的历史学　　535

言学的著作并没有包含马克思主义的元素。虽然在30年代初他有一段时间被"流放"到哈萨克斯坦,但仍然得到允许继续他的写作。尽管他那本有关拉伯雷的世界的著作带有非正统的特征,但是,当他把它当作学位论文提交出来时,论文审查委员会内部产生了分歧,最后拒绝授予他博士学位,只给了他副博士的学位。不过,这在后来并没有阻碍他晋升为教授。在苏联,非马克思主义历史学家可以从事写作还有一个更让人吃惊的例子,那就是阿隆·I. 古列维奇（Aaron I. Gurevich, 1924—2006）。1967年,他出版了一本有关挪威中世纪史的著作,在解释封建主义时竟然强调文化因素起了首要作用。结果,他的这本书受到了谴责,被列为非马克思主义的著作,遭到禁止,他还为此丢掉了在莫斯科的苏联科学院哲学研究所的职位。所幸的是,这本书在遭禁之前已经翻译成挪威文出版。① 后来,他在(世界)通史研究所得到了一个新的低级职位,虽然不得与学生接触,但得到允许可以继续写作。他因此得以在1972年出版了一本新著作《中世纪文化的范畴》（Categories of Medieval Culture）,在对结构和心态的关注方面与《年鉴》杂志扮演的重要角色非常相近。同年,《年鉴》杂志刊登了他的一篇论文。② 他后来出版的著作主要是研究中世

---

① 英文版:(London, 1985)。

② "Représentations et attitudes à l'égard de la propriété pendant le Haut Moyen Age", *Annales. E. S. C.*, vol. 27 (1972), pp. 523-548。他有关中世纪个人生育的研究,可见他早期出版的论文"Wealth and Gift Bestowal among the Ancient Scandinavians," *Scandinavica*, vol. 7, no. 2 (1968)。

纪文化的大众基础。①

这种脱离马克思主义正统的做法在苏联发挥的作用十分有限,但在波兰和匈牙利却扮演了重要角色。1945年以后,波兰社会和经济史学家恢复了他们在战前与年鉴学派的联系,在日益开放的气氛下,这种联系变得更加紧密。法国高等研究院第六分部还为波兰学生的学习和学者的研究提供资助。波兰历史学家在《年鉴》杂志上发表了大量文章,尤其是维托尔德·库拉(Witold Kula,1916—1988),耶日·托波尔斯基(Jerzy Topolski,1928—1999)和安杰伊·维钱斯基(Andrzej Wyczanski,1924—　)。库拉的《封建制度的经济理论》(*Economic Theory of the Feudal System*)出版后立即译成法语。布罗代尔为它的法语版写了导言。② 年鉴学派的基本著作也译成了波兰文。像布罗代尔一样,库拉也持有一种全球视野。他在《度量衡和人类》(*Measures and Men*)一书中探讨了度量衡制度在整个西方历史中的符号意义。③ 托波尔斯基担任用英语出版的波兰杂志《波兹南社会科学和人文学科研究》的主编,推动了马克思主义者和非马克思主义者在有关理论和

---

① 英文版:*Medieval Popular Culture: Problems of Belief and Perception* (New York, 1988); *Historical Anthropology of the Middle Ages* (Chicago, 1992); *The Origins of European Individualism* (Oxford, 1995)。

② *Théorie économique du système fédodal, pour un modèle polonaise, 16e-18e siècle* (Paris, 1970) 由费南德·布罗代尔作序;英文版:Witold Kula, *Economic Theory of the Feudal System* (London, 1976)。

③ Witold Kula, *Miary y Ludzie* (Warsaw, 1970)。

方法论问题上的对话。在匈牙利,包括伊什特万·拜伦德(Istvan Berend,1930—)和捷尔吉·伦基(György Ránki,1930—1988)在内的一些历史学家与西方国家,特别是美国的社会科学家,建立了紧密的联系。

在东德,尽管学术活动受到更为严格的控制,但情况也开始发生变化,虽然稍晚一些。1980年,东德著名经济史学家和坚定的马克思主义者于尔根·库钦斯基(Jürgen Kuczynski,1904—1997)开始写作有关德国人民日常生活的六卷本系列著作。① 由于感受到西德对"日常生活史"(Alltagsgeschichte)的兴趣以及法国年鉴学派的影响,他在这部系列著作的导论中批评说,马克思主义者写的高高在上的历史可谓汗牛充栋,但对普通人民的生活经历根本没有关心过,例如"他们吃什么,穿什么,住的是什么样子,平日在脑子里想些什么,怎样劳动,什么时候休息和就寝,他们生病了怎么办,他们的配偶来自哪些人群,他们怎样从一地迁往另一地"。②

正当东欧逐步摆脱正统马克思主义的时候,在西欧,尤其是我们在本章的后面将要讨论的法国、意大利,还有情形十分有趣的英国,却出现了一种自相矛盾的发展趋势:即一方面认识到作为一种政治制度的共产主义已经失败,作为一种哲学

---

① Jürgen Kuczynski, *Geschichte des Alltags des Deutschen Volkes* (1600-1945), 6 vols. (East Berlin, 1980-1982). 有关20世纪80年代东德的新文化史,参见 Georg G. Iggers, *Marxist Historiography in Transformation* (Providence, 1991).

② Ibid., p.38.

的马克思主义也失去了可靠性;但另一方面他们又确信马克思主义在有关社会史的研究中提出了重要的问题。因此,马克思主义不再被当作历史哲学来看待,而是像丹尼斯·德沃金(Dennis Dworkin,1951—)所说的那样,把它"当作历史研究的指南,而不是取代历史研究"。"这种马克思主义传统,"他接着说道,"对20世纪的历史写作产生了重大影响,成为西方历史思想主流的一部分。"①

在法国,自20世纪20年代乔治·勒费弗尔的著作出版以来,马克思主义者提出的法国大革命是一场"资产阶级"革命的解释已经成为正统。直到60年代,这一正统解释才开始受到历史学家的挑战。他们对于中产阶级是否属于资产阶级提出了怀疑,并且提出,中产阶级与土地贵族之间的渊源之深,远远超过了马克思主义者所主张的程度。② 进行这场革命的精英们的阶级成分实际上更为复杂,马克思对这场革命的阶级特征所做的分析从根本上说犯了颠倒时代的错误。乔治·鲁迪(George Rudé, 1910—1993)③ 和理查德·科布

---

① Dennis Dworkin, "Marxism and Historiography", in Woolf, *Global Encyclopedia of Historical Writing*, p.599;参见 Dworkin, *Cultural Marxism in Postwar Britain* (London, 1997)。

② 见 Alfred Cobban, *The Social Interpretation of the French Revolution* (New York, 1964)。

③ George Rudé, *Paris and London in the Eighteenth Century: Studies in Popular Protest* (London, 1970); *The Crowd in the French Revolution* (Oxford, 1959); with Eric Hobsbawm, *Captain Swing* (London, 1993)。

（Richard Cobb,1917—1996）①等英国历史学家也提出了新的观点。他们把注意力从普罗大众的运动转向仔细地研究警方档案记载的参与了攻陷巴士底狱等事件的个人。

然而,对马克思主义理论最具创造性的重构是来自二战刚刚结束后成立的英国共产党历史学家小组里的一批年轻人,其中包括莫里斯·H.多布、克里斯托弗·希尔（Christopher Hill,1912—2003）、乔治·鲁迪、E. P.汤普森、多萝西·汤普森（Dorothy Thompson,1923—   ）和埃里克·霍布斯鲍姆（Eric Hobsbawm,1917—   ）。1952年,他们与劳伦斯·斯通等非马克思主义者创办了英国的社会史刊物《过去和现在》。这份杂志直至今日仍然非常出名。令人惊讶的是,它像《年鉴》杂志一样,所刊登的文章把重点放在近代早期和近代以前的时期,具体地说就是封建社会向资本主义社会过渡的时期。② 这份杂志最大的优点之一是为马克思主义者和非马克思主义者进行对话提供了一个平台。埃里克·霍布斯鲍姆把他的注意力转向现代世界以后,写出了多卷本的全面的历史著作,从他所说的法国革命和英国工业革命这一双重革命一直写到苏联的解体。③

---

① Richard Cobb, *The Police and the People: French Popular Protest 1789-1820* (Oxford, 1970).
② 见 Maurice Dobb, *Studies in the Development of Capitalism* (London, 1946).
③ Eric Hobsbawm, *The Age of Revolution, 1789-1848* (Cleveland, 1962); *The Age of Capital* (London, 1975); *The Age of Empire, 1875-1914* (New York, 1987); *The Age of Extremes: A History of the World 1914-1991* (New York, 1994).

对斯大林罪行的揭露以及对匈牙利起义的镇压导致英国共产党历史学家小组的成员几乎全体退党。历史学家小组解散。他们继续坚持马克思主义的历史解释。但是,马克思主义表现为新的形式。马克思主义历史研究新方法最重要的转折点无疑表现在爱德华·P.汤普森的《英国工人阶级的形成》(*The Making of the English Working Class*, 1963)一书中。汤普森的著作依然坚持马克思主义的传统,运用了阶级斗争的概念,把阶级的形成看作是生产方式变化,具体地说,就是工业革命作用的结果。与此同时,汤普森像这时的其他马克思主义者一样,强调需要把马克思的著作放在变化中的世界中重新加以解释。然而,最重要的是,他是从文化的角度来看待阶级,认为英国工人阶级并不主要是工业革命的结果,而是带着扎根于文化的传统进入工业革命,因而是作为一种带有主动性的力量,塑造了他们所进入的那个工业世界。因此,他在书名中选择了"形成"(making)一词。此外,工人阶级在他看来并不是马克思和恩格斯在《共产党宣言》中所说的那种抽象的实体,而是由英国人组成的,必须从英国历史和汤普森所说的"英国人的特质"的角度才能理解他们。①

他对文化以及对人的主动性的强调,不仅深刻地影响了英国,也影响到了美国新左派的社会史研究。例如,赫伯特·

---

① E. P. Thompson, "Peculiarities of the English", *The Poverty of Theory* (London, 1978).

古特曼(Herbert Gutman,1928—1985)的著作《工业化美国的工作、文化和社会》(*Work, Culture and Society in Industrializing America*,1977)就是一次类似的尝试,试图突破绝大多数的劳工史著作只重视工会主义,却忽视了工人以及他们多样的次文化传统的做法。在美国,有两本关于黑奴制度的重要著作具有文化马克思主义的倾向,一本是赫伯特·古特曼的《奴隶制时期和获得自由后的美国黑人》(*American Blacks in Slavery and in Freedom*,1977),另一本是尤金·吉诺维斯(Eugene Genovese,1930—)的《奔腾吧,约旦河:奴隶们创造的世界》(*Roll Jordan Roll: The World the Slaves Made*,1972)。后一本书还受到了葛兰西的霸权思想的很大影响。

不过,汤普森形态的文化马克思主义的局限性很快就被认识到了。他虽然依然坚持了阶级的观点,却没有充分考虑到各种工人阶级的种族差异和复杂构成。对汤普森的批评还包括认为他忽视了妇女的作用,因此,他所描绘的工人阶级主要是男性。[①] 汤普森的著作依然以马克思主义为核心,这一点没有改变,也就是继续以社会冲突为中心,对资本主义社会进行批判,坚持历史研究是为实现建立公正的世界而进行的斗争。这些思想丰富了英国和美国新左派的社会史研究,不过,这些历史学家逐渐地不再把自己称作马克思主义者。

[①] Joan Wallach Scott, "Women in *The Making of the English Working Class*", in *Gender and the Politics of History* (New York, 1988), pp. 68-90.

对信奉马克思列宁主义历史思想的国家而言,苏联和东欧社会主义的解体,显然是致命一击。在许多人眼里,马克思主义对历史发展总结的模式,在当代世界已经不那么切实了。不过,如同上述,其实这一点在此之前已经为人所看到了:马克思主义将工业经济下的资产阶级和无产阶级做对立区分,已经不那么合乎西欧后工业社会的现状,由此也影响了马克思列宁主义的说服力。而另外一个因素是,马克思笔下的革命无产阶级,在今天的面貌也已经大不相同。马克思在生前曾经希望看到无产阶级革命的成功,但宪章运动、1848年的革命和巴黎公社的起义,都没有成功。1978年理查德·阿西克拉福特(Richard Ashcraft)在为佩里·安德森(Perry Anderson)的《西方马克思主义的思考》(*Considerations of Western Marxism*)一书所写的书评中写道:"在资本主义国家中,革命工人阶级的挫折,是马克思主义传统的软肋。"[①]对于存在大量农村人口、经济不那么发达的国家,经典马克思主义的阶级分析,更让人觉得方枘圆凿。1990年代之后,马克思主义作为一个革命运动,主要在经济不发达的拉丁美洲、印度和撒哈拉以南的非洲开展。在世界许多地方,包括拉丁美洲和印度,大学中的知识分子还信奉马克思主义的社会理论,而对于其他人来说,马克思主义则更多的是一个哲学思潮。不过,在西

[①] Richard Ashcraft 为 Perry Anderson, *Considerations of Western Marxism* 所写的书评 *Political Theory*,见 vol. 6, no. 1 (Feb. 1978), p.136。

第七章　伊斯兰主义和马克思主义的影响:20世纪末亚洲、中东和西方的历史学

方之外的史学中,马克思主义具有一定的影响,除了传统马克思的形式,更借助于葛兰西的解读。《新左派评论》(*New Left Review*)的编者佩里·安德森和最近出版了论文集《怎样改变世界:反思马克思和马克思主义》(*How to Change the World: Reflections on Marx and Marxism*)的埃里克·霍布斯鲍姆是西方公认的马克思主义者。他们承认,传统意义上的马克思主义,与20世纪乃至21世纪的经济和政治,有不相吻合之处。他们也觉得,随着西方资本主义的深化,马克思、恩格斯生前所期望的那种革命运动,近期不会很快发生。不过,霍布斯鲍姆强调而安德森也会同意,资本主义市场经济"无法解决21世纪所面临的重大问题",也即"为追求无止境利润的高科技经济增长",造成了一小部分的富人与大部分穷人的差距愈益增大和对全球的自然资源日益严重的损耗。传统的马克思主义或许已不再能有力地解答资本主义的问题,可霍布斯鲍姆写道,虽然马克思的许多结论"有待商榷,其中有的让人无法苟肯",但对今天资本主义的问题特征的批判性分析而言,马克思主义仍然是一个重要贡献。他的《怎样改变世界》一书的结论是:"认真对待马克思的时刻,已经再度来临了。"[①]

[①] Eric Hobsbawm, *How to Change the World: Reflections on Marx and Marxism* (New Haven, 2011), 12; pp. 418-419. 从当代的角度考察马克思主义在近现代史学的影响,可见 *Marxist Historiographies: A Global Perspective*。

第八章 21世纪初期的历史学：
一种批判性的回顾

一 全球化的世界

20世纪60年代的政局深刻影响了世界范围内的历史思想和历史写作。同样，自1988—1991年苏联解体和冷战结束后90年代所带来的一系列政治变局，也给各国的历史学家们带来了新的挑战。美国政治学家弗朗西斯·福山（Francis Fukuyama）在《历史的终结？》[1]一书中预言，自苏联共产主义崩溃后，全世界将逐步接受美国式的自由市场和民主制度，并实现普遍的和平。但这一现象并未出现。事实上，自1989年以来国际层面产生了新形式的军事冲突，这些军事冲突并没有在冷战时期对立的国家之间发生，而是发生在那些没有明确确定疆界的地区，如中东、阿富汗、巴尔干和非洲，并表现出

---

[1] Francis Fukuyama, "The End of History?" *National Interest*, 16 (Summer 1989), pp. 3-18; *The End of History and the Last Man* (New York, 1996); 以及他的 "Reflection on the End of History, Five Years Later", *History and Theory*, 34:2 (1995), pp. 27-43。

各种形式的恐怖主义。塞缪尔·亨廷顿(Samuel Huntington)在《文明的冲突》①一书中指出西方文明与伊斯兰文明,以及时而与东亚文明之间,具有不可调和的矛盾。但是,他过于简单化地把伊斯兰世界视为一个统一的、一成不变的文明,忽视了伊斯兰世界内部的分歧,以及伊斯兰的历史、现代化的影响、经济的作用以及伊斯兰社会与现代西方的互动、互赖的关系。

不过,在某种程度上,福山的预测至少部分正确:在1989年之前,西方式的资本主义在世界范围内已经开始扩张,并作为主体推动了世界各地全球化的进程。但也有少许例外,如台湾地区和韩国,全球化并未立即引起民主化。这一全球化过程不仅涉及信息技术推动下的世界范围内的经济转型,还伴随着日常生活、消费行为、城市化模式、都市建筑、电影和音乐中的流行文化和性别以及代际关系之间的同质化。然而,在社会和文化的层面,全球化呈现了异质的形态,反映了各地环境和文化遗产的不同。这些传统生活方式对全球化的抵制,还常常采取暴力的形式。值得一提的是,福山本人在最近几年也修正了他以前对世界范围内历史同质发展的乐观预测。②

---

① Samuel Huntington, *The Clash of Civilization and Remaking of the World Order* (New York, 1996).

② 参见 Francis Fukuyama, *The Origins of Political Order: From Prehuman Times to the French Revolution* (New York, 2011) 以及最近出版的 *Political Order and Political Decay: From the Industrial Revolution to the Globalization of Democracy* (New York, 2014).

在许多方面,关于全球化的争论使我们想起以前讨论依附理论和现代化理论中的一些论点。不可否认的是,今天的全球文化的政治和财政结构大都起源于西方,但也与日本有关。而且,虽然囊括了全球的范围,但全球化的动力,也即在机制、结构和权力的层面,仍然主要来自于发达的国家,其中也包括了今天的中国。与此相关的问题是:全球化的历史进程是否会像之前的"现代化理论"那样,能被视为一种新的"宏大叙事"(master narrative)?与现代化争论相似,现在对全球化的分析也有两派观点,一派看到它的积极方面,另一派则注重它毁灭性的一面。前者认为全球化有助于技术、信息、服务和市场在更大范围内使用、增加产品并提高全球的人均收入等等。后者则主要强调全球化使西方社会内部社会和经济的差距扩大,福利国家走向解体,更遑论缓解亚非拉广大地区的贫困。全球化在大众媒体中得到广泛关注,但学界对此也有大量的论著。① 对于许多社会科学家来说,全球化对理解我们这个时代,至为关键。总之,我们今天的生活状况需要一种新的史学,因为这一时代与1989年之前已经相当不同了。

---

① 有关这一主题的一些通俗著作成为畅销书,其中包括 Thomas Friedman, *The Lexus and the Oliver Tree* (New York, 2004); Benjamin Barber, *Jihad vs. McWorld* (New York, 1995); Amy Chua, *World on Fire: How Exporting Free Market and Democracy Breeds Ethnic Hatred and Global Instability* (New York, 2003)。除少数著名的例外,大多数有关全球化理论的著作不是出于历史学家之手。部分原因是这一课题带有很强的现实性,另一部分原因是历史通常涉及的有关空间与场所的问题已被全球化所超越。

在1990年之前甚至更早,一个国际学术共同体便已逐渐出现:一些非西方学者在北美、英国和澳大利亚大学中占据了重要的学术地位,他们主要来自印度、中东和拉美,但来自撒哈拉以南非洲国家的历史学家也在近年日益增多。不容忽视的是,英语日益成为国际交流通用语。如今非西方国家的学者也越来越多地用英语参与学术讨论,如同我们之前谈到的,印度学者的《底层研究》(Subaltern Studies)对西方和拉美的思想有着直接的影响。在中东研究领域,英语也成为西方学者与中东本土学者发表论著的主要用语,而原来颇为重要的法语和德语,则日益式微。① 反过来,自1990年以来,西方尤其是北美和英国的学者,与拉美、非洲和东亚学者加强了合作,以致在许多学术领域中,国际化的程度日益增加。如每五年召开一次的国际历史科学大会(ICHS)(2015年国际历史科学大会在济南召开,这是该会议第一次在非欧美国家举办)和一些其他场合,各国、各地的历史学家之间进行了跨洲的积极合作。同时,历史学家们也从事一些区域性的合作交流。近几十年来,日本修改历史教科书的行为引起了中韩等邻国的抗议和批评,这也促使中日韩三国一些历史学家们为寻求共识解决争端,共同书写东亚的近现代史。这些合作也时而得到政府的支持,如中日两国历史学家组织的共同历史

---

① R. Stephen Humphreys, "The Historiography of the Modern Middle East: Transforming a Field of Study", Israel Gershoni, Amy Singer, and Y. Hakan Erdem, eds., *Middle East Historiographies: Narrating the Twentieth Century* (Seattle, 2006), p. 20.

研究项目和2000年、2010年间日韩两国史家的共同研究项目,都是例证。在一定程度上,这些合作研究有助于历史学家达成有关他们国家之间共有历史的一种共识。不过,在何种程度上,这些学界取得的共识能影响政府的政策和改善东亚国家之间的关系,仍需拭目以待。①

虽然国际交流增多,但依然存在缺点。比如英语成为几乎唯一的国际语言,当然其益处也显而易见。英语原著和译著在世界范围内广泛传播。许多重要的历史学和相关社会科学、人文学科的作品,从英语翻译成非西方语言,当然也包括一些重要的法语、德语的论著。但是极少数中文、日语、韩语、波斯语、土耳其语以及阿拉伯语的著作被翻译成英语。② 由此可见,除印度英语学术圈外,国际交流仍然由英美学界把持,而对非西方地区的理论探讨甚少关注。与社会科学的诸领域相比,多数史学著作仍然用本国语言并为本国读者所写。不过最近的几十年中,电脑技术、数据化、互联网的广泛应用推动了世界范围内历史学家的国际交流。

---

① 2003年,由中日韩三国历史学家共同编写的新高中历史教科书在三国同时出版。由于历史教科书的采用仍需得到"官方"的批准,这部历史教科书被当作"教辅读物",但这部教科书表明在对该地区历史叙述达成共识上迈出了重要一步。关于"共同历史研究计划"参见Q. Edward Wang, "Remembering the Past; Reconciling for the Future: A Critical Analysis of the China-Japan Joint History Research Project (2006-2010)", *The Chinese Historical Review*, 17:2 (Fall 2010), pp. 219-137。

② Dominic Sachsenmaier, *Global Perspective on Global History* (Cambridge, 2011), p. 42.

二 历史研究的转向

现在看一下变化局势下当今史学界的主要发展趋势。自20世纪90年代冷战结束之后,世界范围内的历史写作呈现出以下几大趋势和重点。1. 理论与实践的分野;2. 口述史和历史记忆的兴起;3. 妇女史和性别史在世界范围的扩展;4. 历史学与社会科学以及自然科学之间的新联盟;5. 民族国家理念的转型和全球史的日益重要;6. 环境史的长足发展;7. 探究情感在历史中的作用。然而,尽管今天的历史书写出现了一些主要潮流,但当今史坛没有像19世纪那样,出现兰克学派那样的主导范式,而是呈现了多元化的局面,并且相互之间交互影响。譬如剔除了情感因素,妇女史和性别史便难以想象,而如果忽视环境和生态的作用,那么全球史也就难以成形了。

理论与实践的分野

20世纪90年代后现代主义者对现代史学的冲击,标志着全球历史学中相对主义认识论的兴起。一些极端的相对主义者拒绝承认社会的真实性,将社会生活所做出的一切所谓的科学解释都简单视为一种"集体虚构化和神话化的操作"。[①] 正

---

① 参见 Victoria E. Bonnell and Lynn Hunt, eds., *Beyond the Culture Turn: New Directions in the Study of Society and Culture* (Berkeley, 1999),导言, p. 3。

如我们曾详细讨论的那样,对现代西方史学的批判,不仅来自后现代主义而且也来自后殖民主义和女性主义。这些批判鼓励历史学家在历史写作中尝试寻求新的路径,走出兰克学派、也即以民族国家为中心的政治外交史模式,并尝试不同的史学实践。然而,一般的历史学家在写作中,很少有人会完全接受后现代主义的立场,而进入 21 世纪之后,他们对后现代主义对现代史学的批判的兴趣,也日趋衰微。与此同时,处于今天剧烈变动和扩张的世界,不少历史学家继续探究如何研究和书写历史的新方法。20 世纪 70 年代以来的文化主义(culturalism)的转向就是一个例子,它可以帮助展现历史研究持续发展的阶段性特征。自 1960 年代之后的大约半个世纪中,"文化的转向"(cultural turn)对历史写作的影响,颇为巨大。历史学家扩大了研究的领域,把政治、社会置于文化语境中考量。他们认识到了话语与语言在历史中的作用,但又不完全认同"语言学转向"(linguistic turn)的立场——拒绝承认过去的真实性并将历史学降格为纯文学。1989 年林·亨特(Lynn Hunt)主编了《新文化史》(*The New Cultural History*)一书。1999 年她又与维多利亚·伯内尔(Victoria Bonnell)共同编辑了《超越文化转向》(*Beyond the Cultural Turn*)的论文集。最近,也即在 2014 年,林·亨特自己又出版了《全球时代的历史写作》(*Writing History in the Global Era*)一书。在《新文化史》一书中,文化转向和语言学转向占据了历史思维的主导地位。但在 25 年后,在其 2014 年出版的《全球时代的历史写作》中,亨特公开表示在一个全球化的时代,文化转向和语言学转向失去了活力。文化和语言学转向曾拒绝之前的年鉴学派、马克思主义和美国社会科学的研究路径,而现在,也即在文化转向和语言学转向衰落之后,亨特写道:"未来如何书写历史,变得很不确定。"①

于是,我们似乎有必要将文化转向和语言学转向在史学理论和史学实践中的不同作用,加以区分。像海登·怀特、弗兰克·安克斯密特(Frank Ankersmit)、罗兰·巴特和雅克·德里达等理论家的著作,致力于对历史如何书写的问题加以哲学化的思考。他们自己不写历史,但许多历史学家借用了他们的理论假设,不过并不直接点明。在过去几十年间,怀特和安克斯密特这两位理论家,笔耕不辍。1999年怀特出版了《形象的现实主义》(Figural Realism),2014年又继而出版《实用的过去》(The Practical Past)。这两本书收录了怀特近些年的一些论文,在《形象的现实主义》一书中,怀特继续将史学和文学相比拟,认为在文学中更常使用的形象性的语言与其他话语模式一样,同样能忠实地展现现实。怀特借用迈克尔·奥克肖特(Michael Oakeshott)的观点,在《实用的过去》一书中讨论了"实用的过去"与"历史的过去"之间的差别。虽然大多数历史学家都渴望重构"历史的过去",但怀特指出,他们无法展现历史学的社会功用,因为他们传授历史知识

---

① Lynn Hunt, *Writing History in the Global Era* (New York, 1999), p. 3.

的手段陈旧而无趣。为了重振史学的社会作用,怀特主张史家需要探究新的方法来叙述和重构过去,也即重现"历史的过去"。与怀特相似,安克斯密特近年探索了史学与现实之间如何联系的新方法。在他的《崇高的历史经验》(Sublime Historical Experience)一书中,他不再讨论为什么叙述的历史往往无法反映现实,而是转向关注"经验",也即人们如何体验过去,而不是读者如何通过史家的叙述来了解过去的问题。因此,安克斯密特希望提倡一种"智识经验主义"(intellectual empiricism),同时表现在方法论和美学的层面。以历史经验而言,安克斯密特用二元的范畴来形容人们与过去的关系:譬如"失去"(loss)和"热爱"(love);"发现"(discovery)和"复原"(recovery);"疼痛"(pain)和"欢愉"(pleasure)等等。他认为这些经验类型准确地描述了人们如何从现在回望过去,并更新和重建现在与过去之间的纽带。更重要的是,安克斯密特认为这种经验是"先于认知的"(precognitive),因为它先于历史知识而存在。所以,他主张历史学家不仅要在理性的层面,而且也要在情感的层面,对历史的变迁加以描绘和分析。[1]

安克斯密特强调"经验"的重要——琼·斯科特、威廉·苏维尔(William Sewell Jr.)和加雷思·斯特德曼·琼斯也讨

---

[1] Frank Ankersmit, *Sublime Historical Experience* (Stanford, 2005) 以及他的 *Meaning, Truth, and Reference in Historical Representation* (Ithaca, 2012)。

论过这一问题——反映了历史学家近期对情感研究的某种兴趣,对此我们将在下面讨论。海登·怀特从加利福尼亚大学圣克鲁兹分校(University of California, Santa Cruz)退休后,斯坦福大学比较文学系延聘他为讲座教授。这一现象表明,虽然怀特因为《元史学》一书而在史学界知名,但他更多的影响则在史学界之外。不过,在当今的史学理论和历史哲学领域,怀特和安克斯密特是被公认的领军人物。正如澳大利亚史家玛尼·休斯-沃灵顿(Marnie Hughes-Warrington)为劳特里奇出版公司编辑的《50位重要的历史思想家》(Fifty Key Thinker of History)一书中所总结的那样:"怀特的作品在史学上富有挑战性",但"文学理论家对他的论著更有兴趣"。① 怀特和安克斯密特也成为多部作品的研究对象,其作者既有年轻也有年长的学者。荷兰历史理论家赫尔曼·保罗(Herman Paul)在《海登·怀特:历史的想象》(Hayden White: The Historical Imagination)中概览了怀特的业绩和影响,而彼得·伊克(Peter Icke)在《弗兰克·安克斯密特失败的历史事业》(Frank Ankersmit's Lost Historical Cause)中,则严厉批评了安克斯密特之转向经验的研究。伊克是自封和公认的后现代主义者基思·詹金斯(Keith Jenkins)的学生,他认为安克斯密特近期的研究是在开后现代主义的倒车。因《史学史:古代、中世纪

---

① Marine Hughes-Warrington, *Fifty Key Thinker of History* (London, 2000), p.355. 必须注意的是名单上的重要思想家大多来自西方,除了司马迁和伊本·赫勒顿。

和现代》而誉满士林的恩斯特·布赖萨赫(Ernst Breisach)在《论历史的未来:后现代挑战及其后果》(On the Future of History: The Postmodernist Challenge and Its Aftermath,2003)一书中,也对后现代主义做了评价。布赖萨赫认为"后现代主义并不是一时风潮,也不是刻意求新的知识时尚产业的产品"。他指出:"后现代主义者的极端性使得他们有所失误,但在争辩的过程中,他们的观点却显得有其用处。"①著名的文化史家彼得·伯克在怀特的《元史学》出版四十周年的时候指出:"怀特批判了实证主义史家和他们对客观性、科学和现实主义所抱有的幻象。""在四十年前,"伯克写道,"对于史学界比较保守的人士而言,怀特的观点让人震惊。但四十年后,我觉得它们已经(在史学界)被普遍接受了。"②

自20世纪90年代以来,两位英国历史学家基思·詹金斯和艾伦·蒙斯洛积极推动了从后现代主义的立场对近代历史学的批判。他们不仅编辑出版一系列选集如《后现代主义史学读本》(The Postmodern History Reader,1917)和《史学性质读本》(The Nature of History Reader,2004),而且还出版了多种面向大学生的教材。詹金斯的《历史的再思考》(Rethinking History)便是一例。该书出版之后,多次重印,并被译为多种

---

① Ernst Breisach, *On the Future of History: The Postmodernism Challenge and Its Aftermath* (Chicago, 2003), pp. 193, 205.
② Peter Burke, "Metahistory: Before and After", *Rethinging History*, 17: 4 (2013), pp. 437-447,引文见 p. 444。

语言,被西方和非西方一些大学采纳为教材。① 1997 年蒙斯洛和美国历史学家罗伯特·罗森斯通(Robert A. Rosenstone)创立同名期刊《历史的再思考》,主要刊载探讨史学写作新路径的文章。罗森斯通还强调,需要探究如何通过视频媒体(visual media)来再现历史。自 1989 年以来,他与《美国历史评论》合作,组织了一个论坛,由史家定期评论历史题材的电影。

毫无疑问,许多历史学家至今仍然认为历史事实很重要,并相信史学与文学之间存在本质的区别。然而他们也正在逐渐接受这样的观念:过去除了可以被叙述之外,还可以通过其他交流方式被发现、重构和再现。在历史教学的领域,这一变化显得颇为显著,历史知识不再仅仅通过老师"讲课"(Lesung)的形式来传递——虽然兰克推广了研讨班(Seminar)的教学方式,但讲课仍然是他和他的弟子们在他们那个时代十分习见的方式。与那时不同,在现在的各级学校,老师在课堂上几乎都会使用幻灯片和其他多媒体的工具。而且,学者们在学术会议上用幻灯片来发表论文的现象也变得愈益普遍,甚至一些会议组织者会要求与会者事先准备好幻灯片。于是,在展现他们的研究成果的时候,越来越多的历史学家会采取叙述之外的方法,因为当众宣读的方式在他们眼里已经显

---

① 例如詹金斯的《历史的再思考》出版后很快被翻译成中文,并在 20 世纪 90 年代台湾大学史学理论与方法论的课堂上被接受。

得有点老套和过时了。他们这么做的目的是希望能通过视觉形象加上音响来更生动地呈现历史知识。所以,《美国历史评论》在最近几十年开始对历史题材电影进行评论,并不奇怪。2012年,该杂志还组织了"历史学中的语言学转向"(linguistic turn in historiography)的论坛。在不同的程度上,参加论坛的作者承认,后现代主义对史学的批判提高了历史学家在研究和写作历史时的方法论意识。他们也指出后现代主义的批评有助于促成其他的"转向"(如文化、帝国、环境的转向等)。①

尽管有上述的联系,但若以他们著作的内容而言,历史学家和史学理论家看来生活在两个不同的世界中。这一现象在世界上其他地方也同样存在。比如在日本,有一篇评论指出,后现代主义、女性主义和后殖民主义对文学界的影响远大于史学界。② 但理论家与历史学家思想直接碰撞的情况,也偶尔发生。我们曾提到海登·怀特和索尔·弗里德兰德关于纳粹屠犹研究的对话。这里我们仍有必要再提一下。③ 这次对

---

① 参见 Judith Surkis, Gary Wilder, Durba Ghosh, James Cook 以及 Julia A. Thomas 在《美国历史评论》上的相关论文。

② Fuminobu Murakami, *Postmodern, Feminist and Postcolonial Currents in Contemporary Japanese Culture* (London, 2004).

③ Hayden White, "History Employment and the Problem of the Truth", in Saul Friedländer, ed., *Probing the Limits of Representation: Nazism and the "Final Solution"* (Cambridge, MA. 1992), pp. 37-53。关于弗里德兰德的研究和其他相关研究及后现代理论,参见 Michael Dintenfass, "Truth's Other: Ethnic, the History of the Holocaust, and Historiographical Theory after the Linguistic Turn", *History and Theory*, 39: 1 (2000), pp. 1-20。

话围绕如何书写纳粹屠犹的历史这一核心问题展开。弗里兰德在他两卷本的《纳粹德国与犹太人》(Nazi Germany and the Jews)中尝试用多种新方法来再现这段历史。怀特认可该书是一部反映该段历史的重要著作。怀特不否认纳粹屠犹,也在与弗里德兰德的对话中对自己"所有历史叙述都是一种语言虚构"①的立场略有修正,承认了屠犹的真实性。但他区分了传统史家和后现代史家,认为前者"视过去为一个科学研究的对象"而后者则研究一个"实用的过去",力图写作价值导向的历史。② 怀特完全接受弗里德兰德写的纳粹屠犹的历史,但是他却将之与文学作品相比仿,如同一部乔伊斯、普鲁斯特和卡夫卡写的"现代主义小说"。③ 其实,怀特认为所有的历史作品都具有文学性,此点并无新意。早在1830年,被誉为"科学史学之父"的利奥波德·冯·兰克便指出历史既是一门科学也是一门艺术,科学是指历史叙述建立在证据基础之上,艺术则指如何去建构历史叙述。④ 怀特想强调的是,弗

---

① Hayden White, *Tropic of Discourse: Essays in Cultural Criticism* (Baltimore, 1985), p. 82. 怀特说道,"没有一个学科像历史学那样,认为'事实'是在研究中发现的,而不是通过话语化的重现模式建构出来的"。见 Bonnell and Hunt, eds., *Beyond the Culture Turn*, p. 322。

② White, "Historical Dicourse and Literary Theory: On Saul Freidländer's *The Years of Extermination*", Norbert Frei and Wulf Kansteiner, eds., *Den Holocaust erzählen: Historiographie zwischen wissenschaftlicher Empire und narrativer Kreativität* (Göttingen, 2013), pp. 51-78.

③ Ibid., p. 54.

④ Leopard von Ranke, "On the Character of Historical Science", George G. Iggers, ed., *Leopard von Ranke, The Theory and Practice of History* (London, 2011), p. 8.

里德兰德如何突破传统历史的叙述模式,不再根据时间顺序来展开故事。怀特认为,弗里德兰德的历史与现代主义小说有相似之处,都打破了时间顺序并消除了情节建构。弗里德兰德的做法是,没有叙述一个连贯的故事,而是让受害者发声。在一定程度上,弗里德兰德的确这么做了,但他试图通过受害者的声音来获取纳粹屠犹的真实性。正如弗里德兰德指出:"没有哪个研究纳粹屠犹的史家打算放弃研究的科学性。"他说道:"历史学家的首要任务是追求事实的准确。"①深受文化转向的影响,弗里德兰德愿意开放地看待历史书写的方式,但是他并未放弃对历史真实性的追求。总之,怀特在文学理论界有广泛的影响,尤其是在美国大学的比较文学系。对于像弗兰克·安克斯密特、基思·詹金斯、艾伦·蒙斯洛和多米尼克·拉卡普拉(Dominic LaCapra)这些他的支持者来说,怀特被抬到了一个守护神的高位。安克斯密特在他的近期著作《后海登·怀特时代的历史哲学》(Philosophy of History after Hayden White)的导言中提到:"海登·怀特主导了历史哲学在当代的发展。"②但是在思想史领域之外,其他领域的历史学家在回顾历史学发展的时候,则很少提到海登·怀特和他的追随者。执教于耶鲁大学的外交史家约翰·刘易

---

① Saul Friedländer, "Reply to Hayden White", Frei & Kansteiner, *Den Holocaust erzählen: Historiographie zwischen wissenschaftlicher Empire und narrativer Kreativität*, pp. 75-78.

② Robert Doran, ed., *Philosophy of History after Hayden White* (London, 2013), p. 3.

斯·加迪斯(John Lewis Gaddis)著有《历史的风景:历史学家如何塑造过去》(*The Landscape of History: How Historians Map the Past*),肯塔基大学的政治史家杰里米·波普金(Jeremy D. Popkin)出版了《从希罗多德到 H-Net:一部史学史》(*From Herodotus to H-Net: A Story of Historiography*),希腊海洋史家洁莉娜·哈拉福特斯(Gelina Harlaftis)主编了《历史新路径:历史学的发展》(*The New Way of History: Developments in Historiography*),都是其中的例子。① 这些书的出版有助于显示史学理论著作和历史著作,抑或史学理论和历史书写这两个领域的分野。的确,与 20 世纪 90 年代相比,史学理论与历史实践之间的鸿沟没有缩小,而是在日益扩大。

口述史和记忆史的兴起

索尔·弗里德兰德对纳粹屠犹的研究,尝试开辟了一条新路径,使读者听到来自过去的各种各样的声音。在其他领域,如微观史、日常生活史和女性史,其他许多历史学家也做了类似的尝试。这些研究早先倾向于关注前现代和前工业化时期,但是近来也越来越多地关注现代史,像纳粹德国和斯大林时期的苏联——1988 年俄国进入改革最后阶段后,研究斯

---

① Norman J. Wilson 简要提及海登·怀特,参见 *History in Crisis? Recent Directions in Historiography* (Boston, 2014, 3rd ed.), pp. 22, 117-118, 121. 相同例子参见 Eileen Ka-may Cheng 的 *Historiography: An Introduction Guide* (London, 2012)。

大林时期的苏联变得可能了。① 在口述史的领域,采访幸存者、底层民众和边缘群体是主要的手段。口述史由来已久。早在1930年代,美国史家便对幸存的前黑奴进行过采访。在德国,卢茨·尼特哈默尔(Lutz Niethammer)和他的团队曾对西德鲁尔工业区的居民进行访谈,了解他们如何经历和回忆纳粹时代②,而在东德政权崩溃前几年,他们又被允许采访经历了纳粹时期的东德幸存者。在西方学界之外,台湾"中研院"近代史研究所开展的"口述史项目",卓有成效。自20世纪60年代开始直至今天,这一计划一直在持续,并已经出版了近百本口述记录,其对象众多,涵括了近代中国和亚洲历史上的政治、军事、思想文化方面的人物,其中也包括经历了政治迫害的幸存者。③

一个相关的问题是,这些回忆在多大程度上能再现一个历史时期的真实面貌。对口述史的重视与史学的记忆转向密切相关。当然这立刻产生了一个问题,严肃历史研究的前提是为了构建一个真实的过去,并尽可能地通过史料来加以验证,而口述史和记忆研究者则似乎没有这样的企图了。④

---

① 在1998年苏联的最后阶段,安德烈·萨卡洛夫(Andrei Sacharov)创立的人权组织Memorial开始采访斯大林时期的受害者。

② Lutz Niethammer, "Die Jahre Weiss man nicht, wo man die heute hinsetzen soll", *Faschismuserfahrungen im Ruhrgebiet. Lebensgeschichte und Sozialkultur im Ruhrgebiet 1930 bis 1960* (Berlin, 1983).

③ 关于台湾口述史项目参看 http://mhorh.mh.sinica.edu.tw/index.php。

④ 参见 Alan Confino, "History and Memory",见 *The Oxford History of Historical Writing* (Oxford, 2011), v. 5, pp.36-53。

1920年代涂尔干的学生莫里斯·阿布瓦赫（Maurice Halbwachs）的"集体记忆"研究，是记忆转向的起源，引发了吕西安·费弗尔与马克·布洛赫对"集体心态"（collective mentalities）的研究，后者后来成为了法国年鉴学派历史思想的核心。但一直要到20世纪的七八十年代，记忆史才显示出它的重要性。它与历史写作中的文化转向有关，也希图从文化视角解释历史。以年鉴学派而言，在皮埃尔·诺拉（Pierre Nora）的倡导下，多名法国顶尖的历史学家编写了七卷本的《记忆之场》（Lieus de Mémoire）①，于1984—1992年间相继出版。随后不久此书有了英文版，在德国也划定了不少记忆之场域。② 诺拉的观点是，法国民族史的呈现单靠档案文献是不够的，还应该包括法国人对自己国家过去的想象。所以在民族意识的形成过程中，圣地、节日、神话、歌曲、文学和艺术都发挥了作用。过去的重要不仅在于它曾经发生，也在于它是如何被记忆的，而在大多数情况下，记忆中的过去无法与发生的过去相互印证。索尔·弗里德兰德是纳粹屠犹的幸存者，他在1989年在特拉维夫大学创立了《历史与记忆》（History and Memory）杂志，这是历史记忆研究领域的最重要刊物，其中纳粹屠犹的研究占据了日益重要的地位。近些年来，这一期刊发表的记忆研究的文章中，既有欧美国家也有世界其他

---

① Paris, 1986-1993.
② Etienne François & Hagen Schulze, eds., Deutsche Erinnerungsorte (München, 2001).

地区的。比如,不少文章研究了清代和近代中国人的创伤经历:1937 年的南京大屠杀,也即日军在抗日战争时期对中国人施行的惨绝人寰的暴行,就是一例;还有文章探讨了美洲和非洲之间跨大西洋的奴隶贩卖。① 一言以蔽之,历史学的记忆转向受诸多因素的合力影响,但二战的经历、特别是战争中的纳粹屠犹和其他暴行是推动这一研究的主要动力。

但是如同保罗·利科所指出的那样,历史记忆的研究不仅要处理被记住的历史,也需研究被遗忘或被压抑的历史,后者所受关注不多。② 克里斯蒂娜·莫瑞娜(Christina Morina)近期出版的《斯大林格勒传奇:战后德国人对东线战场的记忆》(*Legacies of Stalingrad: Remembering the Eastern Front in Germany since 1945*)是一部重要的作品,在此之前,她的导师杰弗瑞·赫夫(Jeffrey Herf)则出版了《分裂的记忆:两个德国的纳粹记忆》(*Divided Memory: The Nazi Past in the Two Gemanys*)。

莫瑞娜研究了冷战期间东、西德对东线战场的选择性记忆,并将之与她眼里最残暴的纳粹屠犹一同考察。她认为这

---

① 参见 Lynn Struve, "Chinese Memory Makes a Martyr", *History and Memory*, 25:2(2013), pp. 5-31; Yinan He, "Remembering and Forgetting the War", Ibid., 19:2 (2007), pp. 43-74; Klaus Mühlhahn, "Remembering a Bitter Past", Ibid., 16:2 (2004), pp. 108-139 及 Katharina Schramm, "The Slaves of Pikworo: Local Histories, Transatlantic Perspectives", Ibid., 23:1(2011), pp. 96-130。

② 参见 Paul Ricoueur 的介绍性文章 "Memory – Forgetting – History", in Jörn Rüsen, ed., *Meaning and Representation in History* (New York, 2006)。

一世所罕见的反人类暴行是纳粹屠犹政策的结果。在苏联控制下的东德历史学家关注了纳粹武装部队所犯的罪行,却基本上忽视了对犹太人的种族灭绝,而西德的一代老兵突出了德国人所遭受的战争苦难,却同样对犹太人的暴行淡化处理。① 在东、西两德,被迫参战的普通士兵没有获罪。由于西德言论相对自由,有少数研究战争罪行的史家和作家,但被视为局外人物。西德的史学家、思想家和媒体关注纳粹屠犹是一个缓慢的过程,而在东德这一关注更迟,也不全面。② 但是选择性记忆不只发生在德国。③ 日本比德国更晚面对二战期间所犯下的罪行。直至今日,土耳其仍然全面否认在一战期间对亚美尼亚人的屠杀。长期以来,法国对协助纳粹驱逐犹太人的行为保持了缄默,只是指出了一些重要的事例。近年来,主要在美国和巴西,一些历史学家和文化学者开始讨论奴隶贸易、奴隶制的过去以及二战期间关押日裔美国人的事件,而澳大利亚也渐渐开始关注过去如何对待原住民的问题。在中国,记忆研究也日渐热门。比如南京大学就建立了历史记

---

① 关于欧洲范围内互相冲突的记忆参见 Arndt Bauerkämper, ed., *Das umstrittene Gedächtnis: Die Erinnerung an Nationalsozialismus, Faschismus und Krieg in Europa seit* 1945 (Paderborn,2012)。

② Drik Moses, Binghampton, Kurt Pätzold, *Verfolgung, Vertreibung, Vernichtung: Dokumente des faschistischen Antisenmitismus 1933-1942* (Berlin, 1984)。

③ 若想了解包括欧洲的更大范围的对过去历史记忆的比较研究,参见 Bauerkämper,*Das umstrittene Gedächtnis*; Geoffrey Gubitt, *History and Memory* (Manchester,2007); Marek Tamm, "Beyond History and Memory: New Perspective in Memory Studies", *History Campass*, 11:6 (2013), pp.458-473。

忆的研究中心,其研究者与海外的华裔学者一道,收集整理中国人如何回忆在抗日战争中(特别是南京大屠杀)及之后各项政治运动(如土地改革、诉苦和大跃进等)中的种种遭遇和经历。记忆研究在日本也有所开展。① 总而言之,使用口述史料的记忆研究在各地都有长足进展。除《历史与记忆》杂志之外,SAGE 出版公司自 2008 年以来出版了《记忆研究》(Memory Studies)学术期刊,帕尔格雷夫-麦克米伦公司则出版了"记忆研究"系列丛书,每年推出五至十本。记住和再现过去是开展口述史的最初和主要动力,也是以前记忆研究的重点,但今天的记忆研究则注重记忆如何被保存、被接受和被忘却。由是,记忆研究有助于我们认识史学与许多方面,特别是政治和道德之间的紧密联系。

走向全球的女性史和性别史

自 20 世纪 80 年代中、晚期以来,妇女史从流行将妇女单独进行研究转向性别史,将性别视为"历史分析的有用范畴"。② 通过性别概念,女性主义史家力图强调性别认同的文化和社会的"建构"性质。性别史朝向不同的方向发展,通过机构中的性别化、社会实践以及性别的机构化来研究男女之

---

① 值得注意的是南京大学近期成立了记忆研究中心,其中一些研究刊登在《中国历史学》(Chinese Studies in History)的专刊上(Chinese Studies in History, 47:1 [2013])。日本学者也转向了记忆研究,如喜安朗、北原敦、冈本充弘、谷川稔编著:《历史として、记忆として「社会运动」1970~1985》(东京,2013 年)。

② Joan Wallach Scott, *Gender and the Politics of History* (New York, 1999).

间的不对等和权力关系,这一发展已超出女性主义的宗旨。性别不仅是社会变化的反映,而且还影响了社会变化。性别所指称的不只是男性和女性,还涉及经济、政治、社会的各个层面。如同上述,对性别的这一理解也使男人和男性成为了历史研究的对象。在这之前,作为重大历史事件如战争、政治和治国的主导者,男人的概念不具性别特征,而如今表明,男性的建构对理解上述这些主题以及更为广泛的社会关系,至为关键。之前当然也有关于男人和男性的研究,但这些研究被视为代表了"唯物主义者"的视角,从稳固的社会和制度基础来看待认同。此后的后结构主义者的男性概念,尝试揭示认同建构的不稳定性和对抗性,所以有了转变。① 对殖民话语性别特质的后殖民分析也推动了对男性气质多样和广泛的探究。②

然而,对性别和男人的关注也使女性主义者深感忧虑。她们想知道,创作一个以男性为中心的、忽视了权力结构的性别化的历史,这样一种新趋势是否会使女性再度被湮没。③ 其他一些性别研究学者则不以为然。她(他)们认为,通过指

---

① 关于男性和男性气质的论著汗牛充栋,在早期学术史上有约翰·托什(John Tosh)的《历史学家应如何处理男性气质?》("What Should Historians Do with Masculinity? Reflections in Nineteenth-century Britain", *History Workshop Journal*, 38(1994), pp. 179-202。

② Mrinalini Sinha, "Giving Masculinity a History: Some Contribution from the Historiography of Colonial India", *Gender and History* 11 (1999), pp. 445-460.

③ Das Jardins, "Women and Gender History", p. 153.

出男性和男性气质的历史并非理所当然,挑明这些权力关系的复杂多变和不对称性,女性主义议题便能继续保有其活力。其实,更为棘手的问题在于检讨西方女性主义的解释框架是否能适用于那些非西方的、没有文字记载的,或者是底层群体对于性别的认知。近期非西方(特别是印度)的历史学家和学者不断地提出这一问题,关于"萨蒂"(sati,即丈夫死后女性应殉葬)这一现象的讨论便是一个显例。① 西方的话语和社会组织的经验范畴能否囊括作为殖民地臣民的男人和女人的经验呢?②

如同上述,性别的分析有一个后殖民的视角。这一视角显示,"男性"和"女性"的概念对认识殖民统治的演进和论证殖民者所宣传的"文明化使命",非常重要。③ 马里拉尼·辛哈(Mrinalini Sinha)展示了"阳刚的英国人"(manly Englishman)和"阴柔的孟加拉人"(effeminate Bengali)这一成见如何有助殖民者抵制印度法官审判白人被告以及印度医生检查英国妇女。④ 但是后殖民主义的女性主义者也指出,殖民统治

---

① 参见 Lata Mani, *Contentious Tradition: The Debate on Sati in Colonial India* (Berkeley, 1998) and Joerg Fisch, "Sati and the Task of the Historian", *Journal of World History*, 18 (2007), pp. 361-368。

② Gayatri Chakravorty Spivak, "Can the Subaltern Speak?" in Cary Nelson and Lawrence Grossberg, eds., *Marxismus and the Interpretation of Culture* (Chicago, 1988), pp. 271-317.

③ 关于研究殖民主义和性别的关系的优秀作品是 Anne McClintock 的 *Imperial Leather: Race, Gender and Sexuality in the Colonial Context* (New York, 1995)。

④ Mrinalini Sinha, *Colonial Masculinity: The "Manly Englishman" and the "Effeminate" Bengali in the Late Nineteenth Century* (Manchester, 1995).

不是压迫的唯一来源。他们认为后殖民主义把兴趣投向了底层的男性,但对那种异于男性的、专属于女性的受压状况,则甚少关注。然而这种批判中有一种内在的矛盾。一方面,后殖民主义对前现代共同体和与之相适应的父权制的怀念使女性主义史家对此深感忧虑,这一点在印度女性主义历史学家中表现尤为明显。正如一位印度女性主义史家所指出的那样,"后殖民主义坚持底层民众史立场,捍卫了那些从正义角度被明显认为是有害和暴力的传统。在这些后殖民主义学者眼中,'萨蒂'怎么是坏的?说'萨蒂'坏只是反映了西方的偏见"。[①] 由此,后殖民主义女性主义者强调了殖民压迫和父权制的"双重殖民化"以及在民族主义者话语中,女性如何被边缘化和形象如何被扭曲。她们认为,选择性地利用印度女性的传统印象来形塑甘地式非暴力的不抵抗模式,并无助于改善印度女性的处境。同时,她们对套用西方女性主义模式来研究殖民地和第三世界国家的妇女和西方女性主义的同质化趋势,提出了质疑。[②] 第二波西方女性主义理论将白人中产阶级女性的需求视为所有女性的需求。但非裔美国人、英国女性主义史家和第三世界女性主义理论家马上发出疑问,是否只考虑白人的需要是父权制和种族主义的一个变种。但这

[①] Maithreyi Krishnaraj, "History through the Gender Lens", in Kirit S. Shah & Meherjyoti Sangle, eds., *Historiography Past and Present* (Delhi, 2005), p. 130.

[②] Ketu Katrak, "Indian Nationalism, Gandhian' Satyagraha,' and the Engendering of National Narratives", in A. Parker, M. Russo, D. Sommer & P. Yeager, eds., *Nationalism and Sexualities* (New York, 1992).

种对西方文化和政治霸权持续影响的忧虑,只表达为一种对其修正的必要,而不是要将之全盘摈弃。亚洲女性主义学者通常认为来自西方的理论激励她们在自己国家争取女性权益,但是她们也对西方女性主义范式的影响有所批判,因为亚洲和西方妇女相比有关键的差异。① 中东学者认为,对该地区女性的研究需要更加敏感和细致,主张从阿拉伯女性主义的角度来研究中东妇女所戴的面纱。当然,黑人女性主义者早就批评了白人女性主义者如何忽视了种族的维度。正如黑泽尔·卡尔比(Hazel Carby)在她颇有影响的论文《白人女性,听着!》("White Woman Listen!")中指出的那样:"白人女性主义者书写其'她的历史'(herstory)并声称这是女性的故事,但是却忽视了我们的生活,并拒认她们与我们之间存在任何关系。"总之,后殖民主义女性主义史学与非白人女性主义史学家赋予史学写作一个新的政治目标,更关心揭橥这样的事实:不但"压迫女性有其多样性和地区差异",而且压迫的形式也非普遍如一、一成不变。②

对两性、种族、帝国和性别之间关系变化的关注引发了对西方和本土女性关系及前者如何影响后者的分析,颇有新意。这些分析揭示,西方女性在为非西方地区受到"压迫的"本土

---

① Dorothy Ko, "Women's History: Asia", in Kelly Boyd, ed., *Encyclopedia of Historians and Historical Writing* (London,1999), vol.2, p.1314.
② Maithreyi Krishnaraj, "Permeable Boundaries. Ideals, Images and Real Lives", in Alice Thorner and Maithreyi Krishnaraj, eds., *Women in Literature and History* (Hyderabad, 2000), p.5.

女性争取权利的时候,也逐渐意识到自己在"家庭"中的受压制地位。① 研究表明,当西方女性站在本土女性一边,面纱和萨蒂这些与本土女性有关的问题,便会有不同的定位,可以被转变成反殖民抗争的象征。② 白人妇女与殖民主义之间的默契关系,也引发了许多研究,这不断给予女性主义的研究以抗争和问题意识。

毫不奇怪,在质疑女性主义意识单一性和普遍性的环境下,女性史研究的早期提倡者对这一学科的未来发展有所困惑。性别理论也面临相同的问题,因为"女性的苦痛遭遇不再是研究的终点,而是成为理解民族性、帝国主义和建立在性别话语上的抽象概念的手段了"。③ 随着性别研究中心取代了原来的妇女研究中心,许多大学的系科也有所分化、重组。

为了从比较和跨国史的视角来观察女性和性别史学,我们考察了近年以来许多国家的相关出版论著和国家级历史学会的会议议程,特别是史学和社会科学关系比较紧密的一些期刊。譬如我们比较了2006—2015年间美国历史学会和同期两年一度的德国历史学家大会的年会议程。我们之所以选择德国是因为德国历史学家向来对突破传统的历史研究路径

---

① Reina Lewis and Sara Mikks, eds., *Feminist Postcolonial Theory: A Reader* (New York, 2003), p.8.
② Ibid.
③ Des Jardinis, "Women and Gender History", p.155.

讳莫如深。在这一方面,德国史学的表现是一个极端的代表,而对尝试新的研究方法抱持开放心态的美国史学,则代表了另一极端。例如由著名史学理论家莱茵哈德·科塞勒克(Reinhart Koselleck)参与主编的多卷本《历史的基本概念》(*Geschichteliche Grundbegriffe*, 1972—1996),以社会和历史概念来分析1750—1850年间德国社会的转型,但其中没有一条条目涉及这一时期的性和性别的概念。不过,目前许多德国历史学家已经转向了社会史和文化史,但与他们的许多美国同行相比,关注的方面并不一样。德国两年一度的历史学家大会每次都有一个主题,2008年是致力于社会不平等问题,2010年则关注超越边界,2012年会议主题是环境资源,2014年的主题则有关历史上的胜者与败者。正如我们在2008年会议议程中看到的那样,该会议讨论了全球范围内的社会不平等现象,关注工业化发达国家如何处置移民这样的挑战。该会议主要考虑到欧洲内部的社会、文化和政治互动,虽然也关注殖民地世界,但并非重点。德国史家并未完全忽视女性及其需求,但与美国女性主义史学相比,他们将女性的问题嵌入社会、文化和政治语境中去分析。

如果我们将目光转向美国历史学会的年会议程,然后稍微考察《美国历史评论》上的一些文章,则可发现与欧洲期刊大不相同的是,美国史学家有纯粹研究性行为和性别的严重倾向,乃至忽视了社会和政治的广大层面。在男女同性恋、双性恋和跨性别者委员会,美国天主教史学会和美国教会史学会的赞助下,此类期刊论文的数目之多,令人叹为观止,而后两个赞助单位还支持研究了西方传教士到非西方社会中传教过程中的性行为。毫无疑问,女性主义史学对扩展史学的新领域,功劳卓著,原来这些领域基本都无人问津。但是,虽然有人提出,应该从社会的大环境出发来研究妇女史,美国历史学会年会议程和《美国历史评论》上发表的文章则反映,相关研究的视角十分狭隘,不像是有意义的历史研究。与此同时,我们也看到美国历史学会的一些其他议程,尽管也以性和性别研究为主,但相对比较开放和多元。而《美国历史评论》的书评更让人看到,在性行为和性别研究方面,美国史家写出了不少公允、严肃的论著。《性别与历史》(*Gender and History*)这一重要国际期刊上发表的文章,也质量上乘。该刊编辑在1990年第一期中呼吁"我们不仅鼓励对性别和女性本身的研究,而且我们也鼓励研究种族、阶级、宗教、族群和性取向等方面的因素,如何加固强化了性别和女性的概念"。

近年一个有趣的现象是,从"世界"或"全球"的视野来从事女性和性别的研究。性别研究的学者在这一去中心化和相对较新的领域中,找到了一个机会来从"性别化"的角度重新思考历史学的基本概念。的确,就这一企图而言,特别是在英语世界,性别研究十分合适,因为它已经反映了后现代主义和后殖民主义的影响。而在英语世界中,属于国际性的底层研究团体的非西方学者还扮演了一个重要的角色,那就是从他们的国情出发抵制性别概念,将之视为西方的文化输出。①

彼得·斯特恩斯(Peter Stearns)的《世界历史上的性别》(*Gender in World History*)一书,是一本开创性的著作。该书不仅揭示在国际交流中,多元社会的性别关系如何变化,而且还在权力关系变化的语境中,研究每一个社会中性别角色的重要性。② 这一领域的学者还将身体作为分析的重心,考察在帝国现代性的建构中,性别认同形成中身体实践和消费之重要。他们同时也看到这些实践怎样以"多中心"的和文化杂交的形式呈现出来。③ 如同记忆的场域一样,殖民者和被殖民者的身体之性别化,体现了张力、勾结、压迫和反抗的丰富含义。不过,女性主义学者与性别化的世界史的结合,仍处于一个探索阶段;最多只表达了一个宗旨,还远非普遍存在的趋势。但他们的希求是在世界历史的"主要概念"中,涵括性别差异,"以免(使之)成为这一新的宏大叙事中的被动的跟随者"。④

---

① Giulia Calvi, "Global Trends: Gender Studies in Europe and the US", *European History Quarterly*, 40 (4), p.643.

② 巴妮·史密斯(Bonnie Smith)主编的三卷本《全球视野下的女性史》(*Woman's History in Global Perspective*)也很重要,该书出版于2005年,是一部关于全球视野下性别理论与实践的论文集。

③ Christopher Bayly, *The Birth of the Modern World, 1780-1914: Global Connections and Comparisons* (Oxford, 2004).

④ Giulia Calvi, "Global Trends: Gender Studies in Europe and the US", *European History Quarterly*, 40 (4), p.641.

历史学与社会科学、自然科学之间的新联盟

为了确认社会科学方法对历史的意义,我们考察了各门社会科学的发展——以其旗帜期刊在20世纪90年代以后的发展为史学风向转变的标志。我们发现,它既没有回归到那种处理大量经济学、社会结构和人口学问题的分析的社会科学(尽管对这些问题的关注远未被放弃),也没有回归到带有相对主义认识论倾向的激进的文化和语言学转向。当然,由于差异性太大,我们无法概括在过去二十多年里大多数史学家的历史观。但是,我们所考察的期刊论文,让我们对近些年来历史思想与书写的基本走向,有了一个概念。在历史思潮转向方面,法国的《年鉴》杂志是一个标志,1994年之后改刊的副标题由"经济·社会·文明"改为"历史·社会科学"。这一改动的理由是,原来的标题太过狭隘,历史学家不单应该与社会学家和经济学家密切合作,还应该与其他人文社会学科的学者合作。事实上,《年鉴》杂志一直以来都是这样做的,此时不过是重申了这一立场。早在1988年及翌年的编者按中,《年鉴》已经指出了传统社会科学的危机,指出马克思主义、结构主义和计量方法不能为历史研究提供坚实的基础;的确,所有的意识形态那时都受到了质疑。这并不意味着对某种社会科学,乃至所有社会科学的拒斥;恰恰相反,而是一种拓宽的努力,试图把那时尚未足够予以注意的文化层面包括进来。这就要求有新方法和新路径,年鉴史学不但要像以

前一直做的那样,借鉴经济学、社会学、地理学和人类学,还需借鉴文学批评、社会语言学和政治哲学。①

1945年之后很长一段时期,《年鉴》在很大程度上避免涉及当代题材,这与其在20世纪30年代的做法不同。年鉴史家认为研究相对稳固的前现代社会,比研究日新月异的社会来得容易。现在,《年鉴》的视角在两个意义上已经全球化了:第一,就空间与时间而言,产生了对社会和文化在世界各地区互动的兴趣;第二,就西方和非西方以及这两者之间的互动而言,同时希望覆盖从古至今所有时代的历史。《年鉴》不光重视社会和经济,也重视宗教、艺术和人文。尽管它也关注性与性别史,也为性别史出过一个专辑②,但与美国的和一定程度上英国的期刊不同,这类题材在《年鉴》上不占中心地位。《年鉴》不带有强烈的意识形态色彩,这与早期的英国期刊《过去和现在》、特别是英国的《历史工作坊》(*History Workshop*)杂志颇为不同。《过去和现在》原先是一个马克思主义和非马克思主义历史学家探讨马克思主义所提出的问题的场地,重点是以英国为例,探究资本主义社会的诞生。现在,这份期刊的范围比以前广阔得多;与《年鉴》类似,它的文章所涉题材在范围上覆盖了从古至今的历史以及西方与非西方之

---

① "Histoire et sciences sociales, un tournant critique?" *Annales ESC*, 43:2 (March-April 1988), pp. 291-293; 以及 "Histoire et sciences socialessocials: Tentons l'expérience", *Annales ESC*, 44:6 (November-December 1989), pp. 1317-1323。

② Annales, "Régime de genre" 3 (2012).

间的互动。德国的《历史与社会》创刊于 1975 年,其自我定位是一份研究"历史社会科学(historische Sozialwissenschaft)"的期刊,深受马克斯·韦伯的分析社会学的影响。可以理解的是,它同时也十分重视考察德国灾难性的过去。这份期刊的题材现在也扩大了,包含了世界各地的过去与现在,同时也保留着对现代德国与欧洲问题的关注。希特勒屠犹仍然受到关注,而该刊发表的众多题材中也包括研究情感的作用。美国社会史研究的主要期刊,如《跨学科杂志》(Journal of Interdisciplinary)、《历史与社会史比较研究》(Comparative Studies of History and Social History)、《历史社会科学》(Social Science History)以及《社会史》(Social History)等,也大致显现出类似的方向。而我们看拉丁美洲史的两份期刊——《西裔美洲历史评论》(Hispanic American Historical Review)和《拉丁美洲研究评论》(Latin American Research Review),以及两份非洲史的期刊——《非洲史杂志》(Journal of African History)与《现代非洲研究杂志》(The Journal of Modern African Studies),也可发现同样的倾向。但与拉美史的期刊相比,非洲史的杂志更关注种族、族裔问题和蓄奴史,而这些问题在上面提到的西方期刊中也占据重要的地位。甚至,相对保守的德国《历史杂志》最近也发表了一篇研究美国历史上私刑现象的文章。[①] 总而

[①] Manfred Berg, "Das Ende der Lynchjustiz im amerikanischen Süden", Historische Zeitschrift, 283:3 (2006), pp. 583-616.

言之，社会科学仍然十分重要，但与二战后的分析社会科学和20世纪七八十年代文化主义盛行的时期相比，史学界显得更加开放和多元。

与之相比，在当今史学界、特别是在当代美国史学中，政治史的衰落程度，让人颇为震惊。最新出版、卷帙浩繁的《牛津史学史》（*Oxford History of Historical Writing*），其第四卷和第五卷处理1800年至当代的史学史，但只有一章讲述政治史，也即基本忽略了这个主题。同样，由梅利·维斯纳-汉克斯（Merry Wiesner-Hanks）任总编，出版于2015年的七卷本《剑桥世界史》（*Cambridge World History*），在描绘全球历史发展的时候，也明显地降低了政治，尤其是民族国家的重要性。由杰里·本特利（Jerry Bentley）、桑杰·苏布拉曼扬（Sanjay Subrahmanyan）和梅利·维斯纳-汉克斯合编的该书第六卷，覆盖了1400年到1800年之间的历史，题为"构建全球化世界"（The Construction of a Global World）。在该卷的"背景"和"变化模式"两部分中，他们突出了远程贸易和交换、宏观区域中的宗教变化这一类的主题，而非欧洲民族国家的崛起。当然，政治史在这一卷中也是有的，但并非讨论西方的民族国家构建，而是引导读者关注"大范围的政治转型"，也即帝国的形态，以这一时段伊比利亚、俄罗斯、中国和中东的帝国为例。有关这一取径，该卷中杰克·A. 戈德斯通（Jack A. Goldstone）题为"政治轨道比较"的文章，对此有所解释。他说："21世纪的普遍观念是，每个人都是某个国家的公民……但是,现代国家的崛起,是相当晚近的发展。到了1800年,这一创造国家的进程还相当新颖,并未完结。"英国和法国的政府是两个孤例,而且还带有"前现代的因子",而在1871年之前德国还是普鲁士,日本、中国、俄罗斯、土耳其和印度在20世纪之前都还没有建立自己的民族国家。① 另外,在《剑桥世界史》接下来的一卷,内容概括了1800年至今的时段,政治史同样不受重视。该卷共有七个部分,只有一个部分是关于"政治"的,含有题为"论民族主义"的一章,其中讨论了这一意识形态在全球的传播,而不是欧美民族建构的模式如何成功。其他六个部分处理了诸如帝国主义、非西方国家对欧洲扩张的反应、去殖民化、种族屠杀、共产主义和法西斯主义等问题,其目的显然是为了超越民族国家的重心和欧洲中心主义。的确,在 J. R. 麦克尼尔(J. R. McNeill)和彭慕兰(Kenneth Pomeranz)的主编下,《剑桥世界史》第七卷主要关注的是近几个世纪以来,社会/文化发展的物质和经济条件以及全球化的进程。

当然,政治史并未消失,它仍然十分重要。我们在第六章中讨论了政治史在拉丁美洲的复兴,那是一种聚焦广大群众而非精英人物的政治史。同时,我们又怎能忽略20世纪的诸多重大政治事件呢?比如两场世界大战的爆发、纳粹德国的

---

① 参见 *The Cambridge World History* (Cambridge, 2015), vol. 6, 引自 Part 1, p. 447。

兴亡、斯大林统治下的苏联和毛泽东领导的中国革命及后来发动的"文化大革命",以及今天世界许多地方发生的包括种族矛盾在内的各种冲突,都需要将之置于政治背景下才能加以清晰的认知。档案材料虽然对史实的建构十分关键,但仅仅依赖档案是不够的。军事和外交史也不应被忽略。但当今很多政治史学已经反映出,历史思想在总体上已经有了转变。旧的历史学采取自上而下的视角,因此非常依赖,甚至是完全依赖档案材料,而新史学虽然并没有废除政治史,却渐渐地转变为政治、社会和文化史之间的跨领域合作,并将考察范围拓展至所涉人口的大部分。不仅拉丁美洲、非洲和亚洲的历史学家重新点燃了对政治史的兴趣,而且政治史本身还有新流派的出现,如借助上文已经提到的记忆研究的兴盛,让世界各地的历史学家看到了政治影响力的无处不在。因为记忆研究倾向关注在其他记忆被压抑和拒斥之后,某些特定的记忆如何形成,相关学者相当关注国家的政治影响和操弄的作用。有些学者甚至评论道:记忆俨然成了"政治演变和政治利益的一个'自然'产物",抑或"记忆已成为政治化约论和功利主义的俘虏"。① 与此同时,扬·阿斯曼(Jan Assman)和阿莱达·阿斯曼(Aleida Assman)夫妇关于"文化记忆"建构的新

---

① 参见 Alon Confino, "Collective Memory and Cultural History: Problems of Method", *American Historical Review*, 102:5 (1997), pp. 1386-1403; 引自 pp. 1392-1393; 以及 Alon Confino, "History and Memory", 见 *Oxford History of Historical Writing*, pp. 5, 36-51。

近理论,扩展和修正了莫里斯·阿布瓦赫为人熟知的"集体记忆"概念,促使历史学家看到在记忆研究中,人类学、社会学和传播理论的有益之处。

的确,问题似乎不在于今天的历史学家不再对与社会科学结盟感兴趣,实际上,他们是在努力重新定义这一固有的联盟,并对历史研究的方法进行更新,而在近年,其做法还包括从一些自然科学那里借鉴方法。重新定义就是说不再像传统的做法那样,在历史书写中只考虑如何使用社会科学理论来解释民族国家。据凯文·帕斯莫尔(Kevin Passmore)的观察,至少在现代西方,历史研究借助和运用社会科学方法的企图见于20世纪初,而其最初的目的是为了勾画民族国家的演进。为了这个目的,历史学家希图从古斯塔夫·勒庞、马克斯·韦伯、埃米尔·涂尔干和卡尔·马克思的著作中,解释在一个国家和国与国之间这两个层面上,人类演化的原因和特点。这一传统在二战期间得到了发扬和调整,但是从20世纪70年代开始,也就是历史学出现文化和语言学转向以后,历史学家开始探索新的研究领域,这就促使他们超越了民族国家的视角而开始重新检验历史学与社会学、经济学和政治科学等"旧"社会科学的联盟,而恰在那时,那些社会科学正在经历其学科内部的"历史学转向"。[1] 有些史学理论家已经颇

---

[1] Kevin Passmore, "History and Social Science in the West", *The Oxford History of Historical Writing*, pp. 5, 199-219.

为信服地指出,其实历史学家也可以教给社会科学家很多东西,那就是如何为后者引进和阐述"时间的维度"。如果那些社会科学的确出现了"历史化",那么这一过程也有利于重建或加强历史学与它们之间的联盟。① 实际上,据加布里埃尔·斯皮格尔所称,语言学转向以后,历史书写出现了新的方向,很多历史学家都开始对历史运动中自我、结构、能动性和经验的作用产生兴趣,由此他们又再次渴望从临近学科那里吸收和借用某些方法。林·亨特也指出,全球化的兴盛,没有减弱而是加强了历史研究中自我与社会之间关系的重要性。出于对此分析的需要,历史学家能够也越来越善于从生物学和心理学方法中获得灵感。② 环境史和情感史是近来史学界中迅速成长的两个流派,而研究这两个领域,也让历史学家将目光转向并运用社会及自然科学中的一些新近成果。我们随后还会在本章中讨论环境史和情感史。

民族国家概念的转变以及全球史的意义

尽管大部分历史书写仍然以国家为中心,但 20 世纪 90

---

① 参见例如 William H. Sewell, Jr., *Logics of History: Social Theory and Social Transformation* (Chicago, 2005); Herbert S. Klein, "The Old Social History and the New Social Sciences", *Journal of Social History*, 39:3 (2006), pp. 936-944; 以及 Philip T. Hoffman, "Opening Our Eyes: History and the Social Sciences", *Journal of the Historical Society*, 6:1 (2006), pp. 93-117。

② 参见 Gabrielle M. Spiegel, ed., *Practicing History: New Directions in Historical Writing after the Linguistic Turn* (New York, 2005) 以及 Hunt, *Writing History in the Global Era*。

年代以来,随着西欧和中欧以及英语国家少数族裔群体的增加,民族国家的概念已经产生了变化。很多历史学家不再把民族国家看作同质的,而是视他们为异质的、多元文化的社会。此外,若把欧洲视为一个同质的整体便忽略了欧洲本身地方、语言和文化的差异。当然,拉丁美洲、非洲和亚洲的大部分地区也同样存在这些差异。所以,用多元文化的视角来研究历史的趋势,日益流行。美国高中所采用的有关美国与世界史的主要教科书,便是一个例子。与以前的教科书相比,新的教材强调了美国的多族群文化并关注少数族群和女性的贡献。[1] 在印度,底层研究的开展有助于史家超越以民族国家为单位的做法。复杂的阶级、种姓和其他层次的差异,造成了印度特有的多元化,对此必须加以考虑。从底层研究的视角看,很多反殖民史学只是想用印度精英来取代英国精英,却忽略了庞大的底层群体在反殖民斗争中的积极和能动作用。与底层研究类似,坦桑尼亚的马克思主义史学强调多样性如何形塑了坦桑尼亚及底层民众在民族独立过程中的能动作用,从而重新认识了民族国家的

---

[1] 参见今日所广泛使用的那些强调少数族群及女性的教科书,例如 Andrew Clayton, Elisabeth Israels Perry 和 Allan M. Winkler, *America Pathways to the Present* (Needham, 2003) 以及 McDougal Littell, *The Americans* (New York, 2007)。与此相反,早期以白人男性为中心的教科书可参见 John Spencer Bassett, *A Short History of the United States* (New York, 1929) 以及 Allan Nevins 和 Henry Steel Commager, *America: The Story of a Free People* (Boston, 1942)。

概念。① 这些并不表示以民族国家为单位的历史已是明日黄花。但愈来愈多的史家倾向于避开以民族国家为单位,写作注重关系、交流和超越国家疆界的跨国史,也即写作近年法国历史学家所称的"交叉史"(histoire croisée)。②

在全球化的时代,跨国史学的一个显著代表是由欧洲科学基金会资助出版的九卷本《书写民族》系列。这一系列对19—20世纪的民族史在历史书写中的作用做了最为重要的分析。它从比较的和跨国的角度,对欧洲主要国家的民族国家史著作做了概述,同时又考察了每一种民族国家史中族裔、阶级、宗教和性别的因素。

冷战结束之后,历史学发生的一个显著变化就是,历史学家日益将其注意力从传统的民族国家与以西方为主的历史那里转向了世界史和全球史。③ 20世纪上半叶出现了两种书写世界史的重要方式,以奥斯瓦尔德·斯宾格勒④和阿诺德·

---

① 参见 Georg G. Iggers, "The Role of Marxism in Sub-Saharan and South African Historiography", Q. Edward Wang and Georg G. Iggers, eds., *Marxist Historiographies: A Global Perspective* (London, 2015), pp. 220-248。

② Michael Werner and Bénédicte Zimmermann, "Beyond Comparison Histoire Croisée and the Challenge of Reflexivity", *History and Theory*, 45 (2006), pp. 30-50。

③ 近期历史思想与研究中对世界史的形式及其发展的讨论,参见 Patrick Manning, *Navigating World History: Historians Create a Global Past* (New York, 2003);亦可参见 Jerry H. Bentley 这篇简明扼要的短文: "World History", Daniel Woolf, ed., *A Global Encyclopedia of Historical Writing* (New York, 1998), pp. 968-970 及其 "The New World History", Lloyd Kramer and Sarah Maza, eds., *A Companion to Western Historical Thought* (Malden, 2002), pp. 393-416;还有 Sachsenmaier, "Global History and Critiques of Western Perspectives"。

④ Oswald Spengler, *The Decline of the West* (New York, 1926)。

汤因比为代表①,他们都以文明的比较为中心,并将西方列为诸多文明中的一员。专业史家则对之颇为轻视,认为其大而无当,不具扎实的学术基础。但至少,它们有助于让人看到,其他文明与西方文明一样,都有同等的研究价值。不过,只是到了20世纪下半叶,特别是冷战结束之后②世界史才取得了专业史学的地位。威廉·H. 麦克尼尔(William H. McNeill)(1963)的《西方的兴起:人类共同体史》(*The Rise of the West: A History of the Human Community*)是一部较早对跨文化互动与传播进行学术研究的重要作品。虽然标题容易引起误解,但这部书其实注重比较,也为此后的世界史写作树立了榜样。麦克尼尔力图显示,不同社会与文化传统的人们在观念和技术方面的相互交流,对世界史的发展至为关键。③ 他曾一度感佩汤因比处理世界史的大手笔,还曾向后者求教,但他认为汤因比对世界史演变所做的规律性的总结,有点天马行空。无论从概括的范围还是跨文化的角度,麦克尼尔的作品在当时都是一部先驱之作,但这本书之后也有了批评者,其中包括麦克尼尔本人,因为这本书还不够全面,比如在描述世界历史模式时,只字不提非洲,也过于看重精英的作用。在之后出版的《瘟疫与人类》(*Plagues and Peoples*, 1976)一书中,麦克尼

---

① Arnold Toynbee, *A Study of History*, 12 vols. (Oxford, 1934-1961).
② 参见 Jerry H. Bentley, *Shapes of World History in Twentieth-Century Scholarship* (Washington, DC, 1996)。
③ 有关 McNeill and Toynbee, 参见 Bentley, Ibid., p.15。

尔考察了传染病在各种社会和文化中流行所造成的后果，以及传染病的流行如何破坏了既有的政治、商贸和社会秩序，并以此来从事历史的研究。这几乎是历史学家第一次处理涉及生物与环境要素的题材。这一题材在以往不受重视，而现在则成为了十分重要的领域。

1982年，世界史学会（World History Association）成立，其麾下的《世界史杂志》（*Journal of World History*）则出版于1990年，由杰里·本特利担任主编，所发的论文则来自世界各地。这份杂志成为了新世界史最重要的出版园地，同时还刊发相关著作的书评。该杂志的创刊号指出，它的宗旨是"从全球的角度"分析历史，将"大规模的人员流动和经济波动、技术的跨文化转让、传染病的流行、长距离贸易，以及宗教信仰、观念和理想的传播"作为历史研究的关键内容。①

20世纪90年代以后，"全球史"这一称呼特别流行。《全球史杂志》（*Journal of Global History*）与《全球研究杂志》（*Globality Studies Journal*）于2006年同时创刊。而在1991年，双语期刊《全球史与比较社会研究杂志》（*Comparativ Zeitschrift für Globalgeschichte und vergleichende Gesellschaftsforschung*）则在德国出版。鉴于目前学界对"全球史学究竟意味着什么"以及"在何种程度上能够称得上全球史"还未能

---

① 又参见 Patrick Manning, *Navigating World History: Historians Create a Global Past* (New York, 2003)。

达成共识①,"全球史"这一术语与"世界史"相重叠,经常被等同视之,但"全球史"更倾向于处理15世纪以后的历史时期,也常常以1960年代之后的全球化进程为重点。②《世界史杂志》和《全球史杂志》都对前现代社会与文化的研究感兴趣,但前者兴趣更大,注重探讨早在欧洲人到来之前环太平洋区域的商品交换、食物和疾病。从史学史的角度来看,这意味着历史学家愈益走出民族国家的藩篱,来研究西方世界之外的文化和社会。他们也重视气候和环境的重要作用,特别是对人类早期历史进行比较研究的时候。这类主题也同样见于《全球史杂志》。在该刊创刊号的发刊词及之后发表的史学史回顾中,都指出研究这些主题特别重要。该刊编辑希望克服在区域史研究中出现的碎片化和视野狭窄的问题。他们注意到,在过去两个世纪中,"所有的历史学传统都汇聚到一点,即要么赞扬西方的崛起,要么关注西方崛起产生的反应"。现在,他们追求的是一种基于"严肃学术"的真正的全球史。③

这一希图超越民族国家模式的史学潮流也传播到了世界其他地方,但意义并不一样,发展轨迹也不同。在东亚,历史学家努力在民族国家和马克思主义的范式之外,另辟蹊径,使

---

① Anthony G. Hopkins, "The History of Globalization – and the Globalization of History?" 见 Anthony G. Hopkins, ed., *Globalization in World History* (London, 2002), pp.11-46;又参见 Bruce Mazlish, *The New Global History* (London, 2006)。

② 参见 Sachsenmaier, "Global History and Critiques of Western Perspectives"。

③ Patrick O'Brien, "Historiographical Traditions and Modern Imperatives for the Restoration of Global History", *Journal of Global History*, 1:1 (2006), pp.3-39.

历史写作不再受制于意识形态的束缚。譬如日本的社会文化史转向,自20世纪80年代以来促成了对描绘普通人,特别是底层人民日常生活史的兴趣。它与城市史的兴起同时发生,而城市史是日本近几十年最具活力的史学领域之一。自20世纪90年代中期以来,社会文化史家又将"文化研究"和后殖民研究从西方引进了日本。这些进展使得日本的一些历史学家,对20世纪上半叶日本在东亚的殖民主义遗产以及日本官方后来编写和出版的历史教科书对此的描述,做了批判性的审视。①

如果说日本的文化史和文化研究得益于国际史学界的跨文化对话,那么中国历史学界近年的变化也与此有关。例如,正如上一章所提到的,2004年"新社会史"丛书的出版,便是中国本土学者和海外华裔学者之间亲密合作的产物。近几十年来,台湾海峡对岸的中国史研究界对社会文化史也表现出了强烈的兴趣,这要归功于台湾历史学家与西方同行之间更为频繁的交流。相比中国大陆的历史学者,台湾历史学者的确更易于接受西方史学的影响;早在20世纪80年代,受年鉴学派的启发,台湾史学界便出现了社会文化史的转向。② 中

---

① 参阅成田龙一:《歴史学のスタイル:史学史とその周辺》(东京,2001年),第217—230、275—288、347—364页;广田昌希:《パンドラの箱:民众思想史研究の课题》,酒井直树编:《歴史の描き方:ナショナル・ヒストリーを学び捨てる》(东京,2006年),第3—92页。

② 参见王晴佳:《台湾史学五十年(1950—2000):传承、方法、趋向》(台北,2002年);又参见王晴佳:《解构与重构:近二十年来台湾历史意识变化的主要趋势》,《汉学研究通讯》,25:4(2006年11月),第13—32页。

国大陆的社会史研究,与80年代的文化热运动有关。与建国初期马克思主义史学的实践不一样,中国大陆史家增强了对社会与文化生活的兴趣。对今天的中国历史学者,特别是年轻一代的学者而言,社会文化史的研究有助于他们走出1949年以来,历史学受意识形态(马克思主义和20世纪90年代之后的民族主义)高度影响的传统。因此,在今天的中国大陆,社会、文化和经济史的研究有利于史家走出意识形态的束缚,不再像以前那样,只是以民族国家的视角和强调政治革命来审视中国现代化的历史进程。①

前面所提到的新编《剑桥世界史》,也是当今史学变化的一个例子。与阿克顿勋爵的《剑桥近代史》(*Cambridge Modern History*)及其续篇——成书于20世纪50—70年代的《新剑桥世界史》(*New Cambridge World History*)——不同,这部著作弱化了现代欧洲的兴起在世界历史上的意义。它采用了"区域、专题和比较"的视角,其作者群不但拥有跨学科的训练,而且还来自世界各地。② 遵循一个宏阔的时间框架(始自旧石器时代至今),它描绘了城市、帝国与国家的兴起,并讨论过去的几千年中,人类活动与环境之间的复杂互动。

这一比较的、跨文化的全球史转向,代表了世界各地史学

---

① 参阅 Huaiyin Li, *Reinventing Modern China: Imagination and Authenticity in Chinese Historical Writing* (Honolulu, 2013)。

② Merry Wiesner-Hanks 为 *The Cambridge World History* 所作的《序》, vol. 1, pp. xv-xx。

的一个趋势。在那些进行广泛比较、有着扎实学术基础的著作当中,最全面的当属于尔根·奥斯特哈默(Jürgen Osterhammel)的《世界的演变:19 世纪史》(*The Transformation of the World: A Global History of the Nineteenth Century*),该书用德语写就,随后有了英文版。[①] K. N. 乔杜里(K. N. Chaudhuri)的《欧洲之前的亚洲:从伊斯兰崛起到 1750 年印度洋的经济和文化》(*Asia before Europe: Economy and Civilization of the Indian Ocean from the Rise of Islam to 1750*,1990)和安德烈·贡德·弗兰克(André Gunder Frank)的《白银资本:重视经济全球化中的东方》(*ReOrient: Global Economy in the Asian Age*,1998)都强烈主张,在西方资本到来之前,印度和中国扮演着驱动世界经济的关键角色。彭慕兰(Kenneth Pomeran)广受好评的《大分流:中国、欧洲及现代世界经济的发展》(*The Great Divergence: China, Europe and the Making of the Modern World Economy*,2000)一书延续了乔杜里和弗兰克的观点,并进一步指出无论西方和东方,抑或中国的经济,大致在 1750 年之前都遵循着相似的发展模式;西方超越东方并不是因为其特殊的文化传统、政治发展或其他什么因素,而是因为它发现并殖民了新世界,这才使得欧洲走出了与亚洲不同的发展道路,开始了资源密集型和劳力节省型的工业化。

[①] 参见 Jürgen Osterhammel, *Die Verwandlung der Welt: eine Geschichte des 19. Jahrhunderts* (Munich, 2009);英译本译者为 Patrick Camiller,由普林斯顿大学出版社于 2014 年出版。

尽管它们的史学传统大相径庭,但美国和中国都脱颖而出①,不光在研究也在教学方面,成为了世界史和全球史研究的两大中心。在美国,一战以后许多大学引进了西方文明史的课程,现在则已经开始被世界史或全球史取代。在中国,1950年代开始就有世界史的研究机构,而近些年来,一些高校纷纷成立全球史的研究中心。2011年,世界史学会在北京首都师范大学召开了年会,该校拥有一个活力十足的全球史研究中心。该会有数百位海外学者参加,而中国的参会者人数也旗鼓相当。正如我们在导论里提到的,2006年以后首次出现了一些全球着眼、概括古今的史学史著作。在此之外,几位来自世界各地的历史学者——大卫·克里斯蒂安(David Christian)、弗雷德·施皮尔(Fred Spier)和辛西娅·S. 布朗(Cynthia S. Brown),开始进行他们称之为"大历史"(Big History)的研究。在传统的观念上,历史学家把有文字以前的历史称为"史前史",而这些人的著作却回溯到宇宙的最开始——大爆炸,然后追溯太阳系的诞生、人类的出现及其进化到现代的历史。克里斯蒂安的《时间地图:大历史导论》(*Maps of Time: An Introduction to Big History*,2004)和布朗的《大历史:从大爆炸到当代》(*Big History: From the Big Bang to the Present*,2012)展示出,这种"大历史"的写法必须走出以人类为中

---

① 参见 Sachsenmaier, *Global Perspectives on Global History*,该书特别探讨了全球史在美国和中国的进步。

心的传统历史研究方法的窠臼。它希望把历史学与自然科学更紧密地联系在一起,并赋予历史学以物质基础(如《大历史和人类的未来》[Big History and the Future of Humanity ,2010] 的荷兰作者弗雷德·施皮尔,原来是一名科学家,后来才转向历史)。在这之前,威廉·H. 麦克尼尔在其《瘟疫与人》一书中,已经探讨了环境对人类活动的某种影响。麦克尼尔也认可大卫·克里斯蒂安的《时间地图》一书;2003 年,他自己又与其子约翰·R. 麦克尼尔(John R. McNeill)合著了《人类之网:鸟瞰世界历史》(The Human Web: A Bird's-eye View of World History),该书对史前时代一直到现代的历史做了宏观的概述,在书的最后又对人类的未来,做了一些有意思的讨论。

环境史的长足发展

此时或许我们应该讲讲环境史的兴起,因为它既是历史学的一个分支领域,又是历史学与自然和社会科学结盟的一条路径。对于大多数环境史的践行者来说,历史学中的"环境与生态学转向"出现在 20 世纪 70 年代,其标志性的著作不光有威廉·麦克尼尔的《瘟疫与人》,还有阿尔弗雷德·克罗斯比(Alfred Crosby)的《哥伦布大交换:1492 年之后的生物和文化变迁》(The Columbian Exchange: The Biological and Cultural Consequences of 1492 ,1972)和唐纳德·沃斯特(Donald Worster)的《自然的经济:一部生态思想史》(Nature's Economy: A History of Ecological Ideas,1977)。1986 年,克罗斯比又扩充了他的论点和扩大了其研究范围,写出了《生态帝国主义:欧洲的生物扩张 900—1900》(Ecological Imperialism: The Biological Expansion of Europe,900—1900) 一书。这三位作者那时都在美国大学任教,而 1976 年还迎来了美国环境史学会的成立。的确,环境史至少在其形成的初期,便在美国学术界受到较大关注;英语世界的"环境史"一词也由美国历史学家罗德里克·纳什(Roderick Nash)首次使用。有些学者指出,美国环境史的研究可以追溯到 19 世纪的末期,那时弗雷德里克·杰克逊·特纳提出了"边疆理论",用来概括美国的历史和文化特征。当然,年鉴学派的创始人之一吕西安·费弗尔在其《历史的地理学导论》(Geographical Introduction to History)中,也用足够的笔墨强调了自然环境对于人类历史的作用。费尔南·布罗代尔的名著《地中海》以及伊曼纽埃尔·勒华拉杜里的系列气候史的研究著作中,又发扬光大了费弗尔的立场。但奇怪的是,自 20 世纪 80 年代起,年鉴学派便很少出版有关环境史的文章了。①

---

① J. R. McNeill, "Observations on the Nature and Culture of Environmental History", *History and Theory*, 42 (2003), pp. 5-43. 又参见 Richard White, "American Environmental History: The Development of a New Historical Field", *Pacific Historical Review*, 54:3 (1985), pp. 297-335, 及其续篇 "Afterword Environmental History: Watching a Field Mature", *Pacific Historical Review*, 70:1 (2001), pp. 103-111;还有 Alfred Crosby, "The Past and Present of Environmental History", *American Historical Review*, 100:4 (1995), pp. 1177-1189。

而自 20 世纪 90 年代开始,环境史研究在美国达到了一个高峰。到 2003 年,约翰·R. 麦克尼尔对这一领域进行学术回顾的时候,美国大学已经出现了差不多六个环境史的研究中心。美国环境史学会的会员也暴增到 1000 名以上。与此同时,由于欧洲、亚洲、拉丁美洲、非洲和中东的学者不断加入,环境史的领域也愈益走向国际化。不但相关的研究机构出现在世界几大洲的高校中,环境史的研究学会(如成立于 1999 年的欧洲环境史家学会)也吸收了许多新会员。在南亚和非洲,这种潮流尤其强劲。例如,从印度视角出发的学术著作主要关注环境观念背后的政治,如殖民时期的殖民者如何将保护野生动物凌驾于当地人之上,而到了后殖民阶段,富人和穷人的环境主义观念又如何愈益分道扬镳。①

除了采取上述的政治角度以外,环境史研究也用文化/思想和物质的方法来分析历史与环境之间的关系。文化、思想的方法关注人类对其居住的天然的抑或人造的环境,在文学和艺术上表现出了什么样的认知;而物质的方法则注重描述生物和自然条件如何制约和影响了人类的历史——克罗斯比、威廉·麦克尼尔的著作是早先的例子,而最近的例子则是贾雷德·戴蒙德(Jared Diamond)的畅销书《枪炮、病菌与钢铁:人类社会的命运》(*Guns, Germs and Steel: The Fates of Human Societies*, 1999)。剑桥大学的历史人类学家基思·托马

---

① Ramachandra Guha, *Environmentalism: A Global History* (London, 2000).

斯(Keith Thomas)著有《英国人对自然界态度的转变,1500—1800》(*Man and the Natural World: Changing Attitude in England, 1500-1800*, 1983)。许多人将该书誉为从文化多样的角度探讨环境史的先驱之作,而作者却有点不太同意这样的定位。与托马斯类似,西蒙·沙马一般不认为自己是一名环境史家,但其用典雅的笔调写作的《风景与记忆》(*Landscape and Memory*, 1995)一书,则是一部关于欧洲人如何通过绘画、雕塑和建筑鉴赏与表现大自然的作品。对于人类与自然的关系,许多环境史家持有"衰退主义"的观点,而沙马在书中传达的信息则是,虽然环境的损坏一去不返,但还有好大一部分完好地留存在人们的记忆里。他的著作试图揭示英国"风景画传统展现的丰富性、古典性和复杂性"。①

像欧洲一样,风景在东亚,特别是中国的文化传统中,也有一定的地位。伊懋可(Mark Elvin)的《大象的退却:一部中国环境史》(*The Retreat of the Elephants: An Environmental History of China*, 2004)是一部内容详细的通史著作,其中特别注意从风景画和山水诗中探讨中国人的环境观念。同时,他也描述了在数千年的持续耕作和开发下,中国的自然环境不断变化和衰退的历史。这种用物质的层面考察人类活动与环境之间相互作用的路径,在环境史研究中非常常见。埃德蒙·罗素(Edmund Russell)的《进化的历史:从历史学与生物学的

---

① Simon Schama, *Landscape and Memory* (New York, 1996), p. 14.

双重角度理解地球上的生命》(*Evolutionary History: Uniting History and Biology to Understand Life on Earth*, 2011)从全球着手,而约翰·艾利夫(John Iliffe)的《非洲人:一个大洲的历史》(*Africans: The History of a Continent*, 1998)则采取了非洲大陆的视角;艾利夫不光讨论了非洲人如何改变了环境,也描述了他们应对自然挑战(贫瘠、疾病和旱灾等)中的成功与失败的经验。确实,非洲相对恶劣的生存条件,加上欧洲殖民主义对其造成的进一步损害,使得研究非洲史的历史学家更倾向于采取环境史的角度。同理,拉丁美洲的环境研究也将批判地审视欧洲殖民主义的遗产,放在了中心的位置。①

毫无疑问,环境史在最近几十年来的发展与世界范围内历史学的整体发展,相辅相成。环境史的研究有助于历史学家看到超越以民族国家为中心的兰克史学模式之必要。约翰·R.麦克尼尔是这一新兴领域的知名人物,他曾说:"对许多种类的历史研究来说,包括大多数的环境史研究,民族国家不是恰当的操作范围。"②像他一样,许多其他环境史家也都愿意采取全球史的研究视角。J.唐纳德·休斯(J. Donald Hughes)的《世界环境史:人类在生物共同体中地位的转变》(*An Environmental History of the World: Humankind's Changing*

---

① 参见 Mark Carey, "Latin American Environmental History: Current Trends, Interdisciplinary Insights and Future Directions", *Environmental History*, 14 (2009), pp. 221-252。

② McNeill, "The Nature and Culture of Environmental History", p. 35.

Role in the Community of Life,2009),埃德蒙·柏克三世(Edmund Burke III)和彭慕兰主编的《环境与世界历史》(*The Environment and World History*,2009),以及安东尼·彭纳(Anthony Penna)的《人类的脚印:全球环境史》(*The Human Footprint: A Global Environmental History*,2010)都是例证。同样,那些对全球史有兴趣的学者,例如前面提到的《剑桥世界史》的作者们,也越来越注意从环境的角度考察历史的演进。2007年,几位环境史家开始探究"人类纪"(Anthropocene)的观念,描述了现代化对全球环境的损害。他们认为,从1800年工业化的起步开始,人类活动已经形成了一股"全球性的地球物理力量",从根本上改变了地球的体系;大气层中二氧化碳含量达到的空前高水平,就是一个警示。① 由于"人类纪"与现代史几乎重合,从环境史的角度对历史所做的分期,与全球史家超越民族国家视角的历史写作,有异曲同工之妙。并且,环境史的研究还有助于历史学与社会科学、自然科学建立新的联盟;以后者而言,历史学合作的对象不仅有生物学、考古学和生态学,而且还有森林学、气候学和孢粉学。

探究情感在历史中的作用

情感研究是历史学与自然科学结盟的另一个例子。2015

---

① Will Steffen, Paul J. Crutzen and John R. McNeill, "The Anthropocene: Are Humans Now Overwhelming the Great Forces of Nature?" *Ambio*, 36:8 (2007), pp. 614-621.

年在中国济南召开第22届国际历史科学大会,"历史中的情感"(Historicizing Emotions)是该会的四大主题之一。的确,自20世纪80年代以来,越来越多的历史学家开始关注人类情感在历史中的地位。社会史家彼得·斯特恩斯是美国《社会史杂志》(Journal of Social History)的创始人,他与妻子卡萝儿·斯特恩斯(Carol Stearns)在1985年的《美国历史评论》上发表了一篇文章,一同创造了"情感学"(emotionology)这一概念。他们在文中指出,对情感的历史研究可以发扬光大社会史和心理史,将注意力从"社会学有关社会分化和流动的常见模式"转移到构成"过往心态"的情感层面。他们的"情感学"指的是一定时期内集体情感表达所形成的社会标准。[1] 在社会史之外,吕西安·费弗尔有关"情绪性"(sensibility)的研究也激发了对情感研究的兴趣。由是,年鉴学派的心态史研究亦可视为情感史的一个先驱。[2] 诺伯尔特·埃利亚斯(Nobert Elias)的《文明的进程》(The Civilising Process)一书,描绘了人们如何学会在不同的场合里控制自己的情绪,也为情感史提供了灵感。在《中世纪的秋天》(The Waning of

---

[1] Peter, Carol Stearns, "Emotionology: Clarifying the History of Emotions and Emotional Standards", American Historical Review, 90:4 (1985), pp. 813-836.

[2] Lucien Febvre, "La Sensibilité et l'histoire: Comment reconstituer la vie affective d'autrefois?", Annales d'histoire sociale, 3/1-2 (1941), pp. 5-20. Lucien Febvre, "Sensibility and History: How to Reconstitute the Emotional Life of the Past", Peter Burke, ed., tr. K. Folca, A New Kind of History: From the Writings of Febvre (New York, 1973), pp. 12-26.

the Middle Ages, 1919)中,约翰·赫伊津哈(Johan Huizinga)对中世纪的生活进行了生动的描绘。按照现在的标准,那个时期人们的情感宣泄(哭泣与愤怒)会显得相当直接与放纵。

但情感研究的最新潮流,显然已经与上述早期的研究相距甚远。如埃利亚斯和赫伊津哈注重中世纪与现代生活之间的差异,而后来的情感史家则更倾向于弱化现代性的意义。鉴于情感见于世界各地的文化,他们认为没有必要认定某种特定的情绪表达模式是"文明的",并将其与"粗俗的"与"不文明"的他者对立起来;他们也不想强调,在人类历史上情感的构造会呈现线性进步的过程。例如,以前认为中世纪欧洲家庭成员之间的关系植根于一种"目的式的理性",也即缺乏情感的联系与表达。但汉斯·梅迪克(Hans Medick)、大卫·萨宾(David Sabean)、路易斯·蒂利(Louis Tilly)和杰克·古迪(Jack Goody)的论著挑战了这种看法。[①] 长久以来,婚姻中的爱情也一直被视为一种不见于其他文化的现代西方的现象。比如在中国和日本,基于爱情的婚姻,也即"恋爱婚姻"只是在战后的五六十年代才渐渐变得普遍。但其实在前近代的时期,比如明清时代的中国,家庭或其他关系中"情"与"欲"等情感的表达,并非荡然无存,而是广泛地出现在那时

---

① Jan Plamper, *The History of Emotions: An Introduction*, tr. Keith Tribe (Oxford, 2015), p. 55.

的文学和其他类型的作品中。① 如果说以爱情为基础的婚姻首先在西方出现,那么它也经历了不同的发展阶段,表明情感也有历史。学者们已经发现,在17世纪美洲的新英格兰地区,夫妇之间相互的情感表达都比较克制,生怕影响他们对上帝的爱。与此迥异的是,自20世纪开始,从爱情出发的婚姻在美国成为了一种受人追捧的典范,甚至到了"扼杀"婚姻的程度——很多夫妻一旦发现彼此之间不再相爱,就会迅速解除他们的婚姻结合。②

2001年9月10日,威廉·雷迪(William Reddy)的《情感研究导航:情感史的框架》(*Navigation of Feeling: A Framework for the History of Emotions*)一书正式出版。第二天,"9·11"事件爆发,震惊了世界。两者之间显然存在某种巧合,但用伊彦·普兰普尔(Jan Plamper)的话说,该书"即刻激发和催生了近年见于全球的情感史研究的繁荣局面"。③ 的确,在"9·11"事件发生之后,美国民众群情激愤,这必定也影响了政府制定政策的过程。雷迪是一名执教于杜克大学的美国历史学家,已经出

---

① 从20世纪80年代开始,台湾"中央研究院"的学者开始对中国文化和思想中的情感与欲望展开了一系列研究。参见熊秉真编:《礼教与情欲:前近代中国文化中的后现代性》(*Rites and Emotions: Postmodernity in Premodern Chinese Culture*)(台北,1999年)。Norman Kutcher对中国文化和历史中的情感进行了简明扼要的考察,参见"The Skein of Chinese Emotions History", Susan Matt and Peter Stearns, eds., *Doing Emotions History* (Urbana, 2014), pp. 57-73。

② 参见Susan Matt and Peter Stearns为*Doing Emotions History*所做的介绍,又参见Barbara Rosenwein, "Modernity: A Problematic Category in the History of Emotions", *History and Theory*, 53 (2014), pp. 69-78。

③ Plamper, *History of Emotions*, p. 60.

版了几部情感史的先驱之作。他在《情感研究导航》以及其他几部作品中,分析了几种不同类型的"情感管控"(emotional regimes),这些管控定下了人们情绪表达的规范。例如,在大革命前的法国,宫廷会通过一些仪式活动来展示和施展其权力,而在当今的世界,航空公司会要求空乘在为旅客服务的时候,必须面带微笑。雷迪还相信,在"情感管控"之外,还存在着"情感庇护"(emotion refuge),人们可以通过(相对)不受限制的表达方式和姿态来享受他们的"情感自由"(emotional liberty)。美国另一位历史学家芭芭拉·罗森宛恩(Barbara Rosenwein)的路径不同于雷迪的二元分法,她在其《中世纪早期的情感共同体》(Emotional Communities in the Early Middle Ages, 2007)以及新近面世的《情感的代际:一部情感史》(Generations of Feeling: A History of Emotion, 2015)中提出"情感共同体"(emotional communities)的概念,主张情感的表达在不同的人群中(如家庭、教会或学校、外出就餐等)会有相当的不同。

与环境史研究略有不同的是,情感史从一开始就引起了国际性的注意。事实上,尽管威廉·雷迪、芭芭拉·罗森宛恩和彼得·斯特恩斯是情感史研究当之无愧的主要倡导者,但在美国,情感史的研究更多的是一种个人选项。与此相反,欧洲国家与澳大利亚则出现了很多情感史的研究机构,对情感史进行集体研究。柏林的马克斯·普朗克人类发展研究所下设的情感研究中心,就是其中一个例子。该中心的主任是乌特·弗雷福特,曾发表有关荣誉感、男子气概和性别的论著。

顺便提一下，弗雷福特还组织了 2015 年在济南召开的国际历史科学大会"历史中的情感"的主题讨论会。另一个例子是澳大利亚卓越研究计划支持下的情感史研究中心，其成员来自澳大利亚各高校。另外还有荷兰阿姆斯特丹的跨学科情感与感官研究中心和加拿大的中世纪情感研究中心。

不过，环境史和情感史之间也存在一个重要的相似之处，那就是两者都采取跨学科的方法和致力于历史学与自然科学的联手。《情感史导论》(History of Emotions: An Introduction, 2015)的作者伊彦·普兰普尔出生于德国，在美国接受了教育，而现在又任教于伦敦。他在书中详细描述了对人类的情感研究如何成为了神经科学的重点领域，以及神经科学的这一方面研究又如何影响了历史学家。与此同时，他也提醒读者们注意，情感的历史研究和自然科学研究之间，有着关键性的不同。神经科学家通过研究比如脑细胞的活动，希图建立情感行为的普遍模式，而历史学家则倾向于寻找情感的历史性。这也就是说，历史学家虽然认为情感存在于所有人类的历史中，但其在不同时期也经历了显著的变化。[1] 借用米歇尔·福柯的话来说："我们相信情感是永恒的，但每一种最高贵抑或最冷静的情绪，都有其历史。"[2]

---

[1] Plamper, *History of Emotions*, ch 2,3,4.

[2] Michel Foucault, "Nietzsche, Genealogy, History", *Language, Counter-Memory, Practice: Selected Essays and Interviews*, tr. Donald F. Bouchard and Sherry Simon (Ithaca, 1977), p.153.

的确,情感史除了受到社会史的启发之外,它在最近数十年的蓬勃发展,也延续和拓展了新文化史、妇女史和性别史的潮流。而所有这些新学派,都在不同程度上印证了后现代主义对历史书写的影响。2012 年《美国历史评论》开设了一个有关情感史研究的论坛,大多数参加者都承认,历史学在 20 世纪 90 年代出现的语言学转向有助于他们把眼光转到了情感史的方面。有意思的是,两年之前《历史与理论》(History and Theory)也进行过一个类似的访谈,受访者都相信历史学领域已经出现了一个"情感的转向"。① 彼得·斯特恩斯是其中的一位受访者,他与另一名编者在一本书中提出,情感研究首次关注人的行为的非理性和内在的层面,由此指出"历史学的一个新方向"。在这点上,斯特恩斯的观点与芭芭拉·罗森宛恩在 2002 年的观察颇为一致。后者在那时指出:"作为一个学术分支,历史学最早研究政治的变迁。尽管社会史和文化史已经开展了有一代人之久,但历史研究仍然专注硬邦邦的、理性的东西。对于历史研究而言,情感是无关紧要的,甚至是格格不入的。"②

---

① Julia Livingston, "AHR Conversation: The Historical Study of Emotions", *American Historical Review*, 117:5 (2012), pp. 1487-1531 以及"The History of Emotions: An Interview with William Reddy, Barbara Rosenwein", 还有 Peter Stearns, *History and Theory*, 49:2 (2010), pp. 237-265。

② 参见 Matt and Stearns, *Doing Emotions History*, pp. 2-3 以及 Barbara Rosenwein, "Worrying about Emotions in History", *American Historical Review*, 107:3 (2002), pp. 821-845, 821。

除了扩大了历史研究的范围,情感研究也对历史学家提出了更新历史知识传播手段的要求。现代的历史书写中,叙述体最为人推崇,但现在看来这种手段似乎无法有效地表现历史人物的情感了。朱莉·利文斯顿(Julie Livingston)是一名非洲史学者,而非洲的很多关于过去的知识都来自代代相传的口述材料。她承认,"把采访来的材料诉诸文字的时候,内容就被扭曲了,因为其中表演和情感的成分不见了",这让她十分沮丧。悉尼大学的艾伦·麦道克斯(Alan Maddox)在济南的国际历史科学大会上发表其论文的时候,为观众播放了两首歌曲,希望他们能亲耳感受教会歌曲的旋律变化,听出18世纪教会音乐所包含的"激情"。[①] 的确,随着有关过去的知识和对过去的研究越来越走向数字化(这也是在中国济南大会上讨论的另一个主题),或许在不久的将来,历史学家把自己的研究成果传达给读者和观众的时候,也会改变、更新其方法和尝试各种各样的手段。如果不再将叙述体作为历史书写的唯一形式,他们也许会采用其他更新的交流方式,比如目前出现的"数字化人文"项目所开发的形式。对情感史家而言,这是一个挑战,而在一定程度上,这也是对世界上所有历史学家的一个挑战。

---

① 参见 Julia Livingston's remarks in "AHR Conversation", pp. 1489-1490。Alan Maddox 的文章题为"Emotional Expression and the Passion at the Basilica of St Anthony of Padua in the Early Eighteenth Century",发表于 2015 年 8 月 24 日在济南召开的国际历史科学大会。

三　总结

　　回顾以往,20世纪90年代以来的历史观念和写作,既延续了以往的趋势,又出现了重要的转向。我们已经指出,历史思想在20世纪70年代发生了急遽的转变,那种对西方文明充满自信、认定它代表了历史的最高点并是其他文明的楷模的分析性的社会科学,不再受人青睐。而新文化史则注重诠释深层文化的意义,替代了企图解释社会结构与进程的取径。正如我们所见,这些变化表现为一种日益增长的怀疑主义,质疑对历史与社会研究中客观认知的可能性,取消了传统社会科学所秉持的事实与虚构、历史研究与文学想象之间的严格边界。后现代主义是其最激进的形式,它否认历史知识的可能,把史学等同于纯粹的意识形态和神话。但冷战以来,历史所产生的社会语境已经发生了深刻的改变,与经济全球化同时,科技、政治、社会和文化的转变也伴随其中。20世纪五六十年代主导历史与社会研究的传统社会科学,以及七八十年代将之取代的文化和语言学转向,都没能解释90年代所发生的深刻转变。两者的方法都有其片面性:传统的社会科学无视区域性及其文化模式,而文化主义则拒绝考虑文化的制度基础。

　　在一定意义上,全球化的进程似乎确认了经典现代化理论的基本假设,即世界范围内经济、社会和文化愈益明显的同质性。但20世纪90年代以后发生的具体事件则又与现代主义理论的预期恰好相反。后者认定全球经济现代化的进程会加强公民社会、世俗主义和政治民主化。这种假定还认为西方的发展会成为非西方世界的榜样。但在20世纪二三十年代,不同形式的独裁主义控制了欧洲大陆的大部分地区,表明即使在西方,这一预测也无法自圆其说。冷战结束之后,公民社会与民主制的确在世界上很多地方出现了,比如欧盟的建立便是一个显例;但在20世纪90年代的巴尔干地区、今天非洲的许多地方以及2011年之后的叙利亚,残酷的内战与种族冲突持续存在。卢旺达和苏丹达尔富尔地区的例子表明,种族屠杀远非遥远的记忆。而且,早些时候的世俗主义倾向已经被日益强化的宗教原教旨主义所取代,后者不光出现在伊斯兰世界,而且在印度,甚至以潜在的形式也存在于中国及美国、波兰和以色列等一些西方国家。

换言之,在全球化与跨文化冲突的冲击下,研究当今世界的复杂性所需要的方法,无法借助于后现代史学,因为其观念主要是把历史学视作某种形式的文学想象;而由于不同的原因,20世纪90年代以前的分析性社会科学也同样不敷所需。最近几十年来全球化的最新趋势,要求一种能够将过去与现在世界变化的主要潮流综合考虑的方法。为此目的,社会科学的分析方法必不可少,否则就不能对全球化进行任何有意义的研究。但同时又要走出传统美国社会科学、布罗代尔式的年鉴学派方法,以及各种形式的马克思主义史学的方式,因为它们只是解释结构和进程,而现在要考察全球化过程中出现的复杂性和种种冲突,因为它们形塑了我们今天的世界。目前,我们尚无法明确知道,各种书写全球史的努力是否最终会引发历史学领域的一个根本性的转变。但本文对历史思想与历史书写的主要潮流所做的总结表明,有必要探求历史书写的新方法。这些新方法不光要挑战西方中心论,超越把西方视为世界的中心然后影响世界其他地区的观念,还要超越那些初衷良好、从西方—非西方对立两分法的角度而写出的历史和史学。如此这般,历史写作方能体现世界多元和全球视角的变化,进而承认历史发展的动力不但有多种来源,而且还来自世界各地。这本书就是应对这一需求的一个尝试。

名词解释

行政官员历史学家(administrative historians) 英国东印度公司驻印度的殖民地官员,后来为英国皇室的殖民地官员,他们写作印度的历史,目的是为帝国主义制度作辩护。

日常生活史(*Alltagsgeschichte*) 20世纪80年代德国的史学运动,反对社会科学历史学所做的宏观历史解释,转而集中研究地方层次上普通民众的历史。

亚细亚生产方式(Asiatic mode of production) 卡尔·马克思使用的一个术语,用于说明印度和中国社会制度的特征。在这种制度中,国家拥有全部土地,因为农业生产只有靠政府经营的大规模公共工程,特别是灌溉工程,才能维持。由于缺乏土地私有制,因而阻碍了社会的变化,造成了这些社会的停滞。

启蒙运动(*Aufklärung*) 德语名词,指18世纪的启蒙运动,以批判的思想取代传统态度,与法国和英国使用的"启蒙运动"一词相比,带有更多的宗教色彩,而政治色彩较少。

万世一系(*Bansei ikkei*) 日本学者提出的关于天皇家族传承的连续性是日本历史上独特文化现象的观点。

市民阶级(*Bürgertum*) 德语中的中等阶级,更多的是从受教育和文化的角度来定义,而法语中的市民阶级(bourgeoisie)主要是从社会和经济地位来定义。

文明(开化)(***bunmeishi***)　在日本的明治时期流行的一种国史的形态,模仿亨利·巴克尔和弗朗索瓦·基佐的著作,提供民族历史演进的叙事式描述。

儒家史学(**Confucian historiography**)　由孔子的伦理价值观和政治理想所奠定的历史写作传统,强调历史的作用是维护和阐明社会等级制和政治秩序。

共识历史学派(**Consensus historians**)　20世纪五六十年代美国以路易斯·哈茨、理查德·霍夫斯塔特和丹尼尔·布尔斯廷为代表的历史学派。他们反对进步主义历史学家研究美国历史的考证方法,把美国看作不同于欧洲的独特社会,不存在社会的分裂和冲突。

文化转向(**cultural turn**)　社会研究和历史研究中从因果解释转向对意义的诠释。在20世纪七八十年代的历史理论中,意义的诠释起着重要的作用。文化转向以适度的方式强调必须考虑文化的力量,但不能与它们的社会背景相脱离。比较激进的文化转向与语言学转向(参见后文)相结合,认为语言不仅反映了社会现实,而且构成了社会现实,认为对所有的文化表象都可以做出既不能证实,也不能证伪的多重诠解。

文化热(**culture fever**)　20世纪80年代在中国出现的思想和文化运动,它与中国开放的经济政策有关,意在把西方的文化和哲学发展引进中国,复兴在"文化大革命"(1966—

1976）中被贬斥和抛弃的中国文化传统。

依附论（*Dependencia*）　源于马克思主义的一种理论,在有关世界经济欠发达地区的问题上,认为这些地区的自由市场经济和金融资本的投资不会导致经济进步和减少贫困,只会阻碍这一发展。

朝代史（*dynastic historiography*）　东亚和中东部分地区（如波斯）盛行的一种历史编纂形式,按照年代顺序记述王朝统治的兴亡。

经济民族主义（*economic nationalism*）　19世纪末在印度兴起的对英国统治进行的经济批判,认为英国的统治不但没有给印度带来好处,反而造成了这个国家的"财富枯竭"和"工业化解体"。

埃及化（*Egyptianization*）　现代埃及为聘用埃及学者担任高等教育和学术机构中的职位,并批判欧洲的东方学家对埃及历史的解释而做出的努力。

欧洲中心论（*Eurocentrism*）　在欧洲和欧洲以外的许多地区盛行的一种信念,认为自现代以来,欧洲文明一直在世界上处于领先地位,并为世界提供了历史发展的榜样。

考证学（*evidential learning*）　18世纪开始于中国的学术运动,并于19世纪传播至朝鲜、日本和越南,倡导用历史的方法研究儒家经学,运用语言学、金石学、音韵学和语源学的方法重现儒家经典创立时的背景,从而获得对其真实意义的理解。

事大主义(**flunkeyism**, *sadae jǔi*)　对朝鲜人服从于中国文化和政治影响的理论表述,尤其是在朝鲜李氏王朝时期。

君主宝鉴(*Fürstenspiegel*)　波斯的一种历史和文学写作体裁。

预科学校(*Gymnasium*)　在说德语的国家中为准备升入高等学校开设的中学,一般以人文学科的课程为主。

圣训(*hadith*)　有关先知穆罕默德事迹和言论的传统。

印度教特性(**Hindutva**, **Hinduness**)　V. D. 萨瓦卡首创的一个术语,强调印度文化的吠陀起源,"印度教特性"一词出现于印度民族主义运动期间,印度独立后继续被政界的右翼印度教徒使用。它反对独立后的印度具有世俗的合法性,试图建立印度教统治的国家。

历史主义(*historism/historicism*)　19世纪在德国提出的一种原理,认为历史学是一切知识的核心。

修史馆(**History Bureau**)　从公元6世纪到19世纪末,东亚国家专司朝代史编修的政府机构。

伊斯兰主义(*Islamism*)　20世纪70年代末兴起的一套政治意识形态,倡导伊斯兰教既是宗教体系,也是政治体系,主张伊斯兰教是当代穆斯林社会不可缺少的指南,接受西方文化影响即违背了伊斯兰教的基本教义。

传述世系(*isnad*)　在早期伊斯兰文献中,传述穆罕默德圣门弟子和再传弟子的言行和言论的名录。

史记(*khabar*)　早期穆斯林的一种历史文献形式。

语言学转向(linguistic turn) 语言学转向的核心概念是这样一种思想:语言并非反映现实,而是创造现实并赋予它以意义。温和形式的语言学转向主张如果不承认语言在塑造现实中所起的作用便不可能理解这一现实。比较激进的语言学转向否认任何社会现实的存在。

逻辑实证主义(logical positivism) 20世纪20年代在维也纳由莫里茨·石里克、卡尔·波普尔和鲁道夫·卡尔纳普提出的一种研究哲学的方法。他们认为哲学必须以严谨的科学为基础,并认为一切形而上学都没有意义。

马哈吉(maghazi) 以先知穆罕默德的战绩为内容的传记。

方法论之争(*Methodenstreit*) 德国历史学家卡尔·兰普雷希特引起的一场有关历史研究方法的争论。他在1891年出版的著作《德国史》中反对德国历史学家把注意力集中于政治,认为社会和文化应当占据中心位置。兰普雷希特的建议遭到了德国历史学界绝大多数人的反对,但其他国家在20世纪初也同样提出历史学应对社会、文化和经济因素予以注意的要求。

微观历史学(*microstoria*, micro-history) 20世纪七八十年代初以意大利的《历史季刊》杂志为中心展开的社会史研究中的一场运动。它反对当时占统治地位的以大社会群体为研究对象并使用统计方法的社会科学历史学。相反,微观历史学把它的关注集中于小规模的地方背景下的普通民众。

新儒学/理学（Neo-Confucianism） 这是一个松散的术语，用于指中国宋代和明代、朝鲜的李氏王朝时代以及日本德川时代的各种儒家学派。他们在佛教发展的启发下，努力复兴儒学，与此同时也借用了佛教的思想和做法。

新史学（New History） 19世纪末20世纪初美国历史学家呼吁新型的历史学。它与那种把政治和精英摆在中心地位上的传统历史学的不同之处，在于给社会、经济和文化以更多的关注。

新左派（New Left） 20世纪六七十年代，是威廉·阿普尔顿·威廉斯、加布里埃尔·科尔柯、斯托顿·林德等美国历史学家中的一种倾向，对美国的资本主义以及美国冷战时期的外交政策进行批判。

日鲜同祖论（*Nissen dosoron*） 20世纪初日本历史学家提出的一种理论，认为日本民族和朝鲜民族有共同的种族起源。

东方专制主义（Oriental despotism） 马克思用于描述亚细亚生产方式中特殊的阶级统治形式的术语。在这种生产方式中需要大规模的水利工程，结果导致了专制官僚制度。

东方学/东方主义（Orientalism） 现代欧洲学者提出的一种学术形态，专门研究"东方"或非欧洲地区的文化和历史。它也是爱德华·萨义德有关后殖民主义理论的专著的书名，把东方学视为帝国主义意识形态的对应物和知识体系，它貌似客观，其实带有政治动机。

奥斯曼主义（**Ottomanism**）　19世纪和20世纪之交在奥斯曼帝国流行的一种民族主义的形态。它在启蒙主义的启发下强调全体奥斯曼人具有平等的公民权。

民众史（*minshushi*）　现代日本的一种历史写作流派，起源于明治时期，是"文明史"的延伸和同类，由于马克思主义的影响，再次兴盛于二战以后的时期。

法老主义（**pharaonism**）　指现代埃及成立以后对法老和前伊斯兰时期的埃及抱有的历史兴趣，在20世纪初埃及的民族主义历史学家当中流行。

启蒙文人（*Philosophes*）　指18世纪法国的一批知识分子，包括孟德斯鸠、伏尔泰、卢梭，以及狄德罗和达朗贝等《百科全书》的作者在内。他们把有组织的宗教看作是迷信和不宽容的主要根源。他们希望通过哲学和科学来改造世界。

后殖民主义理论（**postcolonialism/postcolonial theory**）　后殖民主义理论的讨论对象是现代帝国主义与文化的关系，考察"东方学"的学术研究以及"殖民主义话语"在确立文化表现形式上的权力。它挑战和揭露了学术研究中欧洲中心论的观点。

后现代主义（**postmodernism**）　最初是建筑学的用语，但这里是指文学、哲学和历史写作。这个术语在20世纪70年代取代了后结构主义。后现代主义和后结构主义都否定现代主义的观念，尤其是认为不可能通过科学分析来解释现实。在史学方面，后现代主义主张，有关过去事实的客观知识根本不存在,它永远是一种建构,对每个历史文本都可以进行多种解释,历史学从其本质而言是文学的一种形式,不需遵循证明其为事实的标准。

进步主义历史学派(progressive historians) 20世纪前30年的一批美国历史学家,其中最著名的有查尔斯·比尔德、詹姆斯·哈维·鲁滨逊、弗雷德里克·杰克逊·特纳、弗农·帕林顿和卡尔·贝克尔。他们写作历史是服务于社会改革的目的,旨在争取更大的民主,为工人群众谋利,批判美国传统的保守主义历史学。

普鲁士学派(Prussian school) 19世纪德国的历史学派。他们从事历史研究的目的是鼓吹在普鲁士的领导下统一德国。

《普拉纳斯》(*Puranas*) 字面意思是"古代的故事",公元4世纪至一千纪初的印度典籍,以历史、宗教、神话、传统和系谱为主题。

兰学(*rangaku*) 意为"荷兰的学识",日本德川时期的一种学识形态,是日本人通过荷兰学者的著作获得欧洲文化知识的一扇窗口。

兰克学派(Rankean school) 19世纪和20世纪初德国职业化历史学家,他们把列奥波德·冯·兰克的历史科学观和实践奉为榜样。

韵文(*saj*) 穆斯林历史著作中使用的有韵脚的散文。

社会—国家(*samaj/rashtra*) 在印度史学中社会史与

以国家为中心的历史学是历史写作中相互对立的两种范式。社会史的中心是地方习俗和民俗,而以国家为中心的历史学在印度是 19 世纪末出现的。

梵化(Sanskritization) 印度社会学家 M. N. 斯里尼瓦斯发明的术语,指低级种姓或贱民群体通过模仿高级种姓的礼仪和习惯而获得更高身份的过程。

科学主义(scientism) 实证主义的一种信念,认为在社会科学和人文学科中,科学方法如同在自然科学中一样,具有普遍的有效性。

希拉(*sira*) 早期穆斯林史学中的先知传记。

社会达尔文主义(Social Darwinism) 19 世纪下半叶由英国哲学家赫伯特·斯宾塞把查尔斯·达尔文的适者生存原理运用于政治和社会领域而提出的理论。斯宾塞主张一种没有社会纲领的自由放任的经济。在德国,社会达尔文主义是从种族冲突的角度来看待的,如同在其他国家一样,被视为帝国主义和殖民主义的合法性基础。

社会民主党(Social Democrats) 德国的社会民主党成立于 1875 年,至 1958 年一直认为自己是工人阶级的政党,此后致力于争取主张社会改革和民主制度的选民的支持。

特殊道路论(*Sonderweg*) 20 世纪六七十年代以汉斯-乌尔里希·韦勒为主的西德历史学家试图证明俾斯麦以来的德国经济现代化不像西欧和北欧其他国家以及美国那样伴随着民主化。按照这个理论,正是由于德国部分地区试图模仿西方的模式从而导致了纳粹的兴起并掌握了国家政权。

宗教调适论（*syncretism*） 宗教调适论认为,在印度的背景下,不同的宗教习惯相互融合,包括对共同圣徒的崇拜,从而与宗教社群主义和各宗教派别对印度历史的描述相反,在后者看来,印度不同的宗教共同体,尤其是印度教徒和穆斯林之间,是相互对立的。

塔里赫（*ta'rīkh*） 编年史,伊斯兰史学的写作体裁之一。

塔巴加特（*tabaqāt*） 人物传记,伊斯兰史学的写作体裁之一。

教科书历史学家（*textbook historians*） 19 世纪晚期在为印度学校撰写的教科书中,对英国历史叙述中的负面描述提出质疑的大学教授们。

东洋史（*Toyoshi*） 19 世纪末日本历史学家发明的术语,指相对西方而言的亚洲(东方)历史的研究。

土耳其史观（*Turkish Historical Thesis*） 20 世纪初流行的对土耳其/奥斯曼历史的解释,强调土耳其与欧洲之间的历史和文化联系。

土耳其主义（*Turkism*） 土耳其民族主义的一种形式,强调土耳其人和奥斯曼帝国的兴起,希望在世俗上与伊斯兰教分离。

大学授课资格（*Venia legendi*） 在德国的大学任教的权利,一般情况下需要在最初的博士论文之后成功地通过第二篇重要论文的答辩才能获得这一资格。

实录(veritable records) 东亚和东南亚的宫廷历史学家所记载的有关君主统治的历史记录,用作编写朝代史的主要史料。

民族史(*Volksgeschichte*) 以德国魏玛共和国时期和纳粹统治时期的年轻一代历史学家为代表。他们认为种族冲突以及德国为统治非德意志种族而进行的斗争是他们这种史学的中心内容。

推荐阅读书目

由于每章的注释已经按照主题提供了有关书目的信息，本书不再附录大量的参考书目。这里开列的仅仅是我们推荐进一步阅读的书目。用非英语写作的原著，凡有英语译本的，我们在本书的脚注和这份推荐书目中列出了英语书名。以下开列的书籍主要是用欧洲语言，尤其是用英语写作的。这份书目虽然并不完整，但经过了精心的选择，可用作有关主题的入门读物。

一　史学理论

有关史学理论和方法论的问题，最重要的参考资料是1961年创刊的《历史和理论：历史哲学研究》(*History and Theory: Studies in the Philosophy of History*)。有关史学理论的讨论，最新的考察见于阿维泽尔·塔克尔的《我们对过去的认知：史学哲学》(*Our Knowledge of the Past: A Philosophy of Historiography*, Cambridge, 2004)。有关后现代主义及其对认知理论的影响，见恩斯特·布赖萨赫：《论历史的未来：后现代的挑战及其后果》(*On the Future of History: The Postmodernist Challenge and Its Aftermath*, Chicago, IL, 2003)。这本书以启蒙运动以来的西方思想史为背景，对后现代主义做了全面而平衡的考察。凯斯·詹京斯主编的《后现代史学读本》(*The Postmodern History Reader*, 1997)是一本不错的综述，但带有强烈的后现代主义的立场。如果要了解对此持批判立场的著作，请参阅理查德·伊文斯的《为历史辩护》(*In Defence of History*, 1997)。另可参见 Nancy Partner and Sarah Foot, eds., *The Sage Handbook of Historical Theory* (London, 2013), Robert Doran, ed., *Philosophy of History after Hayden White* (London, 2013) 和 Aviezer Tucker, ed. *A Companion to the Philosophy of History and Historiography* (Malden, MA, 2009)。

著 作：

Ankersmit, Frank A. *History and Tropology: The Rise and Fall of Metaphor* (Berkeley. 1994).

Ankersmit, Frank A. and Hans Kellner, eds. *A New Philosophy of History* (Chicago, 1995).

Ankersmit, Frank, *Meaning, Truth, and Reference in Historical Representation* (Ithaca, 2012)

Appleby, Joyce, Lynn Hunt, and Margaret Jacob. *Telling the Truth about History* (New York and London, 1994).

Assmann, Jan. *Religion and Cultural Memory: Ten Studies* (Stanford, 2006).

Berger, Stefan, Heiko Feldner, Kevin Passmore, *Writing History. Theory & Practice* (London, 2003).

Bloch, Marc. *The Historian's Craft* (New York, 1957).

Burke, Peter. *History and Social Theory* (Oxford, 1992).

Burke, Peter. *What is Cultural History?* (Cambridge, 2004).

Carr, E. H. *What Is History?* (Middlesex, 1964).

Certeau, Michel de. *The Writing of History* (New York, 1988).

Chakrabarty, Dipesh. *Provincializing Europe: Postcolonial Thought and Historical Difference* (Princeton, 2000).

Chartier, Roger. *Cultural History: Between Practices and Representations* (Cambridge, 1988).

Collingwood, R. G. *The Idea of History* (Oxford, 1946).

Dilthey, Wilhelm. *Introduction to the Human Sciences* (Detroit, 1988).

Dirlik, Arif, Vinay Bahl and Peter Gran, eds. *History after the Three Worlds. Post-Eurocentric Historiographies* (Lanham, MD, 2000).

Droysen, Johann Gustav. *Outline of the Principles of History* (Boston, 1893).

Elton, Geoffrey. *The Practice of History* (London, 1967).

Evans, Richard J. *In Defence of History* (London, 2001).

Febvre, Lucien. *A New Kind of History and Other Essays* (New York, 1975)

Foucault, Michel. *The Order of Things: An Archaeology of the Human Sciences* (New York, 1970).

Fulbrook, Mary. *Historical Theory: Ways of Imagining the Past* (London, 2003).

Goldy, Jo, and David Armitage, *The History Manifesto* (Cambridge, 2014).

Goody, Jack. *The Theft of History* (New York, 2006).

Hegel, Georg Wilhelm Friedrich, *Lectures on the Philosophy of World History* (Cambridge, 1975).

Himmelfarb, Gertrude. *The New History and the Old: Critical Essays and Appraisals* (Cambridge, MA, 2004).

Hobsbawm, Eric. *On History* (London, 1997).

Hughes, H. Stuart. *History as Art and As Science: Twin Vistas on the Past* (New York, 1964).

Koselleck, Reinhart. *Futures Past: On the Semantics of Historical Time*, trans. Keith Tribe (Cambridge, MA, 1985).

Küttler, Wolfgang, Jörn Rüsen, and Ernst Schulin, eds. *Geschichtsdiskurs* 5 vols. (Frankfurt am Main, 1993-1999).

LaCapra, Dominick. *History and Criticism* (Ithaca, 1985).

LaCapra, Dominick and Steven L. Kaplan, eds. *Modern European Intellectual History: reappraisals and new perspectives* (Ithaca, 1991).

Lorenz, Chris. *Konstruktion der Vergangenheit. Eine Einführung in die Geschichtstheorie* (Cologne/Weimar/Vienna, 1997).

McNeill, William H. *Mythistory and Other Essays* (Chicago, 1986).

Megill, Allan. *Historical Knowledge, Historical Error: A Contemporary Guide to Practice* with contributions by Steven Shepard and Phillipp Honenberger (Chicago, 2007).

Nietzsche, Friedrich. *On the Advantages and Disadvantages of History for Life* (Indianapolis, 1980).

Popkin. Jeremy D. *From Herodotus to H-Net, The Story of Historiography* (New York, 2015).

Rüsen, Jörn, ed. *Meaning and Representation in History* (New York, 2006).

Skinner, Quentin. *Visions of Politics*, vol. 1: *Regarding Method* (Cambridge, 2002).

Stanford, Michael. *An Introduction to the Philosophy of History* (Oxford, 1998).

Torstendhal, Ralf and Iremline Veit-Brause. *History-Making. The Intellectual and Social Formation of a Discipline* (Stockholm, 1996).

Troup, Kathleen and Anna Green, eds. *The House of History: A Critical Reader in Twentieth Century History and Theory* (New York, 1999).

Wang, Q. Edward and Franz L. Fillafer, eds., *The Many Faces of Clio: Cross-Cultural Approaches to History, Essays in Honor of Georg G. Iggers* (New York, 2007).

White, Hayden. *Metahistory: The Historical Imagination in Nineteenth-Century Europe* (Baltimore, 1973).

White, Hayden. *Tropics of Discourse: Essays in Cultural Criticism* (Baltimore, 1977).

White, Hayden. *The Content of the Form: Narrative Discourse and Historical Representation* (Baltimore, 1987).

White, Hayden, *The Practical Past* (Evanston, IL, 2014).

Young, Robert. *White Mythologies: Writing History and the West* (London, 1990).

文化转向和语言学转向：

Bonnell, Victoria and Lynn Hunt, eds. *Beyond the Cultural Turn: New Directions in the Study of Society and Culture* (Berkeley, 1999).

Brown, Callum G. *Postmodernism for Historians* (Harlow, 2005).

Burke, Peter, ed. *New Perspectives on Historical Writing* (University Park, PA, 2001); Burke, Peter, *What is Cultural History?* (Cambridge 2004).

Eley, Geoff. *A Crooked Line: From Cultural History to the History of Society* (Ann Arbor, 2005).

Hunt, Lynn A. ed. *The New Cultural History* (Berkeley, 1989).

Iggers, Georg G. *Historiography in the Twentieth Century. From Scientific Objectivity to the Postmodern Challenge* (Hanover, NH, 2005, enlarged edition).

Jenkins, Keith. *Re-thinking History* (London, 1991).

Spiegel, Gabrielle, ed. *Practicing History: New Directions in Historical Writing after the Linguistic Turn* (New York, 2005).

女性主义史学和性别史：

Canning, Kathleen. *Gender History in Practice: Historical Perspectives on Bodies, Class and Citizenship* (Ithaca, 2006).

Des Jardins, Julie. *Women and Historical Practice in America: Gender, Race, and the Politics of Memory, 1800-1945* (Chapel Hill, 2003)

Downs, Laura Lee. *Writing Gender History* (London, 2004)

Lerner, Gerda, *The Majority Finds Its Past: Placing Women in History* (New York, 1979)

Scott, Joan. *Gender and the Politics of History* (New York, 1988)

Smith, Bonnie. *The Gender of History: Men, Women, and Historical Practice* (Cambridge, MA, 1998).

二 全球史学史

综合性著作

Woolf, Daniel, general editor. *The Oxford History of Historical Writing*, 5 vols. (Oxford. 2010-2012).

Woolf, Daniel. *A Global History of History* (Cambridge, 2011)

Crossley, Pamela Kyle. *What is Global History?* (Cambridge, 2005).

Georg G. Iggers, Q. Edward Wang & Supriya Mukherjee, *A Global of Modern Historiography* (London. 2017).

参考性著作

Woolf, Daniel, ed. *A Global Encyclopedia of Historical Writing*, 2 vols. (New York, 1998)

Kelly, Boyd, ed. *Encyclopedia of Historians and Historical Writing* (London, 1999).

其他著作

Carbonell, Charles Olivier. *L'Historiographie*, 收入 *Qui Sais-Je* 的书系（Paris, 1981）是一部简明扼要的全球史学史。

Christian, David. *Maps of Time. An Introduction to Big History.* (Berkeley, 2004).

Jordan, Stefan, ed. *Lexikon Geschichtswissenschaft* (Stuttgart. 2002).

Offenstadt, Nicolas. *L'Historiographie*, in *Qui Sais-Je* series (Paris, 2011).

Raphael, Lutz. *Geschichtswissenschaft im Zeitalter der Extreme. Theorien, Methoden, Tendenzen von 1900 bis zur Gegenwart* (München, 2003) 简要处理了 20 世纪的非西方史学。

Russell Edmund. *Evolutionary History: Writing History and Biology in Understanding Life on Earth* (New York, 2011)

Spier Fred. *Big History and the Future of Humanity* (Chichester, UK, 2010).

Völkel Markus. *Geschichtsschreibung: Eine Einführung in globaler Perspektive* (Köln, 2006).

Wang, Q. Edward and Georg G. Iggers, eds. *Turning Points in Historiography: A Cross Cultural Perspective* (Rochester, 2002)

世界史和全球史研究方法的著作

McNeill, William H. *The Rise of the West: A History of the Human Community* (1963) 为一本开创性的著作。

Bentley, Jerry H., ed. *The Oxford History of World History* (Oxford, 2011).

Hopkins, Anthony G., ed. *Globalization in World History* (London, 2002).

Hunt, Lynn. *Writing History in the Global Era* (New York, 2014).

Mazlish, Bruce. *The New Global History* (New York, 2006).

Olstein, Diego. *Thinking History Globally* (New York, 2015).

Osterhammel, Jürgen. *The Transformation of the World: A Global History of the Nineteenth Century* (Princeton, 2014).

Pomper, Philip, Richard H. Elphick and Richard T. Vann, eds. *World Historians and their Critics* (Middletown, CT, 1995) 还有他们主编的 *World History: Ideologies, Structures, and Identities* (Malden, MA, 1998).

Sachsenmaier, Dominic. *Perspectives on Global History* (Cambridge, 2o11).

Spiers, Fred. *The Structure of Big History. From the Big Bang until Today* (Berkeley, 2010).

Torstendahl, Rolf, ed. *An Assessment of Twentieth-Century Historiography* (Stockholm, 2000).

Harneit-Sievers, Axel, ed. *A Place in the World: New Local Historiographies from Africa and South-Asia* (Leiden, 2002) 提出了重要的方法论的问题。

论文集

Bentley, Michael, ed. *Companion to Historiography* (London, 1997)

Budd, Adam, ed. *The Modern Historiography Reader: Western Sources* (London, 2009)

Erdmann, Karl Dietrich. *Toward a Global Community of Historians: The International Historical Congress and the International Committee of Historical Sciences*, eds. Jürgen Kocka and Wolfgang Mommsen (New York, 2005).

Green, Anna and Kathleen Troup, eds. *The Houses of History* (New York, 1999).

Harlaftis, Gelina et al. eds. *The New Ways of History: Developments in Historiography* (London, 2010).

Hoefferle, Carline, ed. *The Essential Historiography Reader* (Boston, 2011)

Duara, Prasenjit, Murthy, Viren & Sartori, Andrew, eds. *A Companion to Global Historical Thought* (Malden, MA, 2014).

Iggers, Georg and Harold T. Parker, eds. *International Handbook of Historical Studies: Contemporary Research and Theories* (Westport, CT. 1979).

Küttler, Wolfgang, Jörn Rüsen, and Ernst Schulin, eds. *Geschichtsdiskurs*, 5 vols. (Frankfurt am Main, 1992-1999).

Rüsen, Jörn, Michael Gottlob, and Achim Mittag, eds. *Die Vielfalt der Kulturen* (Frankfurt am Main, 1998).

Rüsen, Jörn, ed. *Western Historical Thinking* (New York, 2002).

Stuchtey, Benedikt and Eckhardt Fuchs, eds. *Writing World History, 1800-2000* (Oxford, 2003).

Wang, Q. Edward and Georg Iggers, eds. *Marxist Historiographies: A Global Perspective* (London, 2015).

三　西方史学史

有些用英语写作的史学史通论性著作已经出版,涉及自古代以来的历史写作。其中最重要的著作有詹姆斯·韦斯特福尔·汤普森的两卷本的《历史著作史》(James Westfall Thompson, *A History of Historical Writing*, 2 vols, New York, 1942);哈里·埃尔默·巴恩斯的《历史著作史》(Harry Elmer Barnes, *History of Historical Writing*, New York, 1962);恩斯特·布赖萨赫的《西方史学史:古代、中世纪和近代》(Ernst Breisach, *Historiography: Ancient. Medieval. Modern*, Chicago, IL, 1983);以及唐纳德·R. 凯利的三本著作:《历史的面貌:从希罗多德到赫尔德的历史研究》(Donald R. Kelley, *Faces of History: Historical Inquiry from Herodotus to Herder*, New Haven, CT, 1998),《历史的命运:从赫尔德到赫伊津哈的历史探索》(*Fortunes of History: Historical Inquiry from Herder to Huizinga*, New Haven, CT, 2003)和《历史的前沿:20世纪的历史探索》(*Frontiers of History: Historical Inquiry in the Twentieth Century*, New Haven, CT, 2006)。弗里茨·斯特恩主编的《自伏尔泰以来的历史学多样性》(Fritz Stern, *The Varieties of History. From Voltaire to the Present*, Cleveland, OH, 1956)是一本实用的文论选集。

欧美史家和史学史著作

跨文化的西方现代史学史

有两本著作问世近一个世纪后依然是经典性的著作。它们是乔治·皮博迪·古奇(George Peabody Gooch)的内容覆盖欧洲和美国全部历史学家的著作《十九世纪的历史学与历史学家》(*History and Historians in the Nineteenth Century*, London, 1913)和爱德华·傅埃特(Eduard Fueter)的内容覆盖宗教改革以来的欧洲史学的著作《近代史学史》(*Geschichte der Neuren Historiographie*, Leipzig, 1911)。

其他著作

Berg, Manfred. *Grundriss der Geschichte* (München, 2013).

Butterfield, Herbert. *Man on His Past: The Study of the History of Historical Scholarship* (Cambridge, 1955).

Butterfield, Herbert. *The Origins of History* (New York, 1981).

Clark, William. *Academic Charisma and the Origins of the Research Universities* (Chicago, 2006).

Gazi, Effi. *Scientific National History: The Greek Case in Comparative Perspective (1850-1920)* (Frankfurt am Main, 2000).

Hobsbawm, Eric. *How to Change the World: Reflections on Marx and Marxism* (Nw Haven, 2011).

Iggers, Georg. *Historiography in the Twentieth Century: From Scientific Objectivity to the Postmodern Challenge* (Hanover, NH, 2005, enlarged edition).

Iggers, Georg. *New Directions in European Historiography* (Middletown, CT, 1975).

Lingelbach, Gabriele. *Klio macht Karriere: Die Institutionalisierung der Geschichtswissenschaft in Frankreich und in den USA in der zweiten Hälfte des 19. Jahrhunderts* (Göttingen, 2003).

Momigliano, Arnaldo. *The Classical Foundations of Modern Historiography*

(Berkeley, 1990).

Momigliano, Arnaldo. *Studies in Historiography* (London, 1966).

Raphael, Lutz. *Geschichtswissenschaft im Zeitalter der Extreme: Theorien, Methoden, Tendenzen von 1990 bis zur Gegenwart* (Munich, 2003).

Skinner, Quentin. *The Foundations of Modern Political Thought*, 2 vols. (Cambridge, 1978).

Stuchtey, Benedikt and Peter Wende, eds. *British and German Historiography 1750-1950* (Oxford, 2000).

各国的史学史

法国

Burguière, André. *The Annales School: An Intellectual History* (Ithaca, 2009).

Burke, Peter. *The French Historical Revolution: The Annales School 1929-1989* (Cambridge, 1990).

Den Boer, Pim. *History as a Profession: The Study of History in France 1818-1914* (Princeton, 1998)

Keylor, William R. *Academe and Community: The Foundation of the French Historical Profession* (Cambridge, MA, 1975).

Keylor, William R. *Jacques Bainville and the Renaissance of Royalist History in the Twentieth Century* (Baton Rouge, 1979).

Revel, Jacques and Lynn Hunt eds. *Histories: French Constructions of the Past* (New York, 1995).

Stoianovich, Traian. *French Historical Method: The Annales Paradigm* (Ithaca, 1976).

德国

有关德国历史学界的历史思想的批判性概述,参阅格奥尔格·伊格尔斯的《德国的历史观:从赫尔德到现在的民族历史思想传统》(Georg Iggers, *The German Conception of History: The National Tradition of Historical Thought from Herder to the Present*, Middletown, 1983)。

Beiser, Frederick C. *The German Historicist Tradition* (Oxford, 2011).

Chickering, Roger. *Karl Lamprecht: A German Academic Life 1856-1915* (Atlantic Highlands. NY, 1993).

Dorpalen, Andreas. *German History in a Marxist Perspective* Detroit, 1985.

Haar, Ingo and Michael Fahlbusch, eds. *German Scholars and Ethnic Cleansing 1920-1945* (New York, 2005).

Iggers, Georg. *Marxist Historiography in Transformation: New Orientations in Recent East German History* (New York, 1991).

Kessler, Mario, ed. *Deutsche Historiker im Exil (1933-1945)* (Berlin, 2005).

Kocka, Jürgen. *Sozialgeschichte in Deutschland seit 1945* (Bonn, 2002)

Lehmann, Hartmut and James van Horn Melton, eds. *Paths of Continuity: Central European Historiography from the 1930s to the 1950s* (Cambridge, 1994).

Lehmann, Hartmut and James J. Sheehan. *An Interrupted Path: German-Speaking Refugee Historians in the United States after 1933* (Oxford, 1991).

McClelland, Charles E. *State, Society and University in Germany 1700-1914* (Cambridge, 1980).

Meinecke, Friedrich. *Historism: The Rise of a New Historical Outlook.* trans. J. E. Anderson (New York, 1972).

Moses, John. *Politics of Illusion: The Fischer Controversy in German Historiography* (London, 1975).

Ranke, Leopold von. *The Theory and Practice of History*, ed. Georg G. Iggers (London, 2011).

Reill, Peter Hanns. *The German Enlightenment and the Rise of Historicism* (Berkeley, 1975).

Ringer, Fritz. *The Decline of the German Mandarins. The German Academic Community 1890-1933* Cambridge, MA, 1969.

Ritter, Gerhard A., ed. *German Refugee Historians and Friedrich Meinecke. Letters and Documents 1910 to 1977* (Leiden, 1910).

Sabrow, Martin. *Das Diktat des Konsenses: Geschichtswissenschaft in der DDR*

1949-1969 (Munich, 2001).

Schulze, Winfried. *Deutsche Geschtswissenschaft nach 1945* (Munich, 1993).

Schulze, Winfried and Otto Gerhard Oexle, eds. *Deutsche Historiker im Nationalsozialismus* (Frankfurt am Main, 1999).

Wehler, Hans-Ulrich, ed. *Deutsche Historiker*, 9 vols., (Göttingen, 1971-1972).

英国

Bentley, Michael. *Modernizing England's Past: English Historiography in the Age of Modernism* (Cambridge, 2005).

Butterfield, Herbert. *The Whig Interpretation of History* (London, 1931).

Clive, John. *Macaulay: The Shaping of the Historian* (New York, 1974).

Evans, Richard. *Cosmopolitan Islanders: British Historians and the European Continent* (Cambridge, 2009).

Kaye, Harvey J. *The British Marxist Historians* (Cambridge, 1984).

Kaye, Harvey and Keith McClelland, eds. *E. P. Thompson: Critical Perspectives* (Oxford, 1990).

Kenyon, John. *The History Men: The History Men in England Since the Renaissance*, 2nd edition (London, 1993).

美国

关于美国历史学界及其理论和政治观点的批判性著作,参阅彼得·诺维克的《那高贵的梦想:"客观性"问题与美国历史学界》(Peter Novick, *That Noble Dream: the "Objectivity" Question and the American Historical Profession*, Cambridge, 1988)。

其他

Breisach, Ernst. *American Progressive History: An Experiment in Modernization* (Chicago, 1993).

Higham, John. *History: Professional Scholarship in America* (Baltimore,

1983).

Hofstadter, Richard. *The Progressive Historians: Turner, Beard, Parrington* (New York, 1968).

Kammen, Michael, ed. *The Past Before Us: Contemporary Historical Writing in the United States* (Ithaca, 1980).

Lewis, David Levering. *W. E. B. Du Bois: Biography of a Race, 1868-1919* (New York, 1993).

Meier, August and Elliot Rudwick. *Black History and the Historical Profession 1915-1980* (Urbana, 1986).

Skotheim, Robert. *American Intellectual Histories and Historians* (Princeton, 1966).

Sternsher, Bernard. *Consensus, Conflict, and American Historians* (Bloomington, IN, 1975),

Tyrell, Ian. *The Absent Marx: Class Analysis and Liberal History in Twentieth-Cemtury America* (New York, 1986).

东欧和俄国

Boia, Lucian. *History and Myth in Romanian Consciousness*, trans. J. C. Brown (Budapest, 1997).

Mazour, Anatole G. *Modern Russian Historiography* (Westport. CT, 1975).

Mazour, Anatole G. *The Writing of History in the Soviet Union* (Stanford, 1971).

Riis, Carsten. *Religion, Politics, and Historiography in Bulgaria* (Boulder, 2002).

Wieczynski, Joseph L. and George N. Rhyne, eds. *Modern Encyclopedia of Russian and Soviet History*, 55 vols. (Gulf Breeze, FL, 1976-1993).

犹太史

Brenner, Michael. *Propheten des Vergangenen. Jüdische Geschichtsschreibung im 19. und 20. Jahrhundert* (Munich, 2006).

Funkenstein, Amos. *Perceptions of Jewish History* (Berkeley, 1993).

Yerushalemi, Yosef Haim. *Zakhor: Jewish History and Jewish Memory* (Seattle, 1982).

四 非西方地区史家和史学史著作

跨国际、跨文化的史学史

Breckenridge, Carol A., and Peter Van der Veer, eds. *Orientalism and the Postcolonial Predicament: Perspectives on South Asia* (Philadelphia, 1993).

Said, Edward. *Orientalism* (New York, 1978).

中东

对穆斯林世界的历史写作传统进行概述的著作有弗兰茨·罗森塔尔的《穆斯林史学史》(Franz Rosenthal, *A History of Muslim Historiography*, Leiden, 1968),迪里的《阿拉伯历史写作的兴起》(A. A. Duri, *The Rise of Historical Writing among the Arabs*, ed. and tr. Lawrence I. Conrad, Princeton, NJ, 1983),以及蔡司·罗宾逊较新的著作《伊斯兰史学》(Chase Robinson, *Islamic Historiography*, Cambridge, 2003)。伯纳德·刘易斯(Bernard Lewis)和霍尔特(P. M. Holt)主编的《中东历史学家》(*Historians of the Middle East*, Oxford, 1962)有一些章节讨论了现代伊斯兰史学的转变,但它像霍尔主编的《东南亚历史学家》(D. G. E. Hall ed., *Historians of South East Asia*, London, 1961)一样,已经过时。较新的两本比较全面的著作是优素福·M. 舒埃里的《阿拉伯的历史学与民族国家:现代阿拉伯史学研究,1820—1980》(Youssef M. Choueiri, *Arab History and the Nation-State: A Study in Modern Arab Historiography 1820-1980*, London and New York, 1989)和以色列·格肖尼(Israel Gershoni)、艾米·辛格(Amy Singer)与 Y. 哈坎·埃尔代姆(Y. Hakan Erdem)主编的《中东史学:叙述 20 世纪》(*Middle East Historiographies: Narrating the Twentieth Century*, Seattle, IL, 2006)。

其他

Atabaki, Touraj. *Iran in the 20th Century: Historiography and Political Power* (London, 2009).

Crabbs, Jack, Jr. *The Writing of History in Nineteenth-century Egypt* (Cairo, 1984).

Determann, Jörg Matthias. *Historiography in Saudi Arabia* (London, 2014).

Gallagher, Nancy Elizabeth, ed. *Approaches to the History of the Middle East: Interviews with Leading Middle East Historians* (Reading, 1994)

Gorman, Anthony. *Historians, State and Politics in Twentieth Century Egypt: Contesting the Nation* (London, 2003).

Humphreys, R. Stephen. "The Historiography of the Modern Middle East: Transforming a Field of Study", *Middle East Historiographies: Narrating the Twentieth Century*, eds. Israel Gershoni, Amy Singer, and Y. Hakan Erdem (Seattle, 2006).

Lewis, Bernard. *History: Remembered, Recovered, Invented* (Princeton, 1975).

Lewis, Bernard. "History Writing and National Revival in Turkey," *From Babel to Dragomans: Interpreting the Middle East* (Oxford, 2004).

Tavakoli-Targhi, Mohamad. *Refashioning Iran: Orientalism, Occidentalism, and Historiography* (New York, 2001).

东亚和东南亚

目前尚无对东亚和东南亚史学传统及其转变进行全面论述的著作问世,只有比斯利(W. G. Beasley)和普莱布兰克(E. G. Pulleyblank)主编的《中国和日本的历史学家》(*Historians of China and Japan*, Oxford, 1961)一书有部分章节讨论了本书所覆盖的历史时期,但是,它们仅限于讨论中国和日本的历史学家,而且已经过时。自那以后出版了一些更重要的著作,特别是有关中国和日本史学的著作。

中国

Dirlik, Arif. *Revolution and History: Origins of Marxist Historiography in China, 1919-1937* (Berkeley, 1978).

Duara, Prasenjit. *Rescuing History from the Nation: Questioning Narratives of Modern China* (Chicago, 1995).

Elman, Benjamin A. *From Philosophy to Philology: Intellectual and Social Aspects of Change in Late Imperial China* (Los Angeles, 2000).

Jenner, W. J. F. *The Tyranny of History: The Roots of China's Crisis* (London, 1992).

Li, Huaiyin. *Reinventing Modern China: Imagination and Authenticity in Chinese Historical Writing* (Honolulu, 2013).

Ng, On-cho and Q. Edward Wang. *Mirroring the Past: the Writing and Use of History in Imperial China* (Honolulu, 2005).

Wang, Q. Edward. *Inventing China through History: The May Fourth Approach to Historiography* (Albany, 2001).

日本

Brownlee, John S. *Japanese Historians and the National Myths, 1600-1945: The Age of the Gods and Emperor Jinmu* (Vancouver and Tokyo, 1997).

Numata, Jirō. "Shigeno Yasutsugu and the modern Tokyo tradition of historical writing", *Historians of China and Japan*, eds. W. G. Beasley and E. G. Pulleyblank London, 1961, pp. 264-287.

Mehl, Margaret. *History and the State in Nineteenth-Century Japan* (Basingstoke, 1998).

Tanaka, Stefan. *Japan's Orient: Rendering Pasts into History* (Berkeley, 1993);

Tanaka, Stefan. *New Times in Modern Japan* (Princeton, 2004).

朝鲜半岛和越南

Em, Henry. *The Great Enterprise: Sovereignty and Historiography in Modern*

Korea (Durham, 2013).

Pai, Hyung Il. *Constructing "Korean" Origins: A Critical Review of Archaeology, Historiography, and Racial Myth in Korean State-Formation Theories* (Cambridge, MA, 2000).

Pelley, Patricia M. *Postcolonial Vietnam: New Histories of the National Past* (Durham, 2002).

南亚

有关南亚史学的一本全面的著作是迈克尔·戈特洛布主编的《南亚的历史思想：从殖民地时期至今的资料手册》(Michael Gottlob, ed., *Historical Thinking in South Asia: A Handbook of Sources from Colonial Times to the Present*, Oxford, 2003)。维奈·拉尔的《史学史：现代印度的政治和学术研究》(Vinay Lal, *The History of History: Politics and Scholarship in Modern India*, Oxford and New Delhi, 2003)提出了具有挑战性的后现代主义的观点。

其他

Bhattacharya, Sabyasachi. *Approaches to History. Essays in Indian Historiography* (Delhi, 2011).

Chatterjee, Kumkum, *The Cultures of History in Early Modern India* (New Delhi, 2009).

Chakrabarty, Dipesh. "The Birth of Academic Historical Writing in India", *The Oxford History of Historical Writing: Volume 4: 1800-1945*, eds. Stuart Macintyre, Juan Maiquaschca, and Attila Pok (Oxford, 2011).

Guha, Ranajit. *Dominance Without Hegemony: History and Power in Colonial India* (Cambridge, MA, 1998).

Guha, Ranajit. *An Indian Historiography of India: A Nineteenth Century Agenda and its Implications* (Calcutta, 1988).

Guha, Ranajit, ed. *A Subaltern Studies Reader* (Minneapolis, 1988).

Inden, Ronald. *Imagining India* (Oxford, 1990).

Mantena, Rama Sundari. *The Origins of Modern Indian Historiography in India.*

Antiquarism and Philology, 1780-1880 (New York, 2012).

Mukhopadhya, Subodh Kumar. *Evolution of Historiography in Modern India: 1900-1960* (Calcutta and New Delhi, 1981).

Phillips, C. H. ed. *Historians of India, Pakistan, and Ceylon* (London, 1961).

Rao, V. N. David Schulman and Sanjay Subrahmanyam. *Textures of Time. Writing History in South India, 1600-1800* (New York, 2003).

Sarkar, Sumit. *Writing Social History* (New Delhi, 1998).

Warder, A. K. *An Introduction to Indian Historiography* (Bombay, 1972).

拉丁美洲

我们无法找到用任何语言写的有关拉丁美洲史学史的全面性的著作，Felipe Soza-Larrain, La *Historiografía Latinoamerucana* 正在编写中，不过可以参看 Felipe Soza, "La historiografía latinoamericana"，收入 Jaume Aurell et al., eds., *Comprender el pasado: Una historia de la escritura y el pensamiento historico* (Madrid, 2013), pp. 341-350。有关 20 世纪 60 年代之后的拉丁美洲史学，可见 Jurandir Malerba, *La historia en América Latina: Ensayo de crítica historiográfica* (Rosario, 2010)。José de Moya, *The Oxford Handbook of Latin American History* (Oxford, 2011)是一部很好的拉丁美洲通史。

非洲

参阅联合国教科文组织编写的八卷本的《非洲通史》(UNESCO, *General History of Africa*, London, 1978-2000)，其中讨论了撒哈拉以南非洲的历史写作。马库斯·沃尔克尔的《历史写作》第 360—372 页简要但极佳地讨论了非洲史学的文献。与非洲没有本土历史写作传统的观点相反，沃尔克尔追溯了非洲的各种历史著作，不仅限于埃塞俄比亚的科普特文明。还可参见 Toyin Falola, ed., *African Historiography: Essays in Honour of Jaco Ade Ajayi* (Essex, 1993), Adiele Afigbo, *The Poverty of African Historiography* (Lagos, 1997)和 Andreas Eckert, "Historiography on a Continent without History: Anglophone West Africa, 1880-1940", in Eckhardt Fuchs and Benedikt Stuchtey, eds., *Across Cultural Borders: Historiography in Global Perspective*, Lanham/Boulder, CO, 2002, pp. 99-118。

索 引
（页码为本书边码）

A

'Abbasid dynasty, 阿拔斯王朝 28, 32, 93

Abdel-Malek, Anouar, 阿努亚尔·阿卜杜勒-马利克 287

Abdülhamid II, 阿卜杜勒-哈米德二世 161

Abdülmecid, 阿卜杜勒-迈吉德 70

Abe, Kinya, 阿部谨也 278

Abū Ja'far al-Ṭabarī, 阿布·加法尔·塔巴里 27

Academia Sinica, "中研院" 267—268, 317

Académie des Inscriptions et des Belles Lettres, 铭文学院 21, 23

Action Française, 法兰西学院 132

Adams, Herbert Baxter, 赫伯特·巴克斯特·亚当斯 104

'administrator historians'（India）, 行政官员历史学家(印度) 76

Adorno, Theodor, 西奥多·阿多诺 215

al-Afghani, Sayyid Jamal al-Din, 萨义德·哲马鲁丁·阿富汗尼 284

Agulhon, Maurice, 莫里斯·阿居隆 221, 224

Ajayi, Jacob, 雅各布·阿贾伊 248

Akira, Hayami, 速水融 213

Alexander the Great, 亚历山大大帝 63, 65, 66

'Alī, Muhammad, 穆罕默德·阿里 65, 68, 70, 74, 159—160, 169, 288

Âli, Mustafa, 穆斯塔法·阿里 29

Allen, Young J., 林乐知 121

Allende, 242, 243

Alltagsgeschichte, 日常生活史 227—228, 278, 299, 402

American Historical Association, 美国历史学会 104, 136, 141, 322—323

Amin, Shahid, 沙希德·阿明 237

Amino, Yoshihiko, 网野善彦 277

An, Chŏng-bok, 安鼎福 45

anarchism, 173, 184 无政府主义

Anīs, Muhammad, 穆罕默德·阿尼斯 289—290

Annales (French),《年鉴》12, 148, 151, 153, 205, 209—215, 219, 221, 227, 239, 241, 243, 246, 276—278, 280, 285—286, 297, 299—300, 313, 318, 324—325, 331, 333, 335, 339

Annals of Social and Economic History (Polish),《经济和社会史年鉴》153

annals-biography, 纪传体 38, 110, 112

anti-Semitism, 反犹主义 93, 102

Antūn, Farah, 法拉赫·安顿 164

'applied history', 应用的历史 177

Arab League, 阿拉伯国家联盟 284—285, 288—289

Araki, Moriaki, 安良城盛昭 266, 268

Arif, Mehmed, 穆罕默德·阿里夫 162

Arnold, David, 戴维·阿诺德 237

Artīn, Ya'qūb, 雅各布·阿尔廷 164, 168

Asiatic Society, 亚洲学会 76, 78, 81—82, 192

Asım, Nejib, 纳吉布·阿希姆 73, 162

Ataullah Mehmed, 阿塔乌拉·穆罕默德, 见 Şanizade 70

al-'Attār, Shaykh Hasan, 谢赫·哈桑·阿塔尔 67

Aufklärung, 启蒙 23

Aulard, Alphonse, 阿尔封斯·奥拉尔 167

autobiography, 自传 29

al-Azhar, 爱资哈尔 69, 159, 165

B

Bachofen, Johann J., 约翰·J. 巴霍芬 185

Bacon, Francis, 弗朗西斯·培根 94

Bahjat, 'Alī, 阿里·巴赫贾特 73

Bakhtin, Mikhail, 米哈伊尔·巴赫金 299

Balzac, Honoré de, 奥诺雷·德·巴尔扎克 57

Bangiya Sahitya Parishad, 孟加拉文学会 192

Bansei ikkei, "万世一系" 177

Barraclough, Geoffrey, 杰弗里·巴勒克拉夫 218

Barthes, Roland, 罗兰·巴特 224, 227, 313

Basak, Nilmani, 尼尔马尼·巴沙克 83—85, 187

Bashi, Münedjdjim, 米尔德吉德吉姆·巴什 29

Basu, Ramram, 拉姆兰·巴苏 77

Batatu, Hanna, 汉纳·巴塔图 283, 291

battle-day literature, 战争史诗 39

Baudrillard, Jean, 让·鲍德里亚 226

Baykal, Bekir Sitki, 贝基尔·瑟特克·巴伊卡尔 283
Bayle, Pierre, 皮埃尔·贝尔 19
Beard, Charles, 查尔斯·比尔德 133, 141, 144—145, 205—206
Becker, Carl, 卡尔·贝克尔 133, 145, 205
Below, Georg von, 格奥尔格·冯·贝洛 135
Bentley, Jerry, 杰里·本特利 326, 329
Bergson, Henri, 亨利·柏格森 143
Berlin University, 柏林大学, 见 University of Berlin 176, 54, 98, 101—102, 148
Bernheim, Ernst, 恩斯特·伯伦汉 116, 136
Berr, Henri, 亨利·贝尔 106, 131, 136, 151
Bey, Ahmad, 艾哈迈德·贝伊 73
Bey, Murad, 穆拉德·贝伊 158
Bhandarkar, R.G., R. G. 班达卡尔 187
Bidyalankar, Mritunjoy, 姆里通卓·比迪亚兰卡 77
Bidyasagar, Ishwar Chandra, 伊什瓦·钱德拉·比迪亚萨迦 81
al-Bishri, Tariq, 塔里克·比什里 292
Bismarck, Otto von, 奥托·冯·俾斯麦 93, 98, 105, 128, 130, 140, 146—147, 214, 216
Blanc, Louis, 路易·勃朗 60
Bloch, Marc, 马克·布洛赫 151—153, 210—213, 277, 318
Blyden, Edward Wilmot, 爱德华·维尔莫特·布莱登 247
Böckh, August, 奥古斯特·伯克 57
Bodin, Jean, 让·博丹 26
Bollandists, 博兰学者 21, 56
Bonnell, Victoria E., 维多利亚·E. 邦奈 313
Boorstin, Daniel, 丹尼尔·布尔斯廷 206
Bossuet, Bishop, 波舒哀主教 19
Bourdieu, Pierre, 皮埃尔·布迪厄 227
Braudel, Fernand, 费迪南·布罗代尔 210—213, 217, 223, 241, 246, 277, 280, 299, 333
Breisach, Ernst, 恩斯特·布赖萨赫 315
Bridenthal, Renate, 雷纳特·布莱顿萨尔 230
Bridgman, Elijah C., 裨治文 108
Brown, Cynthia S., 辛西娅·S. 布朗 332
Browning, Christopher, 克里斯托弗·布朗宁 225
Bücher, Karl, 卡尔·比歇尔 135

Buckle, Henry Thomas, 亨利·托马斯·巴克尔 95—96, 100—101, 104, 111, 130, 136

Buddhism, 佛教 5, 17, 39, 181, 269

Bujak, Franciszek, 弗朗齐歇克·布亚克 153

Bulletin de l'Institut Egyptien, 164

bunmeishi, 文明(开化)史, 见 civilizational history 95, 111—112, 118, 171—172, 179

Burckhardt, Jacob, 雅各布·布克哈特 105

Burke, Edmund, 埃德蒙·柏克 23, 54, 104,

Burke, Edmund III, 埃德蒙·伯克三世 334

Burke, Peter, 彼得·伯克 18, 209, 210, 315, 362

Bury, John Bagnell, 约翰·伯里 135

al-Bustānī, Butrus, 布特鲁斯·布斯塔尼 72—73

Bustānī, Salīm, 布特鲁斯·布斯塔尼 72

Byron, Lord, 拜伦勋爵 54

Byzantines, 拜占庭 29, 68

C

Cahen, Claude, 克劳德·卡恩 266

Cairo University, 开罗大学 158, 289—290

Cambridge Group for Population and Social Structure, 剑桥人口与社会结构研究组 213

'capitalist sprouts', 资本主义萌芽 270

Carby, Hazel, 黑泽尔·卡尔比 321

Carlyle, Thomas, 托马斯·卡莱尔 58

Carnap, Rudolf, 鲁道夫·卡尔纳普 144

Casanova, Paul, 保罗·卡萨诺瓦 165

Ch'oe, Nam-son, 崔南善 182—183, 275

Chakrabarty, Dipesh, 迪佩什·查克拉帕蒂 19, 20, 236—238

Chand, Tara, 塔拉·昌德 195—196

Chandra, Bipan, 比旁·钱德拉 195—198

Chartier, Roger, 罗杰·夏蒂埃 245

Chateaubriand, René de, 勒内·德·夏多布里昂 54

Chatterjee, Bankim Chandra, 班吉姆·钱德拉·查特吉 187

Chatterjee, Kumkum, 库姆库姆·查特吉 78, 83, 190—191

Chatterjee, Partha, 帕沙·查特吉 81—82, 85, 237

Chattopadhya, Tarinicharan, 塔里尼查兰·查托帕迪亚雅 83—84

Chaunu, Pierre, 皮埃尔·肖努 212—214

Chen, Chunsheng, 陈春声 218

Chen, Duxiu, 陈独秀 183

Chen, Qineng, 陈启能 279—280

Chen, Yinke (Yinque), 陈寅恪 267—268, 270, 281

Chiang, Kai-shek, 蒋介石 267

Childers, Thomas, 托马斯·奇尔德斯 224

Chindan Academic Association (*Chindan hakhoe*), 震檀学会 183

Chinese Academy of Social Sciences (CASS), 中国社会科学院 279

Chosŏn dynasty (Korea), 李氏王朝 40, 45, 113, 119, 180—181,

Christian, David, 大卫·克里斯蒂安 332

Christianity, 基督教 5, 17, 67, 108, 296

chronography, 年代纪 27, 28, 74

Chunqiu bifa, 春秋笔法, 见'pen-law of the *Spring and Autumn*' 37

CISH, 国际历史科学大会, 见 International Congress of Historical Sciences 267, 280

civil service examination (China), 科举考试(中国) 120, 172

'civilizational history' (*bunmeishi*), 文明(开化)史 95, 111—112, 118, 171—172, 179

Clausewitz, Carl von, 卡尔·冯·克劳塞维茨 62

Cobb, Richard, 理查德·科布 300

Cobban, Alfred, 阿尔弗雷德·科班 211

Cold War, 冷战 1, 6, 170, 204, 206, 208—209, 245, 269—270, 273, 275, 282, 285, 292, 310, 312, 319, 329, 338—339

Columbia University, 哥伦比亚大学 131, 133, 136, 141, 145, 174, 233

communism, 共产主义 100, 179, 206, 213, 267, 273—274, 300, 310, 326

Comparativ, 329

Comte, Auguste, 奥古斯特·孔德 61, 94—96, 104, 130

Condillac, Abbé Etienne, 埃蒂耶纳·孔狄亚克 24

Condorcet, Marquis de, 孔多塞侯爵 9, 24, 47, 62, 178

Confucian historiography, 儒家史学 3, 37, 107, 114

Confucius, 孔子 17, 37—38, 41, 109, 123

Conrad, Sebastian, 塞巴斯蒂安·康拉德 20

'Consensus School'(US), 共识学派(美国) 206

Conze, Werner, 维尔纳·康策 148, 214—215
Crosby, Alfred, 阿尔弗雷德·克罗斯比 332—333
Crusades, 十字军东征 160
cultural history, 文化史, 又见 'new cultural history' 85, 103—104, 129, 134, 140, 145—146, 148, 178—179, 191, 226, 245—246, 264, 295, 299, 322, 327, 330—331, 337
Cultural Revolution (China), 文化大革命（中国）205, 217, 270, 279—280
'culture fever' (wenhua re), 文化热 331

D

Dahlmann, Friedrich Christoph, 弗里德里希·克里斯托弗·达尔曼 61
Dahn, Felix, 费利克斯·达恩 106
Dai, Zhen, 戴震 41, 43, 44
Dao, Duy Anh, 陶维英 184
Darwinism, 达尔文主义, 又见 Social Darwinism and evolutionism 164
Datta, Kedar Nath, 克德拉·纳什·达塔 81
Davis, Natalie Zemon, 娜塔莉·泽蒙·戴维斯 219, 220, 222, 226
De Man, Paul, 保罗·德曼 226

Debs, Eugene, 尤金·德布斯 140
de-Nasserization, 非纳赛尔化 291
Deng, Shi, 邓实 171
Deng, Xiaoping, 邓小平 279
dependencia theory, 依附理论 233, 238, 242,
Derrida, Jacques, 雅克·德里达 224, 226, 298, 313
Dewey, John, 约翰·杜威 133, 174
Diamond, Jared, 贾雷德·戴蒙得 333
Dike, Kenneth Onwuka, 肯尼思·翁伍卡·戴克 248
Dilthey, Wilhelm, 威廉·迪尔泰 136, 137, 143, 178, 179
al-Dīn, Rashīd, 拉希德·丁 28—29
'Discussion of Ancient History' (China), 175—176 古史辨
'distorted modern' (*yuganda kindai*), 被扭曲了的现代性 271
Dobb, Maurice H., 莫里斯·H. 多布 266, 300
Dore, Ronald P., 罗纳德·P. 多尔 272
'doubting antiquity' (*yigu*), "疑古" 175
Droysen, Johann Gustav, 约翰·古斯塔夫·德罗伊森 61, 96—98, 100—102, 136—137, 147

Du Bois, W. E, B., W. E. B. 杜波伊斯 145, 208, 247
Duan, Yucai, 段玉裁 109
Duby, Georges, 乔治·杜比 279
Dunning School, 邓宁学派 145
Dunning, William A., 威廉·A. 邓宁 208
Durkheim, Emile, 埃米尔·涂尔干 131, 135, 138—140, 153, 165, 318, 327
Dutt, Romesh Chunder, 罗梅什·昌德尔·达特 86, 186—187
Dworkin, Dennis, 丹尼斯·德沃金 300
dynastic history/historiography, 朝代史 29, 37, 38—40, 112—114, 121, 171, 265, 270, 274,

E

École des Chartes, 铭文学院 56
École des Hautes Etudes en Sciences Sociales, 社会科学高等研究院 210, 217
École Française d'Extrême Orient, 法国远东学院 184
École Pratique des Hautes Etudes, 高等实用研究院 103, 210
Economic History Review, 《经济史评论》146
Edinburgh Review, 《爱丁堡评论》23

Efendi, Ahmed Asım, 艾哈迈德·阿西姆·埃芬迪 65, 71
Efendi, Ahmed Resmi, 艾哈迈德·雷斯米·埃芬迪 63, 82
Efendi, Khayrullah, 哈鲁拉·埃芬迪 64
Eguchi, Bokurō, 江口朴郎 271
Egyptian Association for Historical Studies, 埃及历史研究学会, 见 Royal Association for Historical Studies 168
Egyptian Historical Review, 《埃及史学评论》, 见 *Royal Egyptian Historical Review* 168
Egyptian University, 埃及大学 158, 164, 165—167
Egyptianization, 埃及化 158, 163, 165—166, 168
Egyptology, 埃及学 65, 68
Einstein, Albert, 阿尔伯特·爱因斯坦 140, 142
Elias, Nobert, 诺伯尔特·埃利亚斯 335
Eliot, T. S., T. S. 艾略特 143
Elkins, Stanley, 斯坦利·埃尔金斯 208
Elliot, Sir Henry, 亨利·艾略特爵士 84
Elman, Benjamin, 本杰明·埃尔曼 10, 41

索引 643

Elphinstone, Mountstuart, 芒斯图尔特·埃尔芬斯通 81, 84
Elton, Geoffrey, 杰弗里·埃尔顿 218
Elvin, Mark, 伊懋可 334
Emerton, Ephraim, 伊弗雷姆·埃默顿 104
Emin, Mehmed, 穆罕默德·埃明 161
emotions, 情感 23, 25, 137, 187, 192, 224, 245, 312—314, 328, 335—338
Empress Dowager, 慈禧太后 122, 170
Encyclopédie,《百科全书》19, 23
'encyclopedists'(Egypt), 百科全书派(埃及) 72—73
Engels, Friedrich, 弗里德里希·恩格斯 60, 93, 99—100, 149, 185, 208, 268, 301—302
Engerman, Stanley, 斯坦利·恩格尔曼 207, 218
English Historical Review,《英国史学评论》103
English Revolution, 英国革命 29, 61
environmental history, 环境史 312, 328, 332—336
Eurocentrism, 欧洲中心论 270—271, 326
'evidential learning'(*kaozhengxue*), 考证学 16, 41, 44—45, 108—109, 113—114, 116—117, 119, 174, 176, 183, 281
evolutionism, 进化论, 又见 Darwinism and Social Darwinism 122—123

F

al-Falakī, Mahmūd, 马哈茂德·法拉基 73
Fan, Wenlan, 范文澜 268—269
Fanon, Frantz, 弗朗兹·法农 232
Farīd, Muhammad, 穆罕默德·法里德 159—160
Faroqhi, Suraiya, 苏拉娅·法洛希 283
Febvre, Lucien, 吕西安·费弗尔 151—153, 210—213, 277, 318, 333, 335
feminism, 女权主义 179, 229, 231, 279, 313, 316, 321
Ferguson, Adam, 亚当·弗格森 9, 25, 139
Ferro, Marc, 马克·费罗 213
feudalism, 封建主义 54, 148, 153, 197, 265—266, 268, 271, 274, 290, 299, 300
Feuerbach, Ludwig, 路德维希·费尔巴哈 100
Feyerabend, Paul, 保罗·费耶阿本德 227
Fichte, Johann Gottlieb, 约翰·戈特

利布·费希特 55

Fischer, Fritz, 弗里茨·菲舍尔 216—217

flunkeyism (*sadae juǔi*), 180

Fogel, Robert, 罗伯特·福格尔 207, 218—219

Foucault, Michel, 米歇尔·福柯 224, 226, 233, 237, 246, 250, 287, 298, 337

Frank, André Gunder, 安德烈·贡德·弗兰克 242, 331

Frankfurt School, 法兰克福学派 215

Franklin, Benjamin, 本杰明·富兰克林 25

Franklin, John Hope, 约翰·霍普·富兰克林 208

Fraser, James, 詹姆斯·弗雷泽 152

Frasheri, Shemseddin Sami, 舍姆塞丁·萨米·弗拉谢里 161

French Revolution, 法国革命 9, 11, 20, 23, 25, 35—55, 57—65, 70, 131—132, 148, 151, 167, 212—213, 221, 224, 300

Freud, Sigmund, 西格蒙德·弗洛伊德 129, 137, 139, 140

Freytag, Gustav, 古斯塔夫·弗莱塔克 105, 106

Friedländer, Saul, 索尔·福里德兰德 225, 316—317

Fu, Sinian, 傅斯年 176, 184, 186, 267, 281

Fu'ad, Ahmad, 艾哈迈德·福阿德 158

Fukuda, Tokuzō, 福田德三 177—178

Fukuyama, Francis, 弗朗西斯·福山 208, 310—311

Fukuzawa, Yukichi, 福泽谕吉 111, 114, 170, 171

Furet, François, 弗朗索瓦·傅勒 221, 279

Fürstenspiegel, 君主之鉴 29

Fustel de Coulanges, Numa Denis, 努马·德尼·甫斯特尔·德·库朗日 105

G

Gaddis, John Lewis, 约翰·刘易斯·加迪斯 317

Galbraith, John Kenneth, 约翰·肯尼思·加尔布雷斯 208

Gandhi, Mohandas Karamchand, 莫罕达斯·卡拉姆昌德·甘地 186—187, 194—195, 321

Geertz, Clifford, 克利福德·格尔茨 223—224, 228

Geisteswissenschaften, 精神/文化科学 136—137

gender history, 性别史 12, 229, 278, 279, 281, 286, 312, 320, 337

Genovese, Eugene, 尤金·吉诺维斯

244, 254, 301

German Historical School, 德国历史学派 3, 95, 99, 101—102, 105, 138

Gerschenkron, Alexander, 亚历山大·格申克龙 208

Geschichte und Gesellschaft,《历史与社会》217, 227, 325

Geschichtswissenschaft, 历史科学 95

Ghurbāl, Muhammad Shafiq, 穆罕默德·沙非克·古尔巴 166—169, 288—289

Gibbon, Edward, 爱德华·吉本 7, 19, 21—23, 54, 58, 186

Ginzburg, Carlo, 卡洛·金兹堡 219, 227

global history, 全球史 1, 12, 20, 236, 246, 312—313, 328—332, 334, 339

globalization, 全球化 1, 4—7, 11—12, 20, 170, 231, 245, 282—283, 310—311, 326, 328, 330, 338—339

Gökalp, Ziya, 济亚·格卡尔普 161—163

Goldstone, Jack, 杰克·A. 戈德斯通 326

Gong, Zizhen, 龚自珍 108—110, 122—123

Goody, Jack, 杰克·古迪 336

Goubert, Pierre, 皮埃尔·古贝尔 213

Gramsci, Antonio, 安东尼奥·葛兰西 150, 234, 237—238, 244, 250, 254, 301—302

Grant, Arthur J., 亚瑟·J. 格兰特 166

'Greater East Asian Co-prosperity Sphere', "大东亚共荣圈" 183

Green, John Richard, 约翰·理查德·格林 104

Grendi, Edoardo, 爱德华多·格伦迪 227

Gu, Jiegang, 顾颉刚 174—176, 186, 267, 269, 281

Guha, Ranajit, 拉纳吉特·古哈 76, 78, 83, 234—237

Guicciardini, Francesco, 弗朗西斯科·圭恰迪尼 57

Guizot, François, 弗朗索瓦·基佐 56, 58, 60—61, 111

Guo, Moruo, 郭沫若 268

Guocui xuebao,《国粹学报》, 见 *National Essence Journal* 171

Gurevich, Aaron J., 阿隆·古列维奇 299

Gutman, Herbert, 赫伯特·古特曼 301

Gützlaff, Karl F. A., 郭实腊 108

H

Habib, Irfan, 伊尔凡·哈比卜 197
hadīth, 圣训 26, 27
Hall, John W., 约翰·W. 霍尔 272
Halbwachs, Maurice, 莫里斯·阿布瓦赫 318, 327
Hamashita, Takeshi, 滨下武志 277
Hammond, Barbara, 巴巴拉·哈蒙德 133
Hammond, John Lawrence, 约翰·劳伦斯·哈蒙德 133
Han dynasty (China), 汉朝（中国）38, 171
Hani, Gorō, 羽仁五郎 185
Hanioglu, M. Sükrü, M. 许克吕·哈尼奥格卢 283
Hansberry, Leo, 莱奥·汉斯伯里 247
Hara, Katsurō, 原胜郎 177
Harishchandra, 哈里什钱德拉 85
Harlafatis, Gelina, 洁莉娜·哈拉福特斯 317
Harnack, Adolf von, 阿道尔夫·冯·哈纳克 136
Harrington, Michael, 迈克尔·哈林顿 206
Hartmann, Lujo Moritz, 卢约·莫里茨·哈特曼 135
Hartz, Louis, 路易斯·哈茨 206

Hāshimite dynasty, 哈希姆王朝 293
Hasidism, 19
Hattori, Shisō, 服部之总 185
Hayashi, Fusao, 林房雄 273
Hayashi, Taisuke, 林泰辅 176
Heaven-humanity correlation, 37 天人感应
Heavenly principle (*tianli*), 天理 39
Hebrew Bible, 希伯来《圣经》17
Heeren, A. H. L., A. H. L. 黑伦 58
Hegel, Georg Friedrich Wilhelm, 格奥尔格·弗里德里希·威廉·黑格尔 7, 10, 30—31, 62—64, 98, 150, 178, 247
Heidegger, Martin, 马丁·海德格尔 143—144, 226—227
Heidelberg University, 海德堡大学 185
Hempel, Carl, 卡尔·亨普尔 207
Herder, Johann Gottfried, 约翰·戈特弗里德·赫尔德 25, 32, 54, 58, 62
Herf, Jeffrey, 杰弗雷·赫夫 318
Herodotus, 希罗多德 17, 37, 317
al-Hilāl,《新月》164
Hill, Christopher, 克里斯托弗·希尔 300
Hindenburg, Paul von, 保罗·冯·兴登堡 142

Hinduism, 印度教 17, 29, 80, 188
Hindutva, 印度教特性 188, 189, 238
Hintze, Hedwig, 黑德维希·辛策 148
Hintze, Otto, 奥托·辛策 147
Hiraizumi, Kiyoshi, 平泉澄 185
'historical discussion style' (East Asia), 史论体 112
'historical source school', 史料学派 176, 183, 186, 267—270, 281
historicism, 历史主义, 又见 historism 和 *Historismus* 12, 43, 99, 128, 179
'Historiographical Revolution' (*shijie geming*), "史界革命" 171—172, 174, 182
Historiography Quarterly (*Shixue lilun yanjiu*),《史学理论研究》280
Historische Zeitschrift,《历史杂志》96, 103, 325
Historisk Tijdsskrift (Denmark),《历史评论》103
historism, 历史主义, 又见 historicism 和 *Historismus* 99, 125, 147, 404
Historismus, 历史主义, 又见 historicism 和 historism 147, 214, 215
History and Theory (*Lishi yu lilun*),《历史与理论》280
History Bureau (East Asia), 修史馆 17, 38, 40, 112—116, 121
History Workshop,《历史工作坊》228—229, 254, 325
Ho, Chi Minh, 胡志明 273
Hobsbawm, Eric, 埃里克·霍布斯鲍姆 254, 279, 300, 302
Hofstadter, Richard, 理查德·霍夫斯塔特 206
Hohenzollern, 霍亨索伦 3, 93, 140
Holocaust, 大屠杀 225, 316, 319, 325
Homer, 荷马 10, 21
Hong, Jun, 洪钧 121
Horkheimer, Max, 马克斯·霍克海默 215
Hoshino, Hisashi, 星野恒 113, 115, 117, 179
Hourani, Albert, 阿尔伯特·霍拉尼 283, 286
Hu, Shi, 胡适 174—175, 176, 186, 267, 269—270, 281
Huang, Donglan, 黄东兰 281
Huang, Jie, 黄节 171—172
Huang, Zunxian, 黄宗宪 121—122
Hughes, J. Donald, J. 唐纳德·休斯 334
Hughes-Warrington, Marnie, 玛尼·休斯-沃灵顿 314
Huizinga, Johan, 约翰·赫伊津哈 143, 335

Humboldt, Wilhelm von, 威廉·冯·洪堡 96—97

Hume, David, 大卫·休谟 7, 19, 22—23, 54, 58, 102, 247

Hunayyin, Jirjis, 吉尔吉斯·胡奈因 164

Hunt, Lynn, 林·亨特 221, 224, 279, 313, 328

Huntington, Samuel, 塞缪尔·亨廷顿 310

Husayn, Tāhā, 塔哈·侯赛因 165, 168

al-Husri, Sati', 萨提·胡斯里 289

Hussein, Saddam, 萨达姆·侯赛因 293, 294

Huxley, Thomas, 托马斯·赫胥黎 122

I

Ibadan School, 伊巴丹学派 248—249, 251

Ibn 'Abd al-Hakam, 伊本·阿布杜·哈卡姆 73

Ibn Khaldūn, 伊本·沙特 29, 73—74

Ibn Sa'd, 伊本·沙特 27

Icke, Peter, 彼得·伊克 314

Ideengeschichte, 思想史 147

Ienaga, Saburō, 家永三郎 273

Iggers, Georg G., 格奥尔格·G.伊格尔斯 279

Iliffe, John, 约翰·艾利夫 334

Imperial Historiographer (Ottoman Empire), 帝国史官(奥斯曼帝国) 29, 30, 65—66, 70—72, 158, 161

Inalcik, Halil, 哈利尔·伊纳尔哲克 282—283, 286

Indian Economic and Social History Review,《印度经济和社会史评论》198

Indian History Congress, 190

Indology, 印度学 31, 81

Inōe, Kinga, 井上金峨 45

Inoue, Kiyoshi, 井上清 265, 278

Institut d'Égypte, 埃及研究所(1859年建立)65

Institut Égyptien, 埃及研究所(1798年拿破仑建立) 164, 168

Institute of History and Philology (China and Taiwan), 历史语言研究所 176, 267

International Congress of Historical Sciences (CISH), 国际历史科学大会 267, 311, 335, 337—338

Iorga, Nicolae, 尼古拉·约尔加 135, 149

Irokawa, Daikichi, 色川大吉 278

Iselin, Isaac, 伊萨克·艾斯林 24

Ishimoda, Shō, 石母田正 265—266

Islam, 伊斯兰教 5, 17, 26—28, 67—70, 80—81, 85, 161—162, 165, 193, 195, 251, 284—285, 289, 291—292, 294, 296—267, 310, 331

Islamic/Muslim historiography, 伊斯兰史学 26—29, 66—68, 71, 73, 160, 165, 246, 282, 286, 291, 297—298, 360

Islamism, 伊斯兰教 12, 264, 282, 291; also see pan-Islamism

Ismāʻīl, 伊斯梅尔 73

Isnād, 传述世系 34—35, 26—27

Issawi, Charles, 查尔斯·伊萨维 283

Itihasa, "历史" 17, 32, 85

Iwanishi, Kinji, 今西钦二 277

J

al-Jabartī, Abd al‐Rahmān, 阿布杜·拉赫曼·杰巴尔迪 30, 65—66, 68, 71

al-Jahidh, Abu ʻUthman ʻUmar ibn Bahr, 阿布·乌特曼·乌马尔·伊本·巴赫尔·吉哈德 293

Jansenism, 冉森派 19

Japanese Association for Historical Study (*Nihon rekishigaku kyōkai*), 日本历史学研究会 267

Japanese Historical Association, 日本历史学会 115

Jaurès, Jean, 让·饶勒斯 161, 131—132, 140, 152

Jenkins, Keith, 凯斯·詹京斯 220, 222, 315, 317

Jesuits, 耶稣会士 107—108

Jesus, 耶稣 17, 69

Jews, 犹太人 26, 93, 102, 145, 148, 316, 319

Ji, Xianlin, 季羡林 281

Jin, Guantao, 金观涛 280

al-Jinān, 72 ???

'*jishi benmo*' (narrative from beginning to end), 纪事本末体 110

Johns Hopkins University, 约翰·霍普金斯大学 103, 104

Jomard, Edmond-François, 埃德蒙-弗朗索瓦·若马尔 68

Jones, Gareth Stedman, 加雷思·斯特德曼·琼斯 224, 226, 314

Jones, Sir William, 威廉·琼斯爵士 31, 76, 78

Journal of Global History, 《全球史杂志》329—330

Journal of the History of Ideas, 《观念史杂志》145

Journal of World History, 《世界史杂志》329

Joyce, James, 詹姆斯·乔伊斯 129

Judaism, 犹太主义 102

Juglar, Clément, 克莱芒·朱格拉 211

K

Kafadar, Cemal, 杰马尔·卡法达 283
Kamāl, Ahmad, 艾哈迈德·卡迈勒 73
Kāmil, Mustafa, 穆斯塔法·卡米勒 159—160, 164, 166, 170
Kang, Youwei, 康有为 123, 170, 174
Kangaku sha (China scholars), 汉学者 113
Kano, Masanao, 鹿野政直 278
Kansei Prohibition, 宽政异学之禁 44
Kant, Immanuel, 伊曼纽尔·康德 24—25, 62, 136
kaozhengxue, 考证学, 见 evidential learning 41
Karim, Abdul, 阿卜杜勒·卡里姆 85
al-Karim, Ahmad 'Izzat 'Abd, 艾哈迈德·伊扎特·阿布杜·卡里姆 289—290
Karlowitz Treaty, 《卡洛维茨条约》30
Kasravī, Ahmad, 艾哈迈德·卡斯拉维 169
Kawakami, Hajime, 河上肇 184, 268
Kawakatsu, Heita, 川胜平太 227
Kayumars, 卡优马尔斯 69

Ke, Shaomin, 柯劭忞 121
Kemal Atatürk, Kemal, Mustafa 161—162
Kemal, Mustafa (Kemal Atatürk), 穆斯塔法·凯末尔 161—296
Kemāl, Namık, 纳米克·凯末尔 70—71, 284
Kenkoku University, 建国大学 183
khabar, 史记 26—27
al-Khalil, Samir, 萨米尔·哈利勒 294
Khan, Sayyid Ahmad, 赛义德·艾哈迈德汗 80
Khitat, 记事 73
Khrushchev, Nikita, 尼基塔·赫鲁晓夫 270, 298
al-Khūrī, Salīm, 萨利姆·胡里 73
Kija, 箕子 181
Kim, Il-sung, 金日成 275
Kim, Jong-il, 金正日 275
Kim, Pu-sik, 金富轼 40
kindai no chōkoku, see 'overcoming the modern', "近代之超克" 265
Kita, Sadakichi, 喜田真吉 177
Kluchevski, Vasili Osiovich, 瓦西里·奥西奥维奇·克留切维斯基 134
Kocka, Jürgen, 于尔根·科卡 215—216, 278
Kojima, Takanori, 儿岛高德 114

kokumin shisō，国民思想，见 national mind/psyche 178

Kolko, Gabriel，加布里埃尔·科尔柯 209

Kontradieff, Nikolai，尼古拉·康德拉季耶夫 211

Koonz, Claudia，克劳迪·库姆孜 230

Köprülü, Mehmet Fuat，穆罕默德·福阿德·科普吕律 201，338，163，283

Kosambi, D. D.，D. D. 科萨姆比 197

Koselleck, Reinhart，莱因哈特·科泽勒克 223—224，278，322

Kōtoku, Shūsui，幸德秋水 177，184

Kuczynski, Jürgen，于尔根·库钦斯基 299

Kula, Witold，维托尔德·库拉 299

Kumar, Dharma，达尔马·库马尔 198

Kume, Kunitake，久米邦武 113—115，117—178，177，179

Kuwabara, Jitsuzō，桑原骘藏 172

Kyoto School，京都学派 185，272，277

Kyoto University，京都大学 178，184，272

L

La Feber, Walter，沃尔特·拉费伯尔 209

Labrousse, Ernest，欧内斯特·拉布鲁斯 212

LaCapra, Dominick，多米尼克·拉卡普拉 317

Lacouperie, Terrien de，泰里安·德·拉克伯里 172

Laine, James，詹姆斯·莱恩 248

Lamprecht, Karl，卡尔·兰普雷希特 129，131—137，141，148，178

Laroui, Abdallah，阿卜杜拉·拉鲁伊 291

Laslett, Peter，彼得·拉斯莱特 213

Le Goff, Jacques，雅克·勒高夫 278—279

Le Roy Ladurie, Emmanuel，伊曼纽埃尔·勒华拉杜里 217，219，221，333

Le, Quy Don，黎贵敦 45

Le Bon, Gustave，古斯塔夫·勒庞 151，327

Lefebvre, Georges，乔治·勒费弗尔 151，212，221

Legge, James，理雅各 120—121

Leibniz, Gottfried Wilhelm，戈特弗里德·威廉·莱布尼茨 24，107

Lenin, Vladimir Ilyich，弗拉基米尔·伊里奇·列宁 143，149—150，268

Leninism，列宁主义 183，245，301

Lenz, Max，马克斯·伦茨 98

Lessing, Gotthold Ephraim, 戈特霍尔德·埃弗拉伊姆·莱辛 23

Levi, Giovanni, 乔瓦尼·列维 227—228

Lévi-Bruhl, Lucien, 吕西安·列维-布留尔 152,

Lévi-Strauss, Claude, 克洛德·列维-斯特劳斯 211, 223, 241

Lewis, Bernard, 伯纳德·刘易斯 293

Li, Dazhao, 李大钊 183

Liang, Qichao, 梁启超 170—171, 173, 182

Lieux de Mémoire, 记忆的场所 318

Lishi yu lilun,《历史与理论》, 见 *History and Theory* 280

'literary crimes' (*wenziyi*), 文字狱 44

Liu, Shipei, 刘师培 172—173

Liu, Yizheng, 刘诒徵 184, 281

Liu, Zhiji, 刘知几 42

Liu, Zhiwei, 刘志伟 281

Livingston, Julia, 茱莉·利文斯顿 338

Livy, 李维 57

Locke, John, 约翰·洛克 19, 74, 237

Louis XVIII (France), 路易十八(法国) 53

Lovejoy, Arthur, 亚瑟·洛夫乔伊 145

Ludendorff, Erich, 埃里希·鲁登道夫 142

Ludwig Maximilian University, 慕尼黑大学 283

Lukács, Georg, 捷尔吉·卢卡奇 150

Luther, Martin, 马丁·路德 140, 147, 152

Lutheran, 路德派 23, 116, 140

Luxemburg, Rosa, 罗莎·卢森堡 140

Lyotard, Jean-François, 让-弗朗索瓦·利奥塔 222, 226

M

MacArthur, Douglas, 道格拉斯·麦克阿瑟 264

Macaulay, Catherine, 凯瑟琳·麦考莱 19, 22, 58, 102

Macaulay, Thomas Babington, 托马斯·巴宾顿·麦考莱 32, 58

Mackenzie, Robert, 罗伯特·麦肯齐 122

Maddox, Alan, 艾伦·麦道克斯 338

Madrasah, 158 伊斯兰学校

maghāzī, 马哈吉 27

Mahmud II, 马哈茂德二世 70, 71

Maistre, Joseph de, 约瑟夫·德·迈斯特 54

Majumdar, Romesh Chandra, 罗梅

什·钱德拉·马宗达 196

Mandrou, Robert, 罗贝尔·芒德鲁 213

Mann, Thomas, 托马斯·曼 140, 141

Mao, Zedong, 毛泽东 267, 319

al-Maqrīzī, 麦格里奇 73

March First Movement (Korea), 三一运动 180, 182

Marcks, Erich, 埃里奇·马克斯 98

Mariette, Auguste, 奥古斯特·马里耶特 68

Marsot, Afaf Lutfi al-Sayyid, 阿法夫·卢特菲·萨义德·马尔索特 283, 291

Maruyama, Masao, 丸山真男 266

Marx, Karl, 卡尔·马克思 8, 30—31, 58, 60, 93, 99—101, 146, 149—150, 208, 211, 215, 232, 244, 246, 254, 268, 273, 301—302, 327

Marxism, 马克思主义 12, 99—100, 149—150, 170, 184, 206, 214, 236, 241—246, 253, 254, 264, 268—269, 273, 279, 285, 288, 300—302, 313, 324, 330, 339

Marxist historiography, 马克思主义史学 151, 183, 185—186, 206, 264, 267—268, 270, 271, 273—274, 278—281, 298, 301, 328, 331

Matar, Ilyās, 伊利亚斯·马塔尔 72

Mathiez, Albert, 阿尔贝尔·马迪厄 221

Maududi, Sayyid Ab'l-ala, 萨义德·阿卜拉·毛都迪 193

Maurists, 莫尔学派 21, 56

May Fourth Movement (China), 五四运动(中国) 180, 183

McClintock, Anne, 安妮·麦克林托克 231

McNeill, John R., J. R. 麦克尼尔 326, 332—334

McNeill, William H., 威廉·H. 麦克尼尔 329, 332

Medick, Hans, 汉斯·梅狄克 228, 336

Mehemmed II, 穆罕默德二世 70

Meiji Restoration, 明治维新 117, 185, 265, 272, 279

Meinecke, Friedrich, 弗里德里希·梅尼克 142, 146—148, 179, 216

Meiners, Christian, 克里斯蒂安·迈纳斯 25

Menger, Carl, 卡尔·门格尔 99, 138

Methodenstreit, 方法论之争 129

Methodism, 卫理公会派 19

Michelet, Jules, 儒勒·米什莱 3—4, 54, 58, 60, 131, 152

microhistory (*microstoria*), 微观史 227, 244, 314

microstoria, 微观史, 见 microhistory

227，244，314

Middle Kingdom，天下之中 120，122

Midhat, Ahmed，艾哈迈德·米德哈特 159

Mikami, Sanji，三上参次 177

Miliukov, Pavel Nikolaevich，帕维尔·尼古拉耶维奇·米留科夫 107，134

James Mill, Stuart，詹姆斯·斯图亚特·密尔 7，31，32，76，195

Millar, John，约翰·密尔 25

millet，民族 159

Ming dynasty（China），明朝（中国）40—41

mirror, as metaphor for history，以史为鉴 29，37—40，42，109，113

Mitra, Rajendralal，拉金德腊拉尔·米特拉 81—82

Mitsukuri, Genbo，箕作阮甫 108

Momigliano, Arnaldo，阿纳尔多·莫米利亚诺 149

Mommsen, Hans，汉斯·蒙森 215

Mommsen, Wolfgang，沃尔夫冈·蒙森 215

'monarchical history'（*junshi*），君史 171

Monod, Gabriel，加布里埃尔·莫诺 130

Montesquieu, Baron de，孟德斯鸠 19，54，73—74

Monumenta Germaniae historica,《德意志史料集成》56，102

Mookerji, Radha Kumodh，拉达·库莫德·穆克吉 189—190

Morazé, Charles，夏尔·莫拉泽 212

Moreland, W. H.，W. H. 莫兰 190

Morgan, Lewis H.，路易斯·H. 摩尔根 185

Morina, Christina，克里斯蒂娜·莫瑞娜 318

Morris, Morris D.，莫里斯·D. 莫里斯 197

Moscow School，莫斯科学派 107，134

Möser, Justis，尤斯图斯·缪泽 23

Motoori, Norinaga，本居宣长 41

Mubārak, 'Alī，阿里·穆巴拉克 72，73，169

Mubarak, Hosni，侯赛因·穆巴拉克 288

Muhammad ibn Abdallah, the Prophet，先知穆罕默德 26—27，69，165

Mukhia, Harbans，哈尔班斯·穆希亚 196

Mukhopadhyay, Rajiblochan，拉吉布洛昌·穆霍帕德希耶 77

Müller, Max，马克斯·米勒 234

Munslow, Alun，艾伦·蒙斯洛 315，317

Muraoka, Tsunetsugu，村冈典嗣 178

Muratori, Ludovico, 卢多维柯科·穆拉托里 21, 56

Muslim Brotherhood, 穆斯林兄弟会 292

Muslim historiography, 伊斯兰史学, 见 Islamic/Muslim historiography 26—27, 29—30, 69, 75, 282

Mussolini, Benito, 贝尼托·墨索里尼 143, 150, 254

N

al-Nadīm, 'Abdullāh, 阿卜杜拉·纳迪姆 160

Nadwi, Abul Hasan Ali, 阿布·哈桑·阿里·纳德威 197

Naguib, Muhammad, 穆罕默德·纳吉布 288

Naima, Mustafa, 穆斯塔法·纳伊马 29, 30

Naitō, Konan, 内藤湖南 177

Naka, Michiyo, 那珂通世 172, 177

Nakane, Chie, 中根千枝 272

Nakata, Kaoru, 中田薰 177

Nandy, Ashis, 阿希斯·南迪 8, 277, 234, 236—238

Naoroji, Dadabhai, 达达巴伊·瑙罗吉 85, 86, 186

Napoleon III, 拿破仑三世 58, 92

Napoleon, Bonaparte, 拿破仑·波拿巴 30, 53, 55, 61, 63, 65, 92, 168

al-Naqqāsh, Salīm, 萨利姆·纳加什 164

Nash, Roderick, 罗德里克·纳什 333

Nasser, Gamal Abdel, 贾迈勒·阿卜杜勒·纳赛尔 285, 288—291, 293

Nasserism, 纳赛尔主义 285, 290

'national body' (*kokutai*), "国体" 185, 264

National Essence Journal (*Guocui xuebao*), 《国粹学报》171

'national history' (*guoshi*), "国史" 184; see also 'Six National Histories' (*Rikkokushi*)

'National Learning School', "国学派" 41

'national mind/psyche' (*kokumin shisō*), 国民精神/国民心理 178

'National Studies' (China), "国学" (中国) 174—175

nationalist historiography, 民族主义史 12, 75—76, 80, 82, 85, 161—162, 172, 186, 188—189, 191, 193, 198, 236, 253, 275—276, 294

NATO, 北大西洋公约组织 296

Nehru, Jawarharlal, 贾瓦哈拉尔·尼赫鲁 194, 196—197

Neo-Confucianism, 新儒学/理学 39, 41

Neo-Kantians, 新康德派 137

Nevrūz, Emīr, 艾米尔·内夫鲁兹 70

'new cultural history', 新文化史 12, 286, 289, 313, 337; see also cultural history

New Social History (*Xin shehuishi*),《新社会史丛书》131, 134, 230, 281, 330

New Testament,《新约》17

New Text Confucianism, 今文经学 123

Newton, Isaac, 艾萨克·牛顿 19, 211

Ngo, Si lien, 吴士连 40, 274

Nguyen dynasty, 阮朝 113

Niebuhr, Barthold Georg, 巴尔托尔特·格奥尔格·尼布尔 57

Niethammer, Lutz, 卢茨·尼特哈默尔 317

Nietzsche, Friedrich, 弗里德里希·尼采 105, 129, 137, 143, 226, 233

Ninomiya, Hiroyuki, 二宫宏之 278

Nishida, Kitarō, 西田几多郎 185—272

Nishida, Naojirō, 西田直二郎 178—179

Nishimura, Shigeki, 西村茂树 108

Nishio, Kanji, 西尾干二 276

Nissen dōsoron, 日鲜同祖论 177, 180—181, 183

Nizam-i Cedid, 新秩序 see New Order, 64

Nobel Prize, 诺贝尔奖 6, 218, 289

Nora, Pierre, 皮埃尔·诺拉 318,

Norman, E. Herbert, E. 赫伯特·诺曼 272

Noro, Eitarō, 野吕荣太郎 184—185

North, Douglass, 道格拉斯·诺斯 207, 218

O

Oakeshott, Michael, 迈克尔·奥克肖特 314

OAPEC, 阿拉伯石油输出国家组织 284, 285

Occidentalism, 西方主义 287

Odysseus,《奥德修斯》229

Okamoto, Kansuke, 冈本监辅 110

Old Testament,《旧约》67

OPEC, 欧佩克 285

Opium War, 鸦片战争 5, 110

Oriental despotism, 东方专制主义 30—31, 63, 76, 189

Orientalists, 东方学家 31, 65—69, 76, 78—79, 81—82, 168, 234, 274, 282, 285, 287, 297

Ortega y Gasset, José, 何塞·奥尔特加-加塞特 10, 143

Osterhammel, Jürgen, 尤尔根·奥斯特哈梅尔 5, 20, 331

Ōtsuka, Hisao, 大冢久雄 265, 271—272

Ottomanism, 奥斯曼主义 71, 158—159

'overcoming the modern' (*kindai no chōkoku*), 近代之超克 265

Oxford University, 剑桥大学 140, 254

Özal, Turgut, 图尔古特·厄扎尔 296—297

Ozouf, Mona, 莫娜·奥祖夫 221, 224

P

Paek, Nam-un, 白南云 275

pan-Arabism, 泛阿拉伯主义 161, 284, 288, 292—293, 297

Pandey, Gyanendra, 贾南德拉·潘迪 237

pan-Islamism, 泛伊斯兰主义 159—161, 284; also see Islamism

Pareto, Vilfredo, 维尔弗雷多·帕累托 143

Pasha, Ahmed Cevdet, 艾哈迈德·杰夫代特·帕夏 71—72, 74

Pasha, Ahmed Vefiq, 艾哈迈德·韦菲克·帕夏 71

Pasha, Ismāʿīl Sarhank, 伊斯梅尔·萨尔汗克·帕夏 73

Pasha, Süleymān, 苏莱曼·帕夏 70, 161

Past and Present,《过去与现在》217, 220, 228, 300, 325

Paul, Herman, 赫尔曼·保罗 314

Peking (Beijing) University, 北京大学 170, 172—176, 279, 281

Pelliot, Paul, 伯希和 176

'pen-law of the *Spring and Autumn*' (*Chunqiu bifa*), "春秋笔法" 37

Penna, Anthony, 安东尼·彭纳 334

'people's history' (East Asia), "人民史"(东亚) 118, 171, 173, 179, 278

'people's struggle', "群众斗争" 265—266, 270

Perceval, Coussin de, 库森·德·佩瑟瓦尔 68

Perry, Admiral, 美国海军准将佩里 8

Persian historiography, 波斯史学 28, 75

Peter the Great, 彼得大帝 70—71

pharaonism, 法老主义 284, 292

Phillips, Ulrich, 乌尔里希·菲利普斯 208

Pietism, 虔信派 19

Pinochet, Augusto, 奥古斯特·皮诺

切特 241—242

Pirenne, Henri, 亨利·皮朗 141, 153

Pīrnīyā, Husayn, 侯赛因·皮尔尼亚 169

Pocock, John G. A., 约翰·G. A. 波考克 223

Pomeranz, Kenneth, 彭慕兰 326, 331, 334

Popkin, Jeremy, 杰里米·波普金 317

Popper, Karl, 卡尔·波普尔 144, 207

positivism, 实证主义 94—95, 99—100, 104, 144, 241

postcolonialism, 后殖民主义 12, 204, 231—232, 243, 281, 286—287, 298, 313, 316, 321

postmodernism, 后现代主义 11, 204, 217, 221—222, 225, 236, 245, 276—277, 281, 298, 313, 315—316, 337

Power, Eileen, 艾琳·鲍尔 146

Prague Spring, 布拉格之春 205—206

Prakash, Gyan, 吉安·普拉卡什 237

Prasad, Shiva, 希瓦·普拉萨德 85

principle (*li*), 理 39

private histories (China), 私史 37, 40, 110

professionalization of historical studies, 历史研究的职业化 4, 10, 57, 101, 106, 129, 144, 154, 205, 239, 241, 244, 247—248

Proust, Marcel, 马塞尔·普罗斯特 129

Pulzer, Peter, 彼得·普尔泽 123

Q

al-Qadhdhafi, Mu'ammar, 卡扎菲 295

Qassim, Abdul Karim, 阿卜杜勒·卡里姆·卡塞姆 285

Qian, Daxin, 钱大昕 42—43

Qian, Mu, 钱穆 184, 281

Qianlong Emperor (China), 乾隆皇帝(中国) 44, 108

Qing dynasty (China), 清朝(中国) 41—45, 108, 110, 113, 119—122, 170—174, 180, 226, 281—282, 336

Quaderni Storici, 《历史季刊》 227, 229

Quellenkritik, 史料批判 179; also see textual criticism

Quietism, 寂静派 19

Qur'ān, 《古兰经》 17, 26—27

R

Rabelais, 拉伯雷 152, 299

racism/racialism，种族主义 25，139，173，233，247，252—253，321

Rahim, Sayyid Abdul, 萨义德·阿卜杜勒·拉希姆 85

Ranade, Mahadev Govind, 马哈德夫·戈文德·拉纳德 86, 186

Randall, James G., 詹姆斯·G. 伦德尔 145

Rangaku（Dutch learning），"兰学"108, 110—111

Ranke, Leopold von, 利奥波德·冯·兰克 4, 7—8, 10, 30—31, 43, 57, 60, 64, 82, 96—98, 100—101, 103—105, 116—117, 131, 136—137, 190, 210, 220, 315—316

Rankean historiography/school, 兰克史/兰克学派 12, 115—117, 129, 174, 177—179, 218, 334

Ratzel, Friedrich, 弗里德里希·拉采尔 131, 135, 152

Raychaudhuri, Kshirodchandra, 克希罗德钱德拉·瑞乔图利 83

Raynal, Abbé Guillaume, 教士纪尧姆·雷纳尔 19, 59

Reddy, William, 威廉·雷迪 336

Refik, Ahmed, 艾哈迈德·雷菲克 162

Reinaud, Joseph, 约瑟夫·雷诺 68

Rénan, Ernest, 欧内斯特·勒南 164

Republic of Letters, 文人圈 23, 43

Revue de synthèse historique，《综合史杂志》106, 131, 136

Revue Historique，《历史评论》103, 131

Richard, Timothy, 李提摩太 121—122

Rickert, Heinrich, 梅尔文·里克特 137, 178

Ricoeur, Paul, 保罗·利科 245, 318

Riess, Ludwig, 路德维希·里斯 103, 114—117, 179

Rif'at, Muhammad Bey, 穆罕默德·贝·里法特 167

Ritter, Gerhard A., 格哈德·A. 里特尔 215

Ritter, Gerhard, 格哈德·里特尔 214—215, 217

Rivista Storica Italiana，《意大利历史评论》103

Robertson, William, 威廉·罗伯逊 19, 23, 59

Robinson, James Harvey, 詹姆斯·哈维·鲁滨逊 132, 135, 141

Rong, Xinjiang, 荣新江 281

Rosenberg, Hans, 汉斯·罗森贝尔 216

Rosenwein, Barbara, 芭芭拉·罗森宛恩 336—337

Rosetta Stone, 罗塞塔石碑 65

Rosenstone, Robert A., 罗伯特·罗森斯通 315

Rostow, Walt, 沃尔特·罗斯托 208

Rothfels, Hans, 汉斯·罗森贝格 214—215

Rousseau, Jean-Jacques, 让-雅克·卢梭 73, 164

Rowbotham, Sheila, 希拉·萝博塞姆 230

Roy, Rammohun, 罗姆莫罕·罗易 79

Royal Association for Historical Studies (Egyptian Association for Historical Studies), 皇家历史研究学会(埃及历史研究学会) 168

Royal Egyptian Historical Review (*Egyptian Historical Review*),《皇家埃及史学评论》(《埃及史学评论》) 168

Rudé, George, 乔治·鲁得 254, 300

Russell, Bertrand, 伯特兰·罗素 140, 144

Russell, Edmund, 埃德蒙·罗素 334

Russo-Japanese War, 日俄战争 119

Rutkowski, Jan, 扬·鲁特科夫斯基 153

S

Sabean, David, 大卫·萨宾 336

Sabrī, Muahmmad Ibrahim, 穆罕默德·易卜拉欣·萨布里 166, 167, 169

Sacy, Silvestre de, 西尔韦斯特雷·德·萨西 68

sadae juŭi, see flunkeyism 事大主义

Sadat, Anwar, 安瓦尔·萨达特 288, 290, 291

Said, Edward, 爱德华·萨义德 12, 233—234, 236—237, 250, 287, 289, 298

saj', 韵诗 160, 168

Saladin, 萨拉丁 70

Sale, George, 乔治·萨尔 31

Salibi, Kamal S., 卡马尔·S. 萨利比 293

Samaj/rashtra history (India), 社会—国家(印度) 191

Sāmī, Amīn, 阿明·萨米 73—74

Şanizade (Ataullah Mehmed), 萨尼扎德(阿塔乌拉·穆罕默德) 70

sanshi shuo, see Three-Age Doctrine 三世说 109

Saraswati, Dayanand, 达耶难陀·娑罗室伐底 79

Sarkar, Jadunath, 贾都纳什·萨卡尔 190

Sarkar, Sumit, 苏米特·萨卡尔 81, 189, 198, 236—237

Sarrūf, Ya'qūb, 雅各布·萨鲁

夫 164

Sassanid dynasty (Persia), 萨珊王朝（波斯）169

Saussure, Ferdinand de, 费迪南·德·索绪尔 223

Savarkar, V. D., V. D. 萨瓦卡 188—189

Schama, Simon, 西蒙·沙玛 225, 333—334

Schieder, Theodor, 特奥多尔·席德尔 214—215

Schlesinger, Arthur, Jr., 小亚瑟·施莱辛格 279

Schlosser, Christoph Friedrich, 克里斯托弗·弗里德里希·施洛瑟 58

Schlözer, August Ludwig, 奥古斯特·路德维希·施勒策 20, 24, 107

Schmoller, Gustav von, 古斯塔夫·冯·施莫勒 99, 135, 138, 147, 151

Schofield, Roger, 罗杰·斯科菲尔德 213

Scott, Joan Wallach, 琼·沃勒克·斯科特 230, 279

Scott, Walter, 沃尔特·司各特 57, 106, 187

Secondat, Charles-Louis de, 孟德斯鸠 19

Seignobos, Charles, 夏尔·瑟诺博司 130, 136

Selīm I, 萨利姆一世 70

Selīm III, 萨利姆三世 64, 65, 66, 70

Sen, Dineshchandra, 迪内希昌德拉·森 191

Senghor, Léopold, 利奥波德·桑戈尔 247, 250

Sewell, William 威廉·休厄尔 Jr., 224, 314

Shahnamah,《列王纪》69

shamanism, 占卜/萨满教 17, 36, 182

Shang dynasty (China), 商朝（中国）36, 176, 181, 268

Sharabi, Hisham, 希沙姆·沙拉比 287

Sharma, R. S., 夏尔马 197

Shūrūbīm, Mīkhāʻīl, 米哈伊尔·沙鲁比姆 73—74

Shelley, Percy Bysshe, 雪莱 54

Sheref, ʻAbdurrahmān, 阿卜杜勒拉赫曼·谢里夫 72, 158, 161

shi (scribe, historian), "史" 36—38

Shigaku zasshi (Historical Journal),《史学杂志》103, 266

Shigeno, Yasutsugu, 重野安绎 113—118, 121, 174—175, 177, 179

Shihādah, Salīm, 萨利姆·谢哈达赫 73

Shijie lishi, see *World History*《世界

历史》

Shikai（Sea of history）,《史海》118

Shintoism, 神道教 117

Shiratori, Kurakichi, 白鸟库吉 176—180，181，183

shirontai,"史论体" see 'historical discussion style'

Shixue lilun yanjiu, see Historiography Quarterly《史学理论研究》

Shōwa Japan, 昭和日本 271—272

Sima, Guang, 司马光 39—40

Sima, Qian, 司马迁 37—39，42

Simiand, François, 弗朗索瓦·西米昂 212

Sin, Ch'ae-ho, 申采浩 181—183，275

Sinha, Mrinalini, 马里拉尼·辛哈 321

Sinitic world, 华夏世界 38，40，42，45，111，118—119，122

Sino-Japanese War, 中日战争 119，122，170，182

sīra,"希拉" 27

Six Classics, 六经 37，43

'Six National Histories'（Rikkokushi）,《六国史》38，112，179；also see 'national history'

Skinner, Quentin, 昆廷·斯金纳 146，223

slave trade, 奴隶贸易 5，251，319

slavery, 25, 59, 207—208, 218, 244, 246, 265—266, 268, 271, 273—274, 301, 318, 325

Smith, Adam, 亚当·斯密 9，25，99

Smith, Vincent, 文森特·史密斯 190

Soboul, Albert, 阿贝尔·索布尔 221

Social Darwinism, 社会达尔文主义 4，122—123，138，173，182—183

social history, 社会史 82, 130—135, 141, 145—146, 148, 151—153, 183, 191, 198, 204—205, 214—215, 220—221, 227, 229—230, 277—278, 286, 297, 300—301, 325, 330—331, 335, 337

'Social History Controversy'（China）, 社会史论战 183

socialism, 100, 143, 179, 184, 206, 222, 274, 285, 288, 290, 339

'Society for the Acquisition of General Knowledge',"求知会" 81

Sojunghwa（Little China）, 小中华 41

Song dynasty（China）, 宋朝（中国）39，41

Sorel, Georges,（乔治·索雷尔）143

Spence, Jonathan,（史景迁）225

Spengler, Oswald,（奥斯瓦尔德·斯宾格勒）144，329

Spier, Fred, 弗雷德·施皮尔 332

Spiegel, Gabrielle, 加布里埃尔·斯皮格尔 32, 328

Spivak, Gayatri Chakravorty, 加亚特里·查克拉沃蒂·斯皮瓦克 235

Srinivas, M. N., M. N. 斯里尼瓦斯 198

St. Augustine, 圣奥古斯丁 24

Stalin, Joseph, 约瑟夫·斯大林 149, 150, 268—270, 273—274, 298, 300, 317

Stalinism, 斯大林主义 183, 326, 339

Stampp, Kenneth, 肯尼思·斯坦普 208

'standard histories' (*zhengshi*), "正史" 42

Stearns, Carol, 卡萝儿·斯特恩斯 335

Stearns, Peter, 彼得·斯特恩斯 323, 335—337

Stein, Lorenz von, 洛伦茨·冯·斯泰因 60

Stone, Lawrence, 劳伦斯·史东 220, 245, 300

Stuard, Susan, 苏珊·斯图亚特 230

Su'āvī, 'Alī, 阿里·苏阿韦 161

Subaltern Studies, "底层研究" 12, 233—237, 254, 311, 323, 328

Subrahmanyan, Sanjay, 桑杰·苏布拉曼扬 326

Sun, Jiang, 孙江 281

Sun, Yat-sen, 孙中山 173

al-Suyūtī, 苏尤提 73

Swadeshi movement (India), 国货运动(印度) 83, 86, 191

Sweezy, Paul M., 保罗·M. 斯威齐 266

Sybel, Heinrich von, 海因里希·冯·聚贝尔 61, 97, 102—104

T

tabaqāt, 塔巴加特 27, 351

Tabatabai, Ghulam Husain, 古拉姆·侯赛因·塔巴塔巴伊 75—76

Tagore, Rabindranath, 罗宾德拉纳特·泰戈尔 6, 186

Taguchi, Ukichi, 田口卯吉 111—112, 114, 118—119, 121, 170

al-Tahtāwi, Rifā'ah, 法赫·塔闳维 67, 168, 169

Taine, Hyppolite, 伊波利特·泰纳 95, 132

Taishō Japan, 大正日本 179, 180, 184, 272

Taiwan University, 台湾大学 267

Takamure, Itsue, 高群逸枝 185, 278

Takekoshi, Yosaburō, 竹越三叉 119

Takeuchi, Yoshimi, 竹内好 271

Tan'gun, 檀君 119, 181—182, 275

Tang dynasty（China），唐朝 38—39，42，112，269 Tang

Tanzimat，坦志麦特 70—71

ta'rīkh，塔里赫 27，28，33，36，74，77，165

Tawney, Richard，理查德·托尼 146

Tevfik, Ebüzziya，埃布吉亚·陶菲克 159

'textbook historians'（India），"教科书历史学家" 83

textual criticism，21，66；see also Quellenkritik 文本考证

Thapar, Romila，罗米拉·塔帕尔 32，196—197

Thomas, Keith，基思·托马斯 333

Thompson, Dorothy，多萝西·汤普森 300

Thompson, Edward Palmer，爱德华·帕尔默·汤普森 224，228，235，244，250，254，279，300—301

Three-Age Doctrine（sanshi shuo），三世说 109，123

Thucydides，修昔底德 17—18，240

tian（Heaven），"天" 17，37

Tian, Yuqing，田余庆 281

Tilak, Bal Gangadhar，巴尔·甘加德哈·提拉克 188

Tilly, Louis，路易斯·蒂利 279，336

ti-yong，"体用"说 120

Tocqueville, Alexis de，托克维尔 61—62

Tokugawa Japan，德川日本 8，40—41，44，108，111，113，266

Tokutomi, Sohō，德富苏峰 119

Tokyo University，东京大学 115—116，118，178，185，272

Tonghak（Korea），东学党（朝鲜）182

Topolski, Jerzy，耶日·托波尔斯基 299

Tōyama, Shigeki，远山茂树 265—266

Toynbee, Arnold（economic historian），阿诺德·汤因比（经济史学家）133

Toynbee, Arnold J.，阿诺德·J.汤因比., 166, 329

Tōyōshi（history of the East），"东洋史" 118—119，121，172，177

Tran, Trong Kim，陈重金 184，274

trans-national history，跨国史 328

Treitschke, Heinrich von，海因里希·冯·特赖奇克 98, 101, 105, 140

Troeltsch, Ernst，恩斯特·特勒尔奇 135, 142, 146

Trotskyism，托洛茨基主义 183—184

Tsuboi, Kumezō，坪井九马三 177

Tsuda, Sōkichi，津田左右吉 134，178—180，185，264

Tsunoyama, Sakae, 角山荣 277

Tu, Ji, 屠寄 121

Turanism, 图兰主义 161

Turcology, 突厥学 161

Turgot, Jacques, 雅克·杜尔阁 24

Türk Tarih Tezi, see Turkish Historical Thesis 土耳其史观

Turkdom, 土耳其精神 163

Turkish Historical Society, 土耳其历史学会 161

Turkish Historical Thesis (*Türk Tarih Tezi*), 土耳其史观 162—163, 296, 297

Turkism, 土耳其主义 70, 158, 161—162

Turner, Frederick Jackson, 弗雷德里克·杰克逊·特纳 132—133, 135, 333

U

Uchida, Ginzō, 内田银藏 177—178

UCLA, 加州大学洛杉矶分校 283

Umayyad dynasty, 倭马亚王朝 28

Umesao, Tadao, 梅棹忠夫 272, 277

unionism, 工联 134, 179, 301

universal history, 普世史 7, 9, 24, 28—29, 31, 59, 159

University of Berlin, 柏林大学 56, 98, 101—102, 105, 148

University of Birmingham, 伯明翰大学 289

University of Göttingen, 哥廷根大学 22, 58, 101

University of Istanbul, 伊斯坦布尔大学 158, 162, 168

'Urābī Revolution, 乌拉比革命 74, 158—160, 164, 169, 288, 290

urban history, 城市史 279, 330

V

Valentin, Veit, 法特·瓦伦丁 142

vatan, 祖国 159

Vedas, 《吠陀》 17, 80, 193

Vico, Giambattista, 詹巴蒂斯塔·维柯 22, 23, 58

Vidal de la Blache, Paul, 保罗·维达尔·白兰士 131, 152, 216

Vienna Circle, 维也纳学派 144

Vivekananda, 辨喜 79

Volk, 族民 25, 148, 224

Völkel, Markus, 马库斯·弗尔克尔 1—2

Volksgeschichte, 族民史 213—214, 351

Voltaire, 伏尔泰 20, 23—25, 54, 73, 74, 107

Vovelle, Michel, 米歇尔·沃维尔 214

W

Wafd, 华夫脱党 167, 169, 288

Wallerstein, Immanuel, 伊曼纽尔·沃勒斯坦 5, 233, 242, 277, 279
Wang, Di, 王笛 281
Wang, Guowei, 王国维 176, 268
Wang, Mingsheng, 王鸣盛 42—43
Wang, Tao, 王韬 120—121
Watsuji, Tetsurō, 和辻哲郎 178
Webb, Beatrice, 比阿特丽斯·韦布 133
Webb, Sydney, 西德尼·韦布 133
Weber, Alfred, 阿尔弗雷德·韦伯 142
Weber, Max, 马克思·韦伯 2, 130, 135, 137, 140, 142, 146—148, 150, 208, 215, 228, 265, 271, 325, 327
Wehler, Hans-Ulrich, 汉斯-乌尔里希·韦勒 215—216, 351
Wei, Yuan, 魏源 105, 110, 112, 121—122
wenhua re, see 'culture fever' 文化热
wenziyi, see 'literary crimes' 文字狱
White, Hayden, 海登·怀特 8, 31, 224, 245, 313—314, 316—317
Whitehead, Alfred, 阿尔弗雷德·怀特海 114
Wiesner-Hanks, Merry, 梅利·维斯纳-汉克斯 326
Williams, William Appleton, 威廉·阿普尔顿·威廉斯 209
Wilson, Woodrow, 伍德罗·威尔逊 133, 135, 141—142
Windelband, Wilhelm, 威廉·文德尔班 137
Wolf, Friedrich August, 弗里德里希·奥古斯特·沃尔夫 21, 57
women's history, 妇女史 44, 185, 229—230, 273, 278, 286, 298, 317, 322
Woolf, Daniel, 丹尼尔·沃尔夫 1, 2, 7
World Muslim Congress, 世界穆斯林大会 285
Worster, Donald, 唐纳德·沃斯特 332
Wrigley, Edward, 爱德华·雷格莱 213
Wu, Han, 吴晗 270
Wundt, Wilhelm, 威廉·冯特 135
Wyczański, Andrzej, 安杰伊·维钱斯基 299

X

Xia dynasty (China), 夏朝（中国） 274
Xia, Zengyou, 夏曾佑 173
Xin shehuishi, see *New Social History* 新社会史 281, 330
Xu, Jianyin, 徐建寅 121

Xue, Fucheng, 薛福成 121

Y

Yamaji, Aisan, 山路爱山 119
Yan, Buke, 阎步克 281
Yan, Fu, 严复 122
Yanagita, Kunio, 柳田国男 178, 278
Yang, Nianqun, 杨念群 281
Yasumaru, Yoshio, 安丸良夫 278
Yellow Emperor, 黄帝 172, 175
Yoshida, Kōtan, 吉田篁墩 45
Young Ottomans, 奥斯曼青年党 159—161, 284
Young Turks, 青年土耳其党 158, 161—162
Yuan History (*Yuanshi*), 元史 121
Yuan, Shikai, 袁世凯 173, 180
Yuan, Shu, 袁枢 110
yuganda kindai, see 'distorted modern', "被扭曲了的现代性" 271

Z

Zaghlul, Sa'd, 沙德·扎格卢勒 169
Zaydān, Jurjī, 乔治·宰丹 164—165
Zerffi, George G., 乔治·G. 策尔非 114—115
Zhang, Chunnian, 张椿年 279
Zhang, Taiyan, 章太炎 171—173
Zhang, Xuecheng, 章学诚 43
Zhang, Zhidong, 张之洞 120, 170
Zhang, Zhilian, 张芝联 279
Zhao, Yi, 赵翼 42—43
zhengshi, see standard histories, 正史 42
Zhongshan University, 中山大学 281
Zhou dynasty (China), 周朝(中国) 36, 268
Zhou, Yiliang, 周一良 281
Zinn, Howard, 霍华德·津恩 209